KB056239

보안 데이터 시각화

KOREAN language edition published by acorn publishing Co, Copyigrht ⓒ 2016

Authorized translation from the English language edition, entitled
APPLIED SECURITY VISUALIZATION, 1st Edition, 9780321510105 by MARTY, RAFFAEL,
published by Pearson Education, Inc, publishing as Addison-Wesley Professional,
Copyright ⓒ 2009 Pearson Education, Inc.

All rights reserved. No part of this book may be reproduced or transmitted in any form or by any means,
electronic or mechanical, including photocopying, recording or by any information storage retrieval system,
without permission from Pearson Education, Inc.

이 책은 Pearson Education, Inc.를 통해 Addison-Wesley와 에이콘출판(주)가 정식 계약하여 번역한 책이므로
이 책의 일부나 전체 내용을 무단으로 복사, 복제, 전재하는 것은 저작권법에 저촉됩니다.

보안
데이터 시각화

데이터의 핵심을 한눈에 보여주는 최적의 기법

라파엘 마티 지음 | 구동언 옮김

i!i
에이콘

이 책에 쏟아진 찬사

"'들은 것은 잊어버리고, 본 것은 기억하고, 행한 것은 이해한다.'라는 공자의 가르침을 따르자면, 라파엘 마티가 집필한 이 책은 의심할 여지 없이 많은 지혜를 우리에게 알려줄 것입니다. 마티는 보안 시각화를 멋지고 우아하게, 그리고 자세히 아우릅니다. 보안 시각화 전문가뿐만 아니라 입문자도 반드시 읽어야 할 책이라고 생각합니다."

-러스 맥리Russ McRee / HolisticInfoSec.org

"로그 데이터를 수집하는 것은 하나의 일이고, 관련된 정보를 얻어내는 것은 또 다른 특별한 일입니다. 모든 종류의 로그 데이터를 의미 있는 보안 정보로 만들어내는 기술이 이 책의 핵심입니다. 이 책에서는 이런 일을 어떻게 수행할지, 복잡하지 않은 방법으로 직접 해볼 수 있는 예제를 이용해 설명합니다. 그럼 다 함께 살펴봅시다."

-안드레아스 우슈너Andreas Wuchner / 노바티스Novartis

"이 책은 그래프와 시각화에 대한 기초적인 내용으로 시작해 다양한 로그 분석 사례, 컴플라이언스 준수 사항을 보고하는 방법, 보안 정보를 전달하는 방법을 다룹니다. 보안과 컴플라이언스 데이터를 분석해 알아낸 것을 간결하고 확실한 방식으로 보고해야 하는 모든 사람에게 이 책을 추천합니다."

-론 굴라Ron Gula / 최고 기술 책임자CTO, 테너블 네트워크 시큐리티

"라파엘 마티는 기본적인 내용부터 포괄적인 사례까지 보안 시각화에 대한 내용을 하나로 묶어 제대로 보여줍니다. 이 책에 담겨 있는 다양한 종류의 활용 사례, 직접 실행해볼 수 있는 풍부한 예제들을 통해 독자의 전문분야에 맞는 시각화 활용 아이디어를 지속적으로 얻을 수 있을 것입니다."

-잰 먼치Jan P. Monsch / 보안 분석가

"다소 난해한 주제를 제대로 다룬 엄청나게 유용한 이 책은 오랫동안 시각화에 대해 회의적인 입장을 취했던 사람이 쓴 것이다. 가장 인상적인 점은 단순히 개념만 다루는 것이 아니라 일상적인 업무에 사용할 수 있는 예제들이 담겨 있어, '직접 실행해볼 수 있는 유용한' 책이라는 점이다. 내가 가장 마음에 드는 부분은 내부자에 대해 다룬 8장이다."

-안톤 츄바킨Anton Chuvakin 박사
로그로직LogLogic, 최고 로깅 에반젤리스트Chief Logging Evangelist

지은이 소개

라파엘 마티 Raffael Marty

IT 인프라를 위한 고속 인덱싱 및 검색 기술을 선도하는 대규모 공급업체인 스플렁크Splunk의 최고 보안 전략가이자 시니어 제품 관리자다. 고객을 지원하고 보호하는 역할을 수행하기 위해 여러 가지 기술 중 데이터 시각화, 로그 관리, 침입 탐지, 컴플라이언스에 집중하고 있다. CEECommon Event Expression, OVALOpen Vulnerability and Assessment Language 같은 산업표준위원회에도 적극적으로 참여하고 있다. 토르Thor와 Afterglow 자동화 툴을 만들었으며, 보안 시각화 포탈인 secviz.org를 설립했다. 세계 여러 곳의 컨퍼런스에서 발표한 프리젠테이션을 통해서 보안 시각화에 대한 열정을 분명히 알 수 있다. 이 책을 집필하기 전에도, 여러 권의 책을 통해 보안과 시각화를 다뤘다. 스플렁크에 합류하기 전엔 아크사이트의 솔루션 팀을 관리했고, PwC에서 IT 컨설턴트로 일했으며, IBM 리서치센터 글로벌 보안 연구소의 일원이었다.

감사의 글

많은 분들이 보안 데이터 시각화로 향하는 나의 여정에 도움을 줬다. 이 모든 것은 우엘리 마우러Ueli Maurer 암호학 교수님과 함께 시작되었다. 교수님은 컴퓨터 보안에 대한 나의 호기심을 일깨워줬으며, 그의 경험담은 내가 이 주제를 더 공부하도록 자극했다. 또한 나의 첫 실리콘밸리 인턴십을 할 수 있도록 소개해주기도 했다. 7개월간 일한 결과로 2년 후에는 새 집을 장만할 수 있었다.

인턴십을 거치면서, 보안 연구를 시작하게 되는 행운을 거머쥐었으며, IBM 리서치센터의 글로벌 보안 분석 연구소(GSAL)는 나에게 처음으로 로그 분석 기술을 가르쳐주었다. 나는 여전히 많은 동료들과 연락하고 지내며, 그중 한 명은 내 책을 리뷰해줬다. 안드레아스, 도미니크, 제임스(유닉스와 관련된 모든 팁과 요령에 감사드린다. sash는 잊지 않을 것이다), 마크, 모튼과 그 외의 모든 IBM 뤼실리콘Rushlikon 연구소분들께 침입 탐지와 로그 분석에 대한 나의 호기심을 부채질해준 것에 감사드린다.

토비 콜렌베르크가 나에게 해준 모든 것에 대해서는 어떻게 감사를 드려야 할지 모르겠다. 토비는 미국에서의 첫 직장을 소개해줬고, 보안업계의 많은 분들을 소개해줬다. 그들과의 관계는 가치를 따질 수 없다. 이것이 전부가 아니다. 토비는 내가 첫 저작을 쓰도록 이끌었다(신그레스에서 나온 스노트 책의 한 개 장을 집필했다). 나는 토비를 메일링 리스트에서 처음 만났고, 시간이 지나 우리는 절친이 되었다. 토비, 고마워!

시각화에 대한 관심은 아크사이트에 일하던 시절부터 시작되었다. 제품에 포함된 이벤트 그래프 기능은 먼저 예술적인 측면에서 나를 매료시켰다. 시간이 지나고 나서 이 외에도 많은 다른 기능들이 있음을 알게 되었고, 모든 종류의 데이터를 시각화해보기 시작했다. 시간이 좀 더 지난 후, 개발자들은 내가 요구한 기능을 구현하는 것을 중단했다. 그 시점에 아크사이트의 개발자인 크리스티안 비드젠과 나는 Afterglow 개발 작업을 시작했다. 이 툴은 내가 분석하고픈 로그를 시각화할 수 있도록 구현하는 방법을 제시했다. 크리스티안은 초기의 모든 코드를 작성했고, 나는 그저 그래프를 다르게 설정할 수 있는 몇 가지 기능을 추가했을 뿐이다. 크리스티안에게 감사드린다. 그 외의 많은 아크사이트 동료들은 나의 로그 분석 지식 형성에 도움이 되었다. 아크사이트에서 나의 첫 상사였던 켄 티드웰은 여러 방면에서 최고의 멘토였고, 많은 부분은 내가 그를 알았기 때문에 얻을 수 있었다.

그렉 콘티는 그의 책 『Security Data Visualization』에서 두 개 장을 쓸 수 있게 해줬고, 그는 나보다 조금 먼저 이 주제로 책을 출간했다. 그렉과 나는 시각화에 대한 여러 가지 이야기를 나눴고, 둘이서 나눈 이야기는 항상 나를 자극했다. 그렉에게 감사한다.

이 책의 웹사이트(http://secviz.org)에는 이 책에서 다룬 모든 툴을 올려놓았다. 잰 먼치는 내게 연락해 DAVIX의 개발을 돕는 것을 물어봤으며, 그때 내가 얼마나 흥분했는지 모른다. 잰은 DAVIX 개발에 가장 많은 도움을 줬다. 정말 흥미로운 프로젝트였다. 잰, 도와줘서 정말 고마워.

많은 사람들과 함께 시각화를 다뤘다. 이름만 짧게 언급해보자면 제이크 바빈 (경계 침입 시각화와 관련된 몇몇 날카로운 통찰력에 감사드린다), 빈센트 비에리(위험도 시각화와 관련해 나눈 여러 가지 이야기에 감사드린다), 닐 데자이(Afterglow의 몇몇 코드에 감사드린다), 로스 그래버(컴플라이언스와 부정 행위에 대한 피드백에 대해 감사드린다. 부정 행위 감사관 안내책자는 무섭다), 데이브 앤더슨(컴플라이언스 내용을 일찍 검토해주고, 감사 전문 용어를 끈기 있게 설명해준 것에 감사드린다), **피터 학**(nfdump, 넷플로우에 관련된 질문, DoS 예제 그래프 등에 도움을 준 것에 감사드린다), **그렉 스테펜센**(트리맵을 소개해주고, 내부자 위협 작업에 자극을 준 것에 감사드린다), **마이크 머레이**(인간의 마음에 대한 나의 말도 안되는 발상을 고려해주고, '시각화' 장의 앞부분을 살펴봐준 것에 감사드린다), **어드바이저 솔루션에서 특별히 덕 코그스웰**(이 책에 삽입되어 있는 몇몇 그래프를 위해 제품을 사용할 수 있게 해준 것에 감사드린다), **랄프 로건**(책 제안서를 지지해주고, 몇몇 시각화 예제를 제공해준 것에 감사드린다), **알랭 메이어**(트리맵과 취약점 데이터 시각화에 대해 나눈 이야기에 대해 감사드린다), **케이시 다이크만**(컴퓨터 보안 이외의 시각화 예제로 나에게 자극을 주고, 내가 시각화에 대해 몇 시간 동안 늘어놓는 것을 들어야 했던 것에 감사드린다), **베스 골드만**(그래프 선택 절차를 정리하는 것을 도와준 것에 감사드린다). 그리고 http://secviz.org에 공헌한 모든 분들께 감사드린다.

나의 모든 친구들, 특히 언제나 나에게 용기를 줘 이 책을 끝낼 수 있도록 해주고, 동네 카페에서 책을 쓸 때 함께 있었던 퀸튼 존스에게 감사드린다.

그리고 내가 희망을 가질 수 있도록 해준 검토위원회에 매우 감사드린다. 아담 오도넬, 앤드류 재퀴스, 디에고 잠보니, 잰 먼치, 존 구달의 피드백은 엄청나게 놀라웠다.

또한 환상적인 작업을 함께 해준 피어슨의 모든 분들께 감사드린다. 제시카 골드슈타인과 작업을 시작했는데, 그녀는 내가 이 책을 처음 제안했을 때 망설이지 않았다. 그녀는 이 작업을 하면서 최고의 코디네이터이자 동기 부여자였고, 카렌 게트만, 앤드류 비스터, 롬니 프렌치, 크리스 잔 또한 마찬가지였다. 크리스의 피드백은 정말 가치를 따질 수 없었다.

마지막으로, 내 삶의 많은 결정을 스스로 하게 이끌어주고, 많은 격려와 지원을 해주신 부모님께 감사드린다.

나의 여정에 중요한 역할을 했던 모든 분들께 진심으로 감사드린다.

옮긴이 소개

구동언 (d.goo@eediom.com)

친구들과 빅데이터 분석 및 시각화 소프트웨어 회사인 '이디엄'을 창업해 4년째 운영 중이다. 컴퓨터 공학을 전공했으며, 이디엄을 시작하기 전엔 보안 스타트업 '엔초비'를 창업해 사회의 쓴 맛을 봤다. 엘지 트윈스, 아스날, 시카고 컵스의 팬이다.

옮긴이의 말

데이터 처리 기술은 하루가 다르게 빨리 변하고 있다. 이 책이 미국에서 처음 출간될 때만 하더라도, 하루에 한 장비로 수십 기가를 수집해 분석하는 것은 엄청난 일이었다. 하지만 이제는 하루에 서버 한 대에서 테라바이트 단위의 데이터를 수집하고, 다양한 분석을 실시간으로 수행하는 것도 가능해졌다.

데이터 처리 기술의 발전은 더 많은 영역의 데이터를 수집하고 분석하도록 이끌었다. 이렇게 다양한 데이터를 수집하고 분석할 수 있게 되었지만, 여전히 중요한 의사결정은 사람의 몫으로 남아 있다. 복잡한 데이터의 특징을 이해하는 것부터 시작해 관계를 파악하고, 업무의 맥락에 따른 이상치, 이상 행위 등을 판단하는 건 사람이 직접 데이터를 보고 결정해야 하는 것들이다.

이렇게 데이터를 직접 보고 판단함에 있어, 데이터 시각화는 데이터의 핵심을 빠르게 전달하고 이해시킬 수 있는 가장 효율적인 도구다.

이 책은 보안 업무를 위한 데이터 시각화를 자세히 설명한다. 데이터 시각화의 기본 개념부터 시작해 다양한 소스 데이터의 특성, 각종 시각화 방법의 특성, 데이터를 그래프로 만드는 절차, 다양한 보안 데이터 분석 기법 등 기본 개념과 지식을 알려준다. 더불어, 내외부의 보안 위협, 컴플라이언스 등 보안과 관련된 다양한 업무 사례에서 시각화를 이용해 중요한 내용을 어떻게 간결하고 빠르게 전달할 수 있을지도 알려준다.

이 책에서 다루는 각종 개념과 지식은 특정한 툴을 활용하기 위한 것이 아닌, 보편적인 보안 데이터 시각화를 하기 위해 필요한 것이다. 기술의 발전, 새로운 서비스의 등장, 각종 규제의 변화 등으로 인해 보안 분석의 사례는 더욱 다양해 지고 있다. 하지만 보안 데이터 시각화의 근본 개념은 변함이 없다. 그러므로 이 책에서 다루는 지식을 잘 익히고 변주할 수 있다면, 각종 보안 분석 업무를 잘 해낼 수 있을 것이라 생각한다.

마지막으로, 창업이라는 힘든 길을 같이 걷고 있는 이디엄의 모든 동료들과 번역 작업에 많은 조언을 해준 아내에게 매우 감사드린다.

구동언

차례

들어가며

이 책은 컴퓨터 보안 데이터 시각화에 관한 내용을 담고 있으며, 전자적으로 생성된 보안 데이터를 시각적으로 분석하는 방법을 단계별로 보여준다. GRC(거버넌스goverance, 위험risk, 컴플라이언스compliance)와 더불어 내부자 범죄 및 외부의 침입으로부터 보호하거나 완화하기 위해 IT 데이터들은 반드시 수집되고 분석되어야 한다. 다양한 사례에 활용하기 위해 로그 파일, 설정 파일, 그 외의 많은 IT 보안 데이터들은 분석되고 모니터링되어야 한다. 문자 형태로 데이터를 다루는 것에 비해, 시각화는 매일 생성되는 수백만의 로그를 새롭고, 더 효율적이며, 간단한 방식으로 분석할 수 있다. 시각적으로 표현하면 빠르게 이상치를 식별하고, 이상 행위를 탐지할 수 있고, 잘못된 설정이나 변칙적인 행위를 찾아내거나, 일반적인 추세를 알아내고, 데이터들 간의 관계를 파악하는 데 도움이 된다. 데이터 시각화(보안 데이터를 그림으로 변환하는 과정)는 이 문제를 해결하는 데 다른 어떤 것보다 가장 효율적인 툴이다.

"그림 하나가 1,000건의 로그만큼 가치가 있다."

현존하는 보안 및 위협 문제를 다루기 위해서는 새로운 분석 방법이 필요하다. 범죄 행위들은 이제 네트워크상에서 일어난다. 네트워크 기반의 공격들은 더욱 복잡해지고, 응용 계층에서 일어나는 공격들은 점점 더 증가하고 있다.

범죄 기법은 환경에 적응한다. 이런 발전된 기법을 다룰 수 있는 준비가 되었는가? 여러분의 내부 네트워크와 애플리케이션에서 어떠한 일이 일어나고 있는지 알고 있는가? 네트워크를 모니터링하는 것에서 더 나아가 애플리케이션에서 어떤 일이 벌어지고 있는지 면밀히 알 수 있어야 한다. 방대한 양의 데이터를 분석해야 하기 때문에, 데이터 분석을 위한 새로운 방법이 필요하다. 시각화는 이렇게 복잡한 분석에서 발생하는 문제를 해결하는 데 도움이 된다.

이 책에서 다루는 내용

나와 함께 보안 데이터 시각화를 향한 여정에 참여해보자. 먼저 "어떤 데이터인가? 어떤 정보를 담고 있고, 그 데이터에는 어떤 문제가 있는가?" 등 시각화를 필요로 하는 데이터 소스에 대한 기본적인 내용을 살펴본다. 그 다음으로는 데이터를 차트로 나타내는 여러 가지 방법들, 그리고 평행좌표 같은 좀 더 복잡한 시각화 기법을 알아본다. 어떤 시각화 방법을 써야 할지, 언제 써야 할지 등을 배우게 될 것이다. 그리고 데이터를 이용해 시각적 결과물을 만드는 과정을 단계적으로 살펴본다. 핵심적인 내용은 모두 다룬다. 정보 시각화 절차information visualization process를 소개하며, 보안 데이터 시각화를 간단한 레시피로 만들어, 이 책에서 핵심적으로 분석하는 세 가지 보안 시각화 영역인 경계 침입perimeter threat, 컴플라이언스, 내부자 위협에 적용할 것이다. 6장에서 8장까지의 내용들은 사례 중심으로, 직접 수행해볼 수 있는 내용이다. 오픈소스 시각화 툴과 라이브러리는 이 책의 맨 마지막 장에서 다룬다. 여기서 소개된 모든 툴은 이 책의 웹사이트(http://secviz.org)에 올려두었다. 이 툴들은 별도의 설치 없이 보안 데이터를 분석하는 데 활용할 수 있다.

이 책은 시각화를 직접 해볼 수 있도록 하는 안내서다. 이론적인 개념과 절차를 설명하고, 예제를 통해 여러분의 데이터에 이론을 직접 적용할 수 있게 해준다. 게다가 보안 데이터를 시각적으로 표현할 수 있는 방법을 단계별로 설명해, 데이터를 어떻게 분석하고 해석할 수 있을지 보여준다.

이 책의 목표는 여러분이 흥미를 느끼고, 자신감을 갖게 하는 것이다. 여러분은 필요한 툴과 정보를 얻어 다른 사람들보다 앞서가고, 일상적인 업무에서 시각화를 사용할 수 있다. 이 책이 다루는 예제 사례들이 자신감을 심어주고 시각화를 이용해 문제를 풀어나갈 수 있게 도와줄 것이다. 회사에서 다루지 않는 업무이거나 관심이 없는 영역(예를 들어 컴플라이언스)이 있을 텐데, 주제에 얽매이지 말고 시각화에 대해 탐구해보길 바란다. 여기서 다루는 시각화 개념들은 여러분들이 해결하고자 하는 사례에도 적합할 수 있기 때문이다.

이 책에서 다루지 않는 내용

이 책은 컴퓨터 보안 데이터의 시각화에 대해 다룬다. 바이너리 코드 또는 멀웨어(malware) 분석은 다루지 않는다. 스테가노그래피(steganography, 이미지에 정보를 숨기는 기술/과학) 또는 시스템 콜 시각화도 다루지 않는다. 이 책은 시계열 데이터와 시스템 상태 기록에 대한 것이다. 시각화된 데이터는 여러분의 조직을 좀 더 안전하게 운영하는 데 사용하는 데이터다.

이 책은 보안 데이터의 소스와 가능한 시각화 방법에 대한 개요서가 아니다. 다양한 툴과 애플리케이션에서 지원하는 시각화 방법(차트, 평행좌표, 트리맵 등)을 사용한다. 이 책은 데이터 소스별 약간의 예제 데이터와 사례를 통해 시각화가 어떻게 사용될 수 있는지를 분명하게 보여준다.

이 책의 대상 독자

이 책은 보안을 직업으로 하는 사람들과 직접 데이터 시각화를 해보고자 하는 사람들에게 보안 데이터를 분석하는 새로운 방법들을 소개한다. 경계 침입 사건을 분석하든, 내부자 위협을 조사하든, 아니면 컴플라이언스 모니터링이나 리포팅에 책임이 있든 간에 이 책은 의미 있을 것이다.

이 책은 독자 여러분이 이 책에 나오는 펄과 유닉스 스크립트를 따라가기 위해, 기본적인 프로그래밍을 이해하고 있다고 가정한다. 아마도 여러분들은 네트워크에 대한 기본적인 개념에 익숙할 것이고, 로그 파일도 본 적이 있을 것이다. 이 책을 읽기 위해 IT 보안 전문가나 컴플라이언스 전문가일 필요는 없다. 기본적인 개념을 이해하는 데는 도움이 되지만, 그것이 이 책을 읽기 위한 전제조건은 아니다. 무엇보다 열린 마음으로 이 책을 읽기 바란다. 시각화가 여러분의 일상 업무에 어떻게 도움이 될지 탐구해보자.

이 책의 구성

이 책은 간단하게 구성되어 있다. 먼저 기본적인 시각화 및 데이터 도식화 개념을 다룬다. 그리고 개념과 보안 데이터를 합쳐서 살펴보고, 보안 문제에 어떻게 적용할 수 있을지 알아본다. 각 장은 다음 내용을 다룬다.

1장, 시각화 시각화는 이 책의 핵심 주제다. 시각적으로 효과적인 그래프를 만들기 위해 기본적인 시각화 개념과 그래프 디자인 원칙을 알아본다.

2장, 데이터 소스 시각화는 데이터 없이 수행할 수 없다. 컴퓨터 보안에 관련된 각종 데이터 소스를 살펴본다. 다양한 장비가 생성하는 데이터 종류와 데이터를 파싱하는 방법, 각 데이터 소스와 관련된 몇 가지 문제를 알아본다.

3장, 자료의 시각적 표현 여러 가지 방법으로 데이터를 시각화할 수 있다. 이 장에서는 다양한 형태의 시각화를 자세히 설명한다. 먼저 그래프의 일반적인 특성을 살펴보고, 이 특성이 정보를 표현하는 데 어떻게 도움이 되는지 알아본다. 그리고 차트, 박스 플롯, 평행좌표, 링크 그래프, 트리맵 등 개별 시각화 방법도 살펴본다. 마지막으로 데이터를 시각화해야 할 때 어떻게 적합한 그래프를 선택할 것인지를 논의하며 마무리한다.

4장, 자료를 그래프로 만들기 정보 시각화 절차를 알아보며, 데이터를 어떻게 취하고, 시각적으로 표현할지를 단계별로 자세히 설명한다. 또한 시각적으로 표현된 결과를 해석하는 방법 및 유닉스 스크립트와 펄 등의 여러 가지 툴을 이용해 데이터를 처리하는 다양한 방법을 알아본다.

5장, 시각적 보안 분석 보안 데이터를 시각적으로 분석하는 것은 크게 세 가지, 리포팅, 과거 분석, 실시간 모니터링으로 분류한다. 과거 분석은 다시 시계열 분석, 상관관계 그래프, 인터랙티브 분석, 포렌식 분석 이 네 가지로 나눌 수 있다. 5장에서는 이 주제들을 설명한다.

6장, 경계 침입 활용 사례를 모아놓은 장이다. 먼저 트래픽 흐름 분석이 관련된 활용 사례를 다룬다. 웜을 탐지하는 것부터, 서비스 거부 공격을 고립시키는 것, 트래픽 기반의 정책을 모니터링하는 것까지 모든 것을 알아본다. 이 활용 사례는 방화벽 로그로 이어진다. 방화벽 로그를 분석할 때엔 용량이 큰 방화벽 로그를 먼저 분석해야 한다. 두 번째로 방화벽 로그를 활용해 룰 셋을 평가하고, 잠재적인 보안 취약점 또는 잘못된 설정을 찾는다. 침입 탐지 시그니처 조정과 무선 접근 로그 분석이라는 두 가지 활용 사례는 네트워크 계층의 데이터를 다루는 일이다. 이어서 응용 계층의 데이터를 살펴본다. 먼저 이메일 서버 로그를 분석해 오픈 릴레이를 찾고, 이메일 기반 공격을 탐지한다. 그 다음, 이메일 전달 기록을 이용해 소셜네트워크를 분석한다. 취약점 스캔 데이터 시각화를 살펴보는 것으로 마무리한다.

7장, 컴플라이언스 먼저 로그 분석의 측면에서 컴플라이언스를 설명한다. 통제 목표와 정책의 기초를 다루고, 기업들에게 로그를 수집하고 분석하기를 요구하는 연방 또는 산업별 규제를 살펴본다. 그 다음엔 시각화가 컴플라이언스를 위한 감사 데이터 분석에 어떻게 도움이 되는지 설명한다. 이런 절차들을 살펴보니, 각 업무 절차의 중요도를 평가하기 위해 각 절차에 대응하는 로그 파일을 연관

짓는 것이 필요해졌다. 이것은 위험 관리로 이어지며, 위험 중심의 보안 시각화를 어떻게 만드는지 보여준다. 컴플라이언스 활용 사례인 '응용 측면에서 직무 분리 시각화'와 '데이터베이스 모니터링' 이 두 가지를 살펴보며 마무리한다.

8장, 내부자 위협 외부에서 내부로 공격하는 것을 살펴보는 대신, 내부자 위협은 경계 내부를 모니터링하는 것에 집중한다. 먼저 이 주제를 설명하고, 내부자 위협이 가진 다른 측면, 가령 누가 보통의 내부자인지 등을 살펴본다. 그리고 각 개인들을 평가하고 모니터링하는 데 도움이 되는 탐지 프레임워크를 설명한다. 전조증상을 사용해 잠재적인 악의적 내부자를 탐지하고 사용자의 수상한 행동을 찾아낼 수 있다. 내부자 탐지 절차에서 시각화는 핵심 요소다.

9장, 데이터 시각화 툴 시각화 툴에서 사용되는 데이터 포맷을 간단히 설명하고, 시각화 툴과 라이브러리를 살펴본다. 이어서 프로그램에 내장할 수 있는 20가지 정도의 오픈소스 시각화 라이브러리를 알아본다. 여기에서 소개되는 모든 툴은 웹사이트(http://secviz.org)에서 DAVIX the Data Visualization and Analysis Linux로 제공된다.

준비 사항

이 책에 나온 코드를 실습하기 위해서는 afterglow 1.6.2 버전과 ChartDirector for Perl이 필요하다. AfterGlow 1.6.2 버전은 sourceforge.net에서, ChartDirector for Perl은 www.advsofteng.com에서 다운로드할 수 있다.

컬러 이미지 다운로드

색은 정보 시각화에서 핵심 요소다. 색상은 굉장히 중요한 요소이기 때문에, 이 책의 도서 정보 페이지인 http://www.acornpub.co.kr/book/visual-securiy

에서 컬러 이미지를 다운로드할 수 있다. 이 컬러 이미지를 통해 색이 시각화의 가독성을 어떻게 높이는지 알 수 있을 것이다.

독자 의견과 정오표

이 책의 한국어판에 관한 질문은 이 책의 옮긴이나 에이콘출판사 편집팀(editor@acornpub.co.kr)으로 문의해주길 바란다. 정오표는 에이콘출판사의 도서 정보 페이지 http://www.acornpub.co.kr/book/visual-securiy에서 관련 내용을 찾아볼 수 있다.

1
시각화

"내 두 눈으로 직접 봤다."

이 말은 확실함과 확신을 말하고, "직접 들었다."라는 표현보다 더 강한 믿음을 전달한다. 종종 화자가 내막까지도 알고 있다는 뜻으로도 쓰인다. 그리고 우리는 이런 확신이 믿을만하다고 여긴다. 누군가 보았다면, 실제로 일어난 일임이 분명하다. 사람들이 우리가 분석한 보안 정보를 이런 확신을 갖길 바란다. 또한 사람들이 우리의 결과물을 보고, 경험을 함께 공유해보길 바란다. '백문이 불여일견'이라 했다. 시각적으로 표현된 데이터는 방대하고 자세한 내용을 직관적이고 파악하기 쉬운 형태로 전달한다.

인간의 뇌는 다른 감각보다 시각에 집중되어 있어, 엄청난 양을 한 번에 읽고 이해할 수 있다. 사람의 뇌는 시각을 통해 파악한 내용을 즉각 처리할 수 있기 때문에, 정보 시각화는 자료를 정보나 지식으로 전환하는 유용하면서 또한 종종 필요한 툴이다.

이미지는 많은 면에서 말이나 글과는 다르다. 이는 전달할 수 있는 정보의 양 때문만은 아니다. 인간에게는 '비판'과 '의심'이라는 흥미로운 현상이 있기 때문이다.[1] 누군가의 말을 듣거나 책을 읽을 때, 여러분은 동시에 "이게 정말일까? 내가 겪었던 일과 일치하는가?"라고 생각하게 된다. 그러나 사진을 볼 때는 곧바로 의심하진 않는다, 그러나 좀 더 자세히 살펴보고 분석하면, 그 사진에 대한 의문을 품게 된다. 어떤 이유일까?

뇌는 이미지를 분석하고 이해하기에 앞서, 먼저 이미지 주변의 문장과 단어를 조합한다. 이미지, 정확히 말하면 색은 문장의 형태로 받아들인다.[2] 이미지를 더 오래 바라볼수록, 뇌는 더 많은 문장을 만들어낸다. 그리고 문장이 많아질수록, 의심이 생길 여지가 많아진다.

이것이 과연 시각화와 어떤 관련이 있을까? 정보를 시각화할 때, 가능한 간단하고 간결한 결과물을 만들어야 한다. 또한, 시각화 자료를 보는 이가 그래프를 해석하기 위해 가능한 많은 생각을 하지 않도록 해야 한다는 것이다. 이는 시각화된 자료를 분석하고 이해하는 시간을 절약해줄뿐 아니라, 의심의 여지를 최소화하는 역할도 한다.

1장에서는 시각화를 다룬다. 또한 왜 보안 정보를 시각화해야 하는지, 그리고 정보를 시각화하기 위해 기본적으로 알아둬야 할 기본 원리를 설명한다.

시각화란 무엇인가?

'백문이 불여일견'이라는 속담이 있다. 이미지는 정보를 효과적으로 전달하기 위해 사용된다. 사진 한 장에 일몰의 아름다움을 온전히 담을 수 있다. 그러나

---

1 에드가 바넷(Barnett, E. A.), 「Analytical Hypnotherapy: Principles and Practice」(Westwood Publishing, 1989)

2 프랭클린(A. Franklin) 외, "From the Cover: Categorical perception of color is lateralized to the right hemisphere in infants, but to the left hemisphere in adults," PNAS 105, 2008, 322–325

일몰의 아름다움을 문자로 표현하는 것은 거의 불가능에 가깝다. 보안 분야에 적용한다면 다음처럼 표현할 수 있다.

"그림 한 장이 수천 개의 로그보다 낫다."

공격이 어떻게 진행되었는지 설명하기 위해, 로그 파일을 제시하는 대신, 로그 파일을 시각화한 그림 한 장을 보여줄 수 있다. 그림을 이용한다면, 한눈에 로그의 내용을 전달할 수 있다. 그림을 보는 사람은 원본 로그를 살펴보는 데 소요되는 시간에 비하면 거의 시간을 들이지 않고도 내용을 이해할 수 있다.

보안 분야에서 시각화란, 로그 내용을 가공해 그림으로 만들어내는 과정이며, 로그 데이터를 어떻게 시각적으로 표현할 것인지 정의하는 것이다.

왜 시각화를 하는가?

왜 시각화가 중요한가? 인간의 시각은 그 자체로 굉장히 강력하고 정밀한 패턴 분석기이기 때문이다. 눈가 대뇌의 시각피질이 거대한 병렬 프로세서로 동작하면서 엄청난 대역폭의 데이터를 인간 인지 체계로 전달한다.

– 콜린 웨어(Colin Ware), 『Information Visualization: Perception for Design』의 저자

시각화된 자료는 많은 양의 정보를 한꺼번에 전달할 수 있다. 우리가 접하는 대부분의 정보는 문자로 구성되어 있다. 그러나 뇌가 문자를 처리하는 일은 매우 힘들기에, 이런 자료에서 핵심을 빠르게 파악하기란 쉽지 않다. 반면 사진이나 그림은 놀라울 정도로 빠르게 처리할 수 있다. 사진과 그림은 많은 정보를 담을 수 있다. 또한 많은 양의 내용을 사람에게 전달하는 데도 더 적합하다. 그림은 모양, 색, 크기 상대적 배치 등을 이용해 정보를 담을 수 있으며, 이런 방법으로 더 많은 정보를 전달할 수 있다.

다양한 분야에서 분석하고, 처리하며, 전달하는 자료의 양이 급속하게 증가하는 정보 홍수의 시대에 살고 있다. 데이터베이스, 웹사이트, 이메일, 문서 등 정보의 절대 다수가 문자로 구성되어 있는데, 이런 자료들을 처리하려면 새로운 방법이 필요하다. 자료를 다뤄야 하는 사람은 자료를 이해하고, 분석하고, 기억하기 위해 관련 정보를 시각적으로 보여주는 기법이 필요하다. 방대한 양의 자료를 살펴보는 것은 정보를 찾고, 결과를 살펴보는 과정에 필수적이다. 그렇기에 인터랙티브한 시각화 과정은 필수적이다. 이는 시각화가 단순히 많은 양의 정보를 전달하는 것뿐만 아니라, 문서 자료와는 다르게 방대한 자료에 숨겨진 관계를 파악할 수 있어야 한다는 것이다. 이렇게 숨겨진 관계를 파악하는 것 역시 시각화에 있어 필수적이다.

프렌드 휠Friend Wheel은 가장 많이 쓰이는 시각화 애플리케이션의 좋은 예로, 페이스북Facebook[3]상의 모든 친구들을 시각화하는 부가 기능이다(그림 1.1 참조). 페이스북의 친구들이 원에 배치되고, 친구들이 서로 아는 사이인 경우 선으로 연결된다. 사용자가 친구들과 친구 그룹에 대해 일일이 서술할 필요 없이, 이 시각화 기능만으로 모든 친구 관계를 단순하고 이해하기 쉬운 형태로 정리할 수 있다.

---

3 페이스북(http://facebook.com)은 소셜네트워킹 플랫폼이다.

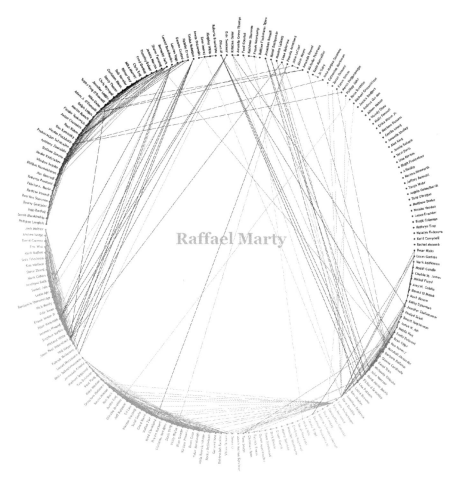

그림 1.1 프렌드휠은 페이스북 친구 관계를 시각화해준다

    다양한 분야에서 자료 시각화가 필요한데, 프렌드 휠은 시각화가 어떻게 활용될 수 있는지 보여주는 좋은 예제다. 특히 어떤 분야보다도 자료가 폭발적으로 증가하는 컴퓨터 보안 분야는, 시각화가 절실히 필요하다. 보안 분석가들이 분석하고 이해해야 하는 자료는 끝없이 증가하고 있는데, 살펴봐야 할 정보의 범위가 넓어졌기 때문이다. 단순히 네트워크 기반 장비의 로그뿐만 아니라, 방화벽/침입탐지 시스템 능의 로그도 살펴봐야 한다. 오늘날에는 네트워크 계층부터

애플리케이션까지 전체 구조를 분석해야 하는데, 이 과정에서 인간이 처리할 수 없을 정도의 엄청나게 많은 양의 자료가 만들어진다.

시각화의 이점

만약 수만 건에 달하는 거대한 로그 파일을 분석해 본 적이 있다면, 로그 분석이 얼마나 어려운 일인지를 알 것이다. 텍스트 기반 툴에 비해, 시각화 툴은 많은 이점을 가지고 있고, 이런 이점을 이용해 분석 작업을 훨씬 용이하게 하는데, 이는 사람이 텍스트보다 이미지를 더 효과적으로 이해할 수 있기 때문이다. 인간은 이미지를 자세히 살펴보고, 인식하고 기억하는 일을 신속하게 할 수 있다. 덧붙여, 인간의 뇌는 놀라울 정도로 뛰어난 패턴 인식기이며, 또한 크기, 색, 모양, 움직임, 질감의 변화를 효과적으로 감지할 수 있다. 시각화의 이점은 다음과 같다.

- **질문에 대한 응답**: 텍스트 데이터를 간신히 파악하거나, 개별 요소 간의 관계를 일일이 기억하는 대신에, 시각화를 이용해 관련 정보를 포함한 형태의 간단한 이미지를 만들어, 특정한 자료에 대해 가지고 있던 궁금증을 풀 수 있다.

- **새로운 질문**: 흥미롭게도, 시각화된 정보는 보는 사람으로 하여금 새로운 질문을 할 수 있도록 한다. 사람은 시각화된 자료를 보고, 자료를 만들던 시점에서 의도하지 않았던 패턴을 종종 발견하고 질문을 하게 된다. "바깥에 있는 이건 뭐지?", "이 장치들은 왜 서로 통신을 하지?"

- **탐색과 발견**: 자료를 시각화하는 것은 자료를 조사하고 살펴보는 새로운 방법이다. 시각화된 정보는 주어진 자료에 대해 새로운 시점을 제공한다. 여러 그래프와 설정은 자료의 다양한 특성을 강조하며, 기존에 파악하지 못했던 정보를 보여준다. 자료의 특성과 상호관계가 이미 잘 알려져 있다면, 시각화를 하지 않아도 자료의 성질을 알 수 있다. 그러나 특성과 상호관계를 미리 알아두어야 한다. 시각화 툴은 이런 특성과 상호관계를 파악하는 작업에도 적

합하다. 인터랙티브한 시각화 과정은 좀 더 상세하게 특성을 파악하고, 자료의 숨겨진 특성을 찾을 수 있다.

- **의사결정 지원:** 시각화는 방대한 양의 자료를 신속하게 분석하고, 의미 있게 가공할 수 있다. 이러한 시각화 툴을 거친 많은 양의 자료를 바탕으로 의사결정을 할 수 있다. 상황을 파악하는 것은, 의사결정을 함에 있어 가장 중요한 툴이다.

- **정보 전달:** 전달이라는 측면에서, 시각적으로 표현된 자료는 문자로 된 로그 파일보다 훨씬 효과적이다. 텍스트 자료를 이해하는 것보다, 훨씬 더 효율적이고 신속하게 이야기를 전달할 수 있다. 또한 그림은 이야기를 전달하는 강력한 툴이다. 문자만으로는 만화의 느낌을 전달할 수 없다.

- **효율성 증대:** 수천 줄의 로그에서 헤매는 것보다, 자료의 특정한 특성을 그래프로 표현하는 것이 경향과 예외를 파악하기에 훨씬 효율적이다. 또한 로그 파일을 분석하는 데 드는 시간을 극단적으로 줄일 수 있다. 단순한 작업의 굴레에서 벗어나, 자료에서 나타난 패턴과 관계에 대해 고민할 수 있다. 그리고 새로운 기법을 탐지하고 대응하는 과정을 좀 더 신속하게 할 수 있다. 그리고 더 적은 인원으로 더 많은 자료를 다룰 수 있다.

- **영감:** 이미지는 영감을 준다. 이 책에 있는 데이터를 시각적으로 분석하면서, 새로운 시각화 방법, 자료를 접근하는 다양한 방법을 알게 되었다. 가끔은 새로운 방법이 의미가 없는 경우도 있지만, 많은 경우 새로운 의미를 찾거나, 다루는 정보에 대해 더욱 잘 이해할 수 있게 되었다.

지금까지 시각화의 장점을 알아보았다. 보안에서 시각화가 어떤 쓰임새를 지닐 수 있는지 알아보자.

보안 시각화

보안 시각화는 새로운 분야며, 지금까지 이루어진 성과는 별로 많지 않다. 보안 문제를 분석하기 위해 엄청난 양의 자료가 필요하다는 사실을 생각해본다면, 시각화는 좋은 접근 방법이다.

- IT 환경에서 수집되는 자료의 양은 계속 증가하고 있고, 이를 다루기 위한 새로운 방법과 툴이 필요하다.

- 이벤트와 로그를 분석하는 것은 보안 분석가들에게 네트워크, 호스트, 애플리케이션, 비즈니스 프로세스를 분석하고 이해하기 위한 주된 툴로 자리매김 하고 있다. 이런 작업은 엄청난 양의 자료를 분석해야 한다.

- 컴플라이언스는 정규적인 로그 분석 작업을 요구한다. 이런 작업을 수행하기 위해 분석가들은 좀 더 낫고 효율적인 툴을 필요로 한다.

- 범죄의 영역이 바뀌고 있다. 공격은 점차 고도화되고 있다. 네트워크 기반의 공격은 더 이상 보안 문제의 주된 원인이 아니다. 오늘날 공격은 점차 애플리케이션으로 넘어가고 있다. 웹 2.0, 인스턴트 메신저 공격, 사기, 정보 가로채기, 크라임웨어crime-ware 등은 다양한 공격 방법이 만들어지고 있다. 이런 공격은 수집하고 분석해야 할 엄청난 양의 자료를 만들어낸다.

- 오늘날, 보안 관리자는 임의로 발생하는 보안 사고가 아닌, 공격자들의 의도적인 공격을 대비해야 한다. 공격자들은 애초에 공격할 대상을 확실히 정하고, 보안 장비들을 의도적으로 회피할 수 있다. 그렇기에 보안 관리자는 적극적으로 로그 파일을 분석하며 대비해야 한다.

대량의 로그 자료를 분석해야 하기 때문에, 방화벽이나 침입 탐지 시스템과 같은 고전적인 보안 장비는 점차 차트와 그래픽을 이용하는 보고서 기능과 대시보드 기능을 추가했다. 대부분의 경우, 이런 기능은 정보를 사용자에게 일방적으로 전달하는 역할을 할 뿐, 사용자가 정보를 탐색하는 기능은 원하지 않는다. 게다가 대부분의 경우 매우 기초적인 수준에 지나지 않으며, 많은 경우에 적시에 필요한 정보를 보여주지 못한다. 아직까진 보안 장비를 설계하는 과정에서 시각화를 고려하는 경우가 많지 않다. 그러나 업계에서 시각화 툴을 이용하면 사용자의 업무가 극적으로 간단해지고, 장비가 경쟁력을 갖출 수 있다는 것을 조금씩 알게 되면서 이런 문제가 조금씩 개선되고 있다.

그러나 이런 장비에 포함된 시각화 툴의 문제점은, 특정 장비에만 맞춰져 있어, 해당 장비에서 수집되거나 생산된 자료만을 한정적으로 시각화할 수 있다는 것이다. 그러나 보안관리자는 이런 장비뿐만 아니라, 이런 장비가 지원하지 않는 다양한 장비의 자료를 시각화해야 한다. 그렇기에 로그를 모으고, 자료를 분석할 새로운 방법이 필요하다.

보안 시각화의 이분법

대부분의 보안 시각화 툴은 내가 보안 시각화의 이분법이라 부르는 현상의 피해자다.

상당수의 보안 시각화 툴은 시각화 이론과 HCI를 전혀 모르는 보안 관계자가 만들고, 나머지는 컴퓨터 보안이나 OS, 네트워킹 등 관련 분야를 전혀 모르는 시각화 전문가가 만든다. 결과적으로 보안 시각화 툴은 '보안에 대한 이해'와 '효율적인 시각화'라는 두 마리 토끼 중 하나만을 잡은 꼴이 되고 만다.

보안 시각화의 전문가는 보안과 시각화 두 가지 모두를 이해해야 한다. 보안 영역은 비트와 바이트, 익스플로잇, 보안 정책, 위험, 컴플라이언스 요구사항 등으로 이루어져 있다. 전문가가 사용하기 편리하고 효과적인 툴을 만드는 것은 물론, 기술적인 정확성을 확보하기 위해 이 개념을 절대적으로 이해해야 한다. 시각화 지식 영역은 시지각과 인터페이스 디자인을 망라한다. 보안과 시각화, 이 두 개념은 유용한 보안 시각화 툴을 만듦에 있어 필수적이다. 보안 전문가가 시각화 툴을 제작했을 때 어떤 일이 벌어지는지는 모두 잘 알고 있을 것이다. 3차원 파이 차트, 그림자 효과가 더해진 막대형 차트, 도대체 읽을 수 없는 범례 등이 흔하게 보이게 된다. 완전 반대의 경우도 겪어 보았을 것이다. 시각적으로 아름다운 프로그램이 완성되었지만, 보안 전문가들이 현장에서 마주치는 애플리케이션, 혹은 현장에서 발생하는 문제와 유사하지 않은 경우를 상정하고 제작되어 프로그램이 사실상 쓸모 없게 되는 경우 말이다.

보안과 시각화를 이분법으로 나누거나 단절시키면 안 된다. 우리는 이 두 가지 요소를 고르게 발전시키고, 양자를 모두 전문적인 수준으로 이해하고 적용할 수 있는 보안 시각화 커뮤니티를 지향해야 한다. 이 책이 두 분야 사이의 공백을 메꾸는 가교 역할을 할 것이라고 주장하는 것은 아니다. 그러나 이 책은 두 분야를 균형된 시각으로 다루고자 노력했다. 이 책에 수록된 대부분의 논의는 실제 사례를 기반으로 제작되었다. 이 논의를 통해 보안과 시각화 분야에서 발생하는 문제를 균형 있게 고민해보길 바란다.

시각화 이론

아마도 이 책을 읽는 대부분의 독자는 시각화보다는 컴퓨터 보안에 좀 더 익숙할 것이다. 그러므로, 상대적으로 이해도가 낮은 시각화 분야의 이론을 먼저 살펴보자. 이를 통해 독자들은 기초적인 시각화 이론을 이해하고, 어떤 표현이 이해하기 쉬운지, 그리고 어떤 표현이 끔찍할 정도로 알아보기 힘들어 정보 전달에 실패하는지 알 수 있을 것이다.

시각화 이론에 관한 이 책의 모든 절을 읽더라도, 시각화 전문가가 되는 것은 절대 아니다. 수많은 책이 시각화를 다룬다. 이 책에서 시각화 이론을 다루는 목적은 시각화 이론의 개관을 소개하고, 여러분이 장차 보안 시각화 분야에서 업무를 수행할 때 도움이 될 몇몇 개념을 알려주는 것이다. 이 주제에 대해 조금 더 깊은 이해를 하고 싶다면, 다음 책을 읽어볼 것을 추천한다.

- 콜린 웨어_{Colin Ware}의 『Information Visualization: Perception for Design』
  (San Francisco: Morgan Kaufmann Publishers, 2004)
  이 책은 시각화 이론에 대해 탁월한 시각을 제공한다.

- 로버트 해리스_{Robert L. Harris}의 『Information Graphics: A Comprehensive
  Illustrated Reference』, (New York & Oxford: Oxford University Press, 1999)
  시각화 용어와 개념에 대한 좋은 참고 도서다.

- 『Envisioning Information』(Cheshire, CT: Graphics Press, 1990)
  『Visual Explanations』(Cheshire, CT: Graphics Press, 1997)
  『The Visual Display of Quantitative Information』(Cheshire, CT: Graphics
  Press, 2001)
  『Beautiful Evidence』(Cheshire, CT: Graphics Press, 2006)
  에드워드 투프티 책 네 권은 시각화에 대한 뛰어난 정보를 제공하는 좋은 책
  이다. 시각화 역사부터 그래프를 만들기 위한 간소한 디자인 원칙까지 모든
  것을 다룬다.

데이터 시각화에 있어 첫 번째이자 가장 중요한 주제는 시지각_{visual perception}
이다.

지각

인간의 지각_{perception} 체계는 독특한 규칙을 가지고 있다. 우리는 지각 체계가 인
지하는 방식으로 만들어진 정보에서 패턴을 손쉽게 알아볼 수 있지만, 올바르
지 않은 방식이라면 패턴을 쉽사리 알아보기 힘들다. 만약 지각 체계가 어떻게
동작하는지 이해한다면, 이 지식을 활용해 정보를 제시하는 방법과 규칙을 만들

수 있다. 지각 체계의 동작원리를 이용해, 자료를 중요한 부분과 필요한 정보를 담은 패턴으로 가공할 수 있다. 이런 원리를 따르지 않는다면, 자료는 이해할 수 없거나 보기 좋지 않은 형태가 될 것이다. 자료를 시각화하는 가장 좋은 방법은 무엇일까? 어떤 색이 중요한 특성을 전달하는 데 가장 도움이 될까? 모양과 배치를 활용하면 지각을 더 개선시킬 수 있을 까? 이 영역에 대한 많은 연구가 진행됐다. 에드워드 투프티Edward Tufte[4]와 재키 배르탱Jacques Bertin[5]은 시지각 분야를 개척하진 않았지만, 시지각의 원칙을 대중적으로 알린 현대 시지각의 권위자다.

사람이 이미지를 볼 때, 시각체계는 일부 요소를 즉각 파악한다. 이 요소에 '사전 인지 시각 특성pre-attentive visual properties'이 첨가되어 있어, 이것을 파악하기 위해 의도적으로 살펴볼 필요가 없다. 시각 특성은 모양, 형태, 방향 등 자료를 표현하는 여러 가지 방법을 의미한다. 어떤 시각 특성은 독자가 이미지를 오랫동안 처리해야 인지하고 이해할 수 있다. 그러나 사전 인지 특성은 즉시 파악할 수 있으며, 이는 즉각적으로 독자의 주의를 끌 수 있다. 그림 1.2는 사전 인지 과정을 설명하기 위해 사용하는 가장 흔한 예다. 왼쪽의 그림에선 숫자 8을 찾기가 상당히 어렵지만, 오른쪽에선 색을 이용해 숫자 8을 시각적으로 구분하기 쉽게 만들었다. 그림을 보면 바로 식별 수 있다.

```
18240987120097 | 18240987120097
90723098273093 | 90723098273093
08023497293694 | 08023497293694
24702394628346 | 24702394628346
```

그림 1.2 위 숫자에서 8은 몇 개나 있을까? 왼쪽 그림은 모든 숫자를 살펴봐야 한다. 반면 오른쪽 그림은 8이 다른 색으로 표시되어 있어, 사람의 사전 인지 능력을 즉각 사용한다

---

4 http://www.edwardtufte.com

5 http://portal.acm.org/citation.cfm?id=1095597

사전 인지 시각 특성은 형태, 색, 위치, 움직임 4가지로 나뉜다.[6] 각 특성은 다양한 시각 속성으로 구성된다. 예를 들어 형태는 방향, 크기, 모양 3가지 속성을 사용해 정보를 강조한다. 색은 색상과 명암 2가지 속성을 이용한다. 그림 1.3은 사전 인지 시각 속성이 어떻게 정보를 좀 더 효과적으로 표현하는지 보여주는 예제다. 이미지의 중요 정보는 이 속성을 활용해, 독자가 이미지를 오랫동안 분석하지 않고 즉각적으로 받아들일 수 있도록 해야 한다.

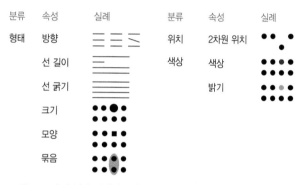

그림 1.3 사전 인지 시각 속성을 이용해 정보를 시각적으로 강조한 예

다양한 특질dimension을 한 번에 표현한다면, 여러 전주의적 요소가 혼합될 수 있다. 그러나 문제는 사람의 뇌가 특정한 요소 혼합은 쉽게 처리할 수 없기에, 모든 요소를 쉽게 혼합하진 못한다는 것이다. 요소 중 잘 혼합되는 요소는 분리 가능한 특질, 그렇지 않고 잘 혼합되지 않는 요소는 통합적 특질이라 부른다.

만약 한 그림에서 2개의 통합적 특질을 이용해, 서로 다른 두 가지 정보를 동시에 표현한다면, 사람의 뇌는 이 두 가지를 분리하지 못하고 하나로 받아들인다. 그림 1.4는 이 현상의 예로, 왼쪽에는 2개의 통합적 특질이다. 왼쪽 그림의 타원은 높이와 너비, 두 가지 통합적 특질을 이용해 정보를 표현한다. 이 경우,

---

6 사전 인지 시각 특성에 대해 좀 더 자세히 일고 싶다면, 콜린 웨어의 『데이터 시각화, 인지과학을 만나다』(에이콘, 2015)를 살펴보면 된다.

타원의 높이와 너비를 분리해 이해하는 것은 난해한 작업으로, 이미지를 분석하고 이해하기 위해 오랫동안 처리를 해야 한다. 반면 그림 1.4의 오른쪽 그림은 색과 위치라는 2개의 분리 가능한 특질이다. 분리 가능한 특질은 독자가 서로 다른 시각 요소를 신속하게 분류할 수 있도록 한다 이 그림을 보는 독자는 즉각적으로 회색 원과 검은 원, 그리고 좌측 상단의 그룹과 우측 하단의 그룹을 분리해 인식할 수 있다.

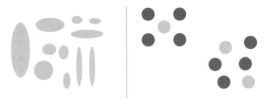

그림 1.4 왼쪽은 넓이와 높이, 2개의 통합적 특질을 이용해 정보를 표현했다. 오른쪽은 색과 위치, 2개의 분리 가능한 특질을 이용했다

지각은 강력한 화면을 만들기 위해 알아두어야 할 시각 특성 중 하나일 뿐이다. 표현력 있고 효과적인 그래프를 만드는 데 필요한 두 가지 원칙을 알아보지. 이 두 가지 원칙을 알아본 다음, 시각화 과정에서 지켜야 할 다른 그래프 원칙에 대해 알아보자.

표현력 있고 효과적인 그래프

이해하기 쉽고 파악하기 쉬운 그래프를 만들기 위해선 표현성과 유효성이라는 두 가지 원칙이 필수적이다. 이 원칙을 따르지 않으면, 그래프는 혼란을 주거나, 아예 엉뚱한 것이 된다.

표현성

맥킨리 기준Mackinlay Criterion[7]이라 불리는 2개의 원칙을 이용해 그래프의 가독성과 효율성을 향상시킬 수 있다. 첫 번째 원칙은 맥킨리의 표현성 기준이다.

> 어떤 언어의 문장(즉 시각화)이 표현하는 것이 데이터의 모든 사실과, 데이터의 유일한 사실을 다루고 있다면, 일련의 사실은 시각 언어로 표현될 수 있다.

굉장히 이론적인 것 같은 표현이지만, 자세히 살펴보자. 그림 1.5에서 막대 그래프의 길이는 실제 데이터를 표현하는 것이 아니다. 즉, 표현성 기준을 지키지 않고 있다는 것이다. 비록 이 예시가 너무 뻔한 것이지만, 그래프를 디자인할 때 이 원칙을 항상 염두에 두자. 그래프를 만든 이후엔, 그래프가 실제 전달하는 것이 무엇인지 치열하게 고민해보라.

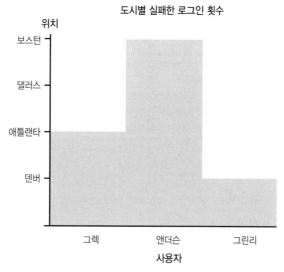

그림 1.5 이 그림은 맥킨리의 표현성 기준을 위반하는 사례다. 이 그래프는 실제 데이터를 사실 그대로 표현하는 것이 아니다. 이 자료는 막대 그래프가 아닌 간단한 표 형태의 그림을 이용해 표현해야 하는 것이다

---

7 맥킨리(Mackinlay J), "Automatic Design of Graphical Presentations" 스탠포드 컴퓨터 공학부 박사 논문, 1986년

유효성

맥킨리의 두 번째 기준은 다음과 같다.

> 다른 시각화보다도, 정보를 빨리 인식할 수 있는 시각화 방식이 효과적인 시각화다.

이에 대해선 이 장의 논의를 통해 다루도록 하자. 지금까지 살펴본 원칙들을 모두 적용함으로써, 맥킨리의 유효성 원칙에 기반한 좀 더 효과적인 시각화에 한 걸음 더 다가갈 수 있을 것이다.

그래프 디자인 원칙

읽기 쉽고, 효율적이고, 효과적인 그래프를 만들기 위해서는 몇 가지 간단한 디자인 가이드라인에 주의를 기울여야 하는 것은 물론, 다른 그래프 디자인 원칙을 충분히 이해해야 한다.

- 데이터와 무관한 잉크를 줄여라.
- 속성을 두드러지게 나타내라.
- 게슈타트 원칙
- 예외를 강조하라.
- 비교를 보여줘라.
- 자료에 주석을 달아라.
- 인과 관계를 보여라.

이 원칙을 그래프에 적용하면, 그래프가 미적으로 향상되는 것뿐만 아니라, 이해하기 쉽도록 더욱 단순해진다.

데이터와 무관한 잉크를 줄여라

내가 배운 중요한 교훈 중 하나는 에드워드 투프티로부터 배운 것이다. 그는 자신의 저서 『The Visual Display of Quantitative Information』에서 자료-잉크 비율에 대해 언급했다. 자료-잉크 비율은 그래프에서 자료를 표현하기 위해 사용된 잉크 양을 전체 그래프를 표현하기 위해 소모된 잉크의 양으로 나눈 것이다. 예를 들어, 임의의 막대 그래프가 있다고 하자. 이 막대 그래프에 테두리, 수많은 그리드 라인이 있고, 축에 수많은 점이 찍혀 있다면 자료와 무관하게 사용되는 잉크의 양이 늘어난 셈이다. 3차원 막대와 배경 그림은 이 원칙을 위배하는 최악의 경우이므로, 사용하지 않아야 한다. 3차원 막대나 배경 그림이 그래프의 가독성을 향상시키지도 않고, 정보를 더 명확하게 전달하지도 않는다. 데이터와 무관한 잉크를 줄여라. 이는 단순하지만 강력한 원칙이다. 그림 1.6은 이 원칙을 적용함으로써 그래프가 어떻게 달라질 수 있는지 보여준다. 두 그래프는 같은 자료를 이용해 만들어졌지만, 우측 그래프가 훨씬 더 가독성이 좋다.

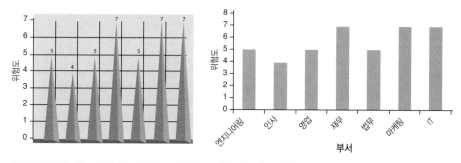

그림 1.6 자료-잉크 비율 및 자료 잉크 비율을 조절한 경우 가독성이 어떻게 개선되는지 보여주는 예

속성을 두드러지게 나타내라

지각에 대한 내용을 앞에서 간단히 다룬 바 있다. 지각에 대한 원칙 중 하나는, 정보를 표현하기 위해 사용하는 서로 다른 속성의 개수에 관한 것이었다. 예를 들어 여러 자료의 특질을 하나의 그래프에 나타내야 한다면, 5개 이하의 속성을 사용하는 것이 좋다. 가령 모양을 이용해 정보를 표현할 경우, 5종류 이하의 모

양을 이용한다. 색상(혹은 색)을 이용한다면, 구분 가능한 색채의 종류를 낮게 유지한다. 사람의 시각 체계가 수많은 색을 구분할 수 있다지만, 단기 기억은 단순한 이미지의 색도 8가지 이상 기억하지 못한다.

게슈타트 원칙

그래프 검색 시간을 줄이고, 패턴을 발견하거나 중요한 정보를 빠르게 식별할 수 있도록 하기 위해, 게슈타트 이론을 종종 참고한다. 게슈타트 원칙은 일련의 시각 특성으로 이루어져 있으며, 자료를 강조하거나, 하나로 묶거나, 분리하는 데에 이용할 수 있다. 6가지의 게슈타트 원칙[8]은 다음과 같으며 그림 1.7에 나와 있다.

- **근접성**proximity: 가까운 거리에 위치해 그룹으로 엮긴 물체들은 한 덩어리로 인식한다. 위치에 따라 밀집된 군락이나 예외를 식별할 수 있다.

- **폐쇄성**closure: 사람은 거의 닫힌 형태(중간에 끊긴 원 등)의 물체도 완전한 형태로 인식하는 경향이 있다. 지금 읽고 있는 이 문장을 절반 정도 가린다고 해도, 어떤 단어가 뒤에 올지 쉽게 예측할 수 있는 것이 그 예다. 대부분의 경우 필요 없는 외곽선이 있는데, 이런 원칙을 이용해 외곽선을 제거할 수 있다. 외곽선은 사람의 시각 체계에서 알아서 "그려낸다".

- **유사성**similarity: 사람은 색, 모양, 방향, 크기 등 다양한 요소를 기준으로 비슷하게 보이는 요소를 같은 그룹으로 인식하는 경향이 있다. 이 원칙을 이용하면, 동일한 자료 특질을 여러 화면에 나타낼 수 있다. 모든 그래프에서 수상한 IP 주소를 붉은색으로 표시한다면, 시각 체계는 이것을 알아서 같은 그룹으로 인식한다.

- **연속성**continuity: 일렬로 정렬된 항목을 한 덩어리로 인식한다. 누구도 점선을

---

8 몇몇 시각화 서적에서 말하는 것과 달리, 게슈타트는 패턴을 뜻하는 독일어가 아니다. 게슈타트는 번역하기 까다로운데, 보통 윤곽, 형태, 겉모습 등을 뜻하는 단어다.

구성하는 짧은 선 하나 하나에 의미가 있다고 생각하지 않는다. 각각의 선이 모여 하나의 점선을 만드는 것뿐이다. 표를 그릴 때 이점을 생각해야 한다. 그리드 선은 항상 필요한 것이 아니다. 항목들을 잘 정렬하는 것으로 충분할 수 있다.

- **둘러싸기**enclosure: 자료의 끝 부분을 외곽선으로 둘러싸거나, 자료를 특정한 형태 안에 배치해 요소들을 같은 그룹으로 엮을 수 있다. 이 원칙을 이용해 그래프에서 자료를 강조할 수 있다.

- **연결하기**connection: 여러 요소를 연결해 한 그룹으로 묶을 수 있다. 이것은 링크 그래프의 기초로서, 이 원칙을 이용해 자료 간의 상호관계를 효과적으로 보여줄 수 있다.

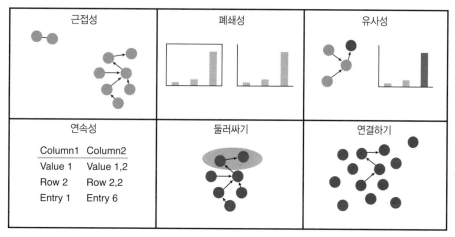

그림 1.7 게슈타트 원칙 6가지. 각 그림은 게슈타트 원칙이 어떻게 자료를 강조하고, 하나로 묶고, 분리할 수 있는지 보여준다

예외를 강조하라

그래픽 화면을 만듦에 있어 한 가지 충고할 것이 있다면, 예외를 강조하라는 것이다. 예를 들어, 그래프에서 중요하거나 예외적인 부분을 강조하려면 붉은색을 사용하라. 이 충고를 따르면, 시각 속성들이 과도하게 사용되는 것을 막을 수 있

다. 언제나 기본 원칙을 고수하고, 애초에 의도한대로 그래프가 정보 전달을 하
는지 확인하라.

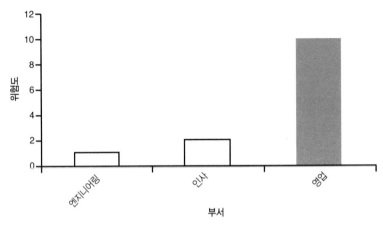

그림 1.8 이 막대 차트는 예외를 강조하는 원칙을 보여준다. 영업부의 위험도가 높기 때문에, 영업부의 막대
만 색이 입혀져 있다

비교를 보여줘라

그래프의 중요한 정보를 보여주고, 강조하는 좋은 방법은 그래프를 비교하는 것
이다. 분석하는 자료의 그래프만 보여주는 것이 아닌, '정상적인' 경우의 자료,
또는 다른 시간대의 같은 종류의 자료(그림 1.9 참조)를 함께 보여주는 것이다. 이
렇게 함으로써, 두 그래프를 비교해 특이점, 예외, 차이를 즉각적으로 알아낼 수
있다.

자료에 주석을 달아라

범례가 없는 그래프, 축 명칭이나 단위가 없는 그래프는 그다지 유용하지 않다.
이런 그래프가 허용되는 경우는 오직 하나로, 그래프를 질적으로 이해하는 것
이 권장되며 또한 자료의 정확한 단위나 구체적인 값이 중요하지 않은 경우뿐
이다. 그러나 이런 경우라도 어떤 자료가 시각화되었는지, 지금 보는 것이 무엇

인지 설명하기 위해 약간의 텍스트가 필요하다. 어떤 경우, 이런 주석은 그림 설명figure caption이나 풍선 도움말text bubble의 형태로 나타난다(그림 1.10 참조). 필요한 만큼 주석을 첨부하되, 정도를 넘지 않게 하라. 주석이 과도하면, 그래프는 산만해지고 만다.

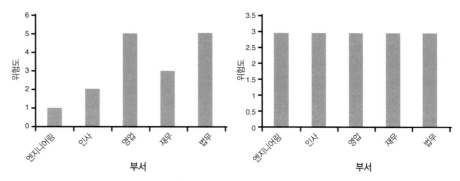

그림 1.9 왼쪽 막대 그래프는 정상적인 상태를 나타낸다. 오른쪽의 그래프는 현재 데이터를 나타낸다. 이 두 그래프를 비교함으로써, 현재 데이터가 정상적이지 않다는 사실을 즉각 알아낼 수 있다

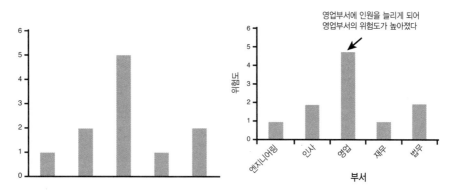

그림 1.10 왼쪽의 그래프는 아무런 설명이 없어서, 이 그래프를 보고 어떤 자료를 표현하는 것인 것 알아낼 수 없다. 오른쪽 그래프에는 축 이름과 함께 차트상의 특이점을 설명하는 주석이 붙어 있다

인과 관계를 보여라

그래프가 단지 "무엇이 잘못됐다"라거나 어딘가에 "예외가 있다"라는 정보만 제공하는 데 그치지 말고, 가능한 그래프를 통해 현상의 근본 원일을 찾아낼 수 있도록 하라. 일반적으로 하나의 그래프만으로는 근본 원인을 알아내기 힘드니, 문제의 원인을 파악할 수 있도록 다른 그래프를 제시하는 것이 좋다. 이 원칙은 그래프를 이용해 의사 결정을 하고, 행동할 수 있도록 한다. 다양한 시각화 방식은 그래프에서 흥미로운 점과 특이한 사실을 찾아냄에 있어 유용하게 사용할 수 있지만, 대개 행동으로 연결하진 못한다. "그래서 뭐 어쩌라고"라는 생각을 해본 적이 있는가? 이것이 바로 근본 원인이 드러나지 않은 그래프를 볼 때 일어나는 일반적 반응이다.

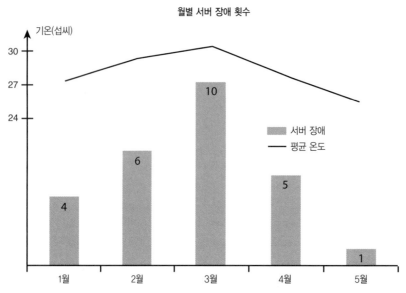

그림 1.11 이 도표는 인과 관계가 어떻게 도식화될 수 있는지 보여준다. 월별 서버 장애 횟수는 데이터 센터의 온도와 관련이 있다

지금까지 이야기했던 원칙을 적용한다면, 보기 좋은 것은 물론, 읽기 쉽고 정보를 효과적으로 전달할 수 있는 그래프를 만들고 자료 시각화를 할 수 있다.

정보 획득 만트라

벤 슈나이더만Ben Schneidernman은 자료에서 통찰을 얻을 수 있는 정보 획득 만트라(주문, 기도)를 1996년에 자신의 논문[9]에서 공개했다. 지금 여러분이 화면에 표시해야 할 엄청난 양의 자료를 가지고 있다면, 자료를 이해하기 위해 자료의 전체적인 성질, 즉 개관을 원한다. 개관을 바탕으로, 독자들은 흥미롭게 보이는 자료의 일부분(그래프 등)을 더 살펴보길 원하거나, 필터를 이용해 특정한 정보를 제외하고 싶어하기도 할 것이다. 약간의 탐색 작업을 거친 후, 흥미롭게 보이는 자료를 찾아낼 것이다. 이 부분을 완전하게 이해하기 위해, 여러분은 원본 자료, 즉 그래프를 구성하는 상세한 자료를 살펴보길 원할 것이다. 원본 자료와, 그래프 등에서 얻어진 통찰을 통해, 독자는 분석된 자료에 대한 근거 있고, 맥락적인 분석을 얻을 수 있을 것이다.

정보 획득 만트라는 다음과 같이 요약할 수 있다.

먼저 개략적인 내용을 확대하고, 걸러낸 다음, 필요에 따라 상세한 부분을 살펴보라.

보안 시각화에서 요구하는 몇몇 특이사항을 입증하기 위해, 후반부에서 정보 획득 만트라를 다시 다룰 것이다.

요약

컴퓨터 보안 분야에 시각화를 적용하기 위해선 시각화와 보안이라는 완전히 다른 두 분야에 대한 지식이 필요하다. 보안 자료를 시각화하려고 시도하는 사람들은 대개 자료의 의미를 완전하게 파악하고 있지만, 시각화에 대한 이해도는 매우 미흡하다. 1장은 시각화 분야를 이해하려는 사람들을 위해 작성되었고, 시

---

9 "The Eyes Have It: A Task by Data Type Taxonomy for Information Visualization," 벤 슈나이더만, IEEE Symposium on Visual Languages, 1996

각화 원칙과 이론 몇 가지를 다루고 있다. 1장에서 많은 시각화 원칙들을 간단하게 다뤘고, 시각화에 대해 조금 더 알아보고 싶다는 의욕이 생겼으리라 믿는다. 하지만 1장에서 다룬 시각화 원칙들은 보안 자료를 효과적으로 시각화하는 데에 필수적인 것들만 엄선한 것이기 때문에, 이 정도만으로도 이 책을 이해하는 데는 충분할 것이다.

1장에서 우리는 먼저 시각화 및 왜 시각화가 자료 분석, 탐색, 보고에 있어 중요한지를 다뤘다. 1장은 대부분 그래프 설계 원칙에 할애되어 있다. 그리고 시각화를 실질적으로 컴퓨터 보안 분야에서 사용하고자 하는 독자에게 필요한 원칙을 설명했다. 마지막으로 1장에서는 모든 시각화 툴이 따라야 하는 원칙인, 정보 획득 만트라를 다루었다.

2
데이터 소스

데이터와 정보 없이 시각화를 하는 것은 불가능하다. 그 말은 즉, 시각화에 앞서 다루는 데이터에 대해 알아야 한다는 말이다. 보안 시각화를 하기 위해 어떤 데이터를 어디서 확보해야 할까? 이것을 정확히 알지 못한다면, 제대로 된 그래프를 만들 수 없을 것이다.

먼저 중요한 용어를 살펴보고, 이를 통해 자료에 관한 간략한 내용을 살펴보는 것으로 2장을 시작하자. 먼저 보안 시각화의 중심을 이루는 시계열 데이터time-series data를 살펴보고, 정적 데이터static data와 설정 데이터configuration data에 대해 알아보자. 그리고 이 데이터들을 시각화에 유용한 형태로 자료를 변형하는 방법을 간단히 논해보자. 2장에선 변형하는 방법에 관해 간단히 언급하고, 자세한 내용은 5장에서 다룰 것이다. 추가적으로 2장에선 보안 데이터들의 소스와 관련된 몇 가지 문제들에 대해 다룬다.

2장은 네트워크 스택을 거슬러 올라가는 것처럼, 보안 데이터 소스를 하나씩 다룬다. 그림 2.1은 네트워크 계층 모형을 기반으로, 2장에서 논의하는 보안 자료의 소스를 나타낸다. 맨 아랫 부분의 패킷 캡처부터 시작해, 하나씩 설명하며 윗단으로 이동할 것이다.

애플리케이션	네트워크 서비스	프록시
	운영체제	
침입탐지 시스템	방화벽	패시브 네트워크 분석
	트래픽 흐름	
	패킷 캡처	

그림 2.1 2장에서 다루는 데이터 소스를 네트워크 스택으로 나타냈다

2장에서 다루는 데이터 소스가 완전한 것은 아니다. 각자의 환경에서 보안 시각화에 쓸만한 많은 종류의 데이터를 찾을 수 있다. 2장에서 논하는 것들은 보안 데이터 소스를 이해하기 위한 기본적인 내용이고, 앞으로 직면하게 될 다른 자료를 이해하는 데에 많은 도움이 될 것이다.

2장의 내용이 시각화를 본격적으로 다루는 3장을 준비하기 위한 과정이라는 것을 명심하고 읽기 바란다.

용어

데이터 소스에 대해 본격적으로 논하기 전에, 먼저 핵심 용어에 대한 정의를 확실히 해둘 필요가 있다. 이 책에서 다루는 정의는 CEECommon Event Expression가 발간한 자료[1]에 수록된 것을 약간 수정한 것이다. 첫째로 이벤트의 개념은 다음과 같다.

이벤트는 어떤 환경 내에서 일정 시간 이상 진행되어 관찰이 가능한 상황이나 변경을 의미한다. 이벤트는 시스템의 특정한 상태나, 상태 변화를 의미할 수도 있다.

이벤트는 기록될 수 있다. 각각의 기록은 흔히 로그 엔트리log entry라고 불리는데, 로그 엔트리의 개념은 다음과 같다.

로그 엔트리는 단일한 혹은 다수의 이벤트에 관한 상세 정보를 포함하는 단일한 기록을 의미한다. 로그 엔트리는 이벤트 로그event record, 이벤트 레코드event record, 경보alert, 알람alarm, 로그 메시지log message, 로그 기록log record, 감사 기록audit record 등으로 불린다.

마지막으로, 다수의 로그 엔트리 집합을 로그log라 하며, 그 개념은 다음과 같다.

로그는 단일, 혹은 다수 로그 엔트리의 집합으로, 일반적으로 로컬의 로그 파일 혹은 데이터베이스에 저장되거나, 네트워크를 경유해 원격 서버에 저장된 것을 의미한다. 로그는 로그 파일log file, 감사 로그audit log, 감사 추적audit trail 등으로 불린다.

이 책에서 이벤트라는 단어를 느슨하게 사용한다. 많은 사람들이 로그 엔트리를 이벤트라고 부르는 것이 사실이고, 일반적인 사용자가 로그 엔트리를 이벤트라고 언급할 상황이면 이 책에서도 이벤트라고 칭한다.

지금까지 다룬 용어 정의를 바탕으로, 보안 시각화에 필요한 보안 자료에 대해 계속 알아보자.

---

1 Common Event Expression 백서 2007, http://cee.mitre.org

보안 데이터

이 책에서 다루는 모든 내용은 보안 데이터에 기반한 것이다. 보안 데이터란 무엇인가? 어디서 보안 데이터를 얻을 수 있는가? 본격적인 시각화를 다루기 전에, 이것에 대해 명확히 알아야 한다. 우리가 다루는 데이터를 이해해야 한다.

보안 데이터는 보안 분석, 조사, 보고, 감시에 필요한 모든 종류의 데이터를 말한다. 보안 데이터는 특정한 데이터를 의미하는 것이 아니다. 네트워크 장비의 기록(즉, 네트워크 흐름, 라우팅 정보), 금융 시스템의 거래 기록, DHCP 로그 등이 보안 문제를 해결하거나 보안 문제에 관련된 물음에 해답을 줄 수 있다면, 이런 것이 보안 데이터인 셈이다.

보안 데이터를 크게 두 가지로 나누자면, 시계열time-series 데이터와 정적static 데이터로 나눌 수 있다. 시계열 데이터는 시간을 기준으로 정리될 수 있는 데이터를 말한다. 로그 레코드가 여기에 속하는데, 각각의 레코드는 일반적으로 타임스탬프timestamp를 가지고 있어, 해당 행동이 로그에 기록된 시간을 알 수 있다. 그러나 레코드의 타임스탬프가 이벤트가 발생한 시각(즉, 이벤트가 물리적으로 일어난 시각)을 정확하게 나타내는 것은 아니라는 것을 명심해야 한다. 특정한 경우, 타임스탬프는 실제 이벤트가 발생한 시간이 아닌, 로그가 기록되는 시점의 시간이다. 정적 데이터는 시간에 관련된 값이 존재하지 않는 데이터(예를 들면 파일이나 문서 등)를 말한다. 또한 사용자 환경에 있는 장비나 사용자에 대한 모든 종류의 정보 역시 정적 데이터라 할 수 있다. 특정한 경우 정적 데이터를 시계열 데이터처럼 사용할 수 있다. 예를 들어, 설정 파일의 최근 변경시간을 이용하면 설정 파일의 변화를 시계열 데이터처럼 사용할 수 있다.

정적 데이터를 사용함에 있어 어려운 점의 하나는, 정적 데이터는 대개 1줄이 아니라 여러 줄로 구성되어 있다는 것이다. 이런 데이터를 처리하는 것은 1줄짜리 로그 기록을 처리하는 것에 비해 훨씬 더 어려운 일이다. 왜 그럴까? 파싱을 해야 하기 때문이다. 파싱은 로그 기록에서 각 요소를 구분하는 것을 말한다. 예를 들어, 방화벽 로그 엔트리를 가지고 있다고 가정하자. 방화벽 안에 여러 대의 머신이 동작하고 있다면, 통계를 내기 위해 각 엔트리의 소스 주소를 뽑아내야 할 것이다. 이런 것을 파싱이라 한다. 파싱에 관해서는 4장에서 자세히 다룰 것이다. 정보가 한 줄에 들어 있지 않거나, 문맥 의존적context sensitive이기 때문에, 여러 줄로 구성된 레코드나 파일을 파싱하는 것은 굉장히 힘들다. 예를 들어, 특정한 선언이 파일의 어느 부분에 있느냐에 따라 의미가 달라질 수 있다. 따라서 파서는 상태를 저장하고 있어야 하는데, 이 때문에 파서의 설계가 더욱 복잡해진다. 예를 들어, 취약점 검사 결과가 XML 파일로 저장된 경우를 가정해보자. 호스트별 취약점을 살펴본다면, 호스트 정보가 파일의 어느 부분에 있는지 찾고, 해당 호스트의 취약점을 찾아 두 정보를 하나로 합쳐야 한다. 이 정보는 문서 안에 한 줄로 간단하게 저장되어 있지 않다.

로그 파일을 시각화 툴에서 사용하려면, 일단 로그 파일의 형태로 시각화 툴이 사용하는 포맷으로 바꿔야 한다. 그러나 대부분의 시각화 툴은, 일반적인 로그를 시각화 툴에서 바로 사용할 수 있게 하는 파서를 내장하고 있지 않다. 그렇기 때문에 자료를 시각화 툴에서 사용하려면, 로그 파일을 시각화 툴이 사용하는 형태로 직접 바꿔야 한다. 9장에서 시각화 툴이 자주 사용하는 데이터 포맷을 알아보자. 시각화 툴마다 동작하기 위한 요구사항이 조금씩 다르기 때문에, 서로 다른 데이터 포맷을 필요로 한다.

하지만 로그 레코드에 대한 공통 포맷이 아직 없다. 따라서 각 로그를 시각화 툴이 사용하는 포맷에 맞도록 처리하는 파서가 필요하다. 과거엔 침입 탐지 메시지 교환 포맷IDMEF, Intrusion Detection Message Exchange Fromat[2] 등 공통 포맷을 만들려고 하는 시도가 있었으나, 아쉽게도 모두 실패했다. 2007년 초 MITRE가 공통

---

2 http://xml.coverpages.org/idmef.html

이벤트 표현식CEE, Common Event Expression[3]이라는 새로운 시도를 시작했다. CEE는 아직 초기 단계로, 확실한 규약이 정해진 상태는 아니다. 메일링 리스트를 통해 몇 개의 제안서가 제출되었으나[4], 공식적으로 받아들여진 건 아직 없다. CEE가 앞으로 널리 사용될 표준을 제공하고, 수백 가지 로그 포맷을 위한 파서를 개발하지 않는 날이 오기를 바란다. 나아가 보안 자료 시각화에 많은 도움이 되길 바란다.

공통 문제

로그 파일을 분석하고, 보안 데이터를 시각화하는 과정에서 몇 가지 문제를 만나게 된다. 첫 번째로 '불완전한 정보'다. 가장 중요하고, 또한 가장 흔하게 마주친다. 두 번째는 '출발지/목적지 혼동'이다. 대게 네트워크 관련 자료를 분석하는 과정에서 겪게 된다.

불완전한 자료

시각화와 로그를 분석하는 분석 과정에서 데이터가 불완전한 건 심각한 문제다. 자료가 불완전한 4가지 단계는 다음과 같다.

- 로그 파일이나 메타 자료가 없는 경우
- 로그 기록이 없는 경우
- 로그 기록이 불완전한 경우
- 시간이 동기화되지 않은 경우

---

3 이름을 CEX로 짓길 바랬으나, MITRE가 거부했다.

4 http://www.nabble.com/CEE-Log-Event-Standard-f30667.html

로그 파일을 이용해 일어났던 일을 구체적으로 알아보는 경우가 종종 있다. 그러나 로그가 충분하지 않아 구체적인 내용을 파악하지 못하기도 한다. 이런 일은 내가 방화벽 로그를 살펴볼 때도 자주 일어난다. 방화벽 로그에서 특이한 트래픽을 발견해도, 패킷 캡처, OS 로그 파일이 없어 더욱 자세한 내용을 살펴보지 못했다. 로그 관리Log Management를 통해 로그 파일이 없어 생기는 문제를 막을 수 있다. 필요한 모든 로그 파일이 항상 기록되도록 한다. 또한, 로그를 어떻게 이용할지 미리 고민해보고, 이를 바탕으로 적절한 로깅 구조와 절차를 만들어야 한다.

로그 파일은 있지만, 로그 기록이 없는 경우도 난감하다. 불완전한 로깅 구조와 절차 때문에 이런 경우가 발생한다. 그렇기에 어떤 장비에서 로그를 수집할 것인가는 물론, 구체적으로 어떤 로그를 수집할지도 명확하게 정의해야 한다. 대부분의 장비는 로깅 관련 설정을 제공하고, 어떤 로그를 기록할지도 설정할 수 있다. 디버그 로그Debug logs는 대부분 기본 설정이 아니다.

필요한 모든 로그 기록을 가지고 있다고 가정하자. 그러나 이 로그 기록을 가지고 시각화 작업을 하려 해도, 로그 기록이 시각화에 필요한 모든 정보를 가지고 있진 않다는 것을 알게 된다. 많은 애플리케이션에서 어떤 정보를 각 로그 레코드에 기록할지 설정할 수 있다. 예를 들면, 인터넷 정보 서버IIS, Internet Information Server는 어떤 정보를 로그에 기록할지 사용자가 설정할 수 있다. 이런 설정을 사용해, 분석에 필요한 정보를 로그에 기록해야 한다. 예를 들면, 어떤 시스템 간에 통신이 이루어지는지 분석하고 싶다면 IP 주소를 로그에 포함하는 식이다.

아마도 가장 짜증나는 상황은 '특정 정보가 필요하지만, 애플리케이션이나 장비에서 이 정보를 로그로 내보내도록 하는 설정이 없는 경우'일 것이다. 가장 많이 본 상황 중 하나다. CEE[5]는 제조사들이 로깅 기능을 구현할 때 준수해야 할

---

5 http://cee.mitre.org

일련의 로깅 권고문을 제정하고 있다. 안타깝게도, 아직 권고문이 확정/발표되지는 않았다. 로그 파일에 원하는 정보가 기록되지 않는 문제를 해결하려면, 현재로선 소프트웨어나 장비 제작사에 업데이트를 요청하는 방법뿐이다. 대부분의 제조사는 업데이트 요청에 매우 관대하니, 주저하지 않고 요청하는 것이 좋다. 여러분의 요청이 많은 보안관계자들을 살릴 수 있다.

마지막으로 로그의 타임스탬프를 저장하는 방법은 매우 중요하다. 서로 다른 표준시간대의 시스템에서 로그를 수집하는 경우, 각 로그 레코드는 표준시간대를 명시해야 한다. 또한 타임스탬프의 정확도도 필요한 만큼 유지해야 한다. 어떤 경우엔, 로그 레코드는 시간을 밀리초 단위까지 정확하게 기록해야 한다. 예를 들어, 금융거래는 시간에 민감하기 때문에 백만분의 1초 단위로도 결과가 달라질 수 있다. 그렇기에 표준시간대를 명시하는 것뿐만 아니라 로그가 순서대로 기록되는 것도 중요하다. 그러므로 분산된 시스템에서 수집된 로그를 분석하려면, 먼저 시스템의 시간을 동기화해야 한다. 시간 동기화를 하지 않으면 이벤트 간의 선후관계를 파악할 수 없다.

출발지/목적지 혼란

출발지/목적지 혼란source/destination confusion은 내가 만들어낸 신조어다. 이 현상은 꽤나 흔하지만, 놀랍게도 적당한 용어가 없다. tcpdump로 기록된 HTTP 연결 패킷 2개가 있다고 가정하자(tcpdump에 관한 자세한 정보는 다음 절 '패킷 캡처'를 참조하라).

```
18:46:27.849292 IP 192.168.0.1.39559 > 172.0.0.1.80: S
1440554803:1440554803(0) win 32767
18:46:27.849389 IP 172.0.0.1.80 > 192.168.0.1.39559: S
1448343500:1448343500(0) ack 1440554804 win 32767
```

내 노트북의 루프백 인터페이스에 웹 서버를 띄워 접속했다. 이 로그를 간단한 파서로 처리해 출발지/목적지 IP 주소를 추출하면, 그림 2.2와 같은 그래프를 얻을 수 있다.

AfterGlow 1.6.0

그림 2.2 출발지/목적지 혼란을 단순화한 그래프

그림 2.2엔 2개의 화살표가 있다. 하나는 192.168.0.1에서 172.0.0.1을 향하고, 하나는 그 반대방향을 향한다. 그러나 실제 연결은 192.168.0.1에서 172.0.0.1로 이루어졌을 뿐이고, 반대방향으론 연결이 이루어지지 않았다. 이런 문제는 파서가 클라이언트-서버의 연결 방식을 생각하지 않고 단순히 로그의 첫 번째 IP 주소를 출발지 주소로 인식했기 때문이다. 이 문제를 해결하려면 클라이언트와 서버의 관계를 이해하는 똑똑한 파서가 필요하다.[6] 패킷이 드롭되거나 사라진 경우, 싱크가 맞지 않게 돼 이런 문제가 더 심각해진다. 이런 경우엔 파서가 어느 쪽이 출발지이고 목적지인지 파악하지 못한다. 이런 혼란을 고려하지 않고 시각화를 한다면, 결과물은 완전히 잘못되고 정상적이지 않게 될 것이다. 특히나 방화벽이나 트래픽 로그를 분석하며 이런 점을 고려하지 않으면, 결과물이 복잡해질 것이다.

---

6 AfterGlow(http://afterglow.sourceforge.net)에 파서가 포함되어 있다. 파서 디렉토리의 tcpdump2csv.pl이다.

패킷 캡처

2장에선 네트워크 스택을 낮은 단계에서부터 차근차근 살펴보며 데이터 소스에 대해 알아보고 있다. 패킷은 네트워크 인터네이스에 물리적으로 수신되고 OS로 넘어간다. OS의 네트워크 드라이버는 패킷을 해석하고, 이더넷 헤더와 같은 링크 계층link-layer 헤더를 추출한다. 이후, 패킷은 계층별로 분석되어 프로토콜 핸들러를 거쳐 네트워크 스택 다음 단계로 전달된다. 패킷 캡처는 OS와 네트워크 인터페이스 사이에서 작동한다.

패킷 캡처는 네트워크 스택 상단에서 패킷을 캡처하는 것에 비헤 여러 가지 장점이 있다. 무엇보다도 실제로 호스트가 받는 패킷을 그대로 볼 수 있다. 패킷 캡처 과정엔 추가적인 계층이 없기 때문에, 필터링되거나 누락되지 않은 완전한 패킷을 얻을 수 있다. 그러나 패킷 캡처의 가장 큰 단점은 상위 계층에서 어떻게 해석하는지 알 수 없는 것이다. 다시 말해, 네트워크 트래픽만으론 애플리케이션이 해당 패킷을 어떻게 해석하는지 알 수 없기 때문에 추측만 할 수 있다. 그리고 두 번째 단점은, 수집되는 양이 너무 많다는 것이다. 특히 네트워크가 집중된 지점에서 자료를 수집하면 더욱 그러하다.

네트워크 트래픽 수집에는 여러 가지 툴이 사용되지만, 가장 보편적인 것은 와이어샤크Wireshark[7]와 tcpdump[8]이다. 와이어샤크와 tcpdump는 네트워크 인터페이스의 트래픽을 출력한다. 둘 다 원본 네트워크 트래픽으로 전체 패킷을 분석해 각 네트워크 프로토콜에 맞게 해석한다. 그리고 해석한 자료를 사람이 보기 쉬운 형태로 각 헤더 옵션과 필드를 화면에 표시한다. 와이어샤크는 네트워크 패킷을 그래픽 인터페이스로 살펴볼 수 있지만 더불어 명령행 툴인 tshark 도 포함되어 있다. tcpdump는 명령행 인터페이스만 제공된다. 와이어샤크의 프

---

7 http://www.wireshark.org

8 http://www.tcpdump.org

로토콜 해석 능력이 tcpdump보다 좋지만, 나는 tcpdump를 좀 더 자주 사용한다.

일반적으로 네트워크 트래픽은 차후 분석을 위해 기록되어야 한다. 패킷 캡처에 사용되는 가장 보편적인 포맷은 PCAP이고, 대부분의 스니퍼(혹은 네트워크 트래픽 분석기)에서 이 포맷을 사용할 수 있다.

tcpdump를 사용할 때 주의해야 할 점은 다음과 같다.

- 기본 캡처 길이를 68에서 0으로 수정해야 초반부의 68비트만이 아닌 전체 패킷을 캡처할 수 있다. 패킷 초반 68바이트로도 이더넷, IP, TCP/UDP 헤더를 충분히 읽어낼 수 있지만, 분석을 위해선 좀 더 자세한 정보가 필요하다. 기본 캡처 길이를 변경하는 명령어는 tcpdump -s 0이다.

- 이름 변환을 해제하면 캡처 속도가 향상된다. 명령어는 tcpdump -nn이고, 실행하면 호스트 이름과 포트 이름이 숫자 그대로 출력된다.

- 출력시 버퍼를 사용하지 않고 바로 콘솔에 표시하도록 설정하면, 네트워크 트래픽이 바로 출력된다. tcpdump -l로 설정할 수 있다.

어떤 자료가 실실적으로 시각화와 분석에 사용되는 것일까? 패킷 캡처에서 얻을 수 있는 정보와 그 의미는 다음과 같다.

- **타임스탬프❶**: 패킷이 기록된 시각
- **IP 주소❷**: 트래픽을 생성하는 양 끝단의 주소
- **포트❸**: 포트 번호로 어떤 서비스를 사용하는지 알 수 있다.
- **TCP 플래그❹**: TCP 플래그로 현재 연결이 어떤 상태인지 알 수 있다. 플래그 조합을 살펴보는 것만으로 전달 계층상의 간단한 공격을 파악할 수 있다.
- **이더넷 주소❺**: 로컬 네트워크의 구성을 파악할 수 있다.
- **패킷 사이즈❻**: 전달된 패킷의 크기를 알 수 있다.

tcpdump로 캡처된 패킷의 예는 다음과 같다.

❶18:57:35.926420 ❺00:0f:1f:57:f9:ef > ❺00:50:f2:cd:ce:04,
ethertype IPv4 (0x0800), length ❻ 62: ❷ 192.168.2.38. ❸ 445 >
❷192.168.2.37. ❸4467: ❹S 2672924111:2672924111(0) ❹ack
1052151846 win 64240 <mss 1460,nop,nop,sackOK>

간혹 패킷을 좀 더 자세히 분석하고 다른 필드를 추출하면서 재미를 느끼곤
한다. 특히 TCP 패킷의 상위 프로토콜을 분석할 때는 더욱 재미있는데, 심지어
사용자 이름도 알아낼 수 있다. 예를 들어 와이어샤크를 이용하면 메신저 트래
픽에서 사용자 이름을 추출할 수 있다. 네트워크 트래픽으로 시각화 작업을 할
땐, 지금까지 이야기한 출발지/목적지 혼동에 걸리지 않도록 각별히 주의해야
한다.

tshark의 프로토콜 분석 기능이 tcpdump보다 낫기 때문에, 나는 트래픽 분
석에 tshark를 즐겨쓰는 편이다. 다음은 응용 계층에서 해석된 메신저 프로토콜
이다.

```
0.000000 192.168.0.3 -> 255.255.255.255 UDP Source port: 4905
Destination port: 4905

1.561313 192.168.0.12 -> 207.46.108.72 MSNMS XFR 13 SB

1.595912 207.46.108.72 -> 192.168.0.12 MSNMS XFR 13 SB
207.46.27.163:1863 CKI 11999922.22226123.33471199

1.596378 192.168.0.12 -> 207.46.108.72 TCP 51830 > 1863 [ACK] Seq=11
Ack=62 Win=65535 Len=0 TSV=614503137 TSER=8828236

1.968203 192.168.0.12 -> 207.46.27.163 TCP 52055 > 1863 [SYN] Seq=0
Len=0 MSS=1460 WS=3 TSV=614503140 TSER=0

2.003898 207.46.27.163 -> 192.168.0.12 TCP 1863 > 52055 [SYN, ACK] Seq=0
```

```
Ack=1 Win=16384 Len=0 MSS=1460 WS=0 TSV=0 TSER=0

2.003980 192.168.0.12 -> 207.46.27.163 TCP 52055 > 1863 [ACK] Seq=1
Ack=1 Win=524280 Len=0 TSV=614503141 TSER=0

2.004403 192.168.0.12 -> 207.46.27.163 MSNMS USR 1 xxxxxxx@hotmail.com
1111111111.77777777.6666699

2.992735 192.168.0.12 -> 207.46.27.163 MSNMS [TCP Retransmission] USR 1
xxxxxxx@hotmail.com 1111111111.77777777.6666699
```

위 예와 같이 tshark는 사용자 간의 메신저 대화를 직접 추출할 수 있다. tcpdump에는 응용 계층을 해석하는 이런 기능이 없다.

네트워크 캡처는 네트워크 수준의 분석에서 유용하다. 그러나 패킷 캡처만으로는 애플리케이션의 동작을 동작을 재현할 수 없다. 애플리케이션을 분석하기 위해선 다른 자료를 참조해야 한다.

트래픽 흐름

자료 스택에서 패킷 캡처보다 한 단계 위에 있는 것이 트래픽 흐름이다. 일반적으로 자료 스택의 단계가 올라갈수록, 하위 단계 정보를 조금씩 잃게 된다. 트래픽 플로우는 4계층(전달 계층transport layer)에서 동작하는 라우터나 스위치에서 수집할 수 있다. 즉 트래픽 흐름으로는 응용 계층의 정보를 파악할 수 없다는 것이다. 대부분 라우터로 트래픽 흐름을 수집하지만, 종종 트래픽 흐름을 수집하기 위해 호스트를 추가로 구축한다. 각 라우터 제조사는 트래픽 흐름을 기록하기 위한 독자 프로토콜 또는 포맷을 만들었는데, 시스코는 넷플로우NetFlow[9], 넷플로

---

9 http://www.cisco.com/go/netflow

우의 개념을 표준화한 IETF의 IPFIX[10], 조금 다른 버전인 sFlow(RFC 3176)[11], 그리고 주니퍼의 cflow[12]가 있다. 이들 포맷은 대체로 비슷한데, 다만 수집한 흐름을 라우터에서 중앙 수집기로 전달하는 방식이 조금씩 차이날 뿐이다. 따라서 어떤 포맷을 사용하더라도 트래픽 정보를 수집하고 분석할 수 있다. 트래픽 흐름은 다음과 같은 항목을 포함한다.

- **타임스탬프❶**: 흐름이 기록된 시간
- **IP 주소❷**: 연결된 양 끝단의 주소
- **포트❸**: 포트 번호로 어떤 서비스를 사용하는지 알 수 있다.
- **3계층 프로토콜❹**: 네트워크 계층에서 사용된 프로토콜, 일반적으로 IP
- **서비스 클래스**: 해당 흐름의 우선권
- **네트워크 인터페이스❺**: 트래픽이 드나드는 네트워크 인터페이스
- **자율시스템(AS)**: 간혹 관찰 대상 연결 끝단의 AS[13]가 기록되는 경우도 있다.
- **다음 목적지**: 트래픽이 향하는 다음 목적지의 3계층 주소
- **패킷 바이트 크기❻와 개수❼**: 흐름 내 3계층 패킷 크기(바이트)와 개수
- **TCP 플래그**: 흐름에서 관찰된 TCP 플래그의 합

라우터는 위 목록 중 대부분을 기록하지만, 하나도 빠짐없이 기록하는 것은 아니다. 대개 AS, 다음 목적지, TCP 플래그가 기록되지 않을 수 있다. nfdump로 수집한 예제 기록은 다음과 같다.

❶2005-10-22 23:02:53.967 0.000 ❹TCP ❷10.0.0.2: ❸40060 ->
❷ 10.0.0.1: ❸23 ❼1 ❻60 1 ❺0 ❺1

---

10 http://www.ietf.org/html.charters/ipfix-charter.html

11 http://www.sflow.org

12 http://www.caida.org/tools/measurement/cflowd

13 BGP 같은 라우팅 기술과 AS에 대해 알고 싶다면 http://///www.cisco.com/univercd/cc/td/doc/cisintwk/ito_doc/bgp.htm을 참조한다.

앞의 포맷을 살펴보면 패킷 캡처에서 알 수 없었던 정보인 다음 목적지 네트워크 번호를 알려주는 AS, 흐름 내 패킷의 숫자 등이 포함되어 있다. 라우터는 라우팅 테이블을 참조해 패킷을 어떤 인터페이스를 통해 어떤 네트워크로 보낼지 결정한다. 이 정보를 사용하면 네트워크 트래픽 경로를 재구성하거나 전체 네트워크 구조를 이해하는 것이 수월해질 것이다.

트래픽 흐름 분석은 3계층, 4계층의 몇몇 중요한 자료만 수집하고 있다는 것을 명심해야 한다. 애플리케이션 자료나 3계층, 4계층의 확장 데이터는 전혀 수집하지 않기 때문에, 분석을 진행하는 데 걸림돌이 될 수 있다. 또한 방대한 트래픽 흐름 자료를 모두 보관하는 것이 반드시 필요하진 않다는 것을 명심해야 한다. 그리고 부하가 많이 걸리는 상황에서 트래픽 흐름을 출력하는 기능이 작동하지 않는 경우가 있다. 대부분의 라우터는 부하가 극심한 경우 트래픽 수집 기능을 일시 중단하고 모든 자원을 라우팅에 투입한다.

트래픽 흐름 수집

아거스Argus(http://www.qosient.com/argus)와 같은 다양한 툴을 이용해, 라우터가 아닌 호스트에서 직접 트래픽 흐름을 수집할 수 있다. 다음은 이더넷 인터페이스(eth0)에서 트래픽 흐름을 수집해 file.argus에 저장하는 명령이다.

```
argus -i eth0 -w file.argus
```

트래픽 흐름을 수집하는 또 다른 방법은 패킷 캡처 후 트래픽 흐름 형식으로 변환하는 것이다. 아거스[14]를 이용한 예는 다음과 같다.

```
argus -r file.pcap -w file.argus
```

---

14 아거스를 실행하기 위해 아거스 클라이언트가 아닌 아거스 서버를 설치해야 한다.

아거스 배포판에 포함된 ra 명령어를 사용하는 앞의 예제를 살펴보면 다음과
같다.

```
$ ra -r file.argus -n
05-14-06 11:06:38 e  icmp 10.69.69.13     -> 10.69.69.20    4 600 URP
05-14-06 11:06:43 e  llc  0:9:43:e0:7d:b8 -> 1:0:c:cc:cc:cc 1 376 INT
05-14-06 11:06:58 eI udp  10.69.69.20     -> 10.69.69.13.53 2 156 INT
```

개인적으로 나는 패킷 캡처를 트래픽 흐름으로 변환하기보다 라우터에서 넷
플로우를 직접 전송하는 방법을 선호한다. 시스코 라우터에서 넷플로우를 활성
화하려면 다음 명령어를 입력한다.

```
interface Ethernet0/0
  ip route-cache flow
ip flow-export version 5
ip flow-export destination 192.168.0.1 8888
```

이 명령어는 Ethernet0/0 넷플로우를 전송하는 인터페이스로 설정하고,
192.168.0.1을 넷플로우를 수집할 시스템의 주소로, 넷플로우 버전 5 포맷으로
전송하도록 설정한다. 넷플로우 5는 상당수의 라우터에서 지원하며, 앞에서 언
급한 상세 레코드를 포함한다. 라우터에서 생성한 넷플로우 자료를 수집할 수
있는 툴은 여러 가지가 있다.[15] 넷플로우를 수집하면서 발생하는 난관은 하나의
연결에서 흐름 레코드가 여러 번 수집되는 것이다. 단일한 소스에서 네트워크
흐름을 수집하더라도, 이렇게 흐름 레코드가 중복될 수 있다. 넷플로우는 연결
에 대한 상태 정보를 주기적으로 전송하게 되는데, 하나의 연결이 오랫동안 연
결 상태를 유지하고 있게 되면, 결국 하나의 연결을 여러 번 전송해버린 결과가
발생하기 때문이다. 따라서 중복된 자료를 합치거나 중복을 제거해야 한다. 이
작업을 진행하기 위한 다양한 툴이 있지만, 나는 개인적으로 아거스에 포함된 ra
를 사용한다.

---

15 http://www.cert.org/netsa

아거스는 트래픽 흐름 생성, 분석, 처리를 위한 다양한 툴을 포함하고 있다. nfdump(자세한 정보는 '넷플로우 버전 9' 박스 참조)와 같은 툴은 방대한 양의 넷플로우 자료 수집에 더 뛰어나지만, 아거스는 최고의 넷플로우 분석 툴을 가지고 있다.

- ra는 일치하는 흐름 기록을 통합한다.
- racluster는 임의의 기준에 따라 흐름 기록을 통합한다.
- ranonymize는 흐름 기록을 익명으로 숨긴다.

다음 절에서 이 툴을 가지고 어떻게 트래픽 흐름 자료를 다룰지 알아보자.

넷플로우 버전 9

설정 변경으로, 라우터에서 넷플로우 버전 5가 아닌 버전 9[16] 레코드를 내보낼 수 있다. 넷플로우 버전 9는 5에 비해 많은 자료를 기록할 수 있어 좀 더 유용하다. 시스코 라우터에서 넷플로우 버전 9를 설정하려면 다음 명령어를 입력한다.

```
interface Ethernet0/0
  ip route-cache flow
ip flow-export destination 192.168.0.1 8888
ip flow-export version 9 bgp-nexthop
ip flow-capture vlan-id
```

이 명령어를 입력하면 Ethernet0/0에 넷플로우 9를 활성화하고, 동시에 결과값 출력 형식에 bgp-nexthop과 vlan-id 2개의 필드가 추가된다(이 필드는 넷플로우 버전 9 이상에서만 지원된다). 넷플로우 9는 여러 면에서 버전 5와 다르다. 예를 들면, 전송 측면에선 템플릿 기반이라 좀 더 확장성이 있고, 트래픽 기록 측면에선 MPLS 관련 정보 등 다양한 새 필드가 추가되었다. 거기다, 넷플로우 버전 8부터는 집계 캐시에서 자료를 내보내는 것이 지원된다.

집계 캐시를 이용하면 넷플로우 수집기로 출력하기 전에 캐시에 정리된다. 모든 흐름 자료를 출력하는 대신, 캐싱된 넷플로우 자료를 정리해 집계 통계(aggrate statistics)만 내보낼 수 있다. 이를 통해 라우터 성능을 향상시키고, 기록 전송에 소모되는 대역폭을 절약할 수 있다.

다음 명령어를 사용해 집계 정보를 기록하도록 설정할 수 있다.

---

16 http://www.cisco.com/en/US/products/ps6645/products_ios_protocol_option_home.html

```
ip flow-aggregation cache destination-prefix
  cache entries 2048
  export destination 192.168.0.1 991
  export version 9
  exit
interface Ethernet0/0
  ip flow egress
```

위 명령어는 목적지 IP 주소와 마스크를 기반으로 해 자료를 집계한다. 다음은 이 명령에 의해 집계된 자료의 예다.

```
Dst If    Dst Prefix    Msk    AS    Flows    Pkts    B/Pk
Null      0.0.0.0       /0     0     5        13      52
Et0/0.1   172.16.6.0    /24    0     1        1       56
Et1/0.1   172.16.7.0    /24    0     3        31K     1314
Et0/0.1   172.16.1.0    /24    0     16       104K    1398
Et1/0.1   172.16.10.0   /24    0     9        99K     1412
```

넷플로우에 관한 정보는 http://www.cisco.com/c/en/us/td/docs/ios-xml/ios/netflow/configuration/12-4/nf-12-4-book/cfg-nflow-aggr-cache.html을 참조하라.

참고로 아거스는 아직 넷플로우 9를 지원하지 않기 때문에, 아거스에서 넷플로우 9를 수집할 경우 빈 화면만이 보일 것이다. 반면 nfdump는 넷플로우 9에서 정상 동작한다.

NFDUMP

nfdump(http://nfdump.sourceforge.net)는 넷플로우 자료를 수집할 수 있는 또 다른 툴이다. nfdump는 아거스와 유사하지만, 몇 가지 중요한 차이가 있다. 넷플로우 자료를 수집하는 환경이 어느 정도 규모가 된다면, nfdump를 사용하는 것이 좋다. 아거스는 원래 넷플로우 수집용으로 만들어진 툴이 아니기 때문에, 오버헤드를 많이 추가하고 제대로 작동하지 않는다. nfdump는 넷플로우 자료를 빠르고 효율적으로 해석하는 것에 최적화되어 있다. nfdump는 훨씬 뛰어난 자료 관리 능력을 가지고 있다. 수집된 흐름은 자동으로 압축되며, 압축된 파일은 주기적으로 정리할 수 있고, 특정한 시간 이후에 자동으로 파기되도록 설정할 수도 있다. 다음 명령어로 nfdump를 이용해 8888포트에서 넷플로우를 수집해보자.

```
./nfcapd -w -D -p 8888
```

다음으로, 명령어를 입력해 캡처 파일 하나를 읽어 원하는 필드만 출력하도록 설정해보자. 이 명령어는 출력 포맷을 변경해 인터페이스 정보를 포함하게 하는 방법의 예시다.

```
./nfdump -r /var/tmp/nfcapd.200801021115 -o "fmt:%ts %td %pr %sap ->
%dap %pkt %byt %fl %out %in"
```

위 명령어에 의해 생성된 예는 다음과 같다.

```
Date flow start   Duration Proto Src IP Addr:Port      Dst IP Addr:Port
Packets Bytes             Flows Output  Input
2005-10-22          23:02:00.859 0.000 ICMP        10.0.0.2:0 ->
10.0.0.1:3.3 1 176 1  0 1
2005-10-22          23:02:53.967 0.000 TCP         0.0.0.2:40060  ->
10.0.0.1:23  1 60  1  0 1
```

트래픽 흐름 집계

ra를 사용해 트래픽 흐름을 집계하는 방법은 다음과 같다.

```
ra -r file.argus -nn -A -s +dur -s +sttl -s +dttl
```

위 명령어는 아거스 캡처 파일(file.argue)의 모든 흐름 자료를 집계해 흐름 정보를 출력한다. 변수는 응용 계층의 바이트를 출력하게 하고, TTL 같은 유효기간 정보를 추가로 나오게 한다. 위 명령어를 실행한 결과의 예는 다음과 같다.

```
04-12-08 16:16:27.554609 tcp 64.127.105.60.993 <?> 192.168.0.10.51087 3 0
159 0 TIM 60.010402 57 0
04-12-08 16:16:33.616371 udp 208.201.224.11.53 ->  192.168.0.10.52233 1 0
86 0 INT 0.000000 59 0
04-12-08 16:16:33.630215 udp 208.201.224.11.53 ->  192.168.0.10.52234 1 0
93 0 INT 0.000000 59 0
```

트래픽 흐름을 군집으로 만들기

아거스의 `racluster` 명령어를 사용해, 트래픽 흐름을 요약할 수 있다. 예제 명령은 다음과 같다.

```
racluster -r file.argus -m saddr daddr dport -c, -s saddr daddr - 'tcp and
dst port 22'
```

이 명령어는 `racluseter` 명령어의 -m에 지정된 변수를 키 필드로 지정해, 흐름 자료를 집계한다. 그리고 출발지 주소와 목적지 주소만 출력하도록 했다(-s). 그리고 tcp 연결 중, 목적지 22번 포트로 향한 연결만 출력되도록 필터링했다(-'tcp and dst port 22'). -c는 아거스 버전 3에 추가된 기능으로, 각 필드를 구분하는 구분자를 어떤 것으로 할 것인지 지정할 수 있다. 기본은 탭이지만, CSV 포맷으로 출력하기 위해 콤마(,)를 선택할 수 있다.

앞서 지정한 키 필드들이 전부 출력되지 않으므로, 이 명령어가 잘못된 것처럼 보일 수 있다. 혹은 -s에 `dport` 변수를 사용해 목적지 포트를 표시해야 한다고 생각할 수도 있다. 그러나 `dport`를 사용하지 않을 경우, 동일한 포트에 대한 모든 레코드가 출력되고, 한 연결에 다수의 포트가 사용되고 있다면 중복된 기록이 모두 출력될 것이다.

트래픽 흐름 익명화

최신 버전의 아거스는 ranonymize라는 유용한 툴을 제공한다. ranonymize의 실행 방법은 다음과 같다.

```
ranonymize -r file.argus -w - | ra -r - ..
```

이 명령어는 흐름 정보를 담고 있는 file.argus를 읽어 로그 레코드를 익명화한다. 그리고 출력을 ra로 넘긴다. ra는 레코드를 읽어 콘솔로 출력한다. 다음 정보 중 선택적으로 익명화할 정보를 지정할 수 있다.

- 네트워크 어댑터 주소(MAC)

- 특정 프로토콜 포트 번호

- 타임스탬프

- TCP 순서 번호

- IP 주소

- 레코드 순서 번호

예를 들어 IP 주소를 익명화하면, 서브넷은 그대로 유지되어야 할 것이다. 서브넷에 포함된 IP 주소들이 개별적으로 익명화된다면 전체 흐름 파일이 쓸모 없어져 버릴 것이다.

트래픽 흐름을 살펴보는 것은, 많은 상황에 도움이 된다. 시각화를 이용하면 많은 양의 트래픽 흐름을 수월하게 살펴볼 수 있을 것이다.

방화벽

방화벽은 네트워크 스택의 4계층에서 동작한다. 일부 최신 방화벽은 7계층에서 동작하면서 애플리케이션, 프로토콜, 콘텐츠 내용을 직접 분석하기도 한다. 제조사별로 이 기능에 다양한 이름을 붙이지만, 기술적으로는 모두 동일하다. 응용 계층에 관해선 침입 탐지/방지에 대해 다루는 3장에서 자세히 알아보자.

전통적인 방화벽 기능으로 한정지을 경우, 방화벽은 트래픽 흐름과 매우 유사한 형태의 로그를 생성한다. 방화벽 로그와 트래픽 흐름의 유일한 차이는, 어떤 패킷이 방화벽을 통과했는가 혹은 방화벽에 막혔는가에 대한 정보가 추가된다는 것뿐이다. 방화벽 로그 기록에서 사용하는 일반적인 필드는 다음과 같다.

- **타임스탬프❶**: 연결이 기록된 시간

- **IP 주소❷**: 방화벽을 통과하거나 차단된 연결 양 끝단의 주소

- **포트❸**: 포트 번호로 어떤 서비스를 사용하는지 알 수 있다.

- **변환된 IP주소와 포트**: NAT_{Network Address Translation}나 PAT_{Port Address Translation}를 사용하는 경우, 방화벽은 변환된 IP 주소와 포트 번호를 기록한다.

- **이더넷 주소**: 2계층 주소(이더넷 주소)를 활용하면 이 트래픽의 이전 라우터와 다음 라우터를 알아낼 수 있다.

- **네트워크 인터페이스❹**: 패킷이 처리되는 네트워크 인터페이스. 종종 패킷의 방향(인바운드 혹은 아웃바운드)이 방화벽 로그에 기록되기도 한다.

- **패킷 크기❺**: 패킷의 바이트 크기

- **룰 혹은 ACL 번호❻**: 이 패킷을 통과시키거나 차단하는 근거가 되는 규칙 번호. 이 번호가 기록되는 경우는 드물다.

- **동작❼**: 패킷이 통과되었는지 차단되었는지 기록한다.

아래에 있는 예제 방화벽 로그는 위 필드 중 대부분을 포함하고 있다.

```
❶Oct 13 20:00:05.680894 rule ❻57/0(match): ❼pass in on ❹xl1:
❷195.141.69.45.❸1030 > ❷217.12.4.104.❸53: ❺7040 [1au]
A? mx1.mail.yahoo.com. (47) (DF)

Oct 13 20:00:05.760437 rule 179/0(match): pass in on xl1:
195.141.69.44.54700 > 64.156.215.5.25: S 462887145:462887145(0) win
32768 <mss 1460,nop,wscale 0,nop,nop,timestamp 3931103936 0> (DF)

Oct 13 20:00:10.095829 rule 197/0(match): block in on xl0: 66.140.98.85
> 195.141.69.47: icmp: echo request
```

위 예시에서 방화벽(OpenBSD의 pf 방화벽)은 TCP 플래그와 같이, 다른 방화벽에서 기록하지 않는 일부 정보를 추가로 기록했다. 첫 번째 로그를 보면, pf 방화벽은 도메인 정보를 출력하기 위해 로그를 약간 분석했다.

방화벽 로그 파일을 분석하는 것은 종종 성가신 일이다. 다음 내용을 기억하자.

- 로깅 기능이 켜져 있는지, 로깅의 수준은 적절한지 확인하라. 어느 정도 로깅하는 것이 적절할까? 가능하면 통과된 것이든, 차단된 것이든 모든 내용을 기록하는 것이 최선이다. 하지만 방화벽에서 처리하는 양이 많다면, 모든 내용을 기록하는 것은 불가능할 수 있다. 실제 사용 환경을 잘 분석해서 적절하고 효과적인 로깅 전략을 수립하라.

- 어떤 인터페이스와 어떤 트래픽 방향을 대상으로 로깅을 해야 하는가? 가장 다양한 방향으로 로깅할 수 있는 방화벽이라면, 인터페이스로 유입되는 지점, 인터페이스에서 나가는 지점, 또는 서로 다른 방향의 두 인터페이스 모두(그림 2.3 참조) 4군데에서 로깅을 할 수 있다. 방화벽 설정을 잘못할 경우 중복된 로그나 너무 많은 양의 로그가 기록될 수 있다. 중복을 제거하는 것은 쉬운 일이 아니다. 로깅 정책이 중복된 로그를 생성하지 않도록 주의를 기울여야 한다.

- 로그 레코드에 빠진 정보가 있는 것도 문제가 된다. 예를 들어, iptables는 패킷이 통과되었는지 혹은 차단되었는지 기록하는 표준화된 필드가 없는 것으로 유명하다.[17] 이 경우 --log-prefix를 사용해야 패킷의 차단/통과 여부를 표시할 수 있다. 다른 방화벽도 비슷한 문제가 종종 있다.

- L4 방화벽은 응용 계층등 상위 계층 정보를 로그에 기록하지 않는데, 이 경우 애플리케이션의 상황을 전혀 파악할 수 없기 때문에 로그 분석이 어려워진다. 예를 들어, 웹 트래픽을 분석하는 상황이라면, 수많은 트래픽과 로그를 분석하지만 실제로 입력된 URL을 알 수 없다.

- 대부분의 방화벽이 패킷의 차단/통과 여부 등 꼼꼼하게 로깅을 잘 하지만, 방화벽 룰셋 변경 내용에 대해 로깅을 잘 하지 않는다. 많은 방화벽이 룰셋 변경 여부를 전혀 기록하지 않고, 기록하더라도 구체적인 변경 내용을 기록

---

17 iptables 구조를 보면 패킷의 통과/차단 여부를 특정 필드에 기록하지 않는 것도 이해할 수 있다. 그러나 패킷을 처리한 룰 정보가 로그에 기록되지 않는 것을 이해할 수 없다.

하지는 않는다. 결과적으로 방화벽 룰 변화를 검증하거나, 감사하는 것이 불가능해진다. 이 문제를 해결하려면 또 다른 방법이 필요하다.

- 방화벽은 종종 장비 로그인 정보, 환경 설정 변경 내역 등을 로그에 기록하지 않기 때문에, 변경 관리에 큰 애로사항이 있다.

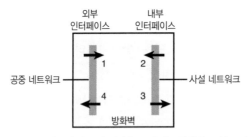

그림 2.3 2개의 방화벽 인터페이스와 4개의 로깅 지점을 표시하는 방화벽 모식도. 1은 외부 인터페이스의 인바운드, 2는 내부 인터페이스의 인바운드, 3은 내부 인터페이스의 아웃바운드, 4는 외부 인터페이스의 아웃바운드 연결 지점이다

침입 탐지/방지 시스템

침입 탐지/방지 시스템 없이 운영되는 IT 인프라는 찾기 힘들다. 심층 방어 defence in-depth법에 따르면, 트래픽을 필터링하거나 침입을 방지하는 것은 물론, 탐지 시스템도 갖춰야 한다. 탐지를 위한 솔루션으로 IDSIntrusion Detection System가 있고, IDS는 다시 HIDS(Host-based Intrusion Detection System, 호스트 기반 침입 탐지 시스템)와 NIDS(Network-based Intrusion Detection System, 네트워크 기반 침입 탐지 시스템) 두 가지로 분류된다. HIDS는 말단 시스템에서 동작하며, 프로세스 행위, 사용자 행위, 호스트의 네트워크 동향 등을 모니터링한다. NIDS는 네트워크를 감시하는데, 인라인 모드 또는 스니퍼 모드로 운용할 수 있다. 2장의 내용 대부분은 NIDS를 대상으로 한 것이지만, 많은 내용은 HIDS에 바로 적용할 수 있다. 또한, 2장에서는 NIPSNetwork-based Intrusion Prevention System는 배제하고 NIDS만을 다

루었다. NIDS와 NIPS의 차이점은, NIDS는 단지 위반 사항을 탐지할 뿐이지만 NIPS는 위반사항을 즉각적으로 대응하고, 공격 트래픽을 차단해 문제를 해결한다는 점이다. 전체 개념을 하나하나 알아보자.

NIDS는 시그니처 기반과, 비정상 행위anomaly 기반, 2가지의 감지 기법을 사용한다. 시그니처 기반 탐지법은, 이미 알려진 공격 혹은 오용 패턴에 해당하는 룰셋이나 시그니처 셋을 이용한다. 이 룰셋(혹은 시그니처 셋)은 단순한 문자열 매칭 표현식부터, 까다로운 상태 변화까지 복잡도가 증가할 수 있다. 비정상 행위 기반 시스템은 감시 대상 객체의 정상 기준선을 설정하고, 통계적 정상 범위를 벗어나는 행위를 잠재적인 위반이나 예외 상황으로 취급한다.

NIDS의 가장 큰 약점은 다수의 허위양성false positive을 생성하기에, 지금까지 살펴본 다른 데이터 소스와는 달리 NIDS의 경보를 항상 신뢰할 수는 없다는 점이다. 이 문제를 해결하기 위한 방법이 두 가지 있는데, 필터링과 이벤트 우선순위 설정이다. 필터링은 알려진 허위양성사례를 집계한 블랙리스트를 기반으로 오경보false alarm를 걸러내는 것으로, 이 방식은 확장성이 떨어진다. 환경이 변화함에 따라 블랙리스트의 내용도 지속적으로 갱신되어야 한다. 이벤트 우선순위 설정은, 우선순위에 따라 운영자의 주의를 끌게 하는 방식이다. 그러나 이벤트 간 우선순위를 선정하는 작업은, 수많은 변수를 고려해야 하기 때문에 쉬운 일이 아니다. 이 책의 후반부에서 시각화를 이용해 분석해야 하는 NIDS 이벤트를 줄이는 방법을 알아보자(5장 참조).

일반적인 침입탐지 이벤트의 경고(혹은 로그 레코드)에 포함되는 정보는 다음과 같다.

- **타임스탬프❶**: 위반 행위violation가 기록된 시각
- **IP 주소❷**: 관찰 대상 연결 양 끝단의 주소. 출발지는 잠재적 공격자, 목적지는 피해자를 의미한다.

- **포트❸**: 포트 번호로 어떤 서비스를 대상으로 한 공격인지 알 수 있다.
- **우선순위❹**: IDS가 경보의 중요성이나 공격의 강도를 평가하기 위해 할당한 수치. 각각의 IDS는 각기 다른 비율로 우선순위 설정을 하는데, 이는 IDS 간 상호 연동을 어렵게 만드는 요인 중 하나다.
- **시그니처❺**: 기록된 위반 행위를 탐지한 룰
- **프로토콜 필드❻**: 기록된 행위의 TCP/IP 패킷 필드로, 이를 활용하면 몇몇 공격 속성을 파악할 수 있다.
- **취약점❼**: 기록된 행위와 관련이 있는 취약점으로, 공격의 유형을 표시한다.

일반적으로 NIDS는 남용_{abuse}이나 위반 사례를 표시하기 위한 시스템이기 때문에 NIDS 로그에는 정상적인 행위가 기록되지 않는다. 따라서 NIDS 로그의 활용도는 제한적이며, 종종 자세한 공격 양상과 피해 평가를 위한 추가 정보가 필요하다.

NIDS는 로깅을 철저하게 하는 시스템은 아니다. 시그니처 셋의 변경이나, 새 시그니처 셋 추가에 대한 정보는 변화 관리에 필수적인 부분이지만, 대부분의 NIDS는 변경되거나 추가된 시그니처 셋에 대한 로그를 기록하지 않는다. 또한, 거의 모든 NIDS에는 시그니처 신뢰도_{signature confidence}에 대한 개념이 없다. 시그니처 신뢰도를 사용하면 경보가 허위양성인지 아닌지 여부를 판단하기 위해 소모하는 시간을 크게 절약할 수 있다. 어떤 시그니처는 매우 엄격하게 작성되어 허위양성 발생 가능성이 극히 낮지만, 어떤 시그니처는 엉성하게 작성되어 허위양성 발생 가능성이 높을 수 있다. 따라서 낮은 신뢰도의 시그니처로 발동된 경보는 낮은 우선순위를 할당하고, 해당 경보의 진위를 확인하기 위한 증거를 더 찾아봐야 한다.

NIDS는 하위 네트워크 계층에서 동작하기 때문에, NIDS 경보에는 응용 계층 정보가 포함되지 않는다. 예를 들어, NIDS 경보에는 사용자 이름과 같은 유용한 정보가 기록되지 않는다. 공격이나 위반을 저지른 사용자에 대한 정보가 없다면, 조사 과정에서 IP 주소와 장비까지만 추적할 수 있다. 사용자 정보는 장비 정보에 비해 매우 중요하다. 이 문제는 책 후반부에서 다룰 큰 문제점 중 일부다.

IDS 경보 수집은 시스로그syslog를 수집하는 것만큼 간단하지는 않다. 시스로그는 데이터 전송량이 엄격하게 제한되어, 대부분의 시스로그 구현체는 1024바이트까지만 전송할 수 있다. IDS 경보는 시스로그보다 많은 정보를 전송해야 하므로, IDS 제조사들은 독자적인 전송 프로토콜을 개발했다. IDS 경보를 수집하려면, 특수한 수신기를 만들거나 IDS의 데이터베이스에서 직접 읽어와야 한다. 어떤 IDS는 이벤트를 파일에 저장하는데, 이 경우 경보를 읽는 작업이 조금 간편하다.

스노트Snort[18]에는 NIDS 로그를 수집하는 다양한 방법이 있는데, 그중 하나는 '경보' 로그를 작성하는 것이다. 예제 경보 로그는 다음과 같다.

```
[**] [❺1:1768:2] ❺WEB-IIS header field buffer overflow attempt [**]
[Classification: Web Application Attack] [Priority: ❹1]
❶12/05-13:42:46.138639 ❷217.118.195.58: ❸2525 ->
❷13.144.137.82: ❸32949
❻TCP TTL:64 TOS:0x0 ID:58929 IpLen:20 DgmLen:951 DF
***AP*** Seq: 0x3A86174F Ack: 0x2527838A Win: 0x16A0 TcpLen: 32
TCP Options (3) => NOP NOP TS: 2898391430 22834846
[Xref => ❼CVE-2003-0242]
```

첫 번째 줄에는 발동된 시그니처 정보를 기록한다. 다음으로 우선순위와 카테고리 정보, 이어서 경보가 기록된 시간 및 IP 주소와 같은 경보와 관련된 다른 정보가 기록한다. 다음 세 줄엔 추후 조사에서 필요할 수 있는 TCP와 IP 패킷 필드 값이 기록된다. 마지막 줄엔 공격과 취약점 정보를 연결하는 정보를 기록하는데, 대게 CVE[19]를 기록한다.

---

18 http://www.snort.org

19 CVE(Common Vulnerability Enumeration)는 취약점을 분류하는 준표준이다. http://cve.mitre.org를 참조한다.

일부 NIDS는 공격이나 위반이 발생했을 때 기록하는 것은 물론, 해당 공격과 관련이 있는 네트워크 패킷을 기록하기도 한다. 이 기능을 활용하면, 정상적인 패킷과 그 패킷에 의해 발생된 정보를 대조해 허위양성을 줄일 수 있다. 예를 들어 이메일의 경우, 모든 종류의 IDS 시그니처를 발동시키는 경향이 있다. 스노트에선 태그 변환기를 시그니처에 적용해, 경보와 함께 해당 패킷을 기록할 수 있다.

지금까지 설명한 내용은 NIPS와 L7 방화벽에 대한 내용은 의도적으로 배제하고 탐지만 다루었다. 그 이유는 NIPS와 L7 방화벽이 기본적으로 NIDS와 큰 차이가 없기 때문이다. NIDS가 잠재적인 공격에 대해 경보만을 울릴 때, NIPS와 L7 방화벽은 경보는 물론 해당 연결을 차단할 수도 있다. 따라서 NIPS 시그니처는 매우 엄격하게 작성되어 허위양성 발생 가능성을 극히 낮게 유지해야 한다. 그렇지 않다면 정상적인 트래픽마저 차단해 서비스에 악영향을 끼칠 것이다. NIPS와 L7 방화벽의 로그 파일은 NIDS의 로그 파일과 매우 유사하다. 앞서 다룬 IDS 로그에서 기록하는 필드들에 더해, IPS는 해당 연결이 차단되었는지 통과되었는지 여부를 기록한다.

L7 방화벽의 장점 중 하나는 4계층 정보와 더불어 응용 계층 정보를 동시에 얻을 수 있다는 점이다. 사용자 이름도 로그에 저장되어, 공격이 발생한 경우 IP 주소나 장비까지만 아는 것에 비해 추적을 더 쉽게 할 수 있다.

패시브 네트워크 분석

패시브 네트워크 분석PNA, Passive Network Analysis 툴은 패킷을 분석해 호스트의 메타 정보를 추출한다. PNA 툴은 트래픽을 캡처한 후, 휴리스틱 기반으로 호스트의 운영체제, 취약점, 사용 중인 서비스나 애플리케이션에 대한 정보를 수동적으로 알아낸다.

PNA는 흔히 알려지지 않는 기법으로, 소수의 애플리케이션이 기술을 활용한다. 사실대로 말하자면, PNA를 사용하는 애플리케이션이 너무 적어, 일반적으로 얻을 수 있는 자료라고 말하기 힘들다. 그렇지만 PNA로 많은 정보를 알 수 있어, 분석에 결정적인 도움이 된다.

PNA는 통신에 연관된 호스트의 정보를 알아낸다. PNA가 일반적으로 기록하는 정보는 다음과 같다.

- **IP주소❶**: 통신 중인 호스트의 IP 주소
- **운영체제 및 버전❷**: 원격 호스트의 운영체제 이름과 버전
- **가동시간❸**: 원격 호스트가 켜져 있었던 시간
- **거리❹**: 원격 호스트에서 분석 시스템까지 향할 때 거친 홉$_{hop}$의 개수
- **링크❺**: 호스트가 연결된 링크의 종류

위 정보가 언제나 정확한 것은 아니다. 대부분의 PNA 툴은 트래픽을 확인해 운영체제와 버전을 식별하는 지문 데이터베이스를 가지고 있지만, 거리와 링크 종류의 경우 몇몇 트래픽 특성을 참고해 유추하기 때문이다.

패시브 운영체제 분석으로 가장 유명한 오픈소스 툴은 p0f이다(http://lcamtuf. coredump.cx/p0f.shtml에서 다운로드할 수 있다). 다음은 임의의 트래픽에 p0f를 사용한 예시다.

```
80.232.38.131:80 - ❷Linux older 2.4 (up: ❸7277 hrs) ->
❶192.12.5.153:32805 (distance ❹19, link: ❺vLAN)

128.9.160.161:22 - Solaris 9 (1) (up: 485 hrs) ->
192.12.5.190:32934 (distance 14, link: ethernet/modem)

192.172.226.123:80 - UNKNOWN [S6:241:1:48:N,N,S,M1460:A:?:?] ->
192.12.5.173:4545 (link: ethernet/modem)

129.250.146.18:80 - FreeBSD 4.6-4.8 (RFC1323) (up: 356 hrs) ->
192.12.5.208:49474 (distance 11, link: ethernet/modem)
```

앞의 예시를 보면, 수집한 트래픽에서 p0f로 정보를 찾아낸 모든 패킷이 표시되어있고, 패킷을 송신하는 호스트의 운영체제 정보를 보여준다. 예를 들면, IP가 80.232.38.131인 호스트의 운영체제는 리눅스 2.4 또는 그 이전 버전이다.

캡처한 패킷을 분석하면, 단순히 운영체제만 아닌 더 많은 정보를 추출할 수 있다. 구체적으로 어떤 애플리케이션이나 어떤 서비스를 사용하는지 알 수 있다. 패시브 자산 감지Passive Asset Detection로 다음과 같은 정보를 알아낼 수 있다.

● **호스트❶**: 해당 자산의 IP(또는 MAC 주소)

● **서비스❷**: 클라이언트가 접근한 서비스(예: SMTP 등)

● **애플리케이션❸**: 서비스를 제공하기 위해 사용한 구체적 애플리케이션 정보(예: Sendmail 8.11.6p2)

● **자산 종류❹**: 같은 로컬 네트워크에 있는 경우, 종류를 식별할 수 있다(라우터, 호스트 등)

애플리케이션 정보는 대체로 서비스의 최초 응답과 함께 전송되는 애플리케이션 배너에서 추출하는데, 이 배너는 실제 애플리케이션을 위장하기 위해 조작될 수 있으므로, 각별히 주의해야 한다.

패시브 자산 감지 시스템PADS, Passive Asset Detection System은 수집한 패킷에서 자산 관련 자료를 추출하는 오픈소스 애플리케이션이다(http://passive.sourceforge.net에서 다운로드할 수 있음). PADS는 두 가지 출력 방식을 가지고 있는데, 기본적으로는 콘솔에 바로 출력한다.

```
[*] Asset Found: Port - ❷25 / ❹Host - ❶128.9.64.64 / Service -
❷smtp / Application - ❸Sendmail SMTP 8.11.6p2+0917/8.11.2
(vapor.isi.edu)
[*] Asset Found: IP Address - 192.12.5.163 / MAC Address -
0:30:65:12:E9:01 (Apple Airport Card 2002)
[*] Asset Found: IP Address - 192.12.5.173 / MAC Address -
0:09:5B:69:79:6F (Netgear MA701)
```

```
[*] Asset Found: Port - 80 / Host - 131.243.1.10 / Service - www /
Application - thttpd
[*] Asset Found: Port - 80 / Host - 130.237.215.6 / Service - www /
Application - Netscape Enterprise 3.6
[*] Asset Found: Port - 80 / Host - 132.239.228.42 / Service - www /
Application - Apache 1.3.29 (Unix)
[*] Asset Found: Port - 80 / Host - 128.32.36.191 / Service - www /
Application - Apache 1.3.17 (Unix)
[*] Asset Found: Port - 80 / Host - 128.9.176.20 / Service - www /
Application - Netscape Enterprise 3.6
```

PADS의 다른 출력 방식은 CSV 파일이다.

```
asset,port,proto,service,application,discovered
67.59.171.111,80,6,www,lighttpd/1.4.11,1198679717
74.125.47.99,80,6,www,ucfe,1198679749
64.150.168.124,80,6,www,Apache,1198679749
192.12.5.154,0,1,ICMP,ICMP,1198679819
192.12.5.3,0,0,ARP (Supermicro Computer),0:30:48:41:72:C1,1198679819
66.35.250.168,80,6,www,Apache 1.3.29 (Unix),1198679819
```

위의 정보는 기본적으로 assets.csv에 저장된다. 나는 개인적으로 좀 더 읽기 쉽고 추후에 가공할 수 있는 CSV 출력 방식을 선호한다.

패킷 수집을 기반으로 한 패시브 분석의 세 번째 유형은 취약점 식별로, 트래픽에서 추출한 애플리케이션 정보를 기반으로 애플리케이션의 취약점을 추정한다. 애플리케이션과 운영체제 종류를 파악하면, 어떤 호스트가 어떤 취약점에 노출되어 있는지 경험적으로 유추할 수 있다. 이는 취약점과 취약점에 관련된 애플리케이션 최신 정보(최신 정보이길 희망한다)를 근거로 한 추정일 뿐이다. 안타깝게도 내가 아는 한 오픈소스 취약점 분석 툴은 없다. 상용으로는 소스파이어SourceFire의 RNAReal Time Network Analysis와 테너블Tenable의 PSVPassive Vulnerability Scanner 등이 있다.

운영체제

로그 분석은 대게 네트워크 트래픽 분석을 의미했지만, 최근엔 비네트워크 정보 (로그) 분석도 중요해지면서, 로그 분석의 범위가 확대되고 있다. 말단 시스템 로그 파일 분석은 네트워크 기반 정보 분석에 비해 뚜렷한 몇 가지 장점이 있다.

운영체제 로그란, 커널이 만든 모든 로그다. 예를 들어 시스로그에 포함된 수 많은 수많은 메시지도 운영체제 로그의 일종이다. 운영체제 로그에는 센드메일 Sendmail, DHCPD, BIND와 같은 애플리케이션 정보가 기록되지 않는다. 윈도우의 경우, 시스템과 보안 이벤트 로그에 운영체제 로그가 기록된다.

나는 시각화에 사용하는 운영체제 자료를 두 가지로 구분했다. 첫 번째는 시스템 로그에 기록된 (근) 실시간 정보로, 시스템에서 발생한 특정한 이벤트를 기록하는, 일종의 상태 변화 기록이다. 두 번째는 열린 소켓이나 실행 중인 프로세스와 같은 시스템 상태 정보다.

2장에서는 운영체제 로그 내용만을 다루고, 리눅스 또는 윈도우용 시스로그 서버 구축/설정 방법, 로깅 수준 설정법 등은 다루지 않는다.

실시간 운영체제 정보

운영체제 정보의 두 가지 종류 중 첫 번째 유형은 실시간 정보로, 다음의 정보를 포함한다.

- 운영체제 로그인
- 파일 감사(파일 생성, 속성 변경, 삭제 등)
- 시스템 재시작 및 종료
- 리소스 오류(예: 하드디스크 문제)
- 다른 사용자로 실행된 명령(예: sudo나 sa)

운영체제는 특정한 조건이 충족되는 상황에서, 다양한 로그를 남긴다. 일반적으로 시스템 설정에 크게 영향을 받지만, 어떤 기능은 특별한 모듈 또는 설정을 필요로 하기도 한다. 예를 들어, 리눅스의 파일 감사 기능은 감사 기능의 일부분인데, 기본적으로 설치되고 활성화되지 않는다. 그렇기 때문에 파일 감사 기능을 사용하려면 감사 기능을 켜고, 로깅 관련 설정을 변경해야 한다. 윈도우의 경우, 감사 관련 기능은 그룹 정책에서 설정해야 한다(윈도우 비스타의 경우, 로깅 설정이 감사 정책에서 통제된다[20]).

유닉스의 경우 모든 운영체제 정보는 로그 파일에 저장되고, 설정에 따라 시스로그를 이용해 원격으로 전송할 수도 있다. 시스로그는 로깅 전송엔 좋지만, 로깅을 할 때 규칙을 강제하진 않는다. 따라서 시스로그의 로그 기록은 표준 규칙에 의해 기록되지 않는다. 시스로그가 기록하는 기본적인 정보는 다음과 같다.

- **타임스탬프❶**: 로그가 기록된 시간. 시스로그의 타임스탬프엔 년도가 누락되어 있다.
- **호스트이름❷**: 로그를 기록한 호스트. 시스로그 레코드를 전달할 경우, 전달한 호스트 이름이 추가로 기록된다. 그러나 호스트 이름을 최대 2개까지 기록할 수 있다.
- **프로세스❸와 프로세스 ID❹**: 로그를 기록하는 프로세스 이름과 해당 프로세스 ID

시스로그 메시지의 나머지 부분은 자유롭게 기록할 수 있는데, 이런 이유로 시스로그 메시지를 파싱하는 것이 복잡하고 신경을 많이 쓰는 일이 된다. 다음의 로그는 이 문제점을 보여주는 예다.

```
❶Nov 12 14:54:11 ❷dbhost ❸sshd[❹24053]: Bad protocol version
identification 'Big-Brother-Monitor-1.9i' from ::ffff:10.1.222.7
```

---

20 http://technet.microsoft.com/en-us/bb679962.aspx

```
Nov 12 14:57:15 dbhost sshd[24066]: Invalid user rgibbons from
::ffff:10.1.222.130
Nov 12 14:57:16 dbhost sshd[24066]: Failed none for invalid user
rgibbonslke from ::ffff:10.1.222.130 port 4832 ssh2
Nov 12 14:57:24 dbhost sshd[24068]: Accepted password for user2 from
::ffff:10.1.222.130 port 4833 ssh2
Nov 12 15:18:24 Macintosh-6 sudo[34774]: raffaelmarty : TTY=ttys002 ;
PWD=/private/var/audit ; USER=root ; COMMAND=/usr/sbin/praudit
20071225050142.20071225220015
```

다양한 종류의 시스로그 메시지를 모두 분석할 수 있는 파서는 없다. 이 문제를 해결하기 위해, 애플리케이션에 적용하는 가이드라인을 만들고 있다. 자세한 내용은 CEE(http://cee.mitre.org)를 참조하면 된다.

로깅은 윈도우에서 좀 더 복잡하다. 많은 사람들이 윈도우 이벤트 로그 정보를 시스로그 호스트로 전송하는데, Snare[21], Kiwi Syslog[22], NTsyslog[23] 등을 이용한다. 불행히도, 이렇게 수집된 로그는 알아보기 힘든 형태인데다, 원본 윈도우 이벤트 정보를 모두 포함하고 있진 않다. 스네어를 이용해 전송된 윈도우 로그의 예는 다음과 같다.

```
<14>Dec 10 10:42:19 winhost MSWinEventLog 1 Security
3193 Sat Nov 17 04:01:52 2007 540 Security netbackup
User Success Audit NAS-1 Logon/Logoff Successful Network Logon:
User Name: netbackup Domain: IT Logon ID: (0x0,0x15362E)
Logon Type: 3 Logon Process: NtLmSsp Authentication Package:
NTLM Workstation Name: \\192.168.222.5 Logon GUID: - Caller
User Name: - Caller Domain: - CallerLogon ID: - Caller
Process ID: - Transited Services: - Source Network Address:
192.168.222.5 Source Port: 0 5
```

---

21 http://www.intersectalliance.com/projects/SnareWindows

22 http://www.kiwisyslog.com

23 http://ntsyslog.sourceforge.net

정말 복잡하지 않은가? 아무런 표식이 없는 숫자들이 여기저기 떠다니는데, 이 로그 포맷에 대한 배경지식이 없다면, 무슨 의미인지 알아낼 방법이 전혀 없다. 그럼에도 불구하고, 아예 없는 것보단 이렇게 열악한 로그라도 있는 게 낫다.

윈도우에서 로그 관리를 하려면, 윈도우 관리 툴 명령WMIC, Windows Management Instrumentation Command[24]을 이용하는 편이 좋다. 이 명령어를 이용하면 원격 혹은 로컬 시스템의 정보에 대한 쿼리를 보낼 수 있다. 다음 명령어는 시스템 로그의 모든 엔트리를 수집해 log.csv 파일에 CSV 포맷으로 저장하게 하는 예다.

```
WMIC NTEVENT where LogFile='System' get /format:csv > log.csv
```

이 명령어로 저장된 log.csv 파일은 다음의 형태를 가진다.

```
Node,Category,CategoryString,ComputerName,Data,EventCode,EventIdentifier
,EventType,InsertionStrings,Logfile,Message,RecordNumber,SourceName,Time
Generated,TimeWritten,Type,User
RAM,0,,RAM,,63,-2147483585,2,{OffProv12;Root\MSAPPS12},Application,A
provider, OffProv12, has been registered in the WMI namespace,
Root\MSAPPS12, to use the LocalSystem account. This account is
privileged and the provider may cause a security violation if it does
not correctly impersonate user
requests.,1064,WinMgmt,20071129212944.000000-480,20071129212944.000000-
480,warning,NT AUTHORITY\SYSTEM
RAM,0,,RAM,,63,-2147483585,2,{OffProv12;Root\MSAPPS12},Application,A
provider, OffProv12, has been registered in the WMI namespace,
Root\MSAPPS12, to use the LocalSystem account. This account is
privileged and the provider may cause a security violation if it does
not correctly impersonate user
requests.,1063,WinMgmt,20071129212944.000000-480,20071129212944.000000-
480,warning,NT AUTHORITY\SYSTEM
```

WMIC는 윈도우 이벤트 로그를 좀 더 접근하기 편하게 한다. 쿼리를 세밀하게 조율하면 원하는 정확히 얻을 수 있다. WMIC의 유일한 단점은, 자동으로 새

---

24 http://technet.microsoft.com/en-us/library/bb742610.aspx

로그나 이벤트를 받아오는 기능이 없기 때문에 새로운 이벤트 정보를 알기 위해
선 WMIC 명령어를 주기적으로 실행해야 한다는 것이다.

최근 삼바_Samba_ 프로젝트는 리눅스에서 WMI[25]를 이용해 윈도우 이벤트 로그
를 원격에서 가져올 수 있게 하는 라이브러리를 개발하고 있다. 해당 라이브러
리는 http://dev.zenoss.org/svn/trunk/inst/externallibs/에 있다. 라이브러리
의 readme 파일엔 소스를 빌드하는 상세한 설명과(심지어 매킨토시도), 윈도우 시
스템의 정보를 원격에서 수집하는 명령어에 대한 자세한 안내가 수록되어 있다.

운영체제 상태 정보

운영체제의 상태에서 추가로 정보를 얻을 수 있다. 각각의 운영체제는 사용자가
OS 상태를 파악할 수 있는 툴을 제공한다. 상태 정보는 운영체제 설정과 관련된
환경설정 정보와 다르다. 환경설정 정보에 대해선 2장 후반부에서 다룬다. 다음
은 유닉스에서 운영체제 상태 정보를 수집하는 툴이다.

- netstat: 네트워크 상태와 열린 소켓, 네트워크 인터페이스 등 네트워킹과 관
  련된 정보를 표시한다.
- iostat: CPU와 디스크 입출력 상태를 보여준다.
- vmstat: 메모리 상태를 보여준다.
- lsof: 열려 있는 모든 파일 디스크립터와 이를 사용하는 프로세스 목록을 보
  여준다.
- top: 실행 중인 프로세스 목록과, 각 프로세스에 관련된 정보를 출력한다.
  각 프로세스의 메모리 사용량, 프로세스 ID, 부모 프로세스 ID, 실행시간
  등이다.

---

25 WMI에 대한 정보는 http://msdn.microsoft.com/en-us/library/aa394582(VS.85).aspx를 참조한다.

- **ps**: 실행 중인 프로세스의 상태를 표시한다. 프로세스 ID, 현재 상태, 프로세스 소유자, 프로세스를 실행한 명령어 등을 출력한다.

윈도우에는 netstat과 tasklist 등 비슷한 툴을 일부 포함하고 있고, 추가적으로 다른 정보를 볼 수 있는 애드온을 제공한다. http://technet.microsoft.com/en-us/sysinternals/default.aspx에 있다. 또는 WMIC를 이용해서 정보를 얻을 수 있다. 다음은 원격에서 현재 실행 중인 프로세스 정보를 얻어와 CSV 형태로 저장하는 명령어의 예다.

```
WMIC /NODE:"ram" process GET Caption, CommandLine /format:csv > /
format:csv.xsl
```

이 명령어의 결과는 다음과 유사하다. 받아온 내용 중 Node는 정보를 가져온 장치의 이름, Caption은 프로세스 이름, Process는 프로세스를 실행시킨 구체적인 명령어다.

```
Node,Caption,CommandLine
RAM,System Idle Process,
RAM,smss.exe,\SystemRoot\System32\smss.exe
RAM,winlogon.exe,winlogon.exe
```

이런 방법으로, 실행 중인 서비스나 메모리 정보 등 시스템에 관련된 많은 정보를 수집할 수 있다.

네트워크 장비도 이런 정보를 가지고 있다. 다양한 방법을 이용해 네트워크 장비의 정보를 수집할 수 있지만, 특정 자료는 SNMP로만 가져올 수 있다. 유닉스에선 Net-SNMP[26]를 이용해 원격 장비에서 SNMP 정보를 가져올 수 있다. 다음은 시스코 라우터의 네트워크 인터페이스에서 발생한 CRC 오류의 개수를 구하는 명령어다.

```
snmpwalk -v 1 -c public 192.168.99.1 .1.3.6.1.4.1.9.2.1.57
```

---

26 http://net-snmp.sourceforge.net

SNMP 커뮤니티가 public이고 라우터의 IP 주소가 192.168.99.1이라 가정하고 실행한 명령이다. 이 명령어가 가져오려 하는 정보는 .1.3.6.1.4.1.9.2.1.57 노드에 있다. SNMP는 트리 구조로 자료를 분류한다. 트리의 모든 노드는 각기 읽거나 쓸 수 있는 정보다. 트리는 MIB_{Management Information Base}라 불린다 (그림 2.24 참조). 객체 식별자_{OID, Object Identifier}는 왼쪽에서 오른쪽으로 읽으며, .1.3.6.1.4.1.9.2.1.57은 트리에서 어떤 노드를 따라가야 할지 알려준다. 즉, 최초의 분기점에서는 1, 그 다음엔 3, 이런 식으로 따라가면 된다. 앞에서 다룬 예제 쿼리의 경로를 따라가면, 라우터 인터페이스의 CRC 에러 정보를 가지고 있는 시스코 노드에 이르게 된다.

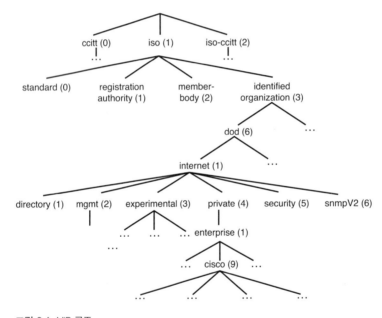

그림 2.4 MIB 구조

네트워크 장비에 다수의 인터페이스가 장착되어 있을 수 있기 때문에, 라우터 인터페이스의 CRC 에러 정보를 구하기 위해선 SNMP WALK를 실행해야 한다. GET이 아니라. WALK는 단일 인터페이스가 아닌 모든 인터페이스의 CRC 에러 정보를 출력한다. 표 2.1은 다양한 플랫폼에서 정보를 얻는 명령어 목록으로, 출력물에 포함되는 정보도 나타내준다.

표 2.1 상태 정보를 수집하는 방법

플랫폼	대상 정보	명령어	출력 정보
시스코 라우터/스위치	ARP 캐시	sh arp	MAC 주소, IP 주소, 인터페이스
시스코 라우터/스위치	CPU 로드	snmpwalk 1.3.6.1.4.1.9.9.109.1.1.1.1.5[27]	최근 5분간의 CPU 사용률
시스코 라우터/스위치	인터페이스	sh interface	인터페이스, 패킷 통계, 에러율, 인터페이스 종류, 인터페이스 설정 등
시스코 라우터/스위치	전송 실패 패킷	sh int | inc (errors|line prot)	인터페이스, 패킷 오류, 인터페이스 통계
		snmpwalk 1.3.6.1.4.1.9.2.2.1.1.12	각 인터페이스별 CRC 에러 숫자
운영체제	열려 있는 네트워크 연결	netstat −na	프로토콜, 로컬 주소, 상대방 주소, 상태
운영체제	listen 상태의 소켓	netstat −nlp[28]	프로토콜, 로컬 주소, 상대방 주소, 상태, 프로세스
운영체제	ARP 캐시	arp −an	MAC 주소, IP 주소, 인터페이스
유닉스	CPU/디스크 로드	iostat	us % 사용자 모드의 CPU 사용시간 비율, 시스템 모드의 CPU 사용시간 비율, 유휴 상태의 CPU 사용시간, 전송당 킬로바이트, 초당 전송률, 초당 전송률(메가바이트 단위)
유닉스	인터페이스 통계	netstat −i −I 〈인터페이스〉	인터페이스, MTU, MAC 주소, 입/출력 패킷, 오류
Windows	실행 중인 프로세스	tasklist	프로세스 이름, 프로세스 ID, 세션 이름, 메모리 사용량

---

27 시스코 MIB에 대한 자세한 정보는 http://tools.cisco.com/Support/SNMP/public.jsp를 참조한다.

28 listen 상태의 프로세스를 보여주는 −p 옵션은 일부 플랫폼에서 사용할 수 없다.

표 2.1에는 운영체제나 네트워크 장비에서 상태 정보 확인을 위해 사용할 수 있는 명령어가 요약되어 있다. 불행히도, 이런 정보는 어떤 로그 파일로도 저장되지 않는다. 장비에서 일정 기간동안 어떤 포트가 열려 있는지 파악하면, 통계와 조사 두 가지 모두에 유용하게 활용할 수 있을 것이다. 통계 정보statistical information 가 얼마나 유용한지 알 수 있는 한 예는 CPU 점유율이다. CPU 점유율을 확인하는 것만으로, 비정상적인 상황을 쉽게 확인하고 대응할 수 있다. 또 다른 예로는, 실행 중인 프로세스 목록이다. 실행 중인 프로세스 목록을 언제든지 확인할 수 있다면, 보안사고를 분석하면서 말할 수 없을 정도로 유용하게 사용할 수 있을 것이다. 이런 자료를 미리 준비해두어, 특정 시점에 어떤 프로세스가 실행되었는지 안다면 어떤 비정상 행위가 보안사고와 관련이 있는지 알아내는 데 많은 도움이 될 것이다. 그렇기 때문에 앞서 설명한 툴을 설정하고, 자료를 모으는 과정을 만들어야 한다. 한 가지 어려운 것은, 분석에 필요한 정보를 따로 분리해야 한다는 것인데, 이 책에선 그 방법에 관한 상세한 설명을 다루지 않는다.[29]

운영체제 로그 문제

윈도우나 리눅스 등 운영체제 로그의 가장 큰 문제점은 로그 파일이 구조적이지 않고, 기록 방식이 다양하다는 점이다. 리눅스에서 사용하는 시스로그는 완벽하게 비 구조적인 로그 파일을 만들어내기 때문에, 로그 파서를 만드는 것이 어렵다. 그렇기에 직접 로그를 보지 않는 이상, 파서를 만들 수 없다. 윈도우의 경우, 명령행에서 윈도우 로그 파일에 접근할 수 있는 Log Parser[30]라는 툴이 있다. 그러나 이 툴을 사용해 쿼리를 정확하게 보내는 것은 쉽지 않을 뿐더러, 윈도우가 만드는 여러 가지 로그에 대한 배경지식이 필요하다. 더욱이, DNS와 DHCP 등의 윈도우 서비스는 개별 로그 파일에 기록한다. 정확히 말하자면, 일부 메시

---

29 스플렁크는 로그 파일의 분석 결과를 볼 수 있는 소프트웨어다(http://www.splunk.com).

30 http://www.microsoft.com/technet/scriptcenter/tools/logparser/default.mspx

지는 이벤트 로그를 통해 기록되지만, 전부가 기록되지는 않는다. 모든 로그가 서로 다른 포맷으로 서로 다른 장소에 저장된다는 것은 꽤 골치 아프다. 윈도우의 경우엔 마이크로소프트가 새로운 로그 포맷 또는 XML 기반의 새 로깅 인프라를 개발하고 있다. 이것이 산적한 문제를 일시에 해결할 수는 없겠지만, 윈도우의 고질적인 로깅 문제점을 해결하기 위한 의미 있는 시도다.

어떤 운영체제이건 간에, 적극적으로 로깅을 하지는 않는다. 가령 파일 감사 기능을 활성화하려면, 리눅스에는 특별한 라이브러리가 필요하고, 윈도우에서는 별도의 설정이 필요하다. 특정한 동작을 로그에 기록할 수 있음에도 불구하고, 실제로 기록하기가 매우 어렵다. 특정한 동작을 로그에 기록하기 위해 특별한 라이브러리가 필요한데, 좀 답답하다. 이런 갑갑한 상황에 대해 설명할 때, 리눅스의 비밀번호 변경을 제일 좋은 예제로 든다. 비밀번호 변경 내역을 기록하기 위해선, PAM 라이브러리가 필요하다.[31] 그러나 이 라이브러리는 기본적으로 포함되어 있지 않다.

각기 다른 시스템에서 만들어진 로그 파일을 다루어야 하는 경우라면, 네임스페이스 충돌 문제를 겪게 될 것이다. 예를 들어, 2명의 사용자가 서로 다른 시스템에서 같은 사용자 이름을 사용할 수도 있다. 특정 활동을 실제 사용자까지 추적하려면, 이것이 문제가 된다. 사용자가 각기 다른 이름을 사용하면 아무런 문제가 없지만, 현실은 그렇지 않다. 각 장비에서 똑같은 이름을 쓰는 사용자가, 같은 사람이 아닐 수 있다. 그리고 로컬 계정local account과 도메인 계정domain account 간에도 문제가 발생한다. 똑같은 관리자 로그인이라 해도, 로컬 계정에서 로그인한 것일 수도 있고 도메인 계정에서 로그인한 것일 수도 있다. 어떻게 하면 이 두 가지를 구분할 수 있을까? 아마도 로그 파일에서 해답을 얻을 수 있을 것이다. 한 명의 사용자가 여러 개의 계정을 가지고 있는 경우에는 어떨까? 나만해

---

31 스네어(Snare)(http://www.intersectalliance.com/projects/Snare/)를 이용해 비밀번호 변경 내역을 로그에 기록할 수도 있다.

도 다양한 장비에 사용 중인 계정이 숫자가 헤아리기 어려울 정도로 많다. 사용자가 보유하고 있는 모든 계정을 헤아리지 않고서는, 그 사용자의 활동을 포괄적으로 파악할 수 없다. 사용자들이 계정을 공유하는가? 이는 분석을 무용지물로 만들어버릴 수 있는, 또 다른 차원의 문제다. test와 같은 임의의 서비스 계정이 존재하는가? 존재한다면, 계정 소유자는 누구고, 누구에게 이 계정의 행위에 대한 책임이 있는가? 마지막으로, root나 administrator 계정으로 장비에 직접 로그인할 수 있다면, 어떤 활동을 실제로 누가 했는지 전혀 알 수 없다. 따라서 root로 직접 로그인을 할 수 없게 하고, 사용자가 자신의 계정으로 로그인한후 root로 전환하거나 sudo와 같은 것으로 명령어를 실행하도록 해야 한다. 이를 통해 관리자 권한으로 실행된 작업의 실제 소유자가 누구인지 추적할 수 있다.

마지막으로 언급할 운영체제 로그의 문제점은, 네트워크 로그와 운영체제 로그를 연동할 때 나타난다. 운영체제 로그는 IP 주소를 제대로 기록하지 않는다. 네트워크에 의한 활동에 대해서도 IP 주소를 거의 기록하지 않는다. 어떻게 하면 네트워크 로그와 운영체제 로그를 연동할 수 있을까? 한 가지 방법은, 네트워크 로그의 목적지 주소를 참조해, 해당 장비의 모든 로그를 가져다 연동하는 것이다. 그러나 만약 해당 장비에 복수의 연결이 있는 경우, 어떤 연결이 운영체제의 어느 로그와 관계 있는지, 어떻게 판단할 것인가? 매우 어려운 문제다. 사용자 입장에서 이 문제를 해결하는 유일한 방법은, netstat 등의 명령어를 이용해 정기적으로 장비의 소켓 상태를 덤프dump해두는 것뿐이다. 이를 통해 운영체제 로그와 네트워크 로그를 결합해 분석할 수 있다. 좀 더 우아한 해결책은 운영체제의 로깅 기능을 수정하는 것이지만, 쉬운 일이 아니다(그림 2.5 참조).

```
~# ps aux -O ppid
USER       PID              PPID            COMMAND
daemon     44               1               /use/sbin/distnoted
art        97               1               /sbin/launchd
ram        1487             1212            -bash
ram        9229             1487            rm -rf/
art        12229            2272            grep ls

~# sudo lsof -n | grep 1487
bash    1487    ram    16u    IPv4 0x8f5de64        0t0      TCP 64.127.105.60 b811 -> 192.168.0.12.22 (ESTABLISHED)
```

그림 2.5 호스트에서 발생한 특정 활동의 소유자를 추적하기 위해서는 다음과 같은 작업이 필요하다. 1) 프로
세스 목록을 이용해 사용자가 입력한 명령을 파악한다. 사용자는 대체로 인터랙티브 셸에서 명령어를 실행한
다. 셸의 프로세스 ID를 알아내기 위해, 해당 프로세스의 부모 ID를 찾는다. 2) 열린 소켓 목록에서 해당 프로
세스와 관련된 소켓을 찾고, 원격 IP 주소를 알아낸다

애플리케이션

전통적으로 로그 분석은, 네트워크의 하위 계층에 한정된 것이었다. 따라서 애
플리케이션 로그는 주목받지 않았다. 하지만 사기 추적fraud detection 등 다양한 사
례에서 애플리케이션 로그를 확인하는 것만이 유일한 해결책인 경우가 있다.

어떤 자료가 애플리케이션 로그에 포함되어 있을까? 다음은 특정한 로그 파
일에 포함되는 몇몇 자료의 목록이다.

● **사용자 이름:** 해당 동작을 실행한 사용자

● **상태:** 해당 동작으로 인해 바뀐 애플리케이션 상태

● URL: 요청된 URL 또는 웹 리퀘스트

● **데이터베이스 쿼리:** 데이터베이스에서 실행된 실제 쿼리

실제 애플리케이션 로그에는 위 항목 외에 많은 항목이 포함되며, 로그 분석
에 유용하게 쓰인다. 그러나 애플리케이션 로그 항목은, 다음과 같은 많은 문제
가 있다.

- 많은 수의 애플리케이션 로그는 해당 애플리케이션 분야에서만 의미가 있다. 따라서 애플리케이션을 이해하지 않고 있다면, 수많은 로그를 가지고 있어도 의미 있는 분석을 할 수 없을 것이다.

- 애플리케이션 로그 종류는 너무 많다. 표준이 없다. 서로 다른 문법과 전송 방식을 알고 있더라도, 로그를 다루기 위해선 XML과 펄을 다룰 줄 알아야 한다.

- 많은 애플리케이션은 중요한 정보를 누락한다. 로그 분석가들은 이를 잘 알고 있어, 더 많은 정보를 얻기 위해 애플리케이션 로그를 단독으로 사용하지 않고, 다른 자료와 연동한다. 최악의 경우는 아무것도 기록하지 않는 경우인데, 흔한 사례이다. 로그 파일조차 남기지 않는 애플리케이션을 본 경우가 있을 것이다.

- 애플리케이션 로그 양이 매우 많아질 수 있다. 시각화 작업에 큰 영향을 끼칠 수 있으니, 미리 준비해야 한다. 즉, 많은 자료를 표시할 방법이 필요하다.

- 개인정보 문제는 애플리케이션 로그와 관련된 또 다른 문제다. 애플리케이션 로그를 분석하다 보면, IP 주소는 물론 사용자의 실제 이름, 금융 거래 기록, 병력, 구체적인 구매 금액, 이메일 메시지 등에 접근할 수 있다. 개인정보 보호 측면에서, 누구에게 정보 접근 권한을 줘야 하는 것일까? 법과 규정에서 이 이슈를 다룬다. 자세한 설명은 생략하지만, 개인정보를 다룰 땐 조심해야 한다. 개인정보를 열람하는 것은 불법일 수 있다.

위 목록의 첫 번째 항목과 관련해, 로그를 시각화하기 위해 로그의 모든 항목을 이해할 필요는 없다. 종종 일반적인 방법론을 사용해 그래프를 만들고, 애플리케이션 담당자가 그래프를 이해하면 된다. 그 외의 애플리케이션과 관련된 극단적인 항목들이 있지만, 애플리케이션 로그는 수많은 분석에 유용하게 사용된다.

이어지는 장에서 웹 프록시, 메일 로그, 데이터베이스 등 몇 가지 애플리케이션 사례를 알아보자.

웹 프록시

웹 프록시는 재미있는 로그 파일을 만든다. 트래픽 흐름과 같은 단순한 네트워크 연결을 기록하는 것이 아니라, 웹으로 요청한 내용을 정확하게 확인할 수 있다. 또한 인증된 사용자만 웹 프록시를 사용할 수 있도록 설정하면, 누가 웹사이트에 접속했는지조차 알 수 있다.

웹 프록시 로그를 분석해보려면, 간단한 프록시 서버가 필요하다(나는 개인적으로 프록시 서버를 24시간 내내 가동한다). 4장에서 프록시 서버 구축부터, 프록시 로그 수집, 분석까지 단계별로 알아보자. 규모가 큰 곳이라면, 회사 네트워크에서 인터넷으로 연결되는 모든 웹 연결을 처리하는 프록시가 있을 수 있다. 프록시는 아래 항목을 포함해, 모든 목적에 활용할 수 있다.

- 자주 방문하는 사이트를 캐시에 저장해, 대역폭 소모를 줄이고 웹사이트 접속 속도 향상
- 유해 사이트로의 접근을 차단하기 위해 웹 요청을 필터링
- 웹사이트의 유해 코드를 필터링
- 인증된 사용자만이 웹에 접근할 수 있도록 허가

프록시 로그는 아래의 필드를 포함한다.

- **타임스탬프❶**: 패킷이 기록된 시간
- **클라이언트 주소❷**: 웹 요청을 보낸 장치 주소
- **웹 서버❸**: 요청받은 웹사이트의 서버
- **요청 URL❹**: 실제 웹 요청 URL
- **응답 코드❺**: HTTP 상태 응답 코드
- **크기❻**: 서버에서 클라이언트로 전송된 용량

- **사용자 이름❼**: 사용자 인증이 설정되어 있는 경우, 웹 요청을 보낸 사용자 이름
- **콘텐츠 타입❽**: HTTP 헤더의 콘텐츠 종류 필드로, 전송받는 타입

다음은 프록시 로그의 예다.

```
❶2007-11-18 05:10:55 ❸200.30.108.63 ❻585 ❻31
TCP_MISS_PRIVATE_ON_STOP_LIST/200 ❷220.181.34.24 ❺200 ❺200 - -
❼ntlm W5509C - 0 GET HTTP/1.1 -
❹http://code.qihoo.com/ad_bcast/html_show.js?a=2183&b=1003&p=2001&nt=
&w =760&h=102&m=169221 - [b8]"text/html" "Mozilla/4.0 (compatible; MSIE
6.0; Windows NT 5.1; .NET CLR 1.1.4322; InfoPath.1)" -
```

이 로그를 보면, 프록시 로그가 모든 종류의 분석에 매우 유용하다는 사실을 알 수 있다. 프록시 서버는 업무 측면뿐만 아니라, 보안 관점에서도 트로이 목마나 다른 종류의 유해 코드와 활동을 감지하는 데에도 쓸모가 있다. 프록시 로그에 몇몇 문제점이 있긴 하지만, 대부분의 프록시 로그는 유의미한 분석을 하거나, 다른 자료와 연동해 사용하기에 충분한 정보를 가지고 있다. 물론, 필요한 정보가 로그에 포함되지 않는 경우도 있지만, 해당 정보를 출력하도록 로그 설정을 변경하는 것만으로 쉽게 해결할 수 있다.

프록시 로그 분석 과정의 문제점 중 하나는 URL을 파싱하는 것이다. 종종 URL을 호스트이름, 파일 또는 페이지, 페이지에 전달된 변수 등으로 분해하는 것이 좋을 때가 있다. 위 예에서 보듯, 변수는 매우 복잡할 뿐 아니라, 암호처럼 보이기까지 한다. 변수를 한 번 훑어보고 각 변수의 의미를 파악할 수 있는 능력을 가진 사람은 없을 것이다. 그리고 POST 요청을 분석할 때 발생하는 또 다른 문제는 변수가 URL로 전달되지 않고, 프록시 로그에 기록되지 않는 HTTP 요청에 포함되어 전달된다는 점이다. 이를 간과하면 분석이 잘못될 수 있으니, 주의해야 한다.

프록시 로그를 시각화할 때 겪게 되는 또 다른 문제점은 로그의 양이다. 웹 페이지를 한 번 열 때 한 개의 프록시 로그 엔트리가 기록되지 않는다는 점을 명심

하라. 웹 페이지에 단 한 번 접근한다 해도, 스타일시트, 이미지, 프레임 등 여러 객체에 대한 로그가 각각 기록된다. 즉, 페이지를 접근할 때마다 많은 숫자의 프록시 로그 엔트리가 생성된다는 것이다. 그러므로, 분석 종류에 따라 로그 엔트리를 통합해야 한다.

메일

이메일 서버는 시각화를 통해 혜택을 받을 수 있는 대표적인 애플리케이션 중 하나이다. 사회 관계망social network 분석에 대한 많은 연구가 이루어졌다.[32] 사용자 간의 관계를 분석하면, 내부 파벌 정보를 유추할 수 있고, 이를 정보 유출 방지 작업에 사용할 수 있다. 8장에서 이에 관한 자세한 내용을 알아보자.

이메일 로그는 크게 두 가지로 분류할 수 있다. 첫 번째는 메일 송/수신을 담당하는 메일 에이전트MTA, Mail Transfer Agent의 로그다. 두 번째는 POP이나 IMAP으로 접근할 수 있는 메일 저장소 로그다. POP, IMAP 로그는 누가, 언제, 어떤 메일에 접근했는지에 관련된 정보만을 포함하고 있고, 이메일 자체에 대한 정보는 포함하지 않으므로, 이 책에서는 다루지 않는다.

일반적인 MTA 로그는 다음의 정보를 포함한다.

- **타임스탬프❶**: 이메일이 처리된 시각
- **발신인❷과 수신인❸**: 해당 이메일의 발신인과 수신인의 이메일 주소
- **제목**: 간혹 이메일의 제목이 로그에 기록된다. 일반적인 경우는 아니다.
- **중계❹**: 해당 메일 서버로 수신되기 직전에 거쳐온 서버 또는 해당 메일 서버에서 보낸 메일을 수신할 바로 다음 차례 서버
- **크기❺**: 이메일 메시지의 전체 용량
- **수신인 수❻**: 해당 이메일을 수신하는 수신인의 수

---

32 소셜 네트워크 분석에 대한 정보는 http://videolectures.net/kd007_kleinberg_cisnd를 참조한다.

- **지연❼**: 이메일을 수신하고 전달하는 사이에 걸린 시간

- **상태❽**: 성공적으로 배달되었는지, 거절되었는지 등 이메일의 상태를 표시

- **메시지ID❾**: 각 이메일마다 고유하게 할당되는 ID

가장 대중적인 MTA인 센드메일[33]을 통해 메일을 보낸 로그는 다음과 같다.

```
❶Jun 11 04:09:30 linux2 sm-mta[19407]: k5B25Rux019397:
from=<❷moder@burncompany.com>, size=❺3555, class=0, nrcpts=❻1,
msgid=<❾000001c68cf8$2bc42250$e7d4a8c0@mvu82>, proto=SMTP, daemon=MTA,
relay=❹host62-225.pool8711.interbusiness.it [87.11.225.62]
Jun 11 04:05:33 linux2 sm-mta[19401]: k5B25Rux019397:
to=<❸ram@cryptojail.net>, ctladdr=<ram@cryptojail.net> (0/0),
delay=❼00:00:06, xdelay=❼00:00:00, mailer=local, pri=294718,
dsn=2.0.0,
stat=❽Sent
```

이 로그는 moder@burncompany.com에서 ram@cryptojail.net으로 이메일을 보낸 기록이다. 이 로그엔 발신자/수신사 주소 외에, 이메일을 전달한 중계 서버와 이메일의 상태 정보 등이 포함되어 있다. 그리고 이메일을 수신한 서버가 cryptojail.net의 MX 서버라는 것을 확인할 수 있다. 즉, 이 서버는 cryptojail.net 도메인의 메일을 담당하고 보관하며, 받은 메일을 다시 전달하지 않는다.

이 로그 예제엔 센드메일의 문제점 하나가 포함되어 있다. 바로 이메일이 최소 2개 이상의 로그 엔트리를 생성한다는 점인데, 첫 번째 엔트리는 이메일의 발신자를, 두 번째 엔트리는 수신자를 표시한다. 이 두 엔트리는 k5B25Rux019397과 같이, 이메일 주소 바로 앞에 있는 14자리의 문자열인 메시지 구분자message identifier로 연결된다. 이 예제에서는 2개의 로그 엔트리만 다루지만, 경우에 따라 하나의 메시지 ID와 관련된 2개 이상의 로그 엔트리가 존재하기도 한다. 예를 들

---

33 http://www.sendmail.org

어, 이메일이 첫 번째 시도에 배달되지 않는 경우 서버는 로그에 실패 기록을 남기고 메일 전송을 다시 시도하는데, 매번 재시도할 때마다 새로운 로그가 기록된다. 이는 결과적으로 로그 분석을 어렵게 하는 요인이 된다.

이메일 로그의 또 다른 문제점은, 수신자가 여러 명인 메일의 경우 to 필드에 수신 주소 목록이 기록된다는 점이다(센드메일만의 문제는 아니다). 파서는 물론, 추후 다루게 될 시각화 작업에서 이 점을 명확하게 알고 있어야 한다. 즉, 시각화 가정에서 단일 노드가 아닌 복수 노드를 생성해야 한다.

센드메일에 기록되지 않는 정보에는 이메일의 제목, 첨부 파일 여부 등이 있다. 만약 이메일에 파일이 첨부되어 있다면, 첨부 파일의 이름과 종류를 파악하는 것이 중요할 수도 있다. 익스체인지Exchange와 같은 다른 MTA는 메일 제목과 첨부 파일 여부를 로깅할 수 있다. 센드메일을 이용해 첨부 파일 여부를 파악하려면, 휴리스틱 방식을 사용해야 한다. 즉, 이메일 메시지의 용량이 어느 정도 이상이라면 첨부 파일이 포함된 것으로 추정하는 방법이다. 나는 아직까지도 이메일을 완벽하게 분석해 첨부 파일의 이름과 종류를 추출하는 메일 서버를 본 적이 없다. 이런 기능은 이메일 프로그램에도 중요할 것이다. 첨부 파일 관련 기능을 필요로 한다면, Vontu, Reconnex, Vormetrics와 같은 상용 정보 유출 방지 툴을 살펴보는 것도 좋다.

즉시 사용할 수 있는 센드메일 로그 파서가 필요하다면, 다음 링크의 펄 스크립트를 이용하라(http:/secviz.org/?q=node/8). 이 스크립트를 이용하면 직접 로그 파서를 만들지 않고도 센드메일 로그에서 to 필드와 from 필드 정보를 추출할 수 있지만, to 필드에 다수의 수신 주소가 있는 경우에는 자동으로 처리하지 못하고 하나하나 수작업으로 주소를 분리해야 한다.

데이터베이스

2장에서 다루는 마지막 애플리케이션은 데이터베이스다. 기본적으로, 데이터베이스는 로그를 많이 기록하지 않는 조용한 시스템이다. 그러나 거의 대부분의 데이터베이스는 각기 다른 로깅 방식을 가지고 있다. 기본적으로 데이터베이스는 시작, 종료, 오류, 로그인(일부 경우에만)을 로그에 기록하는데, 이 정보는 진단 diagnostic에 유용하게 사용할 수 있다. 그러나 가장 유용한 정보는 소위 감사audit 기록(혹은 감사 로그)에 저장된다. 대부분의 데이터베이스에서 각 쿼리를 기록하는 감사 로그 기능을 지원한다. 일반적으로 감사 로그에 포함되는 정보는 다음과 같다.

- **타임스탬프❶**: 로그가 기록된 시간
- **데이터베이스 명령어❷**: SELECT 구문과 같이 실제로 데이터베이스에 실행된 명령
- **데이터베이스 사용자❸**: 실행한 사용자
- **상태❹**: 출력된 결과물

일부 데이터베이스는 아래와 같은 추가 정보를 기록하기도 한다.

- **운영체제 사용자❺**: 명령어를 실행하기 위해 데이터베이스에 접속한 운영체제의 사용자
- **출발지 주소❻**: 명령어가 실행된 장비의 네트워크 주소

설정하기에 따라, 감사 로그에는 SELECT, INSERT, ALTER TABLE, GRANT 등 데이터베이스에서 실행한 어떤 구문도 기록할 수 있다. 이를 통해 데이터베이스의 자료 및 자료의 변동 사항을 아주 자세하게 모니터링할 수 있다. 다음은 마이크로소프트 SQL 서버의 데이터베이스 로그 예제다.

```
0 ❶11/11/2007 17:02:53 11/11/2007 17:02:53 0.009 0.009
5.000 ❻172.16.36.57 172.16.20.70 3066 1433 0 0
192    389    1    1      0.000 -      ❸- - -
EM006 ❺PubAnonymous PUB ❷17 ❹5703 0
Warning::Changed database context to 'mycorp'. , Changed language
setting to us_english. - 0 ❷Login:PubAnonymous@3066 mycorp 386
```

일반적으로 감사 로그에는 위에서 다룬 것보다 더 많은 정보가 포함된다. 대부분의 필드는 전송된 자료와, 구체적인 연결 정보와 관련된 것이다. 데이터베이스 감사 로그가 자료를 추적하는 작업에 매우 유용한 것은 사실이나, 감사 로그를 본격적으로 활용하기에는 몇몇 문제점이 있다. 첫 번째 문제이자 가장 큰 문제는 감사 로깅이 데이터베이스 성능을 저하시킨다는 점이다. 이는 각각의 로그가 기록될 때마다, 데이터베이스의 프로세싱 파워processing power를 소모하기 때문이다. 일반적으로, 일부(정보 삭제, 시스템 테이블 접근, 매우 중요한 데이터베이스 관련 작업 등)만을 감사 기록의 대상으로 삼아야 한다. 대부분의 데이터베이스에서 이런 목적을 위한 세세한 설정을 할 수 있다.

다음 문제점은, 데이터베이스 감사 로그의 양이 실로 방대하다는 점이다. 만약 모든 SELECT 구문을 기록하도록 설정했다면, 시각화를 위해 분석하고 통합해야 할 자료는 아마도 천문학적인 분량일 것이다. 감사 레코드의 또 다른 문제점은 쿼리query가 기록되는 방식에 있다. 데이터베이스 로그 시각화(이 책의 7장에서 다룬다) 과정에서는, 종종 SQL 쿼리를 분석해 구체적으로 어떤 데이터베이스 테이블에 접근했는지 파악해야 하는 경우가 있다. SQL 쿼리를 분석해 이런 정보를 추출하는 것은 절대로 쉬운 작업이 아니다. 특정 명령어로 접근한 데이터베이스 테이블에 관해, 로그에 별도로 기록한다면 작업이 조금 더 수월해질 것이다.

데이터베이스 로그에 기록된 일부 쿼리를 이해하는 과정도 괴로운 일 중 하나다. 데이터베이스 관리자가 아니고, 테이블 등의 데이터베이스 구조나 쿼리 언어에 익숙하지 않다면, 쿼리를 이해하는 것이 사실상 불가능할 수 있다. 그렇기 때문에 로그를 분석할 땐 데이터베이스 팀과 함께 작업하는 것이 좋다.

설정

시각화를 위한 데이터 소스의 마지막은 설정이다. 설정은 시스템 상태 정보와는 다르다. 로그 파일은 대개 설정 관련 정보를 기록하지 않고, 단순히 상태 변화만을 기록한다. 따라서 시스템의 설정 정보를 정기적으로(혹은 필요할 때마다) 수집해 로그 파일을 보조하는 역할로 활용할 수 있다. 표 2.2는 설정 정보와 관련된 명령어와 대상 정보에 대한 것이다.

표 2.2 설정 정보를 수집하는 방법

플랫폼	대상 정보	명령어	출력 정보
시스코 라우터	현재 ACL	sh access-lists	ACL 번호, 동작, 프로토콜, IP 주소, 프로토콜, 로깅 여부
시스코 라우터/스위치	현재 설정	sh run	네트워크 장비의 현재 설정 전체
시스코 라우터	라우팅 정보	sh ip route	기본 게이트웨이, 네트워크, 인터페이스, 게이트웨이
운영체제	라우팅 테이블	netstat -rn	기본 게이트웨이, 네트워크, 인터페이스, 게이트웨이
윈도우	예정된 작업	WMIC JOB list	명령어, 예정시간, 소유자
윈도우	사용자 목록	WMIC USERACCOUNT	계정 종류, 사용자 이름, 암호 정책, SID
윈도우	서비스 상태	sc queryex	서비스 이름, 종류, 상태

장비에 로그인해 sh config와 같이 설정 정보를 출력하는 명령어를 실행하면, 설정 정보를 얻을 수 있다. 이 방식은 장비에 발생한 문제를 해결하는 것처럼 특별히 목적이 있는 경우에 적합하지만, 현재 정보만을 얻을 수 있다는 단점이 있다. 종종 과거의 설정 기록이 필요한 경우가 있기 때문이다.

다음의 예는 ram이라는 이름의 윈도우 장비에서 시스템 정보를 수집하는 과정이다. 이 명령어는 현재 동작 중인 운영체제에 대한 정보를 수집한다.

```
WMIC /NODE:"ram" OS GET Caption,CSDVersion,CSName
```

이 명령어를 실행한 결과는 아래와 같다.

```
Caption                                 CSDVersion        CSName
Microsoft Windows XP Professional Service Pack 2    RAM
```

위와 같은 설정 정보를 저장하는 것은 꽤 복잡한 작업이다. 먼저, 여러 줄인 결과물 저장 방법을 찾아야 한다. 파일은 단일한 레코드 정보를 저장하는 데엔 유용하지만, 설정 정보 저장엔 적합하지 않다. 예를 들어, sh running과 같은 명령어의 출력물을 저장할 경우 보기에 좋지 않을 뿐만 아니라 파싱하거나 추후에 분석하기 어렵다. 한가지 해결책은, 결과물을 기록할 수 있을 만큼 큰 텍스트 필드가 있는 데이터베이스를 이용하는 것이다. 또 다른 방법은 스플렁크[34]와 같이, 로그 파일은 물론 설정 파일과 명령어 결과물까지 모을 수 있는 툴을 사용하는 것이다. 스플렁크는 설정 파일이나 명령어 결과 같은 것을 시계열 자료처럼 다루어, 사용자가 여러 줄로 이루어진 결과를 단일한 로그 엔트리처럼 다룰 수 있고, 자료를 비교하거나 통계를 만드는 등 다양한 것을 할 수 있다.

설정 자료는 네트워크 환경에서 일어나는 활동을 파악하기 위한 중요한 열쇠다.

시스코 IOS 알아보기
시스코의 라우터와 스위치는 명령행 인터페이스로 관리한다. 텔넷이나 SSH(SSH를 설정한 경우)를 통해 라우터에 접속하면 몇 가지 간단한 정보를 살펴볼 수 있다. 그러나 로그인 직후에는 설정을 할 수 없으며, 설정을 하기 위해 관리자 권한을 얻으려면 enable 명령어를 사용해야 한다. enable 명령을 실행하면 암호를 요구하는데, 암호를 입력하고 나면 라우터를 설정하는 것은 물론 모든 정보를 살펴볼 수 있다.

---

34 http://www.splunk.com

관리자 권한을 획득한 후 show 명령어를 사용해 시스템에 대한 모든 정보를 살펴볼 수 있다. 예를 들어, show running 명령어를 입력하면 전체 네트워크 장비 설정을 볼 수 있고, show ?를 입력하면 show 명령어에 대한 자세한 설명을 볼 수 있다.

장치의 설정을 변경하려면 configure terminal 명령어를 사용해 설정 모드로 진입한다. 설정 모드 안에는 설정 변경이 가능한 여러 가지가 있는데, ?(물음표)를 입력하면 설정 모드에서 사용할 수 있는 명령어 목록을 볼 수 있다. 인터페이스 설정을 변경하려면 interface Ethernet0/0을 실행한다. 이 명령어를 실행하면 Ethernet0/0의 모든 설정을 바꿀 수 있다. 예를 들어 IP 주소를 변경하려면 ip address 192.168.155.2 255.255.255.0을 입력한다. 설정 변경이 마무리되면 Ctrl+Z를 눌러 인터페이스 설정에서 빠져 나온다. 네트워크 장치의 기능에 따라, 세부 명령어 목록에 약간의 차이가 있을 수 있다.

요약

2장에서 데이터 소스에 대해 살펴봤다. 데이터는 모든 시각화의 기반이다. 즉, 데이터 없이는 시각화도 없다. 2장 앞부분에서 로그 분석 분야에서 자주 사용되는 용어(동시에 시각화에서도 중요한)에 대해 설명한 다음, 보안 시각화를 다루는 이 책의 특성상 매우 중요한 개념인 '보안 자료'라는 용어를 명확하게 정의했다. 이어 로그 분석 분야에서 흔한 문제점인 '부족한 로그 정보'와 '출발지/목적지 혼동'에 대해 간략히 소개했다.

2장은 패킷 캡처, 트래픽 흐름, 방화벽 로그, 침입 탐지 및 방지 로그, 패시브 네트워크 분석 등의 네트워크 기반 데이터 소스를 다뤘다. 다음으로 로그 분석에서 종종 누락하는 운영체제 로그와 운영체제 상태 정보를 설명했고, 애플리케이션 로그 파일을 살펴보는 것으로 2장을 마무리했다. 애플리케이션 로그 종류가 너무 많은 탓에, 그중에 일부를 담는 것도 불가능했다. 그래서 개략적인 소개와 더불어 웹 프록시, 메일, 데이터베이스 이 3가지 애플리케이션 로그를 다뤘다.

2장에서 다룬 데이터 소스를 이해한다면, 데이터 시각화에 대해 본격적으로 알아볼 준비가 모두 끝났다.

3

자료의 시각적 표현

자료를 이미지로 나타내기 위한 시각화 기법을 선택하는 건 쉬운 일이 아니다. 막대 그래프와 선 그래프 중 어떤 것을 사용할까? 아니면 산점도scatter plot가 나을까? 3장에서 각 그래프의 장단점을 살펴보고, 이 질문에 대한 답을 찾아보자. 더불어, 각 그래프가 어떤 자료를 시각화하는 데 가장 적합한지 알아보자.

어떤 자료를 분석해야 할지, 어떤 정보가 자료에 포함되어 있는지 파악하면, 그 다음으론 어떻게 자료를 시각적으로 표현해야 할지 결정해야 한다. 다양한 그래프로 시각화할 수 있으며, 각 그래프는 각각의 기능과 분석 시나리오를 가지고 있다. 어떤 그래프는 대량의 자료를 시각화하는 데 적합하며, 어떤 그래프는 변화와 추세를 표현하는 데 적합하다.

3장에서는 이 책 전반에 걸쳐 사용할 그래프를 소개하며, 그 목록은 다음과 같다.

- 단순 차트
    - 파이 차트
    - 막대 차트
    - 선 차트
- 누적 차트
    - 누적 파이 차트
    - 누적 막대 차트
    - 누적 선 차트
- 히스토그램
- 박스 플롯
- 산점도
- 평행좌표
- 링크 그래프
- 맵
- 트리맵

각 그래프는 저마다 특성을 가지고 있으며, 자료를 부각시키는 방법도 다르다. 그래프는 단일 차원의 값 배열을 분석하거나, 둘 이상의 차원이 있는 경우 연관관계를 분석하는 데 도움을 준다. 내가 자료에서 차원에 대해 언급하는 경우, 이는 칼럼(혹은 필드)을 의미하는 것이다. 자료 분석 또는 통계 분야에서라면, 차원은 변수나 기능을 의미하기도 한다. 예를 들어, 로그 엔트리 혹은 자료 엔트리에 포함된 출발지 IP 주소나 목적지 포트를 '차원'으로 부를 수 있다.

각 그래프나 차트를 구체적으로 알아보기 전에, 먼저 그래프가 가지고 있는 일반적인 특성에 대해 알아보자. 3장의 마지막 부분에서, 어떻게 상황에 맞는 그래프를 선택할지 알아보자.

그래프 특성

그래프는 자료를 표현하기 위해 컴퓨터 디스플레이, 종이 등의 2차원 평면을 사용한다. 2차원 평면에 표시한다고 해, 그래프가 2차원 데이터만 표시하는 것은 아니다. 앞으로 보게 될 그래프 중 일부 그래프는 1차원의 데이터를 표시하기도 하지만, 어떤 그래프는 2차원 이상을 표현할 수 있다. 그래프의 공간적 특성과 더불어, 다양한 시각적 요소를 이용해 추가적인 차원을 표현할 수 있다.

자료 형식

그래프를 생성하려면, 먼저 그래프에 표시할 자료가 필요하다. 자료의 형식은 일반적으로 범주형categorical, 순서형ordinal, 구간형interval, 비율형ratio 이렇게 4가지로 구분할 수 있다. 자료의 형식에 따라 자료를 시각화하는 방법이 다르기에, 자료의 형식은 시각화 작업에 있어 중요하다. 예를 들자면, 범주형 자료를 표현하는 데 산점도를 사용할 수 없다.

범주형 자료는 2가지 이상의 종류에 해당하는 값을 가지고 있는 데이터를 말한다. 이런 데이터 차원은 이산형discrete, 명목형nominal으로 불리기도 한다. 일반적으로 범주형 데이터엔 순서가 없다. TCP 플래그(ACK, RST, FIN, SYN, PSH, URG 등)는 순서가 없는 범주형 집합이다. 그리고 방화벽 로그의 동작 필드(차단, 통과)도 범주형 데이터다. 동작과 차단이라는 것은 순서를 매길 수 없으며, 그저 이름이기 때문이다. IP 주소와 포트 번호 또한 범주형 자료다.

범주형 자료에 순서의 개념이 추가되면 순서형 자료가 된다. 예를 들어, 이벤트의 심각도를 상, 중, 하로 구분하면 순서형 자료가 된다. 오직 한 가지 방법으로 순서를 매길 수 있다. 그 누구도 중이 상보다 크다고 말하지 않는다. 다른 한편으로, 상-중의 차이와 중-하의 차이가 같지 않을 수 있다. 이건 순서형 자료의 또 다른 특징이다.

다음 자료 형식은 구간형이다. 구간형 데이터는 연속적이거나, 크기가 측정되는 자료다. 데이터는 끊어진 곳이나 공백이 없고, 인접한 두 값의 차이는 항상 동일한 의미를 가진다(예를 들면 6과 7 사이의 간격 크기와, 9와 10 사이의 차이와 동일하다). 이런 자료를 숫자numeric 자료라고 하기도 한다. 로그 파일의 TCP 순서 번호, 패킷 크기 등이 구간형 자료다. 0을 표현할 수 없는 것이 구간형 자료의 큰 약점이다. 다시 말해 누락된 자료를 알아보기 힘들거나, 알아볼 수 없다.

마지막은 실수를 표현할 수 있는 비율형 자료다. 0을 표현할 수 있어, 측정할 수 없는 자료도 표현할 수 있다. 파일 사이즈가 비율형 자료 중 하나다.

종종 구간형 자료와 비율형 자료를 묶어 연속적인continuous 자료라 한다. 수학적으로, 구간형 자료와 비율형 자료는 수학 연산을 할 수 있다. 다시 말해 곱하거나, 나누거나, 제곱해, 평균, 편차 등 다양한 자료를 얻을 수 있다.

2가지 이상의 자료가 있을 경우, 자료는 주 변수primary variables(종종 독립 변수independent variables)와 종속 변수dependent variables로 구분한다. 종속 변수는 주 변수에 발생한 변화를 관찰하기 위한 변수다. 종속 변수는 주 변수의 변화에 직접적으로 영향을 받거나, 직접적인 인과관계가 없더라도 주 변수와 연관이 있다. 3장 후반부에서 이 특징을 이용해 차트에 표시된 두 변수를 구분했다. 대부분의 차트에서 x축에는 주 변수를, y축에는 종속 변수를 표시한다.

적절한 그래프를 선택을 선택하는 데 있어, 자료 형식은 중요하다. 자료의 형식에 따라 적합한 그래프를 선택해야 한다. 3장에서 다양한 그래프 및 각각의 데이터 형식과 어울리는 그래프를 알아보자.

색

그래프에서 색은 심미적인 역할은 물론, 데이터 차원을 표현하는 역할을 한다. 하지만 비슷한 색은 사람의 눈으로 구분하기 어렵다는 문제가 있다. 따라서 색으로 표현된 값은 구분하기 쉽지 않다. 이 때문에, 색은 대체로 적은 수의 범주형 자료를 표현하는 데 사용한다. 일반적이고 직관적인 색을 사용하는 것이 아니라면, 범례를 사용하는 것이 좋다. 여기서 말하는 '일반적이고 직관적인 색'이란, 문제가 발생했을 때 붉은색을, 아무런 문제가 없을 때 초록색을 사용하는 것 등을 말한다. 일반적이고 직관적인 색은 범례 없이 사용할 수 있으나, 색이 맥락에 맞도록 신경 써야 한다. 일반적으로, 나타낼 항목의 수가 적고 각 항목을 뚜렷이 구별할 수 있는 경우만 색을 사용하기 적합하다. 색으로 표현하는 항목이 적을수록, 그래프를 이해하기 쉽다. 그러나 색으로 표현하는 항목이 많아질수록, 수많은 색이 각각 어떤 항목을 나타내는지 이해하기 힘들어진다. 이와 더불어, 색은 연속적인 범위 표현에 장점이 있다. 무지개색이나, 무채색grayscale 등을 사용해 특정한 범위를 효과적으로 표현할 수 있다(그림 3.1 참조).

색을 심미적인 목적으로만 사용해서는 안 된다. 색은 그래프에 의미를 더하는 목적으로 사용해야 한다. 밝은 색을 이용해 정보를 강조하고, 독자의 시선을 끌어내보자. 색은 그래프에 의미를 더하기 위해 사용해야 한다. 컬러브루어 ColorBrewer[1]는 그래프에 사용할 색을 선택하는 데 도움을 주는 툴이다. 컬러브루어는 그래프에 사용할 색 조합 후보를 보여주고, 사용자가 손쉽게 선택할 수 있도록 하는 웹 툴이다. 컬러프루어를 사용하면 색맹이나 색약인 사용자도 알아볼 수 있는 색을 고를 수 있다. 이미지나 그래프에 색을 사용할 땐 언제나 색맹 및 색약[2]을 배려하도록 유의해야 한다.

---

1 http://www.personal.psu.edu/cab38/ColorBrewer/ColorBrewer.html

2 색맹에 대한 자세한 정보는 'http://en.wikipedia.org/wiki/Color_blindness'나 'http://ko.wikipedia.org/wiki/색각_이상'에서 찾을 수 있다.

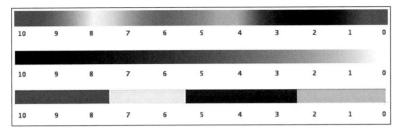

그림 3.1 색을 이용해 범위를 표현할 수 있다. 첫 번째와 두 번째는 연속적인 색을 표현하고 있으며, 0과 10 사이의 모든 실수(real numbers)를 조금씩 다른 색으로 표현하고 있다. 하지만 세 번째 그래프는 네 부분으로 나누어, 각각 한 가지의 색으로 표현한다(컬러이미지는 에이콘출판사 도서정보 페이지에서 다운로드할 수 있다).

크기, 모양, 방향

색 이외에 크기, 모양, 방향을 사용해 자료 차원을 표현할 수 있다. 크기를 이용해 차원을 표현하는 것은 색을 사용하는 것과 유사한데, 두 경우 모두 시각적으로 표현한 것만 봐선 어떤 값을 나타내는지 파악할 수 없기 때문이다. 그러나 상대적인 관계를 강조하는 데엔 효과적이다. 일반적으로 모양은 전송 프로토콜이나 운영체제 종류 등 적은 숫자의 범주형 자료 값을 표현할 때 사용한다. 방향은 자주 사용하지는 않지만 그래프에 추가적인 자료 차원을 표시할 수 있는 방법이다.

추가 자료 차원을 표현하기 위해 일반적으로 사용하는 좋은 방법은 노드에 색을 입히는 것이다. 색과 비슷하게, 모양으로도 추가 자료 차원을 표현할 수 있다. 특정한 값을 나타내기 위해, 단순한 점 대신 상자, 타원, 별 등을 사용할 수 있다.

차트 축

차트 축을 이용하면 자료값을 알아보기 쉽다. 레이블과 체크기호를 이용해 특정한 값과 차트 내용을 연결해 표시할 수 있다. 일반적으로 수직 축을 y축이라 하고, 수평 축을 x축이라 한다. 3차원 차트에서는 수직 축을 y축이라 하고, x축과

z축은 애플리케이션마다 다르다. 잘 만들어진 차트에선 축의 단위를 쉽게 알아볼 수 있다.

차트 축을 그릴 땐 다음 세 가지를 유의해야 한다.

- x축 레이블이 읽기 힘든 경우, 그래프를 90도 돌리는 것이 좋은 방법일 수 있다. x축과 y축을 바꾸는 것이다. 레이블을 수평으로 표시해 가독성을 높일 수 있다

- 일반적으로 축을 0에서 시작해야 한다. 특히 막대 그래프의 경우, 각 막대의 길이가 표시하는 값에 비례하도록 하기 위해 y축의 시작점을 0으로 해야 한다.

- 표시하는 값이 넓은 범위에 걸쳐있는 경우엔, 비선형 스케일의 축을 사용하는 것이 유용할 수 있다. 그림 3.2는 이런 경우의 좋은 예다. 앞의 그래프는 일반 스케일의 축 때문에 가장 큰 값 하나만 알아볼 수 있는 반면, 아래의 그래프는 로그 스케일 축을 적용해 큰 값은 물론 작은 값도 효과적으로 그래프에 표시한다.

다음 절에서, 앞에서 간단히 다룬 8가지 그래프에 대해 자세히 알아보자. 3장의 마지막에서 각 그래프에 대한 내용을 요약하고, 어떤 그래프가 각 상황에 가장 적합한지에 대해 알아보자.

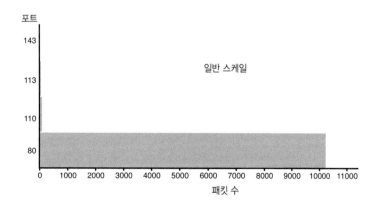

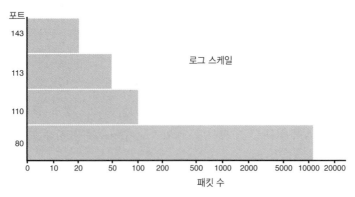

그림 3.2 두 그래프 중 앞 페이지의 그래프는 일반 스케일을 사용했고, 위 그래프는 똑같은 자료를 로그 스케일에 표시했다. 로그 스케일을 이용하면 작은 값도 표현할 수 있다

단순 차트

데이터를 시각화하는 가장 널리 쓰이고 쉬운 방법은 차트를 이용하는 것이다. 차트는 파이, 막대, 선, 3D 막대 차트 등 여러 종류가 있다. 일반적으로 차트는 하나의 데이터를 표현하지만, 3차원 막대 차트는 2개의 데이터를 표현할 수 있다. 엑셀이나 오픈오피스 등 많은 프로그램에서 기본적인 차트를 사용할 수 있다.

3장의 주 내용은 어떤 상황에 어떤 그래프를 사용해야 하는가에 대한 것이다. 먼저 각 차트를 소개하는 것으로 시작해, 어떤 차트를 어떤 상황에 사용해야 하는지에 대해 다루고, 마지막으로 3장에서 다룬 모든 그래프와 차트, 그리고 적절한 사용법에 대해 정리한다.

파이 차트

아마도 차트 중에 파이차트가 가장 친숙할 것이다. 그러나 동시에 파이 차트는 가장 오남용되는 차트이기도 하다. 매출액을 파이 차트로 표현하는 경우가 많은 데, 대개 파이 차트는 잘못된 선택이다. 다른 차트를 사용하면 내용을 더 잘 나타낼 수 있다. 기본적인 내용을 표현하기 위해 막대 차트를 사용하는 것이 더 좋을 수도 있다.

파이 차트는 전체에서 특정 값이 차지하는 비율이나 퍼센트를 나타내고 비교하기에 가장 적합하다. 파이차트에 표시할 자료는 범주형 자료여야만 한다. 연속적인 자료(구간형, 비율형)를 파이 차트로 나타낼 수 있지만, 표현하려는 값의 가짓수가 많지 않을 때만 가능하다. 이것이 파이 차트의 단점이다. 파이 차트는 적은 수의 값만 표현할 수 있으며, 많은 수의 값을 표현 할 경우 가독성이 떨어진다.

그림 3.3은 3가지 값만을 표현한 파이 차트 예제다. 이 차트를 보고 구체적인 수치를 파악하는 것은 불가능에 가깝다. 하지만 외부 트래픽이 전체의 50%를 차지한다는 것을 쉽게 파악할 수 있다. 잘 만들어진 차트엔 정확한 값을 알아볼 수 있는 레이블이 붙어 있다.

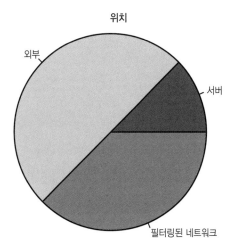

그림 3.3 전체에 대한 비율(혹은 퍼센트)로 값을 표현하는 파이 차트 예

막대 차트

기본적으로 막대 차트는 자료에서 특정 값이 몇 번 나타났는지를 시각적으로 표현한다. 그림 3.4는 목적지 주소 데이터를 기반으로, 각 목적지 주소별 요청 횟수를 표현하는 막대 차트의 예다.

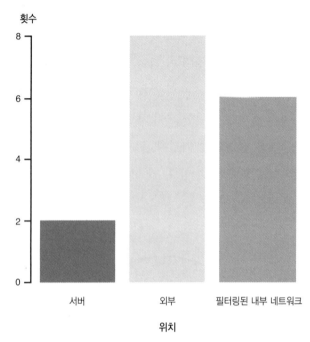

그림 3.4 목적지 주소를 나타내는 막대 차트의 예

막대 차트는 각 값의 등장 횟수를 나타내는 데 사용한다. 막대 그래프는 데이터를 분명하고 직관적으로 표현하므로, 막대의 높이를 비교하는 것만으로 각 값을 비교할 수 있다. 막대 차트는 주로 범주형 데이터를 표현하기 위해 사용한다. 또한 막대 차트는 연속적인 값이나 여러 개의 값을 가지는 경우엔 잘 사용하지 않는다. 막대 차트는 데이터의 연속적인 특성이나, 연속적인 데이터 차원을 나타낼 수가 없다. 막대 차트를 이용해 연속적인 데이터와 여러 개의 값을 표현하려 한다면, 알아보거나 해석하기 어려운 난해한 차트가 될 수 있다.

막대 차트를 사용할 경우 가능한 한 y축(수직 축)의 시작점을 0으로 하는 것이 좋다. 그외의 다른 요소도 그래프를 알아보기 힘들거나, 비교하기 힘들게 한다.

단순히 특정한 값이 몇 번 나타나는가를 헤아리는 count 함수 외에, sum(합계), average(평균), ratio(비율) 등의 함수를 사용할 수 있다. 이 함수를 사용하기 위해선 두 번째 차원이 필요하다. 그림 3.5의 차트는 그림 3.4와 똑같은 막대 차트지만, 여기서 나타내는 정보는 그림 3.4에서 다뤘던 횟수가 아닌 해당 IP 주소로 전송된 평균 데이터 양이다.

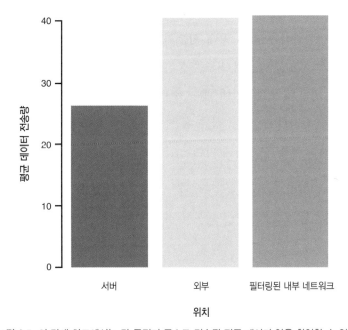

그림 3.5 이 막대 차트에서는 각 목적지 주소로 전송된 평균 데이터 양을 확인할 수 있다

추가적으로 데이터 차원을 생성할 때엔, 자료를 반드시 수치화해야 한다. 그렇지 않다면 합과 평균을 구할 수 없다. 다시 말해, 자료가 수치화되어 있지 않은 경우 전처리preprocess 과정을 거쳐야 한다는 것이다. 예를 들어, 공격의 심각도를 높음, 보통, 낮음의 3단계로 구분한 자료가 있다면, 먼저 전처리 과정을 거쳐 이 데이터를 수치 데이터로 변환해야 한다. 수치화되지 않은 자료를 표현하

는 또 다른 방법은 distinct 함수를 정의하는 것이다. 이렇게 하면 차트를 통해 특정 x값에 대한 distinct 함수값을 알 수 있다.

선 차트

표현하려는 자료가 구간형 자료일 경우, 막대 차트 대신 선 차트를 사용할 수 있다. 구간형 자료를 막대 차트로 표현할 수도 있지만, 일반적으로 선 차트가 좀 더 효과적이다. 선 차트는 인접한 값을 연결해 연속체를 만들어내는 개념이다. 기본적으로 선 차트는 일정한 순시가 있는 자료에서 각 값들이 얼마나 자주 나타나는지를 표현한다는 점이 막대 차트와 유사하다(그림 3.6 참조). 다른 차트와 마찬가지로, 선 차트를 이용해 빈도는 물론 평균이나 총합을 표현할 수도 있다.

선 차트는 경향을 보여주기에 매우 유용하다. 시계열 자료의 상승 혹은 하락 추세를 빠르게 파악할 수 있다. 상승 혹은 하락 추세에 해당하지 않는 경우라도, 데이터가(시간과 무관한) 무작위 값이라는 사실을 알아낼 수 있다.

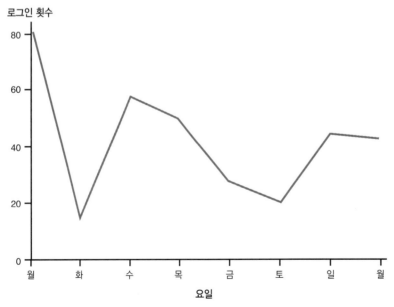

그림 3.6 이 선 차트는 자료에서 각 값이 얼마나 자주 등장하는가를 표현한다. 이 차트는 1주일동안 요일별 로그인 횟수를 보여준다

3차원 막대 차트

범주형 자료 2가지를 동시에 표현해야 할 경우에는 3차원 막대 차트를 사용할 수 있다. x축에 자료를 명시하고 y축에 각 값의 등장 횟수를 표현하는 대신, x축과 y축에 각각 다른 자료를 표시하고 z축에 각 값의 등장 횟수를 표시할 수 있다. 예를 들어, 그림 3.7은 y축에 표시된 3개의 목적지 주소에 대한 요일별 접속 횟수를 나타내는 3차원 막대 그래프다.

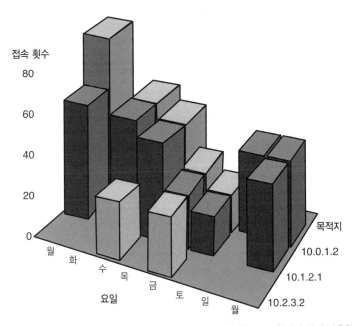

그림 3.7 3차원 막대 차트는 복수의 자료에서 각 값의 등장 횟수를 표현하기 위해 사용한다

막대 차트와 마찬가지로, 중심 축은 범주형 자료를 나타내야 한다. 일반적으로 3차원 차트가 가지고 있는 문제점을 고려한다면, 3차원 차트의 과도한 사용은 자제하는 것이 좋다. 3차원 차트의 고질적 문제점 중 하나는 그림 3.7에서도 나타나는 겹침Occlusion 현상으로, 앞에 위치한 3차원 막대가 뒤의 막대를 가려서 값을 읽을 수 없는 상태를 말한다. 그림 3.7을 보면 화요일에 해당하는 10.1.2.1

과 10.0.1.2 막대가 다른 막대 뒤에 가려진 것을 볼 수 있다. 겹침 현상의 또 다른 문제점은, 막대의 높이를 보고 값을 파악하기가 매우 힘들다는 것이다. 이를 해결하는 방법에 대해선 나중에 다시 다루겠다.

누적 차트

단순 차트에 추가적인 데이터 차원을 추가하면 누적 차트가 된다. 누적 차트의 일반적인 문제점은, 추가되는 데이터 차원을 기존의 단순 차트 형식에 억지로 맞춘다는 것이다. 대부분의 경우 읽기가 어렵고 단점이 가득한 혼란스러운 차트가 되어버린다. 대부분의 누적 차트는 더 나은 그래프로 나타낼 수 있다. 예를 들면 단순 차트의 다차원multidimensional 버전 같은 걸로 말이다.

누적 파이 차트

파이 차트에 추가인 데이터 차원을 표현하기 위해 사용할 수 있는 차트가 바로 누적 파이 차트다. 파이 차트의 각 조각은 다시 추가적인 데이터 차원으로 세분화된다. 그림 3.8의 누적 파이 차트는 사용된 프로토콜을 시각적으로 나타내며, 동시에 각 파이를 명암의 정도로 구분해 목적지를 세분화했다.

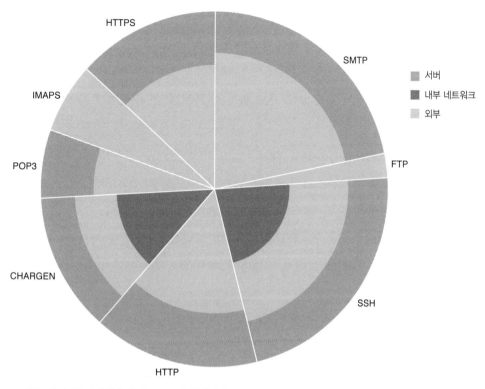

그림 3.8 누적 파이 차트의 예. 프로토콜 현황과 함께, 파이 조각을 세분화해서 어떤 목적지에서 어떤 프로토콜이 사용되었는지를 나타낸다

누적 파이 차트를 보고 내용을 오해하기 쉽다. 파이 조각을 세분화했을 때, 두 조각이 같은 값을 표현하더라도 외부에 있는 조각이 내부의 조각보다 커보이기 때문이다. 따라서 누적 파이 차트를 사용할 경우 세분화된 조각(다시 말해 섹터 sector)이 나타내는 비율이나 퍼센트를 명시하는 것이 좋다.

누적 막대 차트

단순한 막대 차트를 변화시킨 형태가 누적 막대 차트다(그림 3.9 참조). 누적 막대 차트는 일반 막대 차트와 달리, 추가적인 데이터 차원으로 막대를 세분화한다. 예를 들어, 그림 3.9의 위 차트는 하나의 목적지 주소에서 사용한 프로토콜의 현황을 나타낸다. 여러 개의 누적 막대 차트로 자료를 비교할 수 있다. 그림 3.9 하단을 보면, 각 장비가 수신한 프로토콜의 현황을 알 수 있다. 누적 막대 차트에서 각 막대의 높이를 정확히 알아내거나, 비교하는 것은 까다로운 일이므로, 정확히 비교하기 위해선 누적 막대 차트 대신 선 차트나, 누적 선 차트를 이용하는 것이 더 낫다.

누적 막대 차트 역시, 자료를 파악함에 있어 혼동할 수 있으므로, 사용에 주의를 기울여야 한다. 다시 그림 3.9를 보면, 10.0.0.1의 FTP 트래픽량은 20패킷인가? 100패킷인가? 누적 막대 차트의 값은 누적 값이 아니다. 즉, FTP 트래픽은 80부터 100까지 총 20패킷이다. 100이 아니다. 누적 막대 차트를 사용할 때엔 이런 혼란을 방지하기 위해, 설명을 정확히 적어둬야 한다.

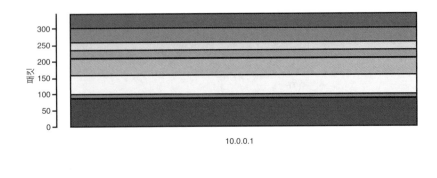

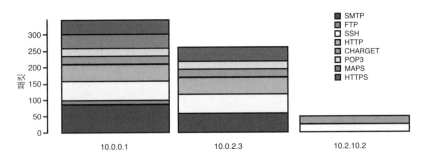

그림 3.9 상단 차트는 한 장비에서 사용한 네트워크 프로토콜을 보여주는 간단한 누적 막대 차트다. 하단 차트는, 같은 내용이지만 3대의 장비에서 사용한 내역을 보여주어, 3대를 쉽게 비교할 수 있다

누적 선 차트

막대 차트에서 추가 데이터 차원을 표현하기 위해 막대 차트를 세분화하는 것처럼, 선 차트를 수정해 여러 자료를 한 번에 나타낼 수 있다. 그림 3.10은 누적 선 차트의 예제로, 3개의 목적지 주소를 한 번에 나타내어 특정한 기간의(1주일) 내역을 비교하기 쉽다. 일반 선 차트와 마찬가지로, x축의 자료는 순서대로 놓여야 하고, y축은 자료를 연속적인(수치화된) 범위에 배치해야 한다.

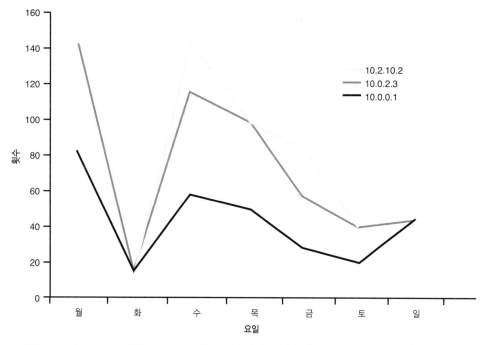

그림 3.10 다수의 자료 차원을 보여주는 누적 선 차트의 예. 누적 선 차트의 장점은 한 차트에서 여러가지 자료를 비교할 수 있다는 점이다

히스토그램

히스토그램은 자료의 분배, 즉 자료의 빈도를 표현한다. 히스토그램은 막대 차트와 유사하지만, 막대 차트와 달리 연속적인 값을 나타내는 데 적합하다.

　자료에 수백, 수천 가지의 값이 있는 경우엔 값을 그룹으로 묶고(혹은 상자나 바구니에 넣는다고도 표현한다), 각 그룹의 빈도를 히스토그램으로 표현할 수 있다. 즉 히스토그램의 막대는 하나의 값이기보단, 연속적인 값을 묶은 그룹을 표현한 것이라 할 수 있다.

　히스토그램은 수치가 갑자기 증가하거나, 감소하는 패턴을 파악하는 데 매우 유용하다. 하지만 히스토그램은 대체로 자료를 요약해서 보여주기에, 자료의 개별적인 값을 보여주기엔 부적합하다.

　그림 3.11은 하루 동안 수집한 전체 서버의 로그인 시도 횟수를 나타내는 히스토그램이다. 연속적인 자료 유형인 시간을 기준으로 하기에, 자료를 시간단위로 묶었다. 그림 3.11을 보면, 이 조직의 업무시간이 오전 9시부터 오후 5시(일부 인원은 조금 더 일찍 출근하거나, 조금 더 늦게 퇴근한다)까지라는 것을 간단히 알 수 있다. 하지만, 궁금한 것은 오전 6시에 기록된 많은 로그인이다. 이 히스토그램으로는 이 로그인의 정체가 무엇인지, 왜 많은 사람이 이 시간에 접속했는지 알 수 없다. 그 날 예정되어 있던 임원회의 전까지 마무리해야 하는 작업을 하느라, 그 시간에 접속했을 수 있다. 그러나 전체적인 추세에 비교해보면 비정상적인 일임엔 틀림없다. 히스토그램으로 이런 예외 상황을 파악할 수 있지만, 또한 한계도 존재한다. 그림 3.11의 히스토그램에서는, 각 접속이 일어난 시간을 정확히 파악할 수 없지만, x축을 세분화해(예를 들면 분 단위로) 정확한 시간을 파악할 수 있다. 하지만 막대의 개수는 급속도로 증가할 것이다. 히스토그램에서 가독성과 정확성은 상충된다. 그림 3.11의 히스토그램에 로그인을 한 서버의 종류를 각각 다른 색으로 나타낸다면, 좀 더 자세한 분석을 할 수 있다. 예를 들면, 로그인을 한 서버의 비율을 히스토그램으로 보여줄 수 있을 것이다.

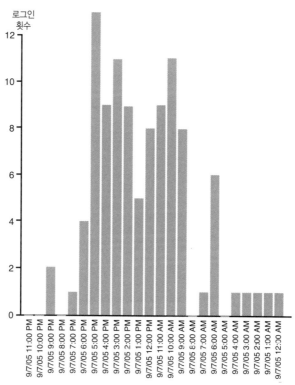

그림 3.11 이 히스토그램은 지난 하루동안 장비에 접속한 로그인 횟수를 보여준다. 새벽 6시에 연속적으로 다른 장비에 접속해 로그인 횟수가 급증한 흔적이 보인다. 이것은 좀 이상한 흔적으로 보인다

박스 플롯

간혹 자료의 평균값을 참조해 값을 비교하기도 한다. 예를 들어 방화벽이 전송한 양을 파악하기 위해, 자료를 수집하고 연결의 평균 전송량을 살펴보는 식이다. 경우에 따라 수집한 자료를 프로토콜별로 분류해, 각 프로토콜별로 패킷의 평균 크기를 알아낼 수 있다. 이 방법은 결과를 도출하는 과정에서 많은 정보를 잃어버리는 문제점이 있다. 평균(average 또는 mean)은 중심 경향Central Tendency 지표 중 하나이며, 중심 경향의 또 다른 지표에는 중앙값median과 최빈값mode이 있

다. 이 지표를 이용하면 가장 일반적인 정보를 얻을 수 있지만, 그와 더불어 그 외의 다른 정보를 무시하는 단점이 있다. 다시 말해, 평균만으로는 자료가 어떻게 분포되어 있는지 알 수 없다. 대용량 패킷이 많았는지? 어떤 패킷이 가장 작았는지? 이러한 질문에 대해 프로토콜별 평균 크기로 구성한 플롯으로 답하고 싶다면, 박스 플롯을 사용하는 것이 좋다. 그림 3.12에 박스 플롯의 구조가 잘 표현되어 있다. 상단과 하단의 돌기whisker는 각각 최대값과 최소값을 나타낸다. 상자 안의 가로선은 자료에서 가장 가운데에 위치한 중앙값[3]을 나타낸다. 중앙값은 평균값과 다르다. 회색 상자는 전체 자료의 중앙부 50% 범위를 나타낸다. 이를 통해 평균은 물론, 자료의 분배 상태를 한눈에 파악할 수 있다.

그림 3.13은 방화벽의 프로토콜별 패킷 크기를 박스 플롯으로 나타낸 예다. 각 프로토콜을 박스 플롯으로 보여준다. 주의할 것은, 그래프의 y축이 일반 스케일이 아닌 로그 스케일로 표시되어 있다. 가장 큰 패킷의 크기가 다른 값에 비해 너무 커서, 일반 스케일로 표시할 경우 박스가 너무 작아질 수 있기 때문이다. 이 박스 플롯을 통해 자료의 흥미로운 특성을 볼 수 있다. 각 자료의 평균값은 작은 범위에 분포되어 있지만, 최댓값과 패킷 크기의 분포는 확연히 차이가 난다. 특히한 것은 DNS(53번 포트) 패킷 크기 분포가 오밀조밀하다는 것이다. 물론 UDP 통신에서 패킷 크기가 제한되기 때문에, DNS 패킷의 최대 사이즈가 제한되는 건 크게 놀랄 일이 아니다. TCP DNS 패킷은 더 클 수 있으나, 이 자료는 TCP DNS를 포함하지 않는다. 또 다른 특이점은 HTTP 프록시에 주로 할당하는 8080번 포트의 트래픽이 암호화된 것으로 보인다는 점이다. HTTP(80번 포트)와 HTTPS(443번 포트), 8080번 포트를 비교해보면 8080은 HTTP보다 HTTPS와 유사하게 보인다는 점이 그 이유다.

---

3 주어진 여러 값의 중앙값을 찾으려면, 낮은 값에서 높은 값으로 정렬하고 가장 중앙의 값을 선택하면 된다.

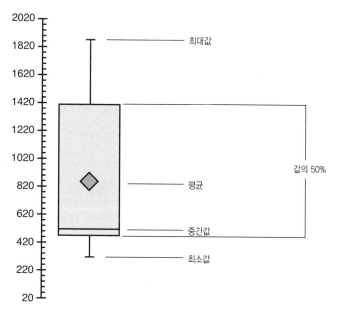

그림 3.12 박스 플롯에 존재하는 기호들의 의미

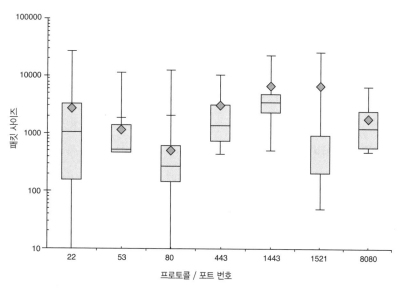

그림 3.13 방화벽을 지나는 패킷 크기를 프로토콜별로 분류해 박스 플롯으로 나타냈다

산점도

네트워크 보안 분야에서 가장 많이 사용되고, 제대로 사용되는 그래프가 산점도다. 산점도는 순서형 자료와 연속형 자료를 시각화하는 데 적합하지만, 명목자료엔 적합하지 않다. 분산형은 두 자료 차원의 관계를 파악하거나, 자료의 경향이나 군집을 파악하기 위해 사용할 수 있다. 2차원 분산형은 주어진 자료에서 2개의 자료 차원을 선택해 각각 x축과 y축에 배치한다. 곧, x축과 y축으로 구성된 2차원 평면의 모든 좌표가 x값, y값 2개의 입력값을 가진다는 것이다. 그림 3.14는 목적지 포트를 기준으로 목적지 IP 주소를 표시한 두 가지 사례를 나타낸다. 그림 3.14에서 좌측의 그래프를 보면 뚜렷한 수직선을 볼 수 있다. 이 수직선은 한 장비의 많은 포트에 접근했다는 것을 보여주고, 이는 곧 포트 스캔당했다는 것이다. 가능한 모든 포트를 스캔했다는 것은 아니지만, 주로 사용하는 서비스 포트, 높은 번호의 호스트 서비스 포트, 악성코드가 주로 사용하는 포트 등을 집중적으로 스캔했다.

그림 3.14의 우측 그래프는 산점도의 또 다른 유형을 보여주는 예다. 기본적으로 이 그래프는 좌측의 그래프처럼 목적지 포트를 기준으로 목적지 IP 주소를 보여준다. 이 그래프를 보면 6348번 포트에 걸쳐 있는 수평선 하나를 볼 수 있는데, 이는 유명한 P2P 클라이언트인 그누텔라에서 사용하는 것이다. 다수의 장비가 파일 공유 서비스를 사용하는 것을 알 수 있다. 좀 더 자세히 보면 그래프 하단에 트래픽이 몰려 있는 것을 알 수 있는데, 중요하거나 흥미로운 것은 아닐 것이다. 보통 1024 이하의 포트엔 웹 서버 같은 일반적인 서비스가 작동하기 때문이다. 물론 일반적으로 사용하는 포트에서 발생하는 트래픽이라고 해서, 정상 트래픽이라고 단정할 수는 없다. 이를 판단하기 위해선 심층적인 조사와 검증이 필요하다. 예를 들어, 웹 서버가 운영되는 장비의 경우 1024 이하 포트에서 많은 트래픽이 발생하는 것이 정상이다. 단순히 포트에서 서비스가 제공되고 있다

는 것 이상의 분석이 필요할 경우, 해당 트래픽이 정상적인 트래픽인지 특정 프로토콜에 대한 공격인지 조사해야 한다. 웹 서버 로그와 같은 자료를 사용한다면, 분석을 수월하게 할 수 있다.

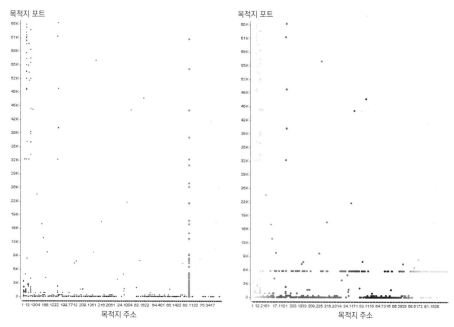

그림 3.14 두 가지의 산점도를 보여준다. 두 그래프는 모두 목적지 주소를 기준으로 목적지 포트를 나타내고 있다. 좌측 그래프에는 수직 스캔을, 우측 그래프에는 수평 스캔을 발견할 수 있다

2차원 산점도에 둘 이상의 자료 차원을 표시해야 하는 경우, 색, 모양, 크기 등을 이용해 추가적인 자료를 표현할 수 있다. 색, 모양, 크기는 이 책 초반부의 '그래프 속성' 절에서 이미 한 번 다뤘던 내용이므로, 장점과 한계에 대해선 해당 절을 참조하면 된다.

x축에 시간을 배치한다면, 종종 시간표time table라 불리는 차트를 보게 될 것이다. 시간표는 시간 흐름에 따른 경향을 나타나는 데 유용하다. 시간표를 이용해 연속적인 움직임과, 연속적인 움직임 사이의 틈을 식별할 수 있다. 시간에 따른 경향을 보여주는 수평선뿐만 아니라, 수직선도 중요하다. 수직선은 y축에 분

포된 많은 값의 행동을 보여준다. 예를 들어 y축이 IP 주소를 표시하는 경우, 수직선은 특정 시점에 많은 IP 주소가 연관된 행위가 존재한다는 것이다. 산점도와 비교해 또 다른 차이점은, 시간표의 y축은 명목자료가 될 수 있다는 것이다. 순서형이거나, 연속형이지 않아도 된다는 것이다. 시간의 변화에 따른 사용자의 활동을 나타낼 경우, 이런 특성이 유용할 것이다.

패턴을 찾아내기 위해선 y축을 올바르게 정렬하는 것이 중요하다. 그러나 많은 경우, y축의 값을 기준으로 정렬하는 것이 항상 최선의 방법이진 않다. 가령 IP 주소를 그래프에 표시하면서, y축의 기준을 IP 순서대로 했다고 가정해보자. 비슷한 대역의 IP가 그래프에서 가까이 있으므로, 인접한 IP 주소 범위를 파악하기는 쉽다. 그러나 IP 주소로 y축을 정렬하면, 장비의 목적(가령 웹 서버)과는 무관하게 단순히 IP 주소의 오름차순(혹은 내림차순)으로 정렬되므로, 군집이나 선형태로 결과가 나오지 않는다. 이런 경우 정렬 방식은 IP 주소가 아닌 장비의 목적을 기준으로 해야 한다(많은 경우, 추가적인 자료를 사용한다). 그림 3.15는 y축에 목적지 포트가 표시된 시간표의 예로, 그래프 상단에 존재하는 낮은 번호 대역의 포트에 활동이 집중되어 있다. 이 포트는 서비스 포트로, 익숙하게 알고 있는 DNS와 같은 서비스를 제공한다. 이 그래프에서 살펴봐야 할 부분은, 높은 번호 대역의 포트에 나타나는 값으로, 어떤 패턴이 분명하게 나타난다. 그래프에서 나타나는 짧은 길이의 수직선은 일종의 스캔이다(모든 스캔은 낮은 포트에서 높은 포트로 진행될 뿐, 절대로 반대로 진행되지 않는다). 긴 추세로도 분명히 드러난다. 그래프 하단의 한 선은 그래프가 기록된 전체 시간동안 연속적으로 일정 범위의 포트에 접근하고 있는 것을 나타낸다. 자세한 자료를 살펴보기 전엔, 이것의 의미를 파악하기 힘들다.

목적지 포트

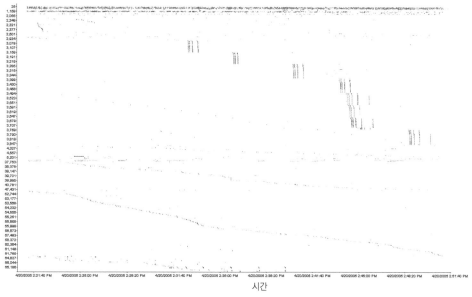

시간

그림 3.15 산점도의 예. x축은 시간을 나타내며, y축은 목적지 포트를 나타낸다. 이 그래프에는 시간을 기준으로 한 여러 가지 패턴이 나타난다

종종, 둘 셋 이상의 자료 차원을 동시에 시작해야 할 경우가 있다. 1985년 인셀버그A. Inselberg는 〈The Visual Computer〉 잡지에 '평행좌표를 가진 평면(The Plane with parallel Coordinates)'이라는 제목의 논문을 발표했다. 이 논문에서 평행좌표를 이용해 하나의 그래프에서 다수의 차원을 동시에 표현하는 방법을 소개했다. 그림 3.16은 평행좌표 그래프의 대표적인 예다.

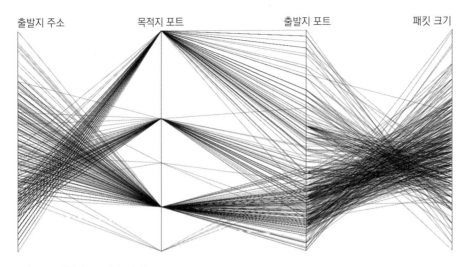

출발지 주소　　　　목적지 포트　　　　　출발지 포트　　　　　패킷 크기

그림 3.16 평행좌표 그래프 예제

　그림 3.16의 그래프에 있는 수직 축은 데이터의 필드 또는 차원을 나타낸다. 각 차원의 값들은 각각의 수직 축에 표시된다. 좌측에서 우측으로 이어지는 선으로 데이터를 표현하며, 이 선은 인접한 축의 값을 연결한다.

　평행좌표는 여러 자료 차원이 어떻게 관련되어 있는지를 나타내기 위해 사용한다. 예를 들어, 그림 3.17에 나온 평행좌표 그래프를 통해 자산의 역할과 출발지 주소 및 목적지 주소의 관계를 파악할 수 있다. 이 경우, 각 역할은 단 하나의 장치와 연관이 있는 것으로 보인다. 각각의 수직 축을 서로 인접하도록 재배열하는 과정을 통해, 특정 자료 차원 간의 관계를 좀 더 쉽게 분석할 수 있다. 사용자가 직접 축 순서를 변경할 수 있게 허용하는 것도, 분석을 쉽게 할 수 있도록 하는 방법이다. 많은 양의 자료가 평행좌표 그래프에 표현되어 있는 경우, 축 재배치를 통해 그래프의 가독성을 향상시킬 수 있다. 그러므로, 평행좌표 그래프를 지원하는 모든 툴은 사용자가 직접 축 순서를 지정할 수 있도록 해야 한다. 평행좌표 그래프의 또 다른 특성은, 모든 데이터 차원에서 각 값이 차지하는 비중을 간단하게 표현할 수 있다는 점이다. 그러므로 군집이나 틈새를 빠르게 파악할 수 있다.

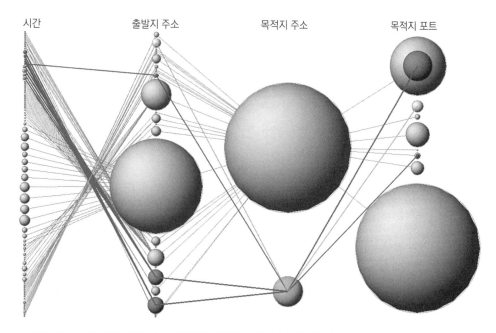

시간　　　　　　　출발지 주소　　　　　　목적지 주소　　　　　　목적지 포트

그림 3.17 수천여 개에 달하는 로그 엔트리를 간단한 그림에 표현한 평행좌표의 예. 원의 크기는 해당 엔트리가 특정 데이터 차원에 나타난 빈도와 비례한다. 그래프에서 하나의 목표 장치를 선택했고, 이 목표 장치를 향하는 모든 트래픽을 표시하기 위해 색이 있는 경계선과 원을 사용했다(컬러이미지는 에이콘출판사 도서정보 페이지에서 다운로드할 수 있다)

목표 선택

평행좌표 그래프는 상호작용을 통해 많은 것을 얻을 수 있다. 그림 3.17처럼 특정 축의 한 값(이 경우에는 특정한 목적지 IP 주소)을 선택하면, 해당 값과 관련된 모든 이벤트를 강조하는 방식으로 그래프가 재구성된다. 그림 3.17의 경우, 원을 이용해 각 차원에서 값이 어떻게 분포되어 있는지를 나타내고 있다. 이를 이용해 자료의 상대적 빈도를 쉽게 표현할 수 있다.

　지금까지 알아본 다른 모든 그래프와 비교했을 때 평행좌표 그래프가 가지는 가장 큰 장점은, 여러 차원을 표현할 수 있다는 점이다. 다른 그래프는 대개 두 가지 혹은 세 가지의 자료 차원을 시각화할 수 있지만, 평행좌표 그래프로는 세 가지 이상의 자료 차원을 한 번에 나타낼 수 있는 것은 물론, 동시에 각 차원 간의 관계를 분석할 수도 있다. 색을 이용해 특정 차원을 강조할 수도 있다. 차원간을 연결한 선은, 해당 차원의 색을 그대로 상속한다. 이를 통해, 특정 차원의 값을 다른 차원에서 추적할 수 있으며, 관계를 쉽게 파악할 수 있다. 그림 3.17은 자산의 역할에 따라 색을 결정했고, 그 결과 목표 장비의 역할을 모든 차원에서 간단하게 살펴볼 수 있다.

평행좌표 그래프의 단점 중 하나는 너무 많은 자료를 그래프에 표시해 어수선해 보일 수 있다는 것이다. 또 다른 단점은 자료가 각 차원에 균등하게 분포되어 있는 경우, 평행좌표 그래프에서 아무런 패턴을 볼 수 없다는 점이다. 아마 이보다 더 중요한 문제점은, 평행좌표 그래프의 경우 다른 그래프처럼 잘 알려지지 않았기 때문에 사람들이 이해하는 데 약간의 시간이 필요하다는 것이다. 평행좌표 그래프에서 축을 재배열하는 것은 패턴을 발견하기 위해 매우 중요한데, 이 작업을 하기 위해선 축을 정렬하는 방법에 대한 경험이 필요하다.

링크 그래프

보안 자료에서 항목 간의 관계를 시각화하는 것은 굉장히 흔한 예다. 가장 대표적인 예는 로그 파일을 이용해 장비들이 어떻게 통신을 했는지 시각화하는 것이다. 이 외에도 여러 자료 차원의 흥미로운 관계를 시각적으로 나타내는 십여 가지 예가 더 있다(이에 해당하는 사례는 이 책 전반에 걸쳐 다룬다). 이런 종류의 관계를 시각화하기에 가장 적합한 그래프는 링크 그래프다. 그래프 이론에 익숙한 사람이라면 링크 그래프에 대해 잘 알고 있을 것이다. 링크 그래프는 노드와 노드를 연결하는 선으로 구성되어 있다. 경우에 따라, 두 노드 간의 방향을 표시하기 위해 선 대신 화살표를 이용하기도 한다. 예를 들어 방화벽 로그 파일의 경우 목적지 주소와 출발지 주소를 구분하는 것이 중요한데, 이때 화살표를 이용해 간단하게 구분할 수 있다. 링크 그래프는 종종 시맨틱 그래프semantic graph, 관계 그래프relationship graph, 이벤트 그래프event graph, 네트워크 맵network map, 링크 맵link map 등의 다른 명칭으로 불린다.

　방금 언급한 바와 같이, 링크 그래프는 통신 패턴communication patterns을 시각화하기에 유용하다. 그림 3.18은 링크 그래프의 예로, 네트워크상의 출발지 주소 및 목적지 주소를 나타내고 있다. 이 그래프는 네트워크 트래픽에 관련된 모든 장치와, 각 연결의 특성(접속한 것인지, 상대가 접속한 것인지)을 나타낸다. 이 그래프에 따르면 내부 네트워크 장비는 10.0.0.0/8의 네트워크 주소를 사용한다. 일부 장비는 내부 통신만 하지만, 일부 장비는 인터넷상의 장비와 통신하며, 일부는 외부 장비가 접근하기도 한다.

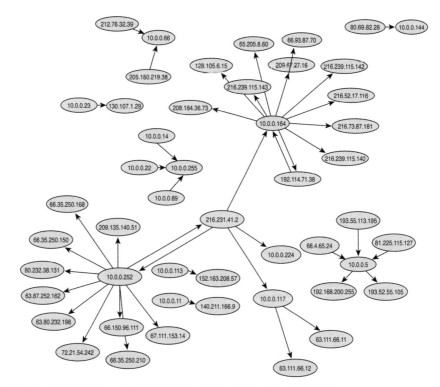

그림 3.18 네트워크에서 통신에 참여하고 있는 장비를 보여주는 단순 링크 그래프

그림 3.18은 목적지 주소와 출발지 주소라는 두 가지 차원을 나타내지만, 이 두 노드 사이에 제3의 값을 나타낼 수도 있다. 그림 3.19는 제3의 노드를 적용한 그래프 형태와, 각 노드를 가리키는 명명법naming schema을 나타내는 예다. 각 노드는 원본 노드source node, 서술 노드predicate node, 대상 노드target node이다.

그림 3.19 원본 노드, 서술 노드, 대상 노드로 구성한 그래프의 예

제3의 노드를 사용해 통신의 종류와 같은 추가적인 정보를 기재할 수 있다. 그림 3.20은 이를 보여준다. 통신에 참여하고 있는 개체뿐만 아니라, 서술 노드 통해 통신의 종류까지 볼 수 있다.

이 그래프를 다양한 방법으로 읽을 수 있다. 통신을 하는 장비에 관심이 있다면 목적지 노드나 출발지 노드를 살펴보면 되고, 트래픽의 종류(예를 들어 이메일 또는 DNS)에 관심이 있다면 서술 노드를 살펴보면 된다. 윈도우 공유 폴더에 접근하는 장비는 그림 3.20의 우측 상단을, 웹 브라우징을 하는 장비는 그림 3.20의 좌측을 살펴보는 것만으로도 쉽게 찾아낼 수 있다.

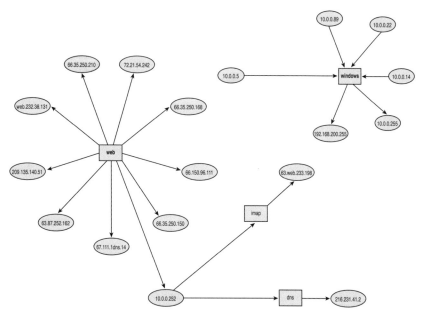

그림 3.20 목적지 장비, 출발지 장비 외에 연결 종류를 나타내는 추가적인 서술 노드를 이용해 트래픽을 시각화한 그래프

색, 모양, 선 굵기를 이용해 링크 그래프에 추가적인 자료 차원을 나타낼 수 있다. 예를 들어, 내부 주소를 할당해 보호할 필요가 있는 장비를 한 가지 색으로 나타내고, 다른 모든 장비를 또 다른 색으로 나타낸다고 해보자. 이를 통해, 내부 통신만을 수행하는 장비와 외부와 통신하는 장비를 쉽게 구별할 수 있다. 그림 3.21은 이 기법을 활용한 좋은 예다. 이 그림에서 우리가 사용한 내부 주소 111.0.0.0/8은 진한 회색으로, 기타 외부 주소는 연한 회색으로 구분했다. 따라서 내부 장비 중 단 하나만이 다른 내부 장비와만 통신한다는 것을 알 수 있다. 그 외 모든 내부 장비는 외부와 통신한다. 추가로, 굵은 선으로 표현된 2개의 연결은, 통신량이 많았음을 나타낸다.

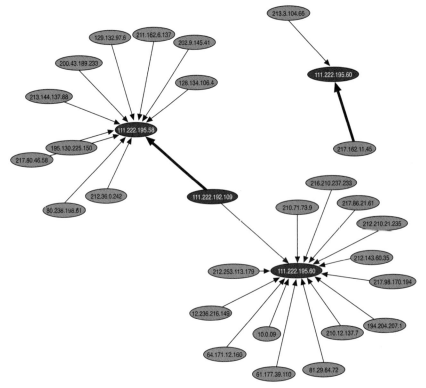

그림 3.21 링크 그래프를 이용해 네트워크상에서 통신이 어떻게 이루어짐을 보여준다. 내부 노드는 진한 회색, 외부 노드는 연한 회색으로 표현했다

링크 그래프를 생성할 때 가장 큰 과제 중 하나는 레이아웃, 다시 말해 그래프의 노드를 어떻게 배치하느냐다. 그래프 이론에 따르면, 이 문제를 다음과 같은 공식으로 나타낼 수 있다. 노드와 선(관계)이 주어졌을 때, 각 노드의 위치와 노드 간의 관계를 계산한다. 잘 배치된 그래프를 알 수 있는 척도 중 하나는 각 선이 서로 겹치지 않아야 하며, 유사한 노드는 근처에 묶어둬야 한다는 점이다. 선이 겹쳐 보이면 그래프의 가독성은 낮을 수밖에 없다. 노드를 배치하는 다양한 알고리즘이 있으며, 각 알고리즘은 노드를 최적으로 배치하기 위해 각기 다른 방식을 사용한다. 더 자세한 내용을 알고 싶은 독자라면, 이반 헐먼Ivan Herman et al.이 작성한 논문 "Graph Visualization and Navigation in Information

Visualization:a Survey"를 읽어볼 것을 권한다. 그림 3.22~그림 3.24는 동일한 데이터를 기반으로 세 가지의 레이아웃 알고리즘이 어떻게 배치하는지 보여준다. 세 그래프는 모두 동일한 데이터를 기초로 하고, 단지 레이아웃 알고리즘만 다를 뿐이다.

그림 3.22는 원형 노드 배치법Circular approach for placing the nodes을 사용한 예다. 이 배치 알고리즘은 노드 간의 연결 구조를 분석하고, 분석 과정에서 발견한 군집을 원 형태로 배치하는 방식이다. 이 알고리즘은 해당 군집의 각 노드를 동심원 위에 배치해 각 군집을 원 형태로 나타낸다.

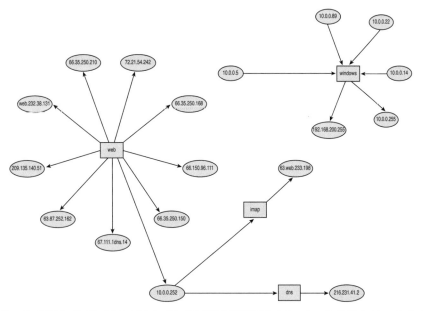

그림 3.22 동일한 자료를 기반으로 각기 다른 레이아웃을 적용한 세 가지 그래프 중 첫 번째. 이 그래프는 원형 레이아웃 알고리즘을 사용한다

그림 3.23은 동일한 자료를 기반으로 다른 레이아웃을 적용한 것이다. 이 레이아웃은 용수철spring 기반의 레이아웃 알고리즘을 사용했다. 이 레이아웃은 용수철 모형(자세한 정보는 카마다Kamada와 카와이Kawai가 1989년 4월 〈Information

Processing Letters〉31호 1권에 게재한 "AI Algorithm for Drawing General Undirected Graphs"을 참조하라)을 활용한다. 이 방식은 노드를 이어주는 선을 일종의 스프링으로 간주한다. 그래프에 새로운 선을 추가하면, 그래프는 평형 상태로 되돌아가려고 한다. 즉, 선이 추가되면 연결되어 있던 노드들이 서로 가까이 다가가려 하고, 동시에 연결되어 있던 노드들이 새로운 노드를 끌어당긴다.

그림 3.24는 동일한 자료를 기초로 한 세 가지 그래프 중 마지막으로, 여기서는 계층hierarchical 레이아웃 알고리즘을 사용한다. 계층 레이아웃 알고리즘은 노드를 트리 구조로 배치하는 방법이다. 그림 3.24는 그림 3.22, 그림 3.23과 동일한 노드를 계층 레이아웃으로 보여준다. 계층 레이아웃 알고리즘은 같은 계level의 노드가 많은 경우에는 부적합하다. 다시 말해, 이런 데이터를 기반으로 그래프를 만들면 그래프는 넓게 퍼지고 알아보기 힘들게 될 것이다.

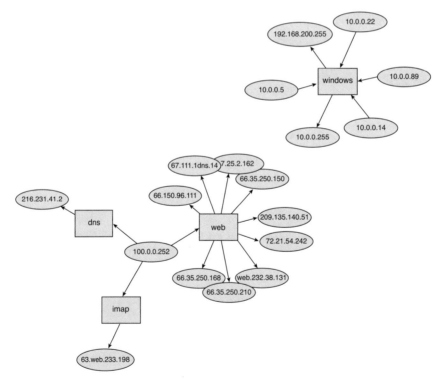

그림 3.23 용수철 모형으로 노드를 배치한 그래프

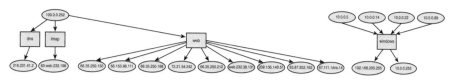

그림 3.24 계층 레이아웃 알고리즘으로 노드를 배치한 그래프

아마도, 링크 그래프의 가장 큰 약점은 한 번에 나타낼 수 있는 노드의 수가 제한적이라는 점이다. 노드가 많아지면, 그래프를 알아보기도 힘들어진다. 그러나 수백 혹은 수천 개의 노드를 시각화해야 하는 경우는 많다. 이 문제를 해결하기 위한 방법 중 하나는 비슷한 노드를 그룹으로 묶고, 각 그룹을 하나의 노드로 표현하는 것이다. 이 방법을 흔히 집합aggregation이라 부른다. 이 방법의 단점은, 만드는 과정에서 정보를 잃어버린다는 것이다. 그럼에도 불구하고, 지능적 집합 Intelligent Aggregation은 수천 개의 노드를 시각화하기에 좋은 선택이다. 지능적 집합 이란 단어는 내가 만든 단어로, 노드를 표현할 때 값 하나하나에 집중하는 것이 아니라 노드 종류에 집중하는 것을 의미한다. 예를 들어, IP 주소를 노드로 삼아 시각화를 한다고 가정하자. 대부분의 경우 구체적인 IP 주소는 크게 중요하지 않으며, 노드가 어떤 서브넷에 포함되어 있는지가 중요하다. 이 경우, A, B, C 클래스의 마스크를 기준으로 노드를 모을 수 있다. 그림 3.25는 그래프에 집합 기법을 적용한 전후 모습을 보여준다. 그림 3.25에서 왼쪽의 그래프는 모든 노드를 표현했다. 오른쪽 그래프는 A 클래스 네트워크를 기준으로 모아서 나타낸 것이다. 두 그래프를 비교해보면, 왼쪽에 비해 오른쪽 그래프에 세부 정보가 생략되었음을 알 수 있다. 그러나 어느 정도까지의 분석 업무에는 이 그래프로도 충분하다.

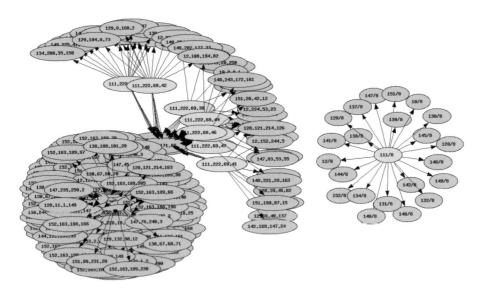

그림 3.25 A 클래스 단위로 통합되기 전/후의 그래프 비교

지도

어떤 자료 차원은 물리적인 장소와 관련이 있다. 예를 들면 IP를 장비에 할당하면, IP는 물리적인 위치를 갖게 된다. 다양한 등급의 위치 정보를 지도상의 국가, 도시, 빌딩, 책상 등에 할당할 수 있다. 위치 정보를 시각적으로 전달하는 것은 자료를 분석하는 데 있어 종종 효과적인 방법이 되기도 한다. 지도는 물리적 위치 정보와 관련된 자료를 표현하는 그래프를 담을 수 있는, 일종의 그릇이다. 따라서 세계지도, 도시 지도, 건물 구조도, 심지어 서버 랙 구조도 등 모든 구조의 지도가 자료 표현의 매개체로 사용할 수 있다.

자료를 표현하기 위해 지도를 사용할 경우, 두 가지를 결정해야 한다.

● 어떤 자료 차원을 지도에 표시할 것인가? 예를 들면 다음과 같다.

　□ 출발지 주소만 표시할 경우, 그림 3.26

　□ 출발지 주소와 도착지 주소를 표시할 경우, 그림 3.27

　□ 보고 대상 장비의 위치를 표시할 경우, 그림 3.28

● 자료를 어떤 방식으로 표시할 것인가? 예를 들면 다음과 같다.

　□ 지도 내부에 색을 이용해 자료를 표현하는 경우, 그림 3.26

　□ 그래프상의 각 개체를 연결하는 링크 그래프를 사용하는 경우, 그림 3.27

　□ 지도상의 해당 위치에 차트를 표현하는 경우, 그림 3.28

종종, 이런 매핑을 하기 위해 자료를 전처리해야 한다. IP 주소에 지리 정보를 추가하는 것이 대표적인 사례다. 자료를 건물 구조도에 표현하려 한다면, 자료와 건물 구조 사이의 연결지점을 추가해야 한다.

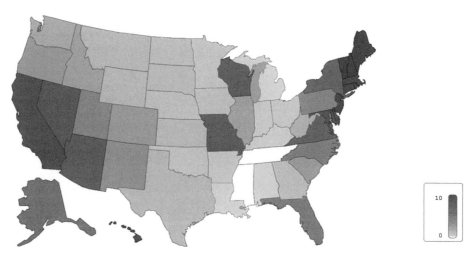

그림 3.26 미국 지도에 자료를 표현한 그래프. 이 그래프는 경보의 심각도를 색채 구분으로 나타낸다. 지도 상의 색이 진할수록, 경보가 더 심각한 수준이라는 것을 의미한다

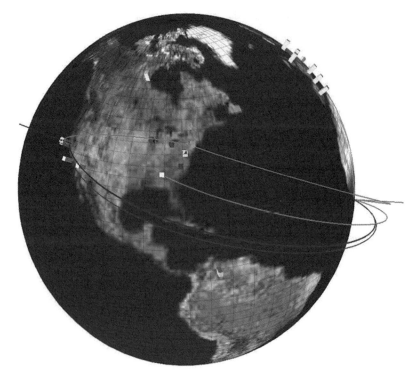

그림 3.27 구형 지도에 출발지와 목적지를 연결한 링크로 이벤트 정보를 표현한 그래프. 연결한 선의 색을 통해 이벤트의 심각도를 나타낸다(컬러이미지는 에이콘출판사 도서정보 페이지에서 다운로드할 수 있다)

지도는 공간적으로 분포된 자료를 살펴보기에 유용하다. 예를 들어, 서비스에 접근하는 사용자의 위치를 알고 싶은 경우, IP 주소를 해당 지점에 연결하고, 이를 다시 지도에 나타내면 된다. 그림 3.28은 분산 네트워크에서 지리적으로 다른 위치에 배치되어 있는 다수의 센서를 나타낸 그래프로, 센서의 위치를 기준으로 이벤트별 발생 횟수 및 심각도를 지도에 나타내고 있다. 이와 같은 표현 기법을 이용하면 어떤 지점(혹은 어떤 지역이나 어떤 네트워크)에서 문제가 가장 많이 발생하는지 혹은 원활하게 동작하는지를 즉각적으로 파악할 수 있다. 지도는 뒤에서 다루게 될 상황인지 표현법 중 가장 좋은 예일 뿐 아니라, 비기술자들이 정보를 쉽게 이해하도록 하는 가장 좋은 툴이다.

그림 3.28 이벤트가 보고된 위치를 기준으로 각 이벤트를 구형 지도에 표시한 예. 각 지점에 쌓인 정육면체는 각각 개별 이벤트를 나타내며, 이벤트의 심각도에 따라 색상을 구분했다

지도가 정보를 표현하기에 항상 최고의 방법이 아님에도 불구하고, 종종 남용된다. 예를 들어, 그래프를 통해 각 장비의 지리적인 위치가 아닌 관계를 전달하고 싶다면 지도보다는 링크 그래프를 이용하는 것이 좋다. 지도를 이용한 그래프의 약점 중 하나는 자료 밀도data density다. IP 주소를 지도에 나타내는 경우를 가정해보자. 지도상에서 맨해튼과 같은 대도시에는 많은 양의 자료를 표시해야 한다. 반면, 몬태나주와 같은 한적한 곳은 표시해야 하는 양이 적을 수 밖에 없다. 이런 상대적인 수의 차이로 지도의 대부분은 텅 빈 채 방치되며, 지도의 면적에서 일부만을 차지하는 지역에 수많은 자료가 과밀 현상을 보일 정도로 집중되므로 값을 이해하기 힘들어진다.

트리맵

트리맵은 다양한 특성과 계층 구조를 가진 자료를 시각화하는 또 다른 대안이다. 트리맵은 1990년대에 최초로 만들어졌지만[4], 컴퓨터 보안 분야, 특히 자료 분석 용도로는 거의 사용되지 않고 있다. 하지만 트리맵을 이용해 보안자료를 분석하는 것이 매우 편리하다는 것이 알려진다면 머지 않아 많이 사용하게 될 것이다.

트리맵은 자료의 계층적 구조를 시각화하는 툴이다. 여러 자료 차원을 함께 배치해 계층적 구조 또는 트리 구조로 표시한다(예를 들어 취하는 행동, 출발지 IP 주소, 목적지 IP 주소). 예를 들어, 다음 로그 파일에서 트리 구조를 생성한다면 그림 3.29와 같은 결과를 얻을 수 있다.

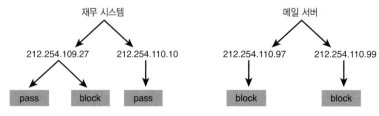

그림 3.29 로그 파일을 기반으로 생성한 트리 구조

트리맵에선 크기와 색으로 잎 노드(그림 3.29의 회색 노드, 이 그림에서는 도착지 IP 주소)의 세부 특성을 나타낼 수 있다. 트리 구조에서 잎 노드는 자식 노드가 달려 있지 않은 마지막 노드이며, 루트 노드는 트리의 최상단에 위치한 노드를 말한다. 트리맵은 서로 다른 깊이에 있는 노드 및 서브 트리를 비교해 패턴이나 예외를 찾는 데 유용하다.

그림 3.30은 로그 파일을 트리맵에 표현한 예다. 각 상자의 크기는 차단 또는 통과가 일어난 횟수에 따라 정해진다. 차단된 트래픽은 진한 회색, 통과된 트래픽은 연한 회색을 지정했다. 다른 자료 특성은 또 다른 색을 부여해 표현할 수

---

4 http://www.cs.umd.edu/hcil/treemap-history/

있다. 이와 같은 과정을 거쳐, 방화벽이 어떤 트래픽을 차단했고 어떤 트래픽을 통과시켰는지 그래프로 즉시 파악할 수 있게 된다.

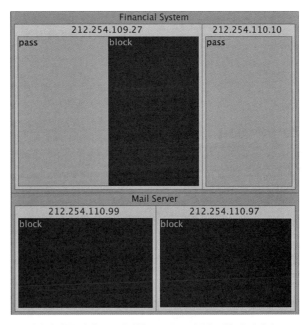

그림 3.30 앞에서 다룬 방법으로 간단한 로그를 트리맵을 이용해 시각적으로 보여준다

그림 3.30은 두 개의 재무 시스템을 모니터링하는 상황을 나타내고 있다. 두 시스템 중 하나는, 절반의 접속 시도가 차단되었지만, 다른 시스템은 방화벽이 접속을 차단한 경우가 없다. 이 외에 두 대의 메일 서버도 방화벽으로 보호하고 있는데, 방화벽이 메일 서버로 향하는 모든 트래픽을 차단했다. 이 그래프는 방화벽이 어떤 시스템을 보호하고 있는지, 어느 시스템으로 가는 트래픽을 차단했는지에 대한 정보를 직관적으로 나타낸다. 이런 그래프는 경우에 따라 다양한 용도로 사용할 수 있다. 예를 들어, 방화벽이 특정 시스템을 차단하는지, 혹은 어떤 시스템으로 향하는 트래픽이 가장 많이 차단되는지 등의 정보를 알아내어 문제를 해결하는 데 활용할 수 있다. 또한, 트리맵의 계층 구조를 재조정해 자료의 특정한 특성을 강조할 수 있다.

그림 3.31은 대략 10,000여 건의 데이터를 하나의 트리맵에 나타낸 것으로, 대량의 정보를 하나의 그래프에 나타낼 수 있는 트리맵의 장점을 가장 잘 드러내는 예다. 이 그래프를 통해, 출발지 포트는 물론 해당 연결이 향하는 목적지 포트를 신속하게 파악할 수 있다. 이 그래프에서 색은 방화벽에 의한 차단 여부를 나타낸다. 따라서 그래프의 색을 살펴보는 것만으로 트래픽이 대부분 차단된 포트와 거의 모든 트래픽이 통과된 포트를 한 눈에 알아볼 수 있다.

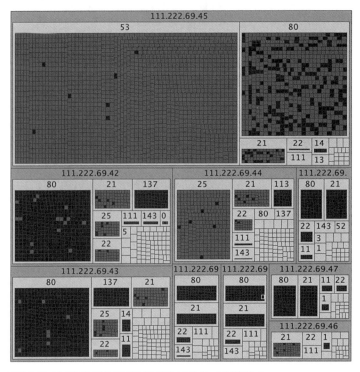

그림 3.31 10,000여 건의 자료를 한 번에 나타내는 트리맵의 예

트리맵은 다른 그래프와 비교했을 때 몇 가지 뚜렷한 장점을 가지고 있다. 그 중 첫 번째 장점은, 계층적 구조를 기반으로 관계를 나타낼 수 있다는 점이다. 이를 이용하면, 서로 다른 자료 차원을 손쉽게 비교할 수 있다. 트리맵의 두 번째 장점은 세 가지 이상의 자료 차원을 나타낼 수 있다는 것이다. 색과 크기를

이용해, 여러 자료 차원을 동시에 표현할 수 있다. 세 번째 장점은 군집을 쉽게 파악할 수 있다는 것이다. 세 가지 장점이 장점이 다양한 상황에서 어떻게 효과를 발휘하는가는, 이 책의 후반부에서 좀 더 자세히 다루겠다.

3차원 시점

지금까지 우리는 주로 2차원 그래프에 대해 알아보았다. 앞서 3차원 막대 차트를 설명하면서, 어떻게 3차원으로 확장할지 그 방법에 대해 간단히 설명했다. 3차원 막대 차트를 제외한 다른 3차원 그래프는 존재할까? 그렇다면 언제 3차원으로 시각화해야 할까?

한 가지 확실한 것은 3차원 그래프는 2차원 그래프에 비해 추가적인 자료 특성을 표현할 수 있다는 점이다. 여기까지만 본다면, 3차원 그래프가 최고의 시각화 툴이라 생각할 수 있다. 하지만 좀 더 살펴보자. 3가지 자료 차원을 3차원 산점도에 표현한다고 가정해보자. 그러나 그래프를 살펴보기 위해서는 2차원 화면 또는 종이에 인쇄해야 한다. 다시 말해 1개 차원이 손실된다는 것이다. 이와 더불어 3차원 그래프에는 방향 상실disorientation과 겹침occlusion이라 불리는 문제가 있다.

방향 상실은 3차원 그래프에서 특정 지점의 정확한 값을 알아낼 때 발생한다. 그림 3.32는 방향 상실 현상의 예다. 그림 3.32에서 정확한 위치를 찾는 건 둘째 치더라도, 임의의 점이 정육면체 내부의 어느 정도 지점에 위치하고 있는지 대략적으로 알 수 있을까? 이건 알아내기 힘들다.

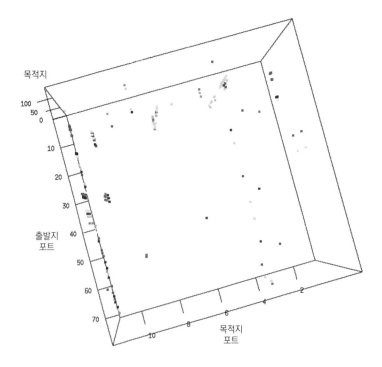

그림 3.32 방향 상실과 겹침 현상이 일어난 3차원 그래프

또한 그림 3.32는 겹침 현상도 보여준다. 몇몇 점은 다른 점을 가린다. 그림 3.32와 같은 예제는 3차원 그래프가 읽기 또는 해석하기 어렵다는 견해를 지지하는 근거가 된다.

3차원 그래프에서 흔히 나타나는 이런 문제를 해결하는 방법 중 하나는, 컴퓨터 등을 통해 그래프와 상호작용을 할 수 있게 하는 것이다. 2차원 그래프에서 상호작용으로 얻을 수 있는 것은 조금뿐이지만, 3차원 그래프에 상호작용이 없다면 존재 가치가 없다고 할 정도다. 사용자가 회전, 확대, 축소, 이동시킬 수 있다면 그래프를 유용하게 사용할 수 있게 된다. 더불어, 지점 위에 마우스 커서를 올렸을 때 해당 좌표지점을 알려주는 방식으로, 방향 상실 현상을 어느 정도 해결할 수 있다.

3차원 산점도

지금까지 살펴본 대부분의 그래프는 세 가지 자료 차원을 나타내지 못한다. 파이 차트와 히스토그램이 대표적인 예다. 이 그래프를 3차원으로 확장하는 방법은 없다. 파이를 3차원으로 그리고 그림자와 텍스처를 추가해 3차원으로 보이게할 수 있으나, 이건 우리가 다루었던 3차원이 아니다. 추가적인 자료를 표현하는것이 3차원이다. 트리맵과 평행좌표는 2가지 이상의 자료 차원을 나타낼 수 있기 때문에, 굳이 3차원으로 확장할 방법을 찾을 필요가 없다.

산점도는 3차원 공간으로 확장할 수 있다. 3차원 공간으로 확장하면 3가지자료 차원을 동시에 비교할 수 있다. 그림 3.33은 방화벽 로그를 나타낸 예로, x축은 출발지 IP, y축은 목적지 포트, z축은 목적지 주소를 나타낸다. 그림의 우측상단에는 진한 선 하나가 나타나 있다. 이 선의 의미를 알아내는 것은 쉽지 않지만, 최소한 '한 출발지에서 하나의 목적지를 향해 여러 포트에 걸친 많은 연결을생성하고 있다'라는 사실은 알 수 있다. 의미를 정확하게 알아내기가 힘든 건,이 그래프에서도 방향 상실 현상이 발생하기 때문이다. 그래프에 나타난 현상이포트 스캔일까, 아니면 단지 연결의 개수가 많은 것일까? 그래프에 나타난 진한 선이 '출발지' 축(x축)과 평행한 면에 나타나는 것이라면, 이 해석이 맞을 수있다.

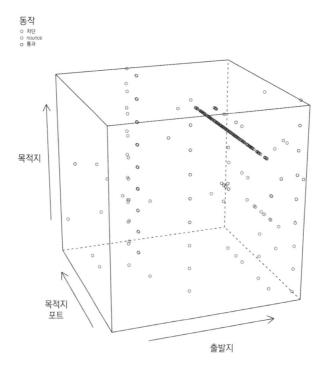

그림 3.33 방화벽 자료를 시각화한 3차원 산점도. x축은 출발지 주소, y축은 목적지 포트, z축은 목적지 주소를 나타낸다. 개별 노드의 색은 방화벽이 취한 동작을 나타낸다

겹침 현상을 해결하기 위한 방법 중 하나는, 3차원 그래프만 나타내지 않고 2차원 투사도를 함께 표시하는 것이다(그림 3.34). 이를 통해 방향 상실 현상과 겹침 현상을 어느 정도 해결할 수 있으며, 산점도에 나타난 개별 값을 좀 더 쉽게 파악할 수 있다.

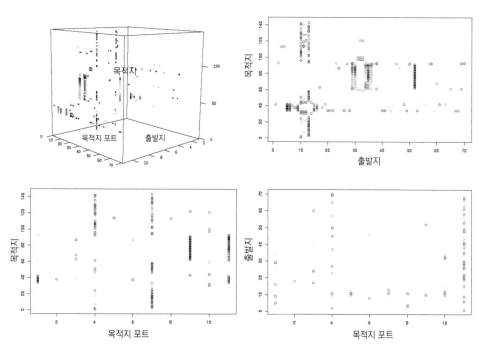

그림 3.34 3차원 그래프와 각 면의 투사도. 이처럼 투사도를 함께 표시하는 것으로, 이해하기 힘든 3차원 시점의 한계를 상당부분 극복할 수 있다

3차원 링크 그래프

3차원 링크 그래프는 앞서 살펴본 2차원 링크 그래프를 확장한 것이다. 그림 3.25처럼 3차원 링크 그래프는 시각적으로 인상적이지만, 자료 분석력에 관해선 의문 부호가 붙어있다. 3차원 링크 그래프는 2차원 링크 그래프보다 형태나 경향을 살펴보는 것이 힘들다. 그래프와 상호작용을 할 수 없다면, 3차원 그래프에서 기대할 수 있는 장점은 대부분 없어진다.

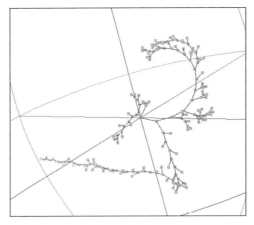

그림 3.35 방향 상실 현상이 나타난 3차원 링크 그래프

상호작용과 애니메이션

상호작용과 애니메이션은 정보 시각화에 있어 중요한 주제다. 상호작용을 통해, 단순히 정적인 그림만 보는 것을 넘어 자료를 탐색할 수 있다. 상호작용처럼 애니메이션도 화면에 또 다른 요소를 추가해, 정지된 단일 이미지와 달리 시간이 지남에 따라 자료들이 어떻게 변해가는지를 보여준다.

탐색에 필요한 모든 그래프를 모두 수동으로 만드는 것 대신, 먼저 전체적인 내용을 개략적으로 살펴본 후 구체적인 내용을 점진적으로 집중해서 살펴보는 것처럼, 먼저 그래프를 하나 만들고 사용자가 그래프와 상호작용을 하면서 사용자가 살펴보길 원했던 자세한 내용을 살펴보거나, 애니메이션을 이용해 미리 정해놓은 경로에 따라 자료를 순차적으로 살펴볼 수 있다. 여기서 말하는 경로란 매우 일반적이고 포괄적인 의미로, 자료나 그래프를 이동시키는 방향을 의미할 수 있고, 시간의 경과에 따른 그래프의 변화를 살펴본다면 시간을 의미할 수도 있다.

상호작용

앞서 상호작용이 가능한 사용자 인터페이스가 있어야 3차원 그래프의 장점을 활용할 수 있다는 점을 살펴보았다. 단순히 자료를 3차원으로 나타내는 것만으로는 효과를 거두기가 힘들다. 그러나 상호작용이 가능하도록, 다시 말해 사용자가 자료를 탐색할 수 있도록 한다면 3차원 그래프가 가진 장점을 살릴 수 있다. 3차원 그래프의 대표적인 장점은 3번째 축으로 어떤 특성을 나타낼 수 있다는 점이다. 이를 통해, 사용자는 그래프를 2방향이 아닌 3방향으로 살펴볼 수 있게 되었다.

보안 관련 문서에서, 동적 쿼리dynamic query라는 용어를 종종 발견할 수 있다. 정적 쿼리static query 대신에 동적 쿼리를 사용하면, 쿼리를 입력하고 반응을 즉각 받을 수 있다. 정적 쿼리 예제를 살펴보자. 데이터베이스에서 자료를 얻기 위해 SQL 구문을 작성하는걸 가정해보자. 쿼리는 고정되어 있다. 어떤 내용을 보고 싶은지 결정하고, 쿼리를 작성해 결과를 받는다. 반면 동적 쿼리의 경우, 사용자는 모든 자료가 표시된 그래프를 마주한다. 사용자는 영역을 선택하거나 슬라이더 등 사용자 인터페이스를 이용해 쿼리를 설정한다. 흥미로운 것은 쿼리에 대한 반응이 실시간으로 일어난다는 것이다. 쿼리를 변경하면, 그래프의 내용도 즉각 바뀌므로 원하는 자료를 찾을 때까지 얼마든지 쿼리를 변경하거나 다듬을 수 있다.

안타깝게도, 대부분의 오픈소스 시각화 툴은 상호작용 사용자 인터페이스나 동적 쿼리를 지원하지 않는다. 이 책의 9장에서 오픈소스 시각화 툴과, 각 툴에 상호작용 구성요소가 있는지 살펴보자.

애니메이션

애니메이션이나 동영상을 만드는 건 간단하다. 그저 연속된 이미지를 나란히 배치하면 된다. 그러나 그래프를 애니메이션으로 만드는 것은 간단하지 않으며, 그런 이유로 보안 시각화 분야에서 잘 사용하지 않는다. 잘 만든다는 전제 하에, 그래프 애니메이션은 보안 자료를 이해하는 유용한 툴이 될 수 있다. 어떤 측면에선, 애니메이션은 통합된 특성을 추가하는 하나의 시각적 과정이라고도 할 수 있다. 예를 들어 시간의 경과에 따른 자료의 변화를 애니메이션으로 표현하면, 자료의 발전 과정이나 자료 간의 관계 형성 과정을 쉽게 이해할 수 있다.

애니메이션의 문제는 안정성이다. 그래프에서 변하는 부분이 많아지면, 지켜봐야 하는 부분이 많아지므로 보기 힘들어진다. 이 문제점을 설명하기 위해 링크 그래프를 사용해보자. 물론 다른 그래프에서도 비슷한 문제가 일어나고, 비슷한 방법으로 문제를 해결할 수 있다. 그림 3.36을 보자. 그림 3.36은 링크 그래프 애니메이션의 연속된 두 장면을 갈무리한 그림이다. 이 두 화면 사이에 그래프의 레이아웃, 노드의 배치가 크게 바뀌었기 때문에 첫 번째 그래프의 노드를 두 번째 그래프에서 찾아내는 것은 매우 힘들다. 수초 단위로 갈무리한 애니메이션이 이처럼 변화가 심하다면, 굉장히 짜증날 것이다. 그렇기에, 각 화면 간의 변화는 가능한 적어야 한다. 급진적으로 변하는 그래프가 혼란과 짜증을 유발하는 것에 비해, 점진적으로 변화하는 그래프는 상대적으로 이해하기 수월하다.

이 문제에 대한 분명하고 간단한 해결책은, 그래프의 레이아웃을 가능한 정적으로 유지하는 것이다. 링크 그래프 레이아웃 알고리즘 중, 정적인 레이아웃 유지에 활용할 수 있는 알고리즘이 있다. 이러한 알고리즘 중 하나는 Frutchterman과 Reingold의 알고리즘이다.[5] 이 알고리즘은, 새 노드뿐만 아니

---

5 http://www.cs.ubc.ca/rr/proceedings/spe91-95/spe/vol21/issue11/spe060tf.pdf

라 이전 장면에 있는 노드의 위치도 이용한다. 이 정보를 이용해, 장면이 전환되더라도 기존의 노드가 위치를 그대로 유지할 수 있게 한다(불가피한 경우, 최대한 기존 위치와 가까운 곳에 나타나도록 한다). 이 방법을 이용하면 노드를 안정시키고, 부드러운 애니메이션을 만들 수 있다.

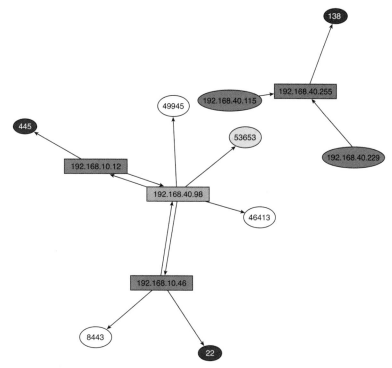

그림 3.36 애니메이션에서 갈무리한 두 장면. 불안정성 문제 때문에 그래프를 비교하기 어렵다

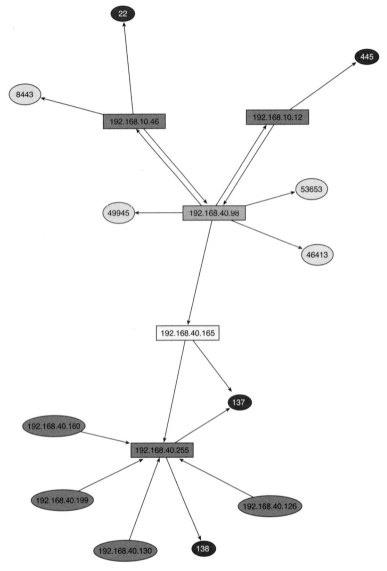

그림 3.36b

그래프 애니메이션의 가독성을 향상시키고, 변화를 좀 더 쉽게 추적할 수 있
는 또 다른 방법으로 페이드 아웃이 있다. 이는 오래된 노드를 시간의 경과에 따

라 조금씩 사라지게 하는 것이다. 이 기법을 이용하면 어떤 노드가 갑자기 사라지는 현상을 방지할 수 있을 뿐 아니라, 시각적으로 편안하게 만들 수 있다.

어떤 자료를 확인할지 미리 정해둔다면, 또 다른 해결책을 사용할 수 있다. 특정 네트워크(가령 DMZ)로 향하는 트래픽을 캡처해 어떤 장비가 서버를 접근하는지 살펴보기 위해 트래픽을 시각화한다고 가정해보자. 아마도 패킷을 살펴보지 않아도, 어떤 IP를 서브넷에서 사용하는지 알고 있을 것이다. 그러므로 그래프를 만들기 전에 IP 주소를 그래프에 미리 배치할 수 있다. 이 경우, 그림 3.37처럼 미리 추가한 노드를 회색으로 표시할 수 있다. 다시 말해, 미리 추가해 회색으로 표시한 노드는 활성화된 상태가 아니며, 다른 색으로 표시된 노드만 활성화된 것이다. 이 기법을 이용하면 초기 노드가 배경화면처럼 고정되어 있기 때문에, 그래프를 정적으로 유지할 수 있으며, 사용자는 특별히 조작을 하지 않고도 시간의 경과에 따른 변화를 간단히 추적할 수 있다.

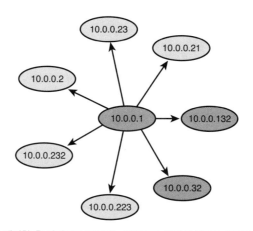

그림 3.37 노드를 미리 배치한 후 회색으로 표시하는 방법으로 안정성 문제를 해결한 그래프 애니메이션

각기 다른 방법을 조합해 좀 더 나은 결과를 만들 수 있다. 처음부터 노드를 미리 표시하고, 그래프를 페이드아웃으로 표현하는 등 여러 기법을 동시에 적용하는 것이다. 이 방법은 링크 그래프는 물론, 다른 그래프에도 사용할 수 있다.

그중에서도 미리 그릴 수 있는 모든 노드를 첫 장면에 그리는 방법은 아주 유용하다. 막대 차트를 생각해보자. 처음에 가능한 모든 값을 표시해두지 않는다면, 항상 하나의 바(활성화된 바)만 보게 될 것이다. 이걸 어디에 쓸 수 있을까?

적합한 그래프 선택

3장에서 보안 시각화에 사용하는 다양한 그래프와 활용 유형에 대해 자세히 살펴보았다. 보안 시각화에서 직면하는 가장 큰 과제는 목적과 자료에 맞는 그래프를 선택하는 것이다. 이 과제를 조금 쉽게 해결할 수 있는 두 가지 방법을 제시한다. 첫 번째 툴은 3장에서 다룬 모든 그래프를 요약한 표 3.1이다. 표에는 각 그래프에 대해 다음과 같은 내용을 정리했다.

- 그래프에서 시각화 가능한 자료 특성의 개수
- 일반적으로 표현할 수 있는 자료값의 개수
- 그래프에 가장 적합한 자료 형
- 기본적인 그래프 활용 시나리오
- 보안 분야에서 적용할 수 있는 예
- 그래프 예제

여기서 말하는 자료 특성은 색과 형태 등을 사용해 특성을 추가로 표현하는 방법을 제외한 것이다.

두 번째 툴은 그림 3.38의 순서도다. 적합한 그래프를 선택하기 위해서는 시각화하려는 자료의 형태뿐만 아니라, 시각화의 목적도 고려해야 한다. 순서도는 이 두 가지를 다 반영하고 있다.

그래프 작업을 위해 순서도를 살펴보기 전에, 더 정확한 선택을 위해 다음 두 가지를 확실히 하기 바란다.

- 시각화하려는 자료 특성은 몇 가지인가? 필요한 특성만 취하고, 나머지는 과감히 생략해야 한다. 이건 너무나 당연한 이야기지만, 대부분의 경우 일부 자료를 생략해도 결과엔 차이가 없다. 불필요한 자료는 그래프를 복잡하게 하고, 이해하기 힘들게 한다.

- 자료를 시각화해서 얻고지 하는 게 무엇인가? 목표는 뭔가? 단일한 특성의 횟수인가? 두 차원 간의 관계를 보고 싶은가? 시각화를 통해 알고 싶은 게 정확히 뭔가?

표 3.1 차트 종류

시각화 기법	자료 특성 개수	최대 표현 가능한 자료 개수	자료 종류	활용 시나리오	적용 분야 예시	예시 차트
파이 차트	1	~10	범주형	단일한 차원에서 전체에 대한 각 값의 비율이나, 백분율을 비교하는 데 사용	애플리케이션 프로토콜에 대한 비율	
막대 차트	1	~50	범주형	단일한 차원에서 특정 값의 빈도나, 여러 값을 합친 합계 등을 나타내기 위해 사용. 바의 높이는 값의 빈도를 의미	각 장비의 전송량	
선 차트	1	~50	순서형, 간격형	단일한 차원에서 특정 값의 수치나, 여러 값을 합친 합계 등을 나타내기위해 사용. 각 자료값의 높이로 수치를 표현하며, 모든 값은 패턴이나 유형을 쉽게 파악하기 위해 선으로 연결된다.	날짜별로 차단한 연결 개수	

(이어짐)

시각화 기법	자료 특성 개수	최대 표현 가능한 자료 개수	자료 종류	활용 시나리오	적용 분야 예시	예시 차트
누적 파이	2	~10 * 5	범주형	두 개 차원에서 전체에 대한 각 값의 비율이나, 백분율을 비교하는 데 사용	장비의 역할을 바탕으로, 각 장비에 접속한 프로토콜의 비율을 파악한다.	
누적 막대	2	~50 * 5	범주형	특정 값의 빈도 또는, 두 차원에 대한 집계 함수 결과를 나타내기 위해 사용한다. 한 차원은 각 바의 크기를 통해 나타낸다. 두 번째 차원은 각 바를 세분화해 나타낸다.	각 목적지 포트별로, 해당 포트로 통신하는 장비들의 역할을 구분한다. 각 장비가 어떤 프로토콜을 사용하느냐에 따라 역할을 알아낼 수 있다.	
누적 선	2	~50 * 10	자료 계열별로 순서형, 간격형	특정값의 빈도 또는 여러 차원에 대한 집계 함수 결과를 나타내기 위해 사용한다.	요일별로 발생한 위치별 공격 횟수	
히스토그램	1	~50	순서형, 연속형	값의 분포 형태를 나타내는 데 사용	하루 동안에 기록된 로그인 횟수의 분포	
박스 플롯	2	~10	연속형, 범주형	값의 분포 형태를 나타내기 위해 사용한다. 범주형 차원 데이터를 여러 박스 플롯으로 나눠 비교할 수 있다.	트래픽의 패킷 크기 분포 형태	

(이어짐)

시각화 기법	자료 특성 개수	최대 표현 가능한 자료 개수	자료 종류	활용 시나리오	적용 분야 예시	예시 차트
산점도	2 또는 3	차원별로 수천 개까지	연속형	두 개의 자료 차원이 어떤 관계에 놓여있는지, 혹은 자료의 군집과 경향을 찾아내기 위해 사용	각 장비와 연결된 목적지 주소와 포트를 나타내, 장비별 통신 패턴을 보여준다.	
평행좌표 각 차원마다 서로 관계가 있는 값이나, 여러 차원에 걸쳐 나타나는 관계를 비교해서 나타냄	n	차원별로 수천 개 이상, 최대 20차원	모두	하나의 단면에 여러 차원에 걸친 자료를 시각화하기 위해 사용	각 방화벽 규칙이 어떤 트래픽에 영향을 미쳤는지 분석하기 위해 사용	
링크 그래프	2 또는 3	통합 없이 최대 1000개	모두	한 차원과 값을 중심으로, 여러 차원에 걸친 값의 관계를 시각화하기 위해 사용	공격 이후 감염된 피해 장비의 통신 내역을 시각화여, 공격의 여파와 범위를 규명하는 데 사용	
맵	1	100	좌표형, 모두	물리적 위치와 관련된 자료를 표시하는 데 사용	각 주별로 발생한 문제점 개수	
트리맵	n	10,000	범주형, 모두	자료의 계층적 구조를 시각화하는데 사용하며, 여러 차원을 한 번에 비교할 수 있다.	각 장비별 취약점의 위험도와 심각성을 시각화해 위험을 평가	

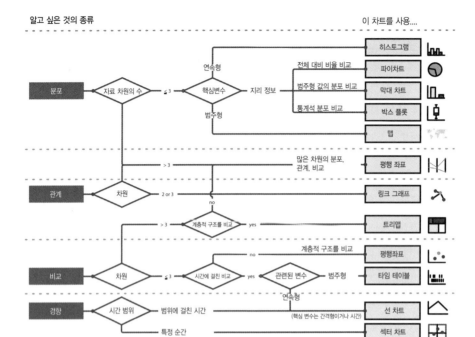

그림 3.38 시각화 대상 데이터 및 활용 시나리오에 따른 적합한 그래프를 선택하는 절차를 간단하게 나타낸 순서도

그림 3.38의 다이어그램에 덧붙이자면 다음과 같다.

- 다이어그램에 누적 파이 차트가 없는데, 누적 파이 차트가 특별하게 유용하지 않기 때문이다. 다이어그램을 간소하게 만들기 위해 생략했다.

- 누적 선 차트 또한 다이어그램에 없다. 동일한 특성을 가진 여러 계열의 자료를 비교하기 위해 누적 선 차트를 사용하는데, 그러나 단지 일반 선 차트를 확장한 것에 불과하다. 그림을 간략하게 만들기 위해 생략했다.

- 하나를 제외하곤, 시간은 사용되지 않았다. 그러나 시간이 이 차트에서만 사용될 수 있다는 것을 의미하지는 않는다. 시간을 연속적인 변수 형태로 사용할 수 있다.

이 다이어그램과 유사하게 적합한 그래프를 찾는 것으로 ChartChooser (http://chartchooser.juiceanalytics.com)가 있다. 이 웹사이트에서 사용 목적에 따라 여러 가지 종류의 그래프를 찾아볼 수 있다. 그래프의 목적을 정하면, 적합한 그래프를 보여준다. 사용할 차트를 결정하면, 엑셀 또는 파워포인트 템플릿 형태로 다운로드할 수 있다.

과제

3장에서는 자료 유형과 해결하고자 하는 문제에 적합한 그래프를 고르는 법에 대해 알아보았다. 그러나 적합한 그래프를 고르는 것이 문제를 해결하는 전부가 아님을 기억해야한다. 그래프를 고르고 시각화하는 과정에 해결해야 할 문제는 여러 가지가 있다.

그중에서도 가장 중요한 문제는 원시 자료source data 그 자체다. Garbage in, Garbage Out. 말 그대로 쓰레기 같은 자료는, 쓰레기 같은 결과를 만든다. 그래프는 가지고 있는 자료를 시각화할 뿐이다. 자료가 필요한 정보를 담고있지 않다면, 그래프는 쓸모 없다. 시각화하려는 자료에, 필요로 하는 정보가 있는지 확실히 확인해야 한다. 많은 자료 속에서 관계없는 자료가 있다면, 자료를 걸러내야 한다. 불필요한 자료로 인해 그래프 알고리즘에 무리를 줄 필요가 없다. 다시 말하자면, 나타내려는 자료를 확실히 챙겨둬야 한다.

두 번째 문제는 그래프에 나타내려고 하는 자료의 개수를 선택하는 것이다. 예를 들어, 링크 그래프에 십만 개의 노드를 나타낸다고 가정해보자. 이는 그래프에 담기엔 너무 많으며, 결과 이미지도 사용할만한 수준은 아닐 것이다. 이 문제를 해결하는 방법 중 하나는, 개별적인 자료를 합치는 등 자료를 처리해 많은 노드를 하나로 줄이는 것이다. 통합aggregation은 시각 자료 처리 과정에서 발생하는 흥미로운 문제 중 하나다. 점차 많은 제품이 자료를 분석하고 이해할 수 있는 통합 기법을 적용한다.

세 번째 문제는, 링크 그래프와 평행좌표에서 발생하는 노드와 평행좌표 축의 배치 문제다. 앞서 링크 그래프에서 발생하는 문제에 대해 간략히 다룬 바 있다. 레이아웃 알고리즘이란 최대한 중복을 피하면서 노드를 그래프에 배치하는 처리 과정을 말한다. 이상적으로는, 알고리즘 스스로 비슷한 노드를 가깝게 배치해주면 좋다. 하지만 이건 아직까지 해결하기 힘든 문제다. 특히 표시해야하는 자료가 많으면, 만족스러운 그래프를 만들기 위해 레이아웃 알고리즘의 변수를 최적화하는 데만 많은 시간을 시간을 사용해야한다. 이 책의 후반부에 최적화 문제와, 문제를 해결하기 위한 방법을 다룬다.

이 문제 또는 난관을 해결하는 데엔, 두 가지 접근법이 있다. 첫 번째는 여러 가지 동일한 자료를 다양한 접근법으로 보기 위한 다중 연결 화면multiple linked views이고, 두 번째는 화면에 상호작용을 할 수 있게 하는 것이다. 다중 연결 화면과, 상호작용을 함께 사용하면 자료를 살펴보는 데 큰 도움이 된다. 그림 3.39는 연결된 화면의 예다. 한 화면에서 특정 값을 선택하면, 다른 화면에 선택한 값에 대한 내용을 출력한다.

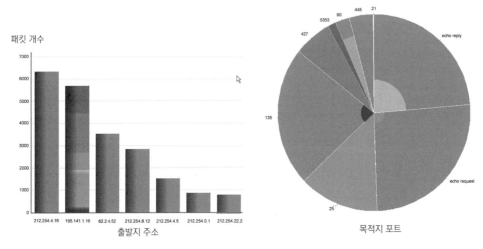

그림 3.39 상호작용 효과를 높이기 위해 연결된 두 그래프의 예. 첫 번째 그래프에서 선택한 값을 두 번째 그래프에 나타낸다. 목적지 포트는 각각 별도의 색으로 표시되었다. 좌측 그래프는 목적지 포트의 분포가 출발지로는 어떻게 구성되어 있는지 나타낸다

요약

3장을 통해 그래프의 세계를 둘러보았다. 시작은 색, 크기, 모양 등 그래프의 속성이었으며, 이를 이용해 그래프에 추가적인 자료 특성을 나타내는 방법을 알아보았다. 다룰 수 있는 자료, 나타내는 정보의 형태, 한계점 등을 중심으로 다양한 차트를 살펴보았다. 그래프에 차트만 있는 것은 아니다. 한 가지 자료 차원을 시각화할 수 있는 히스토그램과 박스 플롯을 살펴보았다. 그리고 하나 이상의 차원을 가진 자료를 시각화할 수 있는 그래프도 살펴보았다. 대표적으로 산점도가 있다. 그리고 두 가지 이상의 자료를 시각화해야 할 경우에 유용하게 사용할 수 있는 평행좌표, 링크 그래프, 트리맵 등을 차례로 소개했다. 3차원 시점에 대해선, 대체로 3차원 그래프가 가진 과제를 중심으로 했다. 그러나 이러한 문제를 해결하기 위해 상호작용과 애니메이션을 어떻게 적용할 수 있는지도 함께 알아보았다.

3장의 가장 중심 내용은 모든 종류의 그래프와 특성을 요약해둔 것이다. 이 요약본은 적합한 그래프 선택하기 부분 다음에 있다. 막대 차트를 이용하기에 적합한 경우는 언제인가? 선 차트와 파이 차트를 구분해서 사용하는 경우는 언제인가? 이러한 질문을 해결하기 위해, 그래프 선정 과정을 순서도로 만들어 책에 수록했다. 이를 통해 해결하고자 하는 문제와 시각화하려는 자료에 적합한 그래프를 선택할 수 있을 것이다.

이제 4장으로 넘어가 자료를 그래프로 만드는 법을 알아보자.

4

자료를 그래프로 만들기

1장부터 3장까지 걸쳐 시각화를 구성하는 요소와, 사용하는 자료 유형 몇 가지를 살펴보았다. 또한 로그 파일에 포함되어 있는 정보가 어떤 것인지, 로그 파일의 종류에 따라 어떤 차이가 있는지 알아보았다. 그리고 자료를 시각적으로 표현하는 방식, 자료와 상황에 적합한 그래프를 선택하는 방법도 알게 되었다.

4장은 앞서 나왔던 내용을 정리하고, 문자로 된 자료를 시각적 표현으로 변환하는 과정을 차례대로 설명할 것이다. 이 과정을 통해 문제를 체계적으로 정리하고, 필요한 자료를 선택하고, 자료를 변환하고, 최종적으로 문제를 시각적으로 분석한 자료를 손에 넣게 될 것이다. 이것을 하나의 반복적인 과정으로 익히게 될 것이다. 그래프를 처음 만들 때 해결하려고 하는 문제와 상관없는 데이터를 가지고 있거나, 그 반대의 경우를 겪을 수 있다. 또는 자료의 맥락과는 상관없이 문제를 잘못 정의할 수 있다. 그러나 앞서 말한 반복적인 과정을 이용해, 문제 해결을 위한 최적의 시각화 자료를 만들 수 있다.

정보 시각화 절차

자료를 시각화하는 것은, 대개 간단하지 않다. 해결하고자 하는 목표 또는 문제를 명확하게 정의하고 시작해야 한다. 문제를 확실하게 정하면, 그 다음 결정을 해야 한다. 예를 들어, 색을 정하거나, 문제와 자료에 적합한 그래프를 선택하는 것 등이다. 목표를 정의하고, 문제를 해결하는 데 사용할 수 있는 그래프를 잘 만들기 위한 정보 시각화 절차를 소개한다.

이 절차는 유리 엥겔하르트Yuri Engelhardt와 후안 두르스텔레Juan C. Dursteler가 만든 InfoVis 순서도[1]의 영향을 받았다. 그림 4.1은 정보 시각화 절차의 6단계가 잘 나타나있다. 절차의 첫 번째 과정, 문제를 정의하는 단계는 맨 왼쪽에 있다. 정의한 문제를 바탕으로, 문제를 해결하는 데 필요한 자료를 파악해야 한다. 자료를 확보하면 여러 단계를 거쳐 최종 시각화 결과물을 얻게 된다. 이 절차는 수집한 분석하려는 자료의 종류 또는 해결하려고 하는 문제(예를 들어 보안)의 종류와 상관없이 동일하게 사용할 수 있다. 이 절차를 진행하며 내리는 결정에 따라, 보안과 관련된 정보 시각화 절차가 되는 것이다.

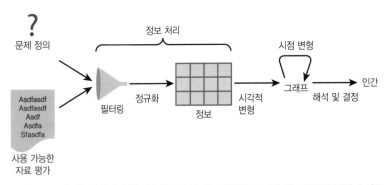

그림 4.1 그래프를 만들기 위한 필수적인 여섯 가지 절차를 나타낸 정보 시각화 절차 순서도

---

1 http://www.infovis.net/printMag.php?num=187&lang=2

표 4.1은 자료 분석 6가지 단계와, 각 단계별로 간략한 설명을 수록했다.

표 4.1 정보 시각화 절차의 6단계

단계	설명
1. 문제를 정의한다.	알고 싶은 것이 무엇인가? 그래프를 만들어 해결해야 하는 문제는 무엇인가?
2. 사용 가능한 자료를 평가한다.	어떤 자료를 사용할 수 있는가? 가지고 있는 로그 파일 중, 1단계에서 정의한 문제에 도움이 되는 것은 무엇인가? 로그 파일 이외에도 필요한 자료는 무엇인가? 예를 들어 IP 정보와 연계할 지리 정보가 있는가?
3. 정보를 처리한다.	로그 파일을 파싱하고, 필터링해 필요한 정보를 추출한다.
4. 시각적으로 변환한다.	어떤 종류의 그래프가 필요한가? 색, 크기, 모양을 어떻게 그래프에 사용할 것인가?
5. 시점을 바꾼다.	4단계에서 만든 그래프의 중요한 부분에 초점을 맞추기 위해 그래프를 확대, 축소하거나, 특정 부분을 잘라낸다.
6. 해석 및 결정한다.	그래프를 다 만들고 나면, 앞서 정의한 문제에 대해 그래프가 어떤 해답을 제시했는지, 목표를 만족시켰는지 확인한다.

표 4.1은 6단계에 대해 간략하게 설명했기 때문에, 더욱 자세한 설명을 곁들여야 한다. 다음 절부터 각 단계에 대한 자세한 설명을 하겠다. 각 단계를 어떻게 적용할 수 있는지 나타내는 예제를 절마다 포함했다.

1단계: 문제를 정의한다

대부분의 경우, 영업의 목표는 기능을 파는 것이 아니라 전체 솔루션을 판매하는 것이다. 시각화에도 이 것을 적용할 수 있다. 시각화는 자료에 의해 주도되는 것이 아니라, 시각화를 적용하고자 하는 문제가 주도해야 한다. 시각화를 통해 이해하려는 것, 이야기하려는 것, 알고 싶은 것은 무엇인가? 예측되는 결과는 무엇인가? 어떤 결과를 기대하는가? 이렇게 문제를 정의하는 것이 정보 시각화 절차의 첫 번째 단계인 이유다.

웹 프록시 우회하기

나는 광고 및 필요 없는 스크립트와 쿠키를 제거하기 위해 프록시 서버를 사용해 웹 트래픽을 필터링한다. 웹 트래픽을 필터링하는 것과 더불어, 특정 웹 트래픽을 암호화된 익명 네트워크로 포워딩한다. 대체로 보안 접속을 지원하지 않으면서 로그인을 요구하는 웹 페이지를 포워딩한다. 암호화하지 않은 네트워크를 통해서 아이디와 비밀번호를 전송하는 것을 썩 좋아하지 않기 때문이다. 또한 누군가의 호기심에 걸려들지 않기 위함도 있다. 예를 들면, 16살의 해커가 커피샵에서 트래픽을 스니핑하려 하거나, 사무실의 시스템 관리자가 windump를 연습하고 있을 수 있기 때문이다. 그렇기에 민감한 웹 트래픽이 평문으로 전송되지 않도록 확실히 하기 위해, 로그를 분석해 프록시는 작동하는지, 또는 트래픽이 프록시를 우회하진 않는지 그 상태를 파악하고자 한다.

프록시 서버로는 Privoxy[2]를 사용하고 동시에 Tor[3]를 이용해 웹 서핑 내용을 가로채려는 시도를 방지하는 보안 접속을 확보한다. 이 구성으로, 내가 사용하는 웹 브라우저는 Privoxy를 통해 트래픽을 전송하고, 그중 암호화되지 않은 웹 트래픽을 Tor을 이용해 암호화한다.

로그 파일을 시각화하는 과정에서, 흔히 두 가지 문제점에 직면한다. 첫 번째는 이전에 보지 못한 로그 파일을 분석해야 하는 경우다. 심지어 로그에 포함된 모든 필드의 의미를 이해하지 못할 수 있다. 그러나 많은 경우, 목적을 달성하기 위해 모든 필드를 이해할 필요는 없다. 이런 상황에서는 목표를 확실히 이해하는 것이 가장 중요하다. 예를 들어, 전사적 자원 관리 시스템ERP, Enterprise Resource Planning의 거래 로그를 분석해야 경우라고 해보자. 이 로그에는 특이한 거래 코드가 종류별로 포함되어 있고, 그 이외에도 생소한 내용이 포함되어 있다. 그러나 이 로그를 분석하는 목적이 단지 거래에 관련된 사용자를 파악하는 것이고, 로그의 한 필드 중에 사용자 이름 필드가 있다면, 결과를 출력하기 위해 딴 필드를 이해해야 할 필요가 없다.

두 번째로 마주치는 문제점은 이해하기 쉬운 로그 파일을 분석하면서도 발생하는 문제점이다. 예를 들어, 방화벽 로그 파일을 분석해, 비정상 행위를 탐지한다고 가정해보자. 맹목적으로 그래프만 만든다고 해서 비정상 행위를 탐지할 수

---

2 http://www.privoxy.org

3 http://tor.eff.org

는 없다. 무엇을 찾을지 확실히 정의해야 한다. 내부 네트워크에서 수상한 포트에 접근하려는 것을 찾는 것인가? 비정상 접속 패턴을 찾으려 하는 것인가? 가능한 많은 경우를 정의하고, 시각화 해 검증하고 분석하라. 이러한 과정에서 생각하지도 못했던 비정상 행위를 우연히 발견할 수 있을 것이다.

2단계: 사용 가능한 자료를 평가한다

문제를 정의한 다음 단계는 문제 해결을 위해 어떤 자료를 확보해야 하는지 알아내는 것이다. 필요한 자료를 확보하고, 그래프를 만든다고 해서 문제에 대한 해답을 항상 얻을 수 있는 것이 아니기 때문에, 이 과정은 신중하게 해야 한다. 많은 경우, 이 과정을 다 거치더라도 문제를 해결하지 못하고 다른 방법으로 문제를 해결해야 할 수 있다. 그러나 확보한 자료와 그래프로 문제를 해결한다는 것을 가정하자. 가지고 있는 자료에서 정확히 어떤 것이 필요한가? 예를 들어, 회사에 가해지는 공격 유형을 파악하는 게 목적이라면, 방화벽 바깥에 위치한 NIDS의 IDS 로그가 필요할 것이다. 방화벽 로그는 발생한 공격에 대한 정보를 제공해줄 수 없기 때문에, 전혀 소용없다. 또한 공격이 발생한 곳의 지리적 위치를 알고 싶은데, IDS의 로그 파일에 별도의 정보가 없다면 IP와 지리 정보를 연동할 방법도 확보해야 한다.

> **프록시 로그**
>
> 프록시 서버나 익명화 툴(anonymizer)을 사용하지 않는 비암호화 웹 트래픽을 탐지하기 위해 프록시 서버와 더불어 익명화 툴의 로그를 분석한다. 나는 프록시 서버로 Privoxy를 사용하며, 각각의 GET/POST/CONNECT 요청을 로그로 남기는 기본 설정을 사용한다. 기본 설정과 유일하게 다른 게 있다면, 특정 사이트로 향하는 연결을 익명화 툴인 Tor로 넘기게 한 설정이다. 이렇게 트래픽을 넘기게 한 주 목적은 연결을 익명화하는 것보다는, 해당 사이트로 향하는 연결을 로컬 네트워크에서 암호화하기 위함이다. 다음 설정을 Privoxy에 추가해 raffy.ch와 secdev.org로 향하는 연결을 Tor로 넘기게 했다.

```
config:forward-socks4a .raffy.ch localhost:9050
config:forward-socks4a .secdev.org localhost:9050
```

이 명령어로 로컬 포트 9050에서 동작 중인 Tor 서버로 트래픽이 전달된다.

다음으로, Tor가 필요한 내용을 로깅하도록 설정해야 한다. 기본적으로 Tor은 연결에 대한 로그를 기록하지 않도록 되어 있다. torrc 설정을 다음에 나오는 내용으로 고쳐 로깅을 하도록 할 수 있다.

```
# turns on logging of requested host names
SafeLogging 0
# sets the log level to informational which
# enables connection logging
Log info file /var/log/tor/info.log
```

지금 우리가 사용할 수 있는 자료는 어떤 것인가? 웹 트래픽이 프록시를 거치도록 설정한 것은 알고 있다. 그러나 모든 연결이 프록시를 사용한 연결인지 아닌지 쉽사리 확인할 수 있진 않다. 그렇기 때문에 이에 관한 추가 정보를 제공해주는 자료가 필요하다. 이에 대한 확실한 해결책은 내 랩탑에서 동작하는 tcpspy[4]다. tcpspy는 들어오고, 나가는 모든 TCP/UDP 연결을 기록한다. 좀 더 자세한 내용을 기록하기 위해, tcpspy가 실행될 때 -p 매개변수가 추가되도록 설정했다. 우분투를 설치하면서 /etc/default/tcpspy 파일을 아래와 같이 수정했다.

```
OPTIONS=-p
```

이 설정은 tcpspy가 기록하는 다른 정보와 더불어, 해당 연결을 생성하거나 받는 실행 파일의 정보를 추가로 기록한다.

tcpspy, Tor, Privoxy 이 3가지 로그 파일을 이용하면, 안전하지 않은 연결을 탐지할 수 있다.

3단계: 정보를 처리한다

이 단계까지 왔다면, 해결해야 하는 문제가 어떤 것인지 확인했고, 어떤 자료가 필요한지 파악해 필요한 자료를 확보하게 되었을 것이다. 그러나 아직까지 확보한 자료는 시각화해 나타내기에 적합한 형식이 아니다. 자료를 적합한 형식으로 처리해야 한다. 다시 이야기하자면, 자료를 정보로 변환해야 한다는 것이다. 익

---

4 http://directory.fsf.org/project/tcpspy/

숙하지 않은 로그 파일을 다루면, 로그 파일에 담긴 내용을 다 파악하기가 쉽지 않다. 자료를 정보로 변환하는 과정은 자료의 각 필드에 메타 정보를 더하는 것이다(메타 정보는 필드를 설명하거나, 데이터의 의미를 알려주는 정보다). 이 변환 과정을 흔히 파싱이라 한다.

파서의 기본 원리는 원본 로그로부터 각각의 필드를 추출하는 것이다. 다른 방법으로 생각해보자. 로그 파일에서 추출한 자료를 데이터베이스에 입력하는 경우를 가정해보자. 데이터베이스는 출발지 주소, 목적지 주소, 목적지 포트, 이벤트 이름, 사용자 이름 등 미리 만들어진 칼럼을 가지고 있다. 이 경우 파서가 해야 하는 일은 로그 파일의 내용을 데이터베이스에 입력할 수 있는 SQL 쿼리 형태로 변환하는 것이다.

표 4.2은 다음의 방화벽 로그를 개별 요소로 분류한 것을 보여준다.

```
Feb 18 13:39:32.155972 rule 71/0(match): block in on xl0:
195.27.249.139.63310 >
10.0.0.3.80: S 103382362:103382362(0) win 32768 <mss 1460,nop,wscale
0,nop,nop,timestamp 24086 0> (DF)
```

표 4.2 방화벽 로그 엔트리를 각 요소로 파싱한 예(구성요소 중 일부분만 표시했다)

구성요소	자료
날짜	2월 18일 13:39.32.155972
규칙	71/0
동작	차단
인터페이스	xl0

예를 들어 xl0의 메타 정보는 인터페이스다. 그러나 BSD 시스템이나, PF 방화벽 로그에 익숙하지 않다면, 이 로그가 눈에 쉽게 들어오지 않을 것이다.

인터넷에서 다양한 종류의 로그에 대한 파서를 구할 수 있다. 예를 들어, 보안 시각화 포털인 http://secviz.org에서 스노트 경고 로그, PF 방화벽 로그, tcpdump, 센드메일 등을 파싱할 수 있는 파서를 별도로 분류해 제공한다. 상용 파서 또한 사용할 수 있다. 예를 들면 보안 정보 관리SIM, Security Information Management 또는 기업 보안 관리ESM, Enterprise Security Management 시스템이 상용 파서를 사용한다.

앞서 언급한 것처럼, 로그의 모든 내용을 이해할 필요가 없다. 단지, 로그 파일을 이용해 알아내고 싶은 정보와 관련된 것만 이해하면 된다. 이론적인 이야기 같지만, 실제로 그렇다. 이전에 살펴본 방화벽 로그를 다시 생각해보자. 만약 알아내고 싶은 필드가 통신 패턴(트래픽 목적지의 정보)에 관한 것이라면, 로그에서 IP 주소에 관한 내용만 파악하면 된다. 복잡해 보이는 로그 파일을 다룰 때, 이점을 꼭 명심해야 한다. 그러나 한편으로는, 최대 세그먼트 크기maximum segment size로 비정상 행위를 찾아내려면, 반드시 TCP의 동작원리를 이해해야 하고 관련된 내용이 로그 파일의 어디에 기록되는지 파악해야 한다.

추가 자료 더하기

자료를 파싱한 다음엔, 파싱한 정보에다 앞서 이야기했던 추가 정보를 더해줘야 한다. 추가 자료로는 지리적 위치 정보, 호스트 이름, 자산 역할 등이다. 간단하게 데이터베이스에 행이 하나 추가되었다고 생각하면 된다. 이와 같은 추가 정보를 활용하면, 로그 기록을 좀 더 쉽게 이해할 수 있고, 분석하고 이해하기 쉬운 그래프를 만들 수 있다.

대다수의 로그는 특정 행위와 관련된 IP 주소는 기록하지만, 호스트 이름은 기록하지 않는다. 종종, IP 대신 호스트 이름을 사용하면 자료를 이해하기 더 쉬워진다. IP를 호스트 이름으로 변환해서 사용하고자 하면, 사용하려는 DNS 서버가 호스트 이름을 제대로 알려주는지 확실히 확인해야 한다. 가령, 내부 주소 대역(RFC 1918 주소)을 사용하는 경우, 직접 운영하는 DNS 서버만 해당 IP에 대한 호스트 이름을 알려줄 수 있다. 웹 트래픽도 마찬가지다. 네트워크 트래픽을 기록하는 경우(예를 들어 넷플로우를 사용한다면), 클라이언트가 접근한 가상 호스트를 확인할 수 없다. 넷플로우를 통해 얻을 수 있는 자료는 단지 웹 서버의 IP뿐이며, 이를 통해 해당 호스트의 이름을 알아낼 수 있다. 그러나 한 장비에 여러 가상 웹사이트를 운영할 수 있으며, 4계층 정보만으로는 어떤 가상 웹사이트에 접속했는지를 알아낼 수 없다.

논리적인 위치(IP 정보)뿐만 아니라, 물리적인 위치 정보도 알아내고 싶은 경우가 있다. 관련 정보를 인터넷에서 쉽게 구할 수 있다. 많은 프로그래밍 언어에서도 라이브러리로 제공한다. 예를 들면 펄에서는 Geo::IPfree[5]를 사용할 수 있다. 다음 절에서 이런 라이브러리로 IP를 위치 정보와 연동하는 방법을 다룰 것이다. IP와 같은 자료를 이용할 때엔 몇 가지 주의해야 할 점이 있다. 첫 번째로는 정보가 오래되었을 수 있고, 두 번째로는 정부에서 사용하는 IP일 경우, 전 세계에 걸쳐 있더라도 특정한 한 지점만 나타낼 수 있다는 점이다.

장치의 역할도 추가적인 자료 중 하나다. 내부 네트워크의 로그를 분석하는 경우, 각각의 IP에 장비의 역할을 표시하면 큰 도움이 된다. 역할이라 함은 재무, 개발, 웹 서버, 메일 서버, 데스크탑 등이다. 이런 정보를 IP 또는 호스트 이름과 함께 표시하면, 그래프를 이해하기가 훨씬 수월해진다. 그림 4.2는 그래프에 역할을 나타낸 예제다.

---

5 http://search.cpan.org/~bricas/Geo-IPfree

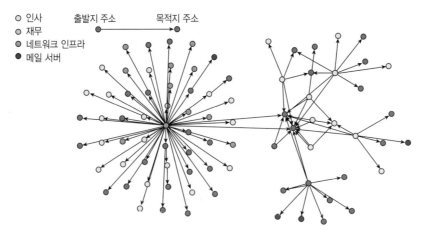

그림 4.2 방화벽 로그에 각 장비의 역할을 추가해 시각화를 한 예. 링크 그래프에서 색을 사용해, 각 장비의 역할을 나타냈다

파싱하거나 자료를 추가로 더하는 것은, 데이터를 준비하거나, 데이터를 정보로 변환하기 위해 수행하는 것인데, 더불어 이 방법을 이용하면 로그의 개별 필드를 좀 더 쉽게 추출할 수 있게 된다. 앞서 언급한 바와 같이, 활용 사례에 따라 필요한 자료 필드는 전부 다르다.

자료를 추가로 적용할 때엔 신중해야 한다. 몇몇 자료는 시간에 민감하기 때문이다. 예를 들면, IP 주소와 연결된 도메인이, 내일은 다른 IP로 연결되어 있을 수 있다. 그렇기 때문에 원본 자료를 모으는 시점에, 호스트 이름 같은 정보는 동시에 캐싱해 두는 것이 좋다. 또한 DNS lookup을 하는 것이, 공격자에게 신호를 보내는 것이 될 수 있다는 것을 기억해야 한다. IP 주소로 호스트 이름을 조회하면, 권한 있는 DNS 서버는 쿼리를 받게 된다. 공격자가 DNS 서버를 운영한다면, 주소를 조회하고 있다는 사실을 알게 될 것이고, 공격자가 공격지 주소를 조작하도록 유도하는 꼴이 될 것이다.

로그 필터링

앞서 로그에서 필요한 필드를 선택했던 것처럼, 원본 자료에서 분석에 필요한 엔트리만 추려내야 한다. 첫 단계에서 목표를 정함으로써, 알아내야 하는 정보를 명확히 정했다. 그렇기 때문에, 항상 로그 파일 전체를 시각화할 필요는 없다. 로그의 일부분만 추출해서 시각화해도, 충분히 목표를 달성할 수 있다. 다시 말해, 알아내고 싶은 정보와 관련된 로그만 선택하면 된다는 것이다. 예를 들어, 우리가 운영하고 있는 웹 서버로 유입되는 트래픽을 분석하고자 한다면, 그와 관련된 로그만 추출해내고, 나머지는 다 삭제해도 된다.

로그를 필터링할 경우엔 신중히 작업해야 한다. 필터링된 정보는 복구할 수 없기 때문이다.

통합

종종 자료를 준비하는 과정에서, 통합이라는 단계를 거쳐야 하는 경우가 있다. 통합이란, 그래프에서 패턴이 뚜렷하게 드러나도록 자료를 합치는 것이다. 4장의 후반부에서, 각각의 자료별 통합 기법을 소개한다. 예를 들어, 포트 번호에 관한 그래프에 적용한다면 각 포트 번호를 개별 노드 또는 점으로 표시하지 않고, 비슷한 것을 그룹으로 묶게 될 것이다. 통합을 적용하면 자료가 가진 패턴의 형태를 드러내고 유지하면서도, 흐트러진 자료들을 정리할 수 있다.

시계열 통합은 통합의 특별한 경우다. 예를 들어, 시간의 경과에 따라 횟수를 나타내는 그래프에 각각의 이벤트가 발생한 시간을 개별적으로 나타내는 것은 아무런 의미가 없다. 결과 그래프에 y축은 1로 고정되며, 그림 4.3의 왼쪽 그림처럼 직선 하나로 나타나기 때문이다. 하지만 자료를 한차례 처리해서 특정 시간 단위로 합친다면(예를 들어 매 시간 단위), 시간별 횟수를 모아 그래프에 나타낼 수 있다. 이렇게 만들어진 그래프는 그림 4.3의 오른쪽에 나타난 것처럼, 추세선이 뚜렷하게 나타난다. 경우에 따라 하루 단위로 합치고, x축의 각 값은 날짜를 나타내는 것이 더 간단할 수 있다. 그래프를 얼마나 자세하게 나타낼지는 분석의 목표와 분석 대상 자료에 따라 달라진다.

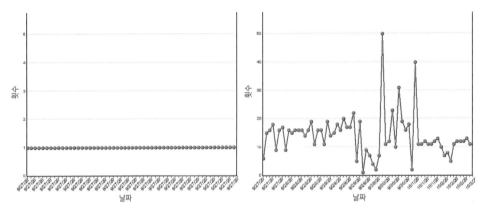

그림 4.3 통합의 필요성을 나타내는 예제. 왼쪽 그래프는 통합을 적용하지 않은 예, 오른쪽 그래프는 통합을 적용한 예를 나타낸다

y축에 횟수가 아닌 전송된 바이트의 양 같은 것을 사용한다면, 신중하게 그래프를 만들어야 한다. 예를 들어 전송된 바이트 양을 사용한다면, x축의 값을 같은 간격으로 배치할 수 있게 자료를 규칙적인 간격으로 수집해야 한다. 만약 x축의 값이 불규칙적이라면, 그래프에 나타나는 추세가 왜곡될 수 있기 때문이다. 예를 들어, 1월에는 자료를 하루 단위로 수집하고 나머지 11개월은 주간 단위로 수집한다면, 결과 그래프는 왼쪽 부분이 심하게 작아 추세를 엉뚱하게 나타내는 그래프가 될 것이다. 1월도 주간 단위로 집계한다면, 정상적인 그래프를 만들 수 있다. 그렇기에 분석에 사용하는 자료의 수집 단위를 정확하게 확인해야 한다.

자료 처리와 관련된 문제

자료를 처리함에 있어 몇 가지 문제에 직면하게 된다. 첫 번째로는 로그 엔트리에 자료를 추가로 더해야 하는 경우다. 장비의 역할을 새로운 필드로 추가한다고 가정해보자. 장비에 하나 이상의 역할을 태깅하는 경우가 굉장히 많을 것이다. 가령 어떤 장비를 개발 장비 겸 특허 정보를 저장하는 용도로 사용할 수 있기 때문이다. 그러나 파싱을 해 데이터베이스로 자료를 넣어야 한다는 것을 생각해보자. 장비의 역할을 저장하는 필드는 하나뿐이지만, 필요한 것은 두 개다. 이 상황에서 가장 쉬운 방법은, 행을 하나 더 추가하고 두 번째 정보를 넣는 것이다. 그러나 장비 역할을 저장하는 데에 몇 개의 필드가 필요한지도 모르는 상태에서 무작정 행을 늘릴 수도 없는 것이다. 그렇다 한다 쳐도, 그래프에 필드를 어떻게 다 표시할 것인가? 현실적으로 가능한 방법은 그 장비의 가장 중요한 역할만 기재하는 것이고, 좀 더 나은 방법은 명확하게 분류하기 위한 스키마를 별도로 작성하는 것이다. 예를 들어, 장비의 '중요도'를 '역할' 필드에 억지로 저장하는 것보다, '역할'과 '중요도'를 각각 다른 필드에 입력하는 것이다.

첫 번째 문제보다 훨씬 더 중요한 두 번째 문제점이 있는데, 자료를 처리하면서 로그 엔트리의 특정 필드가 가진 의미가 바뀔 수 있다는 것이다. tcpdump와 비슷한 종류의 자료를 시각화하면서 발생하는 이런 문제에 대해선, 책의 후반부에서 자세히 다룬다. 일단, tcpdump에서 생성된 로그 엔트리를 하나 살펴보자.

```
07:37:13.874735 IP 206.132.26.82.22 > 192.168.2.212.49653: S
2271769079:2271769079(0)
```

이 로그에서 출발지 주소를 추출하려면, 다음과 같은 awk 명령어를 사용하면 된다.

```
awk '{print $3}'
```

위 명령어로 로그 엔트리에서 세 번째 토큰을 추출한다. 여기서는 토큰을 공백으로 구분되는 문자열의 단위로 정의했다. 만일 각 출발지 주소가 로그 파일에 기록된 횟수를 추출해 막대 차트를 만들고자 한다면, 전체 로그에 awk 명령을 사용한 후 차트를 만들면 될 것이다. 그러나 정말 원하는 대로 되는가? 동일한 연결에서 tcpdump로 추출한 다음 로그를 살펴보자.

```
07:37:13.874773 IP 192.168.2.212.49653 > 206.132.26.82.22: . ack 1
```

어떤 문제가 있는지 알겠는가? 세 번째 위치에 출발지 주소가 아닌, 도착지 주소가 있는 것을 알 수 있다. 이런 특성 때문에 분석을 망칠 수 있다. 그렇기에 파서를 작성하면서 각 엔트리별로 출발지 주소와 목적지 주소를 정확하게 파악해 추출해야 한다. Afterglow에 포함된 tcpdump 파서는 휴리스틱 기법을 사용해 정확한 파싱 결과를 만든다.

tcpdump만 출발지/목적지 혼동 현상이 일어나지 않는다. 우리가 다루는 많은 방화벽 로그가 비슷한 문제점을 가지고 있고, 이 문제를 해결해야 한다.

만약 모든 제품의 로그 방식이 어떤 정보를 로그에 남기고, 정보를 어떻게 보여줄지에 대한 표준을 따른다면, 이런 문제를 고민할 필요가 없게 될 것 이다. 최소한 이런 문제와 씨름할 시간에 더 중요한 문제를 고민할 수 있을 것이다. 다행히도 몇몇 사람이 이런 문제를 해결하기 위해 노력하고 있다. 이벤트 공통 표현법CEE, Common Event Expression[6]은 이러한 노력의 일환이다. 이런 노력이 결실을 맺어, 로그 데이터 처리가 좀 더 쉬워지기를 기대한다.

로그 파일 준비하기

이제 본격적으로 로그 파일을 살펴보고, 중요한 정보를 추출할 차례다. 첫 번째 로그는 Privoxy가 기록한 로그다. 로그 기록 단계를 informational로 설정하면 불필요한 정보까지 로그에 기록된다. 하지만 필요한 건 request 엔트리뿐이다. 예제 엔트리는 다음과 같다.

```
May 09 17:57:07 Privoxy(b7dd4b90) Request:
www.fish.com/inbox.aspx?SID=x2cemzvhj2fbgyzmzmpp3u55&Guid=399013
```

내가 방문한 사이트 목록을 시각화하는 것이 목적이라면, 엔트리에서 호스트 이름만 알아내면 된다. 이를 위해 아래 명령어를 실행해 호스트 이름을 추출하고 IP 주소로 변환한다.[7]

---

6 http://cee.mitre.org

7 명령어의 자세한 내용에 대해선 4장 뒷부분에서 다룰 것이다.

```
grep Request privoxy.log | sed -e 's/.*Request: //'
-e 's#[/:].*##' | uniq | perl -M'IO::Socket' -n
-e 'chomp; printf"%s,%s\n",$_,
join(".",unpack("C4",gethostbyname($_)));'
```

이 명령어를 실행하면 CSV 파일 첫 번째 칼럼에 호스트 이름을, 두 번째 칼럼에 IP 주소를 기록한다.

다음으로 Tor 로그를 살펴보자. Tor는 내부 동작에 대한 정보를 번잡한 형태로 남기며, 연결에 대한 정보를 상당히 빈약하게 기록하는 성향이 있다. 나는 이 현상의 원인이 이 애플리케이션의 익명화와 개인정보 보호 때문이라고 생각한다. 다음 로그 엔트리는 Tor의 특성을 잘 나타내는 예제다.

```
May 09 17:57:07.327 [info] addressmap_rewrite(): Addressmap:
rewriting
'www.hotmail.com' to '208.172.13.254'
```

이 엔트리는 간단하게 파싱할 수 있다. 주소만 알아내고 싶다면 이렇게 하면 된다.

```
grep rewriting tor.log |
sed -e "s/.*'\(.*\)' to '\(.*\)'/\1,\2/"
```

마지막으로 tcpspy 로그가 남았다. 아래의 예제 로그 엔트리를 살펴보자.

```
May 9 13:40:26 ram-laptop tcpspy[5198]: connect: proc (unknown),
user privoxy,
local 192.168.81.135:52337, remote 81.92.97.244:www
```

로그 파일엔 내가 필요로 하지 않는 정보도 포함되어 있다. 다음에 나오는 명령어는 로그에서 웹 연결만 골라내어 출발지 주소, 목적지 주소, 목적지 서비스, 해당 연결을 요청한 사용자 정보를 출력한다.

```
grep "tcpspy.*connect.*\(http\(s\)\?\|www\)" tcpspy.log |
awk '{printf("%s%s%s\n",$10,$12,$14)}' | sed -e 's/,$//g' -e 's/:/,/
g'
```

이 명령어를 통해 로그 파일을 필터링하고, 필요로 하는 정보를 추출해냈다. 본격적으로 시각화 작업을 해보자

4단계: 시각적 변환

3단계까지 마치면 로그 엔트리를 파싱해 시각화에 필요한 모든 정보를 얻게 된다. 시각화에 필요한 정보란 자산 역할, 위치 정보, DNS 호스트 이름 등이다. 파싱된 결과는 차후에 이 자료와 진행할 작업의 편의를 위해 쉼표로 구분된 포맷, 즉 CSV 포맷으로 저장해야 한다. 다음 단계는 이 자료를 시각적으로 나타내는 구조에 매핑해 그림으로 표현하는 것이다. 이런 과정을 시각적 변환이라고 한다. 예를 들어, 세 개의 행이 있는 파일을, 각 필드에 한 개 차원을 할당해 3차원 산점도로 나타낼 수 있다. 또는 한 개 차원을 크기 또는 색으로 표현해, 같은 자료를 2차원 산점도로 나타낼 수도 있다.

자료 매핑

어떤 자료 차원을 가장 중요시 할지, 제일 먼저 정해야 한다. 가장 중요한 차원은 분석의 주된 대상이거나, 자료의 분포를 비교하기 위한 것을 말한다. 이 과정에서 다수의 차원이 중요하다면, 자료를 표현하는 그래프의 유형이 달라질 수 있다.

링크 그래프, 산점도, 평행좌표 등의 그래프는 자료의 중요도를 정하는 것과는 크게 관련이 없다. 그 외의 그래프는 중요도를 꼭 정해야 한다. 중요도를 정하거나, 아니면 모든 자료가 동일한 우선순위라는 것을 파악한 후엔, 각 차원을 명시적으로 나타낼지, 또는 일부 자료 차원을 색, 크기, 형태 등의 그래프 속성으로 나타낼지 결정해야 한다. 이러한 것들이 마무리되어야, 그래프를 선택하는 다음 절차로 넘어갈 수 있다. 다행히도 우리는 3장에서 그래프 선택 절차를 살펴보았으므로, 3장에서 사용했던 그래프 선택 절차를 적용하면 된다.

3가지 자료 차원을 가지고 자료의 관계를 시각화한다고 가정한다면, 아마도 링크 그래프를 선택하게 될 것이다. 다음으로 어떤 순서로 노드를 그릴지 결정해야 한다. 그림 4.4부터 그림 4.6까지 노드를 그리는 순서를 바꿈에 따라 결과가 어떻게 나타나는지 보여준다.

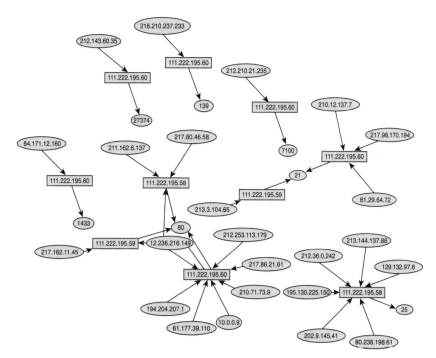

그림 4.4 출발지 주소, 목적지 주소, 목적지 포트 순으로 작성한 그래프

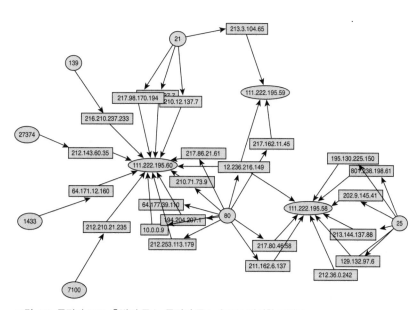

그림 4.5 목적지 포트, 출발지 주소, 목적지 주소 순으로 작성한 그래프

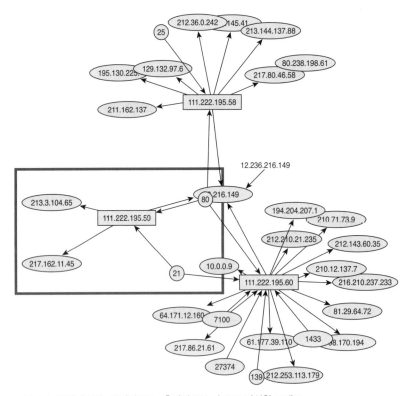

그림 4.6 목적지 포트, 목적지 주소, 출발지 주소 순으로 작성한 그래프

그림 4.4부터 그림 4.6까지 모든 그래프는 동일한 로그를 시각화한 것이다. 단지 노드의 배열을 달리했을 뿐이다. 그림 4.4에 있는 첫 번째 그래프를 보면, 각 포트 번호 주위에 흐트러진 형태의 군집을 다수 발견할 수 있다. 각 포트에 직접 연결되어 있는 노드는 서비스를 제공하고 있는 목적지 장비다(방화벽 로그를 시각화한 것이라면, 누군가가 이 장비의 해당 포트로 접속을 시도했다가 차단당한 흔적이다). 이 그래프는 어느 장비가 어떤 서비스를 제공하는지 쉽게 파악할 수 있게 해준다.

그림 4.5의 두 번째 그래프는 같은 자료를 사용했지만 노드의 배열 방식을 달리했다. 이 그래프는 목적지 장비(111.222.0.0/16)를 중심에 두고 있다. 목적지 포트, 출발지 주소, 목적지 주소 순서로 배치해 어떤 장비가 각 목적지로 향하고 있는지 강조해 두어 쉽게 파악할 수 있게 했다. 그래프를 자세히 살펴보면,

12.236.216.149가 모든 내부 장비 80번 포트에 접근했다는 것을 알 수 있다. 그렇다면 모든 내부 장비에서 웹 서버를 80번 포트에서 운영했던 걸까? 아니면 12.236.216.149가 내부에 웹 서버가 운영되고 있는지 확인하러 다닌 걸까?

그림 4.6의 마지막 그래프는 목적지 포트에 초점을 맞춰 작성했다. 포트 번호를 추적하면 각 장비가 어떤 서비스를 제공하는지, 그리고 어떤 장비가 각 목적지 장비에 접근하고 있는지 알 수 있다. 그러나 이 그래프는 정보 가독성 문제 information presentation problem를 가지고 있다. 그래프에서 사각형으로 강조된 부분이 정보 가독성 문제가 나타나는 곳이다. 이 그래프를 통해 원본 로그 엔트리를 재구성하는 것은 불가능하며, 111.222.195.59에 접근하는 두 대의 장비가 80번 포트에 접근하는 것인지 21번 포트에 접근하는 것인지 확실하게 알아낼 수 없다. 두 장비가 두 포트 다 접근했을 수도 있겠지만, 각 장비가 각각 하나의 포트에 접근했을 수도 있다. 이 그림은 모든 그래프 구성 방식(배치 방식)을 동일한 목적에 사용할 수 없다는 것을 보여준다. 이 그래프는 각 장비가 어떤 서비스를 제공하는지 파악하는 데엔 도움이 되지만, 각 장비의 어떤 서비스에 접근했는지 파악하기엔 적합하지 않다.

노드 구성 방식을 선정하면서 가장 먼저 해야 하는 중요한 것은 노드가 두 가지 필요한지 세 가지 필요한지 정하는 것이다. 일반적으로 이 결정은 앞서 다루었던 "구체적으로 어떤 정보를 그래프에 표시할 것인가"에 기반한다. 예를 들어 만일 특정 연결에 관련된 장비 및 해당 장비가 사용한 서비스를 그래프에 나타내려 한다면 출발지 주소, 목적지 주소, 서비스(목적지 포트) 총 3가지의 노드가 필요하다. 이 3가지 노드를 사용한 그래프의 전형적은 예는 앞서 살펴본 그림 4.4가 있다.

시각적 변환이나 자료 매핑에 시간을 소요하는 것은 굉장히 중요하다. 이건 전체에서 가장 중요한 과정 중 하나이고, 잘 활용한다면 유용한 그래프를 만드는데 큰 효과를 발휘할 수 있다. 표 4.3은 방화벽 로그 파일을 시각화하는 몇 가지 구성 방식과, 각각의 구성 방식을 효과적으로 사용할 수 있는 문제 유형을 다루고 있다.

표 4.3 방화벽 로그를 구성하는 방식 및 적합한 문제 유형

활용 용도	출발지 노드	이벤트 노드	목적지 노드
포트 스캔 식별	출발지 주소	목적지 주소	목적지 포트
장비 스캔 식별	출발지 주소	없음	목적지 주소
장비별 동일 포트 스캔 식별	출발지 주소	목적지 포트	목적지 주소
차단/통과된 트래픽과 관련된 장비 파악	출발지 주소	동작	목적지 포트
특정 서비스에 접근하는 장비 및 해당 장비의 접근 허용 여부 파악	목적지 포트	출발지 주소	동작

여러 가지 특성을 이용해, 세 가지 이상의 차원을 시각화하면서 가독성도 유지할 수 있다. 색, 모양, 크기를 이용해 그래프를 다양한 형태로 나타낼 수 있다.

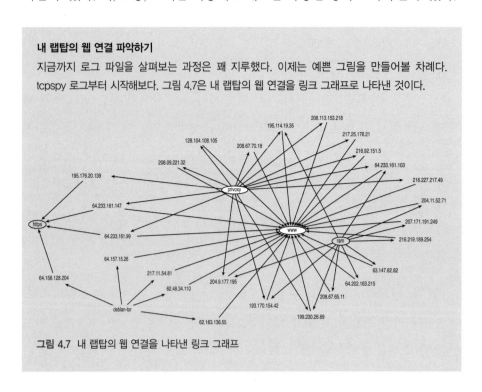

내 랩탑의 웹 연결 파악하기

지금까지 로그 파일을 살펴보는 과정은 꽤 지루했다. 이제는 예쁜 그림을 만들어볼 차례다. tcpspy 로그부터 시작해보다. 그림 4.7은 내 랩탑의 웹 연결을 링크 그래프로 나타낸 것이다.

그림 4.7 내 랩탑의 웹 연결을 나타낸 링크 그래프

그림 4.7의 링크 그래프는 '사용자 이름〉웹 서버〉서비스 이름' 순서로 표시했다. 이 그래프는 지루할뿐더러, 필요한 정보를 직접적으로 보여주지 않는다. 프록시 로그에서 IP 주소를 호스트 이름으로 바꾸면, 내가 어떤 사이트에 접속했는지 좀 더 쉽게 알 수 있게 된다. IP 주소 대신에 호스트 이름을 사용한 결과가 그림 4.8의 그래프다.

privoxy 로그와 tcpspy 로그를 병합한 자료를 기반으로 이 그래프를 작성했다. 병합하는 방법은 다음과 같다.[8]

```
merge_logs.pl privoxy.csv tcpspy.csv -o
```

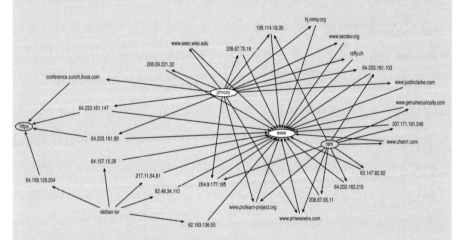

그림 4.8 IP 주소를 호스트 이름으로 대체한 링크 그래프

명령어를 실행하면 아래와 같은 결과물이 만들어진다.

```
193.170.154.42,www,privoxy,www.prolearn-project.org
130.236.132.241,www,privoxy
```

완전한 세상이라면, 병합한 결과물이 첫 번째 줄처럼 접속한 모든 호스트에 대해 호스트 이름이 출력되어야 한다. 불행히도 privoxy.csv에서 IP와 호스트 이름을 매핑한 결과가 없을 수도 있기 때문이다. 이런 일이 생기는 이유 중 한 가지는 몇몇 웹사이트에 접속하면서 도메인을 사용하지 않고 IP를 직접 사용해 접속했기 때문이다

---

8 merge_logs.pl은 https://github.com/zrlram/loganalysis 에서 다운로드할 수 있다.

크기와 모양

크기라는 변수를 사용하는 것은, 각 그래프마다 각각 다른 것을 의미한다. 차트의 경우, 크기라는 변수는 그래프에서 뗄레야 뗄 수 없는 관계다. 예를 들어 막대 차트는 높이를 이용해 개별 값을 나타낸다. 파이 차트에서는 면적을 이용해 비율을 나타낸다. 선 차트 역시 수치를 나타내기 위해 높이를 사용한다. 산점도나 링크 그래프의 경우, 크기는 점이나 노드를 나타내는 데 크기를 사용할 수 있다. 크기 변수를 이용해 특정 차원을 표현했을 때 발생하는 약점에 대해선 앞서 살펴본 바 있다. 크기를 이용할 경우, 단지 상내직인 비교만 가능하다. 물론 이것 때문에 크기가 유용하지 않다는 것은 아니다. 트리맵의 경우 정보를 전달하는 주된 수단으로 크기를 사용한다. 잎 노드는 각각의 크기로 값을 나타낸다. 가장 단순한 경우, 특정 값이 몇 차례 나타났느냐에 따라 크기를 결정한다. 좀 더 복잡한 경우, 추가적인 자료 차원을 이용해 크기를 결정한다.

히스토그램에서 높이는 빈도 수를 나타낸다. 산점도와 링크 그래프에서 몇 가지의 범주형 자료값을 나타내기 위해 형태를 사용할 수 있다. 단 형태로는 구체적인 숫자를 나타낼 수는 없다. 가지수가 적은 범주형 자료는 모양으로 나타내기에 적합하다. 일반적으로 그래프를 이해하기 위한 범례legend는 필수적이다.

모양과 색을 이용한 가독성 향상

크기는 특정한 값이 몇 번 등장했는지 알려주기에 아주 적합하다. 특정한 값이 열 번 등장했다면, 두 번 등장한 값의 노드보다 크게 그려질 것이다. 이를 통해 가장 빈번하게 일어나는 통신과 노드를 손쉽게 파악할 수 있다. 크기에 더해 모양을 사용해 노드 종류(출발지, 이벤트, 목적지)를 구분하려 한다. 크기와 모양을 모두 적용한 그래프의 예가 그림 4.9이다. AfterGlow(9장 참조)로 그림 4.9를 생성하기 위해 사용된 변수는 다음과 같다

```
maxnodesize=1;
size.source=$sourceCount{$sourceName};
size.event=$eventCount{$eventName};
size=0.5
sum.source=0;
shape.target=triangle
```

이 변수는 원본 노드 및 이벤트 노드의 크기, 목적지 노드의 모양을 조절한다.

- 원본 노드와 이벤트 노드의 크기는, 원본 노드가 나타난 횟수와 이벤트 노드가 나타난 횟수 따라 결정된다.

- 대상 노드의 크기는 size 기본 설정에 따라 0.5이다.

- maxnodesize 변수에 의해 노드 최대값이 1로 제한되고, 노드의 크기 역시 이에 맞춰 조정된다.

- sum.source=0이 설정되어 있어, 원본 노드(사용자)와 이벤트 노드(ip, 호스트 이름)가 동일한 경우가 여러 번이라도, 그 중복 횟수는 합치지 않는다.

- 마지막 변수는 목적지 노드의 모양을 삼각형(triangles)으로 지정한다. 기본 설정에서 원본 노드는 사각형, 이벤트 노드는 원형이다. 그렇기에 파일엔 삼각형에 관한 설정만 되어 있지만, 그래프에는 3가지 각기 다른 모양이 나타나는 것이다.

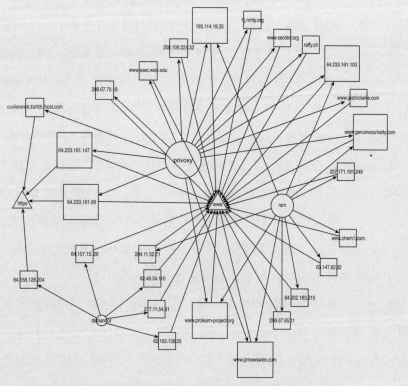

그림 4.9 모양과 크기를 이용해 추가적인 정보를 표현한 웹 트래픽 링크 그래프

이 그래프는 단지 접속한 사이트만 나타내는 것이 아닌, 접속한 횟수까지 나타낸다. 노드가 클 수록 작은 노드에 비해 자주 접속했다는 것을 뜻한다.

색

모양과 마찬가지로, 색을 이용해 그래프에 정보를 나타낼 수 있다. 색을 두 가지 목적에서 사용할 수 있다. 첫 번째, 색은 그래프의 다른 부분을 구분하기 위해 사용한다. 예를 들어 그래프에서 특정 노드는 빨간색, 나머지 노드를 초록색으로 표현했다면, 빨간 노드는 초록색 노드와는 완전히 다른 정보를 나타내는 것이다. 두 번째, 색은 추가적인 정보를 표현하기 위해 사용한다. 노드가 IP 주소 또는 장비 이름을 나타내는 네트워크 그래프에서, 색은 종종 각 장비의 종류 또는 장비의 위치(외부/내부 네트워크)를 나다내기 위한 목적으로 사용한다. 색을 이용해 자료 차원을 나타내는 방법은 두 가지가 있다. 먼저 주어진 자료가 범주형인 경우, 각각의 값을 색으로 나타낼 수 있다. 그러나 3장에서 이미 다룬 바와 같이, 자료를 색으로 나타내게 되면 몇 가지 문제점이 발생한다. 색으로 표현한 자료의 양이 많아질수록, 각각의 색을 보고 원본 자료를 파악하기가 어려워진다. 따라서 하나의 차원 안에서 표현해야 하는 자료의 종류가 적은 경우에만 색을 유용하게 사용할 수 있다. 만일 주어진 자료가 범주형이 아닌 연속형이라면, 색 그라데이션을 이용해 자료를 나타낼 수 있다. 예를 들어, TCP 포트 번호를 나타내는 경우, 각 포트번호마다 색을 부여하기 힘들다. 개별 포트 대신, 점진적으로 변하는 색 그라데이션을 사용하면 색을 부여하기 쉽다. 단점은 그래프의 색을 보고 원본 자료 값을 정확하게 알아내는 것이 불가능하다는 점이다. 그러나 대부분의 경우, 대략적인 범위만 알아도 충분히 유용하다.

색을 잘못 정하는 건 흔히 저지르는 실수다. 범주형 자료를 나타내는 경우, 각각의 색은 확실히 구분되어야 한다. 색을 정확히 사용하는 방법에 대한 참고 문헌으로는 마우린 스톤Maureen Stone의 '자료 시각화를 위한 색 선택'이 있다.[9] 개별 구성 요소에 색을 부여할 때는 다음 4가지 원칙을 바탕으로 한다.

---

9 http://www.perceptualedge.com/articles/b-eye/choosing_colors.pdf

첫째, 기능에 따라 색을 할당하라. 앞서 이야기했던 것처럼, 각 자료 차원을 각각 색으로 표현한다. 둘째, 특정한 자료를 강조하려면 대조효과를 이용한다. 시각적으로 매우 큰 차이를 보이는 두 색을 대조하는 것을 생각해보자. 그림 4.10은 색상환을 나타낸다. 서로 대조되는 색은 이 색상환에서 서로 마주보는 위치에 있다. 예를 들어 초록과 빨강, 자주와 노랑은 서로 대조를 보인다. 그래서 파랑색과 대조하기 위해 자주색 같은 것을 사용하는 것은 좋지 않다. 셋째, 자료를 그룹화 할 때는 유사색을 사용하라. 이는 두 번째 원칙과는 정 반대이다. 유사색이란, 하늘색과 파란색처럼 색상환에서 근처에 위치한 색을 말한다. 마지막으로, 동작을 나타낼 때는 빨간색을 사용하라. 중립적인 성향의 파란색과는 달리, 빨간색은 독자의 주의를 집중시키는 효과가 있다. 색을 선택할 때에는 반드시 색맹 또는 색약을 가지고 있는 사용자를 고려해야 한다. 색약은 대개 적녹색약(초록색과 빨간색을 구분하지 못함)이 많다. 색을 올바르게 고르려면, ColorBrewer[10]를 사용하는 것이 좋다.

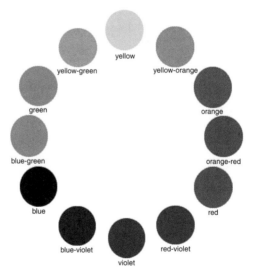

그림 4.10 색상환을 이용하면 대조색/유사색을 쉽게 찾을 수 있다(컬러이미지는 에이콘출판사 도서정보 페이지에서 다운로드할 수 있다)

---

10 http://www.personal.psu.edu/cab38/ColorBrewer/ColorBrewer.html

표 4.4는 보안 또는 네트워크와 관련된 그래프에서 색을 어떻게 사용할 수 있는지 나타낸 표이다.

표 4.4 그래프에서 데이터를 표현하기 위해 색을 사용하는 여러 가지 활용 사례[11]

색으로 표현할 정보	적용 방법	적용 효과
내부 장비의 중요도	색을 이용해 내부 장비의 중요도를 나타낸다. 예를 들어, 해당 장비가 작동을 멈추었을 때 회사에 금전적 손실이 있는가를 기준으로 할 수 있다.	중요한 장비를 즉시 파악하는 데 도움이 된다. 또한 살펴보는 장비가 얼마나 중요한지도 알 수 있다.
스파이웨어 포트 번호	스파이웨어 포트를 강조하기 위해 뚜렷하게 드러나는 색을 할당한다.	스파이웨어가 흔히 사용하는 포트, 감염이 된 것으로 예상하는 장비를 쉽게 파악할 수 있다.
암흑 주소 대역	암흑 주소 대역의 IP 주소를 강조한다.	암흑 주소 대역은 어떤 장비도 사용할 수 없는 주소다. 인터넷을 관리하는 IANA가 할당하지 않은 주소이기 때문이다. 로그 파일에서 이 IP 주소가 발견된다는 것은, 누군가가 내부 네트워 접속하기 위해 IP 주소를 위조하고 있다는 위험 신호이다.
수용 가능한 사용 정책	수용 가능한 사용 정책을 색으로 표현한다.	정책을 위반한 경우를 발견하기 위해 전체 그래프를 분석할 필요 없이, 한 눈에 위반 사례를 파악할 수 있다.

색을 사용하면 크기, 모양을 사용하는 것보다 가독성을 더 향상시킬 수 있다

그래프는 현재 상태를 즉각적으로 사용자에게 전달해야 한다. 만약 프록시를 우회한 '치명적인' 연결이 발생했다면, 이 연결은 빨간색으로 나타내야 하고, 나머지는 초록색으로 나타내도 된다. 그림 4.11은 이와 같은 배색을 적용한 결과물이다. 그림 4.11을 위한 AfterGlow 설정은 간단하며, 사용자 이름을 이용해 색을 할당한다.

색 설정은 다음과 같다.

```
color="orange" if ($fields[0] ne "privoxy")
color="white"
```

---

11 http://www.iana.org/assignments/ipv4-address-space

안전하지 않은 웹 연결을 흰색으로 표현하는 것에 덧붙여, Tor를 사용한 접속을 붉은 색으로 표현하기 위해 Tor 로그를 통합할 수도 있다.

```
variable=open(TOR,"tor.csv"); @tor=<TOR>; close(TOR);
color="red" if (grep(/^\Q$fields[1]\E$/,@tor))
color="orange" if ($fields[0] ne "privoxy")
color="white"
```

그림 4.11은 이 설정을 적용한 그래프다. Tor를 이용해 암호화 및 익명화된 2개의 연결이 있다. 색을 이용해 그래프에 정보를 나타낼 수 있고, 이런 류의 연결을 좀 더 쉽게 파악할 수 있다.

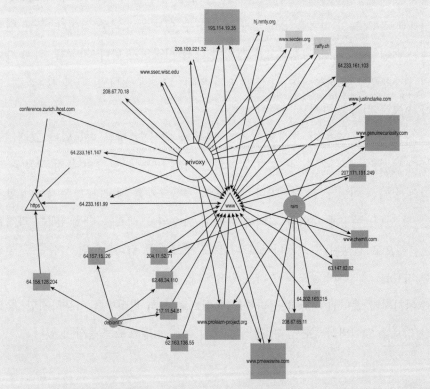

그림 4.11 Tor를 이용해 익명화, 암호화 한 익명화한 2개를 연결을 나타내는 웹 트래픽 링크 그래프 (컬러이미지는 에이콘출판사 도서정보 페이지에서 다운로드할 수 있다)

5단계: 시점 변화

4단계에서 자료를 이용한 최초의 시각적 결과물을 만들었다. 이 과정에서 무엇을 어떻게 나타낼지에 대해 올바른 결정을 내렸다면, 의사 결정에 활용할 수 있는 그래프를 손에 넣었을 것이다. 아쉽게도 이는 소망에 불과한 경우가 많다. 대부분의 경우 너무 많은 노드, 너무 많은 바, 또는 파이 차트의 너무 많은 조각에 시달릴 것이다. 때때론 선택했던 그래프 형식이 자료를 표현하는 데에 적합하지 않다는 것을 느낄 때도 있다. 이상적인 그래프 제작 툴이 있다면 색, 형태, 크기, 그래프 종류 등의 항목을 올바르게 선정할 수 있도록 도와줄 것이다. 물론 현실에는 이런 툴이 없고, 시행착오를 거치며 다시 시작하곤 한다. 가끔은, 전체 자료의 일부분만 강조하는 것이 충분할 때가 있다. 그렇지 않다면, 다시 처음으로 돌아가 모든 절차를 다시 시작해야 한다.

처음 단계로 돌아가 그래프를 새로 만들게 되어도, 방금 만들었던 그래프로부터 영감을 얻을 수 있다. 로그 파일의 맥락과 더불어, 로그의 특정 부분을 파악하기 위해 어떤 로그 엔트리나 그래프의 구성요소를 생략하고, 부각해야 할지 알 수 있다. 이렇게 다양한 필터를 이용해 다수의 그래프를 만들어내는 과정은 반복적으로 진행된다. 그러나 노드나 로그 엔트리를 필터링하면서 실수로 중요한 자료를 삭제하지 않도록 주의가 필요하다.

여기저기 흩어진 자료를 정리하는 방법으로 흔히 필터링을 사용하지만, 중요한 정보를 잃어버리기도 한다. 필터링 이외 다른 기법으로는 통합이 있다.

통합

우리는 이미 '3단계: 정보를 처리한다'에서 통합에 대해 간략하게 살펴보았다. 필터링으로 인해 발생하는 자료 손실 문제를 해결하려면, 자료를 요약하는 방법을 사용할 수 있다. 일반적으로 IP 주소를 통합하는 경우가 많다. 예를 들어 방화벽이나 IDS 로그를 시각화하면서, 인터넷에 펼쳐진 수많은 IP 주소를 처리해야 하는 경우가 있을 것이다. 그러나 이 수많은 주소의 정확한 값이 중요한 것은 아니다. 주소를 합쳐서 하나의 단위로 처리하더라도, 여전히 유용한 자료로 활용할 수 있다. 표 4.5는 네트워크와 관련된 통합 설정 사례를 다룬다.

표 4.5 그래프 통합 설정과 활용 분야

자료 유형	통합 대상	활용 분야
IP 주소	서브넷을 기준으로 IP 주소를 요약한다. 넷마스크의 크기에 따라 요약의 정도가 달라진다. A 클래스를 요약한 것이, B 클래스보다 더 많이 요약된 것이다.	네트워크 로그의 경우, 출발지 주소가 다양하게 나타난다. 그러나 정확한 주소를 파악하는 것은 중요하지 않다. 연결이 시작된 호스트가 아닌 네트워크를 아는 것만으로도 충분하다.
IP 주소	모든 외부 노드를 통합(예를 들어, 내부 IP가 아닌 모든 IP)	외부 장비의 동작 상태가 중요하지 않다면, 외부 장비를 다 묶어 하나의 "외부" 값으로 통일해도 무방하다.
IP 주소	장비의 역할별로 통합한다. 메일, 웹, DNS 등	종종 서버를 묶어 상태를 확인하고 싶을 때가 있다. 예를 들어 DNS 서버에 80번 포트로 접속이 시도되면, 어떤 문제가 있을 수 있다는 신호다.
포트 번호	1024 이상의 포트를 하나의 노드로 묶는다.	1024 이상의 포트는 일반적으로 서비스를 운영하기 위해 사용하는 포트가 아니다(오라클의 1521, 포스트그레스큐엘의 5432를 제외하면). 역으로 1024 이하의 서비스용 포트를 하나로 묶어서 볼 수도 있다.
포트 번호	관련된 포트를 묶을 수 있다. 예를 들어 스파이웨어와 관련된 포트를 묶거나, 암호화하지 않는 프로토콜을 묶을 수 있다.	보통 어떤 증상과 관련된 포트를 정확하게 아는 것 보다는, 그 포트에 접근하고 있는 장비를 정확하게 아는 것이 중요하다. 포트 번호를 통합해서 보면, 해당 포트를 사용하는 장비를 파악하는 데 혼란을 줄일 수 있다.

프록시 로그에서 노드 통합하기

노드를 요약하려고 할 때 보통 이벤트 노드가 그 대상이 된다. 최상위 도메인과 2차 도메인을 다 보여주는 것 보다, 최상위 도메인만을 보여주는 것이 좀 더 흥미로운 요약 방법이다. AfterGLow 에서 다음 설정으로 최상위 도메인만 선별적으로 나타낼 수 있다.

```
cluster.event=regex_replace(".*?\\.(.*\\..*)")
if ($fields[1] !~ /\d+$/)
cluster.event=regex_replace("^(\\d\+)\\.\\d+")."/8"
if ($fields[1] =~ /\d+$/)
```

이 설정은 이벤트 레이블에 정규식을 적용해, 두 번째 마침표와 마지막 마침표 사이의 문자열(일 반석으로 이 구간에서 최상위 도메인 이름이 시작된다)을 추출해낸다. 또한 if 조건문을 통해, 주어 진 주소가 IP 주소가 아닌 경우에만 문자열을 추출하게 된다. 두 번째 명령은 IP 주소가 속하는 A 클래스 블록을 기준으로 IP 주소를 통합하는 설정이다. 그림 4.12는 통합을 적용한 이후 만든 그래 프다.

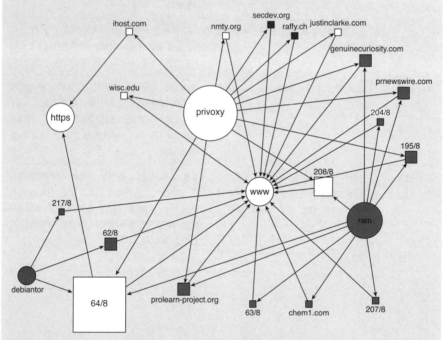

그림 4.12 통합을 거친 웹 트래픽 링크 그래프(컬러이미지는 에이콘출판사 도서정보 페이지에서 다운 로드할 수 있다)

6단계: 해석 및 결정

5단계를 마무리하면, 관련된 자료를 강조하기 위한 여러 가지 그래프가 생성되었을 것이다. 그중 목표를 충족하는 최종 그래프를 선정해야 한다. 얼핏 보기에 전체 과정에서 가장 쉬워 보이지만, 때때로 그렇지 않다. 그림 4.13의 그래프 일부 발췌본을 보자. 이 그래프가 뭘 나타내는 것 같은가?

하나의 팁을 주자면, 그래프의 숫자들은 포트 번호이고, 방화벽 로그를 파싱해서 얻은 목적지 포트 번호라는 것이다. 이 그래프가 포트 스캔을 나타내는 것 같은가? 이 그래프를 처음 봤을 땐, 나 또한 그렇게 생각했다. 그러나 다시 보자. 누가 왜 이 포트를 스캔했을까? 이상하지 않은가?

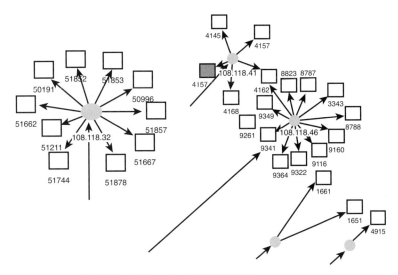

그림 4.13 잘못 해석하기 쉬운 그래프 일부 발췌본의 예

정말로 무슨 일이 있었던 걸까? 흔치 않지만 자료 분석 과정, 일반적으로 파서를 다루는 과정에서 특정 이벤트의 목적지와 출발지를 혼동했을 가능성이 있다. 그렇다면, 이런 혼동이 일어나는 원인은 무엇일까? 앞서 다루었던 목적지/출

발지 혼동 문제를 기억하는가? 이것이 앞서 이야기 했던 그 문제다. 심지어 상용 제품에서도 이런 문제가 일어나곤 한다.

그래프를 살펴볼 때는 신중하게, 그리고 검증을 거쳐 그래프가 원하는 것을 제대로 나타내고 있는지 확인해야 한다.

그래프를 분석하고 해석할 때 유용하게 사용할 수 있는 방법은, 다른 그래프와 비교해보는 것이다. 다음과 같은 그래프를 만들어 비교할 수 있다. 동일한 시각화 방식과 동일한 자료형을 사용하나, 다만 이전 시점의 자료를 사용해 그래프를 생성하고 비교한다. 또는 해당 시각화 방식의 레퍼런스와 비교해본다. 어떤 그래프가 반드시 특정 패턴으로 나타나는 것이 정상이라면, 그와 다른 패턴으로 나타난 그래프는 문제가 있다는 것을 쉽게 발견할 수 있다. 이 과정에서 비정상적인 부분이나, 특이할 만한 변화를 찾아내기 위해 그래프의 기반이 되는 자료를 완전히 이해할 필요가 없기 때문에, 특히 손쉬운 작업이다.

생성한 그래프가 의도했던 대로 필요한 내용을 나타내고 있다고 가정해보자. 그래프의 내용을 해석했고, 그래프의 기반이 되는 로그 파일을 이해했다면, 처음에 정의한 문제로 돌아가야 한다. 애초에 찾으려고 했던 것이 무엇이었는가? 그래프는 왜 만들었는가? 주어진 그래프와 문제를 참고하면, 문제를 해결하는 방법을 결정할 수 있으며, 해답을 찾는 것은 불가능하더라도 시각화 작업을 시작할 때 품었던 의문을 해결할 수는 있을 것이다.

랩탑 프록시 로그 분석하기

그림 4.12를 다시 보자. 이 그래프를 이해하기 힘들어도, 좌절할 필요는 없다. 나 또한 처음에 이 그래프를 이해하기 힘들었다. 이 그래프에서 뭐가 문제인걸까? 첫 번째 질문은, 왜 사용자 debian-tor로부터 특정 장비의 80번 포트로 향하는 트래픽이 있는 걸까? 80번 포트로 향하는 트래픽은 Tor 데몬을 거쳐야 하는게 아니었던가? Tor를 통한 트래픽은 SSL 암호화될 것이라고 예상했다. 이 질문에 대한 답은 Tor의 작동원리를 파악하면서 찾을 수 있었다. Tor는 인터넷에 있는 여러 프록시 서버를 사용해 웹 요청을 보낸다. 그림 4.14는 이 구조를 나타낸 그림이다.

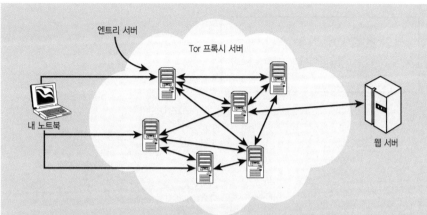

엔트리 서버

Tor 프록시 서버

내 노트북

웹 서버

그림 4.14 Tor는 프록시 서버 네트워크를 이용해 웹 트래픽을 은폐한다

또한 중요한 정보로, Tor 프록시 서버는 9030번 포트로 서로 통신을 하고 있다는 점이다. 그렇기 때문에 내 랩탑 또한 9030번 포트를 사용해 여러 엔트리 서버 중 하나와 통신한다. 그럼 debian-tor가 80번 포트를 사용해서 하는 통신은 무엇일까? 이 연결은 내 랩탑과 여러 엔트리 서버 간에 연결 상태를 확인하는 통신이고, 실제로 웹 트래픽이 오가는 것이 아니다.

그리고 Tor 네트워크는 오랫동안 연결을 유지하기 때문에, 매번 웹사이트에 들어갈 때마다 프록시 서버와 연결을 만들지 않고 기존의 연결을 계속 사용하는 특징을 가진다. 그렇기 때문에 각각의 웹 요청이 tcpspy에서 모두 다 나타나진 않는다는 것이다.

정리하면 debian-tor로부터 발생한 80번 포트(www) 연결 정보는 분석의 목표와 별로 관련이 없기 때문에 제외해야 한다.

그림 4.12에서 주목해야 하는 또 다른 사항은, 사용자 ram이 privoxy처럼 웹사이트 접속 요청을 보내고 있다는 점이다. ram이 생성한 연결은 프록시 서버를 통하지 않고 있는데, 이렇게 프록시를 우회한 연결은 나타나지 않아야 한다. 이 그래프를 이용해 내가 프록시를 거치지 않고 접속한 서버를 알 수 있어, 위험을 통제할 수 있다. 또한 진한 회색으로 표시한 중요한 사이트엔 모두 Tor를 이용한 암호화를 적용해 접속했다는 사실을 이 그래프로부터 확인할 수 있다.

그림 4.12를 계속 분석해보면, 몇 가지 이상한 점을 더 발견할 수 있다. 얼핏 보기에는 전송 내용이 민감한 사이트엔 모두 암호화해 연결한 것처럼 보인다. 처음에 보면 모두 문제없고, raffy.ch와 secdev.org로 암호화해 연결한 것처럼 보인다. 그러나 호스트 이름 없이 IP 주소만으로 표시된 사이트는 왜 있는가? 이건 도대체 뭔가? 좀 더 분석해보니, 몇몇 웹 페이지에서 자바스크립트 같은 것으로 끼워 넣은 컴포넌트가 호스트 이름이 아닌 IP 주소를 사용하는 것을 알 수 있었다. 이런 이유로 IP 주소가 남게 되었다. 그렇기 때문에 IP로 직접 접속하는 사이트 중 민감한 사이트 또한 Tor를 통해 접속하도록 설정해야 함을 알 수 있다. 이런 설정을 마친 후, 그림 4.15와 같은 결과물을 얻을 수 있었다. 지난 그래프와 비교해 크게 달라진 점은 debian-tor를 이용한 접속 기록이 사라졌고 195/8로 향한 연결을 암호화해, ram과 195/8 사이의 연결 노드가 삭제되었다.

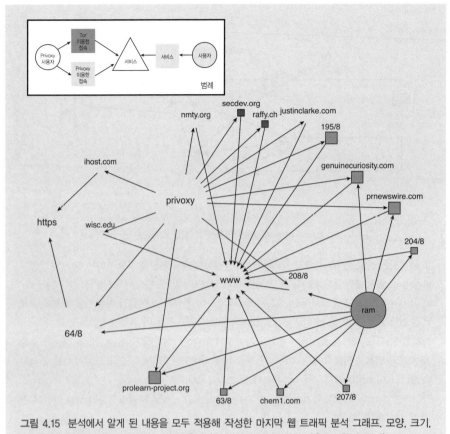

그림 4.15 분석에서 알게 된 내용을 모두 적용해 작성한 마지막 웹 트래픽 분석 그래프. 모양, 크기, 색, 통합을 적용했다(컬러이미지는 에이콘출판사 도서정보 페이지에서 다운로드할 수 있다)

자료 처리를 위한 툴

정보 시각화 과정에서, 정보를 처리하기 위해 다양한 툴과 기법을 사용했다. 이번 절에서는 로그 파일로 시각화하기 위해 준비하는 과정에서 사용하는 유용하고 보편적인 툴을 소개하고자 한다. 여기서 설명하는 툴은 꼭 필요한 것은 아니고, 자료를 손으로 처리할 수도 있다. 그러나 수동으로 하나하나 처리하는 것은 굉장히 많은 시간을 필요로 하는 것이기에, 여기에서 소개하는 툴을 배우기 위해 시간을 사용하는 것은 충분히 가치 있는 일이다. 자료 분석 과정을 자동적으로 처리하려면, 이것을 꼭 익히는 것이 좋다.

엑셀, 오픈오피스, 문서편집기

자료를 처리하기 위해 꼭 프로그래밍을 할 필요는 없다. 간단한 문서 편집기로도 할 수 있다. 메모장 같은 것으로 수동적으로 로그를 수정할 수도 있고, 중요한 정보를 추출할 수도 있다. 한 단계 더 나아가자면, 엑셀이나 오픈오피스 스프레드시트 같은 것으로 할 수 있다. 엑셀을 능숙하게 사용할 수 있다면, 자료 처리 과정을 좀 더 자동화할 수 있다. 그러나 엑셀은 자료 처리 과정에서 필요한 기능이 부족하다. 거기다 엑셀은 65,535개의 열만 처리할 수 있기 때문에[12] 로그 파일을 처리하기엔 많이 부족하다.

대안으로 사용할 수 있는 것이, 내가 자주 사용하는 VIM[13], VI 클론이다. VI는 텍스트 에디터이면서도 유닉스 툴을 사용할 수 있는 유연성을 가지고 있기에, 나는 유닉스 명령어를 사용해 CSV 파일을 다루는 것을 좋아한다. 예를 들어 awk를 VI에서 불러 사용하는 방법은 다음과 같다.

```
:%!awk -F, '{printf"\%s,\%s",$2,$1}'
```

이 명령어는 VIM으로 불러들인 CSV 파일의 첫 번째와 두 번째 행의 위치를 서로 바꾼다.

정규표현식

정규표현식에 대해 친숙하지 않더라도, 기억을 되살리든 새로 배우든 간에, 정규표현식(축약해 regex라 부른다)의 작동 원리를 꼭 익혀야 한다. 인터넷

---

12 엑셀 2007 이후로 1048576행을 지원한다. – 옮긴이

13 http://www.vim.org

에 다양한 학습 자료가 있는데, 내가 가장 자주 찾는 사이트는 www.regular-expressions.info다. 이곳에선 학습을 시작하기 위한 자료와 각종 참고 자료를 제공한다. 이후의 내용은 기본적인 정규표현식을 이해하고 있는 것을 전제로 작성하였으며, 정규표현식의 기초에 대한 자료는 따로 제공하지 않는다.

한 가지 주의할 점이 있다. 정규표현식을 사용하면서 최대범위 매칭과 최소범위 매칭 문제와 마주치게 될 것이다. 나도 이 문제를 항상 겪는다. 최대 범위 매칭은 무엇일까? 최대범위 매칭은 정규표현식을 만족하는 상태에서, 최대한 많은 글자를 포함하는 것을 말한다. 다음의 로그 엔트리를 통해 알아보자

```
Apr 17 08:22:27 rmarty kernel: Output IN= OUT=vmnet8 SRC=192.168.170.1
DST=192.168.170.255 LEN=258 TOS=0x00 PREC=0x00 TTL=64 ID=0 DF PROTO=UDP
SPT=138
DPT=138 LEN=238
```

이 로그에서 출력 인터페이스 정보를 추출해야 한다. 첫 번째로 다음과 같은 방법을 사용할 수 있다.

```
perl -pe 's/.*(OUT=.*) .*/\1/'
```

이 명령어는 원하는 것을 정확히 출력하진 않지만, 다음과 같은 정보를 추출해낸다.

```
OUT=vmnet8 SRC=192.168.170.1 DST=192.168.170.255 LEN=258 TOS=0x00
PREC=0x00 TTL=64
```

인터페이스 정보를 정확히 추출하기 위해선, 다음과 같이 최소범위 매칭을 사용해야 한다.

```
perl -pe 's/.*(OUT=.*?) .*/\1/'
```

이 명령어는 정확하게 인터페이스 정보를 추출한다: OUT=vmnet8. 따라서 원하지 않은 최대범위 매칭 결과를 얻지 않도록 유의해야 한다.

유닉스 툴

유닉스, 또는 리눅스는 로그 파일 처리에 도움이 되는 사용하기 쉽고 강력한 툴을 기본으로 포함하고 있다. 이 툴은 또한 윈도우에서도 사용할 수 있다. 많은 사람들이 윈도우에서 Cygwin[14]을 사용하지만, UNIX Utils[15]와 같은 것도 있다. 이 툴은 유닉스에서 사용하는 grep, sed, awk 등을 포함하고 있다. 이 툴에 대해 각각 알아보고, 로그 파일을 처리하는 데 어떻게 사용할 수 있을지 알아보자.

grep

자료 처리를 하기 위해 가장 간단하게 사용할 수 있는 유닉스 유틸리티는 grep 이다. 파일과 함께 사용하면, 실행할 때 입력한 매개 변수를 검색 조건으로 해, 조건에 맞는 행을 출력한다.

```
grep "connection:" logfile.log
```

위 명령어는 logfile.log를 검색해 connection:을 포함한 모든 행을 출력한다. 이 조건에 해당되지 않는 행은 출력되지 않는다. 다음과 같은 명령어를 사용해 반대의 결과를 만들 수도 있다

```
grep -v "connection:" logfile.log
```

이 명령어는 로그 파일에서 입력한 매개변수를 포함하지 않는 모든 행을 출력한다. 간단한 문자열과 더불어, 정규표현식을 사용해 좀 더 복잡한 패턴을 추출할 수 있다. 일반적으로 grep으로는 전체 로그 엔트리를 필터링하고, 개별 로그 엔트리를 수정하진 않는다. 그러나 -o 매개변수를 사용하면 로그 엔트리의 특정 부분을 추출할 수 있으며, 때때로 굉장히 유용하게 사용할 수 있다.

---

14 http://cygwin.net

15 http://unxutils.sourceforge.net/

awk

만약에 로그 엔트리를 파싱하거나, 형태를 바꾸고 싶다면 awk를 사용할 수 있다. 로그 파일이 간단한 구조를 가지고 있다면, 다시 말해 특별한 구분자가 로그 엔트리를 여러 부분으로 나눌 수 있다면 awk가 좋다. 다음과 같은 형태의 로그 엔트리를 가지고 있다고 가정해보자.

```
May 9 13:40:26 ram-laptop tcpspy[5198]: connect: proc (unknown), user
privoxy, local
192.168.81.135:52337, remote 81.92.97.244:www
```

특정 필드를 추출하려면 이 로그를 전문적으로 다루는 파서나 정규표현식을 사용하는 것이 방법일 수 있다. 그러나 awk를 이용해 간단히 추출할 수 있다. 예를 들어 위의 로그에서 사용자 정보는 다음과 같은 방법으로 추출할 수 있다.

```
awk '{print $10}' logfile.log
```

간단하게 생긴 이 명령어는 열 번째 토큰을 출력한다. 기본적으로 awk는 스페이스나 탭의 개수와 상관없이 공백을 한 단위로 해 토큰을 구분한다. 사용하고 싶은 필드는, 달러 표시법으로 호출할 수 있다. 첫 번째 토큰은 $1, 두 번째 토큰은 $2 같은 식이다.

awk는 CSV 파일의 행의 순서를 바꾸는 데도 사용할 수 있다. 첫 번째 행과 두 번째 행을 바꾸는 경우를 가정해보자. 필드 구분자로는 공백 대신 쉼표를 사용하고 있다면, -F 매개변수를 사용해 처리할 수 있다. 다음은 첫 번째 필드와 두 번째 필드를 바꾸는 명령이다.

```
awk -F, '{printf"%s,%s,%s\n",$2,$1,$3}' logfile.log
```

명령어는 파일에 세 번째 필드가 있음을 가정하고 작성된 것이다. 아이디어를 얻어, 다음과 같은 방법으로 똑같은 기능을 수행할 수 있다.

```
awk -F, -v OFS=, '{tmp=$1; $1=$2; $2=tmp; print}'
```

출력 필드 구분자OFS, output field seperator를 사용하고, 첫 번째와 두 번째 행을 이전보다 간단한 방법으로 바꿔 출력하게 했음을 알 수 있다. 그 외에 awk를 다양하게 사용할 수 있으나, 주로 위의 두 가지를 사용한다.

sed

주로 사용하는 또 다른 명령어는 sed다. 로그가 간단한 구조가 아니거나 awk를 적용할 수 있을 만큼 간단한 구분자를 사용하지 않는 경우, sed를 사용한다. sed와 정규표현식을 사용해 로그에서 원하는 부분을 정확히 추출한다.

```
sed -e 's/.*Request: //' -e 's#[/:].*##' logfile.log
```

이 명령어는 굉장히 복잡해 보인다. 그러나 하나하나 어떻게 작동하는지 살펴보자. 이 명령어엔 로그를 구분하기 위한 두 개의 명령어가 -e 매개변수로 시작된다. 각 매개변수에서 정규 표현식을 찾을 수 있다. 첫 번째는 로그 엔트리의 시작 부분부터 Request:까지 삭제하는 명령어다. 간단히 이야기하면, 헤더를 삭제한다. 두 번째 명령어는 좀더 복잡해 보이나, 실제론 그렇지 않다. 여기서 알아 둬야 할 것은, s는 대치 기능을 사용하기 위한 명령어다. 그리고 첫 번째 명령어에는, 슬래시를 사용하였고, 두 번째엔 해시 기호를 사용했다. 왜 그럴까? 만약 슬래시를 구분자로 사용하면 슬래시를 매칭하는 모든 경우에 이스케이프 문자를 사용해야 하는데, 이런 경우를 피하기 위함이다. 두 번째 명령어의 정규표현식은 슬래시나 콜론 후에 오는 모든 문자를 매칭해 삭제하도록 한 명령어다. 원본 로그와 sed 명령어를 적용한 결과는 다음과 같다.

```
May 09 19:33:10 Privoxy(b45d6b90) Request: sb.google.com/safebrowsing

sb.google.com
```

이 명령어는 프록시 로그에서 도메인 이름을 추출한다.

펄

유닉스 명령어와 더불어, 펄과 같은 스크립트 언어도 사용할 수 있다. 나는 로그 엔트리와 지리정보를 통합하거나, 로그 엔트리와 DNS 조회 정보를 합치기 위해 펄을 사용한다. 펄을 명령어 형태로 사용해 로그 엔트리를 처리하는 세가지 간단한 예를 꼭 알아두는 것이 좋다. 첫 번째는 grep을 대신해 사용하는 경우다.

```
perl -ne 'print if (/^1/)' file.txt
```

이 명령어는 파일에서 각 행이 1로 시작하는 경우를 찾아 출력한다. 다음은 sed를 대체하는 것이다.

```
perl -pe 's/^ +//' phonelist.txt
```

이 명령어는 파일의 각 행이 공백 문자로 시작하는 경우를 찾아, 시작 부분의 공백 문자 전체를 지운다. 마지막으로 로그 엔트리에서 각 부분을 추출하는 작업을 sed를 대신해 하는 방법이다.

```
perl -pe 's/.*(IN=\S+).*/\1/'
```

이 명령어는 iptables 로그 파일에서 패킷이 들어오는 인터페이스를 전부 찾아서 출력한다.

그래프에 사용하기 위해, 펄 스크립트로 IP 주소에 지리 정보를 더하고, IP 주소로 DNS 이름을 찾아오는 조금 복잡한 두 가지 예제를 살펴보자. 이 두 가지 예제는 모두 간단한 한 줄짜리 펄 스크립트로 처리할 수 있다.

다음과 같이 쉼표로 구분되어 있는 로그 파일을 처리하는 경우를 생각해보자.

```
10/13/2005 20:25:54.032145,62.245.243.139,195.131.61.44,2071,135
```

출발지 주소(로그 파일의 첫 번째 IP 주소)의 국가 정보를 찾아와 로그 파일의 마지막에 추가하려면, 다음 명령어를 사용하면 된다.

```
cat log.csv | perl -M'Geo::IPfree' -lnaF/,/ -e
'($country,$country_name)=LookUp($F[1]); print "$_,$country_name "'
```

스크립트의 결과물은 아래와 같다.

```
10/13/2005 20:25:54.032145,62.245.243.139,195.131.61.44,2071,135,Europe
```

명령어를 좀 더 자세히 살펴보면, 국가 정보를 찾기 위해 펄 모듈을 사용했음을 알 수 있다. 이 때 사용한 라이브러리는 CPAN에서 제공하는 Geo::IPfree[16]다. 라이브러리를 사용하려면 -M 옵션을 사용하면 된다. 이에 더해 -n 루프 옵션으로 입력한 파일을 모두 읽도록 한다. 입력된 각 줄은 -e 옵션 이후에 지정한대로 출력된다. 나머지 두 매개변수 -aF/,/는 쉼표를 구분자로 삼아 입력된 행을 나눈다. 나눈 결과는 @F 배열에 할당된다. 그리고 지리 라이브러리의 Lookup() 함수를 호출해, 입력 값의 두 번째 행(원본 로그에 나타난 출발지 IP)을 변수로 전달한다. 입력된 각 열의 마지막에 $country_name 값을 추가해 출력한다.

비슷한 방법으로, IP 주소에 해당하는 호스트 이름을 추가하거나, IP 주소를 호스트 이름으로 대체할 수도 있다. 지리 정보를 찾는 방법과 유사하게, 다음 명령어를 사용하면 된다.

```
cat log.csv | perl -M'Socket' -naF/,/ -e
'$F[1]=gethostbyaddr(inet_aton($F[1]),AF_INET)||$F[1]; $,=",";
print @F'
```

이 명령어는, 호스트 이름을 각 행의 마지막에 추가하지 않고, IP 주소를 호스트 이름으로 대체한다. IP 주소로 호스트 이름을 찾는 함수는 소켓 라이브러리의 gethostbyaddr이다. 이 명령에서 몇 가지 흥미로운 점을 발견할 수 있다. 첫 번째로는 IP 주소로 호스트 이름을 찾을 때, 결과가 없다면 빈 문자열 대신에 IP

---

16 http://search.cpan.org/~bricas/Geo-IPfree/

주소를 출력하게 했다. 두 번째로는 $ 기호를 사용해, 출력값의 구분자를 변경할 수 있다는 것이다. 만약 출력 구분자를 설정해두지 않는다면, 다음에 이어지는 print 명령어로 배열에 저장되어 있는 값 사이에 구분자 없이 줄줄이 출력될 것이다. 쉼표를 구분자로 지정해, 이런 불상사가 생기지 않도록 했다.

파서

웹스터 사전은 파서를 다음과 같이 정의한다.

추후 분석을 위해, 입력된 문자열을 인식할 수 있는 문자 단위로 나누는 컴퓨터 프로그램

이 말을 다시 풀어내면, 파서는 복잡한 로그 엔트리를 좀 더 작고 가볍게, 다시 말해 처리하기 쉬운 단위로 나누는 것을 말한다. 예를 들어, 방화벽 로그 파일은 출발지 주소, 목적지 주소, 출발지 포트, 룰 번호 등 구성요소별로 나눌 수 있다. 4장에서 우리는 이 개념을 이용해 로그 엔트리에서 시각화에 필요한 정보를 추출해냈다. 프록시 예제에서는 간단한 유닉스 명령어로 파싱했다. 이 방법이 로그 시각화를 하기 위해 가장 간편하고 효율적인 방법은 아니다. 일반적으로는 이미 만들어진 파서를 사용하는 편이 오히려 쉽다. 특히, 다양한 종류의 로그를 다뤄야 하는 경우 이러는 편이 낫다. 다양한 파서를 인터넷에서 찾을 수 있으며, secviz.org의 "parser exchange"는 파서를 찾을 수 있는 가장 좋은 곳이다.

센드메일 파서를 예제로 살펴보자. 이메일 통신 내역을 그래프로 나타냄에 있어, 센드메일 로그는 다루기 까다롭다. 센드메일은 각각의 메일에 대한 정보를 두개의 엔트리, 하나는 발신자 하나는 수신자로 나누어 로깅하는 문제가 있다. 다음은 로그 예제다.

```
Jul 24 21:01:16 rmarty sendmail[17072]: j6P41Gqt017072: from=<root@
localhost.localdomain>, size=650, class=0, nrcpts=1,
```

```
Jul 24 21:01:16 rmarty sendmail[17073]: j6P41Gqt017072: to=raffy@
raffy.ch, ctladdr=<root@localhost.localdomain> (0/0), delay=00:00:00,
xdelay=00:00:00, mailer=local, pri=30881, dsn=2.0.0, stat=Sent
```

위에서 보았듯이, 첫 번째 엔트리는 발신자 관련 정보, 두 번째 엔트리는 수신
자 관련 정보를 담고 있다. 이 로그 엔트리로 그래프를 만든다면, 이 두 엔트리
를 합쳐야 한다. 같은 메시지 ID(j6P41Gqt017072)를 가지고 있으니, 로그를 하나
로 합칠 수 있다. 메시지를 파싱하고, 일치하는 메시지를 합치는 코드를 새로 작
성하는 대신, secviz.org에서 제공하는 센드메일 파서[17]를 다음과 같이 사용할
수 있다.

```
cat /var/log/maillog | sendmail_parser.pl "sender recipient"
```

이 명령어는 발신자, 수신자를 CSV 파일 형태로 출력한다. 이렇게 만들어진
정보를 그래프로 만드는 것은 굉장히 간단하다.

보안 정보 관리SIM, Security Information Management 툴을 사용할 수 있는 환경이라면,
이를 이용해 자료를 파싱할 수 있다. 많은 파서가 포함되어 있고, 다양한 장비도
지원한다. 단지 보안 정보 관리 툴이 CSV 같은 형태로 결과물을 출력할 수 있는
지만 확인하면 된다.

기타 툴

로그 분석 작업을 하면서, 작업을 좀 더 쉽게 진행하기 위해 다양한 툴을 직접
만들었다. 이렇게 만든 툴을 많은 사람이 똑같은 일을 반복하지 않기 위해, 그
리고 좀 더 발전시키기 위해 공유하고자 한다. 이 툴은 https://github.com/
zrlram/parsers 에 공개되어 있다. 즐거운 작업을 하기 바란다.

---

17 https://github.com/zrlram/parsers

요약

지금까지 우리는 시각화 작업에 들어가기 위해 필요한 배경 지식을 조금 더 살펴보았다. 이를 위해, 여섯 단계로 구성된 정보 시각화 절차를 소개했다. 이 절차는 해결하려는 문제를 구체적으로 정의하는 단계에서 시작하다. 1단계에서 정의한 문제를 해결하려면, 특정한 자료를 얻을 수 있어야 한다. 경우에 따라 자료를 추가로 수집해야 할 수도 있다. 다음 단계에서는 수집한 정보를 처리하고 필터링해 분석에 필요한 자료를 추출한다. 그리고 시각적 변환 작업을 통해, 자료를 그래프로 변환한다. 이 때, 어떤 그래프를 사용할지, 자료를 효과적으로 전달하기 위해 색, 형태, 크기를 어떻게 활용할 것인가 등 여러 가지 결정을 내려야 한다. 다음 단계, 시점 변화 단계에선 구체적으로 자료의 어떤 부분을 보여줄지 그래프를 조정해야 한다. 일반적으로 이 단계에서는 여러 그룹으로 나뉘어진 값을 하나의 단위로 통합하는 과정을 포함한다. 마지막으로, 그래프가 목적에 부합하는지 확인하기 위해 해석 및 검증하는 과정을 거쳐야 한다.

4장의 나머지 부분에서는 간단한 명령으로 DNS를 조회하거나, IP 주소의 위치를 조회하는 등 로그 파일을 다루는 몇 가지 방법을 소개했다.

지금까지 살펴본 정보와 툴을 이용해, 5장에서 시각 보안 분석을 본격적으로 진행해보자.

5

시각적 보안 분석

앞선 장에서 보안과 관련 있는 자료로 그래프를 만들기 위한 필수 요소에 대해 다루었다. 독자들이 보안 자료를 분석하면서 다루게 될 몇몇 데이터 소스에 대해 논의하면서, 각각의 소스에서 어떤 정보를 기록하는지, 그리고 어떤 정보가 빠져 있는지에 대해서 설명했다. 그리고 문제를 해결하기 위해 어떤 그래프를 효율적으로 적용할 수 있을지, 다양한 그래프에 대해 설명하는 것과 더불어, 정보 시각화, 다시 말해 자료를 시각적으로 의미 있게 만들 수 있는 절차를 소개했다. 정보 시각화의 마지막 단계로, 만든 그래프를 해석하고 분석하는 방법에 대해 간단히 설명했다.

5장에서는 그래프를 분석하고 해석하는 방법에 대해 더욱 깊게 다루고, 시각적인 측면에서 보안 자료를 여러 가지 방법으로 분석하는 것에 대해 이야기할 것이다. 그래프 분석에 관해서 크게 세 가지 주제로 나누고자 한다.

- 리포팅

- 이력 분석_{historical analysis}

- 실시간 모니터링

리포팅은 자료를 전달하고 나타내는 방법에 관한 것이다. 이력 분석은 이미 수집한 자료를 분석하는 다양한 관점을 다룬다. 이력 분석을 하게 되는 동기나, 활용 사례는 제각각이다. 사고 또는 문제를 조사하기 위한 정보를 전달하는 것부터, 특정한 상황에 관련된 내용을 이해하기 위해 자료를 분석하는 것까지 다양한 목적을 가진다. 이력 분석은 다음과 같이 크게 네 가지 세부 주제로 나누어 다뤄보고자 한다.

- 시계열 시각화

- 상관관계 그래프

- 인터랙티브 분석

- 포렌식 분석

이력 분석을 살펴본 다음 실시간 모니터링을 다룰 것이다. 실시간 모니터링은, 대시보드의 기초를 이루는 개념으로 널리 사용된다. 보안 자료의 내용을 전달하기 위한 효율적인 대시보드를 만들 수 있는 몇 가지 주요한 기준에 대해서 설명한다. 상황 인지_{situational awareness}는 대시보드와 굉장히 관련 있는 주제다. 실시간으로 보안에 대한 핵심 내용을 파악하는 것에 대한 중요성을 설명하고, 이렇게 파악한 내용으로 어떤 결정을 할지, 어떤 대응을 할지, 또는 다가올 문제를 어떻게 다룰지에 대해 논의한다.

이력 분석에서 다루는 네 가지 세부 주제는 모두 분석에 초점을 맞추고 있다. 이것은 특정한 자료 집합을 어떻게 그래프에서 나타내느냐가 아니다. 이건 이미 앞에서 다룬 내용이다. 5장에서는 각각 다른 자료 집합을 어떻게 표현하고, 분석 및 비교할지에 초점을 맞춘다. 보안 자료를 분석할 수 있는 공통적인 방법은 무엇일까? 몇몇 사례를 통해, 분석의 요구사항이 각각의 자료를 어떻게 시각화할지에 대해 어떤 영향을 미치는지, 그래프 반복 생성 과정을 통해 살펴볼 것이다.

리포팅

자료를 전달하기 위해 가장 많이 사용하는 방법은 보고서다. 보고서는 시각화의 이점을 보여주는 가장 좋은 예제는 아니다. 그러나 그래프와 같은 시각화 기법은 보고서의 효율성을 올려주는 일반적인 수단이다. 보고서는 정보를 정리하고 전달하는 가장 좋은 수단이다. 지난 7일간 방화벽에 의해 차단된 네트워크를 나타내는 상태 보고서부터, 어떤 IT 관리 정책을 선택하고 사용할지 알려주는 컴플라이언스 보고서까지 다양한 보고 영역이 있다.

보고서는 단순히 글로, 또는 그래프로, 또는 문자와 그래프를 혼합하거나, 여러 가지 그래프를 모아두고 약간의 글을 더하는 등 여러 가지 형태를 가질 수 있다. 글로만 구성된 보고서는, 이 책에서 다루는 것이 아니다. 이 책은 글로 표현하는 방법이 아닌, 시각적으로 정보를 전달하는 것을 다룬다. 보고서의 중요한 특징은, 과거 정보에 초점을 맞추고 있다는 것이다. 보고서는 필요한 경우 즉시 만들어지거나, 또는 일정에 따라 만들어진다. 예를 들어, 내 랩탑에서 차단한 공격 트래픽의 프로토콜별 현황을 주간별로 받아볼 수 있다. 보고서는 나에게 이메일로 발송되어 지난 1주일간 발생한 공격의 형태를 알 수 있게 된다. 글로 정보를 구성하지 않고, 그래프를 이용해 시각적으로 자료를 요약할 수 있다. 그림 5.1은 이런 형태의 보고서 예다.

일반적으로 보고서를 만들기 위해 데이터베이스의 자료를 사용한다. 자료를 파일 대신 데이터베이스에 저장하면, SQL을 사용해 자료를 처리할 수 있는 장점이 있다. 필터링, 통합, 정렬 등을 쉽게 할 수 있다. 몇몇 경우엔, 그림 5.1을 만들었던 방법처럼, 로그 파일을 직접 이용해 보고서를 만들 수 있다. 그러나 수동적으로 자료 처리 작업을 해야 하는 불편함이 있다. 보고서에 어울리지 않는 한 가지 자료 소스는 실시간 피드다. 보고서는 특정한 시점을 기준으로 해 상태를 나타내는 정적인 문서다. 보고서와 반대로, 대시보드는 실시간으로 자료를 나타내기 위해 만들어졌다. 대시보드에 관해선 책의 뒷부분에서 자세히 나타낼 것이다. 실시간 데이터 소스를 제외한다면, 거의 대부분의 데이터 소스는 보고서에 사용하기 적합하다.

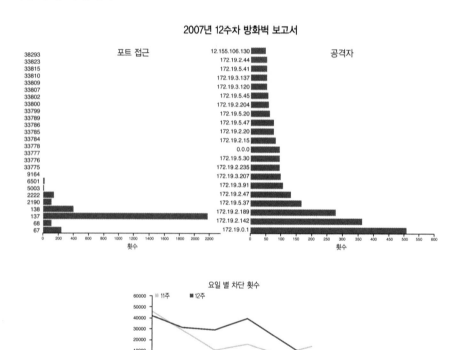

그림 5.1 내 랩탑으로 향하는 트래픽에 관한 예제 보고서. 프로토콜별 현황, 공격자 현황, 지난 7일간의 트래픽 차단 현황 등이 차트에 나타나 있다

보고서의 목적은 정보를 전달하는 것이다. 보고서를 읽으면 전달하고자 하는 내용을 바로 알 수 있어야 한다. 보고서를 이해하기 위해 추가적인 설명이나 정

보가 필요하지 않아야 한다는 것이다. 그렇기에 복잡한 그래프는 보고서에 적합하지 않다. 간단한 그래프를 사용해야 한다. 바 차트나 선 차트가 보고서에 가장 적합한 이유이기도 하다. 그래도 종종 산점도나 시간표를 보고서에 사용하기도 한다. 링크 그래프, 트리맵, 평행좌표, 3차원 그래프 등은 일반적으로 추가적인 설명 또는 그래프를 살펴보기 위한 상호작용을 필요로 하므로 보고서에 적합하지 않다. 바 차트와 선 차트는 가장 익숙한 그래프라, 다양한 자료 시각화 사례에서 볼 수 있다. 언제나 그렇듯, 규칙에 예외를 더할 수 있다. 적합한 그래프를 선택해 자료를 시각화하는 것에 더해, 크기, 색, 모양, 자료대 잉크 비[1] 등의 그래프 디자인 원칙을 확실히 준수해, 그래프를 읽기 쉽게 만들어야 한다.

리포팅 툴

보고서를 생성하는 툴은 크게 세가지 종류로 나뉘어진다. 첫 번째 종류는 보안 정보 관리SIM, Security Information Management 툴, 로그 관리 툴 등을 포함하는 보안 리포팅 솔루션이다. 보고서를 만드는 것뿐만 아니라, 로그 수집, 정규화, 저장 등 자료를 모아 보고서까지 만드는 모든 과정을 처리할 수 있다. 보안 리포팅 솔루션은 보안 이벤트를 살펴보는 것에 초점을 맞추고 있고, 이미 만들어진 보고서 형식을 가지고 있다. 안타깝게도 대체로 싸지 않다. 오픈소스 보안 정보 관리 툴도 있지만, 기능이 제한적이고 다양한 자료를 지원하지 않는다.

두 번째는 일반적인 보고서 생성 툴이다. 마이크로소프트 엑셀, 오픈오피스 스프레드시트, 크리스탈 리포트, 어드바이저, 그누플롯 등이 이에 해당한다. 이걸론 많은 자료를 처리할 수 없다. 그리고 보안과 관련된 자료를 처리하기 위해 만들어진 것이 아니라서 필요한 기능을 제공하지 않는다. 그러나 뛰어난 그래프

---

1 에드워드 투프티가 말하는 자료 대 잉크 비는 정보를 전달하기 위해 필수적으로 사용된 잉크 양을, 차트에 사용된 전체 잉크 양으로 나눈 값이다. '추가 잉크'는 그래프를 정교하게 만들거나, 꾸미기 위해 사용된 것이나 정보를 전달하는 데 있어 필수적인 것은 아니다. 1장을 참조한다.

생성 기능이 있고, 사용하기 쉽다는 장점이 있다. 그 외의 단점으론 정적인 자료만 처리할 수 있다는 것과, 보고서를 생성하는 작업을 자동화할 수 없다는 것 등이 있다.

세 번째로는 프로그래밍 라이브러리가 있다. 수십 가지 라이브러리가 있는데, 상업용도 있고 오픈소스도 있다. 대부분의 라이브러리는 자바, PHP, 펄과 같은 일반적인 프로그래밍 언어를 지원한다. 9장에서 그래프를 생성할 수 있는 오픈소스 라이브러리에 대해 설명한다. 내가 주로 사용하는 라이브러리는 www.advsofteng.com에서 받을 수 있는 차트디렉터ChartDirector다. 이 라이브러리는 스크립트로 보고서 생성을 할 수 있고, 독자가 사용하는 툴에도 붙일 수 있다는 장점이 있다. 이처럼 라이브러리는 유연하게 사용할 수 있다. 이런 유연성에 기대어 개발하려면, 익숙해지기 위해 어느 정도 시간을 투자해야 한다.

쟁점과 문제들

보고서를 만드는 과정과 관련된 문제 또는 쟁점은 무엇일까? 어디서나 볼 수 있는 문제 중 하나, 자료가 너무 많다는 것이다. 자료를 의미 있게 걸러내고, 통합하는 것, 그리고 자료를 제대로 나타내는 그래프를 선택하는 것이 중요하다. 이를 통해 뒤죽박죽이 된 그래프를 만들지 않고, 많은 양의 자료도 효과적으로 다룰 수 있게 된다. 강조를 아무리 해도 모자라지 않는 것은, 그래프를 만드는 과정에서 반드시 그래프를 보게 될 사람을 생각하라는 것이다. 누가 이 그래프를 보게 되는 것인가? 엔지니어? 영업? 만약 내가 볼 그래프를 만든다면, 그래프 이해를 위한 설명을 포함하지 않을 것이다. 앞선 모든 과정이 끝나면, 보고서를 하나 만들게 될 것이다. 이 보고서가 어떻게 구성되고 어떤 내용이 들어있는지 반드시 알아야 한다. 만약, 동일한 보고서를 다른 사람에게 만들어줘야 한다면, 다른 사람이 이 보고서를 이해하기 위해 필요한 정보를 포함해야 한다.

예제로 살펴보는 장비 접근 기록 보고서

장비 접근 기록을 나타내기 위해 주로 사용되는 두 가지의 예제 차트를 살펴보자. 그림 5.2는 각 사용자의 로그인 횟수를 나타내는 사용자 로그인 보고서다. 이 그래프에서 사용하는 수평 바는 일반적으로 수직 바에 비해 레이블을 좀 더 쉽게 알아볼 수 있다. 레이블이 길 경우, 이렇게 수평 바를 사용하는 것이 좀 더 보기 좋은 결과물을 만들 수 있다. 이런 그래프에서 사용하는 정보는 운영체제 또는 애플리케이션 로그에서 찾을 수 있다. 두 종류의 로그(운영체제, 애플리케이션)를 한 차트에 모아서 나타내도, 차트를 살펴보는 데에 문제가 생기진 않는다. 이 차트를 살펴보면 사용자의 장비 접근 내역에서 몇 가지 특이사항을 알 수 있다. 이 차트를 보면서 많은 것을 쉽게 찾을 수 있다. 예를 들어, root 계정을 직접 로그인했던 내역을 살펴보고 싶다고 가정해보자. 보안 설정을 잘 해두었다면 sudo 또는 su가 아닌 직접 root로 로그인하는 것은 차단될 것이다. 또한 비정상적으로 로그인 횟수가 많은 사용자를 살펴본다고 가정해보자. 바에서 로그인 실패를 나타내는 짚은 부분을 자세히 살펴보자. 짙은 부분은 길지 않아야 한다. 그림 5.2에 있는 몇몇 사용자처럼, 전체 로그인 횟수 중 실패가 50% 가까이 되는 사용자가 있다면 경보를 받아야 한다. 왜 이렇게 실패한 로그인 횟수가 많은 것일까? 설정, 또는 정보를 가져온 애플리케이션과 장비에 따라, 다른 정보를 더 살펴보고 싶을 것이다. 그림 5.2의 root 로그인을 나타낸 것처럼, 특정한 상태를 특별한 색으로 강조해 의미를 만들 수 있다.

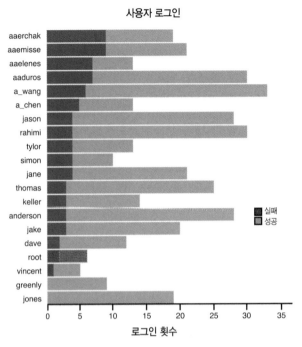

그림 5.2 사용자별 로그인 횟수를 나타내는 예제 보고서. 이 차트는 로그인 성공 횟수와 실패 횟수를 나타낸다

바 차트 만들기

바 차트는 엑셀과 같은 프로그램으로 만들기 쉽다. 그 외에도 스크립트를 짜서 ChartDirector(9장 참조)를 이용해 자동으로 바 차트를 만들 수도 있다.

그림 5.2와 같은 사용자별 로그인 성공, 실패 바 차트를 만들기 위해선, 일단 로그인 정보를 담고 있는 운영체제 로그를 수집해야 한다. 리눅스라면 /var/log/messages나 /var/log/auth.log에서 로그인 정보를 살펴볼 수 있다. 로그인을 성공한 경우는 다음과 같다.

```
May 18 13:56:14 splunker sshd[4359]: Accepted publickey for rmarty
from 76.191.199.139 port 33617 ssh2
```

실패한 로그인은 다음과 같다.

```
May 18 21:00:02 raffy sshd[4484]: Failed password for raffy from
127.0.0.1 port 50679 ssh2
```

정규표현식을 이용해 로그에서 사용자 이름을 추출할 수 있다.

```
cat fail.log | perl -ne 'if(/sshd\[.*for.*from/)
{s/.*(Failed|Accepted).*for (?:invalid user )?(\w+) from.*/\1,\2/;
print;}'
```

이 펄 명령어는 첫 번째로 SSH 로그인 메시지 여부를 파악한 다음, 로그인의 성공 또는 실패 여부와, 사용자 이름을 추출한다. 위의 명령어를 실행한 결과는 다음과 같다.

```
Failed,cvsuser
Failed,cvsuser1
Failed,mana
Accepted,mysql
```

이 결과물을 바 차트로 만들려면, 엑셀을 사용하거나 펄 스크립트로 ChartDirector를 사용하면 된다. 5장의 뒷부분에서 이 경우와는 조금 다른 상황에서 예제 펄 스크립트로 ChartDirector를 사용하는 법을 설명한다.

로그인 정보를 더 살펴보자. 사용자별 로그인 횟수보다 장비별 로그인 횟수가 알고 싶은 경우도 있다. 그림 5.3이 장비별 로그인 횟수를 보여준다. 검정색 막대로 실패한 로그인을 나타냈고, 실패한 횟수가 많은 순으로 정렬했다. 위에서 두 번째 막대가 눈에 띈다. 왜 로그인 실패 비율이 90%에 가까울까? 자세히 살펴볼만한 이유가 있다.

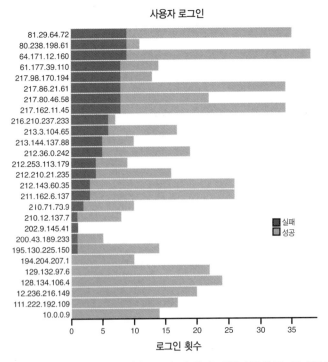

사용자 로그인

그림 5.3 장비별 로그인 횟수를 나타내는 예제 보고서. 이 차트는 색을 사용해 로그인 성공 또는 실패를 나타낸다

    이런 보고서는 다른 팀과 정보를 주고받을 수 있는 최고의 툴이다. 보안 분석가들은 종종 로그 파일을 다루며, 시스로그, 패킷 캡처 등 텍스트로 구성된 로그가 무척이나 익숙하다. 그러나 이런 로그 파일 그대로 가져가 다른 팀과 이야기를 나누는 것은 굉장히 비효율적이다. 운영요원에게 파일을 보내준다 해도 파일의 내용을 이해하려 하지 않을 것이다. 시각적으로 표현된 보고서를 사용하는 것이 모두에게 좋다. 내가 아는 어느 보안팀은 로그 파일을 종종 운영부서에 넘겨줬는데, 웜에 감염된 장비가 발견되었을 때도 똑같이 로그 파일을 전달했다. 운영팀은 로그 파일의 내용을 이해하려고 많은 시간을 들였지만, 문제를 파악하지 못한 경우가 대부분이었다. 그러나 보고서를 소개해준 이후로, 웜에 감염된 장비에 대응하는 시간이 대폭 줄어들었다. 사람들이 로그는 파악하지 못하더라

도, 보고서는 이해했다. 보고서는 별도의 설명이 없더라도, 경영을 담당하는 사람까지 내용을 이해할 수 있고 문제를 찾아낼 수 있다. 그림 5.4는 이런 경우를 설명하는 예제 그래프다.

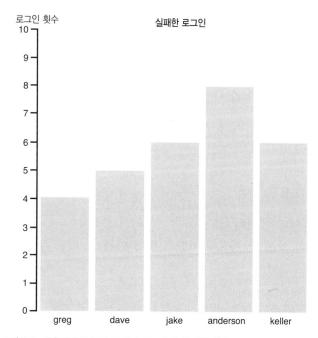

그림 5.4 사용자별로 여러 장비에 로그인을 실패한 횟수를 나타낸 예제 그래프

3개의 차트를 살펴보면서, 그 이전의 기록과 비교하고 싶은 생각이 들었을 것이다. 로그인 횟수를 어떻게 비교할까? 이력 분석에서 이런 것을 다룬다. 다음 장으로 넘어가보자.

이력 분석

이력 분석은 크게 시계열 시각화, 상관관계 그래프, 인터랙티브 분석, 포렌식 분석 이렇게 네 가지 분류로 나눌 수 있다.

시계열 시각화

앞서 과거 자료와 비교하는 것이 종종 유용할 수 있음을 이야기했다. 시간이 지나는 동안 모은 자료를 분석하는 시계열 분석은, 통계학과 관련이 많다. 그러나 우리가 다루고자 하는 내용에, 통계학 기초는 그다지 필요 없다. 이 절에선 시각화가 시계열 자료 분석에 어떤 도움을 줄 수 있는지를 다룰 뿐이다.

시계열 자료란 무엇일까? 간단히, 시간이 지나는 동안 모은 자료를 말한다. 예를 들어, 서버에 로그인한 사용자 이름뿐만 아니라 로그인을 시도한 시간까지 모은다면, 시계열 자료라고 할 수 있다. 시계열 자료 분석을 하는 목적은 크게 두 가지다.

- 예측을 위한 모델 개발
- 기록한 자료를 분석해 이해하는 것. 특정 시간의 분포, 편차는 어떤가? 자료에 특이점이 있는가? 자료에 어떤 경향이 있는가? 이런 로그가 발생한 근본적인 이유는 뭔가?

예측 분석은 언제나 논쟁거리다. 확실히 해둬야 하는 것은, 외부 요소를 모두 파악해야 하며, 예측을 위한 폐쇄 시스템(모든 요인이 정확히 통제된 상태)을 만들어야 한다는 것이다. 그렇지 않다면, 외부 요소가 갑자기 나타나 자료 분석에 예측하지 못한 영향을 미칠 수 있다. 이렇게 되면 분석을 망치고, 결과물을 쓸모없는 것으로 만들어 버린다. 로그 분석에 있어서도, 사례 예측 분석은 제한적으로 사용된다. 계량적으로 예측하는 것은 무척 힘들다. 내일 로그인 실패가 몇 번 일어날지 예측할 수 있는가?

외부 요소가 컴퓨터 보안 분야의 예측 분석에 어떤 영향을 끼치는지 설명하기 위해, 다음 공격을 예측하는 상황을 가정해보자. 이전에 발생한 사고의 근본 원인에 대해 제대로 분석했고, 사고와 관련된 로그 파일도 가지고 있다. 일단 이것까진 좋다. 그러나 다음 공격을 예측하는 데 이걸로 충분한가? 개별 장비의 취약점, 침입 가능한 경로, 시스템의 잘못된 설정처럼 고려해야 하는 수많은 요소들은? 이런 많은 요소를 고려하는 것이 불가능한 것은 아니다. 그러나 이렇게 많은 요소를 고려하는 일이 쉽지 않고 또한, 중요한 요소를 빼놓지 않도록 굉장히 신중하게 해야 한다는 것이다. 뒷장에서 이 문제에 대해 더 다루지 않으나, '기록된 자료 이해하기' 부분을 집중해서 볼 필요가 있다.

이 부분에서 과거 자료를 분석하는 다섯 가지 방법을 다룬다. 시간표, 다중 그래프, 경향선, 이동 평균 차트, 섹터 그래프. 일반적으로 이 방법은 통계의 측면에서 시계열 분석을 하기 위해 사용되지는 않는다. 그러나 로그 파일을 분석하는 데엔 굉장히 좋은 방법이다.

타임테이블

타임테이블은 3장에서 소개했다. 타임 테이블은 시계열 시각화에 탁월한 그래프이자, 다음 세 가지를 분석하고 파악하는 데 뛰어난 강점을 가진다.

- 동작 사이의 공백
- 주기적 동작
- 일시적 연관관계

그림 5.5엔 이 세 가지(공백, 주기적 동작, 일시적 연간관계) 예제가 다 나타나 있다. 이 그래프는 여러 목적지 포트에 대한 동작을 나타낸다. 가장 위는 445번 포트의 동작을 보여준다. 포트 445번은 윈도우 서비스가 사용하는데, 공유된 디스크에 접근하거나 액티브 디렉토리의 쿼리를 보내는 기능을 한다. 두 개의 큰 공백을 445번 포트 앞부분에서 발견할 수 있다. 관련된 자료가 없다면, 이 공백이 발생한 이유를 파악하기란 쉽지 않다. 만약 데스크탑이라면, 일정 시간동안 데스크탑이 대기 상태로 들어갔다고 설명할 수 있을 것이다. 아마도 사용자는 잠시 휴식을 위해 자리를 비웠을 것이다. 서버라면 부하가 지속적으로 발생했다는 것이고, 공백은 아마도 좋지 않은 신호일 가능성이 높다.

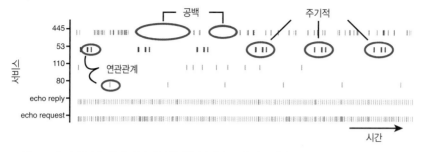

그림 5.5 주기적 동작, 동작 사이의 공백, 연관관계를 보여주는 시간표

　그 다음 줄은 DNS 트래픽을 전달하는 53번 포트다. 하나의 패턴처럼 보이는데, 이 패턴이 주기적이라는 사실에 주목할 필요가 있다. 크게 여섯 개의 덩어리가 있고, 이 덩어리는 다시 세 조각으로 나눌 수 있다. 조각은 조금 두꺼운데, 하나 이상의 이벤트를 나타낸다. 이 조각이 어떤 이벤트를 나타낼 수 있을까? DNS는 흥미로운 프로토콜인데, 일반적으로 클라이언트는 다수의 DNS 서버를 설정해둔다. 첫 번째 서버가 반응을 보이지 않으면 두 번째 서버를, 두 번째 서버가 반응을 보이지 않으면 세 번째 서버를 사용한다. 꼭 DNS 서버를 세 개 설정해야 할 필요는 없다. 일반적으로 하나만 설정한다. 그림 5.5의 DNS 트래픽은 처음 두 서버가 반응을 보이지 않은 경우라고 해석할 수 있다. 이걸로 한 덩어리에 세 조각이 있는 이유를 설명할 수 있을 것이다. DNS는 각 서버별로 반응을 확인하는 절차를 3회 시도한다.

　일단 지금까지 해석한 것이 맞는 것이라 가정한다면, 80번 포트의 트래픽도 어떤 연관관계로 설명할 수 있다. 각각의 DNS 트래픽 덩어리가 지나가면, 80번 포트의 트래픽이 일정하게 따라온다. DNS 조회가 정상적으로 끝나면, 웹 세션이 시작되었다는 것으로 설명할 수 있다.

　오픈소스 시각화 툴로는 그림 5.5와 같은 그래프를 만들 수 없었다. 그림 5.5는 상용 소프트웨어인 Advizor로 만들었다.

다중 그래프

일정 기간동안 쌓인 자료를 분석하는 가장 좋은 방법은, 여러 시점에 스냅샷을 찍어 비교하는 것이 아마도 가장 좋은 방법일 것이다. 몇몇 그래프에선, 한 그래프 안에 다른 자료까지 묶어버릴 수 있다. 예를 들어, 선 차트에서 여러 개의 선을 사용해 자료의 다른 특성도 나타낼 수 있다. 그림 5.6에서 선은 각각 다른 서버를 나타낸다. 이 예제엔 3대의 서버가 있고, 일정한 시간 간격으로 각 서버가 차단한 연결 개수를 나타내고 있다.

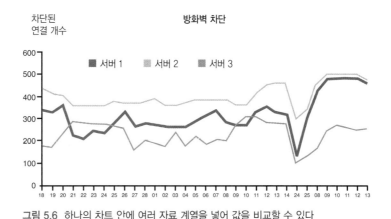

그림 5.6 하나의 차트 안에 여러 자료 계열을 넣어 값을 비교할 수 있다

다중 차트로 일정 기간의 자료를 비교하려면, 다음의 원칙을 확실히 지켜야 한다. 원칙을 지키지 않으면 어떻게 되는지 그림 5.7부터 그림 5.10까지 보며 설명한다.

1. 동일한 자료형을 비교하라. 다른 자료형과 비교하면 안 된다. 예를 들어 그림 5.7처럼 지난주에 성공한 로그인 횟수와, 이번 주에 실패한 로그인 횟수를 비교하면 안 된다는 것이다.

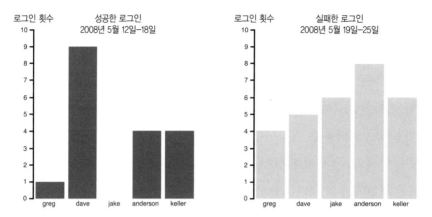

그림 5.7 동일한 자료를 비교하라. 그림처럼 성공한 로그인과 실패한 로그인을 비교하면 안 된다

2. 정확한 값을 비교하라. 예를 들어 로그인을 모니터링한다고 했을 때, 특정한 사용자의 로그인 횟수가 없더라도 동일한 사용자 이름을 차트에 올려두고 비교해야 한다는 것이다. 그림 5.8처럼 서로 다른 사용자 목록을 비교하는 것은 효율적이지도 않고 유용하지도 않다.

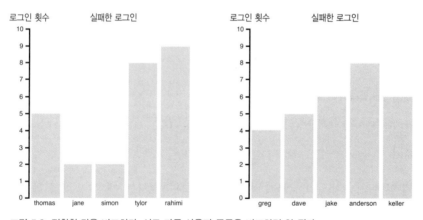

그림 5.8 정확한 값을 비교하라. 서로 다른 사용자 목록을 비교하면 안 된다

3. 동일한 방법으로 값을 비교하라. 그림 5.9처럼 차트마다 값이 다른 변수를 기준으로 정렬하면 안 된다. 동일한 순서로 정렬해 비교해야 한다.

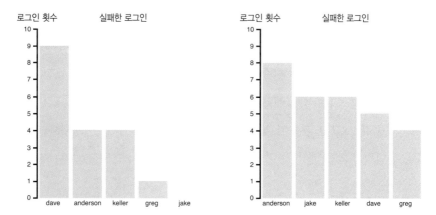

그림 5.9 동일한 방법으로 값을 비교하라. 동일한 방법으로 정렬해야 한다. 차트마다 다른 값이 있는 변수를 기준으로 정렬하면 안 된다

4. 동일한 비율을 사용하라. 한 그래프가 1부터 100까지, 한 그래프는 1부터 10 까지 나타낸다면, 한 그래프에서 100%를 나타내는 바는, 다른 그래프에선 전혀 다른 의미를 나타내게 된다. 그림 5.10을 보라.

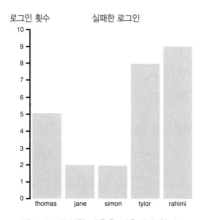

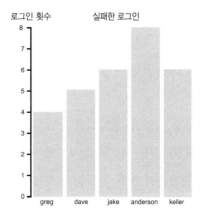

그림 5.10 동일한 비율을 사용해야 한다

그림 5.11의 세 가지 예제 그래프는 각기 다른 세 가지 시점에서 사용자 로그인을 나타냈다. 앞서 이야기한 네 가지 원칙이 어떻게 적용되었는지 살펴보라. 모든 그래프는 로그인 성공 횟수를 비교하며, 1주일이라는 동일한 동일한 시간 간격을 사용한다. 각각의 그래프마다 동일한 사용자를 비교하고 있고, 어떤 사용자는 성공한 로그인 횟수가 없더라도 그대로 차트에 두고 비교한다. 사용자 이름을 동일하게 정렬하였고, 비율도 동일하다.

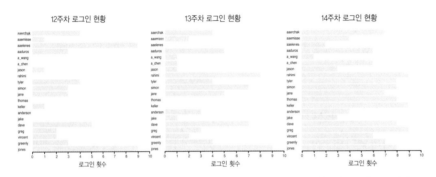

그림 5.11 세 개의 스냅샷은 각각 다른 시점을 기준으로 하고 있으며, 네 가지 원칙을 잘 따르고 있다

그림 5.11에서 본 것처럼, aaemisse를 제외한 모든 사용자의 로그인 횟수가 증가했다. 이런 특이한 사항을 보곤, aaemisse가 휴가를 갔을 것이라 짐작할 수 있다.

그림 5.11은 일정기간 동안의 값을 비교하기 위해, 막대 차트를 사용하는데, 막대 차트가 아닌 몇몇 적합한 차트를 사용해도 좋다. 그러나 링크 그래프는 가장 적합하지 않은 차트일 것이다. 링크 그래프의 특성상 기반 자료가 거의 동일해도 구성 형태가 급격하게 달라지기 때문이다. 그래서 비교를 위한 자료가 거의 동일해도 결과물의 형태는 완전히 다를 수 있다. 몇몇 링크 그래프 구성 알고리즘은 이 문제를 해결하려고 하지만, 아직 이 문제가 해결되었다는 이야기는 들은 적이 없다.

트리맵 또한 비교하는 용도로 사용하기 쉽지 않다. 각기 다른 자료를 쉽게 비교하려면, 자료 구조를 안정적인 형태로 만들어야 한다. 자료 구조를 안정적으로 만들고, 바뀐 부분만 색으로 표시한다면 굉장히 유용하게 사용할 수 있다. 또한 박스의 크기를 조절해서 바뀐 부분을 표현할 수 있으나, 이렇게 트리맵을 여러 개 만들어 비교하는 것은 굉장히 힘들다.

산점도는 어떨까? 산점도는 자료를 서로 비교하기에 굉장히 좋다. 평행좌표도 마찬가지다. 그러나 산점도를 사용할 땐 매번 동일한 축을 사용해야 한다. 평행좌표의 경우엔, 과도하게 많은 자료를 담지 않도록 주의해야 한다. 일반적으로 평행좌표는 정적으로 스냅샷을 분석하는 것보단, 인터랙티브 분석에 좀 더 적합하다. 그러나 데이터 종류가 정확히 정해져 있는 몇몇 경우엔, 정적인 분석에도 굉장히 적합하다.

경향선

값을 예측하기 위해 자료의 경향선을 측정하는 방법이 가장 많이 사용된다. 경향선은 무엇인가? 경향선은 시간이 지남에 따라 자료가 보이는 경향을 가리키는 것을 말한다. 그림 5.12는 세 가지 자료 계열이 나타난 예제다. 각 계열은 동일한 자료형이지만, 각각 다른 서버를 나타내고 있다. 각 서버에 대한 공격 횟수가 요일별로 나타나있고, 경향선도 표시되어 있다. 서버별로 공격 경향은 천양지차다. 서버 3의 상태는 굉장히 좋아 보인다. 공격 횟수가 가장 낮고, 경향선은 하강하고 있다. 나머지 두 서버는 상태가 좋아보이지 않는다. 서버 1은 서버 2보다도 상태가 좋지 않아 보인다. 서버 2의 경향선이 상승하고 있지만, 서버 1은 그보다 더 빠른 속도로 상승하고 있다. 만약 일의 비중을 결정해야 한다면, 서버 1을 좀 더 신경 써야 할 것이다.

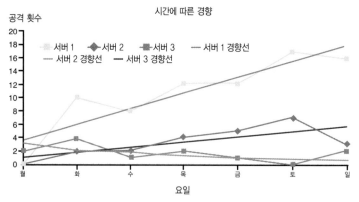

그림 5.12 시간에 따른 내역을 선 차트로 표시했다. 세 가지 자료가 각 서버로 향하는 공격 횟수를 나타낸다. 그리고 세 가지 자료와 관련된 경향선도 각각 표시되어 있다

> **참고사항**
> 그래프를 만드는 소프트웨어들이 선형 경향선을 찾기 위해 대체로 회귀 분석을 사용한다. 회귀 분석은 각각의 자료점으로부터 최소 제곱거리를 갖는 선을 찾는다. 최소제곱 회귀 분석이라고 불리기도 한다.

경향선을 기초로 해, 값이 향하는 방향이 어딘지를 예측하는 외삽법으로 예측을 할 수 있다. 그림 5.12에서 경향선을 오른쪽으로 더 길게 그려 이후에 어떤 값이 나올지 볼 수 있다. 이 값이 정확한 것은 아니다. 예측한 값이 꼭 실제의 값이 되는 것은 아니다. 하지만, 하지만 최고의 예측값 또는 근거가 있는 예측값이라 할 수 있다. 실제 경향은 시간이 지남에 따라 사용 패턴의 변화, 방화벽 정책 변화 등 외부 요소에 의해 바뀔 수 있다. 그렇기 때문에, 값을 예측할 때엔 굉장히 신중하게 해야 한다. 그래도, 경향선을 기반으로 예측하는 것이 직감으로 예측하는 것보단 낫다.

경향선 만들기

그림 5.12과 같은 경향선을 만들기 위해 ChartDirector를 사용한다. 앞서 설명한 AfterGlow로 ChartDirector 라이브러리를 이용해 선 차트와 경향선을 그릴 수 있다. 입력할 자료는 CSV 파일 형태로 되어있어야 한다. 첫 번째 열은 x축 레이블로 들어가고, 그 다음에 있는 값은 차례대로 자료 계열로 나타낸다. 입력 예제는 아래와 같다.

```
Mon,10,1
Tue,12,2
Wed,14,10
Thu,1,20
Fri,2,40
Sat,0,10
Sun,2,2
```

각 요일이 x축에 할당되고, 뒤의 두 열은 각각 자료 계열로 나타난다. 파일을 저장한 뒤, trendline. pl을 사용해 ChartDirector로 경향을 나타내는 그래프를 그릴 수 있다.

```
cat data.csv | ./trendline.pl -t "The Title" -a
```

-t 변수로 그래프의 제목을 설정할 수 있고, -a 변수로 경향선을 그리는 옵션을 켤 수 있다.

선 차트가 아닌 다른 차트는 경향 분석에 적합하지 않다. 차트를 구성하는 자료 차원 두 개 중 하나는 시간이 되어야 하고, 나머지 하나는 두 가지 자료 중 하나를 사용할 수 있다. 첫 번째로 목적지 포트, 사용자 이름, 네트워크 이름, IDS 시그니처 이름 등 로그에 포함된 범주형 자료다. 일정 기간동안 나타난 횟수를 집계해 비교한다. 두 번째로는 네트워크 흐름의 양을 측정할 수 있는 전송된 바이트 또는 패킷의 총량 같은 자료다. 특히 네트워크 흐름 자료는, 계량을 위한 유용한 자료다.

경향선을 살펴보면 어떤 이벤트가 이상징후를 나타내는지 감을 잡을 수 있다. 각 자료의 위치와 경향선과의 거리를 살펴봄으로써, 각각의 이상 유무를 측정할 수 있다. 어떤 점이 경향선으로부터 매우 멀리 떨어져 있다면(이런 것을 특이점outlier 이라 한다), 세부적으로 살펴볼만한 확실한 이상징후일 것이다. 경향선을 살펴보

며 어떤 자료의 이상징후를 파악해보기 전에, 먼저 자료를 시간에 따라 정리해
야 한다는 것을 잊으면 안 된다. 만약 살펴보고 있는 자료가 무작위로 흩뿌려져
있다면, 아마도 시간에 따라 정리된 자료가 아닐 것이다.

그림 5.13처럼 신뢰구간을 만들어 오차 범위와, 전반적인 경향과 각 점의 거
리를 정리해볼 수 있다. 살펴보는 값이 신뢰구간 안에 있다면, 기준선에서 얼
마 떨어져있든 신경 쓰지 않아도 된다. 신뢰구간 밖에 있다면, 이 값을 특이점
outlier 이라 부를 수 있다. 이런 시각적 툴을 사용해 이상징후를 쉽게 살펴볼 수
있다.

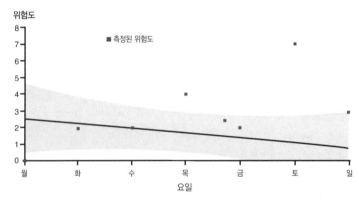

그림 5.13 경향선과 신뢰구간을 만들면, 새로운 값이 나타났을 때 비교 대상으로 삼을 수 있다. 만약 새로운
값이 신뢰구간을 벗어나 있다면, 이 값은 이례적인 값이라 부를 수 있다

신뢰대역 만들기
신뢰대역은 각 점이 전체적인 경향과 얼마나 차이가 나는지를 나타내는 오차 범위를 정리해 보여
준다. 예를 들어 95퍼센트 신뢰대역이라면, 95퍼센트의 확률로 참 회귀선이 신뢰대역 안에 위치
한다는 것이다. ChartDirector 스크립트를 사용해 신뢰대역을 만들어보자. 아래의 예제 코드를 사
용해 선 차트와 신뢰대역을 나타낼 수 있다. 아래 코드는 자료가 한 줄에 하나씩 있고, 순서대로
정렬되었음을 가정하고 있다. x축을 기준으로 좌측에서 우측으로 이동하며, 점을 하나씩 찍는다.
코드는 다음과 같다.

```perl
#!/usr/bin/perl
use perlchartdir;
use strict;
```

```
my @label; my @data;
# read input data.
my $index=0;
while (<>) {
  chomp;
  push @label,$index++;
  push @data,$_;
}
# prepare the chart
my $c = new XYChart(600, 300);
$c->setPlotArea(45, 45, 500, 200, 0xffffff, -1,
  0xffffff, $perlchartdir::Transparent,
  $perlchartdir::Transparent);
$c->xAxis()->setLabels(\@label);
$c->addScatterLayer(\@label,\@data);

my $lineLayer = $c->addTrendLayer(\@data, 0x444444);
$lineLayer->setLineWidth(1);
$lineLayer->addConfidenceBand(0.95, 0x80666666);
# generate the chart
$c->makeChart("confidenceband.png");
```

경향선 그래프 만들기 예제

iptables 로그 파일로 시계열 그래프를 만드는 간단한 예제를 살펴보자. 밖으로 나가는 트래픽 중 차단된 트래픽을 살펴보고자 한다. 이를 위해 지난 4일간 iptables에서 차단된 트래픽을 나타낸 선 그래프를 이용한다. 그래프는 24시간을 나눠 트래픽을 보여주고, 각각의 날을 자료 계열로 사용한다. 결과는 그림 5.14와 같다. iptables 로그 엔트리를 살펴보며 그래프 만드는 작업을 시작해보자.

```
May 25 20:24:27 ram-laptop kernel: [ 2060.704000] BLOCK any out: IN=
OUT=eth1
```

```
SRC=192.168.0.15 DST=85.176.211.186 LEN=135 TOS=0x00 PREC=0x00 TTL=64
ID=0 DF PROTO=UDP SPT=9384 DPT=11302 LEN=115 UID=1000
```

원하는 그래프를 만들기 위해선 이 엔트리의 날짜와 시간 정보가 필요하고,
그 외의 모든 정보는 무시해도 상관없다. 정확히 정보를 뽑아내기 위해, 다음과
같은 명령어를 사용한다

```
sed -e 's/^... \(..\) \(..\):.*/\1,\2/' iptables.log | uniq -c |
awk '{printf("%s,%s\n",$2,$1)}' | sort -r
```

결과물은 아래와 같은 형태가 된다.

```
24,10,1484
24,11,2952
24,14,105
25,20,471
26,02,255
```

첫 번째 열은 날짜, 두 번째는 시간, 세 번째는 그 시간에 방화벽이 차단한 패
킷 수다. 이 자료를 선 차트로 만들기 위해, 아래의 펄 코드로 ChartDirector 라
이브러리를 사용해 그림 5.14와 같은 그래프를 그린다.

```perl
1 #!/usr/bin/perl
2 use perlchartdir;
3 # The labels for the x-axis, which is the hour of the day
4 my $labels = ["0" .. "24"];
5 # reading input
6 my $i=0;
7 while (<>) {
8   chomp;
9   # input needs to have three columns: Day,Hour of Day,Count
10   my @value = split",";
11   if ($current ne @value[0]) {$current=@value[0]; $i++;}
12   # @data is a day x hour matrix, which contains the count as
13   # the entry.
```

```
14    $data[$i-1][@value[1]]=@value[2];
15  }
16  # Generate a line chart and set all the properties
17  my $c = new XYChart(600, 300);
18  $c->setPlotArea(55, 45, 500, 200, 0xffffff, -1, 0xffffff,
      $perlchartdir::Transparent, $perlchartdir::Transparent);
19  # The x-axis labels, which are the hours of the day.
20  $c->xAxis()->setLabels($labels);
21  $c->addLegend(50, 30, 0, "arialbd.ttf", 9)
      ->setBackground($perlchartdir::Transparent);
22  my $layer = $c->addLineLayer2();
23  # Iterate through the days
24  for $i ( 1 .. $#data+1) {
25    $aref = $data[$i];
26    # Making sure no NULL values are present, otherwise
27    # Chartdirector is going to seg-fault
28    for $j ( 0 .. $#{$aref} ) {
29      if (!$data[$i][$j]) {$data[$i][$j]=0};
30    }
31    # Use a grayscale palette to color the graph.
32    my $color = $i * (0x100 / ($#data + 1));
33    $color=($color*0x10000+$color*0x100+$color);
34    # Add a new dataset for each day
35    $layer->addDataSet($aref, $color, "Day ".$i);
36  }
37  # Output the graph
38  $c->makeChart("firewall.png");
```

그래프를 만드는 이 스크립트를 firewall.pl로 저장하고, `cat out.csv | ./` `firewall.pl`로 실행한다. 결과물은 그림 파일 형태로 firewall.png에 저장될 것이다. 스크립트를 실행하기 전에 ChartDirector 라이브러리가 설치되어 있는지 확인을 해두는 것이 좋다. 이 펄 코드는 그다지 어렵지 않다. CSV 파일을 입력받아, 여러 열로 구분하고(10번째 줄), 그래프에 사용할 2차원 배열(@data)을 만든다. 17번부터 21번째 줄까진 그래프의 형태를 준비하고, 축에 라벨을 붙인다.

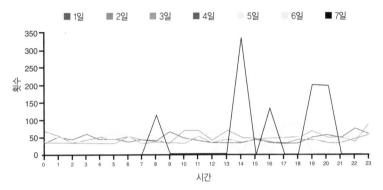

그림 5.14 firewall.pl로 만든 예제 보고서. 24시간에 나눠 방화벽 이벤트를 보여주고, 각각의 날을 하나의 자료 계열로 나타낸다

마지막 단계는 자료의 각 열을 읽은 후 NULL 값이 없도록 처리하고(28번째 줄부터 30번째 줄), 각 값을 그래프에 선으로 나타내는 것이다. 색상을 계산해(31번째 줄부터 33번째 줄) 그래프를 살짝 꾸민다. 색을 지정하는 두 줄의 코드로 모든 선에 각각 다르게 회색 톤의 색을 입힌다.

그림 5.14는 연속된 7일동안의 방화벽 내역을 보여준다. 트래픽은 24시간에 걸쳐 나타나 있다. 보는 것처럼, 트래픽이 전체적으로 일정하다. 그러나 1일째는 조금 다른 양상을 보인다. 오전 8시, 오후 2시, 오후 4시, 오후 7-8시에 급격히 돌출되어 있음을 볼 수 있다. 1일째 트래픽은 조금 특이하게 보인다. 왜 특정한 시간에는 트래픽이 없고, 왜 급격한 돌출이 있는 것일까? 인프라에 어떤 문제가 있어, 이런 문제가 발생했던 걸까? 그 외의 날은 평이했기에, 1일째 트래픽은 자세히 살펴볼만한 가치가 있다.

통계적 방법을 이용해 좀 더 살펴볼 생각이 있다면, 이동 평균을 다루는 다음 절을 살펴보자.

이동 평균 차트

경향선은 시간에 따라 시계열의 자료가 어떻게 변해가는지 단방향으로만 살필 수 있다. 시계열의 자료를 살펴보는 또 다른 방법으로는 주식 가격을 분석하기 위해 흔히 쓰이는 이동 평균 분석[2]이 있다. 이동 평균은 값을 매끄럽게 보여주고, 특이점이 조금 덜 급격하게 나타난다. 또한 자료에 따라 흐름이 조정된다. 그렇기 때문에 경향을 포착하는 것이 더 쉬워진다. 특히 자주 변하는 값을 찾기에 좋다.

어떻게(그리고 더욱 중요한 건, 왜) 이동 평균을 살펴볼 것인가? 이동 평균은 경향을 분석하기에 편리하고, 경향선의 대안으로 사용할 수 있다. 또한 이동 평균은 좀 더 정확하다. 이동 평균이 시계열 자료를 기반으로 한 의사 결정에 유용하게 사용할 수 있는 분석 방법이라는 것을 보여줄 것이다.

의사 결정자라면 측정한 자료를 사용해 언제 결정을 내려야 할지 알아야 한다. 경향선을 살펴볼 수 있지만, 경향선은 너무 일반적이다. 변화에 따른 반응을 알 수가 없다. 만약 특정한 주식을 가지고 있다면, 언제 주식을 팔아야 할지 알고 싶을 것이다. 방화벽이나 침입 탐지 로그를 이용해 공격을 모니터링하고 있다면, 공격의 숫자가 어느 정도 되었을 때 평소와 달리 위험한 상황이라고 판단해 공격 상황을 구체적으로 파악하고 잠재적으로 발생할 수 있는 문제에 대비해야 한다. 이 기준을 어떻게 결정할 수 있을지 살펴보자.

---

2 주식가격 이동 평균 분석에 대한 더 자세한 내용은 http://stockcharts.com/school/doku.php?id=chart_school:technical_indicators:moving_averages에서 볼 수 있다

의사 결정을 위해 위험도를 살펴보는 방법

네트워크에서 패치가 되지 않은 장비 숫자에 기반해 이동 평균으로 위험도를 살펴보는 한 애플리케이션이 있다. 파악한 위험도를 기초로, 자원 배분을 조정해 위험에 노출될 가능성을 줄일 수 있다. 그러나 불행하게도 장비 패치에 관련된 예산이 제한되어 있어, 언제 패치에 비용을 쓸지 안 쓸지 알아두어야 한다. 만약 위험도가 최고점을 넘어섰을 경우 새로운 보안 방법에 전략적으로 투자해 위험도를 줄일 수 있도록, 위험도를 측정하는 방법도 알고 싶을 것이다.

이 맥락에서 위험도를 느슨하게 정의해보자면 다음과 같다.

> 패치가 되지 않은 머신으로 인해 생기는 전체 위험도란, 모든 장비 위험도의 합이다. 각 장비의 위험도는 노출된 취약점의 합에 장비의 가치를 곱한 값이다.

위험도는 시간이 지남에 따라 변한다. 새로운 취약점이 발견되거나, 네트워크에 패치가 되지 않은 새로운 장비 또는 애플리케이션을 설치하거나, 설정을 바꾸는 경우에 위험도는 높아진다. 패치를 하거나, 장비가 네트워크에서 분리되거나, 운영체제를 업그레이드하거나, 여러 장비를 통합해 정리하면 위험도는 낮아진다.

위험도를 측정해 다양한 대응 방안을 결정할 수 있다.

- 위험도가 오른다면, 위험도를 낮추는 대응 방안을 사용한다. 예를 들면 사람들을 교육시킨다거나, 새로운 솔루션을 구입하는 등의 방법이다.
- 위험도가 낮아지면, 장비를 패치하는 데 드는 자원을 옮겨 딴 곳에서 사용할 수 있다.

또는 절대적인 역치를 사용해 이런 방안의 실행여부를 결정할 수도 있다. 그러나 급격하게 수치가 요동친다면 지속적으로 역치를 넘어서게 되는데 이것을 적절히 다루는 것이 하나의 과제가 될 것이다. 좀 더 전략적인 방안이 필요하다. 만약 패치되지 않은 20대의 서버가 추가된다면, 수치는 급격하게 상승하게 되고 대응방안을 취하게 될 것이다. 그러나 며칠이 지나 장비가 다 패치되어 위험도가 낮아진다면 낮은 역치를 건드리게 되어 또 다른 방안을 실행하게 될 것이다. 이런 일이 지속적으로 벌어진다면, 매번 이런 식으로 대응하게 될 것이다. 이런 문제를 해결하기 위해 급격한 돌출을 매끄럽게 처리하는 이동 평균을 사용한다.

단순 이동 평균

이동 평균은 이동 평균을 구할 기간 n을 설정해, 최근 자료 n개의 평균을 구하는 것이다. 예를 들어, 5일 이동 평균은 오늘을 포함한 최근 5일간의 값을 합한 후 5로 나누어 구한다. 매번 이런 과정을 반복해 값을 구한다. 이런 과정으로 각각의 특이점을 매끄럽게 처리하면서, 자료의 경향을 볼 수 있다. 대형 네트워크 내부의 패치되지 않은 시스템과 연관된 위험도를 분석하는 과정을 통해 이동 평균을 구하는 방법이 묘사되어 있다(sidebar 참조). 그림 5.15에 패치되지 않은 장비를 나타내는 그래프가 나타나 있다. 이 그림으로 실제 자료와 이동 평균이 함께 간다는 것을 알 수 있다. 그리고 이동 평균이 후행 지시자임을 볼 수 있다. 항상 실제 데이터의 뒤를 따른다.

높은 역치와 낮은 역치를 설정해두어, 우리가 언제 어떤 작업을 할지 결정할 수 있다. 그림 5.15에서 볼 수 있듯이, 이동 평균을 실제 자료와 비교해보면 정확한 경향을 보여주진 않더라도, 돌출 부분이 매끄럽게 처리되어 있고 역치를 덜 건드린다. 실제 자료와 이동 평균이 교차하는 지점이 어떤 결정을 할 수 있는 지점이 된다. 이동 평균과 실제 자료가 교차하는 시점은, 자료가 이동 평균으로부터 상당히 변화하거나, 평상시 상황에서 크게 변화하기 때문이다.

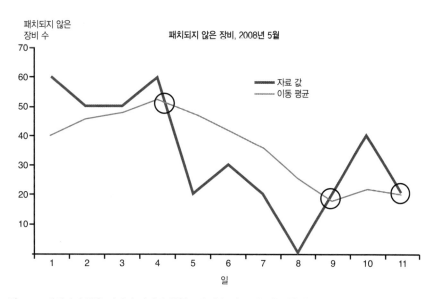

그림 5.15 패치되지 않은 장비와 관련된 위험도에 단순 이동 평균을 적용한 예제. 세 번의 교차 지점이 경향의 변화를 알려준다

고급 이동 평균 기법들

이동 평균이 늦게 반응한다는 것은 아주 중요한 문제점이다. 다양한 방법으로 이런 문제를 해결할 수 있는데, 예를 들면 오래된 값에 비해 최근 값에 더욱 비중을 두는 지수 이동 평균EMA, Exponential Moving Averages[3]을 이 문제점을 해결하는 데 적용하기도 한다. 지수 이동 평균을 적용한 결과는 그림 5.16에서 볼 수 있다.

늦게 반응하는 문제를 해결하기 위해 지수 이동 평균을 적용하는 것 대신, 주기를 달리하는 이중 이동 평균을 사용할 수도 있다. 교차하는 지점이 경향의 변화를 알려주는데, 단기 이동 평균이 장기 이동 평균을 넘어서면 상승하는 경향이고, 그 반대면 하강하는 경향이다.

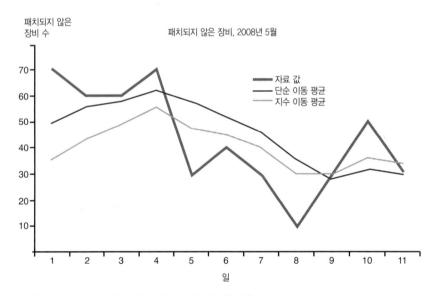

그림 5.16 지수 이동 평균과 단순 이동 평균을 비교한 예제

---

3 지수 이동 평균에 대한 더 많은 내용은 http://en.wikipedia.org/wiki/Moving_average에 있다.

자료를 이런 식으로 비교하는 것도 여전히 좋지 않다는 것을 알 수 있다. 의사를 결정할 수 있는 세 번의 교차 지점이 있는데, 두 번째와 세 번째 교차지점은 선택을 하기엔 위치가 좋지 않다. 중간에 끼여 있는 5월 10일의 값이 좌우의 값에 비해 좀 더 높은데, 값이 변한 것이 좋은 현상인지 아닌지 충분히 설명할 수 없기 때문이다. 단순 이동 평균보다 결정 지점을 줄이는 더 나은 방법이 필요하다.

좀 더 정교한 분석을 이동 평균 수렴 발산MACD, Moving-Average Convergence/Divergence analysis으로 할 수도 있다. 이 기법은 이전에 소개한 단순 이동 평균의 단점을 어느 정도 해결해준다. 이 기법은 단기와 장기, 주기를 달리하는 이동 평균 두 개의 차이를 구한다. 이 기법은 주식 분석가들이 주로 사용한다.[4] 다음의 이동 평균 수렴 발산 예제 차트는 두 이동 평균의 적정한 기간을 선택하는 것이 쉽지 않음을 보여준다. 분석의 종류와 자료에 따라 주기는 달라진다. 주기를 길게 가져가면 급격한 변화에 따른 반응이 적어진다. 오래된 값에 비해 최근에 값에 비중을 주고 싶다면, 지수 이동 평균을 사용할 수 있다.

그림 5.17은 엑셀을 이용해 각 값을 지수 이동 평균으로 계산하고 그래프에 나타냈다. 그림 5.17과 이동 평균 수렴 발산 차트에 대해서는 이 이후에 더 다루지 않는다. 몇몇 사람들은 이 기법이 일종의 주술이라 한다. 지수 이동 평균의 적절한 주기를 구하는 것은 쉽지 않다. 주기를 바꾸면 결정을 하는 교차지점이 급격히 변하기 때문이다. 그러나 각 사례마다 의사 결정을 하는 최적의 주기는 있다.

---

4 주식 분석에서 이동 평균 수렴 발산을 사용한 좋은 예제는 http://stockcharts.com/school/doku.php?id=chart_school:technical_indicators:moving_average_convergence_divergence_macd에서 볼 수 있다.

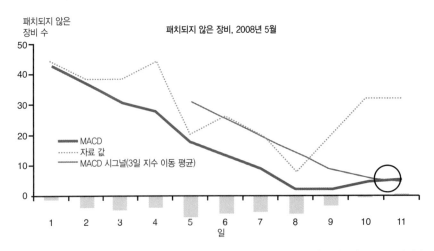

그림 5.17 10일 지수이동 평균과 5일 지수이동 평균을 사용한 MACD 차트. 굵은 검은선은 MACD 선인데, 10일 지수이동 평균에서 5일 지수이동 평균을 뺀 값이다. 3일 지수이동 평균을 구해 회색 선으로 나타냈고, 5일 지수이동 평균과 MACD의 차이는 아래에 히스토그램으로 나타냈다. 살펴보면 히스토그램이 양의 값을 가질 때 MACD 값은 3일 지수이동 평균보다 크고, 음의 값을 가질 땐 MACD 값이 3일 지수이동 평균보다 작다. MACD 시그널이 MACD와 교차하면 의사를 결정하는 때가 된다

이동 평균 적용

이동 평균을 적용하거나 적용하지 않아야 할 경우를 알아보자.

- 자료의 경향을 알고 싶거나, 경향의 변화를 알고싶다면 이동 평균 분석을 사용하라.

- 자료의 순서를 알 수 없는 경우엔 이동 평균은 적합하지 않다.

- 이동 평균의 주기는 신중하게 선택해야 한다. 주기가 짧아지면, 그만큼 변화가 심해진다. 그 말은 곧, 변화에 대응해야 하는 횟수가 많아진다는 것이고, 허위양성false positive도 많아진다는 것이다.

- 예를 들어 위험도 10이면 "나쁨", 1이면 "좋음"과 같이, "좋음"과 "나쁨"을 판단하는 특정한 값이 있는 경우엔 이동 평균을 사용하지 않는다. 위험도가 얼마나 되었을 때 대응을 해야 하는지 알려줘야 하는 경우에도 이동 평균이 필요치 않다. 단지 위험도가 6이거나 그 이상일 경우 주목할 필요가 있다 정도로 정의할 수 있다. 아니면 반대로 정의할 수도 있다.

- 이동 평균 분석은 판정을 위한 특정한 기준값이 없는 경우에 사용한다. 예를 들어, 방화벽에서 차단된 패킷 수가 얼마나 되는지에 따라 이것이 좋은지 나쁜지 알 수 없다. 다만, 의미 있는 변화를 찾아볼 뿐이다.

이동 평균은 시간의 흐름에 따른 경향 변화를 알아보는 데 유용하다. 이동 평균이 차트 제작자의 기준에 따른 변화를 긴 시간의 흐름에 따라 보여주는 반면, 섹터 그래프는 특정한 시점(주로 현재)의 경향을 보여준다.

섹터 그래프

섹터 그래프는 시계열 자료의 현재 상태를 분석하는 다양한 방법 중 하나다. 뉴욕타임즈는 섹터 그래프를 사용해 주식 또는 시장의 성과를 보여준다.[5] 이 그래프의 원리는 간단하다. 시계열 자료의 특정한 시점을 분석 시점으로 잡는다. 며칠 전과 비교해 수치가 몇 퍼센트나 달라졌는지 계산한다. 그리고 1주일 전의 자료와 동일한 계산을 한다. 가령 어떤 값이 하루 전과 비교해 5퍼센트 상승했고, 1주일 전과 비교해 10퍼센트 하락했음을 가정해보자. 이렇게 두 값의 좌표를 정의해 그림으로 나타낸다. 독자가 살펴보고픈 시계열 자료 전체를 대상으로 이 과정을 반복한다면, 섹터 그래프를 살펴보는 것으로 자료를 비교할 수 있을 것이다.

앞서 하루, 일주일 전과 비교한 것 말고도, 다른 주기를 택해 분석할 수도 있다. 좌표의 위치가 매우 중요하다. 가령 4분면의 우측 상단이라면, 살펴보는 대상의 단기, 장기 성과가 모두 좋다는 것을 뜻한다. 우측 하단이라면, 장기 성과는 좋지 않지만, 단기 성과는 좋음을, 그리고 살펴보는 대상의 상황이 개선되고 있음을 알 수 있다. 그 외의 상황으로는 뒤처짐(좌측 하단, 장/단기 모두 안 좋음)과, 미끄러짐(좌측 상단, 장기 좋으나 단기 좋지 않음)이 있다.

---

5 http://www.nytimes.com/packages/html/business/20060402_SECTOR_GRAPHIC/index.html

자료를 4분면에 나타내는 것과 더불어, 색과 크기를 이용해 추가 정보를 표현할 수 있다. 예를 들어 색을 사용하면 자료의 계열을 구분할 수 있다.

섹터 그래프를 활용하는 예제는 7장에 나와 있다. 각기 다른 부서의 위험도 변화를 보여주기 위해 섹터 그래프를 사용했다.

그림 5.18은 엑셀로 만든 섹터 그래프 예제다. 섹터 그래프를 만드는 과정은 7장에 나와 있다. 그림 5.18엔 두 점이 찍혀 있고, 각기 재무부서와 기술부서에서 발생한 사고 횟수를 숫자로 나타내고 있다. 현재 기술부서의 사고 횟수는 25이고, 우측 상단에 점이 찍혀 있다. 이 말은 즉, 기술부서에서 발생한 사고의 수는 지속적으로 증가하고 있다는 것이다. 기술부서의 상황에 주목할 필요가 있다. 반해 재무부서의 숫자는 14이고, 좌측 하단에 점이 찍혀 있다. 사고 횟수가 지속적으로 줄고 있다는 것이다. 좋은 상황임을 알 수 있다.

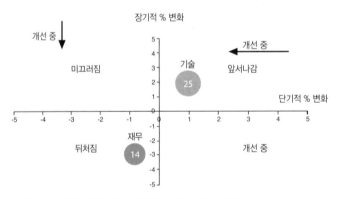

그림 5.18 4분면 위치에 따른 설명이 포함된 섹터 그래프

상관관계 그래프

상관관계 그래프는 두 가지 연속형 자료 차원의 상관관계가 얼마나 되는지 측정하기 위해 사용한다. 다시 말하자면, 한 차원의 값과, 다른 차원의 값이 규칙적으로 대응하고 있느냐다. 상관관계 그래프로 로그를 분석하는 방법은 두 가지가 있다. 하나는 한 로그 안에서 각기 다른 자료 차원의 상관관계를 살펴보거나,

각기 다른 로그 파일의 같은 자료를 비교하는 것이다. 한 로그에서 각기 한 자료 차원을 다른 자료 차원과 비교하는 것은, 두 값이 얼마나 상관관계가 있는지를 살펴보기 위해 하는 것이다. 보안과 관련된 로그는 이런 분석을 잘 하지 않는다. 한 파일의 각기 다른 필드가 상관관계를 가지지 않는다, 심지어 이것이 명확하게 보이는 것 같아도 말이다. 예를 들면, 이벤트 이름과 목적지 포트는 연관되어 있다. 목적지 포트는 어떠한 서비스가 돌아가는지, 그리고 어떤 기능들을 제공하는지 드러낸다. 이런 기능들은 일반적으로 이벤트 이름에 표현된다.

상관관계 그래프는 연속형 또는 서수형 자료만 사용할 수 있다. 이 말은 곧 IP 주소와 포트 번호는 해당되지 않는다는 것이다. 많은 사례에서 이 자료를 명목형으로 취급하기 때문이다. 1521번 포트가 80번 포트보다 더 중요하다는 규칙 같은 것이 없다. 오라클이 80보다 높은 숫자를 쓰는 건 그저 우연일 뿐이다. 상관관계 그래프에 적합한 자료는 뭐가 있는가? 많지 않지만, 예를 들면 자산 중요도 같은 것이다. 자산 중요도는 로그 파일엔 없는 자료지만, 자료를 추가해 사용 가능하고, 중요도의 순서를 매길 수 있다. 그 외에 어떤 자료를 사용할 수 있을까? 패킷 또는 바이트 전송량, 이벤트 심각도, 이벤트 중요도, 파일 크기 등 모든 연속형 자료를 사용할 수 있다. 안타깝게도, 이러한 형태의 단순한 로그의 상관관계 분석을 위해 상관관계 그래프를 쓸 실질적인 이유가 없음을 보여주기도 한다.

단순히 로그에 있는 자료에서 벗어나 시야를 좀 더 넓혀 본다면, 상관관계 그래프를 적용할 수 있는 부분이 있다. 예를 들어 과거 시스템별로 발견된 취약점 숫자와, 시스템별로 취약점 제거를 위해 들인 비용과 상관관계 그래프를 그리면 어떨까? 취약점 개수와 비용은 로그에 없다. 상관관계 그래프는 흥미로운 결과물을 보여준다. 발견된 취약점 개수와 취약점을 줄이기 위해 투자한 비용은 상관관계를 가지고 있는가? 투자한 만큼 취약점 줄어있는 음의 상관관계를 갖고 있길 기대할 것이다.

그림 5.19는 좀 더 복잡한 상관관계 매트릭스 예제다. 네 가지의 자료 차원을 각각 일정한 간격으로 나타냈다. 이 매트릭스는 네 가지 자료 차원 각각의 관계를 보여준다. 각 상관관계 그래프는 산점도의 형태로 두 차원의 관계를 나타내고, 경향선과 상관계수를 가지고 있다. 경향선을 살펴보면서 자료의 패턴을 파악해야 한다. 상단 좌측에서 하단 우측으로 향하는 음의 상관관계인가? 각각의 점은 경향선에서 얼마나 떨어져 있나? 경향선에 가까이 있을수록, 강한 상관관계를 나타낸다고 할 수 있다. 점이 각기 흩어져 있고 경향선을 따라 모아볼 수 없다면 상관관계가 없다. 이 같은 경우가 그림 5.19의 첫 번째 행에 나타나 있다. 이 그래프는 사고 횟수가 나머지 세 가지 차원 작업 시간, 작업 인원, 비용과 상관관계가 없음을 나타낸다. 반면, 나머지 세 차원은 어느 정도 상관관계가 있고, 작업 시간과 인원은 강한 상관관계를 보인다.

상관계수는 각 그래프가 어떤 선형적 관계가 있음을 나타내는 수치다.[6] 1(또는 -1)에 가까워질수록 상관관계가 높음을 뜻한다.

그림 5.19를 어떻게 이해할 수 있을까? 작업 인원과 시간 사이에는 명확한 경향이 있는 것을 볼 수 있다. 각각의 점이 경향선 주위로 모여 있다. 그리고 작업 시간과 비용의 관계, 작업 인원과 비용의 관계는 상관관계가 이전보다 낮음을 알 수 있다. 그 다음으로, 자료 차원이 선형적인 관계를 가지고 있는지 아닌지 알 수 있는 상관계수를 살펴보자. 그래프를 다시 살펴보면, 작업 시간과 인원 사이는 선형적으로 강한 관계가 있음을 나타내는 높은 값이다. 한 차원의 값이 올라가면, 다른 값도 같이 올라간다. 사고에 대응하는 인원이 많아질수록, 투입되는 시간이 많아지므로 당연한 결과다. 작업 시간과 비용은 상대적으로 높은 관계가 아님을 알 수 있는데, 이것은 비용에 크게 영향을 미치는 다른 요소가 있다는 것이다. 가령 직원 간 임금 차이 같은 것을 생각해볼 수 있다. 또한 사고의 횟

---

6   상관계수에 대한 더 많은 정보는 https://en.wikipedia.org/wiki/Correlation_coefficient에서 볼 수 있다.

수와 나머지 자료와는 별 관계가 없음을 알 수 있다. 많은 사고가 발생하는 만큼 그 문제를 해결하기 위해 비용이 증가할 것으로 예상했으나, 그렇지 않았다. 아마도 한번 사고가 발생해서 인원을 동원하게 되면 이후의 발생하는 문제를 해결하기 위해 대기하는 때문인 것 같다. 나머지도 그렇게 유추할 수 있다.

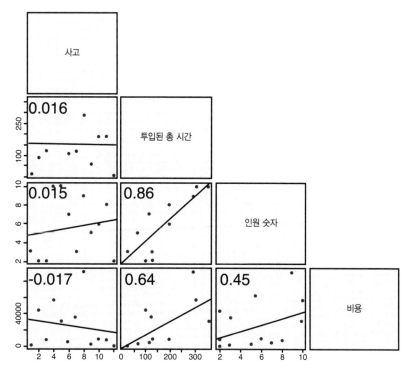

그림 5.19 상관관계 매트릭스가 여러 자료 차원의 관계를 보여준다. 보안 투자한 비용, 투입된 인원의 총 시간, 발생한 사고 횟수, 사고 해결을 위해 부른 인원의 숫자, 이 각각의 상관관계를 보여준다. 숫자는 두 자료의 상관관계 정도를 나타낸다

상관관계 그래프 만들기

그림 5.19와 같은 그래프를 만들기 위해 R(9장 참조)을 사용할 수 있다. 아래의 예제 R 스크립트는 CSV 파일에서 자료를 읽고 상관관계 그래프를 만든다.

```
1 Dataset <- read.table("data.csv", header=TRUE,
    sep=",", na.strings="NA", dec=".", strip.white=TRUE)
2 panel.cor <- function(x, y, digits=2, prefix="", cex.cor) {
3   usr <- par("usr"); on.exit(par(usr))
4   par(usr = c(0, 1, 0, 1))
5   r <- abs(cor(x, y))
6   txt <- format(c(r, 0.123456789), digits=digits)[1]
7   txt <- paste(prefix, txt, sep="")
8   cex <- 1.5/strwidth(txt)
9   text(0.5, 0.5, txt, cex = cex * 0.4)
10 }
11 panel.myfitline <- function(x, y, digits=2, prefix="", cex.cor, ...) {
12   usr <- par("usr")
13   reg <- coef(lm(y [td] x))
14   abline(coef=reg,untf=F)
15   panel.smooth(x,y,col.smooth=0)
16 }
17 par(cex.axis=2)
18 par(pch=20)
20 pairs(Dataset, lower.panel=panel.myfitline, upper.panel=panel.cor,
    cex=2, cex.labels=2)
```

스크립트를 실행하기 위해선 비교를 할 숫자가 저장되어 있는 파일(data.csv)이 필요하다. 각 행은 특정한 값(예를 들어 가격)을 가지고 있어야 한다. 첫 번째 줄을 보면, 스크립트는 가장 먼저 자료를 읽는다. 이 스크립트엔 두 가지 함수가 있다(panel.cor은 2번째 줄부터 10번째 줄까지, panel.myfitline은 11번째 줄부터 16번째 줄까지). 각 함수는 각각의 사각 그래프를 만들기 위해 사용한다. 19번째 줄은 그래프를 한 곳에 모아 보여준다.

인터랙티브 분석

지금까지 정적인 이미지 또는 그래프로 자료를 표현해보았다. 자료를 준비하고, 색, 모양, 크기 등의 그래프 특성을 정의한 다음 그래프를 만들었다. 그러나 그래프의 특성을 정의하면서 결과물을 알 수는 없다. 선택한 색이 자료에 적합한가? 이 자료 차원을 크기로 나타내는 게 적합한가? 다른 자료 차원을 선택할 수 있진 않을까? 자료에서 중요한 부분을 나타내기 위해, 그래프로 특정한 부분을 부각시킬 수 있지 않을까? 그러나 다른 방식을 적용해 그래프를 다시 그려보기 위해 이전으로 돌아가는 것 대신, 피드백 루프로 그래프를 인터랙티브하게 바꿀 수 있다.

이 책의 앞부분에서 '정보 탐색 만트라'에 대해 언급했었다(먼저 전체를 살펴보고, 확대해보고 필터링한 다음, 원하는 정보를 자세히 살펴본다). 나는 이 만트라에 단계를 하나 끼워 넣어 다음과 같이 바꿔보고자 한다.

1. 전체를 살펴본다.

2. 그래프의 특성을 바꾼다.

3. 확대하고 필터링한다.

4. 원하는 정보를 자세히 살펴본다.

두 번째와 세 번째 단계는 계속 반복할 수 있다. 왜 두 번째가 추가된 것인가? 물론 처음으로 그래프를 만들기 전에 그래프의 특성을 정할 수 있다. 그러나 이렇게 그래프를 만들기 전에 특성을 정의하는 것은 정적인 그래프의 단점이다. 보통 그래프를 처음으로 만들기 전엔, 그래프의 실제 모습이 어떨지 알 수 없기 때문이다. 전체를 살펴보면 색상, 강조할 자료 영역 선택 등 그래프 특성을 정의하는 데에 큰 도움이 된다. 이렇게 특성을 새로 선택하고 자료를 좀 더 잘 이해할 수 있게 된다면, 확대하고 필터링하는 단계가 더욱 간단해지고 효율적이게 된다.

새로운 정보 탐색 만트라 두 번째와 세 번째 단계를 동적 쿼리라 부른다. 동적 쿼리는 데이터베이스에서 걸러낸 자료를 갱신하고 시각화하는 작업을 연속적으로 한다. 사용자가 슬라이딩 바를 움직이거나 버튼을 눌러보면서 자료에 대한 궁금증을 갖게 되거나, 패턴을 찾거나, 예외사항을 찾는 것이 몇 천분의 일 초만에 이루어진다. 동적 쿼리는 다음과 같은 특성을 가진다.

- **자료의 맥락을 보여준다:** 어떻게 하면 정해진 쿼리를 사용하지 않고, 그 쿼리가 보여주는 결과와 비슷하게 만들 수 있을까? 전통적인 방식은 딱 정해진 결과만 보여주는 것에 반해, 동적 쿼리를 이용하면 자료의 결과물을 한 번에 만들지 않고, 여러 번에 걸쳐 만들어간다. 이런 과정을 통해 자료를 좀 더 잘 이해할 수 있게 된다.

- **동적으로 탐색:** "만약 ~라면"이라는 가정을 두고 직관적으로 자료를 살펴볼 수 있다.

- **인터랙티브하게 탐색:** 슬라이딩 바 같은 사용자 인터페이스가 지원된다면 이를 이용해 변수의 값을 인터랙티브하게 바꿀 수 있다.

- **특성 탐색:** 하나의 자료 차원도 인터랙티브하게 분석하거나 살펴볼 수 있다.

이와 같은 것을 동적 쿼리로 할 수 있다. 명심해야 할 것은 동적 쿼리도 하나의 사용자 인터페이스라는 것이다. 내부를 들여다보자면, 동적 쿼리를 사용하기 위해 기반이 되는 자료에 접근할 수 있는 방법이 필요하다. 이를 위해 전통적으로 SQL과 같은 쿼리 언어가 사용된다.

불행하게도 많은 툴이 동적 쿼리 기능을 제공하지는 않는다. 동적 쿼리가 되는 것은 대부분 상용제품이다. 동적 쿼리를 제공하는 제품을 써봤으면 알겠지만, 동적 쿼리로 살펴볼 수 있는 자료 양은 메모리 크기에 제한당한다. 효율적으로 동적 쿼리를 사용하기 위해, 대부분 모든 자료를 메모리에 올려놓고 살펴보기 때문이다. 다루는 자료의 양이 많다면, 전체 자료를 살펴보기 전에, 각각의 쿼리가 살펴보는 자료의 범위를 확실히 정해두고, 샘플 자료로 동일한 작업을 해봐야 한다.

자료를 살펴보기 위한 인터페이스 방식 중 하나는 연결된 화면이다. 3장에서 살펴본 바와 같이, 그래프는 자료의 특성을 전달하는 데 있어 각각의 장점이 있다. 자료를 살펴봄에 있어, 여러 가지 그래프를 사용해 다양한 특성을 동시에 살펴보는 것이 종종 도움이 된다. 여러 가지 그래프를 한 화면에 나타내면 이런 것을 충족할 수 있다. 동적 쿼리 같은 것을 지원해 사용자와 상호작용할 수 있다면, 좀 더 유용하게 사용할 수 있을 것이다. 그래프를 하나 두고, 그래프의 특정 부분을 선택했을 때 다른 그래프에 나타낸다. 이런 것을 인터랙티브 자료 분석을 하는 데 도움을 주는 강력한 툴로 사용할 수 있다.

다양한 상황에 맞추어 여러 가지 그래프를 사용할 수 있다. 예를 들어 막대 차트는 특성을 탐색하는 데 적합하다. 또한 자료를 걸러내는 데도 적합하다. 특성 탐색은 하나의 자료 차원을 분석하기 위해 사용한다. 그 차원엔 어떤 값들이 존재하는가? 값이 어떻게 분포되어 있는가? 어떤 값이 다른 값에 비해 높은가? 특이점이나 군집이 존재하는가? 자료의 빈도를 나타내는 간단한 막대 차트로 이런 물음을 해결할 수 있다. 그림 5.20은 특성 탐색과, 연결된 화면의 개념을 알려주는 연결된 두 개의 바 차트를 보여준다. 왼쪽의 바 차트는 로그 파일에 기록된 사용자 빈도를 보여준다. privoxy 사용자의 활동이 가장 많음을 알 수 있다. 오른쪽은 사용한 포트를 나타낸다. 그중 두 포트 www와 https가 웹 접속에 사용되었음을 알 수 있고, 8개의 접속만이 https를 이용해 암호화되었음을 알 수 있다. 또한 오른쪽 그래프에서 보안 접속(https)을 선택한 상태임을 알 수 있다. 왼쪽 그래프는 오른쪽에서 선택한 것을 자세하게 나타내고 있다. privoxy 사용자가 보안 접속을 가장 많이 사용했고, 그 뒤를 ram과 debian-tor가 따르고 있다. Root는 보안 접속을 하나도 사용하지 않았음을 알 수 있다. 왜 그런 것일까? 문제가 있는 것일까? 이건 그저 바 차트를 사용해 사용자별로 보안 접속과 비보안 접속을 얼마나 사용하는지 살펴보는 특성 탐색의 간단한 예제일 뿐이다.

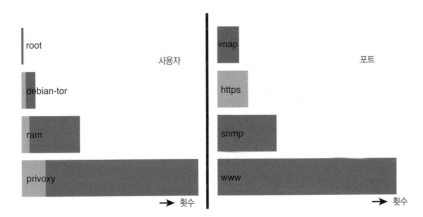

그림 5.20 특성 탐색과 연결된 화면 개념을 보여주는 연결된 바 차트. 왼쪽은 로그 파일에 각 사용자가 나타난 빈도를 보여준다. 오른쪽은 사용자의 활동과 관련된 포트를 보여준다. 오른쪽의 그래프에서 https 프로토콜이 선택했고, 왼쪽 그래프엔 선택한 프로토콜과 관련된 내용이 나타난다. https 연결은 privoxy 사용자가 가장 많이 사용했고, ram, debian-tor 사용자 순이다

그 외의 다른 차트는 인터랙티브 분석과 연결된 화면 개념을 어떻게 사용할 수 있을까? 앞서 자세히 다룬 산점도를 예로 들면, 군집을 찾아내기에 적합하다. 산점도와 다른 그래프를 연결된 화면으로 사용하면 몇 가지 이점을 얻을 수 있다. 군집을 인터랙티브하게 찾고, 값을 선택해 자료를 탐색할 수 있도록 한다. 값을 선택하면, 군집이 어떻게 구성되어 있는지 다른 그래프로 나타낸다. 선 차트나, 파이차트, 평행좌표 등을 사용한다. 각 그래프의 장점과 활용처에 대해선 앞서 다루었다. 산점도의 장점을 활용한 것처럼, 다른 그래프도 연결된 화면으로 활용해, 자료 탐색 과정을 개선할 수 있다.

값을 선택해 그래프 사이에 연결관계를 만드는 것처럼, 색을 선택하는 것으로도 가능하다. 각각의 그래프가 자료를 표현하는 색을 동일하게 사용할 수 있다. 이것 또한 연결된 화면 개념을 유용하게 사용하는 방법이다. 별도의 그래프

로 특정한 자료 차원을 분석하는 것 대신, 각각의 그래프에서 동일한 차원을 같은 색으로 나타내는 것으로 할 수 있다.

무료로 사용할 수 있는 최고의 인터랙티브 자료 분석 툴은 ggobi다. 자세한 내용은 9장에서 다룬다. 그림 5.21은 ggobi로 인터랙티브 분석을 어떻게 하는지 보여준다. 각 그래프가 특정한 자료를 어떻게 강조해 표시했는지 잘 살펴보자. 색을 이용해 추가적인 자료를 표현하고 있다. 자료의 값을 나타내는 것뿐만 아니라, 각 자료 차원 사이에 어떤 관계가 있는지 보여준다.

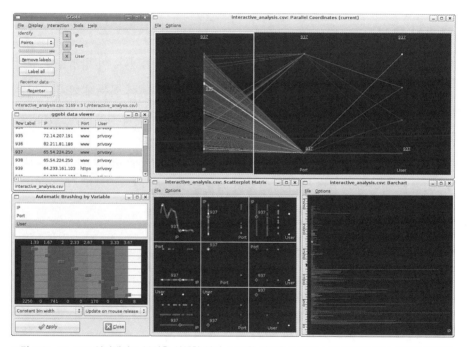

그림 5.21 ggobi로 인터랙티브 분석을 실행한 화면. 동일한 시간을 기준으로 해, 다양한 자료 차원을 보여준다. 색을 사용해 특정한 엔트리를 강조하고, 브러시를 이용해 자료를 인터랙티브하게 처리할 수 있다

그림 5.21에 나타나 있는 화면은 크게 두 부분으로 나눌 수 있다. 왼쪽엔 그래프 설정 화면과, 기반 자료를 나타내는 화면이 있고, 맨 아래엔 자료를 나타내는 색을 설정할 수 있는 화면이 있다. 슬라이더를 움직이면 오른쪽 세 화면에 표

시된 색이 바뀐다. 오른쪽은 전체 자료를 세 가지 관점에서 나타낸 화면이다. 분석한 화면을 봄으로써, 자료에 대해 감을 잡을 수 있다. 어떤 장비가 어떤 포트를 사용하는지, 어떤 사용자와 관련되어 있는지 평행좌표를 통해 알 수 있다. 어떤 자료 차원이 서로 연관되어 있는지 산점도 행렬을 통해 알 수 있고, 어떤 IP 주소에 얼마나 접근했는지 바 차트를 통해 알 수 있다. 그래프에서 특정한 값을 선택하면 다른 그래프에 그 값이 표시된다. 이런 식으로 자료를 인터랙티브하게 분석한다.

포렌식 분석

앞서 다루었던 개념은 자료를 분석하는 방법에 대한 것이었다. 이 방법들로 현실에서 벌어지는 문제를 어떻게 해결할까? 포렌식 분석을 해야 하는데 가지고 있는 자료의 유형을 알지 못한다면? 포렌식 분석은 세 가지 사례에 사용할 수 있다.

● 이전에 공격이 있었는지 알지 못하더라도, 자료를 파악해 공격을 찾아낼 때
● 자료를 파악해 공격의 범위와 정확한 경로를 파악할 때
● 사건을 문서로 기록할 때

두 번째와 세 번째는 침해 대응 과정의 일부다. 사고를 문서로 정리함에 있어, 시각화는 작업을 좀 더 빨리 할 수 있도록 도와줄 뿐만 아니라, 자료를 분석하는 과정을 좀 더 용이하게 해주는 강력한 툴이다. 그러나 침해 대응 과정은 회사마다 다르기 때문에 시각화가 침해 대응 과정을 어떻게 변화시킬 수 있을지에 대한 자세한 설명은 하지 않는다. 그러나 두 번째와 세 번째 사례를 이해한다면, 침해 대응 과정에 시각화를 추가할 수 있을 것이다.

공격 찾아내기

로그를 분석해 공격을 파악하는 것은 쉽지 않은 일이다. 힌트도 없고, 특별히 의심할만한 이유도 모르고 해야 하기 때문이다. 마치 모래밭에서 바늘을 찾는 것과 같다. 공격을 탐지하는 과정에서 시각화는 중요한 역할을 한다. 시각화를 통해 문제에 어떻게 접근할지 알 수 있다. 우리는 정보 탐색 만트라에 대해 여러 번 다뤘다. 이것을 포렌식 로그 분석에 어떻게 적용할 수 있는지 보게 될 것이다. 정보 탐색 만트라를 따라한 첫 번째 단계는, 개략적으로 살펴보는 것이다. 로그 파일로 무언가를 하기 전에, 전체 그림을 이해해야 한다. 이미 형식을 알고 있는 네트워크 로그를 다룬다고 생각해보자, 분석의 첫 번째 단계, 개략적으로 살펴보는 과정을 그냥 넘겨버릴 수도 있을 것이다. 그러나 로그와 관련된 더 많은 정보를 수집해야 한다. 로그와 관련된 정보라면 가능한 모든 정보를 수집해야 한다. 우리가 분석하려는 네트워크, 또는 시스템의 담당자에게 얻는 정보가 분석에 중요한 맥락을 제공할 수 있다. 이렇게 얻게 되는 모든 자료는 로그를 좀 더 쉽게 해석할 수 있게 하고 분석 과정에서 마주치는 특이한 점들을 이해할 수 있도록 도와준다.

앞서 다루었던 인터랙티브 분석의 모든 원칙은 포렌식 로그 분석을 효율적으로 수행하는 데에 유용하게 쓰일 수 있다. 로그 파일에 관한 물음을 동적 쿼리로 쉽게 해결할 수 있다. 예를 들어 장비 A가 사용하고 있는 서비스는? 이보다 쉬운 방법은 없을 것이다. 두 개의 바 차트를 연결된 화면으로 만든다. 첫 번째 막대 차트에선 출발지 주소를 보여주고, 두 번째 막대 차트에서는 목적지 포트를 보여준다. 첫 번째 차트에서 장비 A를 선택하고, 두 번째 막대 차트에서 나타난 내용을 살펴본다. 특이한 점을 찾았는가? 다른 것들을 클릭하면서 자료를 살펴보자.

불행히도 로그의 종류마다 분석하는 방법이 다르기에, 포렌식 로그 분석을 간단히 할 수 있는 방법 같은 건 없다. 각 로그마다 별도의 분석 단계가 있다. 그러나 특정한 로그 종류는 분석 방법에 공통점이 있기도 하다. 뒤에서 이런 공통점을 이용하는 분석 과정에 대해 설명하겠다.

그림 5.22는 포렌식 로그 분석의 전체적인 과정을 보여준다.

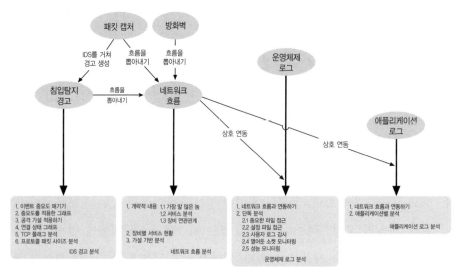

그림 5.22 포렌식 분석 방법을 요약한 다이어그램이다. 둥근 것은 데이터 소스를 나타내고, 박스엔 분석하는 각각의 방법에 대해 적혀 있다

분석 방법은 분석 대상인 로그 종류에 따라 판이하게 달라진다. 가령 패킷 캡처나, 네트워크 침입 탐지 등 네트워크와 관련된 로그에 따라 각각의 분석 방법을 사용한다. 호스트 기반의 로그, 운영체제 또는 애플리케이션 로그를 분석해야 한다면, 각각 다른 분석 방법을 사용해야 할 것이다.

포렌식 분석 과정을 살펴보기 위해, 분석 과정을 그림 5.22의 다이어그램에 따라 나눠보자. 네트워크 흐름 자료부터 시작해보자.

네트워크 흐름 자료

네트워크 흐름 기록은 포렌식을 해야 하는 상황에서 전체를 살펴볼 수 있는 최고의 툴이다. 패킷 캡처, 방화벽 로그뿐만 아니라 네트워크 침입 탐지 로그 등 다른 자료에서도 네트워크 흐름 자료를 뽑아낼 수 있음을 명심하라. 2장에서 이야기한 것처럼, 첫 번째로 분석하고자 하는 네트워크 트래픽의 기초적인 내용을 뽑아내야 한다. 만들어야 하는 그래프는 다음과 같다.

1. 가장 수다스러운 장비(출발지와 목적지)

2. 가장 많이 사용하는 서비스

3. 통신 그래프

개략적인 그래프를 그려, 각각의 호스트를 파악함과 더불어 네트워크 안에서의 각 호스트 역할을 살펴보는 것으로 시작해보자. 막대 차트를 사용해 출발지와 목적지의 연결 횟수를 살펴본다. 연결 횟수를 기준으로 차트를 정렬하면 네트워크를 가장 자주 사용하는 호스트를 알 수 있다. 각 장비의 역할을 알고 있다면, 색을 이용해 차트에 표현해본다. 가장 중요한 역할을 표시하는 데에 중점을 두고, 색을 과하게 사용해 차트가 어지럽혀지는 걸 방지해야 한다. 목적지 포트에 똑같은 작업을 반복한다. 다시 장비의 역할을 색으로 표시한다.

지금 만든 그래프는 장비 간의 관계를 보여주지 못한다. 인터랙티브 툴을 이용하면 장비를 하나하나 선택해보면서 다른 차트에서 변하는 것을 실시간으로 살펴볼 수 있으나 더 나은 방법이 있다. 출발지와 목적지를 보여주는 통신 그래프를 링크 그래프로 그리면 된다.

두 장비 사이의 엣지의 두께를 이용해, 트래픽량을 표현할 수 있다. 트래픽량은 바이트, 패킷 수, 또는 통과된 패킷 수 등으로 표현 할 수 있다. 표현 방법엔 한계가 없다. 독자의 창의성에 달려 있다. 만약 방화벽 로그를 사용한다면, 트래픽이 차단되었는지 통과되었는지에 따라 엣지의 색을 달리할 수 있다. 만약 패킷이 차단되거나 통과되었다면, 다른 색을 사용한다.

그림 5.23의 4가지 그래프는 방화벽 로그 예제를 표현한 것이다. 그래프는 상위 15개의 출발지, 수신지를 보여준다. 이렇게 정리하지 않는다면 그래프가 난

잡해져 보기 힘들어질 것이다. 서비스 목록도 동일하게 정리했다. 그리고 바 차트의 데이터와 동일하게, 링크 그래프도 트래픽 상위 15개 주소만 보여준다. 링크 그래프에서 내가 관리하는 장비는 연한 회색으로, 나머지 장비는 진한 회색으로 표시했다. 그리고 노드를 연결하는 선(화살표)은 색을 이용해 트래픽이 차단되어 있는지 여부를 나타낸다. 진한 선은 트래픽이 차단되었음을 나타낸다.

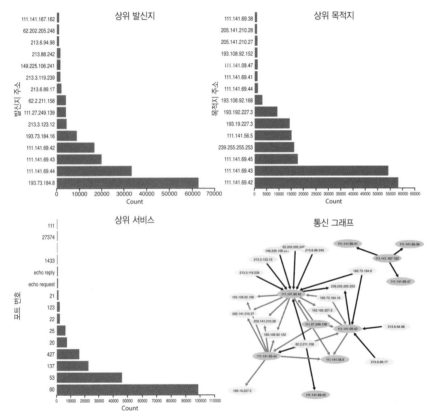

그림 5.23 로그 파일에서 개략적인 부분을 살펴본다. 누가 제일 많이 사용하는가, 어느 서비스를 이용하고 있는가, 장비간의 관계는 어떤가?

이 그래프는 처음으로 로그 파일이 어떤 내용을 담고 있는지 보여준다. 그래프를 어떻게 만드는지 자세한 방법을 알고 싶다면, 사이드바의 내용을 살펴보면 된다.

트래픽을 개략적으로 살펴보는 그래프 만들기

그림 5.23의 그래프를 만들기 위해, 오픈 BSD 방화벽의 pf 로그를 사용했다. pf 로그 파일을 분석하는 첫 번째 단계는 pcap 파일을 문자열 형태로 바꾸는 것이다. 오픈 BSD에 포함되어 있는 tcpdump로 할 수 있다. 다음과 같이 한다.

```
tcpdump -i pflog0 -nn > pf.log
```

이젠 AfterGlow(9장 참조)에 포함된 pf 파서가 필요하다. pf 파서는 src/perl/parsers/pf2csv.pl에 있다 그리고 ChartDirector(또한 9장 참조)와 AfterGlow에 포함된 bar.pl이 필요하다. src/perl/charts/bar.pl에 있다. 다 준비되면 다음의 명령어를 입력해 출발지 주소를 기준으로 한 바 차트를 만든다.

```
cat pf.log | pf2csv.pl "sip" | bar.pl -f source.png -n 15 -t "Source
Addresses" -p > sources.list
```

이 명령어는 첫 번째로 로그 파일에서 출발지 주소(sip)를 추출한다. 그리고 출발지 상위 15개에 대한 바 차트를 그리고 source.png로 저장한다. -p 옵션은 상위 15개 목록을 콘솔로 출력하게 한다. 콘솔로 출력한 것을 추후에 사용하기 위해 sources.list로 저장한다. 왜 저장하는지는 조금만 있으면 알게 된다. 목적지 주소(dip)에 동일하게 반복한다. 목적지 주소 목록을 destinations.list로 저장하는 것을 잊지 말아야 한다. 서비스 목록(dport)도 똑같이 할 수 있다. 이 작업이 끝나면 링크 그래프를 만들어본다. 링크 그래프를 그리는 데 있어 부딪히는 난관은, 상위 15개의 호스트만을 그려야 한다는 것이다. 어떻게 이걸 정리할 수 있을까? AfterGlow로 이걸 다 할 수는 없다. 그러나 아래처럼 명령어를 조합하고 설정 파일을 이용하면 만들 수 있다.

```
cat pf.log | pf2csv.pl "sip dip action" | afterglow.pl -t -c graph.
properties
```

action 필드는 pf 로그에서 추출한 것임을 잊지 말아야 한다. 그런데 출발지와 목적지를 그래프로 그리는데 action 필드가 왜 필요할까? 호스트에서 어떤 동작을 취했는지 노드를 연결한 선의 색으로 나타낸다는 것을 잊지 말아야 한다. 그렇기 때문에 이 필드가 필요하다. 두 개의 컬럼(sip, dip)만 링크 그래프에 나타내기 위해 AfterGlow에 -t 옵션을 사용했다. 설정 파일에서 세 번째 컬럼이 선의 색을 나타내도록 할 수 있다.

상위 15개 호스트만 나타내기 위해, 다음과 같이 설정 파일을 만들어야 한다.

---

7 OpenBSD가 아닌 다른 OS의 tcpdump로 시도하지 말 것. 동작하지 않는다. OepnBSD는 pcap 포맷을 읽어 pf 로그로 저장하는 별도의 상용 코드를 사용해 기능을 추가했다.

```
variable=open(SRC,"sources.list"); @src=<SRC>
variable=open(DST,"destinations.list"); @dst=<DST>
  (grep(/$fields[1]/,@dst)) && (field() = ~ /?111/))
color="gray" if (grep(/$fields[0]/,@src) &&
        (grep(/$fields[1]/,@dst)))
color="invisible"

color.edge="green" if ($fields[2] eq "pass")
color.edge="red"
```

설정은 두 개의 명령어로 시작한다. sources.list를 읽어 @src 배열에 저장하고, 목적지 주소에 대해서 동일하게 반복한다. variable은 AfterGlow에서만 실행 가능한 임의로 정의된 속성이다. 아무튼, 출발지, 수신지 상위 15개의 호스트 목록에 포함된 주소에 회색으로 칠했다. 출발지 주소는 $fields[0] 필드로 접근할 수 있다. 외부 노드와 내부 노드를 구별하기 위해 회색을 두 가지 형태로 이용하고자 한다. IP 주소가 111로 시작하는 것이 내부 노드다. 조건에 해당이 없어 아무런 색도 칠해지지 않은 노드는 보이지 않게 걸러냈다. 마지막으로 세 번째 컬럼의 값은 노드처럼 표시하진 않지만, 이 값을 이용해 노드를 잇는 선의 색을 정한다. 값이 pass면 녹색을, 아니면 빨간색이다. AfterGlow에 대해 더 자세한 정보를 알고 싶다면 9장을 참고하면 된다.

pf 로그를 대신해 트래픽 로그를 그래프로 그리려 한다면 아거스(2장 참조) 같은 것을 이용할 수 있다. pcap 파일을 가지고 있다고 가정하고, 아래에 나오는 명령어대로 해보자. 먼저 pcap 파일을 아거스 파일로 바꾼다.

```
argus -r file.pcap -w file.argus
```

다음으로 아거스 파일을 다루는 ra를 이용해 원하는 정보를 추출한다. 다음 명령어는 네트워크 흐름을 정리해 바 차트로 만든다.

```
ra -n -s saddr -r file.argus | bar.pl -f source.png -n 15 -t
"Source Addresses" -p > sources.list
```

특정한 호스트가 몇 번 나타났는지 알려고 하는 것이 아니기 때문에 rahosts를 사용할 수 없다. 네트워크 흐름을 모아보기 위해 기능이 단순한 ra 대신 ra를 사용할 수 있다. ra에 대한 설명은 2장에 있다. 호스트 간의 통신을 링크 그래프로 만들기 위해선 다음과 같이 하면 된다.

```
ra -n -s saddr daddr -r file.argus - ip
| awk '{printf("%s,%s\n",$1,$2)}'
| afterglow.pl -t -c graph.properties
```

awk를 이용해 탭으로 나누어진 결과를 AfterFlow가 이해할 수 있는 CSV 형태로 바꾼다. 그리고 MAC 주소를 결과값에서 제외하고 IP 트래픽만 나타낸다. 만약 MAC 주소를 포함하고 싶다면 명령어 일부를 지우면 된다. 패킷의 통과/차단 여부에 대한 정보가 없기 때문에, 노드를 연결하는 선에 대한 설정은 적용되지 않는다. 그러나 그 외에 다른 설정은 같으므로, 아거스 자료를 기반으로 한다고 해도 동일한 형태의 그래프를 만들 수 있다.

이렇게 만든 그래프를 이용해 특이한 점이 있는지 살펴보자. 다음의 물음에 대답을 할 수 있을 것이다.

- 출발지, 목적지 중 특이한 것이 있는가? 어디서 가장 많은 트래픽이 발생하는가? 왜 그런가? 그 호스트가 NAT 게이트웨이일 가능성은? 그렇기에 많은 트래픽을 발생시킬 수도 있다.

- 특정 서비스가 많이 사용되었는가? 예상했던 바 그대로인가? 예를 들어 TFTP 서비스가 가장 많이 사용되었다면, 이건 무언가 잘못되고 있다는 신호다.

- 예상하지 못한 서비스가 동작하고 있는가? 가령 특정 서버에서 SSH 대신 텔넷이 사용되고 있는가?

- 특정 장비가 통신이 금지된 장비와 연결되어 있는가?

이 물음에 간단히 대답을 하고 나면, 각각의 장비가 어떤 서비스를 제공하는지 알고 싶게 될 것이다. 이런 상황에서는 그림 5.24와 같은 트리맵을 이용하는 것이 최선의 시각화 방법이다. 트리맵으로 좁은 공간에 많은 자료를 표현할 수 있다. 네트워크 트래픽에서 각각의 프로토콜이 얼마나 쓰였는지 쉽게 분석할 수 있다.

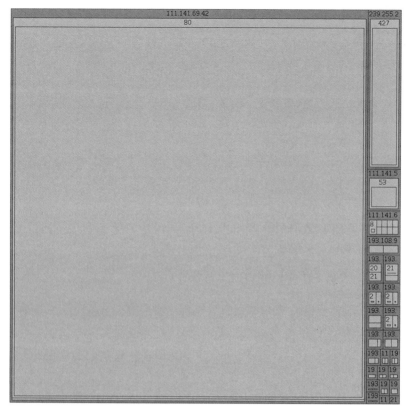

그림 5.24 트리맵으로 네트워크의 각 장비들이 어떤 서비스를 제공하는지 알 수 있다

이 그림에서 장비 111.141.69.42의 80번 포트로 향하는 트래픽이 전체 트래픽에서 거의 대부분을 차지한다는 사실을 쉽게 알 수 있다. 그렇기에, 동일한 트래픽에서 111.141.69.42로 향하는 트래픽을 제외하고 두 번째 그래프, 그림 5.25를 만들었다. 이 그림에서 전체 장비와 어떤 포트에서 서비스를 제공하고 있는지 파악할 수 있다. 방화벽 로그를 시각화한다면, 각기 다른 색을 이용해 특정 트래픽이 허용되었는지 차단되었는지 표시할 수 있을 것이다.

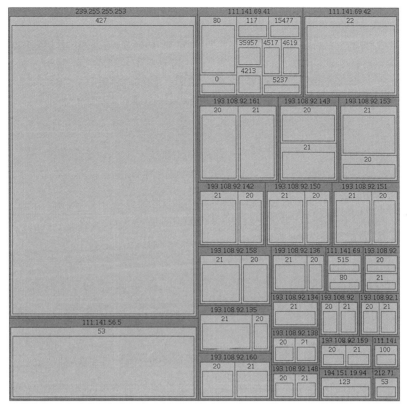

그림 5.25 트리맵으로 장비와 제공하는 서비스를 알 수 있다. 이 그림에선 전체 트래픽의 상당수를 차지했던 장비가 제외되었다

　그림 5.25를 보면 상당수의 장비에 FTP 포트로 많은 접근을 시도했음을 알 수 있다. 그럼 서비스에 성공적으로 연결되었는지 확인해봐야 한다. 만약 연결 되었다면 FTP 서비스가 돌고 있다는 의미인가? 패킷의 실제 내용을 살펴보거나 장비에 포트 스캔을 해서 사실 여부를 확인해볼 수 있다.

네트워크 트래픽을 트리맵으로 시각화하기

트래픽 로그는 그림 5.25처럼 장비와 서비스 사용량을 보여주는 트리맵을 만드는 데 사용할 수 있다. iptables 방화벽 로그를 트리맵 시각화(9장 참조)에 필요한 자료 형식으로 변환하는 법을 설명하고자 한다. 일단 목적지 장비와 목적지 포트로 향하는 정보를 추출해 TM3 파일 형태로 저장해야 한다. 먼저, 파일 헤더 정보를 아래와 같이 입력해 services.tm3 파일로 저장한다.

```
COUNT    Machine   Service
INTEGER  STRING    INTEGER
```

그리고 iptables 로그에서 정보를 추출해 탭으로 나누어진 형태로 변환한 후, 방금 저장했던 파일에 이어서 저장한다.

```
cat iptables.log | perl -pe 's/.*DST=([^ ]*).*
DPT=(\d+).*/\1,\2/g' | sort | uniq -c
| perl -pe 's/^\s*//, s/[, ]/ /g' >> services.tm3
```

트리맵 시각화 프로그램으로 이 자료를 읽어 장비 ▶ 서비스로 단계를 설정하고 그래프를 만들면 그림 5.25와 비슷한 트리맵을 볼 수 있게 된다.

네트워크 흐름을 분석하는 다음 단계는 자료에 대한 가설을 세우고 그 가설이 맞는지 확인해보는 것이다. 네트워크 환경과 네트워크 환경에서 벌어지는 일을 생각해보면, 어떤 트래픽을 살펴볼지 여러 가지 가정을 할 수 있을 것이다. 가설이 꼭 사실일 필요는 없다. 로그 파일을 분석해 가설이 맞는지 아닌지 확인해보면 된다. 예를 들어 이런 가정을 해볼 수 있다. 웜의 공격을 찾아내려 할 때, 웜에 감염된 장비는 다수의 장비에 연결하려 하는 패턴을 보인다는 가정을 할 수 있고, 그 패턴은 그래프로 쉽게 파악할 수 있을 것이다.

그 외에 여러 가지 그래프로 네트워크 흐름을 자세히 분석하고 공격 여부를 알아낼 수 있다. 그러나 대부분의 경우 이런 분석 과정은 가설을 적용해 정상적이지 않은 상황을 밝혀내거나 공격을 살펴보는 데 도움을 주는 것이지, 공격을 반드시 밝혀내는 것은 아니다. 6장에서 DoS 공격이나 웜을 밝혀내는 데 도움이 되는 몇 가지 가설을 다룰 것이다. 이 두 가지 상황을 밝혀내는 것은 어려운 작업이 아니다. 어느 정도 트래픽 규모가 되면 이런 공격은 확연하게 드러나기 때문이다. 그 외의 다른 사례들도 트래픽을 살펴보면 확연히 드러난다. 5장에서는 간단한 설명과 더불어 어떻게 시작해야 할지를 설명한다. 네트워크 사용량을 파악해 원치 않는 행위를 파악하는 예제를 다루는 6장에서, 네트워크 흐름과 관련된 다양한 사례를 볼 수 있게 될 것이다.

표 5.1은 네트워크 흐름 자료를 어떻게 분석할 수 있는지 각 단계별로 보여준다. 만약 네트워크 흐름이 아닌 패킷을 캡처해뒀다면 별도의 과정을 거쳐 추가적인 자료를 얻을 수 있다. 가령 패킷을 IDS에 돌려 공격이 있었는지를 파악할 수도 있다. 스노트snort를 사용한다면 아래와 같이 할 수 있다.

```
snort -l /var/log/snort -c /etc/snort.conf -U -A full -r <pcap_file>
```

이 명령어는 스노트 로그를 /var/log/snort/alert 파일에 기록한다. 이렇게 추가로 얻은 IDS 이벤트 로그를 통해 상당한 양의 정보를 얻을 수 있게 된다. 다음절엔 이렇게 얻은 모든 자료를 다루는 방법을 이야기한다.

표 5.1 네트워크 흐름 자료 분석 단계

단계	세부 내용
1. 개략적인 내용 파악	분석 • 가장 많은 트래픽을 발생하는 장비 • 서비스별 분석 • 장비 간의 관계
2. 그래프 분석	그래프에서 어떠한 비정상 트래픽이 보이는가? 1단계에서 파악한 내용을 다시 확인해본다.
3. 장비별 서비스 분석	트리맵을 만들어 각 장비의 어떤 서비스로 접속 시도가 있는지 알아본다.
4. 서비스 실제 동작 확인	동작하지 말아야 하는 서비스가 동작하는 장비가 있는가? 네트워크 구성을 참고해 3단계에서 만든 그래프를 다시 살펴본다. DNS 서버라면 보통 웹 서버 또는 그 외의 다른 서버가 동작하지 않아야 한다.
5. 가설 기반 분석	여러 가지 가설을 기반으로 네트워크 흐름을 분석한다.

침입 탐지 자료

네트워크 침입 탐지 자료로 무엇을 할 수 있을까? 앞서 살펴본 네트워크 흐름 자료와 비교해보면, 네트워크 침입 탐지 자료는 전체 연결 중 정책을 위반했거나, 시그니처에 걸린 아주 일부분이다. 네트워크 침입 탐지 로그로는 네트워크에 어떤 장비가 있는지 장비의 역할이 뭔지 등 제한적인 정보만 알 수 있다. 네트워크 침입 탐지 로그로는 네트워크의 전체적인 모습을 볼 수는 없고, 침입탐지 로그에 기록된 경고를 통해 어떤 장비들이 서로 연관되어 있는지 정도만 알 수 있다. 그러나 침입탐지 로그로 좀 더 재미있고 중요한 일을 할 수 있다.

IDS 로그로 장비와 연결의 중요도를 평가할 수 있다. 공격 당한 장비가 얼마나 잘 버텼는가? 공격을 시도한 장비의 위험도는 얼마나 되는가? 연결의 위험도는 얼마나 되는가? 이런 것을 하기 위해, 중요도를 매기는 공식이 필요하다. 이벤트의 중요도가 높다면, 그만큼 위험도가 높다는 의미다. 중요도 범위를 0부터 10까지, 가장 치명적인 이벤트의 경우 중요도가 10이 되도록 범위를 가정해보자. 이벤트의 중요도를 계산하기 위해 IDS에서 매겨놓은 중요도 항목을 사용한다. 이 값을 0에서 10사이에 들어가도록 정규화를 해야 한다. 어떤 경우엔 숫자가 아닌 높음, 중간, 낮음으로 분류해 위험도를 평가하는데, 이 값을 숫자로 변환해야 한다. 안타깝게도 IDS가 이벤트의 중요도를 평가함에 있어 표준이 별도로 존재하지 않는다. 어떤 장비는 범위를 0부터 100까지 사용하기도 하고, 어떤 장비는 범주로 분류해서 사용하기도 한다. 이 값을 기반으로, 다음 네 가지 외부 요소를 적용해 중요도를 조정한다.

- **공격 대상 장비의 위험도:** 전체 업무에서 차지하는 비중에 따라 공격 대상 장비의 위험도를 분류한다. 회사의 중요한 정보를 담고 있는 장비라면 테스트 장비보다 높은 중요도가 매겨질 것이다.

- **공격 시도 장비의 이력:** 공격하거나 스캔했던 장비의 목록을 가지고 있어야 한다. 이전에 네트워크를 스캔했던 적 있는 장비는 좀 더 높은 중요도가 매겨질 것이다.

- **공격 성공 가능성:** 공격 대상 장비에 포트가 열려 있었는가? 몇몇 IDS는 성공할 가능성이 없는 공격 시도(예를 들면 포트가 열려 있지 않은 경우)가 발생한 경우에도 보고한다. 만약 포트가 열려 있지 않았다면, 중요도를 낮춘다.

- **취약점 상태:** 장비의 취약점을 악용하기 위해 공격이 이루어졌는가? 해당 취약점이 없다면, 중요도를 낮춘다.

마지막 두 개를 확인하려면 장비의 취약점을 살펴봐야 한다. 만약 포트가 열려 있지 않고, 취약점도 존재하지 않는다면 이벤트의 중요도를 확연히 낮출 수 있다. 공격이 있더라도 성공할 가능성은 확연히 낮다. 이렇게 이벤트의 중요도를 평가하는 방법은, 보안 정보 관리(SIM) 솔루션에서 이벤트의 중요도를 계산해, 좀 더 중요한 것에 집중하도록 하는 방법이다. 이런 기준 이외에, 다른 요소들도 이벤트를 평가하는데 사용할 수 있다. 네트워크 환경에 따라 다른 평가 방법이 필요한 때가 있을 것이다.

이벤트의 중요도를 평가했으니, 이벤트 중요도를 이미 만들어둔 통신 그래프 위에 나타내야 한다. 다음 그림은 그래프에 필요 없이 많은 것을 보여주지 않기 위해 중요도 9, 10의 이벤트만 나타나게 했다. 추가로 중요도 9의 이벤트와 관련 있는 외부 노드는 개별적으로 보여주지 않고 '외부 노드'로 묶었다. 중요도 10의 이벤트와 관련 있는 외부 노드는 각각의 주소를 나타냈다. 이런 설정을 적용해 그래프가 필요 이상의 정보를 담지 않도록 하고, 읽기 적합하도록 다듬는다.

그림 5.26 네트워크 흐름 자료로 만든 네트워크 통신 그래프. 거기다 침입 탐지 시스템 자료를 이용해 중요도를 연결선의 색으로 표시하도록 했다

연결선의 색은 중요도에 따라 결정된다. 연결선이 짙으면 짙을수록, 중요도가 높은 것을 뜻한다. 만약 두 장비 사이에 다수의 이벤트가 있었다면, 그중 가장 높은 중요도로 연결선의 색을 선택했다.

만약 침입 탐지 로그와 네트워크 흐름 자료를 충분히 가지고 있다면, 몇 가지 흥미로운 분석 작업을 할 수 있다. 이어서 다루는 논의는 두 가지의 로그를 가지고 있다는 것을 전제로 한다. 몇 가지는 침입 탐지 로그만 있어도 할 수 있다.

그림 5.26과 같은 각각의 연결의 중요도를 표시하는 그래프를 만든 후엔 뭘 해야 할까? 그래프를 자세히 살펴보고 분석하는 작업을 해야 한다. 그래프의 어떤 부분이 잠재적인 공격을 암시하거나, 문제를 해결하는 데 도움을 주는지 알 수 있을까? 그래프에서 살펴봐야 할 것이 많은데, 어떤 부분을 살펴보려면 추가로 그래프를 만들어야 하는 경우도 있다. 그림 5.26을 자세히 살펴보자. 그래프에서 찾을 수 있을 공격에 관한 몇 가지 가설을 든다. 어떤 것을 찾을 수 있을지, 만약 로그로 직접 나타나지 않는 공격이 있다면 어떤 것을 이용해 공격을 알아낼 수 있을까?

1. 각 노드의 중요도를 평가했고, 중요도가 낮은 연결은 제외했다. 그럼 남아있는 이벤트 중 무엇이 중요한 이벤트인가? 각 연결을 살펴보며 신중히 판단해야 한다.

2. 각각의 노드 군집이 비슷한 형태를 띄는가? 왜 그런가? 각각의 군집에서 연결 대상이 되는 장비에 어떤 공통의 특성이 있는가? 군집에 어떤 특이점이 있는가? 있다면 왜 그런가?

3. 공격자가 장비 침입에 성공했다면, 공격 당한 장비는 공격자의 장비로 세션을 맺기 시작할 것이다. 그런 흔적이 있는가? 트래픽 흐름을 살펴보면 새로운 세션에 대한 정보를 알 수 있고, 질문에 대한 답을 구하는데 도움이 될 것이다.

4. 연결이 정상적으로 생성되지 않는데도 세션을 새롭게 만들려고 시도하는 장비가 있는가? 이런 건 보통 스캐닝의 일반적인 특정인데, 특정 포트에 서비스가 작동하고 있는지 알기 위해 이런 행위를 한다.

5. TCP 플래그가 이상하게 조합된 경우가 있는가? RFC를 따르지 않는 연결, 즉 프로토콜의 스펙을 위반하는 경우가 있다면 의심해볼 필요가 있다.

6. 패킷 크기가 비정상적인 경우가 있는가? 각각의 프로토콜마다 크기는 다른 데, DNS를 UDP를 통해 전송하면 패킷 크기가 고정되어있다. HTTP는 요청이 응답보다 패킷 사이즈가 작아야 한다. 그 외에도 여러 가지 경우가 있다.

이것이 전부는 아니다. 그 외에 많은 가설을 만들 수 있고, 확인해볼 수 있는 것도 많다. 그림 5.27은 그림 5.26과 동일한 그래프지만, 앞서 살펴본 가정 중 이 그래프에 해당되는 것을 표시해두었다. 그 중 이 그래프에 적용한 것 하나는 특정 장비로부터 연결된 장비를 네모로 묶어 군집으로 표시한 것이고, 하나는 외부로 연결이 되어 있어 감염당하거나 침입낭했을 수 있는 장비를 작은 동그라미로 표시한 것이다.

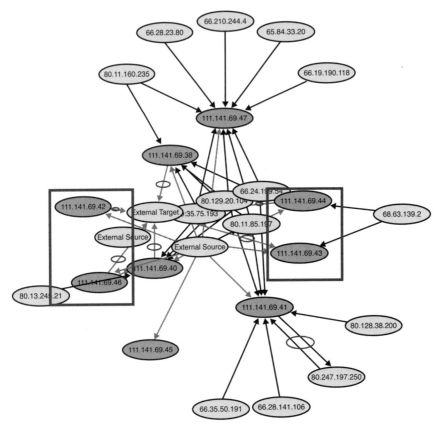

그림 5.27 가설에 해당되는 것을 표시한 공격 분석 그래프

그림에서 두 개의 군집은 각각 두 대의 장비를 포함하고 있고, 비슷한 동작 유형을 보인다. 이 장비들은 네트워크 안에서 비슷한 역할을 수행하고 있다. 군집이 작기 때문에, 이것을 자세히 들여볼만한 이유는 없다. 그러나 이 군집이 좀 더 크다면, 반드시 장비와 관련된 IDS 이벤트 로그를 살펴봐야 한다. 연결이 외부로 이루어진 경우, 충분히 살펴볼만한 이유가 있다. 그림에 큰 타원형으로 표시해둔 연결 하나가 있다. IDS는 내부 장비로 향하는 중요도 높은 공격이 있다고 감지했고, 또한 그 내부 장비로부터 다시 공격을 했던 장비로 연결이 이루어졌고, IDS는 이 이벤트 또한 중요도가 높다고 판단했다. 이건 좀 이상하다. 공격을 당한 내부 장비에서, 공격을 시도한 외부 장비로 이루어지는 연결의 이벤트의 중요도가 왜 높은 걸까? 이건 제대로 살펴봐야 한다.

앞서 살펴본 가설이 제기한 물음에 답하기 위해 새로운 그래프를 만들었다. 이 그래프를 만들기 위해 세션에 관한 추가적인 자료가 필요하고, 이 자료는 네트워크 흐름 자료에서 얻을 수 있다. 그림 5.28은 연결 상태 정보를 보여주는 그래프다. 아거스가 출력한 자료를 기반으로, 노드의 연결 상태를 색상으로 표현했다. 추가로, 노드의 크기는 장비간에 연결이 이루어진 횟수를 나타낸다. 그래프를 만들기 위해 사용하는 출발지, 목적지, 연결 상태는 아거스 로그에서 추출할 수 있다. 아래와 같이 Afterglow를 설정해 그래프를 그릴 수 있다.

```
color="gray" if ($fields[2] eq "RST") # reset
color="gray20" if ($fields[2] eq "TIM") # timeout
color="gray30" if ($fields[2] eq "ACC") # accepted
color="gray50" if ($fields[2] eq "REQ") # requested
# connected, finished, initial, closed
color="white" if ($fields[2] =~ /(CON|FIN|INT|CLO)/)
color="gray50"
size.target=$targetCount{$targetName}
size=0.5
maxnodesize=1
```

그림 5.28을 참고해 앞서 살펴본 질문 4와 5에 대한 해답을 찾을 수 있다. 그 래프에서 스캐닝의 흔적을 찾을 수 있는가? 스캐너처럼 보이는 군집이 최소 두 개는 있는 것 같다. 하나는 가운데에, 하나는 왼쪽에 있다. 둘 다 선으로 빽빽하게 채워진 원형의 모습을 하고 있다. 그런데 이 내용을 좀 더 자세히 분석하고자 한다면, 이 그래프로는 한계가 있다. 스캐닝으로 보이는 각각의 연결 시도가 성 공적으로 되었는지 알고 싶지만, 한 노드에 너무 많은 연결시도가 붙어 있고, 노 드의 색깔은 많은 연결시도 중 단지 하나의 상태만 나타내기 때문이다. 각각의 상태를 알 수 없고, 목적지 노드는 너무 작아서 색을 알아볼 수 없다. 특정 노드 만 살펴보기 위해 자료를 걸러낸 또 다른 그래프를 만들어 이 문제를 해결해본 다. 그림 5.29는 그렇게 만든 그래프다.

두 노드가 정말 스캐너인지, 이 가설을 확인해보기 위해서는 연결 상태 정보 를 자세히 살펴봐야 한다. 좌측 상단 장비가 시도한 연결의 상당수는 INT 또는 REQ 상태인데, 연결 시도가 있긴 했지만 실제로 연결이 된 것은 아니라는 의 미다. 스캐너일 수도 있다는 이야기다. 그와 반대로 우측 하단의 연결시도는 대 체로 정상적으로 이루어진 것으로 보인다. 이 경우엔 스캐너가 아닐 가능성이 높다.

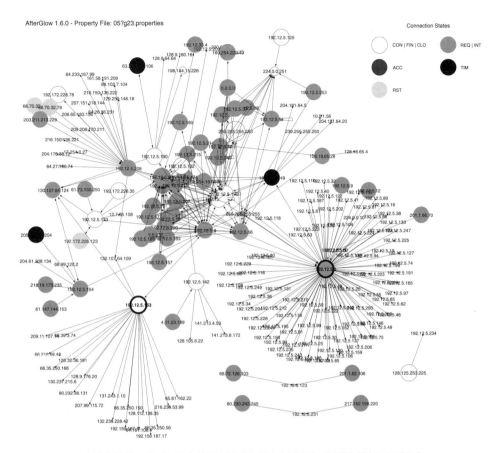

그림 5.28 이 공격 분석 그래프는 연결 상태와 장비들 사이에 연결이 이루어진 횟수를 보여준다

좋은 소식이라면, 스캐너(좌측 상단 장비)의 장비 접속 시도는 모두 이루어지지 않았다는 것이다. 그러나 저 스캐너를 살펴봐야 하는 이유 중 하나는, 몇몇 장비들이 스캐너 장비에 접속을 시도했다는 것이다. 스캐너의 영향도를 판단하기 위해, 저 연결이 성공적이었는지를 반드시 확인해야 한다. 스캐너의 역할이 뭔지 알지 못한다면, 왜 다른 머신들이 이 장비로 접근하려고 했는지 확실히 밝혀낼 수 없다.

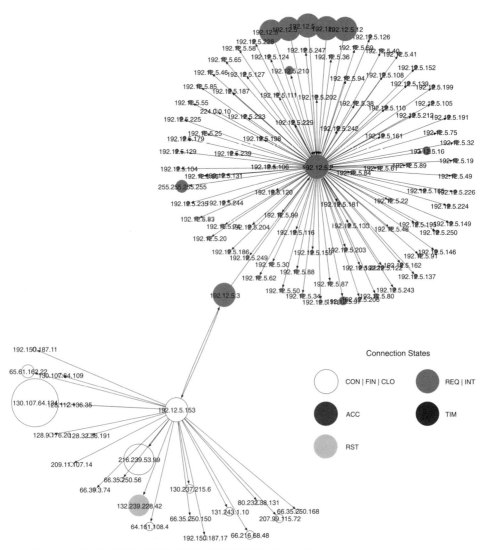

그림 5.29 스캐너로 추정되는 부분을 확대해서 살펴본 공격 분석 그래프

그림 5.28의 원본 그래프에서 어떤 점을 더 확인할 수 있는가? 다섯 번째 가설은 세션의 TCP 플래그 조합이 정상적인지 아닌지 확인함으로써 살펴볼 수 있다. 이를 위해 각 세션에 관한 모든 TCP 플래그를 보여주는 그래프가 필요하다. 아거스를 이용하면 간편하게 만들 수 있다.

```
ra -nn -s saddr daddr dport spkts dpkts state -Z b -A -r file.argus - ip
```

ra 명령어를 사용하면 아거스 로그 파일에 담겨 있는 트래픽 흐름 레코드를 합쳐서 결과를 콘솔로 보여준다. -Z b 옵션을 사용하면 세션별로 플래그가 어떻게 구성되어 있는지 보여준다. 아래는 예제 결과물이다.

```
192.12.5.173 130.107.64.124.53   31  189  CON
192.12.5.173 192.172.226.123.443 652 3100 FSRPA_FSPA
```

첫 번째 레코드는 CON 플래그로 이 세션의 연결이 생성되었음을 알 수 있다. 이 세션이 종료되지는 않았다. 두 번째 레코드는 여러 개의 세션이 생성되었고, 그중 일부는 FIN으로 종료되었고, 일부는 RST로 종료되었다. 플래그의 R로 RST가 포함되었단 것을 알 수 있다. 이 두 메시지는 아주 일반적이며, 분석 작업을 하면서 종종 보게 될 것이다. 이런 류의 정보를 시각화한다면 패킷 크기를 이용해 출발지 또는 수신지 노드 크기를 표현하고, 플래그에 따라 색을 칠하면 될 것이다. 우리가 방금 조금 전 살펴본 그래프와 유사하다. 이런 방식으로 그래프를 만들고 분석하는 것은 독자의 몫으로 남겨두겠다.

여섯 번째 가설은 각각의 프로토콜 패킷 크기를 분석하는 것이다. 각 프로토콜은 패킷 크기의 특성이 있다. 가령 DNS 요청 패킷은 무조건 작아야 한다. 만약 DNS 요청 패킷의 크기가 크다면, 문제가 있다. 패킷 크기를 분석하기 위해 박스 플롯을 사용한다. 그림 5.30은 로그 파일을 읽어 목적지 포트에 따른 요청 패킷과 응답 패킷의 크기 분포를 분석해놓은 그래프다. X축이 로그 스케일이란 것을 주의해서 그래프를 봐야 한다. 대부분의 패킷은 작은 편이지만 몇몇 패킷은 굉장히 크기 때문에, 로그 스케일을 이용하면 패킷 크기를 나타내는 것이 편리하다. 나란히 놓여 있는 요청, 응답 패킷 크기 분석 그래프로 각 서비스를 비교해볼 수도 있다. 그러나 이 그래프를 이해하기엔 아주 약간의 경험이 필요할 것이다. 네트워크에서 주로 사용되는 프로토콜의 패킷 크기는 어느 정도인가?

응답과 요청 패킷은 어떻게 비교할 수 있는가? 이 그래프는 경험을 통해 분석할 수 있다. 예를 들어, HTTP 요청은 대체로 패킷 크기가 작다. 만약 굉장히 큰 HTTP 요청이 있다면, 필요 없는 자료가 HTTP 요청에 포함되어 전송되었을 수 있다. 반대로 HTTP 응답은 대체로 크다. 그림 5.30이 보여주는 것처럼 말이다.

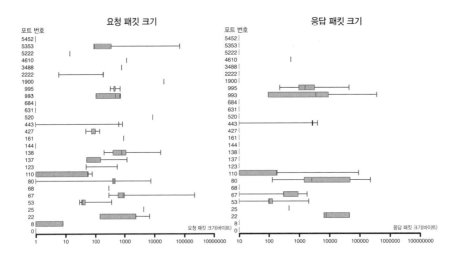

그림 5.30 박스 플롯으로 프로토콜별 요청, 응답에 따른 패킷 크기 분포를 살펴볼 수 있다

패킷 크기를 보여주는 박스 플롯 만들기

그림 5.30의 박스 플롯은 ChartDirector와 AfterGlow[8]의 boxplot.pl 스크립트를 사용해서 만들었다. 박스 플롯을 구성하는 자료는 아거스 트래픽 캡처로부터 얻을 수 있다. 자료를 그래프로 나타내기 위해서는 먼저 자료로부터 필요한 것을 추출해야 한다. 다음 명령어로 할 수 있다.

```
ra -nn -s dport bytes status -z -A -r cap.argus
- ip | awk -v OFS=, '{print $1,$2}' > out.csv
```

서비스(dport), 전송된 바이트(bytes), 연결 상태(status) 정보를 캡처로부터 추출해야 한다. 그리고 IP 트래픽만 서비스에 관련된 정보를 보여주기 때문에, IP 트래픽에서만 추출하면 된다. 추출한 정보로부터 박스 플롯을 그리려면 다음과 같이 하면 된다.

---

8 http://afterglow.sf.net

```
cat out.csv | boxplot.pl -f service.png -n 6000 -l
```

이 명령어는 6000번 이하의 포트와 관련된 박스 플롯을 그려준다. 또한 x축을 로그 스케일로 표시해 큰 패킷을 포함하는 프로토콜을 나타낼 수 있게 했다. 또한 패킷 크기가 작더라도 명확하게 살펴볼 수 있다.

운영체제 로그

운영체제 로그를 분석하면 공격을 찾는 데 필요한 일말의 가능성을 얻을 수 있다. 운영체제 로그는 다른 로그와 연관시켜 분석하거나, 운영체제 로그만 분석해볼 수 있다. 전자는 네트워크와 관련된 로그를 이해하는 데에 추가적인 정보를 제공한다. 예를 들어, 침입탐지 시스템에서 특정 장비를 대상으로 하는 서비스 거부 공격을 탐지하고 보고하였을 때, 그 장비의 운영체제 로그를 살펴보면 DoS 공격으로 인해 어떤 서비스가 종료되었는지 알 수 있다. 후자는 운영체제 로그만 살펴보고 공격을 확인하는 것이다. 그러나 운영체제 로그만 살펴보고 공격을 파악하는 것은 쉬운 일이 아니다. 2장에서 이야기했던 것처럼, 운영체제 로그에는 다양한 종류의 이벤트 기록이 남지 않고, 운영체제 로그에선 공격이 잘 보이지 않는다.

어떻게 네트워크 관련된 로그, 가령 네트워크 흐름 로그와 같은 것과 연관시켜 살펴볼 수 있을까? 방법은 많다. 일반적인 방법으로는 특정 행위와 관련된 로그 (가령 IDS 이벤트를 살펴볼 때)를 살펴보며 운영체제 로그와 연관 여부를 확인하거나, OS 로그를 사용해 로그의 분석의 그림을 좀 더 맞춰볼 수 있을 것이다. 네트워크 관련 로그가 아닌 다른 로그에서 이렇게 종종 새로운 정보를 찾아낼 수 있다.

운영체제 로그와 네트워크 로그를 어떻게 붙여 살펴볼 수 있을까? 네트워크 로그에 기록된 IP가 그 답이 될 수 있다. 네트워크 로그에서 특정 장비를 포함하는 대상으로 하는 엔트리와, 그 장비의 운영체제 로그를 연관시켜 살펴볼 수 있다. 예제를 통해 과정을 살펴보자. 여기서 보여주는 예제는 SSH 연결이 특정 장비로 향하고 있는 네트워크 흐름 자료다. 예를 들어 다음과 같다.

```
05-25-04 11:27:34.854651 * tcp 192.168.90.100.58841 ?>
192.4.181.64.ssh 149 172 14702 54360 CON
```

이 로그는 192.168.90.100에서 192.4.181.64로 향하는 SSH 연결이 있었음을 말해준다. 목적지 장비(192.4.181.64)의 운영체제 로그를 보면, 성공적으로 접속 되었음을 알려주는 SSH 로그 엔트리를 찾을 수 있다.

```
May 25 11:27:35 ram-laptop sshd[16746]: Accepted password for root from
192.168.90.100 port 58841 ssh2
```

추가로, 살펴보는 각 로그의 시간이 일치하는지 확인해야 한다. 장비의 시간이 동기화되어야 하는 이유가 여기에 있다. 그림 5.31은 전체 네트워크에서 SSH 연결이 어떻게 이루어졌는지 살펴볼 수 있는 그래프다. 이에 더해, 운영체제 로그에서 SSH에 관련된 부분으로 그래프에 내용을 더 추가했다. 이렇게 내용을 추가해서 좀 더 완성된 그림을 그릴 수 있다. 네트워크를 추적하면 전체 호스트 간에 SSH 연결이 어떻게 이루어졌는지 살펴볼 수 있고, 이에 더해 운영체제 로그를 살펴보면 운영체제 입장에서 추가적인 자료를 살펴볼 수 있다. 운영체제 로그는 단순히 어디에서 연결 시도를 했느냐 뿐만 아니라, 누가 로그인했는지도 알 수 있다. 이런 자료는 굉장히 유용하게 사용될 수 있는데, 예를 들면 그림 5.31에서 운영체제 로그를 사용해 192.4.181.64 서버에 어느 사용자가 접속했는지를 볼 수 있다. 또한 이 그래프는 192.168.90.100에서 192.4.181.64 서버로 로그인했음을 알 수 있게 해준다. 네트워크를 추적해서 SSH 연결이 어디서부터 시작되었는지 전체 그림을 살펴볼 수 있다.

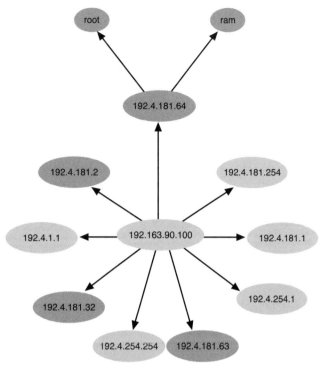

그림 5.31 SSH 연결을 네트워크와 운영체제 로그로 살펴본 그래프. 이 그래프는 특정 사용자가 중요한 서버 (192.4.181.64)에만 접근한 것이 아님을 알 수 있다

그림 5.31의 출발지 장비는 왜 모든 장비에 접근하려고 시도했던 것일까? 더 욱이, 중요한 서버로는 로그인마저 성공했다. 이것은 특정 사용자 계정이 탈취 당한 것으로 보이며, 이와 관련된 사용자를 조사해봐야 한다.

운영체제 로그를 항상 네트워크 흐름 로그와 같이 살펴볼 필요는 없다. 운영 체제 로그만 살펴보는 것으로도 많은 정보를 얻을 수 있다. 몇몇 경우엔, 운영체 제에 별도의 설정을 해 특정 행위를 로그로 남기도록 설정해야 한다. 다음의 사 례는 운영체제 로그로 해볼 수 있는 일이다

- **민감한 문서에 접근하는 것을 모니터링하기:** 파일 감사를 하는 법에 대해서는 2장을 살펴보면 된다. 파일 감사를 하게 되면 이유 없이 파일을 건드리는 사용자를 알 수 있다. 또한 사용자가 각 파일, 가능하다면 장비별로 접근하는 횟수를 그래프로 나타낸다면, 중요한 파일을 유출하는 사용자를 찾아낼 수도 있을 것이다.[9]

- **설정 파일에 접근하는 것을 모니터링하기:** 2장에서 설정 파일을 감사하는 법에 대해 다루었다. 모든 설정 파일을 감사하도록 설정해둔다. 장비의 모든 설정 파일이 매번 바뀔 때마다 사유를 확실히 기록해두도록 한다. 이렇게 하면 설정 파일의 변화에 의해 문제가 생겼을 경우, 설정이 어떻게 변경되었는지 그리고 어떤 권한으로 변경되었는지 알 수 있다.

- **사용자 로그인 감사:** 각 장비별로 로그인 횟수를 살펴보자. 누가 어떤 장비에 접근하고 있는가? 사용자별로 로그인 횟수를 그래프로 만든다. 어느 사용자의 로그인 횟수가 이상한 것 같은가?

- **열려 있는 소켓 모니터링하기:** 장비에서 새로운 포트가 열린다면 자세히 살펴볼 필요가 있다. 서버에서 새로운 포트가 열린다면 합당한 이유가 있어야 한다. 다시 말해, 문제가 생겼을 때 새로운 서비스가 왜 열렸는지 합당한 이유가 있어야 한다. 그렇지 않다면, 장비는 왜 갑자기 새로운 서비스를 제공하는가?

- **성능 관련 지표 모니터링:** CPU 부하, 메모리 사용량, 디스크 사용량 등을 살펴보는 것은 단지 성능이 떨어지거나, 한계에 달하는 것을 탐지하는 것뿐만 아니라, 보안과 관련된 이유로 성능에 문제가 생겼을 때를 탐지해낼 수 있다. 가령 어느 서버가 밤에는 굉장히 조용한데, 갑자기 많은 동작이 이루어진다면, 이것은 공격의 증거일 수도 있다.

---

9 파일 접근 내역을 모니터링 하는 것은, 듀폰의 게리 민이 수천 가지 문서에 접근해 불미스러운 내부자 범죄가 발생하는 것을 막을 수 있음을 보여준다. 8장에서 이 사례에 대해 다룬다.

운영체제 로그는 다양한 사례에서 유용하게 활용할 수 있다. 앞에서 이야기하는 것들이 많은 도움이 되길 바란다. 시각화로 변화를 쉽게 탐지한다.

애플리케이션 로그

네트워크 스택, 운영체제 다음엔 애플리케이션 계층이다. 애플리케이션 계층에서는 분석에 도움을 주는 다양하고 흥미로운 시각화 활용 사례가 있다.

앞서 다룬 네트워크 스택, 운영체제와 다른 것이 있다면 여기선 일반적인 사례가 없다는 것이다. 애플리케이션이 각기 다른 작동 방식을 가지고 있기에, 분석 방법도 각각 다르다. 다음은 시각화 활용 사례를 간략하게 설명하기 위해 분류한 애플리케이션 목록이다.

- 네트워크 인프라 서비스, DNS, DHCP 등
- 네트워크 서비스, 프록시 서버, 웹 서버, 이메일 서버 등
- 애플리케이션, 데이터베이스, 금융 관련 소프트웨어, 고객 관리 소프트웨어 등

그 외에도 다양한 애플리케이션 종류가 있지만, 네트워크 흐름과 연계해 분석할 수 있는 사례를 살펴보기 위해 위와 같은 분류를 선택했다. 그 외 많은 애플리케이션 분석 사례는 책 뒤편에 있다. 부정 행위fraud는 애플리케이션 로그 분석에 있어 가장 흥미로운 분야 중 하나인데, 이에 관해서는 8장에서 다룬다.

지금 다루는 애플리케이션은 시각화를 할 수 있고, 시각화를 통해 애플리케이션 내부의 문제를 발견해낼 수 있다. 가령 DNS라면 비인증 전송을 찾아낼 수 있다. 다시 말하지만, 5장에서는 구체적인 활용 방법을 다루진 않고, 6장에서 다룰 것이다. 지금 여기서 다루는 것은 우리가 이미 다뤘던 분석 주제와 관련해, 애플리케이션 로그로 어떤 도움을 받을 수 있는지에 대한 이야기다. 예를 들면 DHCP 로그가 네트워크 로그 분석 작업을 용이하게 하거나, 도움을 줄 수 있는가?

DNS와 DHCP 등 네트워크 인프라 서비스를 이용해 네트워크 시각화 결과물을 좀 더 좋게 만들 수 있다. 어떻게 DNS 로그를 사용할 수 있을까? DNS는 호스트 이름을 IP로 연결하거나, 그 반대로 IP를 호스트 이름으로 연결하는 기능을 수행한다. 왜 우리는 이 정보를 시각화에 쓰려고 하는 것일까? 어떤 사람은 이렇게 물어볼 수 있을 것이다. 그래프를 생성하는 시점에 DNS 서버에 조회하면 되는 것 아닌가?라고. 맞다. 그것도 된다. 그러나 우리가 무엇을 하려 하는지 확실히 생각하자. 우리는 각기 다른 시간대로 기록된 IP의 DNS 정보를 조회하고, 게다가 그보다 더 중요한 것은, 해당 로그가 발생한 네트워크 각각에서 DNS 서버에 조회해야 한다. 사설 IP 주소를 쓴다고 가정해보자. DNS 서버는 해당 IP 주소를 호스트이름으로 변환해줄 수 있을 것이다. 그러나 다른 DNS 서버에서 해당 주소를 조회하면, 해당 호스트이름으로 변환해주지 않을 것이다. 그렇기 때문에 분석시점에 DNS를 조회하는 것이 아닌, 반드시 DNS 로그를 이용해 분석을 개선해야 하는 것이다.

DHCP 로그도 비슷한 정보를 가지고 있다. 이 로그로 IP 주소를 MAC 주소에 연결하거나, 물리적 장비와 연결할 수 있다. MAC 주소는 전 지구적으로 유일하기 때문에, 각각의 장비를 파악할 수 있다. DHCP를 사용하는 환경에서는, 이 정보가 굉장히 유용하다. 시각화를 할 때, 그래프에 표시된 한 IP의 행위가 하나의 동일한 장비에서 이루어지지 않았을 수도 있다. 이상적으로 장비의 MAC 주소와 소유자 정보를 연결시킬 수 있다면, 네트워크상의 특정 행위를 벌인 장비만 파악할 수 있는 것이 아니라, 그 장비를 책임지고 있는 사람 또한 파악할 수 있게 될 것이다. 문제를 해결함에 있어 이렇게 자료를 적용한다면, 아주 쉽게 해결할 수 있을 것이다. DHCP 정보를 조회해 원본 로그의 IP를 MAC으로 대체할 수 있다.

웹 또는 메일 서비스 등과 같은 네트워크 서비스 로그는 분석에 어떤 도움이 될까? 다시 말하지만, 구체적인 사례 설명이 아니다. 그건 6장에 있다. 여기서 이야기 하고자 하는 것은, 이 로그에 어떤 추가적인 정보가 있느냐다. 프록시 로그를 살펴보는 것으로 시작하자. 프록시엔 여러 종류가 있다. 몇 가지는 그저 릴레이만 하는 것도 있다. 여기서 살펴볼 것은 사용자 인증을 하는 프록시다. 이 로그로는 IP와 사용자를 연결할 수 있다. 이것은 굉장히 유용하다. 특정 행위를 저지른 장비를 파악하는 것 대신, 특정 행위에 대한 책임이 있는 사용자 이름을 찾아낼 수 있게 된다. 또한 이 정보로 현실세계의 사람과 연결할 수도 있기를 바랄 것이다. 그러나 이 작업이 쉽지 않음을 알아야 한다.

그 외에 다른 네트워크 서비스 로그로도 비슷한 결과를 만들 수 있을 것인가? 답은, "로그에 따라 다르다"다. 그러나 로그인을 필요로 하는 모든 서비스는 이에 후보에 포함될 수 있을 것이다. 로그인한 사용자와 IP 정보가 기록된 로그를 살펴보자. POP 데몬 ipop3d는 모든 세션 정보를 기록하면서 사용자 이름과 연결한 IP를 기록한다.

```
Jun 12 09:32:03 linux2 ipop3d[31496]: Login user=bhatt host=PPP-
192.65.200.249.dialup.fake.net.in [192.65.200.249] nmsgs=0/0
```

이 로그에서 사용자와 사용자의 IP 정보를 추출한다면, 사용자와 장비를 이어주는 정보를 또 얻게 된다. 그 외에 다른 서비스 로그도 이런 정보를 제공한다. 몇몇 로그는, 단지 로그인 아이디뿐만 아니라 이메일 주소도 알 수 있게 해준다. 가장 확실한 건 메일 서버 로그가 될 것이다. 그중 하나가 센드메일이다. 메일 서버 로그를 다룰 땐 꽤 신중해야 한다. 내가 봤던 로그 중에 가장 최악이었다. 세션 정보뿐만 아니라, 내부 처리 과정까지 종종 로그에 남긴다. 예를 들면, 센드메일은 전달해야 하는 메일이 도착할 때 로그를 남긴다. 그런데 이때 센드메일은 메일 보낸 사람의 정보만 기록한다. 전달해야 하는 사람 정보는 기록하지 않는 것이다. 메일을 보내고 난 뒤 받는 사람의 정보를 기록한다. 이것이 우리를 골치 아프게 만든다. 우리는 이걸 수동으로 짜깁기해야 한다. 메일을 다루는 것들은 가장 최악의 로그를 생성한다. 메일을 처리하면서 매 과정마다 로그를 남기고, 남기는 로그는 시각화를 위해 필요한 전체 정보가 아닌, 각각 조각난 정보다.

앞서 언급한 애플리케이션 종류 중에 살펴보지 않은 것은 데스크탑 애플리케이션이다. 데스크탑 애플리케이션의 문제는 사용자가 네트워크를 통해 인증을한 뒤 애플리케이션을 쓰는 게 아니라는 것이다. 그렇기 때문에, 네트워크 트래픽과 연동시켜 살펴볼 수 있는 IP 주소를 로그에 기록하지 않는다. 애플리케이션로그에서 추가적인 정보를 가져올 수 있는 방법 중 하나는 사용자와, 사용자의역할에 대한 추가적인 정보를 획득하는 것이다. 그러나 이런 정보를 수집하는것은 쉽지 않은 일일 것이다. 데스크탑 애플리케이션과 네트워크 서비스에서 동일한 아이디를 사용한다고 가정한다면, 네트워크에 남겨진 사용자 행위에 애플리케이션 로그를 연결해 특정 이벤트를 살펴볼 수 있다. 그러나 대체적으로 그반대다. 애플리케이션 로그를 바탕으로 네트워크에 기록된 정보를 연결시켜 살펴봐야 한다. 이렇게 하면 애플리케이션상의 특정 행위와, 그 행위가 벌어질 수있는 소스를 연결해 살펴볼 수 있게 될 것이다. 이렇게 하면 특정 사용자가 집중하고 있는 행위를 알 수 있게 된다. 만약 어느 사용자가 애플리케이션에서 특정동작을 실행하면서, 동일한 시간에 네트워크 서비스를 사용하고 있다면? 예를들어 중개인을 감독하는 애플리케이션을 가정해보자. 만약 회사 밖의 네트워크를 통해 스카이프나 메신저로 통신이 이루어지고, 그 직후 짧게 거래가 발생한다면, 외부로부터 정보를 넘겨받아 했을 수 있다고 할 수 있을 것이다.

그림 5.32는 간단한 사기 시나리오를 보여주는 그래프다. 왼쪽의 그래프는 전체 메신저 트래픽을 보여준다. 중개인들이 서로 메시지를 주고받는 것을 볼 수있다. 그러나 매우 특이하게 보이는 장비가 하나 있다. 이 장비는 게이트웨이 주소에서 메시지를 받았다. 이 말은 즉 네트워크 외부에서 메시지가 왔다는 것이다. 이것은 매우 중요하다. 정책을 위반했다는 것을 암시하기 때문이다. 제대로살펴볼지 여부를 확실히 하기 위해선 IP 주소와 IP 주소 소유자와의 관계가 필요하다. 더불어 거래에 대해서도 알아야 한다. 거래 예제가 그림에 있다. 거래를 시도한 사람, 관련된 계좌, 거래액수가 나타나있다. 그림 5.32의 오른쪽 그래프는

관련 정보를 합쳐 나타낸 것이다. 여기에 나타낸 메신저 트래픽은 IP 주소 대신 장비의 소유자가 표시되어 있다. 거기에 더해, 노드의 색은 사용자의 거래량을 나타낸다. 노드가 짙으면 짙을수록, 거래 금액이 크다는 것이다. 우리는 이 그래프에서 외부로부터 메시지를 전달받은 트레이더가 가장 많이 거래를 한 사용자가 아니라는 것을 알 수 있다. 이 그래프에 더해, 메신저 트래픽과 연관시켜 거래가 시간순으로 어떻게 이루어졌는지 살펴보는 것도 흥미로울 것이다. 이것을 어떻게 만들어볼지 상상하는 것은 독자들에게 남겨두겠다.

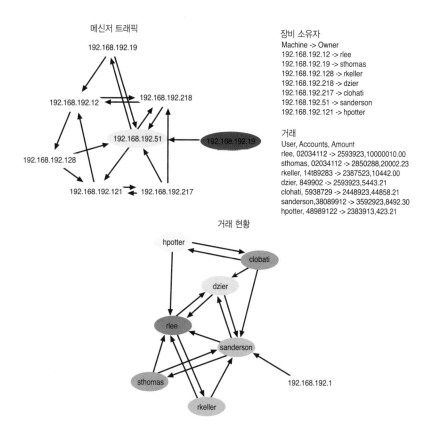

그림 5.32 애플리케이션 로그와 네트워크 활동을 연결짓고, 로그 파일에 남겨진 사용자 이름으로 나타낸 예제

추가적인 데이터 소스들

내가 만들어둔 분석 과정에서 몇 가지 데이터 소스들은 다뤄지지 않는다. 그러나 이것이 그 자료들이 의미가 없다는 것을 말하진 않는다. 반대로 로그에 기록된 정보에 대한 더 나은 시각을 제공해줄 수도 있다. 추가적인 자료들은 실시간으로 로그를 만들어내는 장비뿐만 아니라, 완전히 다른 형태, 가령 정적으로 업데이트 되는 스프레드시트 같은 것도 있다. 네트워크에 설치된 장비에 관한 정보(역할 등)는 종종 스프레드시트로 관리한다. 지금까지 내가 본 봐로는 자산 관리 툴 또는 설정 관리 데이터베이스CMDB, Configuration Management DataBase로 네트워크 정보를 문서화하는 곳은 아주 소수였다. CMDB로 네트워크 정보를 관리한다면 네트워크 분석 작업이 훨씬 유용하기 때문에, 잘 사용하지 않는 현 상황은 매우 안타깝다. 가령 정책과 같은, 그 외의 정보들도 매우 중요하다. 어떤 장비가 어떤 장비로 접근할 수 있는가? 어느 사용자가 특정 장비에 대한 접근 권한을 가지고 있는가? 흔한 사례 중 하나는, DBA로 지정된 사용자만 DB에 접근할 수 있게 하고, 그 외의 사용자는 모두 차단하는 것이다. 이렇게 하기 위해서는 사용자의 역할에 대한 정보가 필요한데, LDAP과 액티브 디렉토리AD, Active Directory 같은 디렉토리 서비스에서 종종 얻을 수 있다.

이런 정보를 어떻게 분석 과정에서 활용할 수 있을까? 이상적으로는 기존에 만들어둔 그래프에 이 정보들을 덧씌워 보여주는 것이다. 몇몇 경우에, 이런 정보들은 분석의 정확도를 높여주거나, 분석하고 있는 로그 파일에 대한 맥락을 더 제공함으로써 분석을 좀 더 용이하게 하기도 한다. 그리고 또 다른 경우엔, 이런 추가적인 자료를 활용해 새로운 분석을 할 수 있거나, 문제를 탐지하는 또 다른 방법을 얻을 수 있다. 앞서 우리는 애플리케이션 로그에서 얻은 추가적인 정보를 이용해, 그래프에 IP 주소 대신 사용자 이름을 나타낸 분석 사례를 보았다. 그 외의 사례들도 이와 비슷하다. 추가로 얻을 수 있는 자료에서 어떤 것을 살펴봐야 하는가? 간단히 살펴보자.

- **취약점 스캐너:** IDS에서 발생하는 위양성을 제거하는 데 도움이 될 뿐만 아니라, 개별 이벤트의 중요도를 계산하는 데 도움이 된다. 취약점 스캐너를 사용하게 되면, 각 장비의 취약점만 확인하지 말고, 열린 포트와 더불어 취약점 관리 툴에서 사용하는 자산 분류 정보도 최대한 얻어내야 한다.

- **자산 중요도:** 이 정보는 대체로 스프레드시트에 있다. 종종 취약점 관리 툴이나 자산 관리 데이터베이스도 이 정보를 제공한다. 네트워크에 설치된 장비 각각에 대한 중요도를 항상 알 필요는 없다. 대체로 어떤 장비가 중요한지만 알아도 된다.

- **사용자 역할 및 사용 정책:** 사용자 역할은 신원 관리 저장소 또는 사용자 역할 변경 로그를 통해서 알 수 있다. 이 정보는 꽤나 유용한데, 특히 정책 모델링과 결합하면 더욱 유용하다. 사용 정책을 설정할 수 있다면, 사용자의 역할을 고려해 모니터링 할 수 있게 된다. 가령 엔지니어가 인사팀 서버에 접근하려 하거나, 영업사원이 소스코드 저장소에 접근하려 하는 것을 쉽게 파악할 수 있고 모니터링할 수 있다. 정책은 IP에 한정되지 않고, 누가 장비에 접근할 수 있는지 확대해서 볼 수 있다. 애플리케이션 내부에서 어떠한 행위가 허용되는지 모니터링할 수 있다면, 모니터링을 애플리케이션까지 확장할 수 있다.

- **자산 소유자:** 일반적으로 이 정보는 스프레드시트에서 찾을 수 있다. 종종 CMDB나 자산 관리 툴에서도 찾을 수 있다. 이 정보는 IP 주소를 장비나 소유자에 연결지어 살펴볼 때 유용하다.

이렇게 얻은 정보를 다양한 방식으로 시각화해 살펴볼 수 있다. 우리가 이미 살펴본 그림 5.32처럼, IP 주소를 장비 소유자 이름으로 대체하는 식으로 사용할 수 있다. 얻은 정보를 색으로 표현할 수도 있고, 그래프에 추가로 나타낼 수도 있다.

공격 분석 절차에 대해 정리해보자. 로그 파일에서 어떻게 증거를 찾아내고, 그래프를 적용해 분석을 간단히 하는 법을 살펴보았다. 그럼에도 불구하고, 이 절차로 이미 발생한 공격을 발견할 수 있다고 장담하진 못한다. 단지 로그를 분석해 특별한 낌새를 찾아내거나, 잠재적인 문제 또는 공격을 발견해낼 뿐이다. 다음 절에서 공격을 어떻게 평가할지 다룰 것이다. 다음 절은 지금까지 다뤘던 것과 완전히 다르다. 공격을 살펴보는 것이 아니라, 공격이 있었음을 가정한다. 가능하다면 어떤 장비가 공격당했는데, 어떻게 공격이 실행되었는지까지 포함해서 알고 있음을 가정한다.

공격 평가

로그 파일에서 공격의 흔적을 찾는 것과 성공적으로 이루어진 공격을 평가하는 것은 완전히 다르다. 공격은 다양한 방법으로 찾게 되는데, 공격 탐지 절차를 통해 찾게 되거나, 서비스의 작동 중지 또는 느려짐으로 인한 소비자의 불만을 통해 찾을 수도 있다. 공격의 영향력이 얼마나 되는지 평가하는 것은 어떤 장비가 공격당했고, 얼마나 손실이 있었는지 알아봄에 있어 중요하다. 또한 공격자가 어떻게 침입했는지 알기 위해, 그리고 이후 이런 공격이 재발하지 않도록 하기 위해 반드시 필요하다.

이후 다루는 내용은 복잡한 공격 사례에 적용할 수 있다. 일반적으로 이런 복잡한 공격은 네트워크의 요소들을 활용한다. 만약 어떤 공격이 하나의 호스트만 대상으로 하고, 로컬 장비에만 영향을 끼친다면 로그 파일을 시각화하는 것은 그다지 많은 도움이 되지 않을 것이다. 그러나 공격이 네트워크를 통해 실행되고, 다양한 장비에 영향을 끼친다면 시각화는 구성 요소들이 각각 어떻게 연관되어있는지 공격의 세부 내용을 살펴보는 데에 도움이 될 것이다. 이것을 공격 경로 분석이라고 부를 것이다. 이 분석을 통해 공격자가 어떻게 네트워크를 침입할 수 있었는지, 어떤 장비들을 건드렸는지 알고자 한다.

공격 분석을 하기 위해선 먼저 자료 수집을 시작해야 한다. 공격 분석 절차가 시작되면 관련된 로그 파일이 필요하다. 네트워크 흐름, 침입 차단 정보, 방화벽 로그, 호스트 로그 등 로그 종류가 많을수록 좋다. 먼저 공격이 벌어지기 전 일정 시간동안 벌어진 로그를 분석해야 한다. 한 시간이면 충분할 수도 있지만, 공격종류에 따라 하루가 아니라 한 해 분량의 로그를 살펴봐야 할 수도 있다. 공격 분석을 시작하면, 얼마 지나지 않아 어떤 시간대를 자세히 살펴봐야 할지 알 수 있게 된다. 한 시간어치 로그를 분석한다고 가정해보자. 어렵지 않게 어떤 장비가 공격당했는지 알 수 있게 될 것이다. 그럼 이 장비(다수의 장비가 당했다면, 당한 장비 모두 다)에 관련된 자료들만 살펴보자. 대체로 이 단계에서 봉착하는 문제는, 누가 이 장비를 공격했는지 모른다는 것이다. 그렇기에 분석의 첫 번째 목표는 공격자를 찾는 것이다. 어떻게 할까? 만약 공격자가 아주 신중하게 공격을 진행했다면, 공격자를 찾는 것은 쉽지 않을 것이다. 그러나 대부분의 공격자는 공격 과정에서 실수를 하기 마련이다. 대표적으로 공격 목표 장비가 서비스하지 않는 포트에 접근하려 하는 것이다. 그 외에 공격 목표와 얼마나 많은 통신을 했는지로도 살펴볼 수 있다. 공격 목표와 연결된 장비들이 얼마나 많은 횟수의 통신을 했는지 바 차트를 이용해 살펴볼 수 있다. 그 외의 비정상 행위들은? 그 외의 많은 기법을 공격 분석 절차에 활용해 공격을 알아내는 데 필요한 다양한 정보를 파악할 수 있다.

공격자 후보를 추려낸 뒤, 이 장비들이 어떤 행위를 했는지 분석해본다. 대부분의 경우 링크 그래프를 이용해 공격자 후보와 공격 목표 장비가 어떤 식으로 연관이 있었는지 살펴볼 수 있다. 이때 더 많은 자료를 사용해 공격자 후보들이 오랜 시간에 걸쳐 어떤 식으로 공격 대상과 통신했는지 살펴본다면 문제를 푸는 데에 굉장히 유용할 것이다. 이렇게 한다면 공격에 대해 좀 더 많이 이해할 수 있게 된다. 어떤 장비와 서비스가 영향을 받았는가?

공격자가 공격에 사용한 서비스를 알게 된다면, 공격자가 정확히 어떤 방식으로 들어왔는지 알 수 있는 증거를 찾기 위해 공격받은 장비의 로그를 살펴볼 수 있다. 분석의 목표는 공격이 어떻게 이루어졌는지, 누가 공격했는지, 어떤 장비가 공격에 영향을 받았는지 명확하게 파악하는 것이다. 그리고 더 중요한 것은, 어떤 자료가 영향을 받았는지 확실하게 파악하는 것이다.

다음 단계로, 이 공격에 대해 어떻게 대응할지 결정할 수 있다. 여러 가지 방법이 있다.

- 방화벽으로 공격자와 공격 대상 장비 사이의 특정한 트래픽을 막는다.
- 공격자가 사용한 취약점을 패치한다.
- 인증을 추가한다.
- 실시간으로 이런 공격에 자동 대응할 수 있도록 한다.

공격 경로를 시각화하는 것은 굉장히 강력한 툴 중 하나다. 단지 공격을 분석하고 이해하는 데서 그치지 않고, 공격에 관한 내용을 다른 팀 및 경영진들에게 전달하는 데도 도움을 준다. 공격을 평가하는 각각의 단계를 정리해보자.

1. 공격의 영향을 받은 장비의 자료를 수집한다.

2. 이상한 접근 패턴을 보이는 장비를 찾아, 공격 발생지를 찾는다(예를 들면 열리지 않은 포트에 접근한다던가, 너무 많은 연결 횟수라던가, 이상한 행동 패턴 등).

3. 공격자 후보를 추려내고, 공격자 후보와 관련된 자료를 분석한다. 어떤 장비에 접근했는지 살펴본다.

4. 이와 비슷한 공격을 막기 위한 방안을 수립한다.

5. 공격에 대해 문서로 정리한다(다음 절에서 다룬다).

이 작업을 한 번에 다 처리할 수 있는 능력을 갖춘다면, 이 작업들이 굉장히 흥미로운 일이 될 것이다. 그렇게 함으로써, 이런 공격을 방어할 수 있게 될 것이다. 이 작업을 빨리 할 수 있게 된다면 공격에 대응하고 공격의 피해 범위를 줄이는데 아주 도움이 될 것이다. 상업용 제품들이 이런 작업에 도움이 된다.

사고 문서화

포렌식 로그 시각화의 마지막 부분은 사고에 대해 문서화하는 것이다. 공격 탐지 절차로 공격을 찾고 파악했다. 두 번째로 공격의 영향력과 범위를 평가했다. 이렇게 공격에 관련된 정보가 주어진 상황이라면, 일반적으로 사고에 대해 문서화 작업을 하고 이 정보를 경영진에게 제공하거나, 사법기관에 제출하기도 한다. 그리고 많은 경우 이 정보를 이용해 조직 내부 교육에 활용할 수도 있다. 사고 문서화 작업 일부는 로그 파일로 가능하다. 종종 장비에서 포렌식 이미지를 추출해 증거로 사용되거나 사고 문서에 포함되기도 한다. 그러나 로그 파일로만 작업한 결과물로도 공격자가 시스템으로 어떻게 침입했는지 문제의 범위가 얼마나 되는지 전달하는 데에 유용하게 사용할 수 있다.

보고서에 대해 다루면서 사고 문서에 포함되는 다양한 항목을 이미 이야기했다. 다만 중요한 두 가지는 꼭 기억하자.

- 누가 이 사고 보고서를 볼 것인가?
- 정보를 전달하기 위한 가장 좋은 방법은 무엇인가?

이 두 개의 질문이 문서화 작업의 명확한 목표를 설정하는 데 도움을 줄 것이다. 만약 경영진에게 문서를 보여준다면, 공격이 어떻게 일어났는지 개략적인 내용을 보여줘야 한다. 어떻게 공격자가 침입할 수 있었는가? 정도 말이다. 시스템에 존재했던 취약점과 익스플로잇 코드에 대한 상세한 내용을 보여줄 필요는 없다. 개요와 이런 공격을 막을 수 있는 방법을 보여주면 된다. 공격의 영향을 받은 시스템의 관리자들과 이야기를 나눈다면, 상세한 내용을 말해야 한다. 이렇게 해 시스템에 어떻게 침입했는지 이해할 수 있게 된다. 그리고 관리자들에게도 공격을 막는 방법을 전달해야 한다. 시스템 관리자들은 공격과 연관된 네트워크 장비에 대해선 관심이 없고, 자기가 관리하는 서버에만 관심이 있겠지만 말이다.

그래프나 시각화를 이용해 문서화를 하는 것이 항상 좋은 방법은 아니다. 어떤 때는 문자만으로 구성된 문서가 더 좋을 수도 있다. 그러나 공격자가 어떻게 시스템에 침입했는지 나타내는 공격 경로를 보여준다면, 그림을 이용하는 것이 훨씬 낫다. 네트워크 토폴로지를 이용해 공격자가 어떻게 들어왔는지 보여준다. 링크 그래프가 이런 내용을 보여주는 데 가장 적합하다. 이에 관해 더 많이 이야기 할 수도 있지만, 이것이 시각화로 얻을 수 있는 이점에 대한 이야기가 아니므로 생략하도록 한다. 자, 앞서 다룬 정보들을 그래프로 요약해 관련된 정보를 다른 사람들에게 전달할 수 있다면 지금 당장 그래프를 그려보자.

실시간 모니터링 및 분석

자 지금까진, 포렌식 분석과 보안 자료 분석을 다루었다. 그럼 이제 시스템의 자료와 애플리케이션을 어떻게 실시간으로(아니면 그에 준하는 정도로) 모니터링할 수 있을지 살펴보자. 실시간 모니터링의 핵심은 시스템과 애플리케이션의 현재 상태, 그리고 현재 진행 중인 작업과 이벤트를 이해하는 것이다. 현재 진행 중인 이벤트는 현재 상태에 직접적으로 영향을 줄 것이고, 그로 인해 상태가 바뀌게 될 것이다. 이런 요소, 상태, 이벤트 등을 살펴보기 위해 대시보드를 사용한다.

대시보드

분명 이전에 대시보드를 사용해본 적 있을 것이다. 스테판 퓨는 자신의 저서 『Information Dashboard Design』[10]에서 대시보드를 다음과 같이 정의했다.

> 대시보드는 정보를 시각적으로 표현하는 것으로써, 하나 또는 그 이상의 요소를 한 화면 안에 표시해 한 번에 훑어볼 수 있도록 하는 것이다.

이 문장은 너무 포괄적인 의미를 가지고 있다. 그러나 화면을 구성하는 각각의 요소들은 중요하다. 조금 뒤에서, 대시보드에서 동작할 각각의 요소들을 정의할 것이다.

앞에서 언급하진 않았지만, 화면에 표시하는 요소보다 더 중요한 키 포인트는 대시보드를 만듦에 있어 이걸 사용하게 되는 특정한 사용자를 고려해야 한다는 것이다. 다르게 말하자면, 대시보드의 활용 목적과 사용하는 사람을 반드시 생각해야 한다는 것이다. 컴퓨터 보안 분야에선 사용자에 따라 다음과 같이 대시보드의 목적을 세 가지로 나눌 수 있다.

- **운영**operational: 대시보드를 이용해 상태, 수치metrics, 프로세스 정보 등을 살펴본다. 대시보드를 이용해 기반 정보를 실시간으로 한 눈에 살펴본다. 실시간 정보가 필요한 보안 분석가가 주로 이런 목적으로 대시보드를 살펴본다.

- **관리**tactical: 부서별 프로세스 정보, 네트워크, 장비 상태 등을 살펴본다. 예외적인 상황을 분석하고, 문제의 근본 원인을 파악할 수 있도록 자료를 요약한다. 이런 대시보드는 주로 보안 관리자가 이용한다.

- **전략**strategic: 이런 류의 대시보드는 전략적으로 어떤 것을 결정하고 실행한 후에 상태를 모니터링하는 것이다. 경향을 시각화해 살펴보는 것은 이런 목적의 대시보드에서 종종 볼 수 있다. 여기선 실시간 정보가 꼭 필요한 것은 아니다.

---

10 Stephen Few, Information Dashboard Design(O'Reilly, 2006) p. 23

어떤 종류의 대시보드이건 간에, 가장 공통적이고 중요한 개념은 비교다. 대시보드에서 시간의 흐름에 따른 경향과 변화를 살펴볼 수 있다면 사용자의 시선을 끌게 될 것이다. 그러나 이것이 어떠한 변화만을 대시보드에 보여줘야 한다는 말은 아니다. 변하지 않는 값이 중요할 때도 종종 있다. 표 5.2는 값을 비교하는 예제다. 그리고 표엔 이 예제를 어떻게 사용할지, 그리고 어떤 종류의 대시보드에 이 예제를 활용할지 나와 있다.

표 5.2 대시보드에서 값을 비교하는 사례

값	예제	대시보드 종류
동일한 종류의 값을 이전 기간과 비교하기	작년에 발생한 공격 횟수와 올해를 비교	관리/전략
특정한 값의 현재 상태	현재 공개된 취약점의 개수	운영/관리/전략
미래의 공격 대상과 관련된 값	패치되지 않은 장비의 비율	관리
과거에 발생한 일 때문에 이후 진행 상태를 예측해야 하는 값	현재 사용하고 있는 안티바이러스 시그니처 유지 비용 예상	관리/전략
미래에 일어날 수 있는 일과 관련된 값	새 운영체제로 업데이트 된 장비의 비율	관리/전략
기준이 되는 값과 비교하기	사용자별 로그인 실패 횟수의 평균, 사람들이 데스크탑에 로그인하는 일반적인 시간대, 중요한 시스템을 패치하는 데 드는 평균적인 시간	운영/관리
예상한 값	한 해에 교체되어야 하는 장비 수, 한 달의 사용자 수	전략
각기 다른 상황에서 동일한 값	같은 업종의 다른 회사와 위험도를 비교하기 위해	전략
관련된 값을 비교하기	보안 관제를 내부에서 할 때와 아웃소싱했을 때 운영 비용, 위험도 등을 비교할 때	전략

표 5.2에서 본 것처럼, 값을 비교하는 사례의 대부분은 전략 대시보드에서 유용하다. 그러나 관리, 특히 운영 대시보드에서는 상태를 전달하는 값이 더 일반

적이다. 특정한 상태의 값을 전달하는 것은, 값을 비교하는 것에 비해 훨씬 많은 방법으로 할 수 있다. 그러나 대시보드가 상태를 보여주거나, 값을 비교하기 위해 사용하는 것만은 아니다. 대시보드로 목표의 숫자를 알려줄 수도 있다. 책 앞부분에서 정보의 통합과 요약에 대해 언급한 적 있다. 이 말은 곧 다양한 자료를 합해 하나의 값으로 만들 수 있다는 것이다. 어떤 장비 다수의 지표를 요약해 하나의 값으로 나타낸다면, 큰 그림을 보여주는 것이다. 정보의 상관관계를 찾는 작업은 간단한 요약 작업보다 훨씬 복잡하다. 이 책의 여러 부분에서 상관관계에 대해 이미 충분히 다루었다. 상관관계를 찾는 건 보안 상태를 모니터링하거나 추적하기 위해 살펴봐야 하는 정보의 양을 줄이는 데 있어 가장 핵심적인 방법 중 하나다. 앞서 다룬 방법들은 수동적으로 요청해야 값을 보여주거나, 비교하거나, 상관관계를 찾아주지만, 대시보드는 경고와 같은 능동적인 기능 때문에 사용하기도 한다. 대시보드는 특정한 값이 기준 값에 벗어난 경우 사용자에게 그 값을 재빨리 진달할 수 있어야 한다. 경고를 보내어 가장 중요한 문제에 집중할 수 있도록 해야 한다.

대시보드를 사용하는 사람은 종종 특정한 값을 예측하기 위해서 사용하기도 한다. 그러나 모든 예측 작업을 함에 있어, 예측 값에 영향을 미치는 모든 요소, 이미 우리가 알고 있는 값에 영향을 미치는 요소, 그리고 미래에 나타나는 무언가에 영향을 미치는 요소 등에 대해 확실히 이해하고 있어야 한다. 값이 어떻게 변화할지, 어떠한 순서로 변화할지 같은 것을 말이다.

대시보드를 디자인함에 있어 가장 중요한 것은 누가 이 대시보드를 보느냐다. 동일한 내용을 살펴보더라도 정보 보호 최고책임자는 분석가와는 다른 입장에서 본다. 보안 분석은 기술과 운영에 관련된 내용을 상세하게 다루지만, 일반적으로 정보 보호 최고책임자는 그렇지 않다. 가령 대시보드를 보는 어떤 사람은 상세한 내용보다 표면적인 수치에 더 관심을 기울일 수 있는데, 이런 경우를 대비해 정보 보안 최고책임자의 대시보드를 케이스 스터디로 살펴보자.

정보 보호 최고 책임자(CISO)의 대시보드

몇몇 정보보호 최고 책임자에게 대시보드에서 어떤 것을 보고 싶어하는지 물어 보았다. 물어본 사람마다 각기 다른 대답을 해주었다. 그러나 하나의 공통된 주 제가 있었다. "가장 중요한 자료가 언제 위험에 노출되는지 알고 싶다." 회사들 은 각기 다른 중요 정보 자산을 가지고 있다. 가령, 스위스 제네바에 위치한 은 행이라면, 계좌번호와 소유자에 대한 목록이 가장 중요한 자산일 것이다. 그리 고 또 다른 하나의 공통주제는 '위험 관리'였다. 정보 자산이 얼마만큼의 위험에 노출되어 있는지 알고 싶어했다. 그러나 정보 보호 최고 책임자들마다 위험도 를 계산하고, 보여주는 방법은 각기 달랐다. 나는 굉장히 다양한 답변을 받았는 데, 그것은 정보 보호 최고책임자들이 각기 다른 역할과 책임을 가지고 있었기 때문이다. 일부는 기술에 대한 이해가 높아, 네트워크와 장비와 그 외의 많은 것 에 대한 세부적인 내용을 이해하는 데에 전혀 무리가 없었다. 이런 사람들은 대 시보드에 좀 더 기술적으로 상세한 내용을 보여주길 원했다. 그에 반해, 일부는 기술에 대해 전혀 알지 못했다. 상당수가 경영진에서 왔기 때문이다. 그들에게 TCP 포트 번호와 그 외의 정보들을 보여주는 것은 전혀 의미가 없다. 독자는 앞 서 다룬 이런 두 가지 극단적 사례를 살펴보면서, 적절한 프로파일을 만들게 될 것이다.

기술에 얼마나 익숙하든 아니든, 직무 기술서에 뭐라 쓰여있든 간에 정보 보 호 최고 책임자의 업무는 조직의 정보를 안전하게 보호하는 것이다. 일반적으로 정보 보호 최고 책임자는 경영 직군에 가깝지만, 최고 책임자와 일하는 사람들 의 대부분은 기술자다. 그렇기 때문에 정보 보호 최고 책임자는 기술적인 내용 을 그대로 보지 않고, 경영의 언어로 보기를 원할 것이다. 평균 복구 시간, 침입, 노출 등의 용어가 정보 보호 책임자의 대시보드에서 아주 중요한 역할을 하게 된다. 정보보호 최고 책임자의 대시보드는 어떠한가? 어떠한 정보가 담기는가? 이 질문에 답을 하기 전에, 우리가 추구하고자 하는 목표, 즉 대시보드의 목적에 관해서 생각해보자. 앞서 이야기했던 것처럼, 정보보호 책임자는 정보 관리 대시보드를 원한다. 조직의 정보 보호 현재 상태가 어떠한지, 그것을 볼 수 있는 방법을 원한다. 대시보드에는 몇몇 핵심 성과지표(KPI)를 모아 보여줄 필요가 있는데, 이러한 성과 지표를 바탕으로, 의사 결정자의 감 또는 의미 없는 지표를 기반으로 의사 결정을 하지 않고, 이렇게 사실과 숫자에 기반해 정확한 의사 결정을 할 수 있게 된다. 보안이 관리되는 것을 전제로 사업 전망을 할 수 있도록, 대시보드는 최고 책임자가 어떤 결정을 취하도록 도울 수 있어야 한다. 거기에 더해, 보안 조직이 단순히 비용으로서 따져지는 것이 아니라, 회사의 가치를 높일 수 있는 서비스 조직으로 보여야 한다. 그렇기 때문에, 각종 장비에서 수집한 기술적인 자료를 경영, 정책, 컴플라이언스 등의 언어로 보여줘야 한다.

정보는 한 쪽으로 흐르면 안 된다. 기술 적인 지표가 정보 보호 최고 담당자의 대시보드에 나타나지만, 이 정보는 흘러나와 또 다른 역할을 해야 한다. 기술적인 지표는 정책을 조정하고, 절차를 개선하고 결과로 나타나야 한다. 이렇게 정보가 흐르는 과정은, 예외를 추적해 보안 구조와 정책을 개선하고, 관리 절차가 조정되도록 하는 학습 과정이 되어야 한다.

이러한 것들은 정보 보호 최고 관리자는 오직 피상적인 것에 관심이 있다는 것을 알려준다. 호스트의 취약점 개수, 중요한 서버들의 디스크 사용량 같은 것들이 어떠한 지표로서 보여져야 하는 게 아니라는 것을 확실히 알려준다. 그럼 정보보호 최고 관리자는 어떤 지표를 살펴보고자 할까? 컴플라이언스가 그 중 하나다. 사베인즈 옥슬리법Sarbanes-Oxley, 건강 보험 양도 및 책임에 관한 법안 HIPAA, 지불 카드 업계PCI 컴플라이언스 등과 더불어, 회사 내부 정책과 관련된 컴플라이언스도 포함한다. 회사의 중요 정보와 관련된 위험 요소는 어떠한 것이 있는가? 보안 조직의 효율은 어떠한가? 절차를 좀 더 간단히 하거나, 좀 더 효율적으로 운영할 수 있는 가능성이 있는가?

항상 기억해야 하는 요소 중 하나는, 정보 보호 최고 책임자는 책임을 다하고 있는지 보고해야 한다는 것이다. 정보 보호 책임자는 이 조직에 할당된 예산이 정당하다는 것을 재무 조직과, 이사회에 보여줘야 한다. 이사회는 회사가 규제를 얼마나 잘 준수하는지, 그리고 위험은 어떻게 분산되어 있는지 보고 싶어할 것이다. IT 인프라, 정보와 관련된 리스크는 전체 리스크의 일부이나, 리스크 측정에 아주 중요한 요소다.

정보보호 최고 책임자의 대시보드는 어떨까? 그림 5.33을 보면 된다.

이 대시보드에 나와 있는 지표들을 어떻게 계산하는지를 이야기하진 않는다. 예를 들어 리스크 계산 같은 건 이 장의 주제가 아니다. 자료가 어떻게 표현되는지, 그 방식이 중요하다. 좌측 상단을 보면, 정보 보안 상태가 어떻게 되는지 전반적인 상태를 나타내는 지표가 있다. 만약 이 지표가 빨간색이라면, 어떠한 사고가 발생했다는 것을 나타낸다. 가령 금융 거래에 아주 중요한 역할을 하는 라우터가 다운되었다던가 말이다. 이 상황에서는 보안 문제냐 아니냐가 중요한 것이 아니다. 가령 장비가 정지되는 사례가 발생한다면, 사고가 발생하는 동안 회사의 생산성이 떨어지고 많은 비용이 발생하기 때문이다. 여기서 중요한 것은 보안에 문제가 생길 수 있는 틈을 찾아내는 것이다. 다음으로 왼쪽 상단의 두 번째 지표는 회사의 중요 정부 자산과 관련된 위험도를 나타낸다. 이 지표는 항상 녹색으로 나타나야 한다. 만약 이 지표가 주황색 또는 빨간색이 된다면, 중요 자산이 위험에 노출되었다는 것을 뜻한다. 예를 들면, 익명의 사용자가 이 정보에 접근했다는 것을 뜻하기도 한다. 중요도가 아주 높은 음료수 제조 기법을 가지고 있다고 생각해보자. 재료 합성 방법이 노출된다면, 회사에 아주 큰 재정적 손실을 끼치게 될 것이다. 가장 중요한 리스크를 대시보드에 나타낼 수 있다고 해도, 중요 정보의 상태를 나타내는 지표는 꼭 있어야 한다.

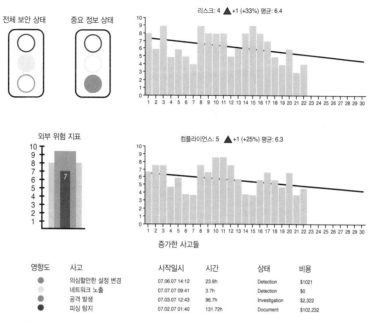

주식회사 램 - 정보 보호 최고 책임자 대시보드 - 2007년 7월 7일 태평양 표준시 13시 23분

전체 보안 상태   중요 정보 상태

리스크: 4 ▲+1 (+33%) 평균: 6.4

외부 위험 지표

컴플라이언스: 5 ▲+1 (+25%) 평균: 6.3

증가한 사고들

영향도	사고	시작일시	시간	상태	비용
●	의심할만한 설정 변경	07.06.07 14:12	23.8h	Detection	$1021
○	네트워크 노출	07.07.07 09:41	3.7h	Detection	$0
●	공격 발생	07.03.07 12:43	96.7h	Investigation	$2,322
●	피싱 탐지	07.02.07 01:40	131.72h	Document	$102,232

그림 5.33 정보보호 최고 책임지의 대시보드 예제

대시보드의 우측 상단을 보면 리스크가 시간에 따라 어떻게 변해왔는지 볼 수 있다. 또한 동일한 형태로 컴플라이언스 상태에 대한 것도 표시되어 있다. 여기서 나타내는 컴플라이언스란 정책을 얼마나 잘 준수하고 있느냐다. 미국 주식 시장에서 거래되는 회사라면 꼭 지켜야 하는 사베인즈 옥슬리 법과 같은 규제와 같은 것을 지키기 위해, 의미 있는 정책을 만들었다고 가정한다. 다시 말하지만, 나는 여기서 자료를 어떻게 배치하느냐를 이야기하는 게 아니다. 그저 컴플라이언스 상태를 0과 10 사이의 숫자로 나타내고, 10이 컴플라이언스를 아주 잘 준수하는 상태를 나타낸다는, 이런 표현 방법이 있다는 것을 이야기하는 것뿐이다.

위에서 다룬 두 가지 경향을 다루는 흥미로운 방법은 외부 요소로 인해 영향을 받는 정도를 측정하는 것이다. 예를 들어, 보안 의식 교육을 진행한다고 가정해보자. 그럼 이로 인해 리스크에 노출되는 정도나, 네트워크의 컴플라이언스 준수 정도가 어느 정도로 영향을 받을까? 아마도 리스크는 낮춰주고, 컴플라이언스 준수 정도가 높아지기를 바랄 것이다. 다행인 것은, 특정한 지표는 얼마나 영향을 받고 개선되었는지 문서화할 수 있다는 것이다. 이런 것은 보안에 대한 투자를 정당화하고, 이런 투자가 상황을 개선하는 데에 분명한 도움이 된다는 것을 증명할 때 아주 유용하게 사용할 수 있다.

정보 보호 최고 책임자의 대시보드에 펼쳐진 마지막 그래프는 외부 위협을 나타낸다. 색이 칠해진 세 가지 막대는 각각 올해 첫 날부터 지금까지의 평균 위협(연한 회색)의 정도, 이번 달 첫 날부터 오늘까지의 위협(진한회색), 그리고 오늘(검정색)을 나타낸다. 이 그래프를 보면, 일반적으로 위협의 정도가 높은 것을 알 수 있다. 이번 달 평균은, 올해 평균보다 높지만, 오늘의 위협 정도는 이번 달의 평균 위협보다 현격하게 낮다. 마지막으로, 대시보드의 가장 아래에는 전사적으로 주목할 필요가 있는 4가지의 중대한 문제가 나와 있다. 이 문제는 순수하게 보안에 관련된 문제라고 할 수는 없지만, 그러나 잠재적으로 보안에 영향을 미칠 수 있는 것들이 나타나 있다. 옆에 나와 있는 색은, 이 문제의 영향력을 나타낸다. 그외에 문제에 대한 정보들은, 여기에 나와 있는 여러 가지 문제를 수습하기 위해 노력할 때, 먼저 무엇을 해야 하는지 파악하는 데 도움이 된다.

그 외에 정보 보호 최고 책임자가 좋아할만한 것은, 특정한 값을 같은 산업군에 있는 다른 회사와 비교하는 것이다. 가령 금융 서비스 회사가 다른 회사와 컴플라이언스 준수 여부를 비교해, 이에 따라 보안에 투자한 예산을 정당화할 수 있을 것이다. 또는 다른 회사들도 컴플라이언스를 잘 준수하고 있다면, 좀 더 많은 예산을 투입하는 것을 주장할 수도 있을 것이다. 지표들을 정규화해야 하기 때문에, 비교하는 것이 항상 쉬운 작업은 아니다. 단지 중요한 사고 발생 횟수만 비교하는 것은 별로 의미가 없다. 각각의 회사는 이 정의를 다르게 하기 때문에, 먼저 중요한 사고라는 것을 정의하는 것부터 시작해야 한다. 단어를 정의하고 난다면, 회사 규모에 기반해 사고 횟수를 정규화해야 할 것이다. 장비 10,000대를 보호하기 위해 들어가는 노력은 100대를 보호하는 것과 전혀 다르다. 발생한 사고의 횟수가 완전히 다를 것이기 때문이다. 그러나 이렇게 회사와 회사를 비교할 수 있다면 무척 흥미로운 작업을 할 수 있을 것이고, 유용하게 사용할 수도 있을 것이다.

그림 5.33은 아주 일반적인 경영자의 대시보드다. 어떤 회사인지, 그리고 어떤 사업을 하던지 상관없이, 경영자의 대시보드는 비슷할 것이다. 그러나 관리/운영 대시보드는 대시보드의 사용자와, 어떤 기술을 사용하는지에 따라 각기 다르다. 그렇기에 특정 대시보드를 정의하지 않으려 한다. 그러나 여러분만의 대시보드를 만들 수 있게 된다면, 다음에 언급하는 대시보드 설계 원칙이 도움이 될 것이다.

대시보드 설계 원칙

그림 5.33의 대시보드 디자인도 대시보드 설계에 관한 몇 가지 간단한 원칙을 지키고 있다. 다음의 대시보드 설계 원칙은 보편적이고, 이 원칙을 따르는 것이 좋다.

- **화면 하나의 공간만을 사용하라:** 대시보드 사용자가 모든 정보를 살펴보기 위해 스크롤해야 하는 것은 바람직한 방법이 아니며, 항상 가능하지도 않다. 대시보드를 벽에다 프로젝터로 쏴서 본다고 생각해보자. 화면을 움직일 방법이 전혀 없다. 게다가, 스크롤로 이동하는 것은 사용자가 집중하지 못하도록 한다. 그리고 화면에 다섯 개 이상의 요소를 올려두지 마라. 사용자는 다섯 개를 넘어가면 눈으로 소화하기 힘들어진다.

- **세부사항을 적절히 나타내라:** 가끔은, 10, 100 등 10의 배수 단위로 끊어서 나타낸 값이, 정확한 값보다 읽거나 기억하기가 쉽다. 정확한 값이 중요한 정보를 이해하는 데 해가 될 수 있다.

- **간단한 그래프와 디자인을 사용하라:** 대시보드를 시각적으로 보기 좋게 만들어야 하지만, 불필요한 치장은 자제한다. 바탕화면 같은 것들 말이다. 시각적 요소와 색을 넘치지 않게 사용하는 3장의 시각 디자인 원칙을 사용해라.

- **다루는 정보를 적절히 표현하는 그래프와 차트를 사용하라:** 간단한 그래프를 사용하고, 그래프의 종류는 최소한으로 사용해야 한다. 같은 종류의 그래프를 이용하게 되면, 대시보드는 좀 더 읽기 간편해진다. 이것은 단지 그래프 선택에 관한 이야기가 아니다. 자료를 어떤 맥락에 넣고, 그래프에 어떻게 넣을지, 이런 것이 중요하다. 가령, 바 차트 하나의 시작 값이 0이 아니라면, 이것은 자료를 제대로 나타내지 않는 속임수다.

- **자료에 대한 맥락을 충분히 나타내라:** 올해 첫 날부터 오늘까지 발생한 공격이 100번이라고 말하는 것은 충분하지 않다. 이걸 어디에 비교할 수 있을 것인가? 이 수치는 높은 것인가? 요즘 경향이 어떤가? 이렇게 맥락을 보여주는 정보가 포함되어야 한다. 가령 작년 자료나, 아니면 같은 산업군의 다른 회사들에 관한 정보라던가 말이다.

- **중요한 자료를 효과적으로 강조하라:** 가장 중요한 정보는 대시보드의 좌측 상단에 배치되어야 한다. 시각화 이론을 그래프 디자인에 적용해야 한다. 예를 들면, 빨간색으로 시선을 잡아 끌 수 있다면, 이 색을 사용해서 예외적인 상황을 강조할 수 있을 것이다.

이 원칙을 따르면 대시보드에 필요하지 않은 정보로 어지럽혀지는 일은 막을 수 있을 것이고, 그 누구도 쓰지 않는 비싼 툴을 쓰는 참사는 피할 수 있을 것이다.

그러나 이런 작업에 도움이 되는 것 중에 무료로 된 것이 어떤 게 있는지는 잘 모른다. ChartDirector 라이브러리를 쓰거나, 대시보드를 처음부터 다 만드는 것을 권할 수 있는 정도다. 그 외에 SL[11]사의 RTView 같은 상업용 소프트웨

---

11 http://www.sl.com

어가 도움이 될 것이다. 그러나 이런 상업 솔루션들은 대체로 세부적인 것을 조정해야 할 필요가 있고, 앞서 언급한 설계 원칙을 따르지 않는 경우도 있다.

이 장에서 흥미로운 몇 가지 주제를 다루었다. 그리고 보안을 측정하는 것에 대해서도 살짝 언급했다. 우리는 어떻게 보안의 정도를 측정할까? 시각적 분석에 계속 집중하기엔, 어떻게 계측할 것인지에 대해 세부적으로 다루지 않았다. 이런 주제에 관심이 있다면, 앤드류 재퀴스의 『Security Metrics』(Addison-Wesley, 2007)을 읽어보길 권한다. 보안 지표 측정을 다루는 최고의 책이다. 대시보드와 시각 디자인에 대한 자세한 내용을 살펴보고 싶다면, 스페판 퓨의 『Information Dashboard Design』(O'Reilly, 2006)을 읽어보길 권한다.

상황 인지

대시보드를 이야기하면서 상황 인지라는 주제가 자주 언급된다. 이 단어는 애초에 군사 분야와 첩보 분야에서 사용되었지만, 요즘은 종종 실시간 또는 지리적으로 살펴보는 것을 뜻하기도 한다. 그러나 상황 인지라는 것이 대시보드와 다르지 않다. 그림 5.34가 상황 인지의 한 예다. 여기엔 지역에 따른 침입 탐지 내역이 지도에 표시되어 있다. 침입 탐지 이벤트는 조그마한 정육면체 블록이 쌓여 나타나있다. 다른 색을 이용해 이벤트의 심각도를 나타냈다.

상황을 나타내는 이 그래프는 실시간에 가까운 상태를 보여준다. 현재 상태를 참고해 어떤 결정을 해야 할 때 이 그래프는 도움이 된다. 그림 5.34는 미국 전역에 설치되어있는 IDS 센서를 관리하는 데 도움을 준다. 담당자는 이 그래프에서 보여주는 공격 상황을 참고해 결정을 신속하게 내릴 수 있고, 주의를 돌리고 집중할 수 있다.

이런 내용을 보여주는 대시보드를 언제 써야 하며, 왜 이것이 유용한 것일까? 개별 사업장의 상황을 모두 알고 있는 상황에서 어떠한 결정을 내려야 하는 경우를 겪어본 적 있는가? 상사가 여러분에게 유럽에 있는 모든 장비의 컴플라이언스 준수 상황에 대해 알려달라고 한다면? 아니면 새로운 웹 서비스를 어디에 먼저 소개할지 선택해야 한다면? 이런 상황에선 특정한 상황을 분석하는 그래프의 도움을 받을 수 있다. 상황 인지를 통해 현재 가진 자료를 기반으로 좀 더 좋은 선택을 할 수 있다. 만약 뉴욕에 엄청난 양의 보안 사고가 일어나서 계속 사고를 분석하고 있고, 뮌헨에는 아무 일도 없는 상황이라면, 새로운 웹 서비스를 뮌헨에 먼저 소개하는 것이 아마도 좀 더 나은 선택일 것이다.

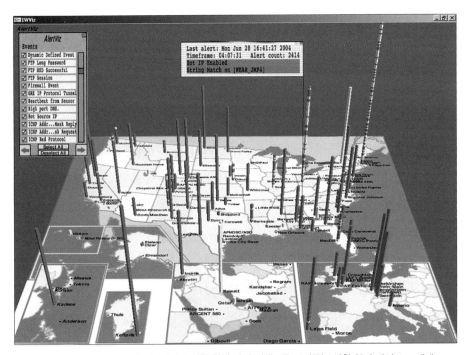

그림 5.34 미국 전역에 설치된 센서에서 수집한 침입 탐지 이벤트를 보여주는 상황 인지 대시보드 예제

상황 인지를 보여주는 화면은 종종 상황실에서 사용하거나, 모두가 볼 수 있는 벽에 보여준다. 이런 상황 인지 화면은 것은 특정한 내용을 상부로 전달하는 데에 굉장히 유용하다. 조금 다른 예로, 신호등 같은 걸로 어떤 사업의 중요 서비스가 제대로 작동하는지 나타낸다 상상해보자. 색을 바꾸어 특정 서비스의 상

태를 나타내거나, 어떤 서비스가 작동하기 위해 지원이 필요한 경우를 나타낼 수도 있다. 이렇게 나타내는 것은 우리에게 너무 익숙하다. 이미 일반 대시보드의 흐름을 따라가고 있는 것이다.

요약

이 장에서 보안 자료를 시각적으로 분석하는 절차를 보여주었다. 어떻게 정보를 수집하는지, 또는 자료의 종류는 어떻게 되는지보다는 분석 절차에 좀 더 초점을 맞추었다. 크게 두 가지 주제인 실시간 분석과 이력 분석으로 시각 분석을 다루었다. 이력 분석은 리포팅, 시계열 시각화, 인터랙티브 시각화, 포렌식 분석 크게 네 가지를 다루었다. 이 방법들을 설명하면서 로그 자료를 이해하는 다양한 접근 방식이 있다는 것을 알 수 있었다. 강력한 툴 중 하나는 로그 인터랙티브 분석이다. 로그 인터랙티브 분석을 다루면서, 반복해 그래프의 특성과 필터를 조정하는 단계를 추가한 확장된 정보 탐색 만트라를 소개했다. 그리고 공격 살펴보고, 공격을 평가하고, 사고 리포팅 이렇게 세 가지 활용 사례로 로그 자료 포렌식 분석을 설명했다. 로그 파일을 샅샅이 살펴보는 과정을 거쳐 공격을 탐지했다. 그러나 이것으로 단지 공격 탐지만 하지 않았고, 로그 간의 상관관계를 살펴볼 수 있었다.

과거 로그를 살펴보는 작업을 끝내고, 실시간 분석으로 옮겨갔다. 실시간 분석에서는 실시간 정보를 사용자에게 전달해 적시에 적절한 선택을 하도록 하는 대시보드에 관해 다루었다. 5장의 끝 부분엔 실시간 자료를 주로 지리적 관점에서 다루는 상황 인지에 대해 짧게 이야기했다.

6

경계 침입

5장까지는 이 책에서 다루는 내용을 이해하는 데 필요한 기본 지식을 살펴보았다. 6장에서는 네트워크 경계를 방어하는 데 도움이 되는 자료 분석 사례를 주로 다룬다. 6장의 목표는 몇 가지 툴을 사용해 경계 방어 작업을 좀 더 효율적으로 하고, 즐겁게 하는 것이다. 6장에서는 외부의 침입으로부터 회사의 중요 자산을 보호하는 방법에 대해 다룬다.

경계 침입에 대해 이야기하면서 5장에서 다루었던 시각 보안 분석(그림 5.22 참조)을 적용해 공격 분석 절차에 대해 다룰 것이다. 공격 분석 절차에서 언급하는 가설은 모두 살펴볼 여지가 있는데, 6장에서는 이를 살펴볼 것이다.

데이터 소스에 따라 6장의 내용이 분류된다. 처음으로 트래픽 흐름에 대해 다루고, 트래픽 흐름 활용 사례를 소개한다. 그 다음으로 방화벽 자료 시각화를 보여준다. 방화벽 트래픽 로그를 어떻게 분석할지에 대해서는 다시 다루지 않는다. 5장에서 이미 방화벽 로그 분석을 다루었기 때문이다. 어쨌든, 방화벽 정책을 분석하는 것은 굉장히 신기한 것이다. 시각화가 방화벽 정책을 분석하거나 또는 잘못된 설정, 보안에 취약한 설정을 찾아내는 데 도움을 줄 수 있을까? 그 다음으로 침입 탐지 시스템의 시그니처의 설정을 조정하는 방법을 다룬다. 여기서도 침입 탐지 시스템 데이터 분석을 다루진 않는다. 이미 5장의 일반 공격 분석 절차에서 침입 탐지 시스템 데이터 분석을 다루었다. 마지막으로 네트워크 수준의 데이터 소스를 다루는데, 6장에서는 무선 네트워크와 관련된 것을 다룬다. 네트워크가 무선으로 확대되면서, 회사 네트워크 안에서도 잠재적인 보안 구멍이 생겨나기 시작했다. 뒤에서 무선 네트워크 트래픽에 관한 자료를 어떻게 수집할지, 그리고 어떻게 시각화할지에 대해 다루겠다. 그 다음으로 애플리케이션 수준의 시각화로 넘어간다. 여기서는 이메일 로그를 예제로 든다. 소셜네트워크를 어떻게 살펴볼지, 그리고 신원을 확인하는 데 도움이 되는 흥미로운 자료를 가지고 있다. 취약점 분석 결과는 6장의 맨 마지막에 나와 있고, 취약점 분석을 어떻게 할지, 그리고 이것을 업무에 어떻게 접목할지에 대해 다룬다.

트래픽 흐름 모니터링 및 분석

보안 시각화는 종종 트래픽 흐름 데이터로 수행한다. 트래픽 흐름은 거의 대부분의 환경에서 쉽게 구할 수 있다. 트래픽 흐름은 아주 다양한 사례에 활용할 수 있다. 첫 번째로 트래픽 흐름을 시각화함으로써, 각 서비스와 장비들이 어떤 식으로 통신하는지 이해할 수 있다. 이렇게 개략적인 내용을 살펴보는 것을 살펴보는 것이지만, 종종 트래픽 패턴으로 예외적인 상황을 찾기도 한다. 두 번째로는 트래픽 흐름에서 이상 행위를 찾아볼 것이다. 웜, DoS 공격, 봇넷을 탐지하는 방법을 살펴볼 것이다. 마지막 활용 사례는 정책 모니터링이다. 회사의 보안 정책을 위반하고 있는 사용자를 찾는 것이 어떻게 가능한지 다룰 것이다.

서비스 특성

트래픽 캡처 파일이 주어지면 사람들이 주로 하는 첫 번째 질문은, "어떤 장비가 통신을 하고 있는지", "네트워크 토폴로지가 어떻게 되어 있는지"다. 일반적으로 트래픽 흐름은 단말 간의 (실제 벌어진) 통신만 기록하기 때문에, 네트워크 토폴로지를 재구성하기엔 적합하지 않다(2장 참조). 그러나 트래픽 흐름은 네트워크 상에서 장비가 어떻게 통신하고 있는지 이해하기엔 아주 적합하다. 링크 그래프를 간단하게 만들어, 각기 다른 장비간의 트래픽 흐름을 시각화해 살펴볼 수 있다. 이건 5장에서 했던 것이다.

어떤 장비들이 서로 통신하는지 알아보고 난 뒤엔, 어떤 서비스들이 돌아가고 있는지, 그리고 사용하고 있는지 알고 싶다. 첫 번째로 각각의 서비스들이 어떻게 사용되는지 살펴보는 것으로, 의심하거나 악성 행위를 탐지할 수 있는지 알고 싶다. 각각의 서비스는 시간에 따른 패턴, 핑거프린트가 있어야 한다. 가령 예를 들면, 대부분 HTTP 요청보다 DNS 룩업이 선행한다. 다른 프로토콜들도 마찬가지다. 목적지 서비스에 접근하기 전에 DNS 룩업을 해야 한다. 거기에 더해, 다른 프로토콜이 정규적인 행동 패턴을 보이는 것에 반해 특정 프로토콜은 아주 폭발적으로 동작한다. 예를 들면 네트워크 시간 프로토콜NTP, Network Time Protocol 이 매우 정규적으로 작동한다. 시스로그(514 포트)는 폭발적으로 동작하는 하나의 예다. 모든 프로토콜은 각각의 핑거프린트를 가지고 있고, 우리는 그것에 관한 데이터베이스를 만들 수 있어야 한다. 데이터베이스가 있다면, 어떤 서비스가 악의적으로 사용되는지 아니면 무엇이 잘못 설정되었는지 파악할 수 있게 된다. 그림 6.1은 트래픽 흐름 예제로 만든 타임테이블이다.

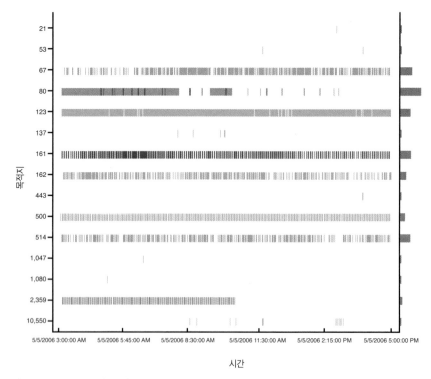

그림 6.1 이 타임테이블은 트래픽 흐름을 시각화한 것이다. 이것은 시간에 따라 서비스들이 어떻게 사용되었는지 보여준다

    그림 6.1은 x축에 시간을 나타냈다. 각 서비스는 각각의 가로선에 표시되어 있다. 그래프의 오른쪽엔, 그래프의 시간 범위에 쌓인 트래픽을 나타내는 히스토그램이 프로토콜별로 있다. 아쉽게도 이 그래프를 분석해도 각 프로토콜의 핑거프린트를 알아낼 수는 없다. 각각의 막대 두께로 패킷 크기를 나타내는 것은 어떨까? 5장에서 박스 플롯을 이용해 패킷 사이즈의 분포를 보여주는 것으로, 비슷한 것을 보여준 적 있다. 이 타임테이블은 시간에 따른 분포를 살펴볼 수 있지만, 박스 플롯은 그렇지 못하다. 이렇게 그래프를 만들어 살펴봤지만, 이걸로 더 할 수 있는 것은 없다. 타임테이블에서 볼 수 있는 이런 패턴으로는 서비스의

어떤 특성을 살펴볼 수 없다. 나는 각각의 프로토콜을 살펴볼 수 있는 개별적인 핑거프린트를 만들고 싶다.

이상적으로는 터널링을 하더라도 실제로 어떤 프로토콜을 사용하는 것인지 찾아낼 수 있을 것이다. HTTP를 이용해 만든 SSH 터널을 찾아내는 것이 핑거프린트의 아주 좋은 예제가 될 것이다. 그러나 아쉽게도, 실제로는 각기 다른 트래픽이 섞여버린다. 예를 들면, 상당수의 장비가 HTTP를 이용해 웹페이지를 살펴볼 것이다. 이렇게 되면 수많은 트래픽이 겹겹이 쌓여 섞여버린 다양한 패턴이 나오게 된다. HTTP를 이용해 SSH 터널을 만들어도, 일반 웹 브라우징 세션 때문에 알아낼 수 없다는 것이다.

시간을 축으로 해 서비스의 패턴을 분석하고 핑거프린트를 만들 다른 방법이 있을까? 이에 있어 가장 기본적인 문제는 하나의 그래프에 너무 많은 시계열 자료를 표현해야 한다는 것이다. 다른 방법이 있을까? 에드워드 투프티는 바로 이런 목적을 위한 시각화 방법을 고안했다. 투프티는 이것을 스파크라인[1]이라 부른다. 사이드바에 스파크라인으로 정보를 변환하고, 표현하는 방법에 대해 나와 있다.

그림 6.2는 트래픽을 스파크라인 형태로 나타낸 것이다. 그래프는 각각의 목적지 포트를 나타낸다. x축은 시간을, y축은 특정 시간에 전달된 패킷의 수를 나타낸다. 주의할 것은 이 그래프엔 단위가 없다. 각 스파크라인의 y축 단위가 다르다는 것이다. 이런 특성으로 인해, 각 포트의 트래픽을 서로 비교해볼 수 있게 된다. 이 그래프를 살펴보면 흥미로운 점이 있는데, 왜 echo, 20, 25, 53, 80, 137번 포트는 비슷한 패턴을 보이는 걸까? 이 그래프들은 가운데 즈음에서 급격하게 솟아 있다.

---

1 http://www.edwardtufte.com/bboard/q-and-a-fetch-msg?msg_id=0001OR&topic_id=1

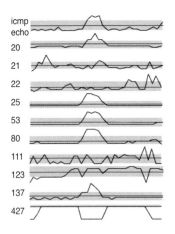

그림 6.2 각 목적지 포트로 향하는 트래픽 흐름을 스파크라인으로 변환해 시간에 따른 트래픽의 변화를 보여준다

이 그래프는 몇 가지 물음에 답을 제시할 수 있는 아주 좋은 예제다. 예를 들어, 왜 에코 트래픽도 급격하게 솟았을까? 솟아오른 모든 포트는 우리가 잘 알고 있는 서비스 포트다. 그럼 누군가가 장비를 스캔한걸까? 이건 어떻게 알아낼 수 있을까? 정보가 좀 더 필요하다. 두 가지 종류의 스파크라인이 추가된 그림 6.3으로 전체를 좀 더 이해할 수 있다.

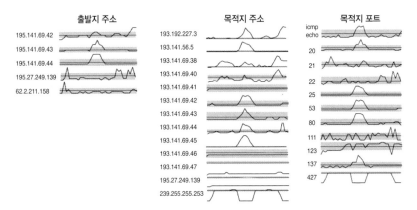

그림 6.3 세 가지 종류의 스파크라인이 트래픽 패턴을 시간에 걸쳐 보여준다. 왼쪽의 스파크라인은 출발지 주소의 트래픽 패턴, 가운데는 목적지 주소, 오른쪽은 그림 6.2에서 이미 살펴봤던 목적지 포트다

그림 6.3은 트래픽에 대해 좀 더 이해할 수 있게 해준다. 앞서 목적지 포트에서 살펴봤던 패턴과 비슷한 것이 목적지 주소에 몇 개, 출발지 주소에 두 개 있다. 우리가 앞서 살펴보고자 했던 트래픽이 195.141.69.43과 195.141.69.44에서 시작된 것으로 보인다. 그리고 이 트래픽의 목적지, 스파크라인의 가운데가 솟아오른 모든 곳이다.

추후에 이 트래픽을 더 분석하기 위해, 반드시 몇 가지를 제외해야 한다. 예를 들어 멀티캐스트 주소인 239.255.255.253과 427번 포트로 향하는 트래픽은, 확실하게 제외할 수 있다. 두 개의 스파크 라인은 정확하게 패턴이 일치해, 둘이 연관되어 있다는 것을 보여주기 때문이다. 일단은 이 트래픽이 발생한 근본 이유를 확인해보자. 대체로 이건 장비에 설정을 잘못했을 가능성이 크다. 대체로 멀티캐스트를 사용하는 서비스나 애플리케이션은 얼마 되지 않기 때문이다.

스파크라인

에드워드 투프티는 많은 양의 자료를 좁은 공간에 표현하기 위해 스파크라인을 만들었다. 스파크라인에서는 절대적인 값이 중요하지 않다. 각각의 스파크라인은 각기 다른 단위를 가지고 있다. 스파크라인에서 중요한 것은 단지 시간에 따라 진행 경과가 보인다는 것이다. 그림 6.4는 간단한 스파크라인 예제다.

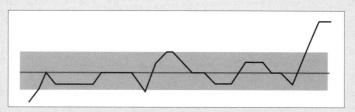

그림 6.4 값의 분포 범위와, 평균 값을 보여주는 간단한 스파크라인

그래프 가운데의 가로선은 값의 평균을 나타낸다. 회색으로 표시된 구간은 표준편차의 범위를 나타낸다. 회색 구간에 포함된 모든 값은 정상 트래픽이라 볼 수 있겠지만, 회색 구간 밖에 있는 것은 특이점이라 여길 수 있다. 통계적으로 말하자면, 정규분포를 따른다 가정했을 때, 전체의 68%는 신뢰구간 안에 포함된다고 말할 수 있다.

스파크라인의 첫 번째 목적은 시간에 따른 변화다. 그리고 두 번째는 특이점을 찾아내는 것이고, 세 번째는 다른 스파크라인과 비교하는 것이다. 앞서 말했지만, 각 스파크라인의 y축은 노멀라이징되어 있기 때문에, 절대적인 값을 비교할 수 없고, 시간에 따른 값의 상대적인 변화를 비교할 수 있다. 앞서 보았던 것처럼, 이렇게 비교해 흥미로운 결과를 알아낼 수 있다.

스파크라인을 만들 수 있는 플러그인이나 라이브러리가 존재한다.[2] 내가 엑셀 플러그인으로 사용하는 것은 http://excelidees.blogspot.com/2006/12/udf-et-sparklines.html이다. 완벽하게 구현되어 있는 플러그인은 아니나, 필요한 목적을 달성하기엔 충분하다. 내가 찾은 문제점은, 데이터가 추가로 업데이트되고 이미지를 재생성하면, 예전에 만들었던 걸 덮어쓰기 하지 않고 항상 새 파일을 만든다는 것이다.

이렇게 하나하나 필터링하면서 특정 애플리케이션이나 서비스의 핑거프린트로 사용할 수 있는 특이한 패턴이 나온다. 427번 포트로 향했던 멀티캐스트 트래픽처럼, 다른 서비스에서도 비슷한 트래픽 핑거프린트를 찾을 수 있다.

스파크라인을 활용하는 두 번째 방법은 비정상 행위를 찾는 것이다. 스파크라인에 신뢰구간(검은색으로 표시된 구간)을 활용해, 통계적으로 기준 범위에 포함되지 않는 특정 값을 찾아낼 수 있다. 급격하게 솟아오른 모든 지점은 당연히 기준 범위에 포함되지 않는다. 예를 들어, 출발지 195.27.249.139와 62.2.211.158을 살펴보면, 둘 다 시작지점에서 급격하게 솟아오른 것을 볼 수 있다. 그러나 62.2.2.211.158은 처음에 솟아올랐던 이후로, 매끄럽게 진행되는 것을 볼 수 있다. 그러나 195.27.249.139는 급격하게 오르는 것이 반복되었다. 195.27.249.139 그래프가 왜 다시 솟아올랐는지 알아내는 작업은 꽤나 흥미로운 것이다. 목적지 주소 또는 목적지 포트를 살펴봐도 이것과 직접 연관되어 있는 것은 없어 보인다. 그렇기에 그 다음으로 할 일은 원본 로그를 살펴보고 이것이 왜 발생했는지를 알아내는 것이다.

---

2 https://en.wikipedia.org/wiki/Sparkline

목적지 포트의 행위를 분석할 때엔, 특정 프로토콜은 다른 프로토콜들에 비해 무작위적으로 동작하거나, 무질서하게 동작할 수 있다는 것을 알아두어야 한다. 예를 들어, 어떤 웹 서버가 아주 일정한 주기로 웹 페이지를 서비스한다고 하자. 어떠한 변동이 일어날수 있으나, 일 단위, 주 단위, 또는 휴일 단위로 일어나는 변화다. 그것을 제외한다면, 트래픽 분포는 아주 매끄럽게 보일 것이다. 서버 관리를 위해 사용하는 SSH는 그렇게 매끄럽지 않다. 22번 포트에서는 급격히 튀어오른 선을 보거나, '이상 행위'를 볼 수 있을 가능성이 높다. 스파크라인을 분석할 때 이것을 꼭 명심해야 한다.

서비스 이상 행위

방금 전 다룬 것처럼 서비스 특성을 살펴보는 건, 트래픽 흐름을 분석하는 방법 중 하나다. 트래픽 흐름을 분석하는 방법 중 또 다른 하나는, 현재 사용하고 있는 서비스의 이상 행위를 탐지하는 것이다. 문제가 있는 트래픽을 찾아내는 방법 중 하나는, 잘 사용하지 않는 서비스를 찾아내는 것이다. 만약 어떤 장비가 일반적으로 사용하지 않는 서비스에 접근하려 한다면, 이 장비가 일반적이지 않은 행위를 하거나, 악성 행위를 한다고 판단할 수 있다. 네트워크 기반 이상 행위 탐지 시스템은 이런 특성을 기반으로 자동화된 네트워크 트래픽 분석을 제공한다. 그러나 분석 대상 네트워크의 환경을 이해하는 전문가는 시스템이 보여주지 못하는 통찰력을 보여준다. 전문가에게 시각화 툴을 쥐어주면, 네트워크 서비스와 행동에 대해 즉각 분석하고, 애초에 원했던 상태와 비교해 보여준다. 이상적인 상황이라면, 네트워크 기반 이상 행위 탐지 시스템이 찾아낸 결과를 시각화해 전문가의 분석에 더 많은 맥락을 제공할 수 있을 것이다.

트리맵으로 자주 사용하지 않는 서비스를 파악할 수 있다. 트리맵에서 박스가 크면 클수록 파악하기가 쉽다. 우리가 하려고 하는 것은, 이것과 정확히 반대다. 우리는 작은 것에 관심이 있다. 몇몇 장비만이 쓰는 서비스를 찾으려고 하는 것이다. 이걸 해결하려면, 박스 크기를 거꾸로 뒤집어야 한다. 적은 수의 장비가 사용한 서비스일수록, 박스 크기를 크게 하면 된다. 그림 6.5는 이런 그래프를 보여준다.

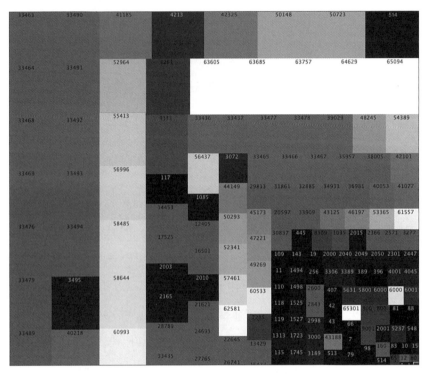

그림 6.5 사용하는 장비의 수가 적은 서비스를 찾기 위해 트리맵을 사용한다. 박스의 크기는 서비스를 이용하는 장비의 수를 거꾸로 나타낸다. 박스의 크기가 클수록, 해당 서비스에 접근했던 장비의 수가 적다. 박스의 색은 포트의 숫자를 나타낸다. 짙으면 짙을수록, 포트의 숫자가 작다

그림 6.5를 보면, 가장 큰 박스 중 몇 개는 굉장히 높은 포트 번호를 표시하는 경우가 있다. 이건 아마도 출발지/목적지 혼동의 흔적일 것이다. 박스가 크면 클수록 좌측 상단에 배치하기 때문에, 짙은색의 큰 박스를 살펴봐야 한다. 짙고 큰 박스는, 포트 번호가 낮은 서비스에 접근한 기록이 있음을 보여준다. 박스가 클수록, 적은 수의 장비가 접근했음을 나타내는 것이다. 트리맵의 맨 위에서 큰 박

스를 찾아보자. 514번 포트는 트리맵의 맨 위에 위치하고, 아마도 가장 큰 박스 중 하나로 보인다. 이 박스는 시스로그 트래픽을 나타낸다. 이 프로토콜은 일반적으로 사용되는 프로토콜이다. 그러나 적은 수의 장비만 시스로그 메시지를 보낸 것으로 보인다. 왜냐하면 박스가 정말 크기 때문이다. 시스로그가 대체로 비암호화 트래픽이란 걸 생각해본다면, 이렇게 적은 장비만 사용하는 상태는 좋은 신호라 할 수 있다. 그 다음으로 확연하게 맵에 나타나 있는 것은 117번 포트다. 이건 좀 우려할 필요가 있다. 117번 포트는 어떤 서비스가 사용하는가? 우리가 익히 알고 있는 서비스 중에 117번 포트를 사용하는 것은 없다. 그렇기 때문에 이에 관한 원본 로그를 확인해, 정확한 내용을 파악해야 한다. 이런 식으로 박스를 살펴보면서 분석을 진행하면 된다.

트리맵 우측 하단의 밝은 박스들은 또 다른 패턴을 나타내는데, 살펴볼 필요가 있다. 이 박스들은 높은 번호의 포트를 사용하고, 다수의 장비가 접근했다. 이 예제에서는 6000번 포트와 65301이 그에 해당된다. 나머지 것들과 달리, 이 두 개는 확연하게 드러난다. 65301 포트가 어떤 서비스라 말하긴 힘들지만, 원본 로그를 찾아 정확한 트래픽 내역을 살펴볼 필요는 있다. 대체로 6000 포트는 X11 원격 데스크탑 접속이다.

역 트리맵 만들기

그림 6.5나 그림 6.6과 같은 트리맵을 만들기 위한 첫 번째 과정은 로그 파일에서 관련 있는 정보를 추출하는 것이다

```
argus -r traffic.pcap -w - | ra -r - -nn -s dport | sort |
uniq -c > dport.uniq
```

이 명령어는 아거스가 목적지 포트 정보를 출력하고, uniq 명령어로 각 목적지 포트가 나타난 횟수를 목록으로 만든다. 박스 크기를 거꾸로 만들려면, 숫자 1을 각 목적지 포트가 나타난 횟수로 나누면 된다.

```
cat dport.uniq | awk '{ratio=1/$1*1000000;
printf "%s %s\n",$0,int(ratio)}'
```

dport.uniq에 저장된 모든 엔트리를 읽고, awk는 1을 나타난 횟수로 나눈다. 트리맵 시각화 프로그램은 정수만 인식하기 때문에, 그 값에 1,000,000을 곱해 정수로 대략의 값을 나타낼 수 있도록 한다. 또한 int(ratio)를 printf 구문에 사용한 까닭이기도 하다. 이렇게 하면 소숫점을 나타내지 않는다. 주의할 것은 두 문자열 사이의 구분자는 탭이다.

헤더는 실제로 보이지는 않지만, 결과물은 다음과 같을 것이다.

COUNT	PORT	RATIO
INTEGER	INTEGER	INTEGER
7029	20	1423
5556	25	1800

트리맵 툴(9장 참조)에서 읽어 들여 트리맵으로 표현할 수 있다. 범례 설정에서 라벨을 포트로, 크기를 비율로, 색을 포트로 설정한다. 물론 색을 흰색에서 검정색으로 그라데이션이 되게 설정할 수도 있다. 이 말은 즉, 가장 높은 포트 번호를 녹색으로 나타내는 게 싫다면 바꿀 수 있다는 것이다. 색상 선택에 있어 더 이야기하자면, 포트 번호를 선형적으로 인식해 색을 지정할 수도 있지만, 로그 스케일로도 할 수 있다. 분석하려고 하는 자료에 포트 번호가 어떻게 분포되어 있느냐에 따라, 각각의 방식(선형적/로그 스케일)은 흥미로운 부분을 찾는 데 더 나은 도움을 줄 수 있다. 마지막으로, 각 박스의 경계선을 설정하지 않았다. 이건 설정의 메인 탭에서 할 수 있다. 만약 이 설정을 사용한다고 하면, 공간을 조금 더 사용하는 결과를 낳는다. 그러나 자료 대 잉크의 비율을 높이는 것이 좋은 그래프를 만드는 디자인 원칙 중의 하나란 것을 명심할 필요가 있다.

그림 6.5 트리맵 좌측 상단의 밝은 박스는 높은 숫자의 포트에서 서비스가 돌아가고 있음을 보여준다. 그리고 이 서비스를 사용하는 장비는 얼마 없으나, 이 서비스를 조금은 주목해볼 필요가 있다. 이것은 아마도 출발지/목적지 혼동일 수 있으나, 악성 서비스가 돌아가고 있을 수도 있다. 분석을 더 진행하기 위해, 10,000번 이상의 포트를 제외하고 새롭게 그래프를 생성했다. 이렇게 해 나머지 데이터를 더 확대해서 나타낸 결과가 그림 6.6이다.

10,000번 이상의 포트를 제외해 트리맵의 가독성을 더 높였다. 그림 6.5에 비해 그림 6.6의 박스 개수가 적기 때문에, 작은 박스들이 나타내는 서비스를 좀 더 알아보기 편해졌다. 완벽한 세계에선 모든 설정이 제대로 되어 있고, 공격 또한 없을 것이기 때문에, 이렇게 트리맵으로 나타낸다면 상대적으로 더 적은 수

의 박스로 나타낼 수 있을 것이다. 안타깝게도, 그림 6.6의 사례는 그런 완벽한 세계는 아니다. 이 그래프를 보면 단숨에 눈에 들어오는 것이 있다. 8080, 6667, 8000 그리고 그 외의 눈에 확 들어오는 몇 개의 포트다. 이 부분을 살펴보면, 눈에 띨만한 몇몇 서비스가 포트를 사용하는 것을 알 수 있다. 8080은 주로 HTTP 프록시로 이용하는 포트다. 6667 포트는 좀 더 주의 깊게 볼 필요가 있다. 주로 IRCInternet Relay Chat를 사용하기 위한 포트다. 이 프로토콜이 돌아가고 있는 건 별 문제 없는 경우가 있을 수도 있지만, 그럼에도 불구하고 이 프로토콜이 동작하고 있다는 것은 그다지 좋은 신호가 아니다. 상당수의 봇넷은 명령어를 전송하고, 봇넷을 통제하기 위해 IRC 프로토콜을 사용하기 때문이다. 그렇기 때문에 6667번 포트 트래픽을 살펴보는 것을 확실히 권장한다.

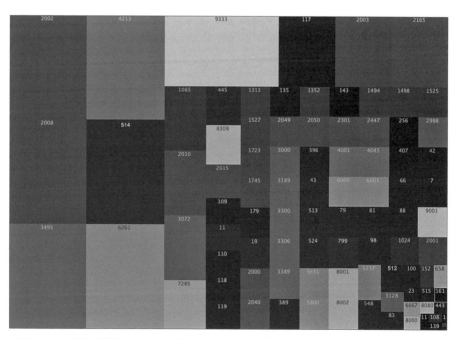

그림 6.6 10,000번 이하의 포트에서 서비스하는 트래픽을 보여주는 트리맵. 박스의 크기는 얼마나 많은 장비가 이 서비스에 접근했는지를 보여준다. 박스가 크면, 해당 포트에 접근한 장비가 적은 것이다. 포트 숫자를 표현하기 위해 색을 사용했다. 색이 짙으면 짙을수록 낮은 번호의 포트를 나타낸다

이상적인 상황이라면, 트리맵에 있는 각각의 박스가 나타내는 트래픽이 존재하는 이유를 설명할 수 있고, 보안 정책에 대응해 현재 동작하고 있는 포트와 서비스가 허가된 것인지 아니면 예외적인 것인지에 대해 확실하게 나타낼 수 있다.

그림 6.6을 살펴보면서 다음과 같은 질문을 하게 된다.

- 좌측 상단의 큰 박스는 뭘 나타내는가? 2,000번 근방의 포트에서 어떤 일이 벌어지고 있는가? 예를 들면 어떤 것이 있을까?

- 시스로그 포트(514)는 왜 몇 안 되는 장비만 사용하는가? 시스로그를 사용하기 위해 514번 포트를 사용하고 있는가? 아니면 더 많은 장비에서 시스로그를 사용하게 해야 하는가?

- 왜 많은 박스가 일반적으로 사용하지 않는 포트를 나타내고 있는가? 장비의 설정에 문제가 있는 것인가, 아니면 우리의 분석 방법에 문제가 있는 것인가?

안타깝게도 트리맵은 이 질문에 대해 답을 할 수 없다. 이 질문에 답을 하기 위해선 트래픽 로그를 살펴봐야 한다. 패킷 캡처 같은 걸로 트래픽의 자세한 내역을 살펴봐야 한다. 이렇게 트래픽의 자세한 내역을 살펴보는 것만이, 트래픽의 형태를 파악할 수 있는 경우가 종종 있다. 다른 시각화 방법을 사용함으로써, 좀 전의 질문에 답을 할 수 있기도 하다.

우리가 방금 살펴본 시각화 방법은 트래픽 흐름에서 이상 행위를 발견할 수 있는 방법 중 한 가지다. 그 외에도 우리가 사용할 수 있는 방법은 많이 있다.

웜 탐지

웜을 탐지하는 것은 아마도 가장 간단한 보안 분석, 로그 분석 활용 사례라고 할 수 있다. 웜은 상당한 양의 트래픽을 만들어내는 경향이 있기 때문에, 모르고 지나가는 것이 더 어렵다. 심지어 네트워크 모니터링 툴 없이도 웜을 탐지할 수 있다. 웜을 탐지할 수 있는 가장 좋은 툴 중 하나는 같이 일하는 동료인데, 동료들이 네트워크가 느려지는걸 느끼고 그에 대한 불만을 토로하는 것으로 알 수 있다. 그러니까, 내가 말하고 싶었던 것은 웜을 탐지하는 것이 그리 어려운 일은 아니라는 것이다.

이 사례를 다루는 것은 단지 완벽함을 추구하고자 하는 목적에서다. 보안 자료 시각화를 다루는 책이 그림 6.7과 같은 웜의 폭발적인 출현을 나타내는 그래프 없이 완성될 수 없다. 웜 탐지에 대한 내용을 좀 더 흥미롭게 살펴보기 위해, 일반적이지 않은 자료를 분석해보자. 모바일 네트워크에서 멀티미디어 메시지MMS, Multimedia Messages가 보내진 경로에 대한 정보는, 단문 메시지 서비스 센터 SMSC, Short Message Service Center에서 로그로 남았다. 메시지 상세 내역CDR, Call Detail Records은 누가 메시지를 보냈는지, 받았는지를 나타낸다. 거기다 CDR은 메시지의 크기 이외에, 분석과 상관없는 몇 가지의 정보를 포함하고 있다('MMS 분석'을 보면 이 로그에 대한 저 많은 정보를 볼 수 있다).

SMSC를 거친 휴대전화의 통신 내역을 시각화한다면, 그림 6.7과 같은 그래프를 보게 될 것이다.

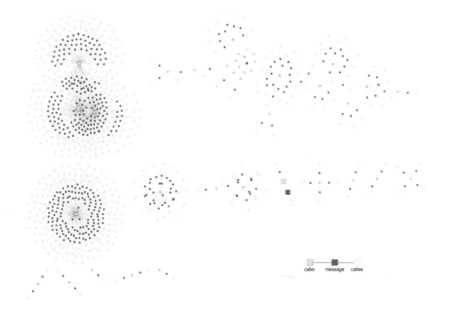

그림 6.7 웜이 링크 그래프로 시각화되어 있다. 우측 상단의 집단은, 저 집단에 포함된 휴대전화가 웜에 감염됐다는 것을 보여준다. 체인을 주목하자(컬러이미지는 에이콘출판사 도서정보 페이지에서 다운로드할 수 있다)

그림 6.7에서 볼 수 있듯이, 모바일 네트워크에 퍼진 웜을 찾아내는 것은 어렵지 않다. 만약 이 그림에 어떤 문제가 있는지 명확하게 알지 못하겠다면, 웜이 없는 깨끗한 모바일 네트워크를 나타낸 그래프 그림 6.8과 비교해보면 된다. 그림 6.8에는 체인이 없다는 것을 알 수 있다. 그림 6.8의 가운데에 있는 두 개의 원형 그래프가 이상하게 보이긴 한다. 상당히 많은 수의 사람에게 보낸 메시지의 발신자가 누구일까? 아마도 자식이 태어난걸 자랑하기 위해 친구들에게 사진을 보낸 어떤 주책 맞은 아버지일지도 모른다. 그리고 벨소리, 배경 사진 등의 서비스가 있을 수 있다. 이런 서비스는 결제한 후 MMS로 전송하게 된다. 이런 서비스 들은 번호로 파악할 수 있다. 보통 이런 서비스들은 일반적인 전화번호보다 짧은 세 자리에서 다섯 자리 정도의 번호를 쓴다.

MMS 분석

모바일 네트워크의 웜을 찾기 위해 OpenWave의 제품 MAG에서 발생한 로그를 사용한다. 두 개의 샘플 레코드는 다음과 같다(두 개의 레코드는 익명화된 것이다).

```
20051117225657          GMT 20051117225657 GMT
4179543xxxx 4176448xxxx  0 63517
20051117225657          GMT 19700101000000 GMT
image/jpeg  CHEC1_MMSC1MM4Rrecord 0
1      MM.1             22801351822xxxx
22802071035xxxx         2 1132 26821763098xxxx
19700101000000          GMT message-id=67766686 0
mms.mnc002.mcc228.gprs  21 20  image/jpeg TT


20051117225651          GMT 20051117225651 GMT
4179286xxxx 4179256xxxx  0 11871
19700101000000          GMT 20051122015651 GMT
image/jpeg              CHEC1_MMSC1MMSOrecord
2      MM.1             22801411834xxxx
```

---

3 http://www.openwave.com

```
22801211413xxxx 21132      26821906655xxxx
20051117225651             GMT message-id=67766826 1
3       3 image/jpeg TT
```

타임스탬프 바로 다음을 보면, MMS를 보낸 모바일 기기의 번호를 볼 수 있다. 그리고 그 다음 번호는 메시지를 받은 기기의 번호다. 그 다음에 적혀 있는 것을 계속 살펴보면, MMS에 관한 다양한 정보, 메시지 크기, 콘텐츠 타입, 휴대전화의 IMSI(휴대기기의 식별번호) 등이다. 모바일 기기들의 통신 내역을 시각화하기 위해, 전화번호(MSISDN, 통신 업계에선 이렇게 부른다)만 따로 추출해 링크 그래프로 나타냈다.

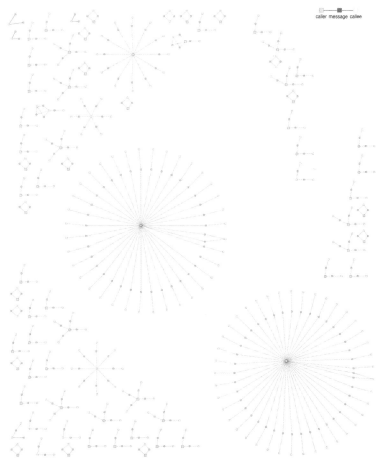

그림 6.8 일반적인 MMS 트래픽을 나타낸 그림. 아주 일반적인 MMS 전송과 더불어, 특정 서비스나 스패머가 아주 많은 수의 수신자에게 MMS를 보낸 것을 볼 수 있다

MMS 발신자와 수신자 정보를 시각화하는 이런 방법으로는 수백만 건의 MMS를 분석할 수는 없다. 그래프를 만드는 시간은 지수적으로 늘어날 것이며, 만들어진 그래프는 살펴보기에 아주 어지러울 것이다. 그럼 어떻게 할 수 있을까? 그림 6.7을 다시 살펴보자. 모든 로그를 시각화해 웜을 살펴보기 전에 휴리스틱 기법으로 로그를 사전 처리하거나, 로그를 한정적으로 구분해 사전 처리하는 방법은 없을까? 웜을 파악할 수 있는 한 가지 특징은 특이하게 긴 체인을 가지고 있다는 것이다. 알고리즘을 사용해 스패닝 트리를 만들고, 긴 체인을 찾아낸다. 이것은 컴퓨팅 비용이 아주 많이 든다. 또 다른 웜의 특징은 스캐닝을 한다는 것이다. 웜에 감염된 휴대전화는 다수의 기기에 메시지를 보낸다. 그 말은 즉, 일정 숫자 이하로 메시지를 보내는 노드는 제거해버려도 된다는 것이다. 이런 식으로 자료를 사전 처리하는 흥미로운 방법을 만들어갈 수 있다.

이 장의 뒷부분에서 봇넷을 다룰 때, 고급 휴리트틱 기법을 사용해 정교하게 웜을 탐지하는 방법을 보여줄 것이다. 봇넷을 탐지할 때 사용하는 휴리스틱 기법의 상당수는 웜을 탐지하는 데에도 아주 효과적으로 사용할 수 있다.

시각적인 결과물을 통해 분석을 효과적으로 하기 위한 휴리스틱 기법을 찾아내는 것은, 시각화를 시작함에 있어 사용하는 아주 일반적인 기술이다. 먼저 자료를 시각화한다. 그 다음, 이 결과를 사람이 보면서 휴리스틱을 다듬은 후 분석을 좀 더 간단하고, 빠르게 한다. 이런 식의 시각화 초기 단계를 밟지 않는다면, 휴리스틱 기법을 다듬는 것은 아주 어려울 것이다.

서비스 거부

컴퓨터, 애플리케이션, 서비스에 영향을 주는 공격은 DoS 공격이라 할 수 있다. 네트워크를 통해 서비스하는 장비의 네트워크 연결을 해제한다면, 이 또한 DoS 공격이라 할 수 있다. 이런 것은 물리적인 공격이라 할 수 있다. 여기서 다루고자 하는 것은 논리적인 단위에서, 네트워크를 기반으로 한 DoS 공격이다. 이런

DoS 공격은 컴퓨터 또는 서비스의 다양한 지점을 목표로 한다. 엄청난 양의 트래픽을 보내서, 네트워크를 마비시키거나 CPU를 독점해 정상적인 트래픽을 막아버리는 사례도 있다. 좀 더 일반적인 사례를 보자면, 파일 디스크립터, 하드디스크, 메모리 등 리소스를 차지해버리는 것도 DoS 공격의 일종이다. 또한 네트워크 트래픽으로 목표 장비의 기능을 마비시키는 것도 있다. 예를 들면, 패킷 하나만으로 보내 윈도우 95의 네트워크 스택 취약점을 악용하는 WinNuke[4] 공격이 있다. 이 취약점을 악용하면 목표 장비는 블루스크린을 띄우게 된다.

여기선 네트워크 대역폭을 점유하는 형태의 네트워크 기반 DoS 공격을 다루고자 한다. 인터넷 서비스 제공자ISP, Internet Service Provider 환경을 중심으로 살펴볼 것이다. 상당한 크기의 네트워크를 운영해, 트래픽 패턴이 들쑥날쑥하고, 많은 양의 트래픽이 전혀 특별하지 않은 큰 회사도 인터넷 서비스 제공자와 비슷한 환경이라 볼 수 있다. 이런 환경에서 갑자기 솟아오르는 트래픽이 있다면, 이것이 DoS 공격인지 아니면 정상적인 트래픽인지 물음을 던지게 될 것이다. 이것을 살펴보고자 한다.

DoS 공격인지 아닌지 확인하기 위해, 네트워크 트래픽을 분석해야 한다. 그림 6.9는 인터넷 서비스 제공자의 네트워크가 일반적인 상태일 때, 네트워크 트래픽 현황을 나타낸 그래프다. 이 그래프는 NFSen[5]을 이용해 만들었다. NFSen은 네트워크 흐름 데이터를 처리하는 명령행 툴인 nfdump[6]에 포함되어 있다.

---

4 http://users.nac.net/splat/winnuke

5 http://nfsen.sourceforge.net

6 http://nfdump.sourceforge.net

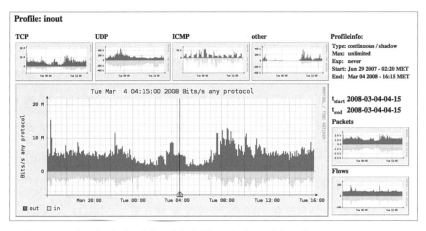

그림 6.9 ISP 네트워크의 일반적인 트래픽 패턴을 보여주는 트래픽 그래프

그림 6.9의 그래프는 지난 24시간 네트워크 트래픽의 다양한 면을 보여준다. 맨 위에선 프로토콜에 따른 4개의 그래프를 볼 수 있다. 네 개의 그래프는 IP to IP 프로토콜, GRE 터널, IPSec 트래픽 등의 전송 프로토콜의 현황을 요약해 보여준다. x축은 시간이고, y축은 전송된 비트 수를 나타낸다. 양수는 보낸 트래픽, 음수(x축 하단, 밝은 부분)는 받은 트래픽을 나타낸다. 그림 6.9의 큰 그래프는, 모든 프로토콜을 합한 전체 트래픽을 나타내는 그래프다. 오른쪽의 두 그래프는 전송된 패킷 수와, 흐름을 나타낸다. 흐름은 세션 또는 연결의 개수라 생각하면 된다. 각 플로우는 트래픽을 전송하기 위해 연결한 장비와 포트를 짝으로 묶어 둔 것이다.

그림 6.9의 우측 하단에서 볼 수 있는 것처럼, 플로우 개수는 시간이 지나도 일정하게 유지된다. 들어오는 플로우 숫자와 나가는 플로우의 숫자는 거의 동일하다. 반반으로 나뉘어진 두 그래프는 동일한 형태를 가지고 있다. 들어오는 패킷과 나가는 패킷 또한 서로 같다(그러나 시간의 흐름에 따라 패킷의 수는 변화한다). 프로토콜별로 보내고 받은 비트 수를 살펴보면, 다양한 패턴을 볼 수 있다. TCP 트래픽의 경우 나간 트래픽이 들어온 트래픽보다 많다. UDP는 트래픽이 뾰족뾰족

튀어나와 있지만, 어떤 패턴이 보이진 않는다. ICMP 그래프는 널뛰기하는 것처럼 변한다. 시간의 흐름에 따라 일정하게 널뛰기하는 것을 볼 수 있다. 이런 트래픽의 흐름은 흥미롭다. 트래픽의 흐름이 이렇게 나타나는 이유는 확실하지 않다. 그 외의 프로토콜은 업무시간에만 사용되는 것으로 보인다. 아마 IPSec 프로토콜을 사용하는 VPNVirtual Private Network(가상 사설망) 터널 때문일 것이다. 업무시간에 직원들이 회사 네트워크에 연결하기 위해 VPN 터널이 생성된다. 프로토콜에 상관없이 전체 트래픽 양은 일반적인 패턴을 보인다.

그림 6.9 같은 그래프를 기초로 해, 내부의 장비로 향하는 DoS 공격 또는, 외부의 장비를 공격하는 DoS 공격을 탐지할 준비가 되었다. 그러나 우리는 굉장히 신중하게 이 작업을 해야 한다. 급격하게 변하는 모든 트래픽이 DoS 공격은 아니기 때문이다. 중요한 경기가 있거나, 큰 뉴스가 생겨 많은 사람이 거기에 관심을 가지고 있다고 가정해보자. 그럼 관련된 웹 페이지를 보거나, 동영상을 다운로드하고, 시청하게 될 것이다. 그렇게 된다면 트래픽은 갑자기 증가하게 될 거고, 우리가 살펴본 그래프가 급격히 변하게 될 것이다.

9시 50분부터 13시 30분까지 이상한 패턴이 나타나는 그림 6.10을 살펴보자. 들어가고 나가는 트래픽, 플로우, 패킷이 확연히 비대칭적인 것을 그래프에서 볼 수 있다. 프로토콜별로 살펴보자면, UDP 트래픽과 ICMP 트래픽이 비대칭임을 알 수 있다. 그러나 ICMP는 단위가 다를 뿐 대칭적인 트래픽이다. 나가는 트래픽이 들어오는 트래픽보다 많을 뿐이다. 비대칭적인 UDP 트래픽이 DoS 공격인가 아니면 정상적인 트래픽인가? 다른 그래프를 살펴보고, 알 수 있는 것은 다음과 같다.

● 플로우 개수가 많다. 많은 수의 장비와, 많은 수의 포트가 연결되어 있다는 것을 뜻한다.

● 패킷 개수가 많다. 영상 스트리밍이거나, 또는 다른 프로토콜이 상당한 양의 트래픽을 만들고 그로 인해 패킷이 많은 것이다.

- 또한 전송된 비트도 많다.

- 트래픽의 대부분은 이 네트워크에서 나가는 트래픽이다.

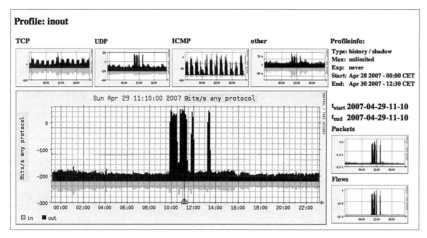

그림 6.10 9시 50분부터 13시 30분까지 발생한 DoS 공격으로 추정하는 트래픽을 나타낸 그래프

이 트래픽에 관여한 출발지 장비 및 목적지 장비에 대해 정확히 파악하는 것은 중요하다. 이 트래픽에 대해 자세한 내역을 알지 못한다면, 이 트래픽이 DoS 공격인지 아닌지에 대해 말할 수 없다. 이건 단지 내부 네트워크의 장비가 외부로 DoS 공격을 했다는 것만을 알 수 있다.

주의할 것은, 다른 형태의 DoS 공격(예를 들면 SYN Flood)[7]은 각기 다른 그래프로 나타난다. 평범한 플로우 개수, 많은 수의 UDP 패킷, 그리고 많지 않은 TCP 트래픽을 볼 수 있다. 트래픽이 그다지 많지 않음을 알 수 있는데, 공격을 하기 위해 SYN 패킷만 보냈고, SYN 패킷의 크기는 굉장히 작기 때문이다. SYN 공격 그래프 예제는 그림 6.11로 볼 수 있다. SYN 공격의 특징으로는, 플로우 개수와 TCP 트래픽은 평소와 같으나, 네트워크를 통해 전송된 패킷의 개수가 굉장히 많다는 것이다.

---

7 http://www.cert.org/advisories/CA-1996-21.html

봇넷

IRC에서 봇은 다양한 것을 제공하는 용도로 사용되었다. 예를 들면 퀴즈 봇은 특정 채널의 사용자들이 즐기기 위해 사용하는 것이다. 시간이 지나면서, 봇으로 단순히 게임을 제공하는 용도뿐만 아니라, IRC 채널에서 자동화된 관리 서비스로도 사용 가능하다는 것을 알게 되었다. 많은 기능이 개발되면서, 악의적인 목적으로 사용 가능한 방법도 알아내게 되었다. 현재는 분산 서비스 거부 공격을 하거나, 파일을 공유하거나, 스팸을 보내기 위한 용도로도 사용된다. 이 모든 것은 IRC 프로토콜로 봇을 조정해 이루어진다.

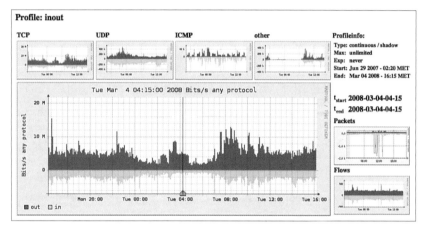

그림 6.11 트래픽 그래프는 SYN 공격이 있음을 확실하게 보여준다

봇넷이라는 단어는 해킹당한 다수의 시스템이 한 사용자에 의해 통제되는 것을 말한다. 봇넷의 소유자는, 해킹해 차지한 장비를 몇몇 명령어를 이용해 통제할 수 있다. 가령 특정 장비를 대상으로 해 공격하게 할 수 있다. 심지어 현재는 봇넷을 임대해 사용할 수 있는데, 그리드 컴퓨팅의 개념과 유사하다고 생각하면 된다. 스패머들은 이런 식으로 좀비 뒤에 숨어 진짜 출발지를 숨기고 이메일을 배포하는 방법을 선호한다.

데이브 디트리치가 허니스냅Honeysnap 메일링리스트에 보낸 메일[8]은 악성 코드 감염으로 인해 봇넷의 일부분이 된 장비를 시각적으로 분류하는 방법에 대한 영감을 주었다. 그 메일에서 자신이 분석하고자 하는 네트워크 흐름에 대해 대략적인 소개를 했다.

지금 살펴보는 악성코드는 P2P 봇이고, 암호화된 채널을 통해 업데이트된다. 네트워크 트래픽을 하루 단위로 살펴보면, 업데이트 용도로 전달되는 바이너리 크기(수천 바이트)를 알 수 있고, 해당 바이너리를 전달하는 시점을 통해 봇을 업데이트하는 시간을 알 수 있다. M바이트 이상, N바이트 이하의 들어오는 트래픽이 발생한 후, M바이트 이상 N바이트 이하의 나가는 트래픽이 다수 발생할 때 이를 탐지하는 방법을 알고 또한, 봇넷이 언제 어떻게 스스로 업데이트하는지 파악하고 싶다.

패킷 크기는 분석을 함에 있어 가장 필요한 정보 중 하나다. 이런 숫자의 분포를 어떻게 시각적으로 나타내는가? 박스 플롯이 생각날 것이다. 그러나 트래픽 흐름과 박스 플롯을 어떻게 연결해 살펴볼 것인가? 나는 평행좌표를 이용해 박스 플롯마냥 수치 값을 나타낸다. 이후 다룰 분석에서 사용하는 툴은 어드바이저Advizor[9]다. 아쉽게도 이건 상용 소프트웨어다. 그러나 이런 류의 분석을 함에 있어 이보다 적합한 솔루션을 보지 못했다. 또한 오픈소스 툴도 없다. 그러나 이 소프트웨어가 공짜가 아니라는 점 이외에, 가장 짜증나는 단점은 IP 주소를 하나의 자료형으로 다루지 않아, IP 주소를 그래프에서 그저 하나의 숫자형으로 보여준다. 이 점은 짜증나지만, 봇넷 분석에 있어 이것이 크게 중요한 문제는 아니다.[10]

---

8 2006년 10월 18일 16:14에 올라온 포스트인 "[Honeysnap] traffic analysis feature". 이 포스트의 아카이브는 남아있지 않다.

9 http://www.advizorsolutions.com/

10 어드바이저 측에 기능 추가를 요청해둔 상태다.

평행좌표를 만들기 위한 첫 번째 단계는 트래픽 흐름에서 추출할 자료를 파악하는 것이다. 패킷 크기는 반드시 살펴봐야 한다. 그리고 출발지와 수신지 주소를 살펴봐야 한다. 그 외에 필요한 것이 있는가? 포트? 아직은 아니다. 이 세 가지 자료면 충분하다.

그림 6.12는 이 자료로부터 만든 첫 번째 그래프다. 평행좌표의 왼쪽에서부터 통신의 내역을 패킷 크기 등의 자료형을 이용해 보여준다. 가장 왼쪽은 출발지 주소, 가운데는 수신지 주소, 오른편은 패킷 크기를 나타낸다. 분명히 알아둬야 할 것은 개별 패킷을 각각 하나의 선으로 나타냈다는 것이다. 가령 두 장비 사이에서 크기가 각각 다른 패킷이 전송되었다면, 각각의 패킷에 대한 선이 개별적으로 그려졌다는 것이다. 가장 오른편은 패킷 크기의 분포를 나타낸 것이다. 뒤에서 이것이 왜 유용한지 알게 될 것이다.

그림 6.12의 바 차트를 보면, 정말 큰 패킷이 있다는 것을 알 수 있다. 이런 패킷이 봇넷에서 만들어진 것일까? 이런 특이점(그래프에서 가장 큰 패킷)을 선택하면, 이런 트래픽에 관련된 장비가 어떤 것인지 알 수 있다. 이렇게 특정 패킷을 선택하면 그림 6.13처럼 나타난다. 만약 우리가 분석해보고자 하는 트래픽이 봇넷에 관한 것이라면, 그래프 왼편의 장비 하나(컨트롤러)가 그래프 가운데의 여러 장비(좀비)로 연결해 업데이트하는 것을 볼 수 있게 된다. 그러나 그림 6.13이 그런 사례인지는 확실히 알 수 없다. 그래프에 나타난 아주 큰 패킷은 단 하나의 장비와 연관되어있다. 우리는 이 트래픽을 보이지 않게 정리해버릴 수 있다. 이런 것이 어드바이저의 장점 중 하나인데, 화면에서 자료를 바로 삭제해버릴 수 있다. 이 과정을 반복해보자. 크기가 큰 패킷을 선택한 후, 패킷과 관련된 장비를 확인하고, 만약에 이 패킷이 우리가 알아보고자 하는 패턴이 아니라면, 화면에서 바로 지워버리자.

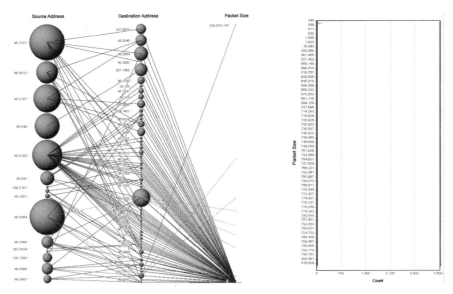

그림 6.12 봇넷 분석을 위해 만들어진 첫 번째 그래프. 이 평행좌표는 각각의 장비가 통신하면서 전송한 바이트 크기도 나타낸다. 오른편의 그래프는 패킷 크기 분포를 나타내는 바 차트다. 패킷 크기를 강조하기 위해 색이 사용되었다(컬러이미지는 에이콘출판사 도서정보 페이지에서 다운로드할 수 있다)

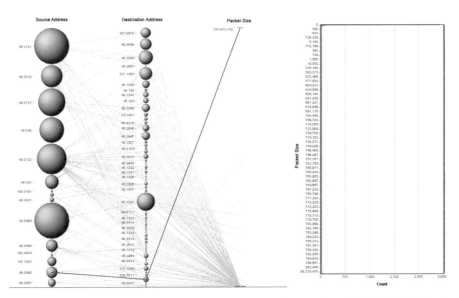

그림 6.13 크기가 큰 패킷을 선택해(빨간색 선), 이 트래픽에 연관된 장비가 어느 것인지 확인할 수 있다. 만약 이것이 봇넷의 트래픽이라면, 한 장비에서 다수의 장비로 전송되는 패턴을 보였겠지만, 이 트래픽은 이에 해당하지 않는다(컬러이미지는 에이콘출판사 도서정보 페이지에서 다운로드할 수 있다)

특이점을 삭제하는 것이, 그림 6.13과 그림 6.14처럼 큰 크기의 패킷만을 삭제하는 것으로 제한될 필요가 없다. 그림 6.15를 보면, 이전의 커다란 패킷을 선택하는 것과 다르게, 왼쪽에 많은 양의 트래픽(가장 큰 동그라미)을 만들어내는 장비가 있는 것을 볼 수 있다. 이 장비가 봇넷을 관리하면서 업데이트 작업을 진행하는 것일까? 이 장비를 선택해보면 다섯 대의 장비와 연결되어 있고, 전송하는 모든 패킷의 크기는 76바이트라는 것을 알 수 있다. 이 장비는 봇넷을 통제하는 장비가 아니다. 봇넷을 통제하는 장비라면, 훨씬 더 많은 장비와 연결되어 있어야 하고, 트래픽은 이보다 좀 더 많아야 한다. 이 트래픽을 지우자.

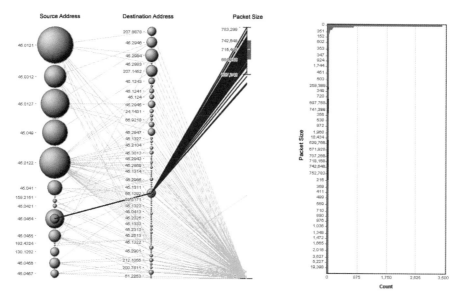

그림 6.14 패킷 크기를 기준으로 계속 지운다고 해도 데이브가 언급했던 특징은 보이지 않는다. 분석 대상을 좀 더 살펴봐야 한다

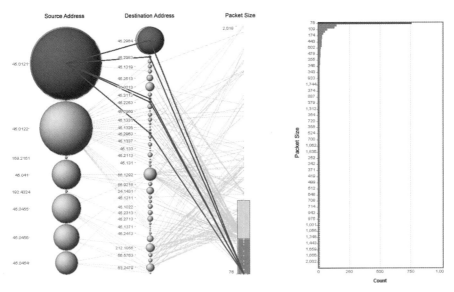

그림 6.15 특이한 장비를 선택해 트래픽 패턴을 살펴본 후, 이를 화면에서 지워버리거나, 봇넷 컨트롤러 후보군으로 분류할 수 있다

특이점들을 제거하고 나면 두 가지 결과물이 나온다. 이 네트워크 흐름 자료엔 봇넷이 없거나, 분석 방법이 잘못되어 모든 자료를 삭제해버려 화면이 텅 비어버리거나, 네트워크에 존재하는 봇넷의 모습이 드러나거나. 후자의 결과를 그림 6.16에서 볼 수 있다. 봇넷이 보이는가?

그림 6.16에서 봇넷 트래픽이 눈에 보이지는 않는다, 특정 트래픽에 표시를 좀 해보자. 400바이트 전후의 패킷을 전송한 트래픽을 선택했다. 이 정도 크기에 패킷이 잔뜩 몰려있는 것으로 보이기 때문이다. 그림 6.17은 이렇게 400바이트 전후의 패킷을 선택한 결과를 보여준다.

그림 6.17은 그래프 가장 왼편에 존재하는 하나의 장비에, 다수의 장비가 연결되어 있고 그 사이에 전송되는 모든 패킷의 크기는 350바이트 전후임을 보여준다. 이것이 우리가 원하던 결과물이다.

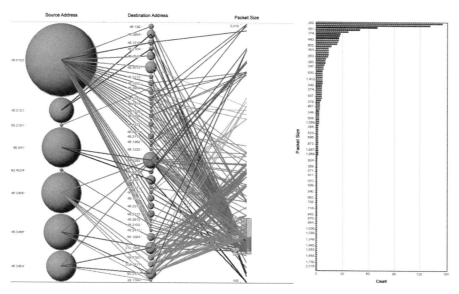

그림 6.16 아주 잘 보이는 것은 아니나, 필요 없는 자료가 어느 정도 삭제되어 봇넷 컨트롤러를 파악할 수 있을 정도는 된다. 색은 패킷의 크기를 나타낸다(컬러이미지는 에이콘출판사 도서정보 페이지에서 다운로드할 수 있다)

진정 우리가 원하는 결과물을 얻은 건가? 봇넷 컨트롤러를 찾은 것인가? 몇 가지 확인 작업을 거쳐야 한다. 가장 쉬운 것은 패킷을 캡처한 후 내용을 분석하는 것이다. 봇넷 명령어로 보이는 흔적이 있는가? 그 외에 다른 방법으로는 봇넷에 포함된 장비를 조사해 악성코드나 봇의 흔적을 찾는 것이다.

우리가 살펴본 이런 예제는 자료를 인터랙티브하게 분석하는 것이, 자료를 자세히 그리고 집중적으로 살펴보는 데에 큰 도움이 된다는 것을 보여준다. 이런 분석을 로그 파일로만 한다고 상상해보자. 끔찍하다.

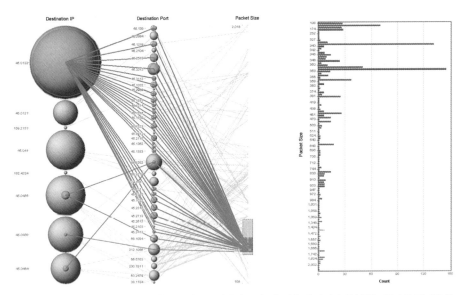

그림 6.17 그래프에 포함된 트래픽을 반복적으로 삭제하고 난 뒤, 다수의 장비와 통신하는 하나의 장비를 발견하게 되었다. 패킷의 크기는 350바이트 전후다. 이것이 우리가 찾고자 하는 봇넷 트래픽이다(컬러이미지는 에이콘출판사 도서정보 페이지에서 다운로드할 수 있다)

정책 기반 트래픽 흐름 분석

지금까지 다룬 트래픽 흐름 분석 사례 이외에도 트래픽 사용 정책을 모니터링하기 위한 좋은 방법이 있다. 가령 어느 회사의 정책이 P2P 파일 공유는 사용하지 못하게 되어 있고, 인터넷 브라우징은 회사의 프록시를 통하게 되어 있다고 하자. 트래픽 흐름을 모니터링하는 두 가지 방법으로 보안 정책 위반을 탐지할 수 있다.

- 사용자 역할에 따른 트래픽 분석
- 네트워크 트래픽 분석을 통한 보안 정책 모니터링

전자는 트래픽을 사용자 단위로 분석하고, 사용자 단위의 정보를 시각화한다. 그림 6.18은 이런 관점에서 만든 트래픽 그래프 예제다. 각각의 사용자(출발지 노드)가 어디에 속해 있는지 색으로 나타낸다. 재무, 인사, 엔지니어링, 영업 등은 각각의 부서를 나타내는 색이 지정되어 있다. 장비 소유자 또는 네트워크 소유자에 따라 색을 칠했다. 가령 영업은 192.168.0.0/16 서브넷이다. 그렇기 때문에, 여기에 속한 모든 장비는 진한 파란색으로 표시되었다.

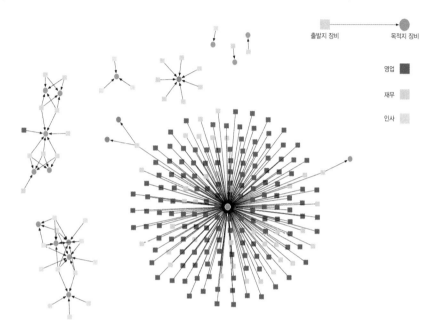

그림 6.18 트래픽 흐름을 통해 사용자 역할을 모니터링하는 예제. 이 링크 그래프는 네트워크 트래픽을 시각화해서 나타내고 있으며, 각각의 트래픽을 사용자별로 분류한다. 색은 사용자가 속해 있는 부서에 따라 정해진다(컬러이미지는 에이콘출판사 도서정보 페이지에서 다운로드할 수 있다)

그림 6.18은 부서에 따른 깔끔한 군집을 보여준다. 상당수의 군집은 각각의 군집마다 속해 있는 부서가 하나뿐이다. 인사팀 시스템은 다른 팀에서 아무도 접근하지 못한다. 그러나 영업과 재무팀이 하나 이상의 시스템을 공유하고 있는 것으로 보인다(가운데에 있는 큰 군집). 그리고 어떤 영업팀원의 장비 접근 기록은 살펴볼 필요가 있다. 왼편의 그래프를 보면, 재무팀원들만 사용하는 시스템에 접근하는 것을 볼 수 있다. 이건 아마도 문제가 발생한 것일 것이다.

정책 모니터링 그래프 만들기

그림 6.19와 같은 그래프는 어떤 종류든 네트워크 트래픽 로그가 있다면 만들 수 있다. 출발지 IP, 목적지 IP, 목적지 포트를 트래픽 로그에서 뽑아내면 된다. 이 예제는 특정 트래픽은 허용하고, 그 외의 트래픽은 허용하지 않는 것을 가정한다. 가령, 69번 포트에서 돌아가는 TFTP는 네트워크에서 사용하면 안 된다. 평문으로 자료를 전송하기 때문이다. 네트워크 프로토콜에 따른 정책을 마쳤다면, 다음처럼 AfterGlow 설정을 만들어보자.

```
shape.source=box
label=0
# sources are colored based on the subnet
color.source="blue" if ($fields[0] =~ /?45\.2/)
color.source="lightblue" if ($fields[0] =~ /?45\.0/
color.source="blue2" if ($fields[0] =~ /?45/)
color.source="green"
# targets are colored based on the port numbers
color.target="yellow" if ($fields[2] eq "80")
color.target="green" if ($fields[2] eq "443")
color.target="green" if ($fields[2] eq "22")
color.target="yellow" if ($fields[2] eq "123")
color.target="yellow" if ($fields[2] eq "110")
color.target="red" if ($fields[2] eq "69")
color.target="green"
```

첫 번째로, 출발지 노드는 박스로 표현하고, 노드에 대한 레이블은 붙이지 않는다. 그리고 색도 정했다. 출발지 노드에 대해선, 서브넷별로 색을 할당했다. 이 네트워크에서는, 부서에 따라 서브넷을 사용하고 있다. 재무, 인사 등 말이다. 목적지 노드의 색은 해당 트래픽의 목적지 포트에 따라 결정되었다. 각자에 취향에 따라 목적지 포트에 따른 색을 선택하면 된다. 가령, 내가 했던 것처럼 암호화되는 포트는 연하게, 암호화되지 않는 포트는 그보다 진하게 표시할 수 있다. 또한 회사의 정책을 색으로 표현할 수 있다. 가령 회사의 보안 정책을 위반할 경우, 노드를 빨간색으로 표시한다. 이렇게 설정을 해둔다면, 어느 사용자가 회사의 보안정책을 준수하지 않고 있는지 빠르게 파악할 수 있다. 누가 상시적으로 정책을 위반하고 있는지도 알 수 있다. 이런 정책 위반 사례를 찾게 된다면, 근본 원인이 무엇인지를 파악해야 한다. 가령 어느 부서는 일을 처리하기 위해 사용이 금지된 특정 프로토콜을 필요로 할 수 있는데, 이렇게 된다면 보안 정책을 바꾸거나, 해당 프로토콜에 대한 위험도를 변경할 수 있다.

그림 6.18의 그래프처럼, 그래프를 만들어 회사 보안 정책 모니터링을 할 수 있다(그림 6.19를 보라). 앞선 그림 6.18처럼, 링크 그래프를 사용해 통신 내역을 표현한다. 그러나 앞선 그래프에서는 색을 이용해 부서만 표현했지만, 이번에는 색을 이용해 보안 정책도 표현한다. 세 가지 색을 사용했다. 분홍색은 정책을 위반한 경우, 갈색은 정책을 위반할 가능성이 있는 경우, 녹색은 정상적인 트래픽을 표현한다. 프로토콜별로 보안 정책을 만들었다. 가령, P2P 통신은 저작권을 위반할 가능성이 있기 때문에 사용할 수 없다. 텔넷과 TFTP는 중요한 정보를 평문으로 보내는 비암호화 프로토콜이기 때문에 허용하지 않는다.

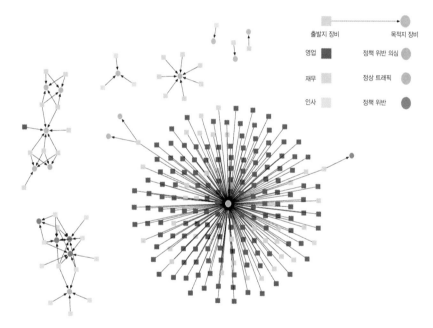

그림 6.19 회사의 보안 정책을 색으로 표현한 트래픽 정책 그래프. 빨간색 노드는 정책 위반을 뜻한다(컬러이미지는 에이콘출판사 도서정보 페이지에서 다운로드할 수 있다)

그림 6.19의 큰 군집은 재무와 영업부서가 동일한 장비에 접근하고 있음을 보여준다. 이 트래픽은 정상적인 트래픽이라 표시되어 있다. 그러나 재무부서의

몇몇은 다른 장비에 접근하고 있는데, 이 트래픽은 정책을 위반했을 가능성이 있음을 보여준다. 이 그래프로는 이런 트래픽을 알아보기가 쉽다. 왼편에 있는 다른 군집도 살펴볼 필요가 있다. 인사부서의 몇몇은 다른 장비에 접근하고 있는데, 이것은 정책을 위반한 것이다. 이건 인사부서가 오래 전부터 일을 처리하기 위해 사용하는 시스템인 것처럼 보인다. 이런 경우에 프로토콜에 대한 위험도 평가 기준이 바뀌어야 한다. 재무부서의 몇 명이 보안 정책을 위반했을 가능성이 있을 것으로 보이는, 상단의 군집이 비슷한 경우다. 많은 사용자가 이 장비에 접근하고 있고, 이 트래픽이 보안 정책을 위반하고 있다는 것은, 네트워크 인프라에 문제가 존재할 가능성이 있다는 것이다.

방화벽 로그 분석

이 책을 보는 독자의 상당수는 방화벽 로그를 다뤄봤을 것이다. 방화벽 로그는 담고 있는 내용이 매우 많다. 기본적으로 방화벽 로그를 분석하는 것은 트래픽 로그를 분석하는 것과 비슷하다. 방화벽 로그에서 더 알 수 있는 것은, 이 트래픽이 방화벽에서 차단되었는지 통과되었는지 여부다. 이 정보로 로그를 시각화할 수 있는 요소가 조금 더 많아진다.

첫 번째로, 4장에서 다뤘던 정보 시각화 절차를 사용해, 방화벽 로그를 분석할 것이다. 그리고 방화벽 정책을 시각화해 자세히 분석할 것이다.

방화벽 시각화 절차

정보 시각화 절차에 기반해, 링크 그래프를 이용한 방화벽 로그 분석 절차는 다음과 같이 구성된다.

1. **문제를 정의하기**: 방화벽 로그를 분석하고자 하는 목적은 무엇인가?

2. **자료 평가하기**: 방화벽 로그가 포함하고 있는 정보는 무엇인가?

3. **정보 가공하기**: 필요한 정보를 로그에서 추출하려면 어떻게 해야 하는가?

4. **시각적 요소를 변형하기**:

    4.1 링크 그래프를 설정하고, 노드에 어떤 자료를 표현할지 정한다.

    4.2 각 노드와 선을 표현할 색을 정한다.

5. **시점을 바꾸기**:

    5.1 필요 없는 노드를 지운다.

    5.2 합쳐서 볼 노드를 정의한다

    예제를 이용해 이 단계를 하나하나 밟아보자.

1. 문제를 정의하기

나가는 전체 트래픽 중 방화벽에서 차단된 트래픽을 살펴보고 싶다. 이 말은 즉, 로그에서 차단된 연결만 추려내서 봐야 한다는 것이다. 이 분석 과정이 끝난 후, 방화벽 설정이 잘못 된 경우를 파악하거나, 내부망의 장비가 잘못 설정된 경우를 파악하는 방법을 알아볼 것이다.

2. 자료 평가하기

살펴보고자 하는 OpenBSD pf 로그는 아래와 같은 로그를 만든다.

```
Oct 13 20:00:05.760437 rule 179/0(match): pass in on xl1:
195.141.69.44.54700 > 64.156.215.5.25: S 462887145:462887145(0) win
32768 <mss 1460,nop,wscale 0,nop,nop,timestamp 3931103936 0> (DF)
```

이 로그를 보면 필요한 정보가 모두 포함된 것을 알 수 있다. 이 로그를 보면 통신하는 대상이 어딘지, 차단되었는지, 허용되는지를 알 수 있다.

3. 정보 가공하기

AfterGlow의 pf 파서를 사용해 중요한 필드를 추출할 수 있다.

```
tcpdump -n -e -ttt -i pflog0 | pf2csv.pl "sip dip dport action"
```

다음으로는 차단된 트래픽만 추려내는 방법이다.

```
cat pflog.csv | grep "block$"
```

4. 시각적 요소를 변형하기

결과물이 좀 더 유용하기 위해서는 출발지 주소, 목적지 포트, 목적지 주소를 볼
수 있어야 한다. 내부의 장비가 어떤 서비스에 접근하는지, 그리고 그 서비스를 제
공하는 장비는 어떤 것인지 알고자 한다. 그렇기 때문에, 원본 노드는 출발지 주소,
이벤트 노드는 목적지 포트, 대상 노드는 목적지 주소가 된다(그림 6.20 참조).

출발지 IP   목적지 포트   목적지 IP

그림 6.20 방화벽 로그를 시각화할 때 사용하는 링크 그래프 방식

먼저, 어떤 장비가 내부 장비인지 쉽게 파악할 수 있기 위해, 내부 장비는 노
란색 노드로 표현한다. 이 예제에서는, 모든 원본 노드가 노란색으로 표현된다.
나가는 트래픽만 살펴보기 때문이다. 외부 장비는 파란색으로 표시된다. 거기에
더해, 1024 이하의 포트와, 그 외의 포트도 색을 정해야 한다. 1024 이하는 녹
색, 그 외엔 주황색으로 표시한다.

5. 시점을 바꾸기

샘플 그래프가 없다면, 어떤 노드만 추려서 볼지 정할 수 없다. 그런 것처럼, 노
드를 합쳐서 보는 것도 동일하다.

일단 설정 값을 이용해 그래프를 생성할 차례다. 앞서 다뤘던 설정 값을 참고해, Afterglow 설정은 아래와 같이 설정한다.

```
olor="yellow" if (field() =~ /?111\.222\..*/);
color.event="green" if ($fields[1]<1024)
color.event="orange"
color="blue"
```

80번 포트 노드를 중심으로, 커다란 IP 주소 군집이 형성되어 있는 것을 그림 6.21에서 볼 수 있다. 그래프를 좀 더 간단하게 만들기 위해서는, IP 주소를 기반으로 대상 노드를 합쳐야 한다. 그래서 다음과 같이 설정을 추가했다.

```
cluster.target=regex_replace("(\\d\+)\\.\\d+")."/8"
  if ($fields[1] eq "80")
```

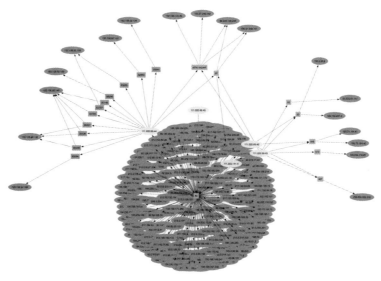

그림 6.21 나가는 트래픽 중 방화벽에서 차단된 것을 링크 그래프로 표현했다

이 설정은 포트 80번과 관련된 노드를 A 클래스 단위로 묶어서 표현한다. 그림 6.22는 이 설정을 적용한 결과물이다.

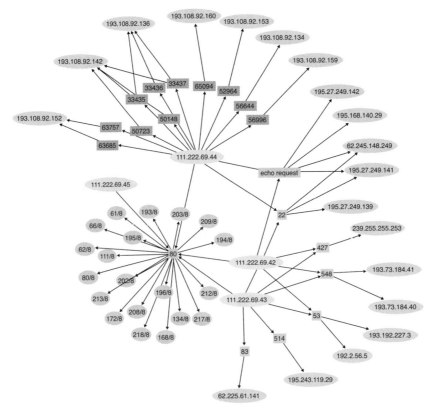

그림 6.22 포트 80번과 관련된 노드를 A 클래스 단위로 묶어 표현한 링크 그래프

그림 6.22는 나가는 전체 트래픽 중 방화벽에서 차단된 트래픽을 시각화했다. 상단의 주황색 사각형 노드는, 높은 번호의 포트로 향하는 트래픽이 차단되었음을 나타낸다. 이 트래픽의 대부분은 패킷이 재전송되었거나 방화벽에서 세션이 만료된 것이다. 그러나 이 흔적을 방화벽의 세션 캐시로 인한 것이라 판단하고 지나쳐버리기 전에, 흔히 사용되지 않는 이 포트들이 스파이웨어가 사용하는 것인지 확실히 확인해둘 필요가 있다. 호아킴 폰 브론이 관리하는 트로이 포트 목록은 www.simovits.com/trojans/trojans.html에 있다. 그림 6.22에 나온 포트는, 이와 관련 없는 것으로 보인다.

그 외에 차단된 트래픽은 서버의 설정이 잘못된 것으로 보인다. 몇 가지 예제를 살펴보자. 22번 포트와 에코 응답을 보자. 111.222.69.44를 사용하는 사람이, 연결을 시도했다. 인터넷을 통해 SSH 접속을 시도했고, 이 접속은 차단되었다. 이 연결이 방화벽에 의해 차단된 것을 모르는 채, 이 사용자는 해당 장비에 접속할 수 없었고, 이 사용자는 장비가 살아있는지 확인하기 위해 에코 요청을 보냈다. 이 또한 방화벽에 의해 차단되었다. 이렇게 차단된 것은 보안 정책 때문인데, 이 사용자가 접속 할 수 있음에도 불구하고 방화벽이 잘못 설정되어 차단되었던 것이거나, 아니면 정말로 정책 위반일 수 있다.

514번 포트를 사용하는 트래픽도 살펴봐야 한다. 인터넷을 통해 특정 목적지로 시스로그를 보내려고 하는 것으로 보인다. 인터넷을 통해 시스로그를 보내는 것은, 특히 UDP를 사용하는 것은 좋은 방법이 아니다. 시스로그는 평문으로 전송되고, 또한 제 3자에 의해 악용될 수 있는 정보를 담고 있기 때문이다. 그래프에 나타난 이 트래픽은 서버를 잘못 설정했기 때문에 발생한 것이고, 서버의 잘못된 설정은 반드시 고쳐져야 한다. 시스로그 트래픽이 차단된 것을 다행으로 삼아야 할 것이다.

그 외에 살펴볼 노드는 53번 포트와 관련된 것이다. 이 트래픽이 차단된 건 서버의 설정 오류거나, 방화벽 설정 오류 때문일 것이다. 이 문제는 DNS 설정과 관련된 문제인데, 이것이 서버 설정 문제인지, 아니면 방화벽 정책 설정 문제인지 판단하기 위해선, 해당 네트워크에서 DNS를 어떻게 설정해야 하는지 확실히 파악해야 한다. 일반적으로, 네트워크에서 장비 한 대를 DNS 서버로 지정해, 이 장비만 외부 인터넷의 DNS와 연동되도록 하는 것을 권장한다. 내부의 모든 장비가 외부 DNS 트래픽에 노출될 경우, 공격당할 수 있는 범위가 늘어나게 된다.

80번 포트가 차단된 사례들엔 두 가지 원인이 있을 수 있다. 첫 번째 가능성은, 내부의 장비 세대가 웹 세션을 열기 위해 시도했고, 그것을 차단한 것이다. 만약 이 내부 장비가 서버라면, 이런 상황은 말이 되지 않는다. 이 장비로 향하는 HTTP 세션이 만료되고, 세션만료에 대한 응답을 방화벽이 차단한 것이 말이 되는 것 같다. 이를 위해 내부에 장비 세대가 웹 서버로 동작하는지 반드시 확인해야 한다. 내부의 장비 세대가 웹 서버로 동작하는 게 맞다면, 몇몇 웹 세션이 방화벽에서 타임아웃되었고, 일부 트래픽이 방화벽에서 차단된 것이다. 방화벽은 연결된 세션 정보를 유지한다. 방화벽은 해당 세션과 관련된 패킷을 통과시키기 위해, 세션을 기억한다. 그러나 세션 캐시가 너무 커지는 것을 방지하기 위해, 방화벽엔 세션 타임아웃 기능이 있다. 만약 세션이 종료되지 않았더라도, 일정 이상의 타임아웃 주기가 지나면 방화벽은 세션을 삭제한다.

방화벽 룰 분석

방화벽 관리자에겐 방화벽 룰에 문제가 있는지 아닌지 확인하는 것은 매우 중요한 일이다. 방화벽 룰을 확인하는 방법은 두 가지가 있다. 하나는 방화벽 룰 그 자체를 분석하는 것이다. 그러나 이렇게 룰을 분석하는 것은 쉽지 않고, 방화벽 룰을 시각화하는 것 또한 쉽지 않다. 이건 굉장히 복잡한데, 왜냐면 각 룰이 담고 있는 정보의 수준이 각기 다르기 때문이다. 예를 들면, 어떤 룰은 특정 서브넷 전체의 네트워크를 차단하지만, 어떤 룰은 아이피 하나와 포트 하나만을 막기도 한다. 이런 정보를 시각적으로 나타내는 것은 어렵다.

두 번째로, 내가 이 책에서 룰을 분석하기 위해 방법은 방화벽을 통과하는 트래픽을 그래프로 나타내는 것이다. 이 정보를 이용해 방화벽 룰을 파악한다. 이를 통해 설정 오류나 문제를 찾을 수 있길 바라면서 말이다. 이 방식의 확실한 단점은 시각화해 비교 가능한 이전 자료가 있어야 한다는 것이다. 이 말은 즉, 방화벽 룰을 잘못 설정했다면, 이전에도 문제가 있었을 거라는 것이다. 물론 대부분의 경우에 있어, 방화벽이 작동하고 있다면 이건 문제가 되지 않고, 방화벽 설정을 어찌할지 알아내는 것이 필요하다.

방화벽 룰을 분석하는 첫 번째 단계는, 방화벽 로그에서 출발지 주소, 동작, 룰 번호를 추출하는 것이다.

```
$ tcpdump -n -e -ttt -i pflog0 | pf2csv.pl "sip action rulenumber"
68.121.121.53,block,197/0
62.245.245.139,pass,133/0
212.254.110.98,pass,166/0
```

이 정보를, 아래의 설정으로 시각화하면 그림 6.23과 같은 결과가 나온다.

```
color.source="olivedrab"
color.event="red" if ($fields[1] eq "block")
color.event="green"
color.target="blue"
```

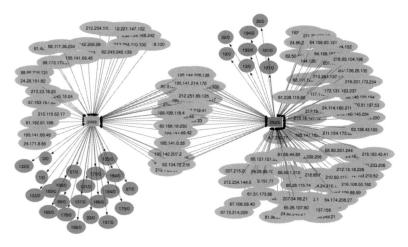

그림 6.23 출발지 주소, 동작, 방화벽 룰 번호를 이용한 간단한 형식의 방화벽 룰 시각화

그림 6.23에서 두 가지 흥미로운 항목을 볼 수 있다. 첫 번째로는 특정 출발지가 통과와 차단 둘 다에 연관되어 있다는 것이다. 이건 상세히 볼 필요가 있는데, 뒷부분에서 자세히 볼 것이다. 모든 룰(파란색 노드)은 통과 아니면 차단을 하게 되어있고, 차단 룰보다 통과 룰이 훨씬 많다. 일반적으로 통과 룰은 아주 구체적이다. 즉, 일반적으로는 차단되어 있지만, 예외를 만들어 놨다는 것이다. 예

를 들어, 기본적으로는 22번 포트를 차단해뒀지만, SSH를 이용해 원격에서 관리하기 위해 몇몇 장비는 열어두는 것이다.

룰을 더 분석하기 위해서는, 그래프에 목적지 주소와 목적지 포트를 나타내야 한다. 다음의 명령어로 목적지 주소와 포트 정보를 추출할 수 있다.

```
$ tcpdump -n -e -ttt -i pflog0 |
pf2csv.pl "action rulenumber dip dport" | perl -pe 's/,/\|/'

pass|57/0,80.80.7.210,53
block|19/0,224.0.0.251,5353
block|191/0,212.254.110.96,137
```

여기서 생성하고자 하는 그래프는 룰 번호가 나오고, 뒤따라 목적지 주소, 그리고 목적지 포트가 나오는 것이다. 노드의 색은 통과, 차단 여부에 따라 색이 결정되어야 한다. 그러나 Afterglow는 세 개의 행만을 다룰 수 있기 때문에, 처음의 두 행 사이에 놓인 쉼표를 파이프로 바꿔, 하나의 행으로 나타내게 했다. 그러나 노드에 동작을 표시하고 싶지 않기 때문에, 첫 번째 행의 룰 번호만 남고, 동작은 표시되지 않게 해야 한다. 다음의 Afterglow 설정으로 할 수 있다.

```
label=$foo=field(); $foo=~s/.*\|//; return $foo;
```

이 설정은 모든 레이블에서 파이프 기호와, 그 이전의 내용을 지우게 하는 것이다. 이후 나머지 설정은 노드의 색을 결정하는 것이다. 노드의 색은 트래픽의 통과 차단 여부로 선택된다. 예를 들어 출발지 노드는 다음과 같이 간단하다.

```
color.source="red" if ($fields[0] =~ /?block/)
color.source="green"
```

이벤트 노드는 트래픽의 통과, 차단 여부에 더해 해당 장비가 내부 네트워크에 속해있는지 여부도 나타내고자 한다. 다음과 같은 설정을 하면 된다.

```
color.event="palegreen" if (($fields[1] =~ /?212\.254\.110/) &&
  ($fields[0] =~ /?pass/))
color.event="palegreen" if (($fields[1] =~ /?195\.141\.69/) &&
  ($fields[0] =~ /?pass/))
color.event="green" if ($fields[0] =~ /?pass/)
color.event="red" if ($fields[1] =~ /?212\.254\.110/)
color.event="red" if ($fields[1] =~ /?195\.141\.69/)
color.event="deeppink"
```

이 설정은 좀 더 복잡하다. 방화벽은 두 개의 서브넷을 보호한다. 방화벽 뒤에 있는 서브넷이 목적지고, 트래픽이 통과되었다면 이벤트 노드의 색은 연한 녹색으로 칠해진다. 그리고 방화벽 뒤에 있는 네트워크가 아니지만, 트래픽이 통과된 경우엔 이벤트 노드를 녹색으로 칠한다. 그리고 내부 네트워크로 향하는 트래픽이 차단된 경우엔, 이벤트 노드를 빨간색으로 표시한다. 그리고 외부의 장비로 향하는 트래픽이 차단된 경우엔 짙은 핑크색deeppink으로 표시한다. 다음의 설정을 사용해 통과된 트래픽은 연한 파란색으로, 차단된 트래픽은 파란색으로 대상 노드에 표시한다.

```
color.target="lightblue" if ($fields[0] =~ /?pass/)
color.target="blue"
```

그림 6.24는 앞서 다룬 설정을 적용한 결과물이다. 꽤나 복잡해 보인다. 목적지 주소를 짙은 녹색으로 표시한 두 개의 군집이 그래프 윗부분에 있고, 그래프의 상당부분을 차지한다. 그리고 오른쪽 구석에 작은 군집 하나가 완전히 동떨어져 있다. 이 군집은 룰 19/0, 194/0과 관련된 것임을 보여준다. 목적지 주소를 보고 멀티캐스트 트래픽을 차단했음을 알 수 있다. 아랫부분에 큰 군집 하나가 있다. 이 군집은 정말 얼기설기 얽혀 있다. 이 군집은 내부 장비를 목적지로 하는 꽤 많은 트래픽이 차단되었음을 보여준다.

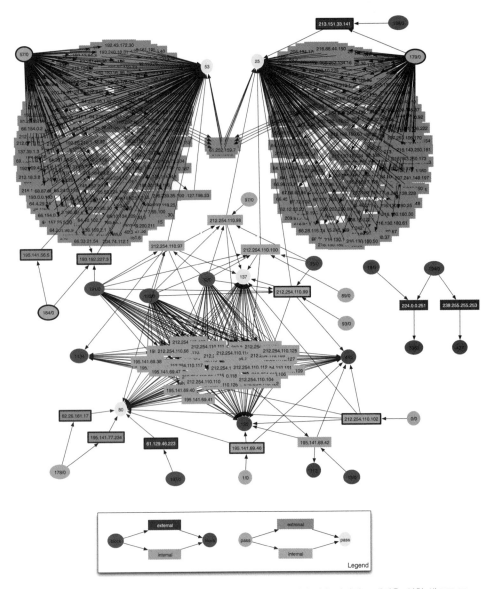

그림 6.24 로그를 기반으로 한 방화벽 룰 시각화. 진한 색으로 표시된 것은 차단된 트래픽을, 연한 색으로 표시된 것은 통과된 트래픽을 나타낸다(컬러이미지는 에이콘출판사 도서정보 페이지에서 다운로드할 수 있다)

두 개의 큰 녹색 군집을 다시 살펴보자. 여기서 다음 내용을 알 수 있다.

- 왼쪽의 군집은 DNS 트래픽이다(53번 포트). DNS 트래픽을 통과하게 하는 두 개의 룰이 있음을 알 수 있다. 57/0과 184/0. 195.141.56.5(그래프의 왼편)에 한정해, 예외가 있음을 알 수 있다. DNS 트래픽 중에 유일하게 룰 57/0과 관련이 없다. 195.141.56.5와 193.192.227.3은 외부 네트워크에 위치한 DNS 서버이며, tcp 53번 포트를 통해 DNS 존 전송이 허용된 것으로 보인다. 그런데 193.192.226.3은 룰 57/0, 184/0과 더불어 191/0과 관련되어 있다. 왜 이 IP엔 두 개의 통과 룰, 하나의 차단 룰이 연관되어 있는 것일까?

  룰 57/0은 내부 네트워크의 DNS 서버가 외부의 DNS 서버를 조회할 수 있도록 허용한 것이다. 그렇기 때문에, 저렇게 많은 장비들이 룰에 연관되어 있는 것이다. 195.141.56.5와 193.192.227.3은 외부 DNS 서버고, 방화벽이 DNS 조회를 하기 위해 사용하는 것이다. 방화벽이 호출하는 DNS 서버도 내부 네트워크에 위치한 DNS 서버로 바꿔야 한다. 193.192.227.3은 별도의 룰과 함께 존재하는데, 이것은 도메인의 2차 DNS 서버로 사용하는 장비이기 때문이다. 그렇기에 존 전송이 허용되어야 한다. 이런 이유로 이 장비에 별도의 룰이 추가로 있는 것이다.

- 오른쪽 군집은 이메일 트래픽(25번 포트)과 관련된 것이다. 외부 네트워크로 향하는(진한 녹색 노드) 메일 트래픽은 방화벽에서 통과하도록 되어 있다. 그러나 한 장비만(그래프의 맨 위쪽) 룰 198/0에 의해 차단되어 있다. 그러나 이 트래픽은 또한 룰 179/0에 의해 허가되어 있다. 이 장비는 뭘까? 방화벽 룰은 어떤 예외사항이 있는지 알려주지 않는다. 여기서 알 수 있는 것은, IP 정보 조회를 통해 이 IP가 이스라엘 회사와 관련되어 있다는 것뿐이다. 이스라엘과 관련된 구체적인 일이 없는 상태다. 구체적으로 어떤 일이 있었는지 알기 위해선 메일 서버 로그를 뒤져봐야 한다.

시선을 돌려 그래프의 아래로 이동하면, 다음과 같은 내용을 관찰할 수 있다.

- 내부 네트워크에 설치된 장비가 두 대의 외부 웹 서버(62.26.161.17, 195.141.77.234)에 접근했다는 것이다. 이 서버는 아마도 소프트웨어 업데이트를 위한 것이거나, 맬웨어에 감염된 웹사이트일 수 있다. 다음 장에서 이게 어떤 서버인지 판단하는 방법을 알 수 있다.

- 내부 네트워크에 설치된 장비가 외부 웹 서버(61.129.46.223)에 접근을 시도했으나, 차단되었다. 좋은 신호라 볼 수 있다. 들어오는 트래픽이 허용되어 있고, 나가는 트래픽 중 어떤 트래픽이 허용되어 있는지를 생각해본다면, 방화벽 규칙이 정확하게 적용된 것으로 보인다.

- 내부 네트워크의 서버 80번 포트로 접근하려는 시도가 있는 것이 보인다. 내부 네트워크 80번 포트로 도하는 연결은 그래프 중간에 핑크색 노드로 표시되어 있다.

- 80번 포트와 별개로, 몇몇 포트 또한 차단되었다. 1434, 113, 135, 445번 포트다. 1434번 포트는 MSSQL 서버, 113번 포트는 더 이상 사용하지 않는 identd 프로토콜의 포트다. 그 외의 포트는 윈도우 파일 공유와 관련된 포트다. 웜이 다른 장비를 감염시키기 위해 사용하는 포트이기도 하다.

- 내부 네트워크에 두 대의 웹 서버가 있다(212.254.110.102, 195.141.69.46). 80번 포트로 이 서버에 정상적으로 접근할 수 있다.

- IP 212.254.110.99를 사용하는 장비는, 윈도우에서 사용하는 135, 137, 445번 포트를 통해 접근 시도가 있었음을 알 수 있다. 그리고 또한 메일 서버로(포트 25번) 동작했음을 알 수 있다. 자세히 살펴보면, 이 장비의 트래픽 중 일부는 차단되었음을 알 수 있다. 정확히 어느 트래픽이 차단되고 통과되었음을 확인하기 위해, 로그를 자세히 살펴볼 필요가 있다.

- 137번 포트와 관련된 노드를 살펴보자 살펴보자. 관련 트래픽이 방화벽에서 통과되어 있음을 알 수 있다. 137은 윈도우 파일 공유에서 사용하는 포트인데, 인터넷을 통해 파일 공유 기능이 제공되어선 안 된다. 룰 수정을 통해 이

문제를 해결해야 하고, 이 구멍(137번 포트)을 통해 성공한 공격이 있었는지를 살펴봐야 한다.

이런 식으로 방화벽 룰을 분석하는 것은, 방화벽 룰 자체를 자세히 분석하는 걸 대체할 수는 없다. 그러나 우리가 살펴본 것처럼, 이런 작업을 통해 룰이 어떻게 구성되어 있는지 알 수 있었고, 거기에 더해 137번 포트가 차단되지 않고 통과되는 심각한 구멍이 있었음을 알 수 있었다.

침입 차단 시스템 시그니처 조정

침입 탐지 시스템과 침입 차단 시스템은 심층 방어 구조defense in-depth architecture 의 일부분이다. 침입 탐지/차단 시스템을 이용해 기업 네트워크의 상태에 대해 알 수 있고, 어떻게 노출되어 있는지 이해할 수 있게 된다. 그러나 이와는 반대로, 침입 탐지 시스템은 많은 경고를 발생시키고, 거기다 상당수의 허위 양성false positive을 발생시키는 탓에, 명성이 그렇게 좋진 않다. 시간이 지날수록 침입 탐지 시스템 기술은 발전하였고, 허위 양성 문제에 대한 관심이 집중되었다. 최근의 침입 탐지 시스템은 다른 방법론을 사용해, 많은 수의 허위 양성을 제거했다. 자산의 형태를 확인하거나, 취약점 정보와 연동하거나, 보안 정보 관리 툴SIM, Security Information Management을 통해 다른 로그 파일 또는 그 외의 다른 정보와 연동해 확인하는 방법 등이다. 그러나 이런 방법을 사용한다고 해도 허위 양성 문제를 완전히 제거할 수는 없다. 복잡한 보안 정보 관리 시스템을 구축해 허위 양성 문제를 감소시키고 싶으나, 실제로는 돈이 부족하거나, 자원이 부족하거나, 시간이 부족해 할 수 없을 때가 있다. 이럴 때 직접 허위 양성 문제를 다뤄야 한다. 다음에 나오는 절차는 트리맵을 사용해 IDS 경고를 분석하고, 허위 양성의 숫자를 줄이는 방법이다.

1. 다음 중 하나의 계층 구조를 선택해 IDS 경고 로그를 트리맵으로 표현한다.

   - 출발지 중심의 분석: 출발지 주소 > 목적지 주소 > 시그니처 이름

   - 목적지 중심의 분석: 목적지 주소 > 출발지 주소 > 시그니처 이름

   - 시그니처 중심의 분석: 시그니처 이름 > 목적지 주소 > 목적지 포트

2. 트리맵의 박스를 살펴보고, 가장 자주 나타나는 조합을 찾는다. 예를 들어 출발지 중심의 분석이라면, 가장 많이 나타나는 출발지/목적지 짝에서 해당 시그니처를 찾을 수 있을 것이다. 트리맵의 가장 큰 박스다.

3. 보안 정책과 비교해, 해당 트래픽이 실제로 보안 정책 위반인지 파악한다. 모든 IDS 시그니처가 실제로 일어나는 공격을 탐지하는 것이 아니다. 가령, ICMP 트래픽과 관련된 시그니처는 구체적인 네트워크 환경 및 정책에 따라 특정한 상황에서만 정책 위반이다.

4. 시그니처에 걸린 네트워크 패킷을 확인해, 진짜로 해당 트래픽이 시그니처와 관련 있는지 확인한다. 예를 들면, 웹 공격을 탐지하는 시그니처가 이메일 트래픽 트래픽을 탐지하면 안 된다.

5. 추가로, 목적지 장비가 해당 공격에 취약점이 있는지 확인한다. 가령 IIS 서버의 취약점을 이용하는 공격을 아파치 웹 서버에 해봤자 영향이 없다. 이 지점에서, 두 가지 결론이 가능하다. 실제로 공격이 발생했거나, 아니면 허위 양성이거나. 허위 양성이라면, 추가로 다음의 절차를 더 진행해야 한다.

6. 이 그래프에서 해당 경고를 삭제하고, 동일한 분석을 반복해 진행한다.

7. IDS 시그니처를 조정한다. 시그니처를 조정하는 몇 가지 방법이 있다.

   - 시그니처가 잘못 만들어져 있고, 시그니처를 작성할 수 있는 능력이 있다면, 애초에 시그니처가 탐지하고자 하는 공격을 탐지할 수 있도록 시그니처를 바로 잡자. 그리고 커뮤니티, IDS 제조사와 이 결과를 공유한다면, 다들 감사할 것이다.

- 시그니처가 제대로 만들어져 있다면, 시그니처 자체를 수정할 수 있는 여지는 없다. 특정 장비로 향하는 트래픽에 해당 시그니처가 탐지되지 않도록 조정한다.

- 그 외의 다른 시그니처들도, 위의 방식대로 조정한다.

- 트리맵에 나타난 그 외의 경고들도 동일한 문제로 인해 발생한다. 시그니처를 조정하고, 트리맵에서 해당 경고를 제거하자.

8. 1단계부터 다시 시작해, 위기 대응 절차에 사용할 수 있는 제대로 된 룰만 남을 때까지 작업을 반복한다.

스노트 경고 데이터베이스

스노트(snort)는 경고를 남기는 다양한 방법을 제공한다. 가장 간단한 방법은 시스로그를 이용하는 것이다. 로그를 수집하고, 파싱하기 쉽다. 그러나 시스로그를 이용해 스노트 로그를 남기게 되면, 내용을 효과적으로 전달하지 못한다. 몇몇 정보를 빠트리기 때문이다. 스노트 경고 로그 파일은, 좀 더 나은 선택이 될 수 있다. 그러나 스노트 경고 로그 파일의 문제는 여러 줄로 구성되어 있다는 것이다. 한 줄로 구성된 시스로그를 다루는 것과 달리 쉽지 않다는 것이다. 세 번째 방법은, 데이터베이스를 사용해 스노트 로그를 수집하는 것이다. 필요로 하는 모든 정보를 수집할 수 있고, 자료에 쉽게 접근해 파싱할 수도 있다. 스노트 로그 이벤트를 MySQL 데이터베이스를 통해 남기기 위해선, snort.conf를 다음과 같이 수정한다

```
output database: log, mysql, user=snort
password=password dbname=snort host=10.1.1.30
```

로그를 저장하기 위해선 MySQL 데이터베이스를 설정하고, 스노트 경고 로그를 위한 스키마를 만들어줘야 한다. 모든 설정을 마치고 나면, MySQL 데이터베이스에 로그가 저장되고, 다음과 같은 명령어로 데이터베이스에서 경고 정보를 추출할 수 있다.

```
mysql -s -u snort -ppassword snort -e 'SELECT
ip_src,ip_dst,tcp_dport
INTO OUTFILE 'out.csv' FIELDS TERMINATED BY ','
OPTIONALLY ENCLOSED BY '"' LINES TERMINATED BY '\n'
FROM iphdr,tcphdr WHERE
iphdr.sid=tcphdr.sid AND iphdr.cid=tcphdr.cid'
```

이 명령어의 결과물은 CSV 파일 형태로 out.csv 파일에 저장된다. 이 파일을 곧바로 시각화 작업에 사용할 수 있다.

IDS 시그니처 조정 예제

앞서 살펴본 절차를 적용해 IDS 시그니처를 조정하는 예제를 살펴보자. 제일 먼저 해야 하는 것은 분석을 위한 자료를 수집하는 것이다. 첫 번째로 해볼 예제는 출발지 기반 분석이다. 이 말은 즉 분석을 위해 만드는 트리맵의 계층 구조를 출발지 주소 〉 목적지 주소 〉 시그니처 이름으로 한다는 것이다. 다음의 명령으로 스노트 로그를 저장한 MySQL 데이터베이스에서 출발지 기반 분석에 필요한 정보를 추출할 수 있다.

```
mysql -B -e "SELECT count(*),INET_NTOA(ip_src),INET_NTOA(ip_dst),
sig_name FROM event
LEFT JOIN signature ON signature=sig_id
LEFT JOIN iphdr ON (event.cid=iphdr.cid AND event.sid=iphdr.sid)
GROUP BY ip_src,ip_dst,sig_name" -u <user> -p<pass> snort
```

위의 쿼리는 꽤나 복잡한데, 스노트가 경고 메시지 관련 정보를 여러 테이블에 저장하기에, 테이블을 조인으로 합쳐야 한다. 위의 명령어는 탭으로 구분된 결과를 반환하고, 헤더 또한 포함되어 있다. 이 결과물을 TM3 파일 포맷으로 바꾸는 것은 굉장히 쉽다. 아래에 보이는 것과 같은, 두 번째 줄의 헤더를 추가하면 된다. 두 번째 줄의 헤더는 각 행의 자료형을 나타낸다.

```
Count   SIP     DIP     Name
INTEGER STRING  STRING  STRING
1       12.149.87.130  213.144.137.88 ATTACK RESPONSES 403 Forbidden
2       12.154.254.96  213.144.137.88 SMTP RCPT TO overflow
```

이와 같은 정보를 트리맵으로 시각화해 나타낸 것이 그림 6.25다. 그림 6.25의 박스 크기는 횟수를 나타낸다. 지금은 색이 가지는 의미가 없다. 여기선 경고 횟수만 살펴볼 것이고, 그 외의 것은 살펴보지 않을 것이다. 그림 6.25를 보면, 시그니처를 살펴보기 힘들다. 상당수의 박스는 잘 보이지 않는다. 그러나 두 시그니처는 확연히 드러나 있고, 살펴볼 필요가 있다. 첫 번째로, WEB-MISC

`Transfer-Encoding: chunked`는 213.144.137.88과 213.144.137.82 사이에서 발생한 경고다. 아이피 두 개 다 내부 네트워크의 것이다. 대부분의 경우 이런 트래픽은 실제 공격이 아니라, 허위 양성일 것이다. 이 공격을 좀 더 자세히 살펴보고, 화면에서 지워버리자. 거기다, 만약 이것이 허위 양성임을 확신한다면, IDS 에 이 두 장비 사이에서는 이 시그니처가 동작하지 않도록 예외 설정을 해야 한다. 두 번째로 살펴볼 경고는 WORMHOLE TCP traffic incoming이다. 앞서 살펴봤던 시그니처 조정 절차를 이용해, 이것이 거짓양성인지 아닌지 확인한다. 표 6.1은 절차와 더불어, 각 절차를 밟은 후 어떤 결과가 나왔는지 나타냈다.

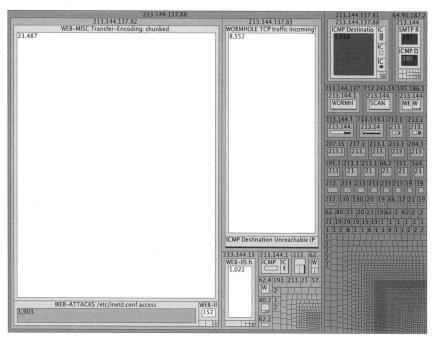

그림 6.25 IDS 경고를 트리맵으로 나타낸 최초 결과물. 계층 구조는 출발지 주소 〉 목적지 주소 〉 시그니처 이름이다

표 6.1 WORMHOLE TCP 시그니처를 IDS 시그니처 조정 절차에 따라 분석한 것

절차	결과
3. 이 경고가 정책 위반을 나타내는가?	WORMHOLE TCP 시그니처는 네트워크상에서 정책 위반을 탐지하기 위해 별도로 만든 시그니처다. 이 시그니처로 인한 경고가 발생했다면, 당연히 정책 위반이다.
4. 해당 시그니처로 경고를 발생시킨 트래픽이, 진짜 경고를 발생시킬 트래픽인지 살펴보자.	이 트래픽이 진짜로 시그니처에 걸린 트래픽인지 살펴볼 필요는 없다. 이 시그니처는 아주 일반적인 형태로, 특정 포트를 향한 트래픽이 있는지를 살펴본다. 해당 시그니처로 인해 경고가 발생했다면, 이건 명백히 정책 위반이다.
5. 목표 장비는 해당 공격에 취약점이 있는가?	해당 트래픽은 공격 트래픽이 아니다. 시그니처는 단지 특정 포트 사이로 오가는 트래픽인지 살펴보는 것이다. 이 트래픽이 특정 취약점을 악용하는 것인지 분석해볼 필요는 없다. 그렇기에, 이 단계는 생략해도 된다.

표 6.1의 내용을 살펴보면 WORMHOLE TCP 시그니처가 허위 양성이 아님을 알 수 있다. 해당 트래픽은 확실히 정책 위반이다. 시그니처 조정 작업을 더 진행하기 위해, 앞서 살펴본 시그니처 두 개를 화면에서 제외하고 갈 것이다.

이렇게 시그니처를 조정하는 작업을 진행하는 것과 더불어, 위기 대응 절차를 같이 진행한다. 이상적으로는 이런 형태의 트래픽이 발생했을 때 대응하는 절차를 자동화 할 방법이 있다. 시그니처로 인해 경보가 발생된 모든 상황에 대응하는 것이 가능하긴 하다. 그러나 이런 작업은 신중해야 한다. 그러나 시그니처의 신뢰성이 매우 높다면, 이런 자동화 방법도 고려해볼 수 있다.

앞서 살펴본 두 개의 시그니처와 관련된 경고를 제외하고, 새로운 트리맵을 만들어 시그니처 조정하는 과정을 반복해보자. 하나가 달라졌다. 색을 이용해 각 경고별로 중요도를 표시할 것이다. 스노트는 경고별로 중요도를 표시한다. SQL 쿼리를 변경해 중요도를 꺼낼 수 있다.

```
mysql -B -e "SELECT count(*),INET_NTOA(ip_src),INET_NTOA(ip_dst),
sig_name,sig_priority
FROM event
LEFT JOIN signature ON signature=sig_id
```

```
LEFT JOIN iphdr ON (event.cid=iphdr.cid AND event.sid=iphdr.sid)
GROUP BY ip_src,ip_dst,sig_name" -u <user> -p<pass> snort
```

이 쿼리로 나온 결과를 awk를 이용해 TM3 포맷으로 바꿔야 한다. 그림 6.26
은 우리가 앞서 다뤘던 두 개의 시그니처를 제외한 나머지의 중요도를 박스의
색상으로 표현한 트리맵이다.

그림 6.26을 이용해 시그니처 조정 작업을 더 진행할 수 있다. 색을 이용해
각 경고의 중요도를 좀 더 눈에 띄게 할 수 있다. 짙은 붉은색 박스는 중요도가
높은 경고임을 나타내며, 짙으면 짙을수록 좀 더 관심을 가지고 살펴봐야 함을
나타낸다.

'출발지 주소 〉 목적지 주소 〉 시그니처 이름'의 계층구조 대신, 이 장의 앞에
서 살펴본 다른 방법을 이용해 살펴볼 수 있다. 이를 통해 시그니처의 다른 면을
살펴볼 수 있고, 이 시그니처가 허위 양성인지 아닌지 판단하는 데 도움이 된다.

IDS 경고 메시지를 살펴보기 위해 다른 방식으로 살펴보자. 시그니처 기반의
분석은, 각 시그니처 단위로 살펴보기에 유용하다. 트리맵의 계층 구조를 '시그
니처 이름 〉 목적지 주소 〉 목적지 포트' 순으로 설정한다. 박스의 크기는 이 세
가지 조합이 얼마나 나타났는지를 보여준다. 다시 말하자면, 이 시그니처로 인
한 경고가 어떤 장비와 어떤 서비스를 향한 트래픽에서 몇 번이나 나타났는지를
알려주는 것이다. 이 그래프에서도 색을 사용할 것인데 앞서 경고의 중요도를
색으로 나타냈던 것 대신, 각 경고별로 출발지 주소가 몇 개나 되는지 보여준다.
이를 통해 해당 공격이 다수의 장비에서 발생한 것인지, 아니면 몇몇 적은 수의
장비로 인해 발생한 것인지 알 수 있다. 스노트 데이터베이스에서 이 정보를 추
출하기 위해, 다음의 쿼리를 사용한다.

```
mysql -B -e "SELECT count(*),sig_name,INET_NTOA(ip_dst),
tcp_dport,count(DISTINCT(sourceip))
FROM event
```

```
LEFT JOIN signature ON signature=sig_id
LEFT JOIN iphdr ON (event.cid=iphdr.cid AND event.sid=iphdr.sid)
LEFT JOIN tcphdr ON (event.cid=tcphdr.cid AND event.sid=tcphdr.sid)
GROUP BY sig_name,ip_dst,tcp_port" -u <user> -p<pass> snort
```

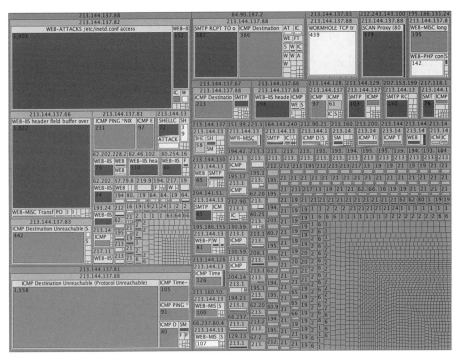

그림 6.26 IDS 시그니처 조정 작업을 하기 위해 만든 트리맵. 앞서 살펴본 시그니처는 이미 삭제하였고, 박스의 색을 이용해 각 시그니처의 중요도를 나타냈다(컬러이미지는 에이콘출판사 도서정보 페이지에서 다운로드할 수 있다)

그림 6.27의 예제 트리맵은 이 정보를 이용해 만든 것이다. 앞서 추출한 정보를 사용해, 색은 출발지 주소의 개수를 나타낸다.

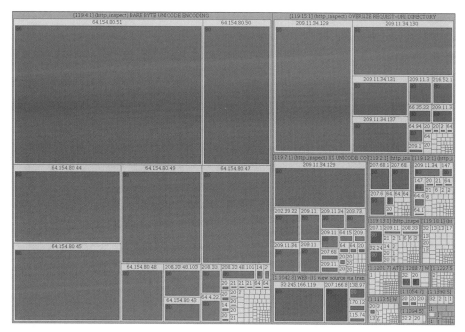

그림 6.27 IDS 경고를 나타낸 트리맵. 크기는 해당 경고가 얼마나 발생했는지를 나타낸다. 색은 각 시그니처로 인해 발생한 경고가 몇 개의 출발지 주소에 의한 것인지 나타낸다(컬러이미지는 에이콘출판사 도서정보 페이지에서 다운로드할 수 있다)

그림 6.27의 녹색 박스는 적은 수의 장비가 해당 시그니처를 건드린 것으로 나타낸다. 붉은 박스는 굉장히 많은 수의 장비로 인해 해당 시그니처가 경고가 발생된 것으로 나타낸다. 그림 6.27을 보면 모든 경고가 80번 포트를 향하는 트래픽에 의해 나타난 것을 알 수 있다. 그중 절반 정도는 BARE BYTE UNICODE ENCODING 시그니처로 인해 발생한 것이다. 그리고 아주 소수의 시그니처가 많은 숫자의 출발지 장비로 인해 발동한 것을 알 수 있다.

이 예제는 트리맵 설정을 변경함으로써 자료에 대한 다른 시각을 제공하고 다른 특성을 볼 수 있게 해, IDS 시그니처 설정을 변경하는 데 도움을 줄 수 있음을 나타낸다.

방화벽 상호 연동에 대한 미신

이 업계에 퍼진 미신 중 하나는, IDS 경고와 방화벽 로그를 연동해 IDS 경고 분석 작업을 하면 허위 양성을 줄일 수 있다는 것이다. IDS가 어떤 공격에 대한 경고를 발생시켰다고 가정해보자. 그리고 방화벽은 해당 공격을 막았다고 가정해보자. 논리적으로 이 IDS 경고는 거짓양성이다. 공격은 성공하지 않았기 때문이다.

그럼 이 문제를 자세히 살펴보자. 대부분의 공격은 TCP 연결을 사용하는 서비스를 향해 이루어진다. TCP를 통해 특정 공격을 실행하려면, TCP 세션이 맺어져야 한다. TCP 세션이 맺어진 후에야 공격을 위한 패킷을 보낼 수 있다. 다른 말로 하자면, TCP 핸드셰이크가 정상적으로 이루어져야 한다는 것이다. 예를 들어, MS DNS RPC 관리 취약점(CVE-2007-1748)을 이용한 공격의 경우, Windows RPC 포트로 TCP 연결을 맺을 수 있어야 가능하다. 방화벽이 이 공격을 확실히 막았다는 걸 가정해보자. 이 말은 즉 TCP 핸드셰이크를 막았다는 말이기도 하다. 공격자는 공격을 위한 페이로드를 보낼 수 없었다는 것이다. 그러니까, 이 공격은 네트워크상에서 보이지 않았었을 거라는 것이다.

이런 식의 로그 연동이 유용한 경우가 몇 가지 있다. 그중 하나는 UDP 공격이다. UDP는 상태를 저장하지 않는 프로토콜이고, 그렇기 때문에 세션을 맺지 않는다. 대부분의 경우, UDP 공격은 단일 패킷 공격이다. 허위양성을 제거하기 위해선, 방화벽이 해당 공격을 차단했는지 아닌지 확인하는 것이 필요하다.

앞서 살펴본 것처럼 트리맵을 이용해 시각화할 수 있다. 색을 이용해 방화벽이 해당 연결을 차단했는지 아닌지 나타낸다. 만약 차단된 트래픽을 붉은색으로 나타낸다면, 트리맵에서 거짓 양성을 쉽게 찾아낼 수 있을 것이다.

무선 스니핑

지난 몇 년 동안 가장 큰 해커 컨퍼런스인 데프콘에 참여했다. 컨퍼런스를 참석했던 어느 날, 해커들은 각자의 최신 기기들을 보여주고 있었다. 이 해커들 사이에 껴서 점심을 먹었고, 내 앞엔 나의 랩탑이 놓여 있었다. 여기선 누군가와 이야기를 시작하는 것이 쉽지 않았고, 나는 나의 랩탑을 가지고 놀기 시작했다. 별달리 할 것이 없었으나, 무선으로 인터넷 사용이 가능하다는 것을 알게 되었다. Kismet[11]을 나의 랩탑에 설치했고, 무선 트래픽 일부를 저장했다. 처음엔, Kistmet이 로그를 남기는지 아닌지 몰랐다. 운이 좋게도, Kismet은 로그를 기록했다. 30분쯤 지나선, 몇 줄의 코드를 작성해서 Kismet을 파싱했고, 파싱한 결과를 Afterglow를 이용해 시각화했다.

이 그래프에서 몇 가지 흥미로운 점을 발견했다. 첫 번째로는(그림 6.28 참조), 이 그래프는 네트워크상에 존재하는 장비를 모두 보여준다. 이 링크 그래프는 각각의 장비가 어떤 SSID, 채널을 사용해 통신했는지 보여준다. 색을 이용해 각각의 장비가 얼마나 많은 수의 채널을 사용했는지 알아볼 수 있다.

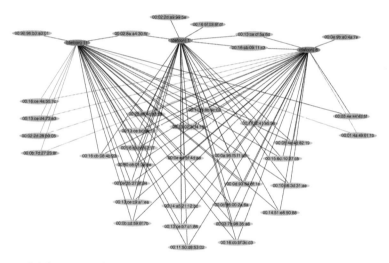

그림 6.28 장비의 MAC 주소와 SSID 간의 관계, 또한 장비가 접근한 채널을 보여주는 링크 그래프. 파란색 노드는 SSID와 채널을 나타낸다. 장비가 녹색이라면 하나의 채널로만 무선에 접속했다는 것이고, 주황색이면 두 개 채널, 보라색이면 전체 세 개 다 사용하고 있다는 것이다

---

11 http://www.kismetwireless.net/

Kismet 로그 분석하기

Kismet은 무선 스니퍼다. Kismet은 무선 랜카드를 primiscouos 모드로 바꾸고, 모든 무선 통신을 다 분석한다. 무선 통신 트래픽을 스니핑하기 위해선 일단 Kismet을 다운로드하고 설치한다. 그리고 설정을 마친 후, Kismet을 실행한다.

```
./kismet
```

이 명령어를 실행하면 Kismet 인터페이스가 생기고, 무선 네트워크 트래픽을 저장할 수 있게 된다. 이제 Kismet 디렉토리에 쌓이는 로그 파일 더미를 살펴볼 차례다. 기본적으로 Kismet은 네 가지 형태의 로그를 지원한다.

- CSV: 이 파일은 Kismet이 찾아낸 통신하는 모든 장비의 목록을 저장한다. 장비의 IP와 더불어, SSID, 채널 등에 대한 정보를 기록한다.
- dump: 덤프 파일은 PCAP 포맷으로서, 무선으로 전송되는 802.11 프레임을 그대로 저장한다.
- network: 네트워크 파일은 무선 통신에 관련된 내용을 요약해 저장한다.
- xml: CSV 파일에 저장한 것과 동일한 내용을 XML 형식으로 저장한다.

우리가 살펴볼만한 것은 dump 파일이다. 이 파일은 무선 트래픽을 통째로 저장한다. dump 파일에 저장된 트래픽을 시각화하기 위해, 출발지 MAC 주소(예를 들면 액세스 포인트), 도착지 MAC 주소(예를 들면 클라이언트), 채널, SSID를 해당 파일로부터 추출한다.

```
tcpdump -ennr Kismet-Sep-08-2007.dump |
grep "Probe Respone" | grep -v Retry |
perl -pe 's/.*DA:([? ]*) SA:([? ]*).*\((.*?)\).*CH:
(\d*)/\1,\2,\3,\4/'
```

이 명령어는 Kismet이 저장한 캡처 파일에서 probe 응답만 뽑아낸다. 이 프레임은 무선 AP가 probe 요청을 받았을 때, 응답하기 위해 보내는 프레임이다. probe 응답은 probe 응답을 보낸 AP의 MAC 주소와, probe 요청을 했던 클라이언트의 MAC 주소, 그리고 SSID, 채널 등을 포함한다. 위의 명령어로 걸러낸 결과를 보자

```
00:02:2d:84:c6:1e,00:0c:e6:00:04:66,meru-qq2,6
00:40:05:c5:cf:a1,00:0c:e6:00:04:66,meru-qq2,6
00:04:23:56:94:a8,00:0c:e6:00:04:66,meru-qq2,6
```

첫 번째로 만든 그래프는 현재 존재하는 AP를 나타낸 것이다. 이 그래프를 만들기 위해 SSID, 채널, 출발지(AP) MAC 주소만을 사용한다. 이 정보를 시각화한 결과는 그림 6.29이다.

그림 6.29의 네트워크 환경엔 여섯 개의 AP가 존재하는 것을 보여준다. 각 SSID를 사용하는 AP는 두 개씩 있다(핑크색 노드).

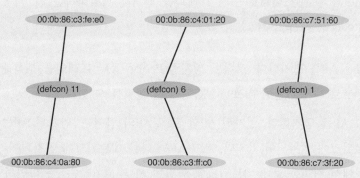

그림 6.29 AP, 채널, SSID 의 사용 현황을 보여준다

이렇게 AP가 어떻게 구축되어 있는지 알게 되었으니, 클라이언트를 살펴보자. 클라이언트가 어떤 AP에 접속해 있는가? 이것을 알아보기 위해 링크 그래프를 생성하려면, 목적지(클라이언트) MAC, SSID, 채널 정보를 추출해야 한다. 추출한 결과물을 다음과 같이 만든다.

```
SMAC,SSID Channel
00:02:2d:84:c6:1e,meru-qq2 6
00:40:05:c5:cf:a1,meru-qq2 6
00:04:23:56:94:a8,meru-qq2 6
```

그래프를 만들기 전에, AfterGlow의 설정 파일을 변경해 한 AP에 얼마나 많은 클라이언트가 접속하느냐에 따라 색을 나타내도록 한다. 이를 위해 소스노드의 팬아웃을 살펴보자. 다음의 설정 파일처럼 변경하면 앞서 말한 것처럼 색을 나타낼 수 있다.

```
variable=@col=qw{red green blue}
color.source=$temp=$sourceFanOut{$sourceName};
  $size=keys %$temp; return $col[$size-1];
```

이 설정 파일엔 두 개의 설정이 있다. 첫 번째로 색 목록을 하나의 배열에 저장한 것이다. 두 번째 줄에선 소스노드의 팬아웃에 따라 색을 지정하도록 했다. AfterGlow의 내부 변수인 $sourceFanOut{$sourceName}은 현재 노드 {$sourceName}에 연결된 노드들을 해시에 저장한다. 해시에 저장된 키 개수를 가지고 있는 $size 변수를 이용해 숫자를 알아낼 수 있고, 이를 숫자를 이용해 $col 배열을 호출할 수 있다. 이렇게 설정 파일을 만들어 로그로부터 그래프를 뽑아낼 수 있다.

```
cat wireless.log | afterglow.pl -c wireless.properties -t -f 1
```

이 명령어를 입력할 때 −f 파라미터는 꼭 입력해야 한다. 이 파라미터는 팬아웃을 참고해 노드를 걸러낸다. 이 파라미터는 잘 사용되진 않으나, Afterglow가 $sourceFanoOut 변수를 계산하도록 하기 위해 꼭 사용해야 한다. 이렇게 설정해 만든 그래프는 앞서 본 그림 6.28처럼 나온다.

Kismet과 같은 스니퍼로 무선 트래픽을 캡처해 시각화하는 건, 다음의 용도로도 사용할 수 있다

- 새로운 AP를 탐지한다. 그림 6.29처럼 Probe 응답 프레임을 분석해 나타낸 그래프로 새로운 출발지(AP) MAC 주소를 살펴볼 수 있다.
- 로그 AP를 탐지한다. 인가된 AP와 로그 AP의 차이는, 인가된 AP는 회사의 네트워크에 설치되어 있지만, 로그 AP는 다른 네트워크에 연결되어 있다. 스위치에서 쿼리를 보내 네트워크에 연결된 AP의 MAC 주소를 확인하면, 회사 네트워크에 연결된 AP인지 아닌지 확인할 수 있다. 무선 트래픽에서 확인한 AP의 MAC 주소가, 앞서 살펴본 MAC 주소 목록에 없다면, 해당 AP는 다른 네트워크에 연결되어 있는 것이다.

이메일 자료 분석

이메일 로그는 보안 분석을 함에 있어 아주 일반적으로 사용하는 자료다. 많은 사람들은 이메일 로그로 소셜네트워크 분석 같은 것을 할 것이라 생각한다. 그러나 이메일 로그로는 굉장히 다양한 사례에 활용할 수 있다. 단지 전송 내역에 대한 것뿐만 아니라, 이메일 서버 자체에 로그도 다룰 것이기 때문이다. 다양한 상황에서 이메일 로그를 이용해 문제를 쉽게 풀어낼 수 있다.

다음의 세부 내용에서, 이메일 서버 로그를 이용해 일반적인 공격을 탐지하는 법과, 공격자를 찾아내는 법을 다룰 것이다. 그리고 트래픽 특성을 분석해 이메일 릴레이가 열린 서버를 탐지한다. 그리고 소셜네트워크 분석을 조금 다룬다.

이메일 서버 분석

이메일 서버의 상태를 알기 위한 좋은 방법 중 하나는, 오가는 이메일을 통계적으로 분석하는 것이다. 가장 간단한 분석으로는 가장 많이 보내는 사람, 가장 많이 받는 사람을 살펴보는 것이다. 이런 류를 시각화할 땐 간단한 바 차트를 이용하면 된다. 이런 분석을 통해 이메일 서버를 통해 누가 메일을 보내는지 알 수 있다. 예상치 못한 사람이 이메일을 많이 보내고 있음을 알게 될 수도 있다. 이 그래프를 주기적으로 만들면, 이메일 발송 패턴의 변화를 알 수 있게 된다. 비슷한 사례로, 특정 메일 서버 사용자를 대상으로 이메일을 계속 보내던 사람이, 갑자기 안 보내는 경우를 파악할 수도 있다. 왜 중지된 것인가? 이메일 서버의 설정에 문제가 있어 이런 문제가 발생할 가능성은? 이메일 발송 상위권 사용자 목록을 다시 살펴본다. 왜 이럴까? 이런 사례들의 근본 원인을 파악해본다.

최다 발송자, 수신자, 발송자/수신자 조합을 알아보는 것 대신, 이메일이 전송된 총량(바이트 및 개수)을 살펴볼 수 있다. 이 내용을 분석하기 위해 앞서 DoS 분석에서 사용했던 그래프와 비슷한 것을 사용할 수 있다. 이메일의 평균 크기가 변했나? 왜 변했나? 회사 동료 중에 맬웨어를 받은 사람이 있나?

이메일 공격

이메일 서버 로그를 살펴봄으로써, 이상 행위 또는 악의적인 행위를 파악할 수 있다. 공격자는 흔히 알려진 패턴으로 메일 서버를 살펴보고, 공격을 한다. 만약 스노트 룰을 살펴보고 있다면, 이런 류의 여러 가지 공격 패턴을 살펴볼 수 있을 것이다.

SMTP는 메일 서버에서 사용하는 이메일 계정을 살펴보기 위한 두 개의 명령어를 지원한다. 첫 번째로 VRFY는 이메일 서버에 계정이 존재하는지 아닌지 살펴보기 위해 사용하는 명령어다. 두 번째로 EXPN은 해당 이메일 주소에 포함된 사용자 목록을 출력한다. 두 명령어 모두 이메일 계정을 살펴보는 데 사용할 수 있다. 일반적인 사용자가 이런 명령어를 사용해 이메일 계정을 살펴보는 행위는 할 수 없도록 해야 한다.

센드메일 로그를 이용해 이런 명령어를 사용하는 행위를 분석하는 가장 간단한 방법은, 다음의 명령어를 이용해 나온 결과를 링크 그래프로 만들어 시각화하는 것이다.

```
egrep "EXPN|VRFY" maillog
```

이 명령어는 EXPN과 VRFY가 포함된 로그를 반환한다. 다음은 예제 로그다.

```
Jun 2 03:02:31 ferengi sendmail[21129]: e5222V121129:
IDENT:root@[216.35.49.170]: VRFY 0000087648@seven.ch
Sep 2 08:02:40 ferengi sendmail[25097]: NOQUEUE:
CacheFlowServer@[208.169.102.230] did not issue MAIL/EXPN/VRFY/ETRN
during connection to Daemon0
```

두 번째 로그는 메일 서버에 접속한 어느 사용자가 아무런 명령어도 입력하지 않았다는 것이다. 이런 로그는 별도로 분리하고, 이런 로그가 많이 발생하도록 영향을 준 사용자를 살펴봐야 한다. 이런 건 바 차트를 이용해 쉽게 할 수 있다. 첫 번째 로그는 누군가가 특정 이메일 주소 사용자가 서버에 존재하는지 확인한 것이다. 우리는 이런 류의 로그를 그래프로 만들어야 한다. 이렇게 이메일 주소가 존재하는지 확인하는 시도와, 확인된 이메일 주소를 추출하는 것은 다음과 같다.

```
egrep "EXPN|VRFY" maillog | grep -v "did not issue" |
perl -pe "s/.*?(?: ([? ]+\@[? ]+) )+.*?/\1,\3/g" |
sed -e 's/IDENT://g'
```

이 명령어를 로그에 적용하니, 이런 로그도 보인다.

```
Jun 17 14:52:11 ferengi sendmail[1327]: e5HDpe101327:
IDENT:insect@newton.zsmeie.torun.pl [158.75.61.4]: VRFY attack?
```

이건 좀 흥미로운 내용이다. 이메일 주소가 존재하는지 확인을 시도하는 사용자를, 메일 서버가 찾아보는 것이다. 어쨌든 앞서 추출한 결과물을 Afterglow를 사용해 시각화를 하면, 그림 6.30과 같은 결과를 얻을 수 있다.

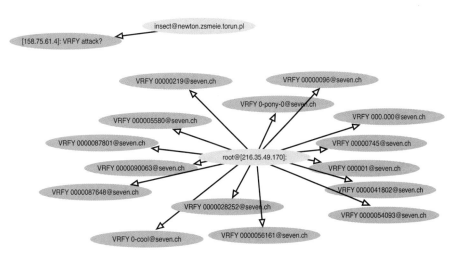

그림 6.30 이 링크 그래프는 우리 메일 서버를 상대로 VRFY 명령어를 시도한 내역을 보여주는 것이다. 이메일 주소가 각기 다른 공격자 둘이 있는 것을 볼 수 있다

그림 6.30에서 본 것처럼, 공격자는 둘이다. 하나는 다수의 이메일 주소를 확인하려고 시도했다. 이 그래프로는 어떤 주소가 확인되었는지 확실하게 나타나 있지 않다. 어쨌든 이건 뭔가 정상적이지 않다. 공격자가 서버에 어떤 이메일 사용자가 있는지 확인하려는 것이라면, 이해가 된다. 무작위로 살펴보고 있다. 어찌되었든, 이런 사용자를 발견한다면 해당 IP가 메일 서버에 접속하지 못하도록 하고, 그 외의 다른 명령어를 실행하거나 이메일을 보낼 수 없도록 확실하게 해야 한다.

그 외의 다른 방법을 사용해 로그를 살펴보고, 잠재적인 문제를 찾아봐야 한다. 한 번 정도의 위반 사례는 그다지 중요하지 않으나, 각기 다른 공격이 여러 번 시도된다면 반드시 자세히 살펴봐야 한다. 로그체크logcheck[12]와 같은 로그 분석 툴은 휴리스틱을 사용해 로그를 살펴보는 데 아주 좋다.

오픈 릴레이

이메일 서버는 제각기 특정 도메인, 서브도메인에 연결되어 있다. 특정 도메인으로 보낸 이메일을 보내면, 해당 도메인에 연결된 메일 서버가 받은 후 포워딩을 하거나 서버에 저장한다. 메일 서버는 자기가 받기로 되어 있는 도메인만 책임진다. 오픈 릴레이는 해당 이메일 서버에 관련된 도메인뿐만 아니라, 도메인에 상관없이 모든 이메일을 받아 처리한다. 이런 오픈 릴레이는 다른 사람에 의해 보내는 용도로 악용될 수 있기 때문에, 오픈 릴레이는 반드시 금지해야 한다. 여기선 서버에 설정이 잘못되었는지, 오픈 릴레이로 악용되고 있는 것은 아닌지 확인하는 방법을 다룬다.

다음 예제는 도메인 seven.ch가 연결된 이메일 서버를 관리하는 걸 가정한다. 센드메일 로그를 사용해 메일 서버를 악용하는 사용자가 있는지 탐지한다. 오픈 릴레이인지 아닌지 확인하기 위해, 서버를 거치는 메일의 발신자/수신자 이메일 주소에 @seven.ch가 포함되어 있는지 아닌지 살펴봐야 한다.

먼저 이메일 로그를 파싱해야 한다. Afterglow에 포함된 센드메일 파서를 이용한다. 다음의 명령어는 이메일 기록을 파싱해, 발신자와 수신자를 추출해낸다.

```
cat maillog | sendmail2csv.pl "from to"
```

CSV 형태로 저장된 결과를, 파이프를 이용해 Afterglow로 넘겨 시각화할 수 있다.

```
cat maillog | sendmail2csv.pl "from to" | ./afterglow.pl -t -c relay.
properties
```

---

12 http://logcheck.org

Afterglow 설정 파일은 다음과 같이 만든다

```
color.source="red" if (($fields[0] !~ /seven.ch/) &&
   ($fields[1]!~/seven.ch/))
color.source="invisible"
color.target="orchid1" if (($fields[0]!~/seven.ch/) &&
   ($fields[1]!~/seven.ch/))
color.target="invisible"
```

이메일 로그를 살펴보고, 발신자, 수신자 둘다 seven.ch가 없는 경우를 확인해보고자 하는 것이다. 발신자와 수신자가 seven.ch를 포함하는 경우는 invisible로 표시해, 그래프에서 나타나지 않도록 한다. 이렇게 설정하면 정상적으로 전송된 모든 이메일이 나타나지 않게 된다. 그림 6.31은 이 설정을 적용한 결과다.

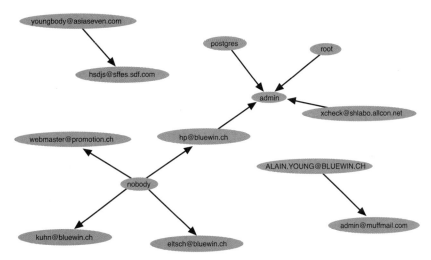

그림 6.31 이메일 링크 그래프는 메일 서버가 오픈 릴레이로 악용된 현황을 보여준다

그림 6.31은 비어 있지 않고, 메일 서버가 오픈 릴레이로 악용되었음을 나타낸다. 이 공격에서 어떤 이메일 주소가 사용되었는지 알 수 있다. 그러나 이 내용을 단순하게 살펴보면 안 된다. 일부는 허위양성이기 때문이다. 이메일 주소

에 도메인이 포함되어 있지 않은 노드(예를 들어 postgres, root, admin, nobody 등)는 허위양성이다. 이메일 서버에 존재하는 사용자이기 때문이다. 이 사용자는, 서버에서 직접 이메일을 보내거나 받는다. 이메일 주소에 도메인이 포함되어 있지 않은 건 이 때문이다. @가 붙어 있지 않은 것을 제외하고 보면, 위반 사례는 두 개가 남아 있다. 이제 서버의 설정이 제대로 되어 있는지 확인하고, 이후에 스팸의 경로로 악용되지 않도록 릴레이를 끄는 것을 확실히 확인해야 한다. 만약 오픈 릴레이로 남아 있게 된다면, 스패머는 이메일 서버를 악용해 엄청난 양의 이메일을 발송하게 될 것이다.

대용량 이메일 전송지연

우리는 그래프를 이용해 메일 서버 로그의 다른 측면도 나타낼 수 있다. 메일 서버 로그에 기록되는 것 중 하나는 전송지연시간이다. 전송지연시간은 발신자가 메일을 메일 서버로 보낸 후, 메일 서버에서 수신자에게 전달되기까지, 메일이 메일 서버에 머물러 있는 시간을 뜻한다. 이메일이 장시간 메일 서버에 머무르는 건 다양한 이유가 있다. 예를 들어, 수신자의 이메일 서버가 정상적으로 작동하지 않고 있다면, 발신자의 메일 서버는 메일을 보낼 수 있을 때까지, 메일을 보내기 위해 주기적으로 다시 시도하거나, 메일 보내는 것을 포기한다. 이메일 전송지연을 시각화할 땐, 박스 플롯을 사용할 수 있다. 박스 플롯은 숫자의 분포를 나타내기에 적합한 방식이다. 박스 플롯으로 나타내기 위해 로그에서 뽑아내야 하는 정보는, 발신자 주소와 전송지연시간이다

```
cat maillog | sendmail_parser.pl "from delay" |
perl -pe 's/://g, s/,0+/,/g' > mail.csv
```

방금 사용한 명령어에 관해 알아둘 것이 있다. 이 명령어는 시간(예를 들어 00:12:22)을 쉽게 비교하기 위해 십진수로 변환한다. 쌍점을 제거해 시간을 자연수로 나타내고, 숫자와 비교할 수 있게 된다. 또한 시간의 맨 앞에 나오는 0은

없애야 한다. 그 외에, 뒤에서 사용하는 boxplot 펄 코드는 숫자를 8진수로 변환하기 때문에, 색을 지정할 때에 8진수로 비교해야 한다. 박스플롯을 생성하기 위해, Afterglow[13]에 포함된 boxplot.pl 스크립트를 이용한다.

```
cat mail.csv | boxplot.pl -f delays.png -l
```

이 명령어는 delays.png라는 파일로 그래프를 생성한다. 그리고, -l 파라미터는 x축을 로그 스케일로 설정한다. 그림 6.32는 이메일 로그를 시각화한 결과물이다.

만약 로그 개수가 너무 많다면, -s 파라미터를 사용해, 전송지연 그래프를 만들 때 참조할 이메일 최소 크기를 지정할 수 있다. 설정한 값보다 전송지연이 적게 걸리는 이메일은 무시한다. 발송된 이메일이 메일 서버에 머물러 있는 시간은 굉장히 다양한데, 최대 몇 시간까지 걸리기도 한다. 다수의 메일이 발송되어, 메일 서버에 머무르는 시간이 길어지기도 한다. 대량의 이메일을 발송한 사용자가 있다면, 자세히 살펴봐야 한다. 이 경우에, 잘못된 이메일 주소, 또는 오래되어 더 이상 사용하지 않는 이메일 주소로도 보냈을 가능성이 있다. 이런 이메일 주소는 더 이상 존재하지 않거나, 받는 사람이 더 이상 사용하지 않을 수 있다. 이렇게 수신자가 더 이상 존재하지 않는 이메일로 보내면 전송이 되지 않는데, 이런 메일은 스팸일 가능성이 있다.

---

13 http://afterglow.sf.net

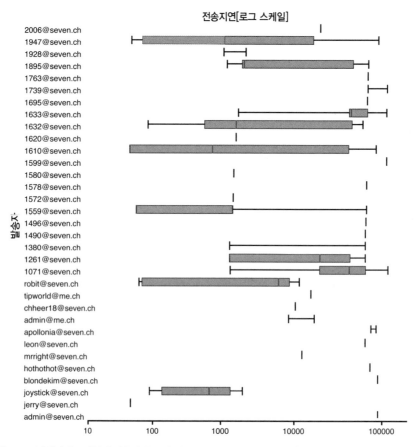

그림 6.32 발신자별로 메일의 전송지연 시간 정보를 나타내는 박스 플롯. X축은 전송지연 시간 분포를 좀 더 잘 나타내기 위해, 로그 스케일을 사용했다

대용량 이메일

또 다른 이메일 로그 분석은 대용량 이메일을 보내는 사용자를 찾는 것이다. 이전에 사용했던 방식과 동일한 방식을 사용할 수 있다. 다음 명령어는 발송자, 수신자, 이메일의 크기를 추출한다.

```
cat maillog | sendmail2csv.pl "from to size" |
./afterglow.pl -c largeemails.properties
```

Afterglow 설정은 다음과 같이 한다.

```
color.source="indianred" if ($fields[2] > 100000);
color.source="invisible"
color.event="lightcoral" if ($fields[2] > 100000);
color.event="invisible"
color.target="navy" if ($fields[2] > 1000000);
color.target="dodgerblue2" if ($fields[2] > 200000);
color.target="lightskyblue1" if ($fields[2] > 100000);
color.target="invisible"
```

이 설정은 메일의 크기가 클수록, 노드의 색을 짙게 하는 것이다. 그래프에 덕지덕지 많은 내용이 올라가는 것을 방지하기 위해, 용량이 작은 이메일은 생략한다. 그림 6.33은 이 설정을 이용해 생성한 링크 그래프 예제다.

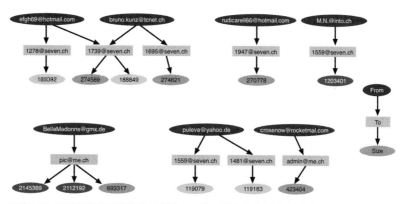

그림 6.33 크기가 큰 이메일을 나타낸 링크 그래프. 발송자, 수신자, 이메일의 크기를 시각화했다

그림 6.33의 링크 그래프는 다양한 대용량 이메일을 보여준다. 일부 메일은 몇 메가바이트 정도의 크기가 된다. 특히 내부자 탐지 절차(8장 참조)에서, 이 정보를 활용해 정보를 유출하는 사람을 찾아낼 수 있다. 대용량 이메일은 단순히 텍스트만 있지 않고, 첨부 파일을 포함한다. 만약 이런 이메일들이 회사 이메일이 아닌 이메일 주소로 보내진다면, 정보 유출을 탐지하는 데 도움이 될 수 있을 것이다.

소셜네트워크 분석

이메일 서버 로그를 특정한 목적에서 분석하는 것과 더불어, 소셜네트워크 분석에도 활용할 수 있다.[14] 각기 다른 그룹의 사람이 소통하는 패턴을 밝혀내는 것도 가능하다. 소셜네트워크 그래프로 살펴보려는 두 가지 목적은 다음과 같다.

● **사용자가 속한 무리 찾기**: 누가 가장 유명한 사람이고, 누가 그와 연락하는가? 그들은 단지 이메일을 많이 받는가, 아니면 이메일을 많이 보내기도 하는가? 누가 가장 많은 이메일을 보내거나 받는가? 대부분의 이메일이 회사 사람들 사이에서 오가는가, 아니면 외부로도 오가는가?

   누가 연락을 주고받는 걸 많이 하지 않는가? 메일을 받기만 하는가, 아니면 보내기만 하는가? 만약 받기만 한다면, 사용하지 않는 메일 주소인가? 삭제해야 하는 메일 주소인가? 만약 보내기만 한다면, 그 사용자는 누군가? 왜 이메일을 하나도 받지 않는가? 메일을 보내기 위해 메일 서버를 악용하는 사용자인가?

● **연결고리 찾기**: 두 집단을 연결하는 사람은 주목을 받을 필요가 있다. 이렇게 영향력이 큰 사람은 다수의 집단과 연락을 주고받는다.

   이 분석을 하기 위해, 센드메일 서버의 이메일 로그를 받았다. 이 로그엔 8,500개 엔트리가 있는데, 4,250개의 이메일에 관한 것이다. 이메일 하나는 두 개의 로그 엔트리를 생성한다. 다음의 명령어로 Afterglow를 사용해 이메일 통신에 관한 링크 그래프를 그렸다.

```
cat maillog | sendmail_parser.pl "from to" | sort |
uniq -c | awk -v OFS=, '{print $2,$1}' |
afterglow -t -c mail.properties | neato -Tgif -o mail.gif
```

   이 명령어는 먼저 이메일 로그에서 발신자와 수신자 주소를 추출한다. awk 명령어까지 통과하면, 자료가 정렬되어 있고, CSV 포맷으로 바뀌어져 있어,

---

14 http://www.insna.org

Afterglow를 이용해 그래프를 생성할 수 있게 된다. 그림 6.34는 이를 이용해 생성한 통신 그래프다.

이메일 통신 그래프를 만들기 위해 사용한 설정 파일은 다음과 같다.

```
color="pink"
shape.source=triangle
label=0
# Using the third column to size the nodes
size.source=$fields[2]
size.target=$fields[2]
maxNodeSize=1.5
sum.source=1
sum.target=1
```

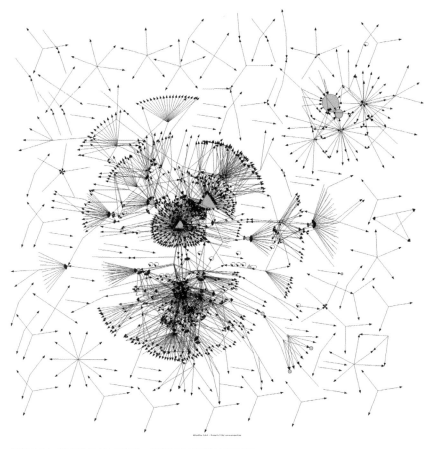

그림 6.34 이메일 통신 그래프는 사용자의 집단을 보여준다

이 설정은 Afterglow가 발신자/수신자 짝이 주고받은 이메일 개수를, 각기 원본 노드와 대상 노드의 크기로 사용하도록 한다. 그리고 각 노드의 크기는 누적하도록 설정되어 있다. 그림 6.34의 통신 그래프는 단지 2,200개의 노드로 구성되어 있지만, 굉장히 복잡하다. 그래프가 라벨로 뒤덮이는 것을 막기 위해 라벨이 나오지 않도록 설정했다(label=0).

그래프가 좀 복잡하긴 하지만, 확실한 몇몇 무리와 더불어, 연락을 잘 주고받지 않는 소규모 집단을 볼 수 있다. 인터랙티브 기능을 사용하지 않는다면, 이 그래프를 분석하는 것은 쉽지 않다.

이 통신 패턴을 더 이해하기 위해서, 조금 적은 수의 이메일을 그래프로 나타냈다. 이 결과는 그림 6.35에서 볼 수 있다. 이메일의 숫자를 2,000개로 제한하였고, neato 대신, 조금 다른 형태의 그래프를 생성하는 circo를 사용해 그래프를 만들었다.

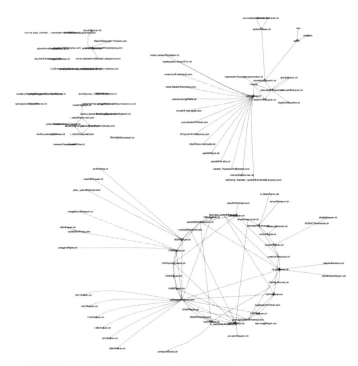

그림 6.35 circo를 이용해 이메일을 시각화한 예제

그림 6.35는 이해하기 쉽지 않다. 라벨이 작고, 많은 부분에서 겹쳐 있기 때문이다. 그러나 이 그래프는 이전의 큰 그림을 이해하는 데 도움이 된다. 이 그래프엔 두 개의 큰 무리가 있고, 무리에 속하지 않고 연락을 주고받는 사람들이 상단 좌측에 있다. 누가 가장 유명한 사람인가 등, 앞서 소개한 것을 살펴보기 위해, 이 무리를 더 분석할 수 있다. 상단 좌측의 노드를 앞서 언급한 두 번째 목적으로 자세히 살펴볼 것이다. 큰 무리에 속하지 않은 이메일만 보여주는 그림 6.36 그래프를 생성했다. 큰 무리를 제외하기 위해, DOT 파일을 열 수 있는 그래픽 프로그램을 사용했다.[15] 무리에 속한 모든 노드를 선택하고, 제거해버렸다. 이런 절차를 자동화하는 것은 중요한 일이다. 인터랙티브한 시각화가 어떻게 큰 도움이 되는지, 이런 작업에서도 알 수 있다.

그림 6.36 큰 무리를 제외한 이메일 통신 내역. 진한 회색은 외부 도메인이고, 흐린 회색은 이메일 서버에 올라가 있는 도메인이다

15 http://www.omnigroup.com/applications/omnigraffle/

이메일을 받기만 했던 다수의 이메일 주소를 볼 수 있다. 이 메일 서버에서 돌아가는 메일 계정의 대부분은, 이메일을 받기만 한다. 그러나 유일하게 jessica@cross.com은 메일을 받기만 하지 않고, 보내기도 하는, 실제로 사용 중인 이메일이다. 왼편의 이메일 주소는 사용 중이진 않지만, 메일링 리스트에서 지속적으로 메일이 온다. 이와 동일한 계정은 그래프에 더 있다. 이런 이메일 주소는 관찰 대상에 올려두고, 이후 몇 주간 메일을 보내는지 아닌지 여부를 확인해야한다. 만약 메일을 보내지 않는다면, 확실히 사용하지 않는 이메일 주소이고, 계정을 삭세해도 괜찮을 것이다.

결론적으로, 소셜네트워크 분석은 오랫동안 연구되어왔고, 이 장에서 봤던 것같이, 이런 소셜네트워크를 시각화하는 것은 굉장히 어려운 작업이다. 심지어, 상대적으로 적은 수의 이메일을 그래프로 만들어도 살펴보는 것이 쉽지 않다.

취약점 자료 시각화

앞서 보안 자료를 살펴보면서, 시스템에서 돌아가고 있는 프로세스와 열린 포트등 동적인 정보도 살펴보았다. 시스템과 관련된 동적 정보 중 하나는 해당 시스템의 취약점이다. 운영하는 장비와 네트워크의 취약점과, 이 취약점 각각의 위험도와, 장비 각각의 중요도를 알고 있다면, 네트워크의 위험도를 평가할 수 있다.

이번 장에서 위험도에 대해 다루지 않을 것이다. 위험도에 대해 자세히 다루는 것은 7장에서 할 것이다. 취약점 정보를 시각화하기 위해선, 먼저 취약점 스캐너가 생성하는 결과를 살펴봐야 한다. 네트워크의 장비를 스캔하기 위해 네서스Nessus[16]를 사용했다. 장비를 스캔한 결과는, 네서스의 기본 파일 포맷인 NBE 파일 포맷으로 저장되었다. NBE 파일의 예제 로그는 다음과 같다.

---

16 http://www.nessus.org

```
timestamps|||scan_start|Mon May 5 21:03:41 2008|
timestamps||192.168.0.10|host_start|Mon May 5 21:03:42 2008|
results|192.168.0|192.168.0.12|ssh (22/tcp)
results|192.168.0|192.168.0.12|ssh (22/tcp)|10330|Security Note|An ssh
server is running on this port\n
results|192.168.0|192.168.0.12|http (80/tcp)|11213|Security Note|
\nSynopsis :\n\nDebugging
...
CVSS Base Score : 2 \n(AV:R/AC:L/Au:NR/C:P/A:N/I:N/B:N)\n\n
...
```

이 결과 파일의 각 열마다, 각기 다른 내용을 담고 있다. 타임스탬프는 언제 시작했는지, 얼마나 걸렸는지 등 스캔이 이루어지는 시간 정보를 담고 있다. results 엔트리는 자세히 살펴볼 필요가 있다. 스캔한 네트워크, 네트워크에서 탐지한 장비, 장비에 열린 포트, 그리고 해당 포트에서 발견한 취약점 등을 담고 있다. 위 로그의 맨 마지막 줄에서 볼 수 있는 것처럼, 취약점과 함께, 추가로 몇 가지 필드가 기록된다. 여기에 다 실을 수는 없어, 몇 가지는 제외했다. 원본 로그에는 취약점에 대한 설명 또는 취약점을 해결할 수 있는 방법 등이 적혀 있다. 그러나 그런 정보들은 취약점 시각화에 필요하지 않다. 우리가 살펴볼 것은 CVSS 점수다. 공통 취약점 평가 체계CVSS, The Common Vulnerability Scoring Scheme[17]는 각 취약점에 대한 표준화된 위험도를 매기려는 노력의 일환이다. 기본점수는 각 요소를 합한 것이다(복잡한 내용으로 쓰여져 있다). 다른 것은 살펴보지 않고, 기본 점수만 살펴볼 것이다.

4,000대 정도의 호스트가 있는 네트워크를 스캔하면, 열린 포트와, 취약점을 기록하는 로그가 2만개쯤 되는 파일이 생성된다. 꽤나 많은 양이다. 트리맵은 이런 많은 양의 자료를 시각화하기에 적합하다.

---

17 http://www.first.org/cvss

NBE 파일을 시각화하려면, 파이프로 구분되어 있는 파일을 TM3 파일로 변환하고, 필요 없는 정보는 지워버리는 파서를 만들어야 한다. 다음의 몇 줄로 된 셸 스크립트가 도움이 될 것이다.

```
grep "?results" output.nbe | perl -naF'\|' -e 'chomp(@F);
$F[6]=~s/.*CVSS Base Score\s*:\s*([\d\.]+).*/\1/;
if ($F[6]!~/?[\d\.]+$/) {$F[6]="";} $F[7]=""; $,=" "; print @F; print
"\n"'
```

이 스크립트는 빠르지만 지저분한 방식으로 파싱한다. 먼저, results 열이 아닌 열을 다 제외한다. 그리고 내용을 읽어들인 후, 파이프를 기준으로 나눈다. 읽어들인 파일은 @F 배열에 저장된다. 그 다음 일곱 번째 필드 $F[6]에 저장된 필요 없는 정보를 삭제한다. 그리고 결과물은 탭으로 구분해 출력한다. 이 결과 파일을 TM3 파일로 저장한 후, 필요한 헤더를 추가하자. 자료를 트리맵으로 시각화할 준비를 마쳤다. 다음은 TM3 파일 예제다.

```
Dummy   Network DestIP      Service NessusID Severity  Risk
STRING  STRING  STRING      STRING STRING    STRING    FLOAT
Results 10.50.2 10.50.2.16 general/tcp 11933 Security  Note 0
Results 10.50.2 10.50.2.17 general/tcp 11933 Security  Note 0
Results 10.50.2 10.50.2.11 domain (53/tcp)
```

마지막 줄은 그 위의 줄과 달리 별도로 정보가 기재되어 있지 않지만, 정상적으로 기록된 것임을 유의해야 한다. 시각화 작업에 있어, 필요한 자료가 없는 것이지만, 이건 문제가 되지 않는다. 자, 이렇게 자료를 준비하면, 운영 중인 네트워크의 위험도를 시각화할 수 있다. 취약점 자료를 시각화하는 각기 다른 두 가지 방법을 살펴보자. 먼저 취약점 스캔 자료를 기반으로, 현재의 위험도를 분석하는 방법을 다룰 것이다. 그리고 위험도의 변화를 살펴보기 위해 어떻게 여러 스냅샷을 사용할 수 있는지 살펴볼 것이다.

위험 상태 시각화

첫 번째로는 현재의 네트워크와 시스템의 위험 상태를 분석하는데, 시각화가 어떻게 도움이 되는지 살펴볼 것이다.

앞서 만든 자료를 기반으로, 트리맵 툴(9장 참조)을 활용할 것이다. 계층 설정은 서비스 〉 목적지 IP 순으로 한다. 이렇게 하면 각 서비스별로, 어떤 장비가 속해 있는지(장비별로 어떤 포트가 열려 있는지를 기반으로)를 알 수 있다. 거기에, 박스의 크기와 색으로, 각 장비별 취약점 개수를 표현할 수 있다. 그림 6.37은 이렇게 시각화한 예제다.

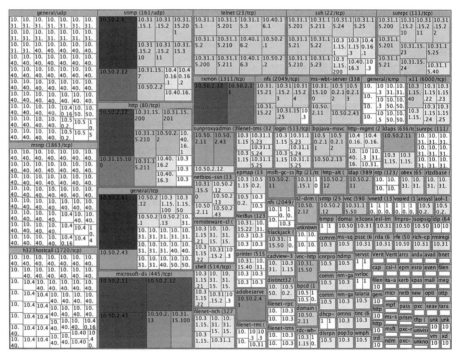

그림 6.37 트리맵을 이용한 취약점 상태 분석 예제. 박스의 색과 크기는 장비의 취약점 개수를 나타낸다

그림 6.37은 많은 장비에 SNMP, HTTP, Microsoft DS, rxmon, 일반 TCP 포트 등에 관한 취약점이 있음을 보여준다. 이를 통해, 어떤 포트 또는 서비스가

네트워크에서 가장 노출되어 있는지 알 수 있다. 방화벽으로 특정한 포트를 차단함으로써, 이런 취약점이 노출되는 것을 감소시킬 수 있다.

두 번째로 만드는 시각화는 목적지 IP 〉서비스 순으로 만든다. 이 트리맵으로는 각 장비가 어떤 취약점에 노출되어 있는지 알 수 있다. 그림 6.38을 보라.

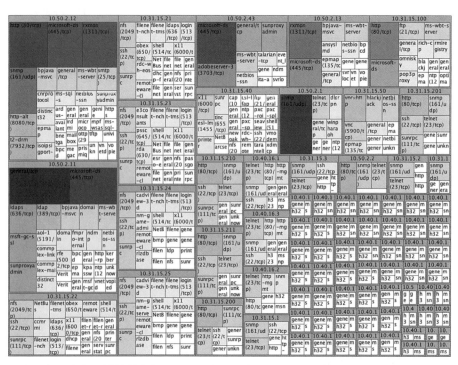

그림 6.38 트리맵을 이용한 취약점 분석 예제. 이 트리맵은 취약점이 가장 많은 장비에 초점이 맞춰져 있다 (컬러이미지는 에이콘출판사 도서정보 페이지에서 다운로드할 수 있다)

그림 6.38은 굉장히 취약한 두 장비인 10.50.2.12와 10.50.2.11을 잘 보여준다. 이 장비는 네트워크에서 연결을 끊어버리거나, 방화벽을 이용해 트래픽을 차단함으로써 취약점이 노출되는 것을 막아야 한다.

그림 6.38과 같은 그래프를 살펴보면서, "저 장비들의 중요도는 어떻게 되지"라는 질문을 던지게 된다. 저 장비들은 테스트 장비인가 아니면 실제 서비스 중

인 중요한 장비인가? 단지 테스트 장비면, 네트워크에서 연결을 해제하면 된다. 그러나 실제 서비스를 하는 중요한 장비라면, 장비를 보호하기 위한 다른 방법을 찾아야 한다. 그래서 원본 자료에다 추가 자료 행을 더하는 방식으로, 각 장비의 업무상 중요도를 추가한다. 각 장비의 중요도가 기록된 자산 목록 같은 것이 있으면 좋다. 이렇게 장비별 중요도를 기록하는 건, 서비스를 운영하는 사람이 직접 해야 하는 수동적인 작업이다(7장 참조).

그림 6.39는 각 장비별 중요도가 추가된 자료를 시각화한 것이다. 이 트리맵의 계층은 서비스 〉목적지 IP다. 박스의 크기는 취약점의 개수를 나타내고, 색은 각 장비의 중요도를 나타낸다.

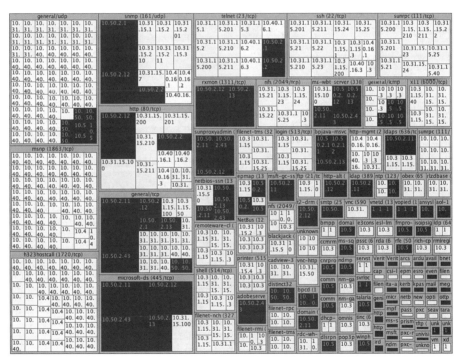

그림 6.39 네트워크에 취약점이 어떻게 퍼져 있는지 나타내는 트리맵. 박스의 크기는 장비별 취약점의 개수, 색은 장비별 중요도를 나타낸다

그림 6.39는 그림 6.37과 비슷하지만, 색을 이용해 중요도를 나타낸다는 것이 다르다. 좋지 않게도, 크고, 어두운 박스의 개수가 좀 많다. 즉, 많은 수의 중요한 장비가 취약점에 노출되어 있다는 것이다.

어떻게 각각의 장비가 이렇게 많은 취약점에 노출되어 있는지 아는 것도 알 필요가 있지만, 지금은 이 취약점의 위험도가 어떤지 아는 게 더 유용하다. 이 작업을 하기 위해 살펴보는 것이 위험도[18] 필드다. 위험도를 더해 살펴보기 위해, 기존의 트리맵 계층, 서비스 〉 목적지 IP를 유지할 것이다. 거기에 더해, 업무상 중요도는 박스의 크기, 위험도는 박스의 색으로 나타냈다. 그림 6.40은 이렇게 만들어진 트리맵이다.

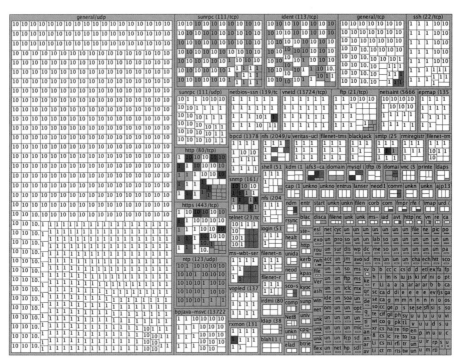

그림 6.40 장비의 중요도, 위험도를 각각 크기와 색으로 나타낸 트리맵. 이 트리맵의 계층은 서비스 〉 목적지 IP다

---

18 여기서 다루는 위험도는 업무상 위험도가 아니라, 취약점과 연관된 CVSS의 위험도일 뿐이다. 전체 위험도는 자산의 업무상 중요도와 더불어, 자산이 담고 있는 정보들의 업무상 중요도를 고려해야 한다.

그림 6.40은 살펴볼만하다. 취약점이 노출되어 위험도가 있는 장비 중 상당수는, HTTP, HTTPS에 포함되어 있다. 그 외에 SNMP, 그리고 몇몇 프로토콜에 포함되어 있다. 이 트리맵은 웹 취약점을 방지하기 위한 노력에 집중해야 한다는 것을 확실히 보여준다.

이 자료로부터 다른 관점을 얻기 위해, 트리맵 계층을 바꿔, 목적지 IP 중심의 트리맵을 다시 만들어 보자. 그림 6.41을 보라.

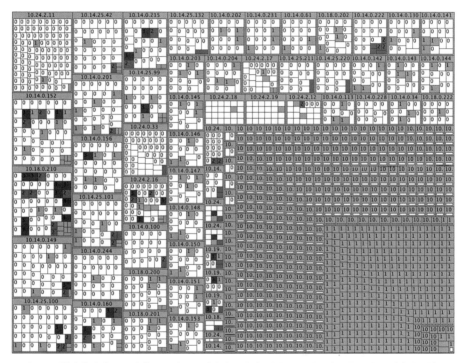

그림 6.41 취약점 상태를 목적지 IP 중심으로 나타낸 트리맵. 장비 중요도를 박스의 크기로, 각각의 위험도를 색으로 나타냈다. 이 트리맵의 계층은 목적지 IP〉 서비스다(컬러이미지는 에이콘출판사 도서정보 페이지에서 다운로드할 수 있다)

그림 6.41에서 흥미로운 내용을 볼 수 있다. 앞서 발견했던 두 대가 아닌, 다른 장비의 위험도가 굉장히 높은 것을 알 수 있다(10.18.0.210). 이 장비는 중요도도 높지만, 위험도가 굉장히 높은 취약점 다수에 노출되어 있다.

트리맵으로 가장 중요한 장비, 그리고 위험도가 높은 취약점에 노출된 장비만 나오도록 자료를 걸러버릴 수 있다. 그림 6.42는 위험도가 0보다 높고, 중요도가 6보다 높은 장비만 걸러서 나타낸 것이다.

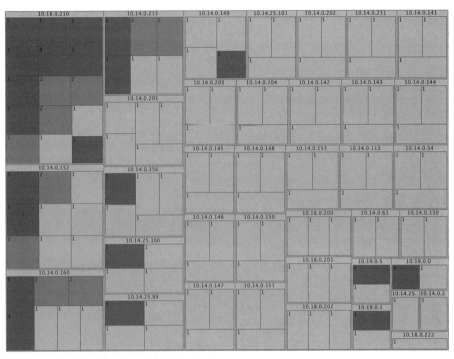

그림 6.42 중요도가 높은 장비 중, 위험도가 높은 취약점에 노출된 장비만 나타낸 트리맵. 색과 박스의 라벨로 취약점의 위험도를 나타낸다

그림 6.42로 문제를 해결하는 작업에, 우선순위를 어떻게 부여할지 알 수 있다. 이런 트리맵을 주기적으로 만든다면, 시간에 따라 어떤 식으로 변화하는지, 그리고 장비별로 노출된 위험도가 높은 취약점 개수가 어떻게 줄어가는지 볼 수 있다.

이 외에도 취약점 스캔 자료를 기반으로 다양한 시각화 작업을 할 수 있다. 특히 취약점 스캐너에서 제공하는 다양한 정보, 예를 들면 보고된 취약점에 대한 신뢰도 같은 정보를 활용할 수 있다.

레드씰은 취약점 자료에 네트워크 토폴로지와 접근 정책을 엮어, 취약점 시각화의 차세대를 이끄는 상용 제품이다. 이 제품도 트리맵을 포함하고 있으며, 사용자가 다양한 설정으로 트리맵을 이용해 살펴볼 수 있도록 지원한다. 이 제품의 인터랙티브 기능을 이용해 네트워크상에 존재하는 가장 취약한 장비를 쉽게 찾아낼 수 있다.

취약점 상태 변화

정적인 위험도 또는 취약점 정보만 살펴보는 것에 더해, 시간에 따라 취약점 상태의 변화를 살펴볼 수 있다. 다양한 취약점 수치의 변화를 트리맵을 이용해 시각화할 수 있다.

- 네트워크 또는 호스트에 열려 있는 포트의 개수
- 호스트별 취약점 개수
- 네트워크 또는 호스트 단위의 전체 위험도 변화

그림 6.43은 연속된 두 주간 호스트별로 취약점 개수가 어떻게 달라졌는지 보여주는 트리맵 예제다. 이 그래프를 생성할 때 사용하는 자료엔, 각 파일에 호스트별 취약점 점수가 기록되어 있어야 한다. 다음의 명령어를 사용해 두 파일을 합칠 수 있다.

```
merge_logs.pl week1.csv week2.csv | awk -F, -v OFS=, '{print $0,$3-$2}'
```

이 명령어의 단점은 두 파일에 동일한 호스트 목록이 있음을 가정한다. 그렇기 때문에, 만약 두 번째 주에 특정한 호스트가 빠져 있다면, 그 호스트에 대한 정보는 출력되지 않는다. awk 명령어는 두 주간의 위험도의 차이를 계산한다. 이 결과를 TM3 파일 형태로 변환하면, 두 주 사이에 변한 위험도를 트리맵으로 시각화할 수 있다.

그림 6.43에서 볼 수 있는 다수의 큰 박스는, 이번 주 기준으로 여러 호스트에 취약점이 많이 있음을 나타낸다. 그리고 붉은색의 박스는 지난 주 대비 취약점 개수가 늘어났음을 보여준다. 붉으면 붉을수록, 지난 주보다 취약점 수가 많이 증가했음을 나타낸다. 그림 6.43에서 볼 수 있듯이, 네트워크의 전체적인 상태는 확실히 나아졌다. 취약점이 줄어들었음을 뜻하는 녹색 박스가 많기 때문이다. 그러나 큰 박스가 많다는 건, 여전히 네트워크상에 존재하는 취약점이 많음을 말해준다. 거기에, 트리맵 왼쪽 상단의 커다란 빨간색 박스 두 개에 관심을 가질 필요가 있다. 이 장비는 현재 취약점이 많기도 하지만, 지난 주와 비교했을 때, 취약점이 많이 늘어나기도 했기 때문이다.

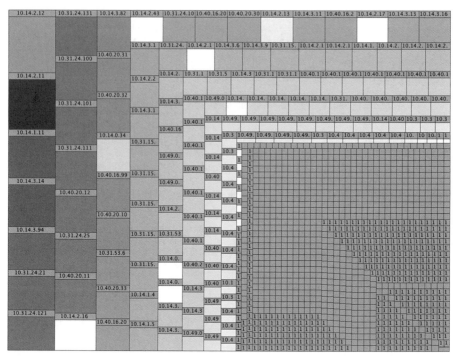

그림 6.43 트리맵으로 연속된 2주간 호스트별 취약점 개수 변화를 나타냈다. 색은 지난 주와 비교해, 얼마나 달라졌는지를 나타낸다. 크기는 이번 주에 발견한 취약점 개수를 나타낸다(컬러이미지는 에이콘출판사 도서 정보 페이지에서 다운로드할 수 있다)

주기적으로 호스트별 취약점 개수 변화를 살펴보는 것은, 호스트 각각의 문제를 파악하는 데 있어 중요하다. 개별 호스트 단위가 아닌, 네트워크 서브넷 단위로 보고 싶다면, 트리맵 계층 구조를 변경하면 된다. 그림 6.44는 네트워크 단위로 나타낸 트리맵이다. 박스의 라벨은 취약점 개수 변화를 나타낸다. 어떤 네트워크는 여전히 취약점이 많은지, 그리고 어떤 네트워크는 지난 주에 비해 개선되었는지 이 트리맵을 통해 재빠르게 알 수 있다. 이 트리맵에서 면적을 많이 차지하는 네트워크엔 관심을 가질 필요가 있다.

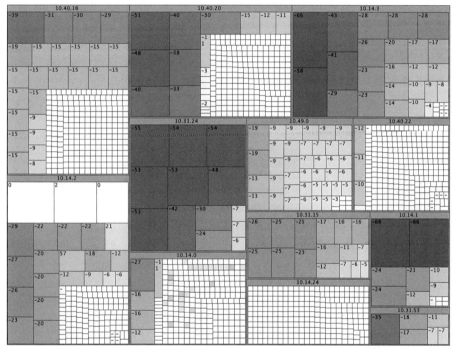

그림 6.44 트리맵으로 연속된 2주간 네트워크별 취약점 변화 개수를 나타냈다. 색은 지난 주와 비교해, 얼마나 달라졌는지를 나타낸다. 크기는 이번 주에 발견한 취약점 개수를 나타낸다(컬러이미지는 에이콘출판사 도서정보 페이지에서 다운로드할 수 있다)

취약점 자료 시각화를 다룬 이번 장에서는 상당한 양의 자료를 작은 공간에 나타낼 수 있다는 것뿐만 아니라, 로그 이외에 다양한 정적 정보들도 시각적으로 표현하는 것이 가능하다는 것을 알 수 있었다.

요약

6장은 특정한 시각화 활용 사례를 다루는 3개 장 중 첫 번째 장이다. 경계 침입이라는 주제는 시각화로부터 많은 도움을 받을 수 있다. 6장에서는 경계 침입의 세부 주제를 몇 가지 선정해, 시각화가 문제를 분석하고 네트워크 상태를 파악하는 데 어떻게 도움이 되는지 알 수 있었다.

6장은 트래픽 흐름을 활용하는 몇 가지 사례를 다루는 것으로 시작했다. 먼저 통신 패턴을 살펴봄으로써 이상 행위를 어떻게 찾는지, 모바일 네트워크에서 웜을 찾는 방법, DoS 공격인지 아닌지 구분하는 방법, 네트워크에서 봇넷을 찾는 방법, 마지막으로 네트워크 트래픽을 시각화해 보안 정책 위반을 탐지하는 방법을 다뤘다.

방화벽 자료는 트래픽 흐름과 비슷하다. 거기에 더해, 트래픽이 차단되어 있는지 통과되었는지 추가되어 있다. 정보 시각화 절차를 통해, 방화벽 로그로부터 공격자를 찾아낼 수 있었다. 또한 방화벽 정책을 어떻게 분석할 수 있는지 살펴보았다.

허위 양성은 IDS와 관련해, 아주 오래 전부터 존재한 주제였다. IDS 시그니처 조정을 통해, 이 문제를 해결하는 새로운 방법을 살펴보았다. 트리맵을 이용해 허위양성을 효과적으로 줄일 수 있음을 알아보았다.

그 다음으로, 무선 네트워크 캡처를 다뤘다. 로그 AP와 무선 통신 패턴이 이 장의 주제였다. 링크 그래프를 이용해 어떤 AP가 어떤 클라이언트와 통신하는지 알 수 있었다.

장비와 관련된 논의에서 떠나, 애플리케이션 로그를 살펴보는 단계로 들어갔다. 이메일 로그 분석을 통해, 이메일의 다양한 요소를 분석해보았다. 그리고 이메일 서버 로그 분석을 해, 메일 서버가 오픈 릴레이로 악용되는지 여부를 파악했다. 그 다음으로 이메일 통신 시각화를 이용해 이메일 로그 분석을 살펴보았고, 또한 소셜네트워크를 시각화하는 것이 얼마나 어려운 일인지도 알게 되었다.

6장의 마지막으로, 트리맵을 이용해 네트워크 상태를 시각화하는 방법을 살펴보았다. 네서스 취약점 스캔 결과를 활용해, 단지 네트워크의 위험도를 알아보는 것뿐만 아니라, 시간이 흐름에 따라 네트워크의 상태가 어떻게 변화하는지도 알아보았다.

7

컴플라이언스

지난 몇 년 동안, 컴플라이언스라는 단어는 보안업계 전면에 등장하기 시작했다. 제품 소개서엔 유행어와, 각종 규제를 충족할 수 있다는 약속들로 가득 찼다. 컴플라이언스에 관해, 이런저런 과장이 많긴 하지만, 컴플라이언스는 컴퓨터 보안 영역에 있어 한 단계 진보된 발걸음이다. 회사가 보안과 컴플라이언스에 투자하도록 강제되고 있다. 금전적인 동기는 확실하다. 컴플라이언스를 준수하지 않으면, 벌금을 내거나, 회사의 경영진이 징역을 받을 수도 있기 때문이다.

2007년 일사분기 즈음, 거버넌스, 위험, 컴플라이언스(GRC)라는 단어가 나타나기 시작했다. 보안회사가 컴플라이언스를 설명할 때 사용하던 기존의 메시지조차도 GRC로 대체되기 시작했다. 처음에 이 단어를 보고선, 어리둥절했다. 이것은 그저 과장된 유행어인가? GRC를 구성하는 세 가지 단어는 이미 우리에게 잘 알려져 있었다. GRC가 등장하기 몇 년 전, 나는 거버넌스를 정립하는 일을 하고 있었다. 거버넌스 인터페이스와 요구사항을 정의하기 위해 ISO 17799 를 이리저리 살펴봤다. 우리는 기업들이 IT가 기업의 목표와 전략을 달성하거나, 도움이 될 수 있도록, 조직 구조와 절차를 마련했음을 확인했다. 위험 또한 이미 오래 전부터 이야기되던 것이었다. 그 누구도 IT 보안 위험도를 측정할 수 있는 마법 같은 공식은 가지고 있지 않았지만, 위험 관리를 위한 다수의 방법들이 보안 업계에서 사용되고 있었다. 마지막으로, 최근 몇 년 동안 어떤 종류든 국가의 인가를 받기 위해서라면, 컴플라이언스는 항상 꼬리표처럼 따라다니는 것이 되었다. 사베인즈 옥슬리Sarbanos-Oxley 법과 건강보험 이전과 책임에 관한 법(HIPAA) 은 일상적인 업무의 한 부분이 되었고, 업무에서 어떤 결정을 함에 있어 큰 영향력을 행사한다. 새롭게 GRC란 단어가 등장하는 것이 혼란스런 이유는 다음과 같다. 기존의 논의와 달라진 것이라면, 사업적 관점에서 본다는 것이다. 거버넌스는 사업에 있어, 규제를 준수하는 측면으로 다뤄진다. 위험은 "위험을 어떻게 최소화할 것인가?"라는 위험의 부정적인 면만 다루는 것이 아니라, "새로운 사업을 시작하기 위해 위험을 어떻게 다뤄야 하는가?"라는 긍정적인 측면을 다루기 시작했다. 마지막으로 컴플라이언스는 부족한 부분을 보완하기 위해 컴플라이언스를 사용하는 전통적인 방법과 달리, 운영을 효율화하기 위해 컴플라이언스를 주도적으로 활용한다.

이것이 새로울 것은 없다. 이것은 대부분 이전의 것들을 다시 포장해, 시도하고 융합해 정보 보안 또는 정보 기술이 좀 더 일반적으로 사용될 수 있도록 하는 프레임워크를 만들어내는 것이다.

요즘은 회사가 이런 규제를 준수하는 건 선택사항이 아닌 의무다. 이런 규제는 법률로 기재되어 있거나, 산업군에서 요구한다. 예를 들어, 국제결제은행BIS 은 세계의 모든 은행이 준수해야 하는 바젤 2 프레임워크를 제안했다. 자료, 감사기록, 절차 등에 대한 요구사항이 이전에 비해 높아졌다. 15년 전엔 컴플라이언스 준수를 위해 스프레드시트를 사용했지만, 지금은 자료를 추적하고, 문서화하고, 모니터링하고, 컴플라이언스 관련 사항을 감사하기 위해선 복잡한 시스템이 필요해졌다. 이런 추세는 컴플라이언스 절차를 관리하는 것에 그치지 않고, 측정을 하는 흐름으로 이어지고 있다. 비즈니스 프로레스 관리Business Process Management와 비즈니스 인텔리전스Business Intelligence, 이 두 단어는 이와 관련된 내용에서 자주 보게 될 것이다. 시각화는 이 두 단어와 밀접한 관련이 있다. 감사, 비즈니스 평가, 위험도 등과 관련해, 수천 가지 이상의 것을 분석할 수 있다.

7장은 시각화를 컴플라이언스와 위험 관리에 어떻게 적용하는지 보여준다. 먼저 규제, 통제 프레임워크, 정책 등을 설명하는 것으로 시작한다. 기본적인 내용을 익힌 다음, 컴플라이언스가 업무에서 어떻게 작동하는지를 중심으로, 비즈니스 프로세스 관리를 설명할 것이다. 이것은 업무 절차 주도적으로 컴플라이언스 모니터링을 하기 위한 기초적인 내용이다. 위험 관리, 그리고 위험을 시각화하는 내용이 7장을 채운다. 7장의 마지막으로는, 두 가지 컴플라이언스 활용 사례를 통해, 컴플라이언스 시각화가, 단지 위험도나 통제 정책을 시각화하는 것뿐만 아니라, 직무 분리와 데이터베이스 애플리케이션 감사에도 어떻게 쓰일지 보여준다.

정책, 목표, 통제

규범과 프레임워크는 통제 목표를 정의한다. 통제 목표는 따라야 하는 지침 같은 것이다. 예를 들면, 새로운 사용자 계정을 요청받았을 때 필수적으로 검토해야 하는 것과 같은 것이다. 이런 통제 목표를 준수하기 위해, 회사는 통제 방법을 만들어야 한다. 이런 통제 방법은 통제 목표가 어떻게 다뤄져야 하는지, 대략적으로 나타낸다. 어떻게 세부적으로 이행해야 하는지 다룬다. 예를 들어, 새로운 사용자 계정을 요청받는 경우, 무조건 검토해야 하며, 이 계정을 승인하기 전에, 인가된 사용자만 중요한 시스템에 접근할 수 있는지 확실히 확인해둬야 한다. 통제 방안은 통제 목표만 참조하지 않고, 회사의 보안 목표도 포함하고 있다.
보안 목표는, 회사가 표준/규범 이외에도 별도로 준수하길 원하는 것과 더불어,
규범과 프레임워크에서 다루지 못하는 것이 포함되어 있다.

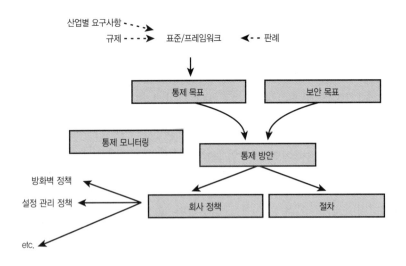

그림 7.1 통제 목표, 정책, 절차, 통제방안, 통제 목표 모니터링 등이 서로 어떻게 관계가 있는지 통제 프레임
워크에서 볼 수 있다

　통제 방안을 준수하고, 갱신하고, 모니터링하기 위해, 정책과 절차가 만들어
져야 한다. 정책의 예를 든다면, 사용 허가 정책이 있을 수 있다. 이건 장비를 적
정하게 사용할 수 있도록 하는 규칙을 다룬다. 원격 접근 정책은 집 또는 야외
등, 원격에서 노트북을 사용해 회사 네트워크에 연결하는 것에 관한 것이다. 절
차는 통제 방안을 준수하는 정확한 방법에 관한 것이다.

　정책과 절차를 함께 정의하는 것과 더불어, 통제 방안을 모니터링하는 방법도
동시에 정의되어야 한다. 실시간으로 모니터링하거나, 또는 통제 방안으로 발생
하는 영향을 주기적으로 확인하는 형태 등이 있다. 모니터링을 통해 내부 통제
방안이 부족한 것을 알게 되면, 이를 보완하는 작업이 이루어져야 한다. 이런 작
업에 참여해본다면, 모니터링 작업에서 시각화가 중요한 역할을 한다는 것을 알
수 있다.

컴플라이언스 프레임워크를 좀 더 잘 이해하기 위해 예제를 살펴보자. 우리의 가상 회사는 재무 상태를 나타내는 애플리케이션과 자료에 비인가 사용자 또는 적합하지 않은 접근으로 인한 위험도를 최소화하는 보안 목표를 만들었다. 이것은 식별, 인증, 권한 부여 등을 통해, 컴퓨터 자원에 접근하는 것을 제한한다는 것이다. 이 보안 목표를 준수하기 위해, 다양한 통제 방안이 정의되었다. 그중 하나는, 만약 암호를 이용해 인증을 한다면(암호 대신 다른 방법을 사용할 수도 있다), 회사는 암호 관리와, 암호 복잡성에 대한 규칙을 반드시 만들어야 한다. 기술적으로 어떻게 구현할지를 정의하지는 않지만, 감사하는 사람은 통제 방안을 통해, 목표를 준수했는지 여부를 확인할 수 있어야 한다. 가장 기저에 깔려 있는 정책은 운영체제 또는 애플리케이션에서 통제 방안이 준수되도록 설정하는 것이다. 예를 들어, 8글자 암호를 사용해야 하며, 30일마다 암호를 변경해야 하고, 한 번 사용했던 암호는 1년간 다시 사용할 수 없게 되어 있다고 해보자. 유닉스 시스템이라면, PAM 모듈을 사용해 이것을 준수하도록 한다는 자세한 내용을, 정책으로 정의한다. 이 상황에서 절차는, 누가 이 것을 준수하도록 설정해야 하는지, 이것을 준수하도록 설정하기 위해선 어떻게 진행해야 하는지를 정의하는 것이다.

자, 컴플라이언스의 기본적인 개념에 대해 이해했다면, 규제와 규범에 대해 살펴보도록 하자.

규제 및 산업별 준수 사항

회사는 아주 통제된 과정으로 업무를 수행한다. 특히 주식 시장에 상장되어 거래되는 회사일수록 그렇다. 이렇게 주식시장에 상장된 회사는 다양한 종류의 규제를 준수해야 한다. 미국의 경우, 증권위원회가 상장된 회사를 감시한다. 그러나 이렇게 정부기관만 회사를 규제하는 것은 아니다. 산업군마다 규제와 요구조건이 있고, 그 산업에서 사업을 하기 위해서는 해당 규제와 요구조건을 충족해야 한다. 가령 지불카드산업 데이터보안표준(PCIDSS), 금융업계의 바젤 2 같은 것이 있다. 이러한 규제를 준수하지 않는 경우, 정도에 따라 다양한 결과가 초래된다. 보통 벌금이 부과되나, 법을 위반한 경우 경영진이 감옥에 가게 될 수도 있다.

표 7.1은 중요한 몇몇 규제의 목록과, 규제에 대한 전반적인 내용을 담고 있다. 회사는 여기 나와있는 규제 이외보다 더 많은 규제를 준수해야 한다. 여기 나와 있는 규제는 많은 회사가 준수해야 하는 것이다. 이 표의 첫 번째 자리엔 미국에서 사업을 진행해야 하는 회사가 준수해야 하는 중요한 규제가 나와 있다. 그리고 표의 맨 마지막엔, 미국 이외의 지역에서 사업을 할 때 준수해야 하는 규제도 나와있다. 표 7.2는 특정 산업 분야에서 사업을 할 때 준수해야 하는 보안 준수사항을 담고 있다.

표 7.1 중요한 규제 목록

약어	규제의 이름	해당 분야	설명
HIPAA	건강보험 이전과 책임에 관한 법	의료산업	HIPAA는 신원을 확인할 수 있는 자료에 대한 기밀성 및 보안을 규정하고, 건강보험과 관련된 건강 정보, 건강 관련 서비스를 받을 때 사용하였던 지불 수단에 대한 정보 보호를 규정하는 법률이다. 표준화된 전자 전송 방법을 통해 효율적으로 건강 관련 정보를 전달하는 것, 그리고 규범을 준수해 건강관련 자료의 기밀성을 보호하고, 개인정보도 보호하도록 한다.
SOX	사베인즈 옥슬리 법	상장회사	미국 증권위원회(SEC)는 미국의 모든 상장회사가 사베인즈 옥슬리 법을 준수하도록 했다. 사베인즈 옥슬리 법 404조는 기업 회계의 투명성을 향상시키기 위해 재무보고를 감독하는 내부 통제에 대한 내용을 다룬다. 이 법은 재무 정보와 관련되어 있는 회사의 모든 부분을 다루고 있다. 또한 컴플라이언스와 보안을 보증하는 공인된 내부 통제 프레임워크를 사용하도록 강제한다. 사베인즈 옥슬리 법에서는 COSO 프레임워크를 사용하도록 권고한다. 사베인즈 옥슬리 법은 어떠한 표준이 아니기 때문에, 구체적인 실행 방안을 정의하지는 않는다. 사베인즈 옥슬리 법을 준수여부의 기준은, 감사인과 회사가 협의해 정하게 된다. 상장회사회계감독위원회(PCAOB)는 사베인즈 옥슬리 법 준수 여부를 감시한다. 이 위원회는 내부 통제에 대한 감사를 수행하는 방안과 중요한 지침 등을 제공하는 가이드라인을 배포한다.

(이어짐)

약어	규제의 이름	해당 분야	설명
GLBA	그램 리치 빌리법	금융기관	그램 리치 빌리법은 금융기관이 개인정보를 허가받지 않고 사용하거나, 열람하는 행위를 제한하는 연방법이다. 다음의 사항을 준수해야 한다. • 회사의 개인정보 정책을 고객에게 공지한다. • 기업이 개인 정보를 사용하는 것에 대해, 거부권을 제공해야 한다. • 개인 정보를 보호해야 한다. www.ftc.gov/privacy/privacyinitiatives
FISMA	연방 정보 보안 관리 법	정부기관	FISMA는 미국 연방 법이다. 이 법은 매년 의무적으로 진행하는 감사를 통해, 정부기관 및 관련된 기관에 설치된 컴퓨터와 네트워크 보안을 강화한다. 이 법은 FIPS-199, NIST 800-53 등의 표준의 세부 조항이 조합되어 있다. csrc.nist.gov/sec-cert/index.html
J-SOX	금융 상품 거래법	상장회사	J-SOX는 재무보고를 감독하는 내부통제에 관한 법률 체계의 비공식적 이름이다. 일본 금융 상품 거래법에 포함되어 있다. 이 프레임워크는 미국의 사베인즈 옥슬리 법이 제정된 후 만들어졌다. J-SOX는 공개회사의 경영진에게 재무보고를 감독하는 내부 통제 상황을 자체 평가해 제출하도록 요구한다. 또한 세출한 평가서에 대해 외부 감사인의 의견이 추가로 포함된다. 이 법률이 참고했었던 미국의 사베인즈 옥슬리 법처럼, J-SOX 또한 COSO 프레임워크를 사용할 것을 권고한다. http://www.fsa.go.jp/en/policy/fiel

(이어짐)

약어	규제의 이름	해당 분야	설명
GDPR	유럽 일반 개인정보보호법	모든 회사	2018년 5월 25일부터 시행되는 유럽 일반 개인정보보호법은 EU DPD(1995년 제정)가 시행된 이후 변화된 인터넷 기술/환경을 반영하였다. 기존 EU DPD가 EU 회원국별로 시행 지침이 달랐던 것에 반해, GDPR은 모든 EU 회원국에게 직접적/강제적으로 동일하게 적용된다. GDPR의 주요 내용은 다음과 같다.

    * 넓은 지역적 적용 범위 : EU 외의 지역에서 개인정보를 처리하는 경우라도, EU를 상대로 재화나 서비스를 제공하는 경우에는 GDPR이 적용됨.
    * 강력한 제재 : GDPR을 심각하게 위반하는 경우, 2천만 유로 또는 직전 전세계 매출액의 4% 가운데 더 큰 금액을 과징금으로 부과할 수 있다.
    * 프로세서의 책임 강화 : 프로세서가 개인정보 처리와 관련된 책임을 직접 부담하는 경우가 다수 포함됨.
    * 개인정보 유출 신고 및 통지 제도 도입 : 개인정보 유출 사실을 알게 된 때로부터 가능한 경우 72시간 내 감독 당국에 신고해야 하며, 위험도가 높은 것으로 예상되는 경우 부당한 지체 없이 유출 사실을 정보주체에게 통지해야 함.
    * 정보 주체의 권리 확대 : 개인정보 열람권, 정정권, 삭제권, 처리제한권, 이동권, 반대권, 프로파일링 등 자동화된 의사결정에 반대할 권리 등의 권리를 가지게 됨
    * 책임성 및 거버넌스의 강화 : 사업자는 개인정보 처리의 6대 원칙을 이행하며, 이를 객관적으로 입증할 수 있어야 함

GDPR에서 명시한 개인정보 처리 6대원칙은 다음과 같다.

* 적법성, 공정성, 투명성 확보
* 추가 처리와 목적 제한
* 개인정보 최소화
* 정확성
* 보유기간 제한
* 무결설, 기밀성

https://www.eugdpr.org/

(이어짐)

약어	규제의 이름	해당 분야	설명
	개인정보 비식별 조치 가이드라인	개인정보를 다루는 모든 기관	한국 정부는 개인정보를 비식별 조치하여 이용 또는 제공하려는 사업자등이 준수하여야 할 조치 기준을 제시하였다. 다음의 단계에 따라 개인정보 여부를 판단하고, 익명화 작업을 진행한다. * 사전 검토 : 정보를 처리하는 사업자는 해당 정보가 개인정보인지 여부에 대해 가이드라인에 제시된 기준에 따라 판단하여야 한다. * 비식별 조치 : 정보집합물에 포함된 식별자는 기본적으로 삭제조치 시행하며, 속성자도 데이터 이용 목적과 관련이 없는 경우에는 원칙적으로 삭제한다. 데이터 이용 목적상 필요한 식별자/속성자는 가명처리, 총계처리, 데이터 삭제, 데이터 범주화, 데이터 마스킹 등 여러 가지 기법을 단독 또는 복합적으로 활용하여 비식별화 한다. * 적정성 평가 : 비식별 조치가 충분하지 않은 경우 공개 정보 등 다른 정보와의 결합, 다양한 추론 등을 통하여 개인이 식별될 우려가 있으므로 k-익명성 모델을 활용하여 적정성 평가를 시행한다. * 사후관리 : 비식별 조치된 정보가 유출되는 경우 다른 정보와 결합하여 식별될 우려가 있으므로 필수저인 관리적, 기술적 보호조치를 시행한다.
K-SOX	내부회계관리제도	상장회사	K-SOX는 주식회사의 외부감사에 대한 법률중 내부회계관리제도에 대한 비공식적 이름이다. 상장회사 및 자산 1천억 이상의 비상장법인의 대표자가 이사회와 감사, 주주총회에 내부회계관리제도 운영실태를 보고해야한다. 내부회계관리제도모범규준 또한 COSO 프레임워크를 기반으로 작성되었다.
	개인정보보호법	개인정보를 다루는 모든 기관	개인정보보호법 29조는 개인정보가 분실, 도난, 유출, 변조, 훼손, 오-남용 등이 되지 않도록 안전성을 확보하는 것을 목적으로 한다. 개인정보를 보호하기 위하여 다음과 같은 기술적-관리적 보호조치를 시행할 것을 권고한다. * 개인정보취급자 접근권한 관리 및 인증 * 비밀번호 관리 * 접근통제 * 개인정보의 암호화 * 접속기록의 위-변조 방지 * 보안프로그램 설치 및 운영 * 물리적 접근제한

(이어짐)

약어	규제의 이름	해당 분야	설명
PIPEDA	캐나다 개인 정보 보호 및 전자 문서에 관한 법	민간 회사	PIPEDA는 개인정보를 수집, 사용, 공개하는 방법에 대한 규정을 모아둔 법이다. 개인의 사생활 정보를 보호하도록 규정한다. 이 법은 다음의 두 가지 상황에 모두 적용된다. • 회사가 개인정보를 상업적으로 사용하는 경우 • 회사, 기관 등이 노동자를 채용하는 경우 EU DPD의 캐나다판으로 생각하면 된다. http://laws.justice.gc.cn/en/P-8.6/index.html

표 7.2 중요한 산업계 요구사항

약어	규정 이름	해당 분야	설명
PCI	지불 카드 업계	일반 가게	지불 카드 업계 보안 표준 협의회(PCI Security Standards Council's)의 목표는 PCI 보안 표준을 널리 정착시켜, 지불 계좌 정보에 대한 보안을 강화하는 것이다. PCI 보안 표준은, 카드 소유자 정보를 보호하는 방법을 다룬다. 지불 카드 업계 보안 표준 협의회는 아메리칸 익스프레스, 디스커버 파이낸셜 서비스, JCB, 마스터카드, 비자 카드가 함께 만들었다. http://www.pcisecuritystandards.org
바젤 3	바젤 3	금융 기관	2008년 글로벌 금융위기 이후 바젤 2 프레임워크의 미비점을 보완하여 2010년 발표된 프레임워크이다. 금융기관의 위험 자산, 부정 행위 등을 다룬다. https://www.bis.org/bcbs/basel3.htm

앞서 다룬 규제와, 산업계 요구사항을 살펴보면, 규제와 강제사항의 범위, 세부사항은 굉장히 다양함을 알 수 있다. 어떤 규정은 구체적이지 않은 내용을 다루나, 일부는 IT 보안 방안을 직접 언급하기도 한다. 대부분의 규제는 어떠한 방식으로 IT 보안을 시행할지, 프레임워크를 적용할지 정의하지 않았다. 이미 존재하는 여러 가지 IT 통제 프레임워크를 활용하면, 규제에서 요구하는 보안 목표를 달성할 수 있다. 다음절은 방금 언급한 IT 통제 프레임워크에 대한 내용을 다룬다.

IT 통제 프레임워크

조직의 정책과 통제 방법을 결정함에 있어 어려운 것 중 하나는, 전체적인 통제 목표를 설정하는 것이다. 다행히도, 이미 만들어진 권고사항들을 활용하면 통제 목표와, 그에 따르는 통제 방법을 만드는 작업에 많은 도움이 된다. 이런 권고사항들을 통제 프레임워크라 부르는데, 통제 목표를 모아놓은 집합이라고 보면 된다. 이런 프레임워크는 통제 목표에 대한 안내만 제공하며, 목표에 따르는 상세한 통제 방안을 제공하지는 않는다. 예를 들어, 통제 프레임워크가 장비가 접근하는 기록을 모두 로그로 남기게 권고했다고 하자. 프레임워크는 이 이상으로 자세한 방법을 알려주지 않는다. 운영체제별로 로그를 남기는 법 같은 건 설명해주지 않는다는 것이다.

여러 가지 통제 프레임워크가 존재하며, 통제 목표를 설정함에 있어 이런 프레임워크를 길잡이로 활용할 수 있다. 표 7.3은 여섯 가지의 통제 프레임워크가 각각 어떤 영역을 다루고 있는지 보여준다.

표 7.3 IT 통제 프레임워크 및 해당 분야

프레임워크		설명
COSO	트레드웨이 후원 위원회	COSO는 경영 윤리, 효과적인 내부 통제, 기업 지배 구조 등에 관한 재무보고의 질을 향상시키기 위해 만들어진 기관이다. COSO에서 발간한 "내부 통제-통합된 프레임워크"라는 문서에서 기업 통제 목표를 세우는 절차에 대한 요점을 알려준다. http://www.coso.org
COBIT	정보 및 관련 기술에 대한 통제 목표	COBIT은 IT에 대한 전체적인 통제 프레임워크다. 이 프레임워크는 자세한 절차나, 어떠한 실행 방안에 대해서는 다루지 않으나, IT 거버넌스에 필요한 요구사항을 정의한다.

(이어짐)

프레임워크		설명
ISO 27000 시리즈	정보 기술 – 보안 기법 – 정보 보안 관리를 위한 실행 지침	ISO 27002는 IT 보안 통제 목표를 나열한 목록이다. ISO 27001:2005는 정보 보안 관리 시스템(ISMS, Information Security Management System)을 정의했다. 정보 보안 관리 시스템을 구축함에 있어, 반드시 해야하는 것을 개략적으로 다룬다. 정보 보안 관리 시스템은 회사의 정보를 보호하기 위해, 통제 방안을 정의하고, 통제 방안을 구축하고, 통제 방안을 모니터링하기 위해 필요한 프레임워크다.
ITIL	IT 인프라 라이브러리	ITIL은 정보 기술 서비스를 제공하기 위한 효율적인 절차에 대해 다룬다. ITIL은 가치 있는 IT 서비스를 제공하고, 재무 상태를 개선할 수 있도록 해, 사업을 뒷받침할 수 있도록 하는 광범위한 절차에 대해 개략적으로 다룬다. ITIL 프레임워크는 설정 관리, 서비스 관리, 보안 관리를 효율적으로 할 수 있는 절차를 담고 있다. http://www.itil.co.uk
BSI 표준 100	정보기술보호 핸드북	BSI 표준은 정보 보호에 대한 독일 정부의 권고안을 담고 있다. BSI 표준 안에는 여러 가지 세부 표준이 담겨 있다. • BSI-100-1: 정보 보안 관리 시스템(ISMS). 정보 보안 관리 시스템에 관한 국가 표준이 정의되어 있다. ISO 27001과 완벽히 호환된다. • BSI-100-2: 정보 기술 보안 관리 방법론(IT-Grundschutz Methology). IT 보안을 관리하기 위해 실제로 어떻게 구축할 것인지, 그리고 어떻게 운영할 것인지에 대해 다룬다. • BSI-100-3: 정보 기술 보안 관리(IT-Grundschutz)에 기반한 위험 분석. 조직, 조직에 속한 인원, 인프라, 기술 영역에서 필요로 하는 표준 보안 평가방법에 대해 다룬다. http://www.bsi.bund.de/gdhb
NIST 800-53	연방 정보 시스템에 권고한 보안 통제 방안	NIST 800-53은 연방 정부에서 운영하거나 소유하는 시스템에 대한 보안 통제 방안을 정의해둔 것이다. http://www.csrs.nist.gov/publications/nistpubs/800-53/SP800-53.pdf

규제는 규제 내용에 대응하는 통제 프레임워크에 대해 다루지 않는다. 실제로 대부분의 규제는 어떤 프레임워크를 쓸지, 어떤 프레임워크를 쓰지 않을지에 대한 결정권을 회사에게 준다. 그러나 이미 확고하게 자리잡은 프레임워크 또는 알려진 프레임워크를 쓰지 않으면 다음과 같은 불편한 점이 있다. 예를 들면 다음과 같다.

- 프레임워크를 개발하는 데 많은 시간이 든다. 이미 개발되어 수년간 잘 사용되고 있는 것이 있는데, 왜 똑같은 기능을 하는 것을 만들기 위해 노력을 들여야 하는가?
- 포괄적인 접근 방법(필요로 하는 모든 분야를 다루었다는 것)임을 증명하는 건 어렵다.
- 감사를 담당하는 사람은 이 프레임워크를 이해하고, 필요한 모든 통제 방안이 구축되었는지 확인하는 데 오랜 시간이 걸린다.
- 새로 들어온 사람이 이 프레임워크를 이해하기 위한 별도의 교육이 필요하다. 기존에 존재하는 프레임워크에 대한 지식은 별 도움이 되지 않는다.

가끔 작은 회사가 직접 프레임워크를 만들거나, 그다지 유명하지 않은 프레임워크를 도입해, 자사의 환경과 요구사항에 맞춰 사용하는 경우가 있다. 그러나 이렇게 하게 되면, 필요 이상의 자원을 소모하게 된다.

여러 프레임워크의 통제 목표가 종종 겹치기도 한다. 하나의 통제 목표가 여러 프레임워크 안에 명시되어 있기도 한다. 그렇기 때문에, 통제 목표에 기반해 통제 방안을 만들게 되면, 다수의 프레임워크를 동시에 만족시킬 수 있다. 하나의 회사에서 다수의 프레임워크를 동시에 사용하는 것은 흔한 일이다. ISO의 경우엔 보안에 목표를 두고, ITIL의 경우엔 정보 기술 서비스 관리에 목표를 두고 있기 때문이다. 그리고 어떤 프레임워크는 서로 보완적인 관계에 있기도 하다. 예를 들면, ITIL과 ISO 17799는 대부분의 통제 목표가 서로 보완적이다. 많은 GRC 업체와 IT 부서는 각기 프레임워크마다 각기 대응되는 것에 대해 정리해두었다. NIST 800-53 문서에도 이런 내용이 담겨 있다. 이 문서의 부록에는 ISO17799와 어떻게 대응되는지, 그리고 몇몇 다른 프레임워크에 대해 나와 있다.

로깅 요구사항

여기선 몇몇 규제와 IT 프레임워크의 로깅 요구사항에 대해 간단히 정리해본다.

여기서 다루는 내용이, 로깅 요구사항을 이해하는 데 도움이 될 것이다. 여러분이 다니는 회사가 이런 요구사항을 만족할 필요가 없다고 하더라도, 다음에 나오는 요구사항을 고려하게 되는 때가 있을 것이다. 여러 표준과 프레임워크에서 다루는 대부분의 로깅 요구사항과, 로깅의 목표사항은 로그 관리로부터 영향을 받았다. 통제 사항을 모니터링하고, 통제 사항을 강제하고, 감사 로그를 기록하고, 모아 컴플라이언스 상태를 보여주는 것 등 말이다. 몇몇 감사 로그는 통제절차와 통제 목표가 존재하고 충실히 작동하고 있는지 증명하기 위해 사용된다. 대부분의 IT 통제 프레임워크와 규범엔 로그 관리에 대한 직접적 요구사항이 존재한다. 표 7.4엔 여러 가지 규제, IT 통제 프레임워크, 규범에서 요구하는 구체적인 로깅 요구사항에 대해 나와 있다.

표 7.4 IT 통제 프레임워크와 표준의 로깅 요구사항

이름		설명 또는 로깅을 요구하는 구체적인 조항	로깅 요구사항의 내용
DCID	중앙 정보 국장 지령	DCID는 미국 국방부 인프라에 대한, 정보통신 보안 요구사항이다. 약간의 내용이 공개되어 있다. DCID 6/3 부록 부록 C, "시스템 보안 계획 예제"의 7.4절에 감사 요구사항에 대한 개략적인 내용을 수록했다. 부록 D, "시스템 보안 기능 및 보증 요구사항"에 민감하고 귀중한 자료에 대한 감사를 어느 정도로 진행해야 하는지에 대한 내용이 정리되어 있다. http://www.fas.org/irp/offdocs/6-3_20Appendices.htm	• 사용자 접근 내역 모니터링 • 감사 로그 리뷰 • 하드웨어 관리 로그 • 감사 로그의 형태 • 감사 로그 보존(5년) • 실시간 모니터링

(이어짐)

이름		설명 또는 로깅을 요구하는 구체적인 조항	로깅 요구사항의 내용

FFIEC	연방 금융 기관 조사 협의회	FFIEC는 금융기관을 관리하는 기관이다. FFIEC 에서는 금융기관을 감독하기 위한 권고한을 만들 었다.
		
		출판물 이름 : 정보 보안
		해당 절 : 보안 모니터링
		
		http://ithandbook.ffiec.gov/it-booklets/ information-security/security-monitoring.aspx
			• 여러 수준의 로깅 방법에 대해 다룬다. 예를 들면, 민감한 애플리케이션의 경우 중요한 이벤트를 무 조건 로깅해야 한다.
			• 네트워크 장비 및 호스트 동작 기록
			  • 로그 전송
			  • 로그 정규화
			  • 로그 저장
			  • 로그 보호

(이어짐)

이름		설명 또는 로깅을 요구하는 구체적인 조항	로깅 요구사항의 내용
ISO 17799	국제 표준 화 기 구 및 국 제 전기 표준 회의	ISO 17799는 정보 보안을 위한 표준적인 통제 방안 을 모아둔 것이다. 10.10 모니터링 • 10.10.1 감사 로깅 • 10.10.2 시스템 사용 현황 모니터링 • 10.10.3 로그 보호 • 10.10.4 관리자 및 운영자에 대한 로그 • 10.10.5 위반 행위 로깅 • 10.10.6 시간 동기화	• 시스템 모니터링 • 보안 이벤트에 관한 정보 기록 • 시스템의 문제에 대한 정 보 파악 • 통제 방안의 효율성 검증 • 접근 징책이 일지하는지 검증
DISA	애 플 리 케 이션 보안 요구 사항 에 대 한 표준 권고	미국 국방부 산하 정보시스템국이 만든 미국 국방 부 시스템의 애플리케이션 보안 요구사항에 대한 표준 권고안 4.12 증명 의무 사항* • 4.10.1 감사/이벤트 로깅 구조 • 4.10.2 설정 가능한 감사 옵션 • 4.10.3 감사 하는 이벤트 * 이 문구는 4.12에 있는 게 맞으며, 하위 요구사항 은 4.10.x에 존재한다.	• 애플리케이션은 보안과 관련된 모든 이벤트를 로 그로 남겨야 한다. • 온라인 상태에서 연속적 이고, 자동적인 감사. • 기록되는 감사 이벤트.

(이어짐)

이름		설명 또는 로깅을 요구하는 구체적인 조항	로깅 요구사항의 내용
NIST 800-92	보안 로그 관리에 대한 가이드 라인	NIST는 정부가 의무적으로 구축해야 하는 보안 권고사항을 발표했다. 산업계에서도 NIST의 가이드라인을 많이 참고했다. NIST 800-92는 로그 관리에 관한 모든 부분에 대해 정리되어 있는 문서다.	• 로그 관리 • 로그 관리 인프라 • 로그 관리 계획 • 로그 관리 운영 절차 • 로그 우선순위 • 로그 저장 • 로그 생성 • 이벤트에 대한 대응
FDA GXP	미국 식품 의약품 안전청 품질 관리 기준	미국 식품 의약품 안전청은 다양한 생명 산업에서 생산되는 제품의 안전성과, 유효성을 믿을 수 있도록 하기 위해 다양한 품질 관리 기준 시리즈(GxP)를 만들었다. 상당수 GxP의 주된 내용은 다음과 같다. • 추적 가능성: 약 또는 의료기구의 개발 이력을 살펴볼 수 있는 능력 • 증명 가능성: 누가 만들었으며 언제 만들었는지 증명할 수 있는 능력	• 모든 활동에 대한 기록 • 안전한 로깅 정보 • 법정에서 증거로 사용할 수 있는 정도의 감사 • 로그 보존 • 부인 방지
NIST 800-53	연방정부 정보 시스템의 보안 통제 방안에 대한 권고	NIST 800-53은 FISMA에서 강제한다. 연방정부 정보 시스템의 보안 통제 방안을 정의해두었다. 다음의 로그 관리에 대한 구체적인 내용을 다룬다. • AC-13 감독 및 리뷰 • AU 감사 및 증명 의무 사항 • AU-1 감사, 증명 의무 사항에 대한 정책 및 절차 • AU-2 감사 해야 하는 이벤트 • AU-3 감사 기록의 내용 • AU-4 감사 기록 저장 용량 • AU-5 감사 기록 처리 • AU-6 감사 기록 모니터링, 분석, 보고 • AU-7 감사 기록 검토 범위 축소 및 보고서 생성 • AU-8 타임스탬프 • AU-9 감사 정보 보호 • AU-10 부인 방지 • AU-11 감사 기록 보존 • CM-4 설정 변경 모니터링 • MA-4 원격 관리 • MP-2 매체 접근	

(이어짐)

이름		설명 또는 로깅을 요구하는 구체적인 조항	로깅 요구사항의 내용
PCI DSS	지불 카드 업계 자료 보안 표준	PCI DSS는 카드 소유자 정보 보호에 대해 다룬다. 요구사항 중 하나엔 로그 관리에 대해 명확히 기술되어 있다. 요구사항 10 "네트워크 자원과 카드회원 데이터에 대한 모든 접근 추적 및 감시"는 로깅 구조와, 로그 점검에 대한 내용을 다룬다.	• 카드 소유자 정보 접근에 대한 모니터링 • 감사 기록에 접근에 대한 모니터링 • 시간 동기화 • 감사 기록 보호 • 로그 점검 • 로그 보관
전자금융 거래법		금융회사등은 전자금융거래의 내용을 추적·검색하거나 그 내용에 오류가 발생할 경우에 이를 확인하거나 정정할 수 있도록 기록을 생성하여 보관하여야 한다.	• 전자금융거래의 종류 및 금액, 전자금융거래의 상대방에 관한 정보 • 전자금융거래의 거래일시, 전자적 장치의 종류 및 전자적 장치를 식별할 수 있는 정보 • 전자금융거래가 계좌를 통하여 이루어지는 경우 거래계좌의 명칭 또는 번호(보험계약의 경우에는 보험증권번호를 말한다) • 금융회사 또는 전자금융업자가 전자금융거래의 대가로 받은 수수료 • 지급인의 출금 동의에 관한 사항 • 그 밖에 금융위원회가 정하여 고시하는 사항
개인정보의 기술적·관리적 보호조치 기준		개인정보 처리 시스템에 접근한 사용자가 인가된 사용자인지 증명할 수 있도록, 개인정보의 기술적-관리적 보호조치 기준을 만들었다. 주된 내용은 다음과 같다. * 개인 정보 처리 시스템에 대한 접근권한을 개인정보관리책임자 또는 개인정보취급자에게만 부여한다. * 이를 검증할 수 있도록 접근 내역을 기록하고, 최소 5년간 보관해야한다. * 접속기록이 위·변조되지 않도록 별도의 물리적인 저장 장치에 보관하여야 한다.	• 식별자 • 접속일시 • 접속지를 알 수 있는 정보 • 수행업무

표 7.4는 로그 관리를 명시적으로 요구한 규범/규제를 포괄적으로 나타낸 도표는 아니다. 그러나 더욱 많은 규제가 감사 로그와 로그 관리를 요구할 것이라는 걸 나타낸다. 로그 관리에 대한 요구사항이 구체적으로 진화하고 있는 것을 주목할 필요가 있다. 시간이 지나갈수록 많은 규범에서 로그 관리를 요구한다. 단지 "로그를 남길 것" 정도의 요구가 아니다. 이런 규범과 프레임워크에서 로그를 남기는 것을 구체적으로 요구한다는 것과는 별도로, 앞서 언급했던 것처럼 많은 요구사항이 로그 관리로부터 영향을 받은 것을 기억해둘 필요가 있다.

로그를 시각화하는 것은 어떤 요구사항이 아니며, 이것이 요구사항이 될 리도 없다. 그러나 시각화를 응용해 사용하는 기술은 많은 많은 로그를 관리하는 데 도움이 된다. 그와 더불어, 감사관은 로그 분석 전문가가 아니라는 것을 기억할 필요가 있다. 그렇기 때문에 로그 파일을 문자 그대로가 아닌 도표로 나타낸다면, 감사관이 내용을 쉽게 이해할 수 있게 되어, 독자와 감사관이 감사 대상에 대한 논의를 쉽게 진행할 수 있게 될 것이다. 이에 대한 좋은 예제를 7장의 마지막에서 권한 분리를 다룰 때 볼 수 있다. 여기선 권한이 충돌하는 것을 살펴보기 위해, 권한 분리에 대한 내용을 분석하며, 이렇게 자료를 시각적으로 분석하는 것이 기존의 방식에 비해 얼마나 효율적인지 보여준다.

감사

회사가 이행해야 하는 규제를 준수하기 위한 첫 번째 순서는 IT 통제 프레임워크를 구축하는 것이다. 그 다음으로 해야 하는 것은 감사, 컴플라이언스 상태를 확인하는 것이다. 감사는 정확한 통제 목표가 만들어져 있는지, 그리고 모니터링 절차는 잘 구축되어 있는지 확인하는 것이다. 특정한 규제를 준수하고 있는지 증명하기 위해서는 외부 감사인이 구축되어 있는 통제 절차를 확인하고, 각각의 통제 절차가 규제의 어떤 사항을 준수하는지 확인해야 한다. 일정 규모의 회사는 외부 감사관을 통해 컴플라이언스를 최종 증명하는 것뿐만 아니라 회사 내부에 감사팀을 두어, 외부 감사관이 진행하는 감사가 성공적으로 진행되도록 한다. 일반적으로 회사 내부의 감사팀은 회사의 컴플라이언스 담당자에게 보고한다. 대부분 컴플라이언스 담당 이사이다. 내부 감사팀은 다음과 같은 역할을 한다.

- 회사가 준수해야 하는 규정을 이해한다. 법률과 산업 규제 등이다.
- 널리 사용되는 프레임워크 중에 해당 규제/규범에 대응하는 것은 어떤 것이 있는지 확인하고, 표준의 내용을 통제 목표로 풀어낸다.
- 통제 방안을 정의한다. 통제 방안은 절차의 신뢰성, 효과성, 효율성을 보증하는 목표를 입증한다.
- 통제 방안, 정책을 구축하는 것을 모니터링한다.
- 위험 기반 샘플링과, 테스트 등을 통해 통제 방안을 감사한다.
- 확인된 문제를 보고하고, 부족한 부분을 보충하기 위한 실행 방안을 경영진과 협의한다.
- 외부 감사를 수행한다. 회사와 외부 감사관의 중간 연락책을 담당한다.

별도의 내부 감사팀이 없다고 해도, 이 절차는 수행할 필요가 있다. 별도의 내부 감사 팀이 없을 경우, 이런 역할은 일반적으로 IT 보안 팀에서 맡는다. 그러나 이렇게 될 경우엔, 책임이 확실히 분리되지 않기 때문에, 통제 방안을 구축하고, 통제 방안을 유지함에 있어 부정적인 영향을 미치게 된다.

시각화가 감사 절차에 어떤 도움이 되는지 더 잘 이해하기 위해, 감사라는 것 자체에 대한 이해뿐만 아니라, 감사가 어떻게 수행되는지도 알아야 한다.

PCI 로그 검사 여부 감사

지불 카드 업계(PCI) 자료 보안 표준(DSS)은 하루 단위로 감사 로그를 검사하도록 요구한다. 감사관은 로그 검사가 실제로 이루어졌는지 확인할 수 있는 자료가 필요하다. 몇몇 로그 관리 툴에서 사용자의 모든 행위를 기록하는 기능을 제공한다. 이런 기록을 이용해 감사관에게 로그 검사를 실제로 진행했는지 여부를 보여줄 수 있다.

예제로 스플렁크(Splunk)[1]의 감사 기록을 살펴보자.

```
Audit:[timestamp=Mon Mar 31 16:34:19 2008,
user=ram, action=search, info=granted
page 0-9 50000  [ search failed login ]][n/a]
```

이 기록은 ram이라는 사용자가 failed login이라는 단어를 검색했음을 보여준다. 각각의 행위는 이런 식으로 기록된다.

감사관에게 로그를 직접 살펴보라고 하는 것 대신, 차트를 그려 하루 단위로 절차를 수행했는지 여부를 보여줄 수 있다. 이런 차트는 로그 검사 절차에서 꼭 확인해야 하는 검색어를 살펴봤는지 여부를 나타낼 수 있게 수정할 수도 있다. 그림 7.2를 살펴보면, 3월 30일에 아무것도 수행한 것이 없음을 알 수 있다. 매일 해야 하는 로그 검사 절차를 진행하지 않았다는 것이다.

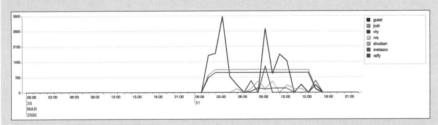

그림 7.2 로그 관리 시스템에 기록된 감사 로그를 통해, 매일 수행해야 하는 로그 검사 절차를 수행하지 않은 날이 있음을 알 수 있다. 이 도표는 index=_audit | timechart count(_raw) by user 검색어를 사용해 만들었다

스플렁크 대신, 스크립트를 사용해 로그 리뷰를 진행하기 위해 셸에서 사용하는 모든 명령어를 기록 할 수 있다. 그러나 이런 식으로 하는 것은 좀 더 복잡하다.

---

1 스플렁크는 로그 관리 툴로 사용되는 IT 데이터 검색 엔진이다. http://www.splunk.com을 방문해보자.

어떤 회사가 PCI DSS(표 7.2를 보라)를 준수해야 한다고 생각해보자. PCI의 요점은 카드 소유자의 정보를 안전하게 보관해야 한다는 것이다, 그렇기에 카드 정보가 전송되고, 저장되고, 처리되는 과정에서 데이터를 안전하게 유지해야 한다. 외부 감사관은 전체적인 환경과, 카드 소유자 정보가 저장되고, 처리되고, 저장되는 위치를 이해한 상태에서, 전체적인 구조를 살펴보는 것으로 감사를 시작한다. 이런 사례에서 전체적 구조를 살펴본다는 것은 네트워크 구조를 살펴보는 것이다. 네트워크 구조는 네트워크에 어떤 장비가 있는지, 그리고 그 장비들이 어떤 식으로 연결되어 있는지 보여준다. 전체적 구조를 살펴본 뒤엔, 두 번째로 처리 흐름도를 살펴보는 것이다. 감사관은 자료가 네트워크를 어떻게 지나가는지 물어보게 될 것이다. 카드 소유자 정보 또는 카드 정보가 어떻게 네트워크에 진입하는가? 어디서 처리되고, 전송되고, 저장되는가? 그리고 어디서 네트워크를 빠져 나오고, 어떤 방식으로 빠져 나오는가? 세 번째로는 사람에 관해 알아보는 것이다. 여기서 던지게 되는 질문은 역할과 책임에 대한 것이다. 조직의 구조가 어떻게 되는가? 각 장비에 대한 책임은 누구에게 있으며, 카드 소유자 정보를 저장하거나 처리하는 장비에 접근할 수 있는 사람은 누구인가? 네트워크는 누가 책임지는가? 보안을 위해 사용하는 방화벽, SSL VPN 등은 누가 관리하는가? 이 정보는 네 번째 단계를 진행하는 데 있어 굉장히 중요하다. 네 번째 단계에서는 인프라 각 요소를 책임지는 사람을 인터뷰한다. 여기서는 방화벽, 시스템, 데이터베이스, 카드를 사용한 업무 등에 관련된 모두를 포함한다. 인터뷰에서는 변경 절차, 설치 절차, 추가 절차 등에 대해 살펴본다. 절차를 만들어 사용하고 있는가? 누가 이것을 승인하는가? 누가 변경을 통제하는가? 감사 기록이 있는가? 등을 말한다.

다섯 번째로는 인터뷰와 아키텍처를 통해 알게 된 정보를 종합해, 몇몇 사항에 대한 검사를 실시한다. 인터뷰에서 확인된 절차가 실제로 있는가? 준수해야 하는 규범은 정상적으로 준수하고 있는가? 일반적으로 표본을 선정해 살펴본다.

그렇기에 제한된 시간 안에 실행해 살펴볼 항목 개수를 관리해야 한다. 모든 절차와 통제 방안을 살펴볼 시간은 없기 때문이다. 일반적으로 표본 크기는 통제 방안의 실행 빈도에 따라 결정된다. 하루 단위로 실행되는 통제 방안은 분기 단위로 실행되는 통제 방안에 비해, 훨씬 많은 표본과, 깊은 깊이로 살펴봐야 한다.

통제 방안을 확인하고, 테스트하는 것은 두 가지 방식으로 진행할 수 있다. 지속적인 모니터링과 임시 테스트. 일부 통제 방안은 SIEM과 같은 모니터링 시스템으로 모니터링할 필요가 있을 정도로 중요하다. 이런 모니터링 시스템은 로그를 읽어 들여, 통제 위반 사례를 실시간에 가깝게 모니터링한다. 모니터링을 보완 통제 방안으로 사용한다면, 지속적인 모니터링은 특히 필요하다. 이렇게 가정해보자. 인터넷을 통해 들어온 네트워크 트래픽이 재무 서버로 직접 접근하지 못하도록 해야 한다. 일반적이라면 이 정책을 준수하기 위해 방화벽을 설치할 것이다. 그러나 몇 가지 문제가 있어 방화벽을 설치하지 못하게 되었다. 이런 경우에, 예방 통제 방안 대신, 보완 통제 방안을 구축해 인터넷을 통해 재무 서버로 직접 접근하려고 하는 트래픽을 탐지하게 할 수 있을 것이다. 이런 경우엔 지속적인 모니터링이 절대적으로 중요하다. 그러나 이런 경우엔 예방 통제가 좀 더 합당하고, 관리에 덜 집중할 수 있다. 이렇게 예방 통제가 마련되어 있다면, 통제 방안을 까먹어버릴 수도 있을 것이다. 별도의 절차 없이 방화벽은 해당 트래픽을 차단할 것이다.

이 예제에서 방화벽을 예방 체계로 사용한다고 해도, 방화벽이 차단에 실패하거나, 방화벽 정책에 잘못된 정책이 반영되어 있을 수 있다. 이런 위험을 줄이기 위해, 임시 테스트 또는 통제 방안 정확성을 확인한다. 주기적으로 방화벽 룰셋을 감사하고, 룰셋 변경 내역은 변경 관리 시스템의 티켓에 기재한다. 모든 룰셋 변경 내역은 담당자의 허가가 있어야 하며, 문서화되어야 한다. 이 절차를 종종 수동으로 하는 경우가 있다. 이상적인 환경이라면, 모든 변경 내역은 자동적으로 모니터링 솔루션에 기록되어야 하나, 모든 곳에 이런 시스템이 있진 않다.

만약 통제 방안에 대한 표본을 선정해 테스트를 했는데, 모든 통제 방안이 정상적으로, 효율적으로 구축되어 있다면 통제 방안을 더 살펴볼 필요는 없을 것이다. 그러나 특정 통제 방안의 구축 상태가 부족하다고 확인되면, 부족한 내용을 정리하고, 담당자는 이 부분을 해결해야 한다. 부족한 부분이 해결했다면, 다른 표본(좀 더 많은)을 수집해 다시 테스트를 해본다. 이 작업은 모든 통제 방안이 규범을 잘 준수하고 있는지 확인할 수 있을 때까지 진행한다. 통제 방안을 감사하는 것은, 단순히 통제 방안이 구축되었는지를 확인하는 것이 아니라, 통제 방안을 정확히 모니터링하고 있는지, 모니터링은 잘 진행하고 있는지를 확인하는 것도 포함하는 것이다.

PCI 표준을 다루는 이 예제는 다른 규제로 하나씩 대입할 수도 있다. 한 가지 다른 것은 대부분의 다른 규제는 통제 목표를 명확히 제시하지 않고, 여러 가지 통제 목표를 담고 있는 특정 IT 통제 프레임워크를 권고한다는 것이다. 그러나 대부분의 절차는 동일하다.

감사 자료 시각화

아마도 이 책의 독자들은 7장을 읽기 시작하면서부터, 시각화를 이것에 어떻게 적용하고 연결시킬지 알고 싶어 했을 것이다. 감사는 항상 굉장히 많은 양의 자료를 다룬다. 그렇기 때문에, 시각화는 감사의 모든 과정에서 유용하게 쓰인다. 그리고 만약, 시각화를 일반적인 작업에서 활용했다면, 감사 과정에서도 유용하게 활용할 수 있다. 다음의 목록은 시각화가 도움이 되는 IT 보안의 세부 사례다.

- 대시보드에 나타난 컴플라이언스 상태(통제 방안의 현재 상태)를 경영진부터 실무진까지 전달한다.

- 감사를 진행하면서 자료 처리를 좀 더 효율적으로 하기 위해, 살펴보는 자료의 양을 늘린다

- 감사관과 조직 구성원들이 수집한 정보를 두고 논의할 때 좀 더 효율적으로 한다

- 통제 목표에 대해 좀더 효율적이고 빠르게 평가할 수 있다. 예제는 7장의 마지막 권한 분리에서 볼 수 있다.

- 통제 상태를 도표로 나타낸 자료를 읽고 이해하는 건, 문자로 나타낸 자료를 읽고 이해하는 것보다 더 적은 시간이 걸린다.

- 경영진과 논의하거나, 서로 다른 팀의 논의를 진행함에 있어, 훨씬 쉽게 할 수 있다.

시각화의 단점 중 하나라면, 시각화는 대체로 정보를 합쳐서 보여준다는 것이다. 그러나 감사관은 이렇게 합쳐진 정보를 원하지 않는다. 감사관은 가공되지 않은 정보를 원한다. 시각화의 이런 단점 또한 극복 가능하다. 시각화를 이용해 가공되지 않은 정보를 나타낼 수 있고, 감사관 또는 해당 자료의 소유자가 좀 더 쉽게 자료에 접근 가능하게 할 수 있다. 수동적으로 자료를 처리하는 것 대신, 감사관은 시각화된 해당 자료와 상호작용을 하며 해당 자료를 평가할 수 있다.

컴플라이언스 감사에 있어 시각화가 중요한 역할을 하는 또 다른 분야는 수준 진단 보고서다. 수준 진단 보고서 예제는 그림 7.3에 있다. 이 트리맵의 세부 분야는 ISO 17799 규범 안에 나누어진 모든 분야를 나타낸다. 특정 통제 목표가 정상적으로 작동하지 않는다면, 트리맵에 이 통제 목표와 관련된 노드를 표시한다.

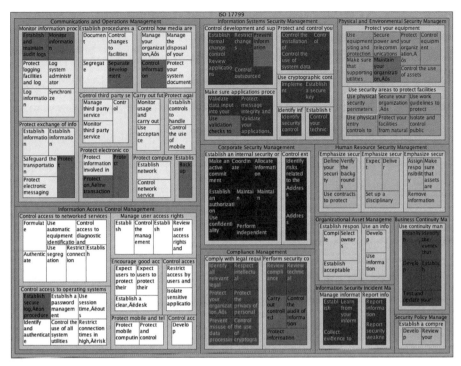

그림 7.3 ISO 17799 내부 통제 프레임워크를 사용하는 어느 조직을, 트리맵을 통해 나타낸 수준 진단 보고서

그림 7.3은 ISO 규범의 12개 영역 중, 통제 방안이 작동하지 않는 않는 영역을 알려준다. 통제 방안이 정상적으로 작동되지 않으면, 통제 방안을 나타내는 네모 상자는 검정색 굵은 선으로 표시된다. 수준 진단 보고서는 주기적으로 생성해 보고서 형태로 살펴보거나, 대시보드에서 자동으로 업데이트되는 형태, 이렇게 두 가지로 활용할 수 있다.

다음 컴플라이언스 주제로 넘어가자. 업무 처리 모니터링. 다음 주제에서 업무 영역의 취약점을 개선할 때 우선순위를 결정하는 방법을 알 수 있게 된다.

업무 절차 모니터링

업무 환경 내에 존재하는 중대한 문제를 해결함에 있어, 해결을 위한 각각의 작업에 중요도를 매길 수 있는 유일한 방법은 업무 절차를 파악하는 것이다. 감사를 통해 문제가 있음이 밝혀진다면, 이로 인해 잘못된 일이(예를 들면, 재무 상태를 잘못 나타낸다던가) 이미 발생했을 수 있다. 이로 인해, 손해가 발생할 수도 있다. 어쨌든, 업무 절차를 기반으로 접근하는 것이 중요도를 매기고, 각각의 통제 방안 위반 여부를 평가할 수 있는 유일한 방법이다.

다음 복록은 통제 방안과 업무 절치를 어떻게 연결지어 살펴보는지에 대해 나와 있다. 회사의 모든 업무 절차를 진행함에 있어 이 방법들을 반복적으로 시행할 필요가 있다. 가장 중요한 것으로 먼저 시작하고, 천천히 확대해라. 처음부터 범위를 너무 크게 잡고 하지 마라. 사베인즈 옥슬리 컴플라이언스를 다루고 있다면, 재무와 관련된 업무 절차만 살펴본다. 소매점을 운영하고 있다면, 제품 판매 절차를 살펴보고, 카드 소유자 정보, 카드와 관련된 기록이 저장되는 곳을 자세히 살펴볼 필요가 있다. PCI DSS를 살펴본다면, 도움이 될 것이다.

모니터링하고자 하는 업무 절차를 선택한 후, 다음의 일곱 단계를 적용해보자. 이 절차를 통해 대시보드에 관련 내용을 어떻게 나타낼지, 어떻게 관련 내용을 감시할지, 컴플라이언스 작업 내역을 어떻게 기록할지 도움을 받을 수 있다.

1. 업무 절차를 그려본다.

   - 업무 절차에서 각각의 단계가 어떻게 되는가?

   - 이 업무 절차가 중요한 이유는 무엇인가?

   - 이 절차가 제대로 작동하지 않을 경우 발생할 수 있는 손해는?(예를 들면, 이 절차가 정상적으로 작동하지 않는 경우 발생하는 시간당 손해 같은 것)

2. 이 절차와 관련된 인프라를 파악한다.

- 이 절차에 있어 가장 중요한 서버 및 그외의 시스템들은 무엇인가?
- 서버는 어디에 있는가?
- 자료가 지나가는 네트워크 구조가 어떻게 되는가?
- 이 업무 절차와 관련된 애플리케이션은 무엇인가?

3. 자료/정보를 자산에 연결지어본다.

- 자료는 어디에 저장되는가?
- 자산의 측면에서 자료가 어떻게 흘러가는가?
- 어떤 자료가 흘러가는가?

4. 처리하는 작업과 사용자를 연결지어본다.

- 작업을 처리하기 위해 사용하는 계정은 무엇이며, 사용자는 누구인가?
- 애플리케이션 서버는 데이터베이스에 어떻게 접속하는가? 어떤 사용자를 이용하는가?

5. 절차의 특성을 모니터링하는 데 도움이 되는 자료를 살펴본다.

- 운영체제 로그인 및 설정 변경에 대한 로그
- 데이터베이스 로그인 및 감사에 대한 로그
- 애플리케이션의 작업 처리에 대한 로그
- 설정 변경을 감사하기 위한 네트워크 인프라 모니터링 자료(예, 트래픽 흐름, 네트워크 장비 로그, 장비 설정 등)

6. 모니터링을 위한 대시보드를 정의한다.

- 누가 대시보드를 볼 것인가?
- 무엇을 보여줄 것인가?
- 대시보드에 정보를 어떻게 배치할 것인가?

7. 절차를 모니터링한다.

- 어떤 사용자가 어떤 자료에, 어떤 이유로, 언제 접근하는가?

- 어떤 사용자가 특정 자산에, 어떤 이유로, 언제 접근하는가?

- 해당 절차는 정상적으로 종료되었는가? 아니면 어떤 에러가 있는가?

이 절차를 따르는 것은 쉽지 않다. 수집해야 하는 자료의 종류가 굉장히 많다. 정보를 수집하는 와중에, 업무 환경에 존재하는 보안 문제를 발견할 수도 있다. 예를 들어, 카드 소유자 정보와 마케팅 관련 자료가 같은 데이터베이스 서버에 있다. PCI 규범 측면에서 이것은 굉장히 중요한 문제다. 마케팅 담당자가 카드 소유자 정보를 담고 있는 시스템에 접근 가능하다는 것인데, 이것은 카드 소유자 정보가 그 외의 모든 자료와 나눠져 있어야 한다는 규정을 위반하는 것이다. 앞서 설명한 절차를 어떻게 사용할 수 있는지 설명하기 위해, 그림 7.4에 나와 있는 간단한 판매 과정을 살펴볼 것이다. 소프트웨어를 판매하는 웹사이트가 있다고 상상해보자. 고객은 소프트웨어를 구입하기 위해 다음 절차를 밟게 될 것이다.

1. 필요로 하는 품목을 검색한다.

2. 구매 버튼을 누른다.

3. 고객 정보를 입력한다.

4. 신용카드 정보를 입력한다.

5. 라이선스 키를 발급받고, 소프트웨어를 내려받을 수 있는 URL을 받는다.

6. 소프트웨어를 내려받는다.

백엔드에선 그림 7.4에 나온 것처럼 구매 절차가 이루어진다. 앞서 다룬 업무 절차 모니터링에서 말한 것처럼, 첫 번째 단계로 전체 업무 절차를 그려본다. 업무 절차를 그려봄으로써, 업무 절차의 전체적인 가치와 중요성을 파악하게 된다. 이 사이트가 굉장히 작지만, 고객은 인터넷으로만 구매할 수 있다고 가정한다면, 회사에겐 이 사이트를 운영하는 전체 절차가 굉장히 중요할 것이다. 이 절차의 가치가 얼마인지 측정하는 것은 굉장히 쉽다. 회사는 일 평균 판매량을 알 수 있고, 이 절차가 제대로 작동하지 않을 경우 발생할 수 있는 손해도 계산할 수 있다. 두 번째 단계는 업무 절차와 관련된 IT 인프라를 그려본다. 그림 7.4와 같은 형태를 볼 수 있을 것이다. 이 사이트엔 네 개의 메인 시스템이 있다. 첫 번째는 프론트엔드를 담당하는 애플리케이션 서버다. 웹 페이지를 사용자에게 보여주며, 사용자 상호작용을 관리한다. 다음으로는, 고객 관련 정보를 저장하는 고객 관계 관리(CRM) 서버가 있다. 그리고 세 번째 결제 시스템은 결제 애플리케이션을 통해 판매되는 모든 제품에 대한 결제를 수행한다. 마지막으로 라이선스 서버는 제품 라이선스 키 발급 기능을 수행한다. 그림 7.4는 구매 절차에 포함된 서버만 보여주는 것이 아니라, 관련된 네트워크 인프라까지 보여준다. 이것은 곧 전체 인프라의 구성 형태를 평가함에 있어 굉장히 중요한 것이다. 예를 들어, 라우터 한 대가 멎어버린다면, 전체 절차가 동작하지 않게 될 것이고, 회사는 손해를 입게 될 것이다.

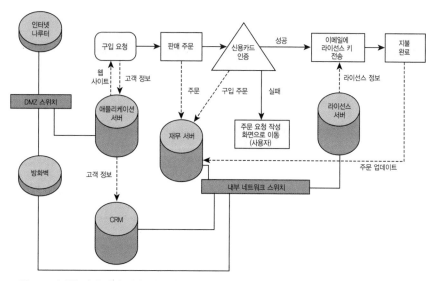

그림 7.4 간단한 판매 절차 예제. 이 절차는 IT 인프라, 데이터, 사용자의 관계를 보여준다

다음 표의 정보는 접속 권한 종류와, 그 접속 권한을 가지고 있는 사용자에 대한 것이다. 표 7.5에는 우리가 다루는 예제 절차와 관련된 사용자 목록이 나와 있다.

표 7.5 서버 사이의 자료 흐름과 더불어, 관련된 사용자 이름이 나온 표

서버	사용자	전달되는 자료
애플리케이션 서버에서 고객 관계 관리 서버로	app_crm	사용자 정보
애플리케이션 서버에서 결제 서버로	app_fin	주문 정보
애플리케이션 서버에서 라이선스 서버로	app_lic	새로운 라이선스 키 요청

주목할 점: 이 도표는 가정한 경로로 자료가 전송되고, 이 절차와 관련된 사용자들이 애플리케이션과 장비에 접근한다는 것을 보여주는 이상적인 예제일 뿐이다. 이 도표는 이 절차와 관련 없는 다른 사용자가 동일한 자료에 대한 접근 권한이 있는지 없는지를 보여주진 않는다. 이 판매절차가 구동되는 인프라에 관한 추가적인 자료, 가령 다른 사용자의 고객 정보에 대한 접근 권한 여부, 등을 수집해 살펴보는 것은 좋은 경험이고, 인프라의 보안 상태를 평가함에 있어 필요한 작업이나, 지금 우리가 하는 작업의 목적에 있어, 그런 추가 정보는 우리가 살펴볼 범위가 아니다.

이 표로 네 번째 단계, 작업과 사용자를 연결지어보는 단계가 끝났다. 그 다음 5번째 단계는 모니터링 자료를 살펴보는 것이다. 다행히도, 이 과정에 관련된 모든 구성요소의 로그를 받아올 수 있다. 우리는 이 절차를 빠짐없이 모두 모니터링할 수 있다. 굉장히 다양한 종류의 인프라에서 이 다섯 번째 과정을 수행하는 것은 쉽지 않은 일이다. 어떻게 인프라 모든 요소에서 자료를 수집할 수 있을까? 수집한 자료를 어떻게 살펴볼 수 있을까? 일단 지금은 이런 문제를 다 해결할 수 있는 솔루션이 있음을 가정하고 진행한다. 이런 문제를 해결할 수 있는 솔루션 중 하나는 스플렁크다. 스플렁크에 관한 정보는 www.splunk.com에서 볼

수 있다. 장비와 관련된 자료를 제대로 수집할 수 있다면, 다음 단계로 넘어갈 수 있다. 대시보드와 더불어, 이 소매 절차를 모니터링하는 데 도움되는 시각화 방식을 정의해보자. 이런 류의 시각화는 컴플라이언스 상태를 모니터링하는 데도 도움될 것이다.

우리가 지금 다루고 있는 것들은 업무 절차 관리BPM, Business Process Management에서도 볼 수 있다. BPM은 방금 우리가 살펴본 것보다 한층 더 광범위한 범위를 다룬다. 컴플라이언스 모니터링을 하는 것이 어떠한 통제 프레임워크나, 통제 방안 때문에 수행해야 하는 것이 아니라, 업무를 진행하기 위해, 업무 과정을 수행하기 위해 이루어져야 한다는 것을 말하기 위해, 조금 에둘러 BPM을 다뤄봤다.

통제 목표, IT 인프라를 업무 과정과 짝지어봄으로써, 이런 모니터링 절차를 수행하기 위해 들이는 노력을 재무적인 수치로 나타낼 수 있다. 그와 더불어, 컴플라이언스를 준수하지 않을 경우에 발생하는 비용을 구할 수 있다. 또한 통제 위반 사례가 미치는 영향의 정도도 평가할 수 있다.

컴플라이언스 모니터링

7장을 시작하면서 컴플라이언스 프레임워크를 소개(그림 7.1을 보라)하며 통제 방안 모니터링에 대해 언급했다. 각각의 통제 방안이 적절하게 구축되어 있는지, 효과적으로 동작하고 있는지 검증하는 것을 모니터링이라 한다. 통제 방안 여러 개를 동시에 모니터링하려면, 컴플라이언스 상태를 실시간으로 보여주는 대시보드를 정의하면 된다.

컴플라이언스 대시보드를 정의하기 위해, 첫 번째로 누가 이 대시보드를 보는지 정의해야 한다. 누가 이 대시보드를 볼 것이며, 얼마나 자주 볼 것인가? 하루 단위인가? 아니면 실시간으로 나타내야 하는가? 이 질문에 어떻게 답을 하느냐에 따라, 어떤 종류의 자료를 모을지, 자료의 세부 구성은 어떻게 되는지, 대시보드에 나타내는 형식은 어떻게 될지 결정된다. 다양한 관계자가 이 대시보드를 통해 도움을 받을 수 있다. 최전선에서 운영을 담당하는 사람부터, 정보보호 최고 책임자까지 대시보드를 이용해 컴플라이언스 상태와 관련된 자료를 볼 수 있다. 정보보호 최고 책임자는 실시간에 가깝거나, 기술적으로 자세한 내용을 필요로 하지 않는 것에 비해, 운영을 담당하는 사람들은 실시간 자료와 기술적으로 자세한 내용을 원한다. 표 7.6은 컴플라이언스 대시보드 사용자 유형을 요약해두었다. 더불어 어떤 종류의 정보를 대시보드에 표시할지, 어떤 주기로 자료를 대시보드에 표시할지도 나와 있다.

표 7.6 컴플라이언스 대시보드 사용자 유형과 사용자 종류에 따른 필요한 자료의 유형

사용자	표시할 정보 유형	갱신 주기
시스템 관리자	• 패치 상태 • 안티바이러스 상태 • 컴플라이언스에서 권고한 설정 준수 상태 • 장비 상태(프로세서 점유율 등) • 업무 처리 흐름	실시간/하루 단위
네트워크 담당자	• 네트워크 장비 목록(관련 소프트웨어 버전 및 패치 상태 포함) • 네트워크 장비 상태(CPU, 메모리 점유율 등) • 네트워크 경로(라우팅 상태 등) • 네트워크 트래픽 측정 현황(대역폭, 지연시간 등)	실시간
보안 담당자	• 보안 장비 경고 • 침입/공격 시도 • 통신 경향(누가 어떤 자료에 접근하는가) • 시스템의 취약점 및, 노출 현황	실시간
운영 관리자	• 복구에 드는 평균 시간 • 현재 보고된 문제의 개수 • 현재 대응 중인 문제와 관련된 통계 수치	실시간/한시간 단위
IT 관리자	• 위치별 통제 목표 위반 사례 • 시간에 따른 문제 발생 보고, 해결 경향 • 지역별로 현재 진행 중인 프로젝트	하루 단위

(이어짐)

사용자	표시할 정보 유형	갱신 주기
정보 보호 최고 담당자	• 시간의 흐름에 따른 위험의 경향 • 시간의 흐름에 따른 컴플라이언스 상태의 경향 • 정보 보호 상태 • 중요한 업무 처리 상태	하루 단위/주 단위
감사관	• 애플리케이션, IT 인프라와 관련된 통제 방안 모니터링 • 중요 자료의 위치 • 중요 자료에 대한 접근 권한을 가진 사용자	하루 단위/주 단위
사업 담당자	• 업무 과정에 대한 개요도 • 처리하는 작업의 수행시간 • 처리하는 작업의 무결성 • 업무 과정과 관련된 인프라의 상태	실시간
재무담당자/대표이사	• 업무 과정의 컴플라이언스 상태 • 컴플라이언스 불이행 현황 • 컴플라이언스와 관련된 문제로 인해 발생하는 비용	실시간/하루 단위

표 7.6엔 각 사용자 역할에 따른 대시보드의 형태가 나와 있다. 5장에서 정보 보호 최고 담당자용 대시보드에 대해 이미 다루었다(그림 7.5 참조).

앞서 사용자 유형에 따라 대시보드에 나타나야 하는 정보의 종류를 살펴보았다. 사용자별로 필요로 하는 정보 유형에 대해 상세히 살펴보는 것은 지금이 딱이다. 여기서 다루는 대시보드는 딱히 새로울 것이 없기에, 대시보드에 대한 내용은 뒤에서 다루지 않을 것이다. 우리는 지금 컴플라이언스 모니터링에 대해 다루고 있지, 대시보드를 살펴보는 것이 아니다. 앞서 살펴본 표에 나온 다양한 유형의 사용자들은 컴플라이언스 준수 상태를 살펴보는 것이 그들의 업무에 도움이 되나, 그들의 주된 관심은 컴플라이언스 준수 상태가 아니다. 예를 들어 운영 업무를 담당하는 직원들에겐, 수행해야 하는 작업의 중요도가 도움이 된다. 단순히 발생한 장애의 개수를 살펴보는 것 대신, 운영 업무를 담당하는 직원이 각기 담당하는 업무 절차의 중요도에 기초해, 발생한 장애와 업무 절차를 연관지어보고, 중요도를 할당할 수 있게 된다.[2] 컴플라이언스 대시보드는 운영 담당 직원의 일상 업무에 딱히 도움되진 않는다. 특정 컴플라이언스를 위반하는 경우, 즉시 대응해야 하는 보안 담당자를 빼곤 말이다. 그러나 보안 담당자에게도 특정 통제 방안이 어떤 규제에 관련된 것인지 정확히 알 필요가 없고, 특정 통제 방안이 전체 컴플라이언스 상태에 어떤 영향을 끼치는지도 알 필요가 없다. 만약 특정 보안 통제 방안에 문제가 생길 경우, 이 문제에 대응하는 것이 얼마나 중요한 일인지 파악하고, 대응하며, 이런 일이 다시 발생하지 않도록 하는 것이 필요할 뿐이다.

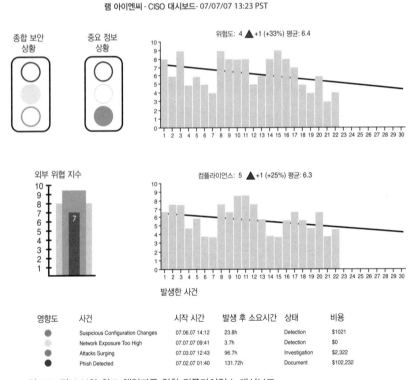

그림 7.5 정보 보안 최고 책임자를 위한 컴플라이언스 대시보드

---

2 우리는 아직 이런 결정을 내리는 것에 대해 다루지 않았다. 7장 뒷부분에서 통제 목표의 중요도를 어떻게 매길지 살펴보게 될 것이다.

운영 관리자는 컴플라이언스와 관련된 몇몇 수치에 관심이 있을 수 있다. 그러나 운영 관리자는 자신이 담당하는 팀의 업무 성과에 더 관심이 있을 것이다. 평균 복구 시간과 같은 것 말이다. 평균 복구 시간과 같은 수치들이 컴플라이언스를 준수하는 것과 관련이 있을지라도, 컴플라이언스는 핵심 주제가 아니라는 것이다. 그렇기에, 운영 관리자는 자신의 팀의 업무 성과를 평가하기 위해 컴플라이언스 모니터링이 필요하진 않다는 것이다. 운영 관리자에게 필요한 건, 운영 업무 담당 직원에게 필요한 것과 비슷하다. 처리해야 하는 업무, 발생한 문제를 중요도에 따라 나타낸 목록이다.

다음으로는 IT 관리자다. IT 관리자를 위한 컴플라이언스 대시보드는 어떤 형태여야 하는가? 일단 이 대시보드의 목표는 IT 조직의 어느 부서가 현재 상태에 주의를 기울여야 하는지 보여주는 것이다. 만약 회사가 매우 커서, IT 관리자가 사용하는 대시보드의 디자인을 변경해야 한다면, 각 지역에 따라 각각의 통제 방안에 대한 내용을 보여주는 형태로 변경할 것이다. 이를 위해서는 지역별로 필요한 정보를 수집해야 한다. 덧붙여, 모든 지역의 상태를 모아서 최고 담당자에게 보여주는 대시보드도 만들어야 한다. 최고 담당자는 회사가 준수해야 하는 모든 국가의 컴플라이언스를 담당한다. 이를 통해, 최고 담당자는 어느 국가 컴플라이언스는 준수하고 있는지, 어느 국가는 아닌지를 알 수 있게 된다.

컴플라이언스 준수 여부와 관련된 자료는 다양한 방법을 통해 나타낼 수 있다. 하나는 통제 프라임워크 측면에서 각 영역의 통제 목표가 준수되고 있는지 나타내는 것이다. 그림 7.3에 나타낸 것처럼 말이다. 또 다른 방법은 기술적 측면에서 통제 방안이 잘 작동하고 있는지를 나타내는 것이다. 예를 들어, 모든 방화벽 정책을 모니터링하거나, 접근 관리 상태를 모니터링하거나, 원격 접속을 모니터링하는 등이다. 이렇게 기능 단위로 모니터링하면, 각 기능을 담당하는 담당자는 각 기능에 대한 통제가 잘 이루어지고 있는지를 쉽게 확인할 수 있다. 그림 7.6은 기능별로 나눠진 대시보드 예다.

이 그림에선 네 가지 컴플라이언스 위반 사례가 발생했음을 알 수 있다. 네 가지는 모두 '방화벽 설정 표준 준수' 항목 아래에 있다. 이를 통해 현재 발생한 위반사례는 모두 방화벽 관리와 관련 있음을 쉽게 알 수 있다. 그 외의 모든 기능은 정상적으로 동작하고 있다. 이런 정보를 활용하면, 방화벽 통제 상태를 정상으로 돌리기 위한 자원 투입 여부를 결정할 수 있다.

앞서 표로 언급한 사용자 유형 중 몇 가지 종류를 아직 다루지 않았다. 그중 하나는 감사관, 하나는 사업가다. 컴플라이언스에 대한 사업가의 관심은 꽤 높아졌다. 전통적으로는 돈을 벌어오고, 업무 절차에서 발생하는 운영비용을 줄이는 것에만 관심이 있었지만, 이제는 업무 절차에 컴플라이언스를 포함해 고려하기 시작했다. 그러나 컴플라이언스 관리가 업무에 있어 핵심 사항은 아니다. 컴플라이언스를 중심으로 살펴보는 것은 감사관이다. 감사관은 컴플라이언스가 잘 작동하고 있는지 여부를 평가해야 한다.

감사팀에서 대시보드가 필요할까? 아마도 이 대시보드를 가장 유용하게 활용하는 집단이 감사팀일 것이다. 감사와 관련된 대시보드는 어떤 형태를 가져야 할까? 어떤 지표를 표시해야 할까? 어떤 주기로 대시보드를 업데이트해야 할까?

먼저, 업데이트 주기에 대해 살펴보자. 감사관에게 컴플라이언스 상태를 실시간으로 나타내는 것이 필요할까? 몇몇 사례에서는 도움될지 몰라도, 일반적으로는 아닐 것이다. 보통 감사관은 통제 목표의 정상 작동 여부를 확인하는 걸, 하루 정도 단위로 하려 할 것이다. 어떤 경우엔, 하루는 너무 빡빡하고, 일주일 정도 단위로 살펴보는 게 충분할 수도 있다. 그와 더불어, 감사관은 단순히 애플리케이션만 살펴보지 않고, 전체 애플리케이션과 더불어, IT 인프라 전체를 살펴본다. 거래 과정 통제, 애플리케이션 접근 통제 등과 더불어, 데이터베이스, 운영체제, 네트워크 등에 대해서도 통제 방안이 제대로 작동하는지 살펴본다는 것이다. 게다가 물리적 통제 방안에 대한 정보도 중요하다.

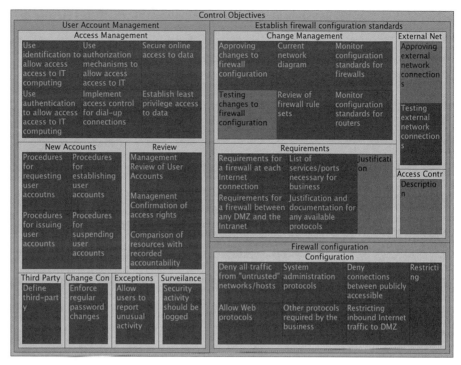

그림 7.6 기술적 측면에서 통제 목표를 나열하고 모니터링하는 대시보드. 컴플라이언스 위반이 별도로 표시되어 있다(컬러이미지는 에이콘출판사 도서정보 페이지에서 다운로드할 수 있다)

컴플라이언스 대시보드가 필요한 사람은 또 누가 있나? 누굴 빠트린 건 아닌가? 컴플라이언스 팀, 위험 관리 최고 책임자, 그 외에 컴플라이언스를 담당하는 사람은? 큰 회사에서는 컴플라이언스와 위험 관리를 담당하는 독립 조직이 증가하는 추세다. 어떤 경우엔, 컴플라이언스를 담당하는 조직을 재무적으로 뒷받침해주기도 한다. 자 그리고 최고경영자, 최고 재무 책임자를 잊지 말자. 컴플라이언스 대시보드에 관심을 가지는 경우가 종종 있다. 최종적으로 경영자들이 컴플라이언스 준수 여부에 대해 법적으로 책임지기 때문이다. 경영진은 컴플라이언스에 대한 책임을 다른 사람에게 떠넘길 수도 없다. 경영진은 컴플라이언스 준수 상태 여부를 살펴보고자 한다. 경영진이 보고자 하는 것은 다음과 같다.

- 업무 절차 측면에서, 컴플라이언스 상태를 실시간 확인
- 업무 절차 안에서 발생하는 컴플라이언스 불이행 상황에 대한 즉각적인 통지
- 컴플라이언스 관련 문제들의 공통점
- 업무 그리고 위험 관리 측면에서 컴플라이언스 불이행에 대한 측정
- 컴플라이언스 관련 문제에 대한 공통 평가 기준

이런 것들을 설명하기 위해, 지금까지 다뤘던 주제에서 더 나아가, 업무 측면에서 통제 위반을 어떻게 나타낼지 그리고 어떻게 평가할지 살펴봐야 한다. 무슨 뜻이냐고? 회사는 매출을 만들고, 수익을 올리는 조직이다. 사업을 진행하는 과정에서 몇몇 결정은 위험을 감수해야 한다. 외부에서 끌어온 돈으로만 새로운 제품을 만드는가? 많은 위험 모델과 위험 접근법을 사용해, 사업의 위험도를 평가할 수 있다. 마찬가지로, IT 보안을 하기 위해 어떻게 노력을 기울일지도 이런 식으로 할 수 있다. 위험 측면에서 통제 목표 위반에 대해 평가해야 한다. 어떤 통제 방안을 위반했을 때 즉시 대응해야 하는가? 어떤 것은 즉시 대응하지 않아도 되는가?

위험 관리

앞서, 통제 방안을 위반한 상황이 발생했을 때, 이를 해결하기 위한 노력을 어떻게 투입해야 할지 업무 절차와 연관지어 다뤄보았다. 이제 한걸음 더 나아가, 위험 관리에 대해 살펴보고자 한다. 위험 관리는 회사에 미치는 위험이라는 측면에서 통제 방안을 모니터링하는 것이다.

위험 관리 분야는 무척 광범위하다. 컴퓨터 보안 영역에서만 따져봐도, 위험 관리는 논쟁거리가 굉장히 많다. 가령 간단하게 질문을 해보자면 "어떻게 위험을 관리하는가?", "어떻게 위험을 평가하는가"만으로도 많은 논쟁을 낳을 수 있

다.[3] 여기서 내가 말하자고 하는 것은 그런 것이 아니다. 여기서 하고자 하는 것은 시각화를 활용해 위험을 관리하는 개념을 보여주는 것이다. 위험 관리에 대해 좀 더 알아보려면, 미국 국립 표준 기술 연구소NIST, National Institute of Standards and Technology에서 나온 두 개의 지침을 살펴보라. 정보 통신 시스템을 위한 위험 관리 지침The Risk Management Guide for Information Technology Systems, 정보 시스템을 위한 위험 관리 지침the Guide on Managing Risk from Information Systems 문서가 미국 국립 표준 기술 연구소 웹사이트에 있다.[4] 첫 번째 것은 위험 관리 프로그램을 개발하기 위한 토대를 제공해준다. 이 두 가지 문서 모두 다 IT 시스템의 위험을 평가하고, 줄일 수 있는 일반적인 지침을 알려준다. 두 번째 문서는 조직의 입장에서 위험을 관리하는 지침을 알려준다. 연방 정보 보호 관리 법(FISMA)엔, 아래의 내용을 포함해 효과적인 보안 프로그램에 대해 정의되어 있다.[5]

● 주기적인 위험 평가

● 효과적인 정보 보안 정책

● 보안 사고에 대한 탐지, 보고, 대응

위의 세 가지는 위험 관리 측면에서 시각화를 활용할만한 가치가 있는 것이다. 논의의 틀을 명확히 하기 위해, 캐나다 정부 웹사이트에서 발견한 위험 관리에 대한 정의를 인용해본다.[6]

위험 관리는 확실하지 않은 위험을 탐지하고, 평가하고, 이해하고, 대응하고, 논의하기 위한 최선의 방식을 만드는 조직적 접근 방식이다.

---

3 예를 들면 http://www.securitymetrics.org에서 볼 수 있다.

4 정보 통신 시스템을 위한 위험 관리 지침은 http://csrc.nist.gov/publications/PubsSPs.html#800-30, 정보 시스템을 위한 위험 관리 지침은 http://csrc.nist.gov/publications/PubsSPs.html#800-39에서 다운로드할 수 있다.

5 연방 정보 보안 관리 법엔 다섯 가지의 방안이 추가로 적혀 있으나, 시각화에 직접 활용할 수 있는 것만 이 페이지에 나열했다.

6 캐나다 정부 관리 프레임워크, https://www.tbs-sct.gc.ca/report/res_can/rc-eng.asp

미국 국립 표준 기술 연구소에서 정의한 것도 있지만, 이것을 인용하진 않겠다. 내가 좋아하는 내용이 아니다. 너무 복잡하기 때문이다. 앞서 인용한 것이 깔끔하고, 이해하기에도 좋다. 그러나 이 정의를 보면 이런 질문을 던질 수 있다. "무엇이 위험인가?" 과학적 정의를 제쳐두고, 위험이라는 것을 정의하자면, 어떠한 사건이 일어날 확률, 그리고 발생한 사건이 업무에 영향을 끼치는 영향력이라 할 수 있다. 따라서 위험을 구성하는 이러한 사건에 대해 이해해야 한다. 또한 이런 사건에 대해 이해하는 것은 컴플라이언스를 준수하는 데 중요하다. 간단히 하자면, 위험이라는 것은 확률과 영향력의 곱이다.

통제 목표 우선순위 매기기

우리는 7장의 앞부분에서 위험도를 정의함에 있어 중요한 요소 중 하나인 이벤트에 대해 이야기를 나누었다. 위험도를 정의할 때, 통제 모니터를 이용해 이벤트를 살펴보는 것은 탁월한 선택이다. 업무 프로세스에 통제 모니터를 추가한 프레임워크를 만들면, 이를 통해 위험 관리를 수행할 수 있다.

모든 통제 목표에 있어, 통제 실패에 따른 따른 영향과 노출 가능성(예를 들면 통제 실패 가능성)을 확실히 파악해둬야 한다. 그럼 각 통제 목표의 영향도와 노출 가능성은 어떻게 정의해야 할까? 각각의 통제 목표가 보호하고자 하는 정보로부터 힌트를 얻을 수 있다. 예를 들어, 다수의 DB 서버에 root 계정으로 직접 접속하지 못하게 하는 통제 목표를 세웠다고 가정해보자. 그리고 금융 거래 데이터를 저장하고 있는 메인 DB 서버에 대한 접속을 모니터링하고 있다는 걸 가정해보자. 만약 통제 목표가 제대로 동작하지 않는다고 했을 때, 그 영향은 그리 크지 않을 것이다. 서버에 root 계정으로 직접 접근하기 위해서는 root 계정의 패스워드가 필요하기 때문이다. root 계정으로 직접 접속할 수 있다면, 책임추적성accountability이라는 큰 문제가 있다. 이건 보안감사 담당자들이 정말 싫어한다. 다시 돌아와 이 통제가 실패했을 때 발생할 수 있는 노출 가능성을 생각해보자.

역시나 굉장히 낮을 것이다. 직접 접속을 막는 통제 목표가 실패했을 때 영향은 극히 낮을 것이다. 잠재적인 공격자는 여전히 암호를 추가로 획득해 인증을 통과하거나, 정교하게 인증을 우회해야 장비에 접근할 수 있기 때문이다.

어떤 노출 가능성이나 영향을 정의하기 위한 구체적인 방법을 제시하지는 않을 것이다. 이런 것을 정의하기 위해 널리 사용되는 리스크 관리 프레임워크는 아직 없다. 다만 노출 가능성 또는 영향에 대해 점수를 매겨주는 공통 취약점 평가 체계(CVSS) 같은 것을 참조하는 것은 도움이 된다. 우리가 책에서 다룰 내용은, 구체적인 방법론을 사용하지 않고 대략적으로 이 정도면 충분하다.

앞에서 봤던 것처럼 자산을 분류할 방법이 필요하다. 가령 테스트 서버에 대한 통제 목표가 실패할 경우, 이로 인한 영향은 거의 없다고 봐도 된다. 업무 절차에 관여하는 데이터를 담고 있는 장비라면, 이 장비에 대한 통제가 실패하는 경우 발생하는 영향이 얼마나 될지 측정할 수 있다.

여러 가지 방법으로 자산을 분류할 수 있다. 가장 널리 쓰이는 건 연방업무처리표준(FIPS) 199이다. 이름에서 보여주듯이 FIPS는 미국 연방 정부 기구가 사용하는 표준을 정의한다. FIPS 199는 연방 정부의 정보와, 정보시스템에 대한 보안 등급 분류 방법에 대해 다룬다. 자세히 말하자면, 정보 시스템이 보안의 세가지 측면 기밀성, 무결성, 가용성(CIA) 측면에서 어떻게 분류되어야 하는지 다루고 있다. 시스템을 분류 할 때 복잡한 표준을 적용하는 게 귀찮다면, 대신 CIA는 확실히 고려해야 한다.

통제 목표와 위험(노출 가능성 및 영향)을 연관시키는 작업의 순 효과는 우선순위를 할당하는 수준이 업무 절차의 맥락(중요도)만을 포함하는 게 아니라, 위험도까지 포함하게 된다는 것이다. 앞에서 다루었던 시각화 방법을 변경해 사용하진 않을 것이지만, 평가라는 입력 값이 하나 더 추가된다.

위험도 시각화

위험도를 관리하기 위해, 컴플라이언스 모니터링 단계에서 다루었던 몇 가지 시각화 기법을 다시 사용할 수 있다. 그러나 위험도 모니터링을 좀 더 자세히 하기 위해, 몇 가지 요소를 추가할 필요가 있다. 어떻게 하면 전체적인 위험도를 더 명확하게 알 수 있도록 할지, 이것이 이 장에서 고민해야 할 지점이다. 위험도를 잘 설명하고, 시각화하기 위해서는 다음을 달성해야 한다.

- 내/외부 각각의 전체적인 위험도 전달
- 변경 추적(경향 또는 진행 상황)
- 업무에 미치는 영향도에 기반한, 보안 요구 사항의 우선순위 결정 및 자원 할당 촉진
- 보안이 취약하거나 부족한 부분에 대한 충분한 이해도 제공
- 조직적 특성에 기반한 의사 결정 지원

조직 전체의 위험을 관리하기 위해서는 이전에 만들었던 컴플라이언스 대시보드를 위험도에 기반해 확장해야 한다. 그림 7.7은 트리맵을 이용해 사업 부서별로 실패한 통제와, 이로 인한 영향도를 나타내는 예제다. 이 트리맵에서 노출 가능성은 색으로 표현했다. 박스가 짙으면 노출 가능성이 높은 것이다. 박스의 크기는 영향도를 표현한다. 박스가 크다면 영향도가 큰 것을 의미한다. 여기서 중요한 건 영향도라는 것은 '어떤 통제'를 하느냐가 아니다. 영향도라는 것은 '통제의 대상'이 어떤 것이냐에 따라 달라진다. 그렇기 때문에 통제의 대상에 따라 크기가 다른 것이다.

노출 가능성이 아니라, 영향도를 크기로 표현하는 이유는 명확하다. 노출 가능성을 크기로 나타낸다면, 동일한 통제 방식은 모두다 같은 크기의 박스로 표현될 것이다. 이것은 그다지 도움이 되지 않는다. 그러나 영향도라는 것은 '통제 아래 있는 정보의 종류'라는 다른 정보를 표현한다. 이렇게 위험도를 시각화하

는 것의 목표는 각각의 통제들을 파악하고, 위험도가 높은 부서를 빨리 파악해 재빠르게 상세 내용을 파악하기 위해서다.

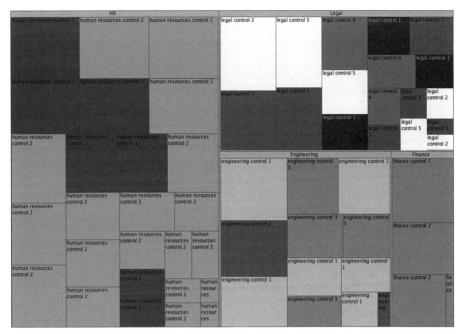

그림 7.7 트리맵을 통해 통제 정책이 정상적으로 동작하지 않는 현상을 파악한다. 색은 노출 가능성을 나타내고, 박스의 크기는 영향도를 표현한다

통제 실패 현황 트리맵 만들기

다음은 실패한 것으로 드러난 통제에 대한 트리맵을 작성하는 것을 설명한다. 이 과정은 그림 7.7을 생성할 때 사용하기도 했다. 일단 먼저, 살펴볼 부서와 관련된 위험 관련 내용을 수집한다. 다음과 같은 형식으로 파일을 작성한다.

Count	Dep	Control	Exp	Impact	Risk	Fail
INTEGER	STRING	STRING	INTEGER	INTEGER	INTEGER	INTEGER
2	Eng	engctrl	3	10	30	1
5	Finance	finctrl	7	5	1	5

이 형식은 트리맵[7]이 데이터를 시각화할 때 사용하는 TM3 포맷이다. 트리맵 프로그램에서 파일을 로딩하고, 다음과 같이 설정한다.

- hierararchy(계층)는 Dep 속성을 지정한다.[8]
- label은 Control 속성을 지정한다.
- size는 Impact 속성을 지정한다.
- color는 Exp 속성을 지정한다.
- Color binning는 색상을 잘 구분할 수 있는 팔레트를 선택한다.

마지막 네 가지 설정은 그림 7.8에 나와 있다.

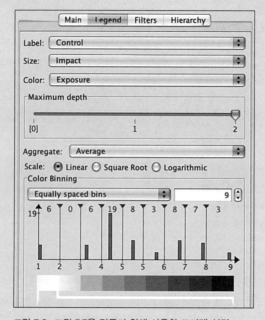

그림 7.8 그림 7.7을 만들기 위해 사용한 트리맵 설정

---

7 http://www.cs.umd.edu/hcil/treemap

8 hierarchy를 선택한 후, attributes에서 Dep를 선택하고 Add 버튼을 누르면 된다. – 옮긴이

그림 7.7에서 찾고자 하는 것은, 짙고 면적이 넓은 것이다. 이것이 위험도가 높은 통제 정책이다. 다시 한 번 말하지만, 이 트리맵에서는 실패한 통제만 나오는 것이다. 그리고 하나의 통제 정책이 여러 번 나온다(동일한 통제 정책이 여러 장비, 여러 응용, 여러 사용자에 걸쳐 실패할 수 있기 때문이다). 트리맵을 살펴보면 HR 부서에 관심을 둬야 함을 단번에 알 수 있다. 1번 통제 정책이 3곳에 걸쳐 실패한 상태이고, 굉장히 큰 위험에 노출되어 있음을 알 수 있다. HR 부서에는 그 외에도 여러 통제 정책이 실패하고 있음을 알 수 있다. 두 번째로 살펴봐야 하는 것은 기술부서다. 기술부서는 여러 통제 정책이 실패한 상태이지만, 위험도가 굉장히 높은 2번 정책이 실패하였고, 위험도가 굉장히 높은 이 통제 정책을 정상적으로 동작하게 만들어야 하는 상태다.

앞서 들여다본 통제 실패/위반 상태를 다르게 살펴볼 수 있는 방법이 그림 7.9다. 이 산포도를 이용해 위험과 노출 가능성이 어떻게 분포되어 있는지 이해할 수 있다. 오른쪽 위에 있는 점들이 집중적으로 살펴봐야 하는 셈이다. 앞서 살펴본 7-7과 달리, 이 그래프에서는 어떤 통제 정책이 정확히 실패했는지는 알 수 없다. 그러나 사업부서의 종류는 점의 모양으로 표시하고 자산의 분류는 색상으로 표현함으로써, 어떤 부서의 어느 자산이 높은 위험에 노출되어 있는지 쉽게 파악할 수 있다. 이 그림을 살펴보면 오른쪽에 어두운 색으로 표현된 점이 의미심장해 보인다. 확실히, 좀 더 살펴볼 필요가 있어 보인다. 점이 짙은 색을 띤다는 것은 해당 자산이 높은 중요도가 높다는 것을 의미하고, 이는 짙은 색의 점을 보다 면밀히 살펴봐야 한다는 이유가 된다. 점의 모양을 살펴봄으로써, 세모 모양으로 표시된 부서를 먼저 살펴봐야 함을 알 수 있다.

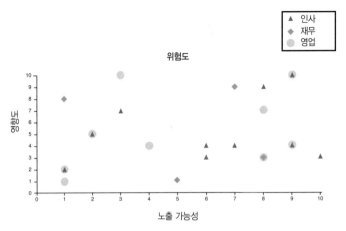

위험도

영향도

노출 가능성

그림 7.9 모든 통제 정책과 관련된 영향도와 노출 가능성을 표현했다. 각 점의 모양은 영향을 받는 사업 부서를 나타냈고, 색상으로 자산의 종류를 분류했다

그래프를 좀 더 개선하기 위해, 지터jitter라는 기법을 적용해야 한다. 모양과 색이 각기 다른 여러 점이 한 곳에 모이는 경우가 있다. 이럴 경우 정확히 어떤 점이 값과 대응하는지 파악하기 힘들다. 지터 기법을 이용함으로써, 점들을 조금씩 움직여 점이 서로 겹치지 않게 해준다. 그림 7.10은 지터 기법을 이용해 가독성을 어떻게 높일 수 있는지 보여주는 예제다. 이 그래프는 그림 7.9와 동일한 자료를 사용한 것이다. 그림 7.10에서는 다양한 예제를 볼 수 있는데, 하나를 꼽아보자면 노출 가능성 2, 영향도 5인 위치를 보면, 여러 점이 한데 있는 것을 확인할 수 있다. 지터 기법을 이용해 각각의 값을 조금씩 이용해 한 지점에 모이지 않게 했으며, 그로 인해 데이터 가독성이 높아졌다. 지터 기법은 점이 서로 이어지지 않고, 각각의 축에 표현되는 이런 그래프에 아주 적합하다. 그 말은 즉, 점의 위치를 조금씩 조정한다고 해서 값을 파악하는 데 해가 되지 않는다는 것이다.

지터 기법을 사용해 각각의 점을 옮기기

난수를 더하는 방식으로, 원본 자료에 지터 기법을 적용해 산포도를 표현할 수 있다. 펄에서는 아래와 같은 코드로 배열에 저장된 값에 지터 기법을 적용할 수 있다.

```
# iterate through all array elements
for (my $i=0; $i<=$#data; $i++) {
  # $max is the maximum value in @data
  $data[$i] += int((rand($max/$#data)- $max/$#data/2;
}
```

이 코드는 @data 배열의 각 값에 난수를 더한다. 이 구문은 단순히 원본 값을 더하는 것만 아니라, 빼는 형태로 값을 조정하기도 한다.

위험도 분포를 가장 잘 표현한 그림 7.10과 같은 방식을 활용해, 조직의 위험이 어떻게 분포되었는지 살펴보는 데 사용할 수 있다. 시간을 축으로 해 위험도를 살펴보고, 어떤 부분에 투자를 해야할지 파악하는 데 도움을 주는 새로운 그래프를 살펴보자. 그림 7.11을 살펴보면, 다른 방식으로 위험도를 시각화할 수 있음을 알 수 있다. 이제는 시간을 축으로 위험도를 표현해보자. 여러 계열의 자료가 한 그래프에 표현되어 있는데, 각 계열은 각 부서를 나타낸다.

그림 7.11에서 첫 번째로 알 수 있는 건, 이달 중순 법무 부서의 위험도가 높았다는 것이다. 법무 부서의 위험도를 낮출 수 있었으나, 위험도가 월초 수준까지 떨어지진 않았다.

이렇게 시간에 따른 위험도를 보여주는 그래프를 활용할 수 있는 방법이 아래에 나오는 것처럼 몇 가지 있다.

- 그래프를 분석해 각각의 변화가 어떤 이유로 이루어지는지 설명할 수 있다. 왜 위험도가 상승/하락하였는가? 새로운 통제 정책이 추가되었는가? 새로운 자산이 추가되었는가?

- 그래프를 이용해, 어떻게 투자할지 결정할 수 있다. 새로운 보안 프로그램을

도입한 후, 이것이 위험도를 낮추는 데 도움이 되었는지 아닌지 즉시 알 수 있다.

- 보안 의식 교육을 실시할 때, 회사 내의 모든 부서에 신경을 쓸 필요가 없다. 위험도가 가장 높은 부서에 집중하면 된다.

- 보안 의식 교육을 실시하고 난 뒤 위험도의 변화를 살펴본다. 교육이 성공적이면 위험도는 떨어질 것이다. 이렇게 보안 의식에 투자한 것이 효율적이었는지 직접 확인할 수 있다.

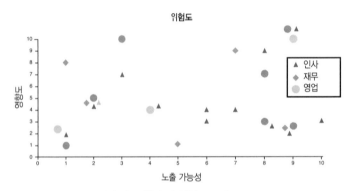

그림 7.10 지터를 도입해 가독성을 높인 위험도 그래프

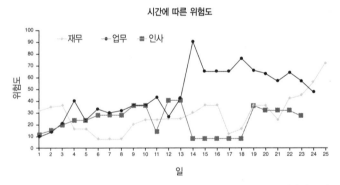

그림 7.11 선 차트를 이용해 사업부서별로 시간에 따른 위험도 변화를 나타낸 그래프

자원을 어떻게 할당하고, 어떤 투자를 할지 등 의사 결정을 하기 위해 변화율

을 분석하고, 추세를 파악하는 것이 필요하다. 위험도가 계속 올라간다? 그렇다면 보안 정책을 수정하는 걸 고려해봐야 한다. 그림 7.12는 위험도의 변화율과 추세를 살펴볼 수 있는 그래프다.

위험 추세 차트 만들기

그림 7.12의 위험도 변화 그래프는 엑셀에서 만든 것이다. 위험도 값에 더불어, 새로운 열을 추가해 이동 평균을 표시해보자. 표 7.7은 엑셀에서 사용할 수 있는 예제 테이블이다. 마지막 열은 이동평균을 계산하기 위한 식이다.

표 7.7 위험도 변화 차트를 그리기 위한 기초 준비(3개값 이동 평균)

	A	B	C
1	위험도	이동 평균	식
2	5	5	=A2/1
3	4	4.5	=SUM(A2:A3)/2
4	5	4.66	=SUM(A2:A4)/3
5	3	4	=SUM(A3:A5)/3
6	4	4	=SUM(A4:A6)/3

표 7.7에서 사용된 이동평균은 최근 3개 값에 대한 것이다. 표를 봐서 알 수 있듯이, 가장 최근 3개 값을 합쳐 평균을 내는 것이다. 가장 최근 3개의 값을 더하고, 3으로 나눈다. 첫 번째와 두 번째 값은 이례적인 것이다. 이러한 두 개는 시작점에 위치하는 것이기 때문에, 3개값을 더한 이동평균을 할 수 없다. 하나 또는 두 개만 더해 평균을 내는 것이 가능하다.

이 값을 선 차트로 만든다. 엑셀에서 만든 차트를 더블클릭하면, 데이터/잉크 비율을 최적화하기 위한 몇 가지 작업을 할 수 있다. 그리드 선을 제거하고, 배경 색을 제거하는 등의 작업 말이다. 시각적으로 잡다한 이런 요소는 불필요하다.

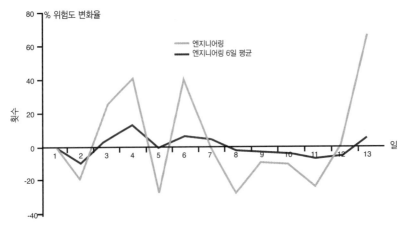

그림 7.12 시간에 따른 위험도 변화를 보여주는 선 차트. 상대적인 변화를 강조하기 위해 일 단위 값과, 6일 평균 값을 보여준다

    그림 7.12의 그래프는 동일한 자료를 기반으로 해, 두 개의 자료 계열을 표현한 그래프다. 5장에서 시계열 자료 분석을 설명할 때, 자료의 추세를 분석하는 방법에 대해 설명한 바 있다. 시간에 따른 기술부서 위험도 변화에서 무엇을 볼 수 있을까. 먼저 일 단위로는 매일매일 위험도가 굉장히 많이 변하는 것을 알 수 있다. 그러나 이 차트에 사용된 값의 폭이 넓지 않다는 것을 명심해야 한다. 값은 1부터 10까지이고, 그렇기에 위험도가 5에서 7로 변화하는 것은 40퍼센트나 높아진다는 걸 의미한다. 급작스러운 돌출값들이 발생한 이유를 알 수 있다. 두 번째로, 최근 6일간 위험도 이동평균을 살펴보자. 이동평균을 살펴보면서 흥미로운 것은, 두 자료 계열이 교차하는 지점이다. 일 단위 변화와 6일 단위 변화를 비교했을 때, 일 단위 위험도 변화가 상당히 더 큰 경우이다. 이 지점에서 일 단위 위험도가 6일 평균 아래로 가거나 위로 가는 것을 볼 수 있다.

    중요한 변화는 5일째에서 볼 수 있다. 일 단위 위험도가 이동평균 아래로 내려갔다. 이것은 좋은 변화가 있음을 보여주는 것이다. 그러나 6일째엔 전날의 좋은 변화에도 불구하고 두 선이 다시 교차했다. 8일째엔 이동평균 그래프에 변화가 있음을 알 수 있다. 이것은 좋은 변화가 시작되었음을 보여준다. 이후 일 단위 그래프가 이동평균 아래에 있다. 그러나 이 좋은 변화는 12일이 끝이다. 다시 위험도가 천장을 뚫고 나갈 것처럼 상승한다. 덧붙여 이동평균도 다시 0 이상으로 올라가버렸다.

특정 시점의 위험도 추세를 볼 수 있는 방법은 그림 7.13과 같은 섹터 차트가 있다. 이 차트는 어제와 비교해 위험도가 어떻게 변화하였는지, 그리고 네 개의 사업부서의 위험도가 어떻게 변화하였는지 서로 비교할 수 있는 시각화를 제공한다.

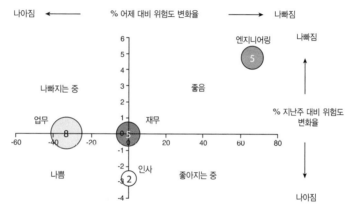

그림 7.13 지난 주와 비교해 위험이 어떻게 변화했는지 보여주는 섹터 차트. 이전과 비교해 위험도가 어떻게 변화했는지 백분율로 비교한다. 왼쪽 아래에 가까이 갈수록 좋은 신호다

섹터 차트 만들기

섹터 차트는 근본적으로 산포도다. 그림 7.13도 하나의 섹터 차트로서, 엑셀에서 만든 것이다. 이 차트는 거품형 차트 형태를 띄고 있다. 점의 위치는 각각 하루 대비 변화율과 지난 한 주 대비 변화율이다. 그리고 거품의 크기는 현재의 위험도 값이다. 그렇기 때문에 하나의 점을 나타내기 위해선 세 개의 값이 필요하다.

기술부서의 값이 어떻게 구성되어 있는지 살펴보자. 표 7.8은 하루 전 대비 변화율과 일주일 대비 대신 지난 이틀 대비 변화율을 예제로 나타냈다. 만약 7일 대비 변화율을 보여주려 했다면, 저 칸의 대부분이 비어 있어야 할 것이다. 근본적으로 변화율을 구하는 방법은 같다.

C열을 계산하기 위해선, 지난 이틀의 평균값과 지난 이틀과 오늘의 값까지 평균낸 값을 비교하면 된다.

이렇게 만든 값으로 엑셀에서 거품형 차트를 만들 수 있다. 거품형 차트를 선택하고, 원본 데이터를 선택한다.

마법사를 이용한다면 어떤 필드든 데이터 원본으로 지정할 수 있다. 거품형 차트를 선택하고, 원본 자료를 선택한다. 대화상자에서 그래프에 표시할 자료 계열을 지정한다. 예제 데이터에서 하나의 자료 계열만 선택해 나타낼 것이다. X축 값으로는 B6, Y축 값으로는 C6을 선택한다. 위험도를 나타낼 크기는, A6을 선택한다. 이게 전부다. 이렇게 하면 하나의 자료 계열로 섹터 차트를 만드는데 성공한 것이다. 다른 부서의 자료도 표현해보고 싶다면, 이 작업을 여러 번 반복해 차트에 추가하면 된다.

표 7.8 섹터 차트에 생성에 사용된 자료(식 열은 어떻게 각 변화율을 계산했는지 나타낸 것이나)

	A	B		C	
1	위험도	어제 대비 변화율	공식	최근 이틀 대비 변화율	공식
2	5	–		–	
3	4	−20	=100/A3*(A3−A2)	–	
4	5	25	=100/A4*(A4−A3)	3.73	=100/AVERAGE(A2:A3) *(AVERAGE(A2:A4)− AVERAGE(A2:A3))
5	7	40	=100/A5*(A5−A4)	18.51	=100/AVERAGE(A3:A4) *(AVERAGE(A3:A5)− AVERAGE(A3:A4))
6	5	−28.57	=100/A2*(A6−A5)	−5.55	=100/AVERAGE(A4:A5) *(AVERAGE(A4:A6)− AVERAGE(A4:A5))

우측 상단에 위치한 점은 어제 대비, 또한 지난 한 주 대비해 굉장히 안 좋았음을 뜻한다. 기술부서가 굉장히 안 좋은 것으로 보인다. 기술부서의 위험도는 지난 한 주 대비 5% 상승했으며, 어제 대비 60%가 상승했다. 나머지 세 부서는 큰 변화가 없거나(재무), 지난 한 주 대비 하락(인사)했거나, 지난 하루 대비 하락(법무)했다. 거품의 크기는 각 부서의 현재 위험도를 나타낸다. 어제 대비 위험도

가 하락한 법무부서의 현재 위험도는 8인 것을 알 수 있다. 인사부서의 현재 위험도는 괜찮은 수준을 보여준다. 인사부서의 위험도는 지난주 대비 하락해 2임을 알 수 있다. 지난 한 주 동안 보안 강화를 위해 시행했던 것들이 성공적이었음을 알 수 있다.

그림 7.12와 그림 7.13에서 사용한 차트는 매일의 변화에 따라 급격히 변할 수 있는 취약한 차트다. 그러나 현재 상태 그리고 자세한 내용을 보여주기에 좋다. 방금 했던 것처럼 위험도의 하루 대비 변화, 한 주 대비 변화를 비교하는 것 이외에도, 한 주 대비 변화와 한달 대비 변화, 그리고 일년의 변화를 비교하는 것도 아주 유용할 것이다.

위험도를 시간의 흐름에 따라 모니터링하는 것과, 위험이 전체적으로 어떻게 분포되어 있는지 살펴보는 것은 위험도 관리를 시작하기 위해 아주 중요한 것이다. 통제 목표를 정할 땐, 단대단 보안 모델을 신경 써야 한다. 네트워크 계층만 모니터링하는 것이 아니라, 전체 네트워크 스택을 모니터링하는 것이 중요하다. 너무 잦은 빈도로 응용 계층만 모니터링하는 경우가 있다. 예를 들면, 금융 관련 애플리케이션들은 역할을 제어할 수 있도록 만들어져 있다. 값비싼 컨설팅은 이런 역할 제어가 제대로 구현되고 동작되는지 확인해준다. 그러나 이 모든 것은 응용 계층에서 이루어지는 일이다. 만약 누군가가 응용 계층을 우회하고, 데이터베이스에 직접 접속해서 기록을 바꾸면 어떨까? 응용 계층에서는 이런 행위가 일어나도 전혀 알 수가 없다. 시간이 지나도 알 수 없을 것이다. 그렇기 때문에 전체 스택을 모니터링하고, 보호해야 한다는 것이다. 안타깝게도, 이렇게 전체 스택을 다 모니터링하고 보호할 수 있는 제품은 없다. 정보 보안, 이벤트 관리 시장은 초기 단계일 뿐이고, 관련된 전체 시장 또한 초기에 머물러 있다.

위험과 컴플라이언스 모니터링에 대한 이야기는 여기에서 마친다. 이후엔 컴플라이언스와 관련된 구체적인 시각화 방식에 대해 이야기하고자 한다. 시각화를 이용해 권한 사용 현황 모니터링을 어떻게 효율적으로 구축하고 관리하는지 살펴보게 될 것이다.

직무 분리

보안 감사관들에게 익숙한 보안 개념 중 하나는 직무 분리SoD, Seperation of duties다. 이 개념은 일반적인 기업과 재무 소프트웨어에서 청구서를 발행하고, 대금을 지불하고, 회사의 일반적인 재무를 관리하는 등의 일을 하기 위해 아주 중요한 개념이다. 직무 분리라는 개념은 시스템을 오용할 수 있는 가능성을 최소한으로 줄여준다. 사용자 한 명으로는 중요한 일을 실행할 수 없도록 되어 있다. 예를 들면, 혼자 청구서를 발행하고 이 청구서에 대한 대금 지불을 허가하는 것은 직무 분리 개념을 회피하는 것이다. 한 건의 거래에는 최소한 두 사람이 참여해야 한다. 이렇게 해야 공격자가 시스템을 회피하는 것이 더 힘들어진다. 최근 프랑스 소시에테 제네랄 그룹Societe Generale Group에서는 직무 분리 개념을 적용하지 않아 벌어진 사건이 있었다.[9] 내부자가 벌인 엄청난 규모의 거래가 수십억 달러의 피해를 입혔는데, 다른 사람의 승인이 없었다면 이런 거래는 발생하지 말았어야 했다.

직무 분리 기본적인 개념은 어떤 중요한 업무를 수행함에 있어 두 사람 이상이 있어야 한다는 것이다. 이런 개념은 전사적 자원 관리 시스템ERP, enterprise resource planning뿐만 아니라, IT 부서에도 적용되어야 한다. 다른 사람의 승인 없이, 어떤 한 사람이 단독으로 관리자 계정을 생성하면 안 된다. 관리자 계정은

---

9 소시에테 제네랄 사고에 대해서는 다음의 글을 참조하라. "佛 소시에테 제네랄銀 71억弗 사기 피해" 2008년 1월 25일 한국일보 http://hankookilbo.com/v/50728aad52084b308849ac931e5da25c

시스템의 모든 것을 통제할 수 있고, 또한 계정이 오용될 수 있는 가능성이 높기 때문에 굉장히 중요하게 다뤄야 한다. 다음에 해당된다면, 직무 분리라는 개념을 고려하고 적용해야 한다.

- 중요한 데이터 처리를 하는 권한을 온라인으로 관리하는 경우
- 소프트웨어 개발 및 유지보수를 위한 코드 리뷰를 시행하는 경우
- 통제 소프트웨어에 대한 설정 관리 정책/기술을 사용하는 경우
- 시스템 변경 사항에 대한 리뷰와 승인이 필요한 경우

직무 분리 감사는 굉장히 많은 자료를 필요로 한다. 담당자가 ERP에 대한 교육이 부족하거나, 보안 정책들로 인해 효과적이고, 비용 효율적인 직무 분리 감사를 하기 힘들게 한다. 게다가, 이런 직무감사를 수행하기 위한 쓸만한 표준 보안 솔루션도 없다.[10]

시각화를 사용한 직무 분리 감사 예제

다음의 예제는 시각화를 사용해 어떻게 직무 분리 감사를 적용할 수 있는지 보여준다. 이를 위해 SAP사의 ERP 시스템을 살펴볼 것이다. SAP 제품에는 거래 코드tracsaction codes, 짧게 불러 t 코드라는 개념이 있다. 모든 거래 코드는 각각의 시스템 명령에 대응한다. 가령 V-04는 청구서 발행, SU01은 시스템 권한 변경이다. 직무 분리 감사에서 또 다른 중요한 개념은 사용자 역할이다. 모든 사용자는 하나 이상의 역할이 할당되어 있다. 그리고 각각의 역할엔 여러 개의 t 코드가 한 묶음으로 할당되어 있다. 예를 들면 보안 관리 역할은 사용자 관리 기능인 SU01을 포함한 여러 개의 t 코드를 포함한다. 여기서 하나의 헛점을 찾을 수 있는데, 사용자에게 할당된 t 코드가 충돌할 수 있다는 점이다. 즉, 이렇게 충돌할 수 있는 t 코드는 할당되지 말아야 한다는 것이다. 어떤 사용자에게 이런 t 코드

---

10 "ERP Security and Segregation of Duties Audit," David Hendrawirawan 외, 정보 시스템 통제 저널(Information System Control Journal) 2007년 2호

가 할당되어 있다면, 그 사용자는 기본적인 직무 분리 개념을 회피하고, 시스템에서 부정 행위를 저지를 수 있는 권한을 가지게 된다.

우리가 이전에 했던 것들과 달리, 직무 분리 감사는 실시간 자료 또는 로그 파일을 기반으로 하지 않는다. 직무 분리 감사는 정적으로 할당된 테이블 위에서 이루어진다. 우리가 지금 다루는 예제 내용에서 말하자면, 각각의 역할에 할당된 t 코드를 살펴보는 것이다. 실시간 활동 내역을 모니터링해 직무 분리를 위반하는 경우에 대해서는 '접근 통제'에서 다룰 것이다. 이 둘은 비슷해 보이지만, 보안 감사자는 이 둘을 분명히 나눈다.

분석을 진행하기 위해, 모든 역할 및 각각의 역할에 할당된 t 코드 목록이 필요하다. 거기에 더해, 충돌하는 t 코드 목록을 만들거나 입수해야 한다. 예를 들어 t 코드 FD01은 고객 계정을 만드는 것이고, t 코드 VA01은 판매 요청을 만드는 것이다. 어떤 사용자도 두 개의 코드를 다 실행할 수 있는 권한을 가지고 있으면 안 된다. 만약 어떤 사용자가 두 개의 권한을 다 가지고 있다면, 고객 계정을 만들어 돈을 받고 물건을 보내줄 수 있을 것이다. 그러나 종종 새 고객 계정을 만들 땐, 해당 고객에 대한 신용 평가가 필요한 때가 있다. 영업 직원 아무나 고객 계정을 만들 수 있는 권한이 있다면, 이런 신용 평가 절차를 우회하는 문제가 발생할 수 있다. 그림 7.14는 두 가지를 시각화했다.[11] 4-5글자의 코드는 t 코드를 나타내는 것이고, 연회색의 노드는 사용자 역할을 나타내는 것이다. 이 그림을 보면 여러 개의 독립된 군집이 있다. 이 그림을 보고 간단히 예상할 수 있는 것은, 하나의 t 코드를 여러 역할이 공유하지는 않는다는 것이다. 그러나 그림 7.14를 보면, 어떤 역할은 동일한 t 코드를 공유하는 경우가 있다. 이렇게 t 코드와 역할이 할당된 것이 정상적인 요청인지, 적법한 것인지 확인해볼 필요가 있

---

11 이 예제에서 다루는 t 코드 및 역할은, 보안 문제로 실제 돌아가고 있는 시스템에서 가져온 것이 아니다. 이 예제에서 나오는 역할과 t 코드는 거의 모든 사례에서 적용할 수 없을 것이다. 그러나 우리의 분석엔 이게 그리 중요치 않다. 그저 개념을 이해할 수 있는 용도면 된다.

다. 판매 합의/계약 역할과 보안 관리 역할은 같은 t 코드를 공유하고 있다. 공유하는 t 코드는 1KEA인데, 이것은 선택한 데이터를 CO에서 EC-PCA로 전달하는 기능이다. 내가 SAP 전문가가 아니어서, 이것이 정확히 어떤 일을 하는 것인지는 모른다. 다만 보안 관리와 판매 합의/계약 역할이 동일한 t 코드를 공유하는 일이 반드시 없어야 한다면, 이런 충돌은 좀 더 살펴봐야 할 필요가 있다.

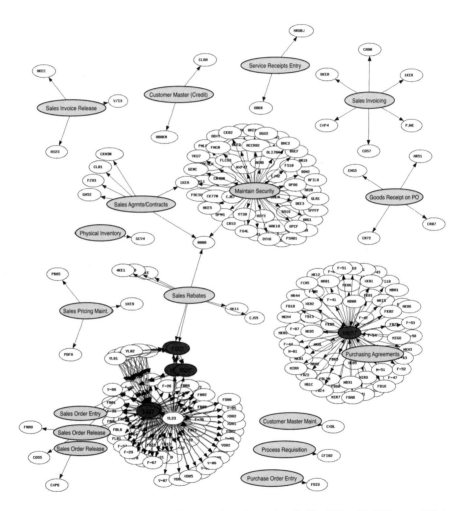

그림 7.14 사용자 역할과 t 코드를 표현한 링크 그래프. 직부 분리를 위반한 경우는 진한 회색으로 표시했다

자 이제 두 번째로 살펴봐야 할 것을 보자. 그림 7.14를 보면 진회색의 t 코드 노드가 있다. 이 코드는 한 역할에 함께 포함되면 충돌하는 것으로 이미 알려져 있는 코드다. 이 코드가 어떤 역할에 포함되어 충돌하고 있는지 확인해야 한다. 이 문제를 좀 더 자세히 살펴보기 위해 판매와 관련된 역할과, 충돌하는 t 코드만 정리해서 표현한 그림 7.15를 만들었다. 관계없는 코드와 역할은 제외했다.

이 그래프에는 판매 요청 제출과 판매 요청 출고 두 역할이 나타나 있으며, 충돌하는 t 코드들도 나와 있다. 예를 들면 판매 요청 제출은 t 코드 F.34(신용 관리)와 V.23(출고 요청)을 실행할 수 있는 권한이 있는데, 이 둘은 충돌한다.

그럼 할인 판매 역할은 어떨까? FD01과 FD05가 직접 충돌하진 않으나, 간접 충돌한다. 그럼 이 시점에서 던질 수 있는 질문은 t 코드 충돌에 이행성이 존재하느냐 아니냐다. 이행성이라는 것은 가령 A와 B가 충돌하고 B와 C가 충돌하는 상황에서 A와 C가 암묵적으로 충돌한다는 것이다. 이건 매 경우마다 다르다. 특정한 충돌은 이런 이행성을 적용하는 것이 맞지만, 어떤 경우에는 또 아니다. 이 말은 즉, 실제로 이런 문제를 대할 때 명백하게 충돌하는 t 코드 리스트가 있어야 하며, 함부로 추측하지 말아야 한다는 것이다. 어떤 것이 불확실할 때, 모든 것은 직접 다 확인해야 한다. 볼 수 있는 자료는 이미 제한되어 있기 때문에, 생각만큼 그리 괴로운 일은 아니다.

t 코드 충돌을 시각화해 봄으로서, t 코드 충돌이 이행성을 가지느냐 마느냐에 대한 질문을 하는 단계로 넘어왔다. 충돌의 형태를 살펴보지 않았다면, 자료 뒤에 숨겨진 다양한 개념들을 살펴보지 않았을 것이고, 그로 인해 중요한 권한 위반 사례를 그냥 지나칠 수 있었을 것이다.

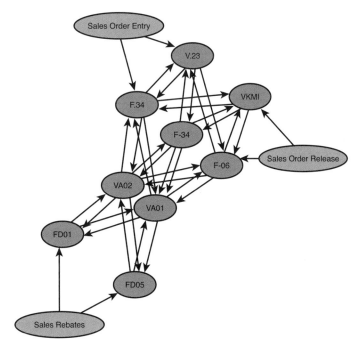

그림 7.15 판매 역할, 관련된 t 코드

직무 분리 그래프 만들기

간단하게 몇 가지 단계를 밟아, 직무 분리를 분석할 수 있는 그래프를 만들 것이다. Afterglow와 마법과 같은 명령어 awk와 grep을 이용한다.

먼저 충돌하는 t 코드 목록, 역할과 t 코드를 연결한 목록이 필요하다. 회사의 ERP 시스템에서 받거나, 보안 감사자에게 얻거나, 아니면 인터넷에서 받을 수 있다.

진행을 위해, t 코드 충돌 목록은 CSV 파일(conflicts.csv)에 충돌하는 두 개의 t 코드가 두 열에 적혀 있는 것으로 가정한다. 또한 역할에 할당된 t 코드 목록(sap_role.csv) 또한, 다음과 같이 두 열을 가지고 있다.

판매 요청 제출,v.23
판매 요청 출고,F-06

첫 열은 역할을 나타내고, 두 번째 열은 대응하는 t 코드다. 두 파일을 이용해 다음의 명령어를 실행한다.

```
awk -F, '{print $2}' sap_role.csv | sort | uniq
| grep -f - conflicts.csv > sap1.csv
```

이 명령은 sap_role.csv 파일에 담겨 있어, 실제로 사용하는 t 코드 중에 충돌하는 것을 뽑아낸다. sap1.csv에 담겨 있는 모든 t 코드는 실제로 사용 중인 역할과 대응하는 t 코드 중 충돌하는 것만 뽑아낸 것이다. 이 파일엔 역할과 t 코드를 매핑한 내용은 빠져 있는데, 다음 명령어로 sap1.csv 파일에 내용을 추가할 수 있다.

```
cat sap_role.csv >> sap1.csv
```

이렇게 자료를 준비하는 과정을 끝냈다. 다음으로는 충돌하는 t 코드를 어떻게 강조할 것인지, 링크 그래프의 색 값을 설정하는 것이다. 다음의 내용을 입력하고 sap.properties라는 이름으로 저장한다.

```
color.source="lightblue"
color.sourcetarget="orange3"
```

Afterglow를 다음 명령어로 실행한다.

```
cat sap1.csv | afterglow -t -e 1.3 -c sap.properties
| neato -Tgif -o sap.gif
```

Afterglow의 매개변수 -t로 두 개 열을 입력받으며, -e로 기본 엣지 길이를 1.3를 설정하고, -c로 sap.properties 파일을 설정값으로 받는다. Neato는 GraphViz의 레이아웃 툴로서, DOT 파일을 입력받아 스프링 모델을 기본으로 하는 링크 그래프를 만든다. 이 명령어를 실행하면, 링크 그래프를 만들어 sap.
gif 파일로 저장한다.

그림 7.15를 만드는 것처럼 충돌하지 않는 역할을 제거하려면, 파일의 내용을 필터링하거나, 그래프를 만드는 과정에 몇 가지를 추가해야 한다. Afterglow에서 이런 노드를 제거하는 것이 쉽진 않다. 만약 t 코드 충돌에 이행성(앞에서 다뤘다)이 없다면, 사용자 역할과 직접 연결되지 않는 t 코드를 다음과 같이 제거할 수 있다. 설정 파일에 다음과 같이 입력한다.

```
color.target="invisible" if ($fields[0] =~ /^[A-Za-z_\-0-9]{4,7}$/)
```

이것은 t 코드가 알파벳, 밑줄, 대시 등으로 이루어져 있음을 가정하는 것이다. 또한 t 코드가 4글자에서 7글자 사이임을 가정한다. 해당되지 않는 것은 역할이라 인식한다. 이것은 그리 좋은 설정은 아니지만, 어쨌든 동작하긴 한다. 이렇게 설정하면, 그래프에 나타나는 자료양을 굉장히 줄일 수 있게 된다.

데이터베이스 모니터링

사베인즈 옥슬리 법과 같은, 컴플라이언스를 위한 다양한 행동들은 대개 자료를 보호하는 것에 초점을 맞춘다. 사베인즈 옥슬리 법의 경우 재무 자료가 대상이며, 이는 대체로 데이터베이스에 저장된다. 그렇기에 데이터베이스를 모니터링하는 것은 중요한 목표가 된다. 사베인즈 옥슬리 법 아래에서 회사의 재무 기록이 변경되지 않고 허가된 직원만 재무 상황을 볼 수 있게 보증하는 것은 매우 중요한 일이다. 그런데 단지 사베인즈 옥슬리 법만을 고려해서 데이터베이스 모니터링을 하는 게 아니다. 그 외에 결제 카드 산업 규제, 건강보험 이전과 책임에 관한 법 등을 준수해야 할 때도 데이터베이스 모니터링을 고려해야 한다.

데이터베이스 시스템의 감사를 활성화하기 위한 방법은 제조사마다 각각 다르다. 예를 들어 오라클은 로깅을 하기 위한 방법을 최소 네 가지 제공한다.[12] FGAFine-grained auditing는 이중 가장 강력한 방법이다. 행 단위로 모든 감사 정보를 기록할 수 있다. 감사 데이터베이스에 기록을 저장한다. 오라클 감사 로그는 기본적으로 가상 테이블에 기록된다. 테이블 대신 파일에 기록되도록 설정할 수도 있다. 시스템 트리거 또한 특정 시스템 이벤트를 기록하게 할 수 있으며, 시스템에서 다양한 시스템 로그를 기록하기도 한다. 데이터베이스에 대한 감사 기능을 적용하기 전에, 감사 기능 적용에 따라 시스템에 어떤 영향을 미칠지 분명히 이해해둬야 한다. 성능에 대한 영향, 감사 기록에 남을 수 있는 개인정보, 자원 고갈(가령 SYSTEM 테이블에 로그가 가득 차면, 시스템이 멎을 수 있다) 등을 충분히 고려해야 한다.

오라클 설정을 살펴보자. 먼저 init.ora 파일에 다음 내용을 추가해, 오라클 감사 로그를 활성화하고, 데이터베이스 테이블 대신 파일에 기록하게 하자.

```
AUDIT_TRAIL=OS
AUDIT_FILE_DEST=/var/log/oracle/audit.log
```

자 그럼 이젠 로깅 대상 명령어와 동작을 설정해보자. 간단하게 audit create session 명령으로 예제를 시작해보자. 이 명령어는 sysdba 계정으로 실행해야 한다. 이 명령어를 실행하면 세션 관련 동작을 감사하는 기능이 켜진다.[13] 모든 로그인은 다음과 같이 로그 파일에 기록된다.

```
Thu Jun 25 9:30:00 1976
ACTION: 'CONNECT'
DATABASE USER: '/'
OSPRIV: SYSDBA
```

---

12 오라클 로깅에 대한 좋은 글은 http://www.securityfocus.com/infocus/1689에서 볼 수 있다.

13 audit 명령어에 대한 더 많은 옵션은 오라클 레퍼런스(http://docs.oracle.com/cd/B28359_01/server.111/b28286/statements_4007.htm#SQLRF01107)를 확인하면 된다.

```
CLIENT USER: ram
CLIENT TERMINAL: pts/2
STATUS: 0
```

연결 정보뿐만 아니라, 테이블 접근 기록까지도 살펴보고 싶다면 다음 명령어를 조금 수정해서 실행하면 된다.

```
audit SELECT, INSERT, DELETE, UPDATE on user.table by ACCESS;
```

이 명령어를 실행한 뒤 기록되는 예제 로그는 다음과 같다.

```
Thu Jun 25 9:39:00 1976
ACTION: 'update salary set amount=10000 where name='Raffy''
DATABASE USER: ''
OSPRIV: SYSDBA
CLIENT USER: ram
CLIENT TERMINAL: pts/2
STATUS: 0
```

이런 로그는 사람이 읽기에 아주 편한 형태다. 이 로그를 파싱하기 위해서는 여러 줄의 로그를 한 줄로 만들어주는 약간의 로그 파싱 마법을 프로그래밍으로 부려야 한다. 이런 로그로 밝혀지는 중요한 사실은 동작과 함께 오라클 클라이언트 사용자 이름도 함께 기록된다는 것이다. 여기에 나오는 클라이언트 사용자 이름은 오라클 접속시 사용한 운영체제의 사용자 이름이다. 만약 원격에서 오라클로 접속한다면, 클라이언트 사용자 이름이 기록되진 않을 것이다. 오라클로 원격 사용자 이름이 전달되진 않기 때문이다. 그러나 운영체제 로그를 연동하면, 어떤 사용자가 원격에서 접속했는지 알 수 있게 된다. 그리고 저 로그에는 SQL 쿼리 전체가 다 기록되기 때문에, 저 로그로는 어떤 종류의 분석도 가능해진다.

마이크로소프트 SQL 서버의 로그는 오라클과 비슷한 형태를 가지고 있지만, 좀 더 많은 정보를 제공한다. 다음 예제 로그를 오라클 로그와 비교해보자.

```
0       11/11/2007 17:02:53  11/11/2007 17:02:53  0.009 0.009 5.000
172.16.36.57  172.16.20.70 3066  1433  0 0 192 389 1
1       0.000 - - - - EM006 PubAnonymous PUB 17
5703   0 Warning::Changed database context to 'mycorp'. ,Changed language
setting to us_english. - 0 Login:PubAnonymous@3066 mycorp 386
```

클라이언트의 IP 주소, 서버 포트, 운영체제 사용자, 데이터베이스 사용자 등
모든 종류의 정보를 볼 수 있다.

이런 로그로 어떤 것을 할 수 있을까? 앞에서 이야기했던 것처럼, 여기서의
목표는 데이터베이스 테이블에 접근하는 사람들을 모니터링하는 것이다. 그래
서 클라이언트 사용자와 데이터베이스 사용자를 링크 그래프 형태로 그림 7.16
에 시각화했다.

그림 7.16에 사용한 자료는 극히 작고, 그렇기 때문에 그다지 재미있는 내용
이 많진 않다. 그러나 한 가지 흥미로운 것은 bizsvc 사용자가 각기 다른 두 개
의 데이터베이스 사용자(U2006, U2004)를 이용해 데이터베이스에 접근했다는 것
이다. 각기 다른 테이블에 쿼리하기 위해 비즈니스 애플리케이션이 두 사용자
를 이용했을 가능성이 크다. 다행히도 여기서는 특별한 문제가 있진 않다. 이 그
래프의 특징 중 하나는 사용자의 역할에 따라 소스 노드의 색을 선택했다는 것
이다. 범례는 그래프의 윗부분에 있다. 다른 분석에서 살펴본 것처럼, 승인된 사
용자만 권한이 있는 사용자를 이용했는지 검증하기 위해 역할 정보를 사용할 수
있다. 그림 7.16을 보면, 비DBA 계정은 권한이 있는 데이터베이스 사용자를 이
용하지 않았음을 알 수 있다. 반대로 그림 7.17을 보면, 비DBA 계정이 sysdba
권한으로 접속했음을 알 수 있다. 이것은 명백한 위험 신호다.

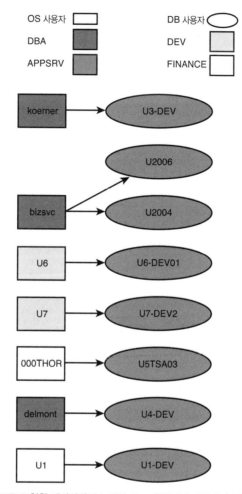

그림 7.16 링크 그래프로 표현한 데이터베이스 감사 로그. 운영체제 사용자의 역할을 색상으로 표현했다

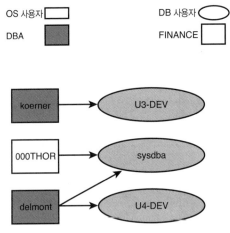

그림 7.17 링크 그래프로 비DBA 사용자가 특별한 권한을 이용해 데이터베이스에 접근하였음을 보여준다

데이터베이스 감사 로그 시각화

감사 로그 시각화 작업의 첫 번째 단계는 그림 7.16처럼 가공하지 않은 감사 로그에서 정보를 적당히 뽑아내는 것이다. 정규표현식을 작성해서 로그 파일에 기록된 사용자명을 뽑아내거나(이 감사 로그엔 정규표현식을 선호한다), awk를 이용해 그 필드를 추출할 수 있다.

```
grep select query.dat | awk -F' ' '{printf"%s,%s\n",$22,$23}'
```

이 명령어로 예상해볼 수 있는 것은 다음과 같다.

- select 문에 한정해서 살펴본다.
- 22번째 필드는 데이터베이스 사용자다.
- 23번째 필드는 운영체제 사용자 이름이다.

하나 주의해야 할 것은 매개변수 -F 뒤에 있는 것은 탭이라는 점이다. 스페이스를 여러 번 친 것이 아니다. 이 매개변수가 의미하는 것은 query.dat 파일의 필드가 각각 탭으로 구분되어 있다는 것이다.

이렇게 자료를 추출한 뒤, AfterGlow를 이용해 시각화를 해보자. 사용자 역할별로 색을 지정하기 위해서는, 아래와 비슷한 형태로 속성 파일을 만든다.

```
shape.source="box"
color.source="gray91" if ($fields[0] eq "U6")
color.source="gray61" if ($fields[0] eq "finsvc")
color.source="gray61" if ($fields[0] eq "bizsvc")
```

이 설정은 AfterGlow가 소스 노드를 네모로 표시하고, 각 사용자(U2, finsvc, bizsvc)의 역할에 따라 다른 색으로 표시하게 한 것이다. grat91은 개발자, gray61은 재무 서비스 역할에 할당했다. 그래프를 생성하기 위해 다음의 명령을 실행해보자.

```
cat data.csv | afterglow.pl -c db.properties -t
| dot -Grankdir=LR -Tgif -o db.gif
```

이 명령은 AfterGlow로 하여금 db.properties 파일에서 속성을 읽고, 두 열을 입력(-t)으로 받게 한다. AfterGlow의 실행 결과는 파이프로 dot 명령어 넘어간다. 노드의 정렬 방향이 왼쪽에서 오른쪽으로 향하게(-Grankdir=LR) 되어 있어, 가로로 펼쳐진 그래프가 아닌 세로로 펼쳐진 그래프가 만들어진다. 최종 결과물은 db.gif 파일에 저장된다.

그림 7.16에서 더 살펴볼만한 것은 없는 것 같다. 사용자가 어떤 데이터베이스 테이블에 접근했는지 정확히 알 수 있다면 어떨까? 좀 전에 살펴본 MSSQL과 오라클은 실행한 SQL 쿼리도 기록한다. 그러므로 쿼리문에서 테이블 이름도 추출해낼 수 있다. 이 작업은 간단한 것은 아니다. 정규표현식을 마법처럼 이용해 나양하고 복잡한 쿼리를 다뤄야 한다. 특정 쿼리를 실행할 때 접근한 테이블 이름을 로그에 별도로 남겨준다면 이 작업이 무척 쉬울텐데, 그런 기능은 없다. 언젠간 누군가가 좋은 스크립트를 만들어, 감사 로그에서 데이터베이스 테이블 정보를 잘 뽑아줄 것이다. 그러나 당장은 간단한 정규표현식을 사용해 SQL 쿼리에서 테이블 정보를 뽑아내본다.[14]

그림 7.18은 데이터베이스 로그에서 운영체제 사용자 이름, 데이터베이스 사용자이름, 데이터베이스 테이블 이름을 뽑아내어 시각화한 것이다.

---

14 내가 사용한 명령어는 굉장히 엉망이다. 이 명령어는 많이 개선할 수 있으며, 또한 반드시 개선해서 사용해야 한다. 부끄럽지만 여기에 올려본다.
grep select query.dat| "awk −F' ' '{printf"%s,%s,%s\n",$23,$22,$31}' | perl −pe 's/([^,]*,[^,]*).*from (.*?) (where|by|order)?.+/\1,\2/' | perl −pe 's/is_.*/ADMIN_FUNCTION/' | perl −pe 's/.*declare.*?select.*//' | grep −v "^\s*$"

그림에서 볼 수 있듯이, 그림 7.18의 목표 노드엔 데이터베이스 테이블 이름 뿐 아니라, 구체적인 SQL 쿼리도 있다. 테이블에 접근하는 것 이외에도, SQL 명령어를 이용해 특정한 기능을 실행할 수도 있다.

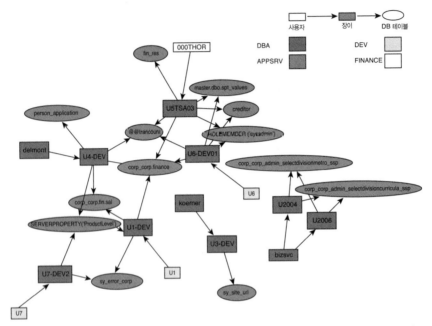

그림 7.18 링크 그래프로 데이터베이스 감사 로그에서 접근한 테이블과 실행한 명령어를 보여준다

이런 종류의 분석을 함에 있어, 분석을 하려는 자료의 기반에 대해 확실히 이해돼둬야 한다. 예를 들어 SQL 로그라면 감사 로그에 기록된 사용자 이름과는 다른, 또 다른 사용자 권한으로 특정 쿼리가 실행될 수도 있다. SQL엔 다른 사용자 권한을 이용해 쿼리를 실행하는 execute as와 같은 명령어도 있다. 이런 명령어는 분석을 굉장히 어렵게 만든다. 그렇기 때문에 이런 로그를 시각화하기 전에 이런 사례가 포함되어 있는지 확실히 해두어야 한다.

그림 7.18로 다시 돌아가보자. 먼저 여러 노드가 연결되어 있는 군집 세 개를 살펴보자. 그래프 오른쪽에 위치한 군집 하나는 자동화된 애플리케이션이 데

464

이터베이스 테이블에 정기적으로 쿼리하는 것처럼 보인다. 사용자 bizsvc는 애플리케이션 계층에서 데이터베이스에 접근할 때 사용하는 것으로 유력해 보인다. 다음으로 살펴보는 군집의 크기가 가장 작은데, DBA 사용자인 koerner이 sy_site_url 테이블에 접근하는 것으로 보인다. 이 사용자가 DBA(소스 노드의 색으로 표시했다)라는 점 때문에, 구체적으로 어떤 행위를 했는지 더 자세히 살펴볼 이유가 있다. 테이블 이름 덕분에, 테이블엔 URL 정보가 담겨 있을 것으로 예상할 수 있다. 그렇기 때문에 이 테이블에 접근하는 것은 아마도 걱정할 필요가 없어 보인다. 그러나 어떤 테이블에 접근하는 것이 위험한 행위인지를 판단하는 것은 정말 힘들다는 것을 알게 될 것이다. 테이블 이름이 모호한 경우가 많기 때문이다. 좋은 예로, 그래프의 다른 노드들을 살펴보자. 각 테이블에 어떤 종류의 데이터가 담겨 있을지 확인하는 것은 정말 힘들다. 그렇기 때문에, 이런 류의 분석을 할 때는 데이터베이스 담당자와 함께 해야 한다. 담당자는 그 시스템에 관련된 내용을 알고 있다.

그림 7.18의 작은 두 군집을 살펴봤고, 이젠 그래프 나머지 내용을 살펴보자. 두 가지 방법으로 살펴볼 수 있다. 특정한 행동이 변칙적이거나 의심스러운 행위인지 확인하기 위해 사용자 노드에서 시작해 살펴보거나, 테이블 노드에서 시작해 살펴볼 수 있다. 테이블 노드에서 시작하는 것을 해보자. 테이블을 살펴보면, corp_corp.fin.sal, corp_corp.finance, person_application, fin_res, creditor 등 흥미로운 테이블이 몇 개 보인다. 이중 마지막 두 개의 테이블은 재무팀 사용자인 OOOTHOR가 접근했던 것을 알 수 있다. 이것은 정상적인 행위로 보인다. 이 테이블 중 하나(creditor)는 개발자가 접근했던 것을 알 수 있다. 이 또한 정상적인 것으로 보인다. 그리고 어떤 테이블(corp_corp.finance)은 DBA와 개발자 모두 접근한 것을 알 수 있다. 이건 좀 흥미로워 보인다. 왜 DBA(delmont)는 재무정보 테이블에 쿼리했을까? 뭔가 잘못된 것으로 보인다. DBA가 grant 나 alert 같은 관리 명령어를 사용한 것이라면 문제가 없는 것이지만, SELECT는

아니다.

이런 자료를 살펴보는 또 다른 방법은 그림 7.19와 같은 평행좌표parallel coordinate를 이용하는 것이다. 이 평행좌표는 Advizor(9장 참조)를 이용해 만든 것이다.[15] 첫 번째 열은 사용자의 역할이다. 두 번째와 세 번째는 각각 운영체제 사용자 이름과 데이터베이스 사용자 이름이다. 데이터베이스 사용자 이름 bizsvc를 제외하면, 운영체제 사용자 이름과 데이터베이스 사용자 이름이 1대 1로 대응하는 것을 볼 수 있다. 이렇게 데이터베이스 사용자 이름과 테이블 이름의 연결관계를 분석하는 것은 조금 어렵다. 여기서 좀 더 자세히 살펴봐야 하는 것은 재무나 애플리케이션 사용자 계정에서 접근하는 테이블에 DBA 사용자도 똑같이 접근하는 상황이다. 앞서 이야기했던 바와 같이, 관리 권한을 가진 사용자(DBA 같은)는 자료가 담긴 테이블에 접근하면 안 된다. DBA들은 그런 내용을 살펴볼 일이 없기 때문이다. 물론 이렇게 DBA와 다른 사용자가 다같이 접근했어도, 문제가 되지 않는 예외적인 경우가 있다. 예를 들면 @@trancount 같은 것이다. 그림에서 '자료 테이블'인 테이블 세 개는 동그라미 가운데에 검은 점을 찍어 표시했다. 위에서부터 차례대로 나와 있는 세 개의 테이블은 재무팀 사용자 계정과 연결되어 있는 것을 보고 자료 테이블임을 알 수 있었다. 이렇게 수동으로 직접 세 개의 테이블을 확인했고, 나머지 시스템 테이블과 SQL 내부 테이블은 그냥 남겨두었다. 다시 이 세 개의 테이블로 돌아가서, 이 테이블은 관리 권한이 있는 사용자가 접근하면 안 된다. 이미 알고 있는 바와 같이, 사용자 delmont는 정책을 위반했다.

이 그림으로 분석하다 보면, DBA 계정이 접근하지 말아야 하는 테이블(corp_corp.fin.sal)을 그냥 지나치게 될 것이다. 만약 좀 더 긴 기간의 감사 로그를 분석했다면 아마도 재무부서 사용자가 이 테이블에도 접근한 기록이 나왔을 것이다.

---

15 아쉽게도, 무료로 제공하는 시각화 툴 중에서 평행좌표를 지원하는 것은 찾지 못했다.

이 전체 과정에서 개발 부서에 대한 이야기를 하지 않았는데 만약 데이터베이스가 프로덕션 모드로 돌아가는 중이라면, 개발부서 사용자 또한 DBA와 동일하게 해당 테이블에 접근하면 안 된다. 개발 중이라면 전혀 문제될 것이 없다.

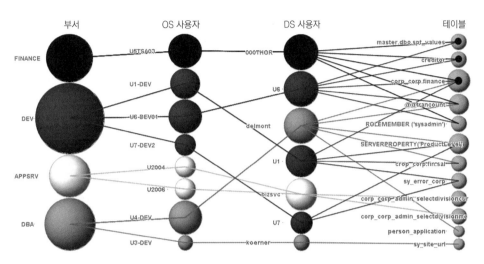

그림 7.19 평행좌표를 이용해 데이터베이스 테이블 접근 기록과 명령어 실행 기록이 담긴 감사 로그를 시각화했다

요약

7장은 컴플라이언스에 대해 살펴보는 것으로 시작했다. 컴플라이언스는 어떻게 GRC에 잘 들어맞을까? 먼저 정책, 통제, 모니터라는 개념을 소개했다. 이 개념이 큰 그림 안에서 어떻게 동작하는지 보여주기 위해, 몇 가지 규제에 대해 간략하게 소개했다. 이런 규제는 IT 인프라를 어떻게 구축해야 하는지 구체적인 내용을 제시하진 않는다. 이런 건 IT 모범사례 또는 COBIT과 같은 프레임워크에서 다룬다. 이런 프레임워크는 통제 목표를 어떻게 설정할지에 대한 지침을 알려준다.

범위를 좀 더 줄이고, IT 프레임워크와 규제에 대해 도움이 되는 내용을 다뤄보기 위해, 몇몇 규제에서 요구하는 구체적인 로깅 요구사항을 다뤄보았다. 어떤 규제를 지켜야 하는 상황이 아니어도, 이런 내용은 로그 관리를 구축할 때 좋은 도움이 될 것이다.

'컴플라이언스 시각화'를 다루기 위해, 첫 번째로 컴플라이언스에서 가장 중요한 감사audit에 대해 이야기했다. 그리고 통제 모니터링, 컴플라이언스 대시보드 설계에 대해 설명했다. 그 다음으로는 '위험 관리'에 대한 내용으로 넘어갔고, 제대로 통제되지 않아 개선이 필요한 항목에 대한 우선순위를 부여하는 방법을 논의했다.

7장의 맨 마지막은 시각화가 굉장한 도움이 된 두 가지 컴플라이언스 사례에 대해 다루었다. 시각화는 직무 분리 위반 사례를 탐지하는 데 어떻게 도움을 줄 수 있을까? 두 번째로는 데이터베이스 접근 내역 및 역할 위반을 모니터링해 로그를 시각적으로 분석하는 것이 어떻게 큰 도움이 되는지 살펴봤다.

컴플라이언스를 위해 구축한 다양한 통제는 기업 내부에서 다양하게 쓰일 수 있다. 경계 보안이 주제인 8장에서는 다양한 통제 방식에 대해 다룬다. 8장에서 다루는 내용을 컴플라이언스를 준수하기 위해 사용할 수 있다. 어쨌든 7장에서 다룬 내용은 컴플라이언스가 단지 혼자 존재하는 것이 아니라, 컴플라이언스를 준수하기 위해 취했던 많은 것들은 IT 프로젝트에서 다양하게 사용될 수 있다는 것이다.

8

내부자 위협

예전엔 보안 관리가 쉬운 업무였다. 방화벽을 설치해 회사를 외부의 침입으로부터 보호하는 것 정도만 빼면 말이다. 가끔은 몇몇 애플리케이션이 인터넷과 통신할 수 있도록, 그리고 그 반대로도 통신할 수 있도록 구멍을 만들어주었다. 이렇게 외부와 통신할 수 있는 행위는 굉장히 심각한 행위로 받아들여졌기 때문에, 네트워크 기반 침입 탐지 시스템NIDS, Network based Intrusion Detection System을 설치해 회사로 들어오는 트래픽을 모니터링해야 했다. NIDS 로그를 뒤져보는 것은 꽤나 재미있는 일(나는 마조히스트적 성격이 있다)이었다. 그러나 이렇게 로그를 뒤져봐도 어떤 공격의 징후로 보이는 중요한 사건을 찾지 못해 실망하는 날이 종종 있었을 것이다. 그렇다고 해도, 이건 일을 잘 수행한 것이고 모두는 행복한 듯 보였을 것이다.

그러나 이런 날도 이제 끝났다. 이젠 회사의 보안을 담당한다면, 단지 외부의 침입으로부터 보호하는 것 아니라, 내부에서 발생하는 위협으로부터도 보호해야 한다. 방화벽을 설치해서 외부의 악의적 해커로부터 고객을 보호하는 것만 해야 하는 시대는 끝났다는 것이다. 같은 회사 동료, 팀 동료들도 조사해야 하는 대상이 될 수 있다는 것이다. 외부의 공격뿐만 아니라, 악의적인 내부자로부터도 회사를 보호해야 한다는 것이다.

8장에서는 내부자 위협 문제에 대해 자세히 다룰 것이다. 내부자 위협이 무엇인지 살펴보자. "왜 내부자 위협에 관심을 가집니까?" 또는 "시각화가 왜 악의적인 내부자를 살펴보고, 내부자 위협을 완화하는 데 중요한 역할을 합니까"와 같은 질문에 답을 할 것이다. 내부자 위협 문제를 좀 더 명확한 형태로 설명하기 위해, 세 가지 내부자 위협 예제에서 감사 기록, 로그 파일 등을 시각화해 어떻게 내부자 위협을 탐지할 수 있는지 살펴볼 것이다. 악의적인 내부자의 행위에 대해 좀 더 이해를 한 뒤엔, 시각화를 이용해 악의적인 후보군을 초기에 파악해 내부자 위협 문제를 완화할 수 있는 일반적인 프레임워크를 설명할 것이다. 여기서 설명하는 절차는 내부자 위협 문제에 완벽한 해결책이 되거나, 탐지할 수 있는 수단이 아니다. 이런 탐지 절차의 수준은 초기 단계이고, 더 효율적이고 신뢰성을 가진 절차가 될 수 있도록 발전시켜야 한다. 그러나 현 단계에서도 실 데이터에 적용해보면 성공적인 결과가 나온다. 이런 내부자 위협 탐지 절차의 흥미로운 점은 설계에 따라 확장될 수 있다는 것이다. 공격 현황의 변화, 새로운 지식, 새로운 발견 등을 쉽게 통합할 수 있다.

내부자 위협 시각화

악의적인 내부자를 탐지하는 데 왜 시각화를 써야 하는가? 내부자 위협을 분석하려면, 다른 종류의 보안 분석에 비해 훨씬 더 많은 자료를 살펴봐야 한다. 내부자 위협은 단지 권한 위반 정도를 탐지하는 것과 다르다. 악의적인 내부자는 종종 장비와 자료에 대한 정당한 접근 권한을 가지고 있어, 악의적인 내부자의 행위는 보안 모니터링 솔루션에 로깅되지 않는다. 위반 행위로 여겨지지 않기 때문이다. 악의적인 내부자를 탐지하기 위해서는 로깅 수준을 높일 필요가 있다. 추가로, 네트워크 계층의 문제를 다루는 것이 아니다. 방화벽 로그 파일은 악의적인 내부자를 파악하는 데 제한적인 도움이 될 뿐이다. 특히 부정 행위의 경우엔, 거의 애플리케이션 로그에서만 파악할 수 있다. 그러나 몇몇 경우엔 네트워크 단의 로그가 필요하기도 한다. 다시 말하자면, 손에 들고 살펴볼 수 있는 자료의 양이 많아졌다는 것이다. 지금까지는 통계적 기법이나 결정론적 방법을 이용해 내부자 위협을 분석해 증명할 수 있었다. 이런 지점에서 시각화의 핵심 경쟁력이 빛을 발하게 된다. 종종 이런 분석을 진행할 땐 뭘 살펴봐야 할지, 어떤 질문을 던져야 할지 미리 파악하지 못할 때가 많다. 분석 단계를 거치며, 이런 궁금증을 풀어나갈 수 있다. 시각화는 어떤 질문을 던질지, 그리고 이런 질문에 답을 찾아야 할 때 도움이 되는 아주 좋은 툴이다.

부정 행위의 특성상, 정적인 분석으로는 탐지하는 것이 어렵다. 부정 행위자들은 임계치 기반 시스템의 변화에 금방 적응한다. 시각화를 이용해 일반적이지 않은 패턴을 찾아낼 것이고, 시각화는 새로운 종류의 부정 행위를 탐지하는 데에 효율적인 전략이 될 것이다.

악의적인 내부자란 무엇인가?

내부자 위협에 대해 이해하기 위해, 먼저 악의적인 내부자에 대해 정의할 필요가 있다.

의도적으로 네트워크, 시스템, 자료에 대한 접근 권한을 오용하거나 초과해, 특정한 개인을 공격 대상으로 삼거나, 조직의 데이터 보안, 시스템 또는 일상적 사업 운영에 영향을 끼치는 전현직 임직원, 계약업체[1]

악의적인 내부자는 정보에 대한 정당한 접근 권한을 가지고 있다. 이미 권한을 갖고 있기에, 어떠한 통제체계를 회피해 권한을 획득할 필요가 없다. 이것은 정말 중요한 지점이다. 전통적인 보안 장비는 이런 종류의 공격을 파악할 수 있는 능력이 없다. NIDS는 이미 알려진 악의적 행위 패턴만을 네트워크에서 모니터링할 수 있다. 통신 정책을 위반하거나, 어떠한 공격을 하는 것이 아니기 때문에 이런 류의 장비는 내부자 위협을 분석하는 데 아무런 도움이 되지 않는다. 방화벽, 호스트 기반 IDS, 안티바이러스 또한 마찬가지다. 이런 장비들은 악성 트래픽이나 악성 행위를 탐지하기에 적합할 뿐이다.

보안 시장은 이런 단점이 있는 것을 깨닫고 '내부자 위협 툴' 분야를 새로 만들었다. 그러나 이런 툴은 만병 통치약이 아니다. 이런 제품으로 여러 가지 악의적인 내부자를 탐지할 수 있다고 주장하지만, 그것은 환상일 뿐이다. 악의적인 내부자가 일상적인 업무 중에 출력한 기밀 재무 자료를 사무실에서 가져와 경쟁사에 팔려고 한다면, 어떻게 탐지할 수 있을까? 이런 행위를 막을 수 있는 어떤 툴도, 장비도 없다. 설령 사무실 밖으로 가지고 나가는 문서를 탐지할 수 있는 장비가 있다고 해도, 누가 집에 가져가서 일하겠다고 하는 사람에게 그러면 안 된다고 할 수 있을까? 이 말의 요점이 무엇인지 알 것이다. 모든 종류의 내부자 범죄를 탐지할 수 있는 장비나 툴이 있다고 믿는 것은 환상이다. 하지만 이런 류의 툴이 악의적인 내부자를 탐지하는 데 '도움'이 될 순 있다. 8장에서는 이런 툴이 반드시 필요한 것은 아니며, 시스템이나 애플리케이션의 로그 파일이 이런 류의 범죄 행위를 증명하는 데 도움이 된다는 것을 살펴볼 것이다.

---

1 "Insider Threats in the SDLC: Lessons Learned From Actual Incidents of Fraud, Theft of Sensitive Information, and IT Sabotage," Dawn M. Cappelli, Randall F. Trzeciak, and Andrew P.Moore (http://www.cert.org/archive/pdf/sepg500.pdf)

내부자 범죄의 세 가지 종류

내부자 위협은 그림 8.1에 나오는 것처럼 세 가지 종류로 구분할 수 있다. 세 종류의 경계는 명확하지 않다. 각 부문은 여러 가지 형태로 서로 걸쳐져 있다. 예를 들어, 어떤 정보 탈취 사고는 부정 행위일 수도 있고, 파괴 행위일 수도 있다.

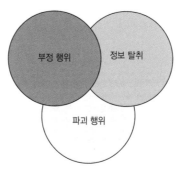

그림 8.1 내부자 위협은 다음과 같이 세 가지 종류로 구분할 수 있다. 정보 탈취, 부정 행위, 파괴 행위

다음은 각 내부자 위협에 대한 간난한 설명이다.

● 정보 탈취는 기밀 또는 소유권이 있는 정보를 훔치는 행위다. 재무 정보, 특허 정보, 설계, 소스코드, 거래 비밀 등이 해당된다.

● 부정 행위는 속임수를 사용해 권한을 오용하거나, 접근 권한을 초과해 부당하게 재산을 획득하는 것이다. 예를 들어 중요 기밀 정보(주민등록번호, 신용카드 번호 등)를 팔거나, 돈을 받고 중요 정보(운전면허 기록, 범죄 기록, 건강보험 상태)를 조작하거나, 돈을 가로채는 행위(재무 애플리케이션을 통하거나, 주문 절차에 부당하게 개입하거나 등) 등이다.

● 파괴 행위는 개인, 조직 또는 조직의 데이터, 시스템, 업무 절차를 해하는 어떠한 종류의 행위도 다 포함한다. 예를 들어 자료를 삭제하거나, 시스템을 종료시키거나, 웹사이트를 변조하거나, 논리 폭탄을 심는 등의 행위가 다 해당된다.

이런 세 가지 종류의 내부자 위협에 각각 어떤 요소가 있는지 깊이 이해하기 위해, 각 세 가지 요소를 나누어 자세히 살펴보자.

정보 탈취

정보 탈취를 탐지하는 것은 엄청나게 힘들다. 정보는 명확한 형태를 가지고 있지 않다. 정보를 복사하는 것은 쉽고 간단하다. 우리는 휴대전화, USB 메모리, 아이팟, 노트북 등 주변에 있는 다양한 장비로 엄청난 양의 데이터를 옮긴다. 이런 장비들은 엄청난 양의 문서를 옮기는 데도 또한 사용될 수 있다. 누군가가 휴대전화에 기밀문서를 담아 몰래 유출하는 것을 탐지하는 것은 거의 불가능하다. 사무실에서 나가는 모든 사람의 휴대전화를 검사하는 것도 불가능하다. 그리고 종종 정보를 삭제한다고 해도 복구할 수 있는 물리적인 흔적이 남는다. 그리고 이메일을 이용해 회사 밖으로 보낼 수도 있다.

이렇게 외부로 유출되는 행위를 막아 정보를 보호하는 것은 어려운 과제가 되었다. 내부자는 기밀 정보에 접근할 수 있는 정당한 권리를 가지고 있다. 일상적인 업무를 하기 위해선 이런 정보가 필요하다. 기밀 정보를 빼돌리기 위해 어떠한 권한 위반 행위나 시스템을 공격하는 행위가 필요 없다. 예를 들면 고객 기록 같은 것은 고객지원 담당자, 재무부서, 영업 등 다양한 부서에서 접근할 수 있어야 한다. 애플리케이션 소스 또한 모든 개발자들이 접근할 수 있어야 한다. 종종 모든 소스코드가 단일한 소스 관리 시스템에서 관리되고 있어, 전체 제품에 접근할 수 있다.

이런 정보보호 시장이 구체적인 형태를 띠게 되었다. 그러나 여전히 이런 분야를 어떻게 불러야 할지 아직도 좀 헷갈린다. 어떤 사람은 분출 탐지extrusion detection라고 부르는데, 침입자는 없고, 밀려나는 것만 있다는 것을 암시한다. 나는 이 단어가 좀 끔찍하다고 생각한다. 어떤 사람은 정보 유출 방지(ILP) 또는 데이터 유출 방지(DLP)라고 부른다. 이 단어가 정보 보호 툴이 수행하는 역할을 설명하는 데 좀 더 적합한 것 같다.

정보 유출 방지 툴

정보 유출 방지 툴(DLP)는 정확히 무엇을 하는가? 나는 보통 두 가지 기능을 설명한다. 첫 번째 기능은 크게 새로울 게 없다. DLP는 IDS처럼 네트워크 트래픽을 감시한다(물론 DLP는 IDS보다 좀 더 응용 계층에 집중한다). 시그니처를 이용해 중요하거나 민감한 정보가 네트워크에서 빠져나가는 것을 감시한다(예를 들어 주민등록번호 또는 신용카드번호 등). NIDS 또한 이렇게 시그니처로 중요하거나 민감한 정보가 나가는 것을 감시할 수 있다. 다만 DLP는 특별히 이런 류의 분석에 최적화된 장비라는 것에서 차이가 있다. 신용카드번호를 탐지하기 위해 DLP가 네트워크를 모니터링하는 예제를 생각해보자. 만약 신용카드번호가 탐지된다면, DLP는 해당 트랜잭션을 그대로 보여줄 수 있다. 트랜잭션은 이메일, IRC 채팅, 웹 연결 등 다양하다. DLP는 이런 정보를 보여주는 데에 최적화되어 있다. NIDS는 트랜잭션의 순서를 맞춰 보여줄 수 없다. 위반을 탐지하는 데엔 최적화되어 있으나, 원본 트랜잭션을 보여줄 수 없다. NIDS는 또한 이메일과 같은, 응용 계층 프로토콜을 분석하는 기능이 미약하다.

DLP는 이런 정보를 보여주는 데 우월하지만, NIDS 제품군으로부터 배워와야 하는 것이 있다. 내가 봤던 DLP 제품들은 설정을 텍스트 파일로 해야 하고, 완벽한 정규식을 지원하지도 않고, 편하게 시그니처를 업데이트할 방법도 제공하지 않았다.

DLP의 두 번째 기능은 문서에 워터마크를 추가하거나 문서를 추적하는 기능이다. 이 기능은 무척 흥미롭다. 가령 재무제표는 일반인에게 공개하기 위해 작성하는 문서가 아니다. DLP를 이용해 문서를 중앙 문서 관리센터에 등록할 수 있다. DLP는 네트워크 트래픽을 모니터링하는 것뿐만 아니라, 문서의 이동 상태도 추적한다. 게다가 DLP는 누가 워드프로세서 문서를 엑셀로 복사하는지 또한 추적할 수 있다. 만약 어떤 사람이 원본 문서에서 일부분을 복사해 이메일로 전송한다면, DLP는 해당 원본 문서에서 복사 행위가 일어난 것을 탐지할 수 있다.

DLP 툴의 로깅

대다수 DLP 제품의 로깅은 형편없다. 어떤 제품은 기본적인 로깅 설정이 되어 있지 않은 경우도 있다. 이 제품은 사용자가 탐지 룰별로 로그를 남기게 설정해야 한다. 형편없다! 사용자에게 로그 설정을 일일이 하게 하면 안 된다. 보안 장비가 제대로 로그를 남기지 않는다면 사용자가 어떻게 생각하겠는가? 게다가, 기본 로그 포맷을 정의해두지 않는다면 로그를 통합하고 이 기종의 장비와 복합 분석을 할 때 끔찍한 상황이 벌어진다. 약간 새나가긴 했는데, 이 문제는 분명 개선되어야 한다.

DLP의 두 번째 약점인 위양성false positive은 굉장히 자주 들어본 이야기일 것이다. NIDS 또한 동일하게 가지고 있는 문제점이다. 오탐 없이, 정보 유출이 이루어지는 상황만 정확히 탐지하도록 하는 것은 무척이나 어렵다. 가령 네트워크에서 떠도는 사회보장번호를 탐지한다고 가정해보자. 아마도 \d{3}-\d{2}-\d{4} 형태로 된 문자열을 모니터링할 것이다. 이것은 세 개의 숫자, 대시 기호, 두 개의 숫자, 대시기호, 네 개의 숫자로 이루어진 문자열에 대응한다. 탐지센서가 어디에 위치하느냐에 따라, 사회보장번호가 포함된 트래픽이 정상적일 수 있다. 그런 경우엔 사회보장번호가 담긴 트래픽이 목적지에 따라 판단할 수 있도록 설정해야 한다. 이런 건 정확히 해야 한다. 사회보장번호가 담긴 데이터에 접근 권한이 있는 모든 클라이언트가 룰에 탐지되지 않도록 해야 한다. 만약 서브넷으로 접근할 수 있도록 설정했는데, 그 서브넷에서 특정 장비는 접근 권한이 없다면, 그 장비에 대해 정확히 설정해야 한다. 위음성false negative이 나오지 않도록 정책을 설정할 때 신중하게 해야 한다. 많은 경우에, 정책 위반 사례는 생각치 못할 수도 있다. 예를 들어, 암호화된 트래픽으로 전송하거나 지원하지 않는 형식의 파일은 DLP에서 분석하지 못한다. 이건 IDS의 시그니처 튜닝과 정확히 동일한 문제다. NIDS가 과거에 겪었던 문제에서 배운 것이 없나 보다.

정보 유출 예제

표 8.1을 보자. 몇 가지 정보 유출, 정보 탈취 사례가 나와 있다. 기술적인 지식이 없더라도 이런 일을 저지를 수 있음을 보여준다. 누구든지 정보 탈취 사고를 저지를 수 있다.

표 8.1 정보 유출 방식 예제

행위	예제
문서 출력	종이에 인쇄된 정보가 있다면, 사무실에서 가져와 다른 사람에게 보여주는 것이 쉽다.
니스크로 정보 복사	문서 출력 사례처럼, 누구에게도 알려주지 않고 정보를 사무실 밖으로 가져올 수 있다. 사무실을 떠나기 전에, 다른 사람이 당신의 휴대전화에 담긴 데이터를 확인했는가?
이메일로 정보 전송	이메일을 이용해 문서를 전송하는 것은 아주 일반적인 방식이다. 많은 경우에 개인 웹 메일 계정을 사용해 정보를 전달받는다.

정보 유출: 예제

2007년 2월, 엄청난 정보 유출 사고가 뉴스에 나왔다.[2] 과학자 개리 민(Gary Min)은 전 직장인 듀퐁사(DuPont)에서 22,000건 이상의 논문 초록과 16,000건 이상의 문서를 절취한 혐의로 최대 10년형에 처해질 상황이다. 훔친 지적 재산권은 듀퐁의 경쟁사인 빅트렉스(victrex)에 넘어간 것으로 추정되고, 이 지적재산권의 가치는 4억 달러 이상인 것으로 추정된다. 이 사건은 정보 유출 사고 중에서도 아주 드문 규모의 사고다. 그러나 비슷한 일은 직원이 회사를 그만두는 모든 상황에서 발생한다. 그들은 곧 회사를 그만둘 상황에서 문서, 이메일, 소스코드 등을 모으기 시작한다. 많은 경우에 직원은 이런 정보에 접근할 수 있다는 것을 알아챈다. 그러나 앞서 보여준 것처럼 이런 일은 회사에겐 큰 손실이다.

---

2 http://www.informationweek.com/news/showArticle.jhtml?articleID=197006474

이런 대책이 있을 수 있을까? 이런 일을 방지할 수 있을까? 정보 유출은 어떤 사람이 정보를 접근함으로써 이루어진다. 대부분의 경우, 유출자는 정보에 대한 정당한 접근권한을 가지고 있기 때문에 이런 일을 탐지하는 것은 어렵다. 로그엔 의심스러운 행동이 기록되진 않는다. 그리고 대부분 전체 문서 접근 기록을 감사하진 않는다. 문서 접근 기록을 감사하는 대부분의 경우가 그렇다. 중요한 문서에 대한 접근 기록을 감사하면 된다. 이러한 상황에서, 시각화는 접근 기록을 분석하는 데 큰 도움이 된다. 그림 8.2는 문서 접근 기록 예제이다. 만약 애플리케이션에서 문서 접근 기록을 남기지 않는다면, 파일 감사 기능(2장 참조)을 이용해 문서 접근 기록을 감사할 수 있다.

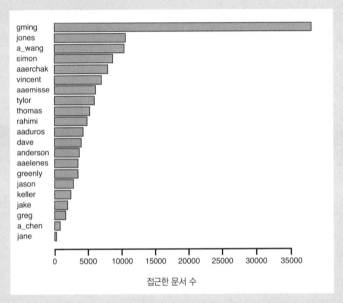

접근한 문서 수

그림 8.2 바 차트를 이용해 각 사용자별로 얼마나 많은 수의 문서에 접근했는지 볼 수 있다

만약 듀퐁이 그림 8.2와 같은 그래프로 문서 접근 기록을 모니터링했다면, 개리가 굉장히 많은 문서에 접근했었음을 알 수 있었을 것이다. 그랬다면 개리의 책상으로 가서, 그가 왜 그렇게 많은 문서를 살펴보는지 확인했을 것이다. 확실히, 이런 행위를 집중적으로 살펴볼 수 있는 방법이다. 특정한 문서에 한 장에 모니터링하면 된다. 이 방법은 분석 규모를 크게 할 필요가 없다. 그러므로, 사용자의 행위를 모니터링하는 일반적인 방법을 살펴보도록 하자. 그림 8.3은 누적 바 차트를 이용해 사용자 행위를 보여주는 일반적인 방법이다. 단지 문서 접근 기록뿐만 아니라, 다른 행위도 표현할 수 있다. 그림 8.3에서 gmin의 활동 기록이 두드러지는 것을 볼 수 있다. 이것은 gmin 계정을 자세히 살펴봐야 한다는 것을 알려준다.

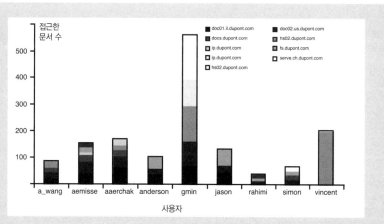

그림 8.3 이 누적 바 차트는 다수의 서버에 저장된 데이터 접근 기록을 모니터링하는 한 가지 방법을 제시해준다. 각 유저는 각각의 바로 표시되었고, 각기 다른 서버에 접근한 횟수를 나눠서 표시했다. 각각의 접근 횟수는 y축으로 표시되었다

그 외에 링크 그래프를 이용해 각 장비에 접근한 횟수를 엣지를 이용해 표현하는 방식으로, 사용자를 모니터링할 수 있다. 그림 8.4는 gmin 계정의 행위를 그래프로 살펴본 것이다.

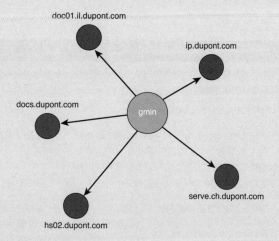

그림 8.4 링크 그래프를 이용해 단일 계정의 서버 접근 기록을 살펴 볼 수 있다

서버별로 접근 횟수를 동그라미의 크기로 나타낼 수도 있다. 이 그래프는 굉장히 다양한 방식으로 확장해 사용할 수 있다. 예를 들어 사용자의 특성을 계정 노드에 색으로 나타낼 수도 있다. 사용자의 역할을 색상으로 나타낸다면, 각각의 역할별로 어떤 행위를 주로 수행하는지 살펴볼 수 있게 된다.

부정 행위

내부자 위협 중에서도 회사에 아주 큰 영향을 주고, 중대한 손실을 입힐 수 있는 것은 부정 행위(FRAUD)다. 이런 행위를 저지르는 동기는, 너무나 당연하게도 금전을 획득하려는 것이다. 그렇기 때문에 잘 조직된 팀이나 똑똑한 사람들까지도 이런 일을 저지르는 경우가 종종 생기게 된다. 이런 사람들은 대개 업무 경험이 많아, 어떻게 이런 범죄 행위를 숨겨야 하는지도 잘 알고 있다. 종종, 이런 사람들은 직접 부정 행위를 저지르지 않고, 회사 내부의 다른 사람에게 돈을 대가로 대신 부정 행위를 저지르게 하기도 한다. 부정 행위의 종류는 굉장히 다양하다. 표 8.2는 로그 파일 또는 감사 증적을 이용해 파악할 수 있는 부정 행위의 종류에 대해 설명하고 있다. 로그 파일이나 감사 증적을 이용해 탐지할 수 있는 부정 행위에 대해 설명하고 있기 때문에, 세금 포탈, 부동산 사기, 보험 사기, 뇌물 등은 다루지 않는다.

표 8.2 부정 행위의 종류와 예제

부정 행위 종류	설명	예제
부정 수령	개인의 부를 축적하기 위해 고의로 조직의 자원이나 자산을 오용하는 행위 (출처: Fraud Examiner's manual)	부정 초과근무수당, 급여 부정 수급, 병가 부정 사용
재무 제표 사기	의도적으로 상태를 잘못 기재하거나, 액수를 누락하는 등의 방식으로 고의로 회사의 재무 상태를 잘못 알려 재무제표의 이용자들(특히 투자자와 채권자들)을 기망하거나 오도하는 의도적 시도	부적절한 수익 계상, 자산에 대한 과대평가
자산 횡령	영수증 부정, 현금 부정 지출, 자산 절도	영수증이 한 장도 발행되지 않은 상황, 비 업무시간에 발생한 판매, 회사로 발행된 수표 도난
부정 거래	은행과 관련된 부정 행위	부정 회계 항목, 권한 없는 출금, 기록되지 않은 권한 없는 현금 지급, 계좌 공유
컴퓨터 및 인터넷 사기	프로그램, 파일 등을 조작해 지속적으로 손해를 입히는 행위	피싱, 온라인 거래 사기

표에 나온 각각의 부정 행위는 각기 다른 탐지 방법이 있다. 감사 증적, 애플리케이션, 파일의 변경, 중요 파일 접근, 데이터베이스 테이블 접근 등을 모니터링을 해 알게 되는 시스템 이상 행위를 통해 많은 수의 부정 행위를 감지할 수 있다. 허가되지 않은 접근을 감지하거나, 접근 경로를 모니터링해 새로운 접근 경로를 밝혀내는 것도 부정 행위를 파악하는 데 도움이 된다.

부정의 삼각형

이런 범죄 행위를 어떻게 저지르는지 이해한다면, 부정 행위 탐지 방법을 결정하는 데 도움이 될 것이다. 부정의 삼각형이라는 개념으로 부정 행위를 저지르는 사람을 파악할 수 있다. 그림 8.5에 나온 것처럼 세 가지 요소가 있다.

그림 8.5 부정 행위를 저지르는 사람의 세 가지 전제조건이 나온 부정의 삼각형

첫 번째 요소는 범행 기회다. 부정 행위자는 부정 행위 통제 정책을 회피하는 방법을 필요로 하거나, 그것을 회피할 수 있는 충분한 능력이 있다고 자신한다. 기회가 반드시 있어야 한다. 간단히 예를 들어, 부정 행위자가 어떤 방 안에 있고 그 방에는 그 부정 행위자가 원하는 물건이 있다. 그런데 만약 전자장비 등을 이용한 감시를 하지 않는다면, 기회가 존재하는 것이다. 두 번째 요소는 압력이다. 이건 내부 외부 모두에서 작용할 수 있다. 어떠한 압력이 사기 행위를 저지르도록 이끄는데, 이런 압력은 부정 행위자의 개인적 재무 문제로 인해 발생할 수도 있다. 세 번째 요소는 합리화다. 범죄 행위가 일어나기 전에, 이것을 어떻게

합리화하는지 알아보는 것은 굉장히 흥미롭다. 부정 행위자는 이것을 범죄 행위라 보지 않는다. 따라서 부정 행위자는 어떤 행위를 저지르기 전에, 반드시 자신의 잘못된 선택을 정당화한다.

이런 잘못된 선택은 어떻게 행동으로 나타나는가? 그리고 행동을 살펴보는 것은 부정 행위를 탐지하는 데 어떻게 도움이 될까? 범행 기회가 될만한 것을 살펴볼 필요가 있다. 예를 들어 근무외 시간의 활동을 중요하게 살펴봐야 한다. 또한 압력을 받을 만한 상황을 모니터링해야 한다. 예를 들어 영업사원이 자신의 할당량을 채우지 못했거나, 성과 개선 프로그램을 부여받았거나, 급여가 인상되지 않았다거나 하는 것들이다. 이런 징후들은 부정 행위를 모니터링하기 위해 꼭 살펴봐야 하는 것들이다.

부정 탐지 솔루션

이런 부정 행위가 문제가 된다는 것을 알아채고, 몇몇 회사는 이런 문제를 해결하는 데 도움이 되는 솔루션을 내놓았다. 당연히도 부정 행위에 대응하는 만능 솔루션은 존재하지 않는다. 부정 행위 종류별로 각기 다른 해결 방법이 있다. 그리고 이런 솔루션 또한, 공통적인 방법을 가지고 있지 않다. 이를테면 부정 행위를 탐지하기 위해 감사 증적을 살펴보는 방법만 사용하지 않는다는 것이다. 어떤 솔루션은 개인이나 회사가 제출한 데이터가 정확한 것인지 검증하는 방법을 사용한다. 또 다른 솔루션은 서비스 사용자 모니터링해 다른 사용자를 사칭하는지 여부를 살펴보기도 한다. 그리고 통계 분석을 통해 비정상적이거나, 이례적인 결과를 찾기도 한다. 예를 들어 비정상적으로 1인당 매출이 높게 집계된 경우 같은 것들 말이다.

부정 행위 탐지: 예제

얼마 전 카드회사로부터 전화를 받았는데, 내 카드가 지리적으로 떨어진 미국 여러 위치에서 동시에 결제되는 것을 발견해 카드를 차단했다는 것이다. 내가 두 곳에 동시에 있을 수 없기 때문에, 이것은 물리적으로 불가능한 일이었다. 이것은 카드회사가 부정 결제를 탐지하기 위해 사용하는 보편적인 휴리스틱 기법 중 하나다. 이런 것을 사용자 계정에도 적용해볼 수 있다. 만약 동일한 사용자 계정이 짧은 시간 안에 각기 다른 서브넷에서 로그인한다면, 어떤 문제가 있는 것이라고 판단해볼 수 있다.

이런 것을 탐지하는 것은 다양한 방법으로 할 수 있다. 다음은 내 웹 서버로 접근하는 웹 로그 예제다.

```
217.139.17.162 - ram [21/Nov/2006:02:26:00 +0100]
"GET / HTTP/1.0" 403 2898 "-" "-"
```

4장에서 소개된 기법과 비슷하게, 로그 파일에 기록되는 각 IP 주소의 지리적 위치를 파악해야 한다. 4장과의 차이점은 사용하는 라이브러리가 다르다는 것이다. 여기서는 IP 주소를 이용해 국가 이름을 받으려고 하는 것이 아니라, 위도와 경도를 받으려고 하는 것이다.

```
cat access_log | perl -naF/.-/ -M'Geo::IP::PurePerl' -e
'$geo=Geo::IP::PurePerl->new("GeoLiteCity.dat", GEOIP_STANDARD);
my (undef,undef,undef,undef,undef,undef,$long,$lat)=
$geo->get_city_record($F[0]);
print "$F[0],$long,$lat\n";'
```

IP 주소, 위도, 경도를 이용해 구글 맵 API가 읽어들일 수 있는 XML 파일을 만들 수 있다. XML 파일은 다음처럼 만들어야 한다.

```
<markers>
  <line color="#008800" width="2">
    <point lat="$lat" lng="$lng"/>
    <point lat="47.368527" lng="8.538503"/>
  </line>
  <line color="="#008800" width="2">
    <point lat="$lat2" lng="$lng2"/>
    <point lat="47.368527" lng="8.538503"/>
  </line>
...
</markers>
```

각 레코드는 이와 같이 생성되어야 한다. 각 레코드에 두 번째 포인트는 내가 하드코딩해 넣었다. 이것은 내 웹 서버 위치다. 각각의 선 색상은 원하는 대로 바꿀 수 있다.

일단 이 결과물은 구글맵에서 읽게 놔두고, 좀 전에 웹 서버 로그를 XML로 뽑아냈던 것처럼 CSV로 뽑아내는 명령을 하나 만들어보자. 이번에 해야 하는 것은, 사용자별로 사용했던 개별 IP를 뽑아내는 것이다. 이것은 매우 간단하다.

```
less access_log | perl -pe 's/\.\d+ /\. /' |
awk '{print $1, $3}' | sort | uniq |
awk '{print $2}' | sort | uniq -c |
grep -v "\s*1 "
```

이 펄 명령어는 사용자 계정과 C 클래스 단위로 접속 내역을 요약해 보여준다. 먼저 C 클래스 단위로 IP 주소:사용자 쌍을 찾아 정렬한다. 그런 다음, 각기 다른 C 클래스에서 접속한 사용자를 추려낸다. 마지막으로 grep 명령어를 이용해, 다른 C 클래스에서 접속한 사용자만 뽑아낸다. 어떤 결과가 나오든지, 동일한 사용자가 각기 다른 서브셋에서 동시에 접근한 것이다. 앞서 만들어본 그래프에다, 이 결과를 다른 색으로 더해서 살펴볼 수 있다. 그림 8.6은 내가 만들어본 예제 결과물이다. 빨간색의 엣지는 동일한 사용자가 각기 다른 서브넷에서 접근한 것을 알려준다. 이 방법으로 이상 행위를 분류할 때는 굉장히 신중해야 한다. 만약 분석하는 데이터의 시간 범위가 굉장히 넓다면, 어떤 사용자는 그 시간 동안 넓은 거리를 이동해 지리적으로 완전 다른 곳에 있어, 시스템 접근 기록에 남는 IP는 전혀 다른 네트워크일 수 있다는 것이다.

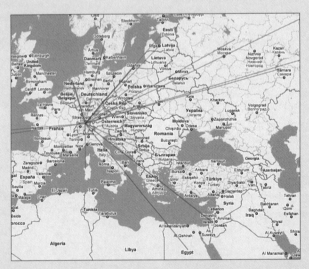

그림 8.6 이 지도는 취리히에 위치한 웹 서버 접근 기록을 보여주는 것이다. 붉은 선은 동일한 사용자가 각기 다른 서브넷에서 접근한 것인데, 사용자 ID가 탈취되었을 수도 있다는 것을 의미한다(컬러이미지는 에이콘출판사 도서정보 페이지에서 다운로드할 수 있다)

구글맵을 이용해 그림 8.6과 같은 지도를 만들려면, https://web.archive.org/web/200902011 33825/http://econym.googlepages.com/example_map7.htm의 자바스크립트 예제 코드를 이용해야 한다. 이 파일을 다운로드하고, 이 파일에서 example4.xml을 아까 만든 xml 파일 이름으로 바꿔주면 된다. 그리고 다시 HTML 파일을 열어보면, 우리가 만들려고 했던 지도가 나온다.

사보타주

사보타주는 큰 손실을 안겨준다는 문제뿐만 아니라, 해결하기 굉장히 어렵다는 특성이 있다. 운영에 오랜시간 영향을 미치게 되며, 여파는 그보다 더 오래 남는다. 다음은 사보타주를 종류별로 정리한 목록이다.

- 정보 파괴는 파일, 데이터베이스, 프로그램, 백업 테이프 등을 삭제하거나 논리 폭탄 등을 심는 등의 행위

- 서비스 거부는 사용자 계정 정보를 변조하거나, 시스템을 고장나게 하거나, 케이블을 잘라버리는 등의 행위

- 절도는 컴퓨터, 백업 데이터 등을 훔치는 행위

- 조직이나 개인 상대 위해는 웹사이트를 변조하거나, 고객 신용카드 정보를 외부에 공개하거나, 시스템 로그를 변조해 무고한 사람에게 피해를 끼치거나, 시스템이나 데이터를 변경해 민망한 내용을 화면에 띄우는 행위

흥미롭게도 많은 연구에 따르면, 사보타주 사례의 절반 이하만이 기술적으로 복잡한 방법을 사용했다고 한다. 그렇다면 사보타주가 상대적으로 자주 발생한다는 측면에서 보더라도, 사보타주를 쉽게 파악할 수 있어야 함을 시사한다.

그러나 사보타주를 탐지할 수 있는 툴은 없다. 각각의 사보타주 사례는 너무 다르기 때문에, 하나의 툴로 어떻게 할 수가 없다. 소프트웨어로 막을 수 있는 사보타주의 범주는 네트워크 기반 서비스 거부 공격 공격 정도다. DoS 탐지 분야는 쓸만한 툴이 좀 있다. 다양한 방법을 사용해 DoS 공격의 여파를 완화할 수

있는데, 공격 트래픽에 대해 블랙홀 라우팅을 하거나 방화벽으로 차단하는 방법 등이 있다. 그러나 이렇게 피해를 완화하는 방법은 발전시켜야 할 부분이 아직 많이 있다. 예를 들어 방화벽 룰로 DoS 트래픽을 차단한다고 해도 DoS 트래픽 때문에 인터넷 접속을 못한다면, 이는 쓸모가 없다. 이런 경우엔 방화벽 앞단에서 트래픽을 차단해야 한다. 피해를 완화하기 위한 유일한 방법은 ISP와 공조해 DoS 트래픽의 발원지에서 트래픽을 차단하는 것뿐이다.

모니터링 툴을 이용해 다른 유형의 DoS 공격을 탐지할 수 있다. 가장 간단한 모니터링 방법으로는 ping이 있다. 보통 장비가 살아 있는지 여부를 확인하기 위해 ping을 사용한다. 그러나 이것을 좀 복잡하게 활용해 시스템의 모든 서비스가 다 살아있는지, 정상적으로 다 동작하고 있는지 확인한다. 이런 툴은 오픈 소스로도 있다(예를 들어, www.nagios.org 같은 것). 이런 것을 활용하면 서비스가 정상적으로 살아있는지, 제대로 동작하는지 확인하는 데 도움이 된다.

다른 파일 무결성 검사 툴을 이용해 다른 종류의 사보타주 사건을 찾아낼 수도 있다. 장비에 존재하는 중요한 파일을 모니터링하기 위해 이런 툴을 사용할 수 있다. 모니터링 대상 파일이 변경되면, 변경 내역을 리포트로 받아볼 수 있다. 이런 기능은 시스템 설정 파일이나, cron 작업 목록이 변경되는 것을 감지하는 데 도움이 된다. 새로운 cron 작업이 추가되거나, 기존의 cron 작업이 변경되는 경우가 있을 수 있다. 파일 무결성 검사를 수행할 수 있는 오픈소스 툴로는 AIDE가 있다.[3]

이런 류의 모니터링을 수행할 때 발생하는 문제로는 여러 시스템 관리자가 이런 모니터링 툴 설정 파일에 대한 접근 권한이 있다는 것이다. 사보타주를 숨기기 위해 설정 파일을 수정하는 것은 무척이나 쉽다. 이것을 해결하려면 설정 파일의 변경 내역은 중앙에서 한데 모으고, 이상 행위 발생시 알림 대상을 고려

---

3 http://sourceforge.net/projects/aide

하면서 직무 분리를 확실히 해줘야 한다. 시스템 관리자가 이런 파일 변경 내역을 건드릴 수 없도록 해야 한다. 많은 사보타주 사례와 관련된 또 다른 문제로는 증적이 없다는 것이다. 심지어 증적이 있다고 해도, 사보타주 사건을 찾기 위해 로그를 분석할 툴이 없는 경우도 있다.

사보타주: 예제

시스템 관리자가 할 수 있는 사보타주 공격 중 하나는, 미래의 어느 시점에 수행될 악성 명령어를 cron 작업에 추가하는 것이다. 아래의 간단한 스크립트를 이용해 장비별로 cron 작업이 몇 개나 되는지 확인할 수 있다. 장비 목록은 hosts.list 파일에 있는 것으로 가정한다

```
for host in `cat hosts.list`; do
  count=`ssh root@$host 'find /etc \( -name crontab
-o -name 'cron.\*' \) -exec grep -P "^\d" {} \; | wc -l' `

echo `date +%D`,$host,$count >> cron.watch

done
```

이 스크립트는 ssh 명령을 이용해 장비별로 find 명령어를 실행한다. find 명령어는 /etc 디렉토리에 위치한 모든 cron 작업 목록을 찾는다. 각 파일별로 몇 개의 cron 작업이 등록되어있는지 추출해낸다. 최종적으로 cron.watch에 몇 개의 cron 작업이 있는지 기록한다. 이 스크립트를 실행 결과 예제는 다음과 같다.

```
04/17/08,vidar,4
04/17/08,thor,4
04/18/08,vidar,4
04/18/08,thor,6
```

여기서는 vidar, thor 두 대의 장비를 대상으로 한다. 결과를 봐서 알 수 있듯이 4월 18일에 cron 작업 두 개가 추가되었다. 이것은 정상적인 작업일 수도 아닐 수도 있다. 그림 8.7은 cron 작업 개수의 하루단위 변화를 보여준다. 그림을 봐서 알 수 있듯이 1월 8일엔 모든 장비에 cron 작업이 2개씩 추가했고, 이 내역은 모두 이 사례처럼, 이런 현상을 자세히 살펴볼 필요가 있다.

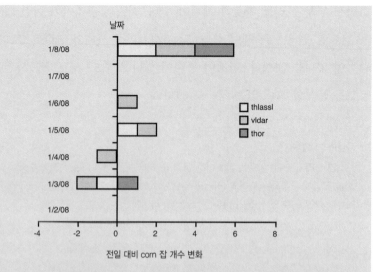

그림 8.7 이 차트를 이용해, 장비별로 매일매일 추가/삭제되는 작업 개수를 볼 수 있다

그림 8.7의 그래프는 엑셀을 이용해 만든 것이다. 좀 전의 스크립트 실행 결과에다, 전날과의 차이를 계산하는 열을 하나 추가해야 한다. 그리고 각 호스트를 데이터 계열로 설정해, 누적 바 차트로 표현한다.

누가 악성 내부자인가?

내부자 범죄를 좀 더 잘 이해하기 위해서는 누가 이런 일을 저지르는지 살펴봐야 한다. 다음에 대해 좀 더 알아보자.

- 누가 잠재적인 악성 내부자인가?
- 이 사람들에겐 어떤 동기가 있는가?

이런 질문에 답을 찾다 보면, 내부자 범죄를 탐지할 수 있는 약간의 통찰력을 얻을 수 있을 것이다. 이런 통찰력은 악성 내부자와 일반인을 구분하고, 임직원이 악성 내부자가 될 수 있는 잠재적인 가능성을 줄일 수 있을 것이다.

앞서 질문한 것 이외에, 악성 내부자와 관련된 여러 물음에 대해 대답하기 위해 다양한 연구가 시행되었다.[4] 이 연구들은 다양한 내부자 범죄를 다루고 있고, 앞서 언급한 궁금증을 해결하기 위해 여러 사건을 분석했다.

세 종류의 내부자 범죄를 살펴봄으로써, 악성 내부자의 특성을 어떤 하나로 정의할 수 없다는 것을 알 수 있을 것이다. 세 종류를 각기 살펴보자.

정보 탈취

많은 연구에서 정보를 탈취하는 주범들은 대개 전 임직원이거나, 막 퇴사한 임직원일 가능성이 크다고 한다. 일반적으로, 그들은 자발적으로 퇴사하는 것이지 해고당한 것이 아니다. 이 점은 악의적인 내부자를 탐지하는 방법을 찾는 데 아주 중요한 사실이다. 어떤 임직원이 막 퇴사했을 땐, 관련된 내용을 자세히 살펴봐야 한다. 나중에 더 자세히 말하겠지만, 정보 탈취는 크게 세 가지 유형이 있다.

- 금전적 동기로 탈취하는 사람
- 창업을 포함해, 새로운 일을 시작하려고 하는 임직원
- 보복 행위를 계획하는 임직원

회사를 떠나 새로운 일을 시작하려고 하는 임직원들은 종종 자신이 이 정보를 가지고 나가도 괜찮다고 생각한다. 그들은 이것이 범죄 행위라는 것을 생각하지 않는다. 보복 행위는 다양한 방식으로 실현된다. 예를 들면, 어떤 사람이 정보를 흘려 회사 또는 회사에 일하고 있는 사람을 망신줄 수 있다.

정보 탈취 사례에 있어 또 다른 중요한 점은 이런 정보 탈취 행위를 수행할 때 해킹한 계정을 같이 쓰는 경우도 많지만, 대부분은 자신의 접근 권한으로 수행한다는 것이다. 상당수의 정보 탈취 사건은 직장 내에서 발생하는데, 이는 악

---

4 http://resources.sei.cmu.edu/asset_files/WhitePaper/2009_019_001_50285.pdf에서 "내부자 범죄를 방지하고 탐지하기 위한 지침"을 보자.

의적 내부자를 찾기 위해 어떤 것을 살펴봐야 하는지 잘 알려준다. 이런 정보들은 조금 뒤에서 다룰 '정보 유출 사건 탐지 방법론'에 많은 도움이 될 것이다.

부정 행위자

부정 행위로 넘어와서, 부정 행위를 저지르는 자는 어떤 가면을 쓰고 있을까? 부정 행위를 저지르는 대부분은 현직 임직원이다. 그들은 자신의 계정과 접근 권한으로 부정 행위를 저지른다. 이런 부정 행위를 특별히 더 저지르는 부서는 딱히 없고, 그렇기 때문에 부정 행위를 탐지하기 위해서는 모든 임직원들의 행위를 모니터링해야 한다는 것이다. 흥미로운 것은 이런 부정 행위의 대부분이 금전적 동기임에도 불구하고, 금전적 동기라는 것을 드러내는 사건은 극히 소수라는 것이다. 대부분의 부정 행위자는 시스템 관리 권한을 가지고 있거나, 아니면 부정 행위를 저지르는 시스템에 대한 정당한 접근 권한을 가지고 있다는 것이다. 아주 가끔 시스템의 취약점을 악용하는 방법 등 기술적으로 복잡한 방법을 사용한다. 정보탈취 사례와 동일하게, 많은 수의 부정 행위자는 업무 공간 내에서 범죄 행위를 저지른다.

파괴범

누가 파괴범인가? 일반적으로는 전직 임직원이다. 대개 어떤 부정적인 사건에 대한 원한으로 이런 행위를 저지른다. 일부는 해고에 대한 앙심을 품고 이런 행위를 저지른다. 그 외에도 보너스를 받지 못했다던지, 새로운 상사에 대한 반감 등으로 이런 행위를 저지르기도 한다. 이 말은 즉, 부정적인 사건들과 그로 인해 영향을 받은 사건을 찾아봐야 한다는 것이다. 많은 경우, 파괴범은 공격 대상 시스템에 대한 정당한 접근 권한 또는 관리 권한을 가지고 있었거나, 여전히 가지고 있다. 그러나 범죄 행위를 저지르는 시점엔 정당한 권한으로 시스템에 접근하지 않고, 해킹한 계정을 사용하거나 백도어 계정을 사용한다. 일부 파괴범은 시스템을 파괴하기 위해 기술적으로 복잡한 방법을 사용한다. 예를 들면 논리 폭탄 스크립트 같은 것 말이다. 상당수의 사례를 살펴보면, 파괴범은 공격을 준비하기 위해 여러 단계를 밟는다. 이것은 알아놓는 게 좋다. 이상한 유형의 행위는, 사보타주를 위한 준비단계일 수도 있기 때문에 꼭 파악해두는 것이 좋다. 갑자기 불규칙적으로 일을 시작하거나, 갑자기 업무시간에 채팅을 많이 하는 임직원이 있다면 사보타주의 전조증상일 수 있으므로 꼭 살펴봐야 한다. 이런 종류의 행위는 임직원이 일에 전념하고 있지 않다는 신호다.

지금까지 살펴본 이런 요소들은 내부자 범죄를 탐지하기 위해, 어디서 시작해야 할지 결정하는 데 많은 도움을 준다.

악의적 내부자 탐지 프레임워크

악의적 내부자를 탐지하는 세 가지 예제와 더불어 악의적 내부자가 어떤 형태로 존재하는지에 대해 살펴봄으로써, 악의적인 내부자를 선제적으로 탐지할 수 있을 정도로 내부자 위협에 대해 이해하게 되었다.

앞서 당면했던 문제점 중 하나는, 어느 장비도 어떤 사람이 빌딩에 들어오거나, 네트워크에 접속하는 시점엔 그 사람이 악의적인 내부자인지 탐지할 수 없다는 것이었다. 비슷한 측면에서 악의적인 내부자의 행위를 경고하는 어떤 장비도 없다. 악의적인 내부자의 흔적은 각기 다른 애플리케이션과 시스템 로그 파일에 숨어 있다.

악의적 내부자를 적발해내기 위해선, 이런 악의적 행위를 저지르기로 결정하고, 실행하기까지 겨우 하루만에 다 된다고 생각해선 안 된다. 천천히 범죄를 준비하는 과정이 있다. 좀 전에 다루었던 악의적인 내부자의 형태에 대해 다시 한 번 살펴보자. 다양한 악의적 내부자 유형을 살펴보면서, 현 임직원뿐만 아니라

전 임직원까지 관심을 두어야 함을 알 수 있었다. 그다지 어려운 일이 아닐 거라는 생각을 하는 사람이 있을 것이다. 분명 전 임직원은 회사를 떠난 뒤에는 회사 자산에 대한 접근 권한이 없어야 하거나, 회사의 자원을 사용할 수 없어야 한다. 여러분의 회사는 정상적으로 돌아가길 바란다. 회사의 퇴사 절차가 아주 잘 정착되어있다면, 퇴직 이후 사용자 계정은 비활성화되고 접근 권한은 파기돼야 한다. 그러나 현실에선 그런 경우가 아주 드물다. 대개 전 임직원에 대한 모니터링을 잘 한다. 그러나 명심해야 할 점은, 단지 전 임직원이 직접 사용했던 계정뿐만 아니라, 누군가와 공유해서 사용했던 계정에도 관심을 가져야 한다는 점이다.

전 임직원뿐만 아니라, 곧 퇴직할 임직원, 그리고 특이한 행위를 보이는 임직원에 대해 모니터링한다면 가장 이상적일 것이다. 이 집단이 가장 내부자 범죄를 저지를 가능성이 높기 때문이다.

다음 절에선 먼저 악의적인 내부자를 탐지할 수 있는 간단한 절차를 설명할 것이다. 탐지 절차의 첫 번째 단계는 전조증상이다. 악의적인 사용자가 어떤 범죄 행위를 저지르기 전에 탐지하기 위해서 반드시 전조증상을 모니터링해야 한다. 파괴범을 탐지하는 데 유용한 몇 가지 전조증상을 살펴볼 것이다. 그 다음으로는 감시 목록을 살펴보고, 마지막으로는 어떻게 탐지 절차를 개선할 수 있을 것인지 살펴볼 것이다.

시각화는 탐지 절차의 각 단계에서 중요한 역할을 하게 될 것이다. 탐지 절차에 대해 살펴보기 전에, 먼저 전조증상의 개념에 대해 살펴보자.

전조증상

악의적인 내부자를 탐지하기 위해서는 사용자 행위를 모니터링할 필요가 있다. 사용자 행위는 애플리케이션 로그, 네트워크 트래픽, 카드 리더나 카메라와 같은 물리적 보안 장비 등에서 수집할 수 있다. 몇몇 행위는 어느 사람이 악의적인 내부자임을 즉각적으로 드러내기도 한다(예를 들면, 어느 직원이 다른 직원의 컴퓨터에 키 로거를 설치하는 행위). 이 말은 즉 사용자의 모든 행위 중 일부분은 전조증상으로 간주될 수 있음을 의미한다.

전조증상은 사용자가 잠재적으로 악의적인 내부자가 될 수 있음을 드러내는 행위다. 각각의 전조증상은 이것으로 인해 어떤 악의적인 내부자가 될 수 있는지에 따라 점수가 매겨진다. 전조증상은 안전한 사용자, 그리고 그렇지 않은 사용자 또는 잠재적으로 악의적인 내부자가 될 수 있는 사용자를 구분하는 하나의 방법이기도 하다.

전조증상은 사용자 행위를 기반으로 한다. 어떤 행위를 전조증상으로 판정하기 위해서는 다음 세 가지 중 하나를 통해야 한다.

1. **시그니처 매칭:** 사전에 정의된 키워드, 특정 시그니처에 대응하는 행위

2. **정책 모니터링:** 설정된 정책에 반하는 행위. 정책 위반을 전조증상으로 간주한다. 예를 들어 특정 데이터에 접근하는 행위, 특정한 애플리케이션 실행, 금지된 웹사이트 방문 등을 말한다.

3. **이상 행위 탐지:** 먼저 프로파일이나 기준점을 만들어 정상적인 행위를 정의한다. 이후, 사용자 행위를 평가해 이것이 '비정상'인 것을 판정하거나, '정상' 범위를 넘어간 것을 확인한다.

표 8.3은 전조증상의 예제를 목록으로 나타내었다. 이 전조증상은 좀 더 살펴봐야 하는 장비 또는 사용자를 정하는 데 도움이 된다. 이 장의 끝에서 좀더 많은 종합적인 전조증상 목록을 볼 수 있다.

표 8.3 예제 전조증상 및 이의 탐지 방법

전조증상	탐지 방법
Monster.com과 같은 구직 사이트 검색	시그니처 매칭
영업직원이 특허 정보 접근	정책 모니터링
이름에 resume가 들어간 파일 인쇄	시그니처 매칭
많은 수의 회사 외부인에게 이메일 전송	이상 행위 탐지

많은 전조증상을 이용해 잠재적인 악의적 내부자를 구분할 수 있다. 문제는 이런 류의 행위 분석 툴의 상당수가 상당히 높은 위양성을 보이고, 그렇기 때문에 이런 툴이 전조증상이라 탐지한 행위의 진위를 다시 확인하는 절차가 보충되어야 한다. 그리고 명심할 것은 전조증상이 모두 전자 증적 또는 로그로 기록되진 않는다는 것이다. 이것은 굉장히 불행한 일이다.[5] 많은 종류의 전조증상은 기록하기가 힘든 성격의 것이다. 가령 임직원의 가족과 관련된 일 또는 개인적인 문제 등은 우리가 수집하는 전자 증적에 남지 않는다. 경험적으로 이런 류의 정보가 많은 도움이 된다는 것은 알지만, 이에 대한 이야기는 하지 않을 것이다. 이런 전조증상을 수집할 수 있는 방법은, 간단한 애플리케이션을 이용해 모든 임직원의 상황을 등록하도록 하는 것이다. 마지막으로는 사람들의 활동을 모니터링하는 것이다. 그러나 많은 나라들은 사전 고지 없이 녹화하는 것을 금지한다. 피고용인 입장에서 많은 나라의 프라이버시 관련 법이 좀 더 강화되길 바란다.

이런 전조증상을 어떻게 한데 모을 수 있을까? 한 가지 방법은 모든 로그 파일을 살펴보는 것이다. 각각의 로그 파일을 살펴보고, 거기서 의심스런 행위를 추려내는 것이다. 가능한 많은 사람들에 대한 정보를 얻어내야 한다. 애플리케이션 담당자는 각각의 로그 파일에 대해서 가장 잘 알 것이다. 그들은 의심스런

---

5 프라이버시 측면에서는 굉장히 좋은 일이다. 분석을 해야 하는 입장에서는 불행한 일이긴 하지만 말이다.

행위를 찾아내기 위해 어떤 전조증상을 자세히 살펴봐야 하는지 알고 있다. 창의력을 발휘하기 위해, 조금 떨어져서 문제를 살펴봐야 하기도 한다. 로그에서 발견하는 어떤 안 좋은 징후가, 항상 의심스러운 행위는 아닐 수도 있다. 전조증상 목록에는 resume라는 단어가 포함된 파일을 인쇄하는 것이 포함되어 있다. 그러나 resume가 포함된 파일을 인쇄하는 것이, 자동적으로 악의적 내부자로 판단할 수 있는 건 아니다. 일반적인 상황을 생각해보면, resume가 포함된 파일을 인쇄하는 것은 악의적인 사용자로 판단할 수 있는 가능성이 있기도 하다. resume를 인쇄하고 난 뒤엔 회사의 중요한 정보를 수집하기 시작할 가능성이 있다. 당연히, 이런 일은 일어나지 않아야 한다. 그러나 관리자가 어떤 사람과 면접을 진행하기 전에 resume를 인쇄할 수 있다. 그리고 어떤 사람은 회사와 우호적인 관계를 가진 채로 퇴직할 수도 있다. 그러나 몇몇 전조증상은 의심스러운 행위를 확실히 알려준다. 영업직원은 회사의 특허와 관련된 내용에 접근하지 말아야 한다. 반대로 엔지니어는 재무 기록에 접근할 수 없어야 한다.

전조증상에 점수 부여

각각의 전조증상은 얼마나 '안 좋은 것인지' 점수로 매겨서 표현할 필요가 있다. 점수가 높다면, 사용자나 장비가 대체로 위험한 상태이며 자세히 살펴봐야 함을 뜻한다. 어떤 행위에 대한 점수가 낮다면, 이건 일반적이고 언제든 나타나는 것임을 말한다. 많은 사례에서, 낮은 점수는 일반적인 행위임을 알려준다. 표 8.4는 이전에 나왔던 전조증상 표와 동일하지만, 각 항목별로 점수가 매겨져 있다.

표 8.4 얼마나 '안 좋은 것인지' 점수가 매겨진 전조증상 목록

전조증상	점수
Monster.com과 같은 구직 사이트 검색	1
영업직원이 특허 정보 접근	10
이름에 resume가 들어간 파일 인쇄	3
많은 수의 회사 외부인에게 이메일 전송	5

표 8.4의 점수는 다음과 같은 세 가지 물음에 기반해 매겨졌다.

1. 이 전조증상이 모든 사용자에게 일반적인가? 특정 사용자가 근무 일에 이런 행위를 해도 되는 것인가? 예를 들면 '사용자 데이터 접근'은 특정 조직의 사람들에겐 확실하게 일반적인 일이지만, 다른 사람들에겐 아니다.

2. 어떤 사용자가 전조증상으로 볼 수 있는 금지된 행위를 했을 때, 이것이 미치는 영향이 있는가? 얼마나 악영향을 끼치는 행위인가? 예를 들어, 영업직원이 소스코드 서버에 접근한 것은 얼마나 악영향이 발생하는가?

3. 이 전조증상은 얼마나 확실한 것인가? 어떤 행위를 전조증상이라고 판단하는 것은 누구에게나 확실한 건가, 아니면 위양성의 가능성이 있는가? 만약 NIDS 시그니처에 기반해 전조증상을 판단한다면, 해당 시그니처의 위양성 가능성은 얼마나 되는가?

표 8.5는 앞서 나온 세 가지 질문을 기반으로, 전조증상에 어떻게 점수를 매길지 보여주는 예제 의사결정 매트릭스다. 점수의 범위는 0부터 10까지이며, 10은 확실히 위험하다는 것이다. 다른 범위를 써도 된다(예를 들면 0부터 100까지). 그러나 98점과 97점이 얼마나 다른 것인지에 대해서는 생각해두어야 한다. 점수를 매길 방식을 정교하게 매겨두지 않는다면, 97점과 98점이 어떻게 차이나는 것인지 분간할 수 없을 것이다.

표 8.5 전조증상에 점수를 매기기 위한 의사 결정 매트릭스

해당 역할이 아닌 사람이 수행했을 때 발생하는 영향력	일부 역할에겐 일반적인 행위?	위양성 가능성?	점수
확실히 위험	아니오	아니오	10
확실히 위험	아니오	예	9
직접적으로 위험할 가능성 존재	아니오	아니오	8
직접적으로 위험할 가능성 존재	아니오	예	7
직접적으로 위험할 가능성 존재	예	아니오	6
직접적으로 위험할 가능성 존재	예	예	5
위험한 행위를 준비하는 단계일 가능성	예	아니오	4
위험한 행위를 준비하는 단계일 가능성	예(또는 아니오)	예	3
미미하거나 아무것도 아님	예	아니오	2
미미하거나 아무것도 아님	예(또는 아니오)	예	1

   영향력 '확실히 위험'은 해당 전조증상이 악의적이 내부자 행위이며, 또한 단순한 준비 단계가 아님을 의미한다. 세 가지 종류의 내부자 위협 중, 무엇이든 발생할 수 있다. 사보타주, 부정 행위, 정보 누출이 곧 벌어지거나, 이미 벌어졌을 것이다. '직접적으로 위험할 가능성 존재'는 이 행위를 기반으로, 어떤 범죄 행위를 준비한다는 것을 의미한다. 아직은 발생하지 않았으나, 준비단계를 지났다. 만약 높은 위양성을 감안할 수 있다면, 각각의 전조 행위에 더 높은 점수를 줄 수도 있다. 이 표는 단지 예제로 점수를 매겨놓은 것이다.

내부자 탐지 절차

내부자 탐지 절차의 궁극적인 목표는 악의적인 내부자가 어떤 범죄 행위를 저지르기 전에 먼저 탐지해내는 것이다. 앞에선 아주 의욕적으로 내용을 다루었다. 그러나 내부자 탐지 절차를 정의하기 위해서는 휴리스틱과 더불어 과거에 발생한 다양한 내부자 범죄 사례를 적용하기 위해 노력해야 한다. 이 탐지 절차에서

아주 필요한 것 중 하나는 확정성이다. 새로운 지식, 판단력을 얻는다면 탐지 절차에 쉽게 녹여낼 수 있어야 한다.

내부자 탐지 절차는 다음과 같이 네 가지 단계가 있다

1. 전조증상 적용

2. 내부 후보자 목록 시각화

3. 임계치 필터 적용.

4. 전조증상 목록 조정

이 과정을 거치면 잠재적으로 악의적인 내부자가 될 수 있는 사용자와 장비가 시각화되어 나온다. 전조증상으로 볼 수 있는 행위를 해, 의혹을 불러일으킨 장비와 사용자들이다.

시각화는 결과를 시각화할 때만 사용하는 것이 아니라, 결과를 만드는 과정에서도 다음과 같이 쓰인다.

- 몇몇 전조증상의 경우, 이상 행위를 구분하기 위해 시각화에 의존한다.
- 사용자의 회사 내 역할을 기반으로 이상 행위를 판단할 때 시각화를 사용한다.
- 탐지 절차를 빠르게 설명하거나, 보여줘야 할 때 시각화를 사용한다.

다음의 절은 각 내부자 탐지 절차 단계를 설명한다.

1. 전조증상 적용

내부자 탐지 절차의 첫 번째 단계 목표는 전조증상을 통해 행위자(장비와 사용자)를 구분하고 추려내는 것이다. 후보자 목록은 다음 단계에서 전체 행위자 및 전조증상을 시각적으로 표현할 때 사용될 것이다. 전조증상을 보인 행위자 목록을 뽑는 방법은 두 가지가 있다. 각각의 전조증상마다, 다음 중 하나를 따른다.

1. 업무 환경에 설치된 장비는 특정한 전조증상을 명확히 탐지할 수 있다. 예를 들면, NIDS는 정보 공유 정책을 위반하는 P2P 통신을 탐지할 수 있다. 위반자의 목록을 추려낼 수 있다.

2. 몇몇 전조증상을 탐지할 수 있는 장비가 존재하지 않거나 또는 전조증상을 탐지하는 장비를 설치하지 않았다면, 전조증상을 탐지하기에 충분한 정보가 담겨있는 로그가 필요하다. 예를 들어 이력서를 인쇄하는 사람을 탐지하는 것은, 어떤 보안 장비에서도 탐지하지 않는 행위다. 그러나 프린터 로그를 파싱해서 사용자들이 출력하는 문서 목록을 추려내는 것은 굉장히 쉬운 일이다.

그림 8.8은 내부자 탐지 절차의 첫 번째 단계를 표현했다. 전조증상은 로그 파일에 남아 있거나, 특정한 모니터링 장비가 찾아낸다. 특수한 장비는 장비 내부에서 만들어지는 로그를 모니터링할 수도 있다. 그러나 대개 이런 류의 장비는 외부 데이터, 가령 패킷 캡처 기반으로 동작하거나, 시스템 또는 애플리케이션의 API를 이용해 직접 모니터링한다. 전조증상이 확인되는대로, 장비 또는 사용자(행위자)는 후보자 목록에 올라가게 될 것이다. 이 목록은 곧 악의적인 내부자를 찾을 때 사용될 것이다.

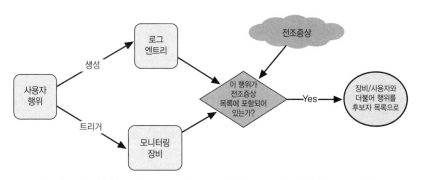

그림 8.8 전조증상은 특수한 장비에서 탐지하거나, 원본 로그를 필터링해 찾아낼 수 있다

로그 파일을 분석해 전조증상과 관련된 행위를 탐지하려고 할 때, 로그 파일이 충분한 정보를 담고 있지 못하는 문제에 봉착할 수 있다. 예를 들어, 데이터베이스 접근 로그엔 테이블 단위로 어떤 사용자가 접근했는지 나와 있다. 탐지하려고 하는 전조증상 중 하나는, 기술부서 사용자가 재무 테이블을 접근하려고 하는 것이다. 이런 증상을 탐지하기엔 데이터베이스 로그 파일은 충분한 정보를 담고 있지 않다. 추가적으로 데이터 테이블에 대한 정보와, 사용자의 역할에 대한 정보가 필요하다. 각각의 테이블이 재무 정보를 담고 있는 테이블인지 여부와 더불어, 기술부서 사용자 목록이 필요하다.

각각의 전조증상을 탐지함에 있어, 이런 류의 정보를 확실하게 해둬야 한다. 로그 파일에서 전조증상을 탐지하기 전에, 로그의 형태에 대해 익혀둬야 함과 더불어, 전조증상을 탐지하기 위해 어떤 추가 정보가 필요한지 정해둬야 한다.

대개, 로그 파일에 전조증상이 있는지 아닌지 확인하는 것은 로그 파일에 정규식을 적용하는 것만큼 간단하다. 로그 파일에 일치하는 것이 있다면, 전조증상이 존재하는 것이다. 그러나 가끔 이것만으로는 충분하지 않은 경우가 있다. 몇몇 사례의 경우, 상관분석 엔진이 도움을 줄 수 있다. 상관분석 엔진은 한 건이 아닌 로그 여러 건의 복잡한 연관관계를 보여줄 수 있다. 예를 들면 오픈소스 상관분석 엔진으로는 SEC~Simple Event Correlator~가 있다.[6] 대표적인 상업용 상관분석 엔진으로는 아크사이트~ArcSight~[7]가 있다.

전조증상이 발생한 것을 밝혀낸 첫 번째 단계를 지나, 전조증상을 행한 행위자(장비/사용자)중 심각한 행위자와 단순한 행위자를 분리해내야 한다. 이것을 하기 위해, 시각적 기법을 사용하게 될 것이다.

---

6 http://www.estpak.ee/~risto/sec

7 http://www.arcsight.com/

2. 내부 후보자 목록 시각화

내부 후보자 목록을 시각화하는 것은 내부자 탐지 절차의 가장 주요한 단계다. 이 단계는 그래프를 만들어 악의적인 내부자가 될 가능성이 있는 후보자와 아닌 후보자를 구분하는 것을 목표로 한다. 앞서 전조증상에 대한 점수를 구했었기 때문에, 시각화를 사용해 내부 후보자 목록을 분석하는 것 대신, 결정론적 방법을 사용할 수도 있다. 이것 또한 적합한 방식이 될 수 있으나, 시각화를 사용하는 것은 우리가 살펴보고자 하는 내용을 찾는 데 많은 도움이 된다.

- 시각화는 결정론적 방법이 아니다. 스크립트는 프로그래밍된대로만 동작한다. 시각화는 관찰자가 그것을 해석할 수 있는 가능성을 열어주고, 새로운 패턴을 발굴할 수 있도록 한다.

- 기계적 탐지Machine-based detection 방법은 대개 정적이지만, 인간의 시각 체계는 동적이고 악의적인 내부자가 사용하는 기법이 바뀌어도 쉽게 탐지해낸다.

- 시각화는 지금까지 생각하지 못했던 새로운 질문을 던진다.

자, 다시 우리가 하고자 했던 목표가 뭔지 생각해보자. 여기서 달성하려고 하는 세 가지 목표는 다음과 같다.

- 사용자 집단을 파악하기. 어떤 사용자들이 동일한 행위를 수행하는가? 어떤 집단에도 포함되지 않는 사용자가 있는가? 그 외에 일관되게 나타나는 군집에서 나타나는 특이점이 있는가? 왜?

- 사용자 역할에 대한 정보를 추가해, 전조증상이 정말로 위험 신호를 나타내는 것인지 확인한다. 예를 들어, 인사부서에서 resume를 인쇄하는 것은 일반적으로 악의적인 내부자 행위가 아니다.

- 점수가 높은 사용자를 확인한다(전조증상을 많이 보인 사용자를 말한다).

비슷한 행동을 보인 사용자 집단 구별

시각화를 이용해서 달성하고자 하는 첫 번째 목표는 사용자와 전조증상 행위를 묶어 살펴보는 것이다. 예제가 그림 8.9에 있다. 이 그래프는 비슷한 행위를 수행한 사용자를 보여준다. 이는 링크 그래프를 사용한 결과로 이를 통해 최적의 노드 위치를 찾아낼 수 있으며, 비슷한 역할의 사용자를 묶어 보는 데 도움이 된다.

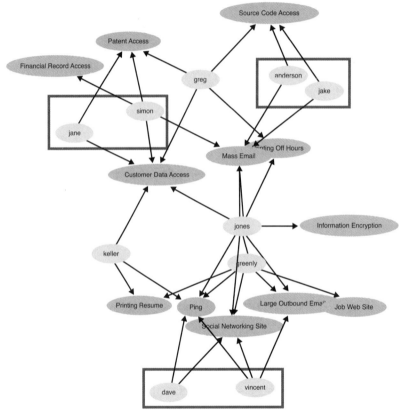

그림 8.9 이 그래프는 사용자들의 전조증상을 분석한 결과로, 역할에 따라 묶인다는 것을 보여준다. 같은 역할을 지닌 사용자들은 비슷한 전조증상을 보인다

그림 8.9에서 비슷한 행위를 한 사용자를 네모 박스로 표시했다. 이것은 이 사용자들이 같은 역할을 가지고 있다는 것을 뜻하지는 않으나, 관찰된 행위들이 비슷한 역할임을 암시한다. 좀 느슨하게 묶여 있다는 것을 주목할 필요가 있다. 사용자들은 정확히 동일한 행위를 수행하진 않았으나, 사용자의 역할에 따라 무리지어 있음을 보여준다. 예를 들어, Jane과 Simon은 고객 정보와 더불어 특허 정보에 접근한다. 다행히도 이 두 사용자는 법무팀에 속해 있고, 그들의 업무 때문에 해당 정보를 접근한 것이다. 반대로 Greg 또한 특허 정보와 더불어 고객 정보에 접근하는 것으로 보인다. 더불어, 업무시간이 지나 인쇄를 하고, 소스코드에 접근하려고 하는 것을 알 수 있다. 이것은 좋지 않은 행위들의 조합이다. Greg이 소스코드에 접근하려고 하지 않았다면, Simon, Jane과 같은 그룹으로 보일 수 있었을 것이나, Greg은 소스코드에 접근을 시도했다. 이런 링크 그래프는 이런 행위를 신속히 구분하는 데 도움이 된다.

주목해야 할 점은 그림 8.9의 모든 사용자들을 사각으로 묶은 것은 아니라는 것이다. Jones와 Greenly는 매우 가까이 있음에도 불구하고, 같은 역할이 아닐 가능성이 크다. Jones는 Greenly에 비해 훨씬 많은 종류의 행위를 수행했고, 고객 정보에 접근했다는 추가 사실로 Greenly와 구분할 수 있다. 사용자를 구분해 묶을 때 이런 이런 것을 고려해야 한다. 그러나 이렇게 시각적으로 표현한다면 비슷한 사용자를 구분하는 데 많은 도움이 될 것이다.

이런 형태로 집단/군집을 만드는 것은 첫 번째 목표를 달성하는 데 도움이 된다. 사용자 집단을 구별하는 방법을 알게 되었다.

사용자 역할 기반 추가 분석

만약 전조증상이 기록된 로그와 더불어 각 사용자들의 역할이 담긴 목록이 있다면, 그 정보를 활용해 그래프를 더 자세히 만들 수 있다. 사용자 역할 정보는 사용자 집단을 분석하는 걸 더 쉽게 할 수 있게 하며, 그래프에 추가적인 정보를 제공한다. 사용자들의 행위를 비교해 어떤 역할에 속한 것인지 추측하는 것 대신, 그래프에 사용자들의 역할을 정확하게 표시했다. 그림 8.10은 이전 그래프와 동일하나, 이 그래프엔 사용자의 역할이 색으로 표시되었다.

사용자의 역할에 따라 색을 표현하면, 전조증상 분석을 매우 쉽게 만든다. 이전 그래프에서 찾았던 두 집단을 살펴보자. 하나는 그래프 상단에 있는 것으로서, 사용자의 실제 역할과 행위가 일치하는 것으로 드러났다(기술 및 법무). 그러나 Greg 또한 기술팀 소속이나, 법무팀 직원들과 비슷한 행위를 했음이 보인다. 이전 그래프에서는 확실하게 보이지 않았던 점이다.

그래프 하단에는 좀 다른 양상이 보인다. 그림 8.9에서 한 그룹으로 묶었던 Vincent와 Dave 두 사용자를 찾을 수 있다. 그림 8.10에서 볼 수 있듯, 이 두 사용자는 같은 부서가 아니다. 그림 8.10에서 찾은 또 다른 것은, 지켜봐야 할 문제의 상당수는 마케팅팀 사용자들의 행위라는 것이다. 전체 그래프에 걸쳐 표시된 많은 전조증상이 마케팅팀의 것이다. 그러나 전조증상을 자세히 살펴보면, 큰 염려를 할 필요 없다는 것을 알게 된다. 여기 나온 전조증상은 심각한 문제가 있는 행위가 아니다. 사소한 행위들뿐이다.

지금까지는 각 전조증상이 얼마나 위험한 행위인지 살펴보지 않고, 단지 사용자를 집단별로 묶어서 보기만 했다. 뒤에선 전조증상에 점수를 매겨 살펴보는 것을 하게 될 것이다.

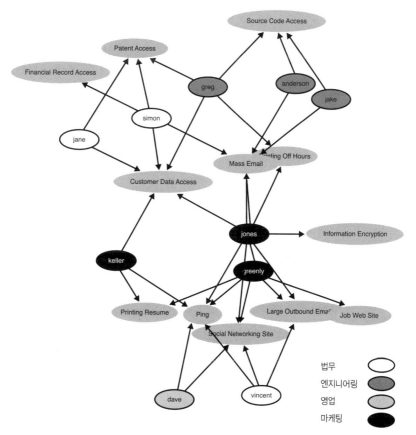

법무
엔지니어링
영업
마케팅

그림 8.10 사용자와 전조증상을 나타낸 링크 그래프. 사용자 노드의 색은 사용자 역할에 따라 다르다. 이렇게 표시하면 특이점을 찾기가 좀 더 쉬워진다

높은 점수의 사용자 구분

이제는 전조증상의 점수를 이용해, 전조증상을 많이 보인 사용자를 구별해볼 차례다. 그래프에 속성을 추가해 전조증상의 점수 표현할 수 있다. 그림 8.11은 이전 그래프에서 사용한 자료와는 다른, 새로운 자료를 기반으로 만든 것이다. 새 그래프에선 사용자 노드의 크기는 사용자의 점수 총합을 나타내는 것이다. 주목할 것은, 동그라미로 표현된 모든 노드의 크기는 동일하며, 크기로 어떤 정보를 나타내는 것이 아니다.

그림 8.11에서는 악성 전조증상은 검정색으로 표현했다. 검정색으로 표현한 노드는 5점 이상이다. 나머지 일반적인 전조증상은 회색으로 표시했다. 악성 전조증상은 발생하면 안 된다. 그러나 어느 사용자가 악성 전조증상을 보였을 땐, 위양성일 수도 있기 때문에 즉각적으로 어떤 행동을 취할 필요는 없다. 악성 전조증상을 여러 번 보이는 사용자가 증가한다면, 확실히 뭔가 잘못되고 있다는 것이다.

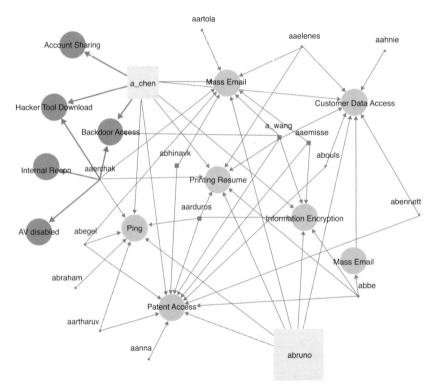

그림 8.11 사용자와 전조증상을 나타낸 링크 그래프. 악성 전조증상은 검정색으로 표현되었고, 나머지 일반적인 전조증상은 회색으로 표현되었다. 네모 크기는 사용자 점수의 총합을 나타낸다

그림 8.11에서 abruno, a_chen 두 사용자를 주목할 필요가 있다. 이 두 사용자는 많은 횟수의 전조증상을 보였다. 이 그래프를 보면 abruno가 가장 심각하고, 자세히 살펴봐야 할 것 같다. 그러나 정말인가? abruno의 전조증상을 자세히 보자. abruno의 전조증상은 모두 일반적인 것들이다. 어느 하나도 악성이 아니다. 반대로, a_chen은 악성 전조증상을 여러번 보였으며, aaerchak 또한 마찬가지다. aaerchak는 다른 노드에 비해 상대적으로 작은 크기인데, 이는 다른 사용자들이 같은 전조증상을 여러 번 보인 것에 비해, 이 사용자는 각 전조증상을 한번씩만 보였기 때문이다. 그렇기 때문에 aaerchak의 점수는 상대적으로 적어 보인다. 각각의 전조증상에 대해 살펴보면, aaerchak을 좀 더 살펴봐야 함이 명확해진다.

이렇게 알게 된 내용은 굉장히 흥미롭다. 이렇게 악성 전조증상을 보인 횟수가 적다면, 레이더에 탐지되지 않는 것 마냥 잘 안 보이게 된다는 것이다. 이런 자료를 시각화함에 있어 링크 그래프를 사용하는 것이 최선이 아닐 수도 있지 않을까?

다른 종류의 시각화를 사용하는 것은 어떨까? 그림 8.12는 트리맵을 이용해 동일한 정보를 나타낸 것이다. 사용자가 최상위 계층이고, 그 다음 계층은 개별 전조증상을 보인 횟수다. 전조증상의 점수를 색으로 표현한다. 사각형이 더 짙을수록 해당 전조증상의 점수가 높다는 것이다. 그리고 네모의 크기는 각 전조증상이 나타난 횟수를 표현한다.

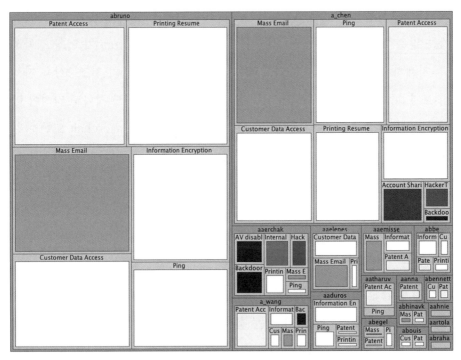

그림 8.12 전조증상을 표현한 트리맵. 계층은 사용자 〉 전조증상이다. 색은 각 전조증상의 점수를 나타내고, 사각형의 크기는 해당 전조증상이 보인 횟수를 나타낸다

짙고 큰 사각형에 관심이 간다. 트리맵을 이용하면, 동일한 사용자를 링크 그래프를 이용해서 살펴볼 때보다, 좀 더 빨리 잠재적 악성 사용자를 찾을 수 있다. Abruno의 전조증상 횟수가 많으나, 상대적으로 aaerchak는 잠재적인 악성 전조증상을 뚜렷하게 보였기 때문에 주목할 필요가 있다. 그림 8.11의 링크 그래프와 비교해보면, 트리맵은 점수가 높은 악성 전조증상을 보인 사용자를 찾기가 더 쉽다.

일단 여기까지가 2단계 내용 '내부 후보자 목록 시각화'다. 이후엔 개선된 탐지 절차를 이용해, 지금까지 사용했던 시각화 방법들에 존재하는 약간의 문제를 어떻게 극복할지 보게 될 것이다. 내부자 탐지 절차의 다음 단계는 후보자 목록이 많을 때 도움이 되는 내용이다.

3. 임계치 필터 적용

내부자 목록을 시각화한 그래프가 굉장히 커질 수 있다. 집중해서 살펴볼 사용자 목록을 좁히기 위해 사용할 필터링 기법을 찾아야 한다.

그래프를 필터링하는 것은 다양한 방법으로 이뤄질 수 있다. 가장 눈에 잘 들어오는 것은, 사용자 노드의 크기로 필터링하는 것이다. 임계치를 정의해 작은 노드를 지워버릴 수 있다. 작은 노드는 점수가 높지 않다. 다양한 관점을 사용해, 쓸모 있는 임계치를 정할 수 있다. 하나는 시행착오법을 선택하는 것으로, 천천히 임계치를 증가시켜 그래프에서 사용자 노드를 점점 제거해, 다룰 수 있는 정도의 적은 사용자를 남기는 것이다. 여기서 적다는 것은 상대적인 관점이다. 다루기에 편하다고 생각한다면, 어떤 수도 상관없다. 임계치 필터를 적용했을 때 어떻게 될지 알아보는 가장 간편한 방법은, 각 사용자별 점수를 나타낸 바 차트를 살펴보는 것이다. 앞서 살펴본 사용자들의 점수를 그림 8.13의 바 차트에 나타냈다.

사용자 및 점수의 분포를 기초로, 임계치를 어디에 걸지 결정할 수 있다. 그러나 신중해야 한다. 그림 8.13의 차트는 롱테일 형태를 띠고 있다. 이 때문에 임계치를 50 이상으로 해야 한다는 생각이 들 수 있다. 이렇게 하면 점수가 높은 상위 두 사용자만 남게 된다. 그러나 이전의 다른 그래프에서 살펴봤듯이, 바로 그 다음 사용자aaerchak도 같이 살펴봐야 한다!

임계치를 설정하는 또 다른 방법은 점수로 정렬한 뒤 상위 n명의 사용자를 뽑아내는 것이다. 숫자 n은 뭐가 되든 상관없다. 그런데 이 방법 또한 위험하긴 마찬가지다. 만약 n+1번째 사용자가 변칙적인 행위를 하거나 악성 사용자라면, 그 사람을 지나쳐버리게 된다. 그러나 점수를 매기는 과정을 반드시 신중하게 다뤄야 하지, 필터링 과정은 아니라고 본다. 이런 문제를 방지하기 위해, 점수 매기는 과정을 어떻게 개선해야 할지는 이후에 살펴볼 것이다.

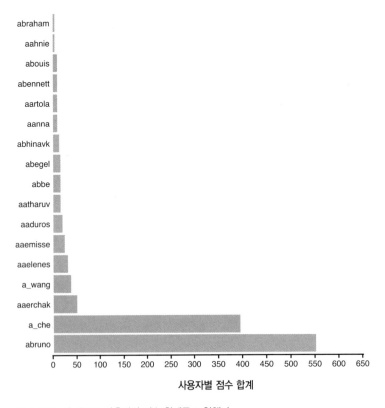

그림 8.13 바 차트로 사용자별 점수 합계를 표현했다

앞서 다룬 것처럼, 내부 후보자 목록을 필터링하는 방법을 익혔고, 이를 이용해 필터링해 남은 사용자들로 새로운 그래프를 만들 수 있다. 앞서 다룬 예제를 필터링한다면, 그림 8.14와 같은 것을 만들 수 있다. 앞서 다룬 내용의 결과로, 상위 3명을 임계치로 적용했다.

여기까지 오면 내부자 탐지 절차는 거의 다 온 것이다. 남아 있는 마지막 단계는, 전조증상 목록을 조정하는 것이다. 이는 다음 장에서 다룬다.

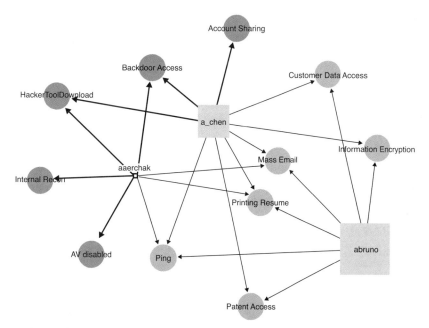

그림 8.14 링크 그래프로 표현한 악의적 내부자 활동. 점수가 높은 몇 명의 사용자만 필터링했다

4. 전조증상 목록 조정

내부자 탐지 절차의 마지막 단계는 전조증상의 목록과 점수를 조정하는 것이다. 이 조정 절차의 목표는 각각의 전조증상에 점수를 매겨 악의적인 내부자를 확실히 파악하는 데 도움이 되고, 또한 일반적인 행위자를 잘못 인지하지 않도록 하는 것이다.

이전 단계에서 본 각기 다른 네 가지 상황을, 전조증상에 적용할 수 있다.

1. 전조증상이 모두 무해한 행위자를 표시(flag)한다: 삭제

2. 전조증상이 보이질 않는다. 특정 행위가 탐지되지 않았다: 전조증상을 새롭게 정의

3. 이 사용자가 보인 전조증상은 이 사용자에게만큼은 확실하게 무해한 행위다: 이 사용자에 대해 예외 적용

4. 전조증상의 점수가 너무 높거나 낮다: 점수 조정

전조증상 목록에 대한 조정을 끝낸 후, 탐지 절차를 다시 수행하고 결과를 확인한다. 이런 작업을 통해 이 절차가 지속적으로 순환되는 형태라는 것을 알 수 있다. 더 나은 결과를 위해서는 적응하고 조정하는 과정이 필수적이다.

전조증상에 대한 조정을 끝낸 후에는 이전에 적용했던 임계치 필터를 제외하고 그래프를 봐야 한다. 임계치 필터를 적용해두면, 점수가 낮은 사용자들을 보지 못하고 잊을 수 있기 때문이다. 임계치보다 더 낮은 곳에서 보이는 전조증상이 있을 수 있다.

전조증상의 점수를 조정하는 절차는 너무 점수가 높거나 또는 실제 중요도에 비해 점수가 낮은 것을 찾는 것으로부터 시작한다. 전조증상의 점수를 조정하고, 해당 점수 조정이 왜 필요한 것인지에 대해 주의를 기울인다. 전조증상 하나만 점수를 조정해야 하는 것이 아니라, 같은 부류의 전조증상 전체의 점수를 조정해야할 수 있을지도 모른다.

전조증상 점수를 조정하는 좀 더 정교한 기법은 전문가 시스템을 활용하는 것이다. 이 시스템은 사용자의 피드백을 기반으로 점수를 조정하는 것이다. 시스템과 상호작용하는 사용자(전문가)로부터 배우는 것이다. 전문가는 전조증상, 사용자 역할 등 현재 존재하는 모든 정보를 기반으로 점수를 매긴다. 시스템은 이런 피드백으로부터 학습하고, 전조증상의 점수를 조정한다. 많은 알고리즘과 기법은 논문으로 나와 있다. 이에 관해 더 살펴보고 싶다면, 말루프와 스테판의 작업을 참고하라.[8]

---

8 "ELICIT: A System for Detecting Insiders Who Violate Need-to-Know," Marcus Maloof and Gregory Stephens, RAID 2007.

내부자 탐지 절차 요약

우리는 이 절에서 많은 내용을 살펴봤다. 이쯤에서 중단하고, 지금까지 살펴봤던 내용을 요약해보고자 한다. 그림 8.15는 그림으로 내부자 탐지 절차를 요약한 것이다. 먼저 전조증상 목록을 만드는 것으로 시작했다. 앞에서도 말했듯이, 이 장의 끝에 많은 양의 전조증상 목록이 있다. 전조증상에 대해 정의하고 난 뒤, 어떻게 점수를 매길지에 대해 다루었다. 이것이 끝난 후, 전조증상을 가지고 작업에 돌입했다. 장비가 행위를 탐지하는 것과, 로그 파일 분석을 통해 탐지하는 것을 보았다. 후보자 목록과 후보자에 대한 정보를 이용해, 사용자의 행위에 대해 사용자 역할 기반 분석을 수행했다. 그래프의 크기를 줄이고 악성이 아닌 사용자를 제거하기 위해, 임계치를 어떻게 적용할지에 대해 이야기했다. 마지막으로 탐지 결과를 분석하는 것이다. 이것은 전조증상 목록과 점수를 조정하는 것으로 바로 이어진다.

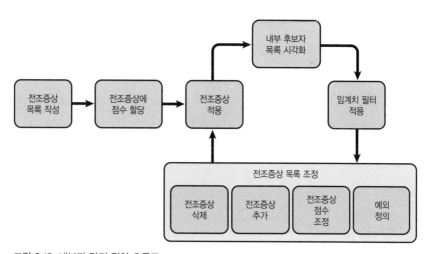

그림 8.15 내부자 탐지 절차 흐름도

전조증상을 조정하는 절차는 계속될 것이다. 전조증상은 시간이 지남에 따라 추가되기도 하고 사라지기도 한다. 새로운 탐지 기술, 새로운 위협, 새로운 사용자, 새로운 직군의 사용자 등 다양한 이유로 새로운 전조증상이 필요해진다. 내부자 탐지 절차를 이제 한차례 끝냈다면, 전체 절차를 다시 한 번 수행해보자.

이 탐지 절차를 어떻게 개선할지, 그리고 단점은 어떻게 극복할지를 알아보기 전에, 먼저 내부자 탐지 예제를 한 번 살펴보자.

내부자 탐지 절차 실전 활용

이 절에서는 내부자 탐지 절차를 직접 해보며 다시 한 번 다룬다. 각각의 단계에서는 자료를 어떻게 준비해야 할지, 그래프를 어떻게 생성해야 할지에 대해 요점을 다룬다.

내부자 탐지 절차를 시작하기 위해, 먼저 전조증상을 정의해야 한다. 표본 전조증상 목록을, 이 장 마지막에서 볼 수 있다. 이 표본은 우리가 다루고자 하는 예제 사례에 적합하다. 이 표본에는 앞서 설명한 기법을 기반으로, 점수가 이미 매겨져 있다. 지금은 일단 점수 매기는 절차를 거칠 필요가 없다.

탐지 절차는 로그 파일에서 전조증상을 탐지하는 것으로 시작된다. 이것을 어떻게 할지 다음의 예제에서 살펴보자. 이력서를 인쇄하는 사람을 찾는다고 가정해보자. 윈도우 서버에서는 이런 프린터 로그가 남는다. 견본 로그는 다음과 같다.

```
Event Type: Information
Event Source: Print
Event Category: None
Event ID: 10
Date: 8/5/2002
Time: 8:32:39 AM
User: Domainname\User1
Computer: Server
Description:
```

```
Document 208, Microsoft Word - resume.doc owned by ram was printed on HP
DeskJet 550C
Printer/User1/Session 12 via port
\\sa-01\Sales\TS012. Size in bytes: 128212; pages printed: 3
```

이런 로그를 윈도우 서버의 애플리케이션 로그에서 수집할 수 있다. 윈도우 장비에서 wmic 명령어(2장 참조)를 이용해 로그에 접근할 수 있다. grep을 이용해 여러 언어의 이력서를 인쇄한 사용자를 찾는 가장 간단한 방법이다.

```
wmic ntevent where "LogFile='Application' and EventCode='10'" GET
format:csv |
grep -i "(resume|lebenslauf|cv)"
```

이벤트로부터 사용자를 추출(예를 들어 awk 명령어를 사용할 수 있다)하고, 아래에 나오는 precursor.list 파일과 같은 형식으로 저장한다. 이 파일에는 사용자, 전조증상 이름, 사용자의 역할, 그리고 전조증상의 점수가 기록되어 있다

```
user,precursor,role,precursor score
ram,printing resume,engineering,1
```

사용자 역할은 액티브 디렉토리와 같은 디렉토리 서비스에서 가져오거나, 그 외에 사용자와 할을 저장해둔 다른 데이터에서 가져올 수 있다. 전조증상의 점수는, 이 장 마지막에서 찾을 수 있는 전조증상 목록에서 가져온다.

모니터링하려는 전조증상에 대해 이 단계를 각각 수행한다. cron과 같은 것을 이용해 이런 절차를 자동화할 수 있음을 잊지 말아야 한다. cron 같은 것을 이용하면, 전조증상에 대한 모니터링을 주기적으로 수행할 수 있게 된다.

일단 이 단계가 끝났고, precursor.list 파일에 탐지한 전조증상 목록이 담겼다. 첫 번째 그래프를 만들 준비가 끝났다. 후보자 그래프를 만들기 위해 Afterglow(9장 참조)를 사용할 것이다. 노드를 정확하게 표현하기 위해, 다음과 같이 속성 파일을 만들어 이것을 ithreat.properties라고 저장한다.

```
1  # Variables
2  variable=@violation=("Backdoor Access", "HackerTool Download", "AV
   disabled", "Account Sharing", "Internal Recon", "Password Sharing",
   "Classification Breach", "Unauthorized Web Site", "Locked Account",
   "Hacker Site");
3  # shape
4  shape.source=box
5  # size
6  maxnodesize=1.5
7  sum.target=0              # do not accumulate target node size
8  sum.source=1              # source node sizes are cumulative
9  size.source=$fields[3]    # the fourth column indicates the size
10 size=0.5
11 # color
12 color.target="royalblue3" if (grep(/?\Q$fields[1]\E$/,@violation));
13 color.target="skyblue1"
14 color.source="#b2e2e2" if ($fields[2] eq "Contractor")
15 color.source="#66c2a4" if ($fields[2] eq "Privileged User")
16 color.source="#b30000" if ($fields[2] eq "Terminated")
17 color.source="#6dc200" if ($fields[2] eq "Legal")
18 1 color.source="#edf8fb"
```

이 설정 파일은 첫 번째로, 위험한 전조증상 목록을 담는 변수violation를 선언
했다. 이 변수엔 중대한 위반 행위가 담겨 있다. 목록으로 나온 행위들은, 12번
째 줄에서 정의한 바와 같이 대상 노드를 별도의 색으로 표시한다. 전조증상이
담긴 두 번째 행($fields[1])의 내용이 violation 변수에 포함된 것이면, 노드의
색은 다른 것보다 더 짙어진다. 4번째 줄에서 원본 노드(사용자)의 모양을 사각형
으로 정의했다. 6번째 줄부터 10번째 줄까지는 노드의 크기를 정의했다. 첫 번
째로 노드의 최대 사이즈는 1.5로 설정했다. 그리고 Afterglow가 원본 도드의
크기를 누적해 보여주도록 했다. 로그 파일에서 원본 노드(사용자)가 나올 때마
다, 해당 점수를 더하고 그걸 노드 크기로 표현하도록 했다. 9번째 줄에서 전조

증상 점수인 네 번째 행($fields[3])을 이용해 원본 노드의 크기를 표현하도록 설정했다. 맨 마지막 다섯 줄에서는 원본 노드의 색을 정의했다. 사용자 역할이 적혀있는 세 번째 행을 기준으로 색을 정의했다. 역할은 각기 다른 색으로 표현된다. 다른 역할이 존재한다면, 여기에다 추가하면 된다.

설정을 정의한 파일을 만들고 난 뒤엔, 다음과 같이 Afterglow를 실행한다.

```
cat precursor.list | afterglow -t -c ithreat.properties |
neato -Tgif -o candidate.gif
```

견본 데이터에 대해 이 명령어를 실행한 결과는 그림 8.16과 같다. 여기서 녹색으로 칠해진 큰 사각형을 볼 수 있다. 전조증상을 많이 보인 법무팀 사용자다. 이 그래프를 보면 시각적으로 좀 더 잘 보이는 그룹과 잘 보이지 않는 그룹이 있다. 소스코드 접근 전조증상을 보면, 기술부서 또는 용역 회사 사람들이 많음을 알 수 있다. 법무부서 사람들은 특허 접근 외 몇 가지 전조증상을 공통적으로 보였다. 이 그래프는 사용자의 역할과 맞지 않는 전조증상을 보인 사용자나 특이점을 찾는데 유용하다. 그림 8.16과 같은 특이한 그래프에서는 특이점을 찾기가 힘들다. 어떤 사용자도 특별히 튀어 보이지 않기 때문이다. 서로 다른 역할이 전조증상을 공유하고 있어, 사용자들이 서로 많이 얽혀 있기 때문이다. 직무 분리를 위반했는지, 역할과 다른 행위를 수행했는지를 확인하기 위해 일일이 그래프를 다 살펴봐야 했다. 독자들이 만드는 그래프는 이런 문제가 없고, 사용자 군집이 명확하게 보일 수도 있을 것이다.

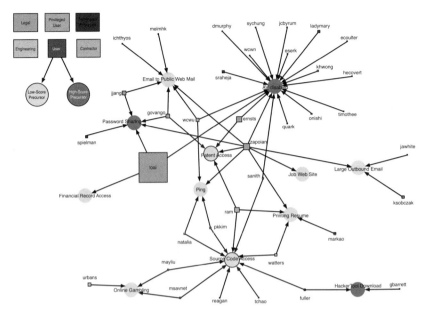

그림 8.16 링크 그래프로 표현한 사용자와 전조증상. 색을 이용해 사용자의 역할을 원본 노드에 표현했고, 전조증상의 위험도를 대상 노드에 표현했다. 사용자별 점수 합계 총합은, 사용자 노드의 크기로 나타냈다(컬러이미지는 에이콘출판사 도서정보 페이지에서 다운로드할 수 있다)

그림 8.16에서 발견한 흥미로운 것 중 하나는, 많은 사용자들이 안티바이러스 소프트웨어를 비활성화했다는 것이다. 이 자체가 어떤 악성 행위는 아니다. 사실, 안티바이러스 소프트웨어가 임직원의 업무에 방해가 되고, 그래서 이것을 비활성화했다는 것을 의미하기도 한다. 그러나 보안의 측면에서는 위험신호다. 몇몇 사용자는 좀 더 추적해볼 필요가 있다. 이 그래프에서 보이는 또 다른 흥미로운 사실은, 퇴직자 목록에 포함된 사용자가 몇몇 전조증상과 함께 그래프에 보인다는 것이다. 이런 사용자가 나타난 건, 어떤 대책이 필요하다는 것이다. 행위자들에 대한 정보를 좀 더 얻어보기 위해, 그림 8.17과 같이 트리맵 시각화를 사용할 수 있다. 트리맵 4.1을 이용해 트리맵을 만들기 위해, TM3 파일을 만들어야 한다(9장 참조). 첫 번째로는 헤더를 입력하는 것이다.

```
COUNT    User    Precursor    Role    Score
INTEGER  STRING  STRING               STRING  INTEGER
```

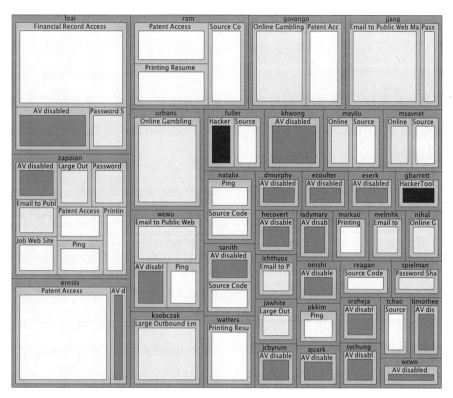

그림 8.17 트리맵으로 시각화한 후보자 목록. 계층 구조는 사용자 〉 전조증상으로 설정했다. 사각형의 크기는 사용자가 해당 전조증상을 보인 횟수이고, 색상은 전조증상의 점수다(컬러이미지는 에이콘출판사 도서정보 페이지에서 다운로드할 수 있다)

각 토큰은 탭으로 구분해야 한다. 다음의 명령을 이용해 precursor.list 파일을 TM3 포맷으로 변환한다.

```
cat precursor.list | sed -e 's/,/ /g' | sort | uniq -c |
perl -pe 's/?\s*//, s/ / /' >> precursor.tm3
```

이 명령어에 탭 두 개가 들어갔다는 것을 명심해야 한다. 결과는 다음과 같다.

```
COUNT    User       Precursor      Role         Score
INTEGER  STRING     STRING         STRING       INTEGER
1        dmurphy    AV disabled    Terminated   4
1        ecoulter   AV disabled    Contractor   4
```

트리맵 4.1에서 이 파일을 로딩하고, 계층 구조를 사용자 〉 전조증상으로 설정한다. 총 횟수를 크기로 지정하고, 전조증상의 점수를 사각형의 색상으로 지정한다.

그림 8.17을 보면 짙은 색으로 칠해진 두 개의 노드가 튀어 보이는 것을 알 수 있다. 이 사용자들은 전조증상을 보인 횟수가 적어, 별로 위험하지 않은 것처럼 보인다. 해킹 툴을 다운로드했다는 것은 놀라운 사실이나, 이 자체가 심각한 문제는 아니다.

짙은 사각형을 살펴보기 이전에, 전조증상을 보인 횟수가 많은 사용자를 볼 수 있다. 이 사용자들은 좌측 상단에 존재한다. 몇몇 사용자들이 여러 가지 복합적인 전조증상을 보였다. 사용자 ram이 특히 흥미롭다. 소스코드와 특허에 접근한 것과 더불어, 이력서를 인쇄했다. 만약 ram이 기술부서라면, 특허에는 접근하지 말아야 한다. 만약 법무부서라면 소스코드엔 접근하지 말아야 한다. 그런데 이 두 가지가 조합된 경우라면, 임직원이 회사를 떠나려고 하는 신호라고 볼 수 있다. ram은 이력서를 인쇄했고, 동시에 회사의 중요 정보인 특허와 소스코드에 접근했다. 반드시 자세한 조사가 이루어져야 한다.

일단 여기에서 내부자 탐지 절차를 소개하는 걸 끝내고자 한다. 이 절차에 몇 가지 결함이 있는 것도 알게 되었다. 다음 절에서 이런 문제를 개선할 수 있는 몇 가지 방법을 알아보자.

개선된 내부자 탐지 절차

앞서 내부자 탐지 절차를 살펴보며, 몇 가지 결함도 알게 되었다. 어떤 전조증상이 무해한 것임에도 불구하고, 사용자가 그 전조증상을 여러 번 보이게 되면, 그 사용자의 점수 또한 빠르게 올라갔다. 또한 어떤 외부 정보를 통합해 살펴보지도 않는다. 예를 들면 퇴직자 목록 같은 것들 말이다. 마지막으로 사용자를 역할에 따라 별도로 살펴보기를 원한다. 예를 들면, 관리자는 취약점 스캐너를 돌려볼 수 있어야 하지만, 영업사원은 그럴 일이 없다. 이런 이슈를 해결하기 위해, '감시 대상'이라는 개념을 살펴보게 될 것이다. 그리고 내부자 탐지 절차에 어떻게 감시 대상을 추가할 수 있을지에 대해 살펴보게 될 것이다. 이 개념은 한 사용자가 동일한 전조증상을 여러 번 보였다는 이유로 점수가 뛰게 되는 상황을 막을 수 있도록 이끌어줄 것이다. 이 문제는 전조증상을 분류해 하나로 묶음으로써 해결할 수 있다.

감시 대상

내부자 탐지 절차는 사용자들의 행위에 점수를 매기고, 잠재적인 악의적 내부자를 분류하는 아주 간단한 방법을 사용했다. 어떤 행위자의 전조증상이 임계치를 돌파해야만 악의적인 내부자로 파악되었다. 이미 봤듯이, 여기에는 점수를 매기는 방식을 포함한 몇 가지 문제가 있다. 다음은 이런 문제를 해결하고 탐지 절차를 좀 더 강력하기 만들기 위해 반드시 포함해야 할 기능이다.

● 외부의 정보 또는 동적인 정보가 탐지 절차에 제공되어야 한다(예를 들면, 인사부서에서 작성한 감시 대상). 이런 목록을 임직원 중 좀 더 자세히 살펴봐야 할 집단을 분류하는 데 사용할 수 있다(예를 들면, 퇴직한 임직원이나 성과 개선 활동 진행 중인 임직원).

- 특정 사용자 역할은 모든 시간에 모니터링해야 한다(예를 들면, 관리자나 또는 관리 권한을 가진 사용자). 이 사용자들은 시스템에 많은 권한이 있고, 이로 인해 탐지 시스템을 좀 더 쉽게 우회할 수 있기 때문이다. 또한 알아둬야 할 것은, 관리자 권한을 가지고 있는 사용자들이 전조증상에 해당되는 행위를 해도 상당수는 예외를 적용받는다. 그들은 업무시간 내내 전조증상에 해당되는 행위를 수행한다(내부 네트워크 스캐닝하기, 암호 해독기 사용 등)

감시 대상은 이런 목적을 달성하기 위해 사용한다. 감시 대상은 행위자(사용자, 장비) 목록 이상 이하도 아니다. 감시 대상은 외부 데이터를 내부자 탐지 절차에 결합시키거나, 특별히 다뤄야 할 사용자 목록을 만드는 데 사용할 수 있다. 감시 대상을 활용하는 것으로 탐지 절차를 다양하게 발전시킬 수 있다.

- 감시 대상에 올라있는 사용자만 한정해 전조증상 모니터링
- 특정 감시 대상에 올라있는 사용자에 대해서는 전조증상 점수를 조정하기

표 8.6은 예제로 만들어진 감시 대상 개요 표다. 이 목록은 아주 일반적인 것이고, 다른 환경에서 사용하려면 그 환경에 맞춰 내용을 고쳐 쓸 필요가 있다.

표 8.6 감시 대상 및 행위/전조증상. 여기에 포함된 사용자는 반드시 모니터링해야 한다

감시 대상	모니터링 대상 행위/전조증상
퇴직한 임직원	어떤 행위든 간에 퇴직한 사람의 계정에서 실행되는 것은 위험한 신호다. 실제로는, 자동적으로 돌아가는 스크립트거나, 그 외에 비슷한 행위일 수 있다. 그러나 이런 행위들은 제거되어야 한다.
관리 권한이 있는 사용자/관리자	관리자 또는 시스템 관리 권한이 있는 사용자 계정은 좀 더 자세히 모니터링해야 한다. 특히 새로운 사용자 추가, 사용자의 접근 권한 추가, 시스템의 중요한 설정 변경 등 시스템에 변경사항이 발생하는 경우엔 특히 그렇다. 이런 류의 행위들은 공격을 위한 사전준비 또는 백도어를 설치하는 행위일 수도 있기 때문이다. 이런 류의 행위는 반드시 변경 요청 티켓을 이용해, 이 행위가 정당한 것인지 증명하는 형태로 가야 한다. 추가로, 관리자 또는 루트 계정의 정기적인 행위도 반드시 모니터링해야 한다. 일반적인 행위는 시스템 관리 권한이 있는 계정으로 실행되어선 안 된다.

(이어짐)

감시 대상	모니터링 대상 행위/전조증상
신입 직원	입사 첫 날부터 그 사람을 신뢰하면 안 된다. 신입직원은 스스로를 증명하고 신뢰를 얻어야 한다. 신입직원의 행위를 모니터링해야 하고 또한, 신입 직원이 하려고 하는 행위에 좀 더 엄격한 기준을 두어야 한다. 실질적으로는, 오래 일한 직원에 비해 전조증상 점수를 조금 더 올릴 필요가 있다는 것이다. 또한 입사 후 몇 주간의 행위를 모니터링해, 정상적인 행동 패턴을 만드는 데 사용할 수 있다.
용역 회사 직원	일반적으로 용역회사 직원들은 네트워크와 같은 회사 자원에 접근할 권한이 있다. 특정한 상황에서는 시스템과 애플리케이션의 관리 권한을 가질 수도 있다. 이런 경우에는 모니터링을 좀 더 신중하게 해야 한다. 업무시간을 확실히 확인하고, 그들의 업무가 끝난 이후엔 계정이 종료되었는지 확실히 해둬야 한다.
재무팀 사용자	'재무팀 사용자'는 단지 예로 언급한 것이다. 특정 자원에 대한 접근 행위를 모니터링해야 한다는 걸 구체적으로 설명하기 위한 예제이다. 한정된 사용자만이 재무 시스템 또는 특정한 자원에 접근할 수 있다. 이렇게 조직별로 사용자를 묶고 모니터링한다면, 회사 자원을 오용할 수 있는 기회는 더 줄어들 것이다.

내부자 감시 절차는 감시 대상을 활용하기 위해 개선될 필요가 있다. 감시 대상을 사용해 몇몇 전조증상에 대한 예외를 정할 수 있고, 어떤 전조증상은 특정한 목록에 올라있는 행위자들에 대해서만 한정해 적용할 수 있다. 감시 대상을 사용하는 두 번째 방법은 전조증상의 점수를 조정하는 것이다. 표 8.7은 사용자가 어떤 감시 대상에 속해있느냐에 따라 전조증상의 점수를 조정하는 방법을 보여준다.

표 8.7 전조증상에 대한 점수 조정 표. 행위자가 어떤 감시 대상에 속해 있는지에 따라 점수가 조정된다

감시 대상	전조증상	점수 조정	최종 점수
퇴사한 직원	모든 행위	+6	〈10
시스템 관리 권한이 있는 사용자	알 필요가 없는 불필요한 정보 접근	+2	5
	익명화 프록시 사용	+1	4
	감사로그 삭제	+1	5
	백도어 계정 생성	+n	10
	안티 바이러스 또는 보안 소프트웨어 비활성화	+1	5

(이어짐)

감시 대상	전조증상	점수 조정	최종 점수
	중요한 파일 변경	+2	5
	사용자 계정 공유	+1	8
	데이터 테이블에 직접 접근	+2	8
신입 직원	모든 전조증상	+2	N
용역회사 직원	설정 지침을 지키지 않음	+2	5
	프록시를 거치지 않은 웹 트래픽	+3	7
중요한 데이터 소유자	정보에 대한 인가되지 않은 암호화	+2	5
	백업 생성 실패	+1	5
	인가되지 않은 정보 전송	+4	7
	사용자 계정 공유	+1	8
	메일과 관련된 이상 행위	+2	4
	저장장치 연결	+3	7
	수상한 국가로 향하는 트래픽	+3	7
IT 보안 담당 직원	설정 지침을 지키지 않음	+2	5
	물리적 이상 행위	+1	10
IT 보안 담당 직원을 제외한 모두	암호 해독기 다운로드	+2	5
	해킹 툴 다운로드	+1	8
	promiscuous로 설정된 네트워크 인터페이스	+1	5

표 8.7은 이 장의 맨 마지막에 나온 전조증상 목록에서 일부를 가져왔다. 감시 대상별로 전조증상의 목록이 다른데, 감시 대상에 따라 영향을 미치는 전조증상이 다르기 때문이다. 점수 조정 표를 이해하기 위해, 먼저 첫 번째 열을 보자. 퇴사한 직원의 계정에서 어떤 행위가 탐지될 경우, 전조증상 점수는 6점 더 높아진다. 그러나 최종 점수는 10 이하여야 한다. 이렇게 된다면, 매우 낮은 점수만 높아지는 효과가 있다. 매우 낮은 점수가 자동적으로 10점이 되는 게 아니

다. 원래 점수가 4점에서 9점 사이인 전조증상이 10점으로 올라가지 않게 되는 것일 뿐이다.

그림 8.18은 행위자별로 감시 대상에 따라 점수가 어떻게 조정되었는지를 시각적으로 요약했다. 감시 대상별로, 트리맵을 이용해 어떤 전조증상이 조정되었는지 나타냈다. 사각형이 짙을수록, 전조증상의 점수가 많이 조정된 것이다.

Privileged Users				New Hires	Everyone except IT Security
Access information outside of need to know	Deleting audit logs	Disabling of anti virus or security software	Changes to critical files	Any Precursor	Download of password crackers
				Internal Reconnaissance	Downloading of hacker tools
Use of anonymizing proxy	Creation of backdoor account	User account sharing	Direct data table access	Network probing	Promiscuous network interface

Owner of Critical Data				Contractors	IT Security Staff	
Unauthorized encryption of information	Unauthorized information transfer	Anomalous Email Activity	Storage device attachment	Not complying with configuration guidelines	Not complying with configuration guidelines	Physical Anomalies
Failure to create backup	User account sharing			Web traffic bypassing proxy	Terminated Employee	
		Traffic to suspicious countries			Any activity	

그림 8.18 트리맵을 이용해 각 전조증상 점수가 감시 대상에 따라 어떻게 조정되었는지 나타내었다. 색상은 점수 변화량을 나타낸다. 색이 짙을수록 조정폭이 큰 것이다

감시 대상은 최신으로 유지되어야 한다. 이상적으로는 정규적인 IT 업무 절차에 포함되는 게 좋다. 예를 들어, IT 부서에서 신입 직원을 위해 계정을 생성할 때, 신입 직원 목록이 갱신되어야 한다. 어떤 직원이 회사를 떠날 때, 인사부서로부터 갱신된 퇴직자 명단을 반드시 받아야 한다.

내부자 탐지 절차에 감시 대상 추가

앞서 다뤘던 내부자 탐지 절차에는 다음과 같은 결점이 있다.

- 어느 사용자가 동일한 전조증상을 여러 번 보이면, 그 전조증상이 무해한 것임에도 불구하고 점수가 빠르게 올라간다. 예를 들어 업무시간 외에 많은 문서를 출력하면, 순식간에 악의적인 내부자로 탐지되곤 한다.

- 행위자가 어떤 감시 대상에 올라있느냐에 따라, 각기 다른 전조증상을 모니터링하고 싶다. 예를 들어, 관리자 권한을 가진 사용자들이 파일을 변경하는 것은 모니터링해야 하지만 모든 직원을 대상으로 할 것은 아니다.

- 어떤 감시 대상에 올라있느냐에 따라, 동일한 전조증상이라도 다른 점수를 적용해야 한다. 신입 직원이 내부를 스캐닝하는 행위를 한다면, 관리자가 동일한 행위를 했을 때보다 높은 점수를 적용해야 한다.

이런 약점을 해결하기 위해, 감시 대상을 활용하는 법을 앞 절에서 설명했다. 첫 번째로는 표 8.7처럼 전조증상 점수를 조정하는 것이다. 그리고 감시 대상을 활용해, 사용자 노드에 색을 칠할 수 있다. 내부자 탐지 절차에 감시 대상 정보를 통합해 새로운 결과를 만들어 낸 것이 그림 8.19이다.

그림 8.19에서는 다음과 같이 달라진 것을 볼 수 있다.

- 사용자가 어떤 감시 대상에 올라와 있는데, 색을 이용해 표현했다.
- 사용자 노드의 크기가 표 8.7을 참조해 변경되었다.

그림 8.19에서는 사용자 abouis가 새롭게 눈에 띄는 것을 알 수 있다. 이 사용자는 퇴직자 목록에 올라있기에, 점수가 확연히 올라갔다. 또한 aaerchak 노드 또한 커진 것을 알 수 있다. 이 말은 즉, aaerchak는 보통의 사용자보다 더 주목해 살펴볼 필요가 있다는 것이다. aaerchak는 관리자 권한을 가지고 있기에 좀 더 신중히 모니터링해야 한다.

사용자가 어떤 감시 대상에 올라있느냐에 따라 색을 칠하면 또 다른 이점이 생긴다. 시각적으로 즉각 사용자 노드를 구분해볼 수 있고, 어떤 감시 대상에 올라있느냐에 따라 행위를 비교해 분석해볼 수도 있다. 예를 들어, 관리자 권한의 사용자가 특허 정보에 접근하는 것처럼, 관리자 권한의 사용자가 자신의 업무 영역 밖에서 전조증상을 일으키는 것을 감시할 수 있다.

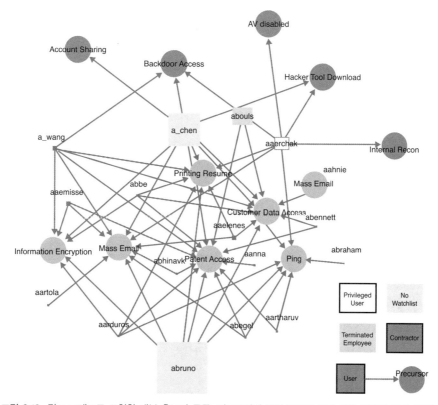

그림 8.19 링크 그래프로 표현한 내부 후보자 목록. 전조증상의 악성 정도에 따라 색이 칠해져 있다. 행위자는 어느 감시 대상에 올라있느냐에 따라 색이 칠해져 있다(컬러이미지는 에이콘출판사 도서정보 페이지에서 다운로드할 수 있다)

전조증상을 종류별로 묶기

감시 대상을 활용해 사용자의 점수를 활용하고, 후보자 그래프에 나타난 노드를 색으로 표시하는 것은, 앞서 내부자 탐지 절차를 다루며 맞닥뜨린 문제를 해결할 수 있는 유망한 방법이다. 그러나 여전히 내부자 탐지 절차에서 발견한 가장 큰 문제를 해결하지 못했다. 점수 매기는 방법을 개선해야 한다. 첫 번째 문제는, 동일한 행위를 몇 번이고 간에 연속적으로 실행하게 되면, 동일한 전조증상이 반복적으로 나타나게 될 것이고, 그 사용자의 점수가 높아진다. 이것을 해결해야 한다.

이 문제를 해결하기 위해, 전조증상을 다섯 가지 종류로 묶어야 한다. 삭 종류별로 최대 점수 합계는 20점이다. 이 말은 즉, 각 사용자의 최대 점수는 100점이라는 것이다. 이렇게 하면, 하나의 전조증상 또는 여러 전조증상이 복합적으로 발생하더라도 지붕을 뚫고 갈 것처럼 점수가 높게 올라가지는 않는다는 것이다. 전조증상의 원본 점수를 기초로 해, 다음과 같이 다섯 가지 종류로 구분한다.

- **전조증상의 영향력이 전혀 없거나, 미미한 경우**: 원본 전조증상 점수는 1과 2
- **전조증상이 악의적 행위를 위한 준비단계인 경우**: 원본 전조증상 점수는 3과 4
- **전조증상이 악의적 행위임을 암시하는 경우, 특정한 상황 또는 특정한 사용자 역할의 경우엔 무해한 행위이나, 그 외의 경우엔 확실치 않을 때(가령 기본적으로 내부 장비를 스캔하는 행위는 악성 행위이나, 시스템 관리자는 가끔씩 수행한다)**: 원본 전조증상 점수는 5와 6
- **악의적 행위(절대 일어나서는 안 되는 일)**: 원본 전조증상 점수는 7과 8
- **내부자 범죄**: 원본 전조증상 점수는 9와 10

이렇게 전조증상을 다섯 가지로 분류하는 것엔 긍정적인 부작용이 있다. 계층을 정의해 사용자를 분류할 수 있다. 어떤 사용자의 점수가 81에서 100 사이면, 내부자 범죄를 저지를 수 있는 악성 사용자로 분류한다. 새롭게 정의한 점수 체계에 따라, 내부자 범죄 행위로 구분되는 다섯 번째 분류에 포함된 전조증상을 최소 한 번 보여야 점수가 거기에 도달하기 때문이다. 61과 80 사이라면, 이 사용자가 악성 사용자라고 판단할 수 있다. 그 점수에 도달하려면 단순히 무해한 전조증상만 나타나지 않고, 다른 분류에 포함된 전조증상도 나타나야 하기 때문이다. 그림 8.20은 사용자 총 점주에 따른 분류 체계를 보여준다. 0부터 20까지는 별로 걱정할 필요가 없다. 21부터 60까지라면, 사용자가 좋지 않은 상황에 놓여있고, 뭔가 진행되고 있을 수도 있다. 61부터 80이라면, 행위자는 몇 가지 악의적 행위를 수행하였고, 자세한 내용을 확인해볼 필요가 있어 보인다. 그리고 80이 넘는다면, 무언가 실제로 진행되고 있다는 것이다.

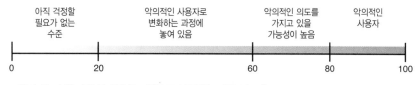

그림 8.20 사용자의 총 점수를 기반으로 분류하는 계층 시스템

주목해야 하는 것은 내부자 범죄로 분류하는 9점 또는 10점의 행위를 한 번만 수행할 수 있다. 그러나 이런 평가체계에서는 총점이 높지 않아 경보가 발생하지 않게 된다. 다른 전조증상도 보여야 경보가 나타나게 될 것이다. 전조증상의 종류에 따라, 위험도가 높은 전조증상에 대해서는 점수를 좀 더 높게 책정해야 한다. 반대로 어떤 전조증상의 경우에는 위양성의 가능성을 낮추고, 사용자가 진정으로 악성인지 여부를 확실히 하기 위해 점수를 낮출 필요가 있다.

전조증상을 종류별로 묶어 후보자 그래프 만들기

노드 크기를 제한하는 새로운 방법으로 후보자 링크 그래프를 만들어도 이전과 그리 다르지 않다. 단지 노드의 크기가 무한히 커지지 않는다는 것일 뿐이다. 새로운 척도가 적용되어 있기 때문에, 최대 크기는 고정되어 있고 상대적으로 작은 노드들이 좀 더 커 보인다. 누적 바 차트를 이용해 사용자의 전조증상 종류별 점수를 보여줄 수 있다. 그림 8.21은 바 차트를 이용한 예제다. 이 바 차트는 사용자가 적은 경우에 최선의 선택이다. 사용자가 더 많아진다면, 사용자를 필터링해서 보여줘야 한다.

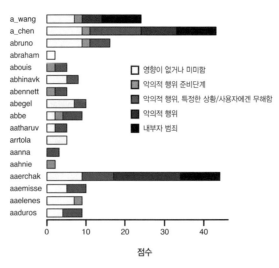

그림 8.21 누적 바 차트. 각 사용자마다 전조증상 종류별 점수를 표시했다

트리맵을 이용하면 좀 더 규모가 큰 데이터를 보여줄 수 있다. 예제는 그림 8.22에 있다. 트리맵의 계층 구조는 감시 대상 〉 사용자〉 전조증상 종류 〉 전조증상이다. 악의적인 내부자 또는 문제적 사용자를 파악하기 위해서는 크고 짙은 사각형에 주목해야 한다. 사각형이 짙으면 짙을수록 해당 사각형에 나타난 전조증상의 점수가 높다. 그리고 해당 전조증상의 총 누적 점수는 사각형의 크기다. 만약, 전조증상이 5점이고 6번 발생했다면, 사각형은 30점을 나타내기 위한 크기가 되어야 할 것이다. 그러나 최고 점수는 20점으로 제한했기 때문에 사각형

의 크기도 20점에 맞춰진다. 어느 사용자에게 짙은 조각이 많다면, 해당 사용자
가 심각한 전조증상을 많이 보였다는 것이다.

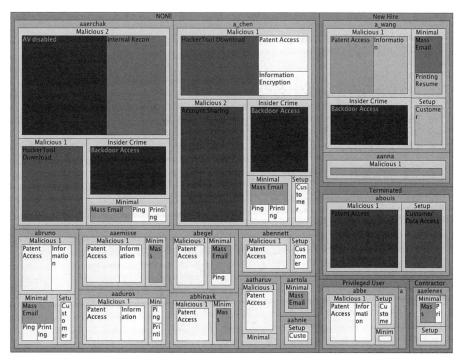

그림 8.22 트리맵을 이용한 사용자별 총점 표현. 이 트리맵의 계층 구조는 감시 대상 〉 사용자 〉 전조증상 종
류〉 전조증상이다. 사각형의 크기는 사용자별 점수 총합이다. 색은 각 전조증상별 점수를 뜻한다. 색이 짙을수
록 전조증상의 점수가 높다

그림 8.22를 보면, 사용자 aaerchak은 자세히 살펴봐야 할 사용자 중 하나라
는 걸 즉시 즉시 알 수 있다. 또한 트리맵을 통해 이 사용자는 감시 대상에 속해
있지 않음을 알 수 있다. 또 다른 사용자 a_chen 또한 주목할 필요가 있다. 이
사용자도 점수가 높은 전조증상을 많이 보였다.

크고 짙은 조각을 살펴보는 것 이외에도, 감시 대상을 기준으로 트리맵을 살펴
보는 또 다른 방법이 있다. 퇴직자 목록에서 몇 가지 행위가 발생했음을 볼 수 있
다. 이 행위는 짙은 색으로 표시되어 있다. 이 또한 자세히 살펴봐야 하는 것이다.

이 트리맵은 현재진행형으로 살펴봐야 한다. 실시간으로 만들 수 있거나, 최소한 정기적으로 만들어 인프라에서 일어나고 있는 일을 살펴봐야 한다. 내부자 탐지 절차와 더불어 점수를 조정하는 절차를 곁들인다면, 이는 인프라에서 발생하는 일을 이해하는 데 더없이 좋은 툴이 될 것이다.

개선된 내부자 탐지 절차 정리

앞서 내부자 탐지 절차를 확장하는 기법을 설명했고, 이를 이용해 초기 버전의 내부자 탐지 절차에서 보았던 단점을 극복할 수 있다. 두 가지 새로운 개념을 도입했다. 감시 대상과 전조증상 종류별 모음이다. 감시 대상으로는 다음을 할 수 있다.

- 인사팀과 같은 외부의 정보를 결합한다. 예제 감시 대상으로는 퇴직자 목록 같은 것이 있다.
- 특정한 감시 대상에 올라있는 사용자에게만, 일부 전조증상을 한정지어 적용한다.
- 행위자가 어느 감시 대상에 올라있느냐에 따라 점수를 조정한다.
- 후보자 그래프에서 행위자 노드에 색을 입힌다.

여기에 더해, 전조증상 묶음이라는 것을 소개했다. 각 전조증상은 다섯 가지 분류 중 하나에 속한다. 전조증상 분류별 최대 점수는 제한되어 있다. 한 행위자에게 하나의 전조증상이 여러 번 발생해 무한대의 점수를 유발할 수 있었던 이전과 달리, 하나의 전조증상이 발생시킬 수 있는 점수는 구체적으로 한정되어 있다는 것이다.

기본적인 내부자 탐지 절차에서 크게 바뀐 건 없다. 다만 점수를 어떻게 계산할 것인가, 그리고 후보자 그래프를 그리는 방법이 바뀌었을 뿐이다. 그럼 이제 앞에서 다뤘던 예제와 개선된 절차를 이용해, 시각화 결과물을 어떻게 바꾸는지 살펴보자.

확장된 내부자 탐지 절차 실전 활용

이 장의 서두에선 악의적인 내부자를 찾기 위해 내부자 탐지 절차를 적용하는 것으로 시작했다. 그 때엔, 더 나은 기법이 있음을 전혀 알 수 없었다. 서두에서 살펴본 내부자 탐지 예제를 다시 한 번 살펴보고, 그 예제를 새로운 기법을 이용해 확장해보자.

서두에서 다룬 내부자 탐지 절차에서는 그래프를 만들기 위해 다음의 데이터를 활용했다.

● **사용자:** 전조증상을 일으킨 사용자
● **사용자 역할:** 역할에 맞는 행위를 수행했는지 분석하기 위해 살펴보는 사용자 역할
● **전조증상:** 사용자가 일으킨 전조증상
● **전조증상 점수:** 전조증상의 점수

확장된 내부자 탐지 절차에서는 분석을 위해 다음의 정보를 추가한다.

● **감시 대상:** 사용자가 속한 감시 대상
● **전조증상 묶음:** 해당 전조증상이 속한 묶음
● **사용자 점수 합계:** 사용자가 각 전조증상 묶음을 통해 얻은 점수의 총합

후보자 그래프를 만들기 위해, 데이터를 준비해야 한다. 가장 중요한 문제는 사용자별 총점을 구하는 것이다. 이 계산은 두 가지 요소를 따라야 한다.

● 각 전조증상 묶음별로 최대 점수가 있다.
● 감시 대상은 각 전조증상의 점수에 영향을 미친다. 전조증상의 적용 대상을 제한하거나, 어느 감시 대상에 올라있느냐에 따라 점수를 다르게 매긴다.

준비한 데이터는 파일 형태로 만들어야 한다. 파일에는 사용자, 사용자가 보인 전조증상, 사용자의 누적 점수를 포함해야 한다.

```
govango,Password Sharing,8
govango,Email to Public Web Mail,8
govango,Email to Public Web Mail,8
govango,Patent Access,8
natalia,Ping,1
```

주목해야 할 것은 전조증상별 점수를 포함하는 것이 아니라 사용자의 누적 점수를 포함해야 한다는 것이다. 각 전조증상 묶음별 최대점수를 안 넘도록 보장할 필요가 있기 때문이다. 후보자 그래프를 만들 때, Afterglow는 전조증상 묶음별 최대 점수를 넘는 것과 상관없이 맹목적으로 점수를 더하기 때문이다. 이렇게 하는 건, 우리가 앞서 했던 것과 똑같다. 그렇기 때문에 Afterglow가 점수를 계산하지 않고, 그 전에 별도의 계산을 해야 한다는 것이다.

그럼 각 사용자별 총점은 어떻게 계산해야 하는 것일까? 안타깝게도, 이걸 한 번에 해낼 수 있는 명령어는 없다. 좀 더 복잡한 방법을 사용해야 한다. 다음과 같은 방법으로 해보자.

첫 번째로는 감시 대상에 기반해 전조증상의 점수를 조정하는 것이고, 두 번째로는 전조증상 묶음별로 최대점수를 적용하는 것이다. 감시 대상에 따라 점수를 조정하기 위해, 다음과 같은 awk 스크립트를 사용한다.

```
awk -F, -v OFS=' '
'/govango|peter|john/ {$4=$4+2} # first watch list, adjust by 2
/annen|baumann|stillhard/ {$4=$4+4} # second watch list, adjust by 4
{print}' activity.csv > new_activity.csv
```

각 줄마다 감시 대상에 속해 있는 사용자가 있고, 감시 대상별로 점수를 조정했다. 첫 번째 줄에 속한 사용자는 2점씩 더했고, 두 번째 줄에 속한 사용자는 4점씩 더했다.

추가로 사용자에 대한 정보와 사용자가 속한 감시 대상을 이용해 점수를 조정하기 위해, watchlist.csv 파일에 내용을 기록했다. 이 파일엔 사용자와 사용자가 속한 감시 대상을 목록 형태로 정리했다.

```
dmurphy,Terminated
ecoulter,Contractor
fuller,Contractor
```

점수 조정을 끝내고 감시 대상을 정리하고 난 뒤엔, 사용자별로 총 점을 계산해야 한다. 전조증상 묶음별로 최대점수가 넘지 않도록 하기 위해선 간단한 스크립트를 작성하거나 수동으로 계산해야 한다. 이 목적을 위해 사용할 수 있도록 간단한 스크립트를 작성했다. 파일은 이 책의 웹사이트에서 다운로드할 수 있다. 실행하는 방법은 다음과 같다.

```
./capper.pl user_activity.csv precursor.csv > user_activity_new.csv
```

이 스크립트는 두 개의 입력을 받는다. 첫 번째 파일은 모든 사용자들의 행위(사용자, 전조증상)이고 두 번째 파일은 전조증상과 해당 전조증상에 대한 점수이다. 두 번째 파일은 또한 전조증상 목록의 점수뿐만 아니라, 전조증상 묶음에 대한 정보도 포함한다. capper.pl 파일은 각 사용자마다 전조증상 묶음별로 최대점수를 안 넘도록 하는 것일 뿐이다. 결과는 앞서 보았다.

내부 후보자 링크 그래프

모든 데이터가 준비되었다면, 내부 후보자 그래프를 만들기 위해 속성을 정의해야 한다. 링크 그래프를 제대로 만들기 위해 다음과 같은 Afterglow 속성 파일을 만든다.

```
1 # Variables
2 variable=@violation=("Backdoor Access", "HackerTool Download", "AV
  disabled", "Account Sharing", "Internal Recon", "Password Sharing",
  "Classification Breach", "Unauthorized Web Site", "Locked Account",
```

```
  "Hacker Site")
3 variable=open(FILE,"<watchlist.csv"); while(<FILE>)
  {chomp; split(/,/); $wlist{$_[0]}=$_[1]}
4 # shape
5 shape.source=box
6 # size
7 maxnodesize=1.5
8 sum.target=0 # do not accumulate target node size
9 sum.source=0 # source node sizes are cumulative
10 size.source=$fields[2] # the third column indicates the size
11 size=0.5
12 # color
13 color.target="royalblue3" if (grep(/?\Q$fields[1]\E$/,@violation))
14 color.target="skyblue1"
15 color.source="#b2e2e2" if ($wlist{$fields[0]} eq "Contractor")
16 color.source="#66c2a4" if ($wlist{$fields[2]} eq "Privileged User")
17 color.source="#b30000" if ($wlist{$fields[2]} eq "Terminated")
18 color.source="#6dc200" if ($wlist{$fields[2]} eq "Legal")
19 color.source="#edf8fb"
```

이 속성 파일은 앞서 사용했던 것과 비슷하다. 크게 다른 것 하나는, 여기선 감시 대상을 사용한다는 것이다. 3번째 줄에서 watchlist.csv 파일에서 감시 대상 정보를 읽어온다. 여기서 읽은 정보는 어떤 감시 대상에 속해 있느냐에 따라 표시하기 위해, 15번째부터 18번째 줄에서 활용된다. 또한 Afterglow를 이용해 소스 노드의 크기를 계산하지 않는다(9번째 줄). 우리는 이미 앞에서 계산했다.

그림 8.23은 이렇게 설정해 시각화 작업을 한 결과다.

그림 8.23의 그래프는 앞서 내부자 탐지 절차에서 만들었던 그래프와 크게 다르지 않아 보인다. 주목해야 할 것은 사용자가 속한 역할(이전에 했던 것 같은)이 아니라, 감시 대상에 따라 사용자 노드를 색으로 표현했다는 것이다. 그리고 이전과 비교해 모든 노드의 크기가 달라졌다는 것이다. 사용자 loai만이 유일하게 큰 노드가 아니다. 다른 사용자도 그만큼 큰 것이 있다. 사용자가 어느 감시 대상에 올라있느냐에 따라 이상한 행동을 하는지 아닌지를 보기 위해, 노드에 칠해진 색을 이용해 그래프를 분석해보자. 크고, 색이 칠해진 노드를 살펴보자.

이렇게 그래프를 살펴보는 것은, 전조증상을 조정하기 위한 탁월한 출발점이다. 몇몇 경우엔, 특정 집단을 대상으로 한 예외를 정의해야 할 수도 있다. 예를 들어, 시스템 관리자 권한이 있는 사용자들이 항상 특정 전조증상(예를 들어 핑 같은 것)을 보이는 경우가 있다. 이런 경우엔, 그것들을 예외로 지정해 더 이상 보이지 않도록 한다.

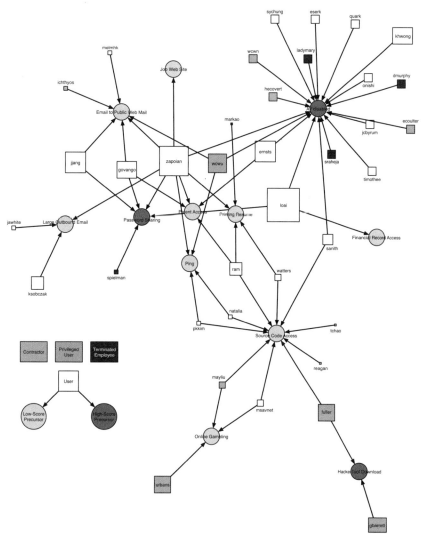

그림 8.23 링크 그래프로 표현한 내부 후보자. 전조증상 노드는 해당 증상이 얼마나 '악성'이냐에 다라 색으로 표현되었다. 행위자 노드는 속한 감시 대상에 따라 색으로 표현되었다(컬러이미지는 에이콘출판사 도서정보 페이지에서 다운로드할 수 있다)

8장_ 내부자 위협 537

내부 후보자 트리맵

링크 그래프를 살펴봤으니, 트리맵 시각화로 넘어가보자. 트리맵의 입력값은 조금 다르다. 여러 파일을 입력해 트리맵을 만들 수 없다. 트리맵 생성에 필요한 모든 정보를 담는 CSV 파일을 정의하고, 이를 트리맵 시각화 툴이 읽을 수 있는 TM3 파일로 변환해보자. 다음과 같은 형태의 파일이 입력값으로 필요하다.

```
User,Precursor,Precursor_Score,Total_Score,Watchlist,Precursor_Bucket
jjang,Email to Public Web Mail,2,2,NONE,Minimal
jjang,Password Sharing,2,2,NONE,Minimal
khwong,AV disabled,4,4,NONE,Setup
ksobczak,Large Outbound Email,2,2,Contractor,Minimal
```

이번 사례에서 총점을 계산하는 것은 약간 속임수에 가깝다. 트리맵은 오로지 리프노드의 시각적 속성을 보여준다. 이것은 무엇을 뜻하는가? 예를 들어, 계층을 감시 대상 〉 사용자 〉 분류 〉 전조증상으로 설정했다고 보자. 이것은 전조증상이 리프 노드라는 것이고, 그렇기에 전조증상의 특성을 사각형에 나타낼 수 있는 것이다. 그러나 이 사례에서는 사용자를 나타내는 사각형 크기를 특정한 값, 사용자 점수 총합으로 나타내려고 한다는 것이다. 그렇게 하기 위해선, 총점과 더불어 전조증상의 점수를 조정하는 속임수에 가까운 계산식을 써야 한다는 것이다. 아래는 각 전조증상 값을 계산하는 공식이다.

새 전조증상 점수 = (전체 사용자 점수 / 해당 사용자 점수) * 전조증상 점수

이 공식은 모든 전조증상 점수를 고르게 조정하지만, 각 분류별 최대점수를 조정하지는 않는다. 각 사용자의 전조증상 총 합은, 전체 사용자 점수로 더해진다. capper.pl 스크립트에 -a 옵션으로 이 계산을 할 수 있다.

```
./capper.pl -a -u user_activity.csv -p precursor.csv -w watchlist.csv >
user_activity_new.csv
```

앞서 입력된 파일은 다음과 같은 행이 필요하다.

- `user_activity.csv`   `user, precursor`
- `precursor.csv`   `precursor, bucket, precursor_score`
- `watchlist.csv`   `user, watchlist`

방금 실행한 명령의 예제 결과는 다음과 같다.

```
ladymary,AV disabled,4,4,Setup,Terminated
spielman,Password Sharing,7,7,Malicious,Terminated
onishi,AV disabled,4,4,Setup,
```

이렇게 다 끝난 후에는, CSV 파일을 TM3 파일로 변환(이에 관해서는 '내부자 탐지 절차 실습'에서 다룬 CSV를 TM3로 변환하는 과정을 참고한다)하고 그림 8.24와 같이 트리맵을 만든다.

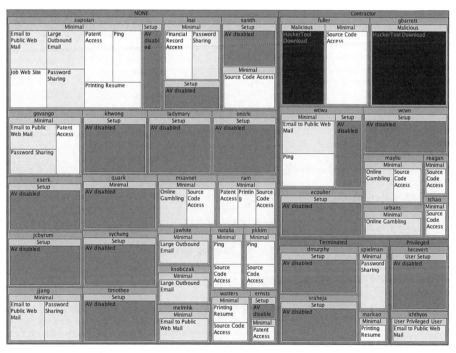

그림 8.24 트리맵을 이용해 사용자의 총점을 표현한다. 이 트리맵의 계층은 감시 대상 > 사용자 > 분류 > 전조 증상이다. 노드의 크기는 사용자 총점에 기반해 결정된다. 노드의 색은 각 전조증상의 점수를 기반해 표현된다. 사각형이 짙을수록 점수가 높다는 것이다(컬러이미지는 에이콘출판사 도서정보 페이지에서 다운로드할 수 있다)

그림 8.24에서 각 사용자의 총점을 이용해 사용자별 사각형 크기를 결정한다. 전조증상을 나타내는 사각형이 고르게 분포되어 있다. 점수가 높은 전조증상을 우측 상단에서 볼 수 있다. 검붉은색의 사각형이다. 여기를 보면 이 전조증상은 혼자 발현했거나 또는 하나의 전조증상과 함께 발현된 것을 알 수 있다. 사용자의 역할에 따라, 심각한 것이 아닐 수 있다. 그러나 용역 회사 직원들이 보안 컨설턴트가 아닌 이상, 저런 전조증상을 보였다는 것은 위험 신호라 볼 수 있다. 상단 좌측을 보면, 가장 점수가 높은 사용자 zapoian을 볼 수 잇다. 이 사용자는 여러 전조증상을 보였다. 그러나 이 사용자가 보인 전조증상 모드는 낮은 점수대에 있는 것이다. 아마도 이 사용자에게 사세한 내용을 직접 물어볼 필요는 있을 것이다.

다음 단계는 전조증상을 조정하는 것이다. 앞서 만들었던 두 그래프를 기반으로, 그래프에 나타난 모든 전조증상이 의미하는 바를 좀 더 자세히 살펴볼 필요가 있다. 이중 일부는 확실히 무해한 행위라고 나타날 것이고, 몇몇 행위는 심각하게 살펴봐야 할 이유가 나타날 것이다.

남은 과제들

내부자 탐지 절차에서 남아 있는 과제가 하나 있다. 이 탐지 절차를 살펴보면서, 모든 행위의 사용자를 추적할 수 있다고 가정했다. 그러나 전조증상이 담겨 있는 로그 파일을 모니터링하다 보면 해당 행위를 일으킨 사용자 정보를 담고 있지 않은 경우가 많다. 최악의 경우엔, 행위와 관련된 아무런 정보도 담지 않고 있는 경우가 있다. 몇몇 경우엔, 몇몇 정보는 담겨 있지만, 그 행위를 수행한 정확한 사용자가 누구인지 담겨 있지 않기도 한다. 예를 들면 많은 종류의 로그 파일은 IP 주소를 담는다. 원 사용자를 찾기 위해 다음과 같은 세 가지 방법을 사용해볼 수 있다.

1. 모든 행위를 발생시킨 장비(즉, IP)를 추적할 수 있다면, 특별히 더 필요한 것이 없다.

2. 각 장비에서 발생한 트래픽이 사용자와 1대 1로 매핑될 수 있다면, 이 매핑 정보를 이용해 발생한 행위의 사용자를 추적할 수 있다.

3. DHCP 로그, 인증 로그, 계정 및 접근 관리 로그 등 사용자와 장비를 추적할 수 있는 추가적인 정보를 사용한다.

또 다른 과제는 계정 관리 측면에서 발생한다. 사용자는 여러 시스템에서 각기 다른 아이디를 사용하는 경우가 종종 있다. 나의 경우엔 내 유닉스 시스템에서는 ram을 사용하고, 회사의 윈도우 도메인에서는 rmarty를 사용한다. 게다가, 가끔은 su나 sudo를 사용하는 것 대신에 root로 직접 접속하기도 한다.[9] 이렇게 root로 직접 접속하는 경우라면, 누가 root로 실행한 결과에 책임을 져야 하는가? 이건 확실히 애매모호하다. 그리고 이것은 계정 및 접근관리 측면에서 다뤄야 하는 문제다. 어떤 행위를 일으킨 사용자를 최대한 추적하기 위해서는, 수집할 수 있는 정보는 다 수집하고 행위와 정보를 연결해 실제 행위자 또는 사용자까지 거슬러 올라간다. 또한 여기서 앞서 언급하지 않은 데이터 소스들도 문제를 해결하는 데 도움이 될 것이다. 예를 들어, 로그인 정보를 수집한다. 만약 어느 사용자가 특정 장비에서는 ram이라는 아이디를 이용해 접속하고, 나머지 장비에서는 rmarty라는 계정을 사용해 접속한다는 걸 안다면, 두 아이디는 한 사람에게 속해 있다는 것을 명확하게 인지할 수 있을 것이다. 한계는 있겠지만, 이런 정보는 계정 현황 정리 작업의 출발점이 될 수 있을 것이다.

여기에서 내부자 탐지 절차에 대한 내용을 끝내고자 한다. 이제 정보보호, 내부자 오용 문제 등의 문제를 살펴볼 수 있게 될 것이다. 내부자 위협 문제를 사전 대처할 수 있는 다양한 접근법을 살펴보자.

---

9 나는 대부분의 장비에 root로 직접 접속하는 것을 막지만, 데스크탑이나 랩탑 점검 작업을 위해 root로 접속하는 경우가 가끔씩 있다.

사전 완화

8장에서 살펴본 내부자 탐지 절차를 이용해, 악의적인 내부자 문제를 살펴볼 수 있다. 그러나 우리가 아무리 전조증상을 잘 정의한다고 해도, 탐지 절차는 시시각각 바뀌어야 한다. 우리가 진정 원하는 것은, 내부자 범죄로 인한 문제를 사전에 줄이는 것이다. 내부자 범죄를 사전 예방할 수 있지만, 복잡한 정책, 절차, 기술적 방법 등 많은 것들이 필요하다.

악의적인 내부자 문제를 예방하기 위해선, 종합적이고 효과적인 보안 대책을 구현해야 한다. 진정 이런 것을 해야 하는 것이다. 독자들도 알고 있듯이 이것은 쉽지 않은 일이며, 정책이나 기술적인 보호 수단으로 해결되지 않는 영역이나 간극이 존재할 것이다. 이 말은 즉 사용자가 악의적 내부자로 변하기 전에, 사용자를 파악하는 모든 작업이 여전히 유효하다는 것이다.

이것은 또한 내부자 탐지 절차와 더불어, 이런 류의 내부자 문제를 줄이기 위해서는 '좋은' 보안 대책을 마련해야 한다는 것을 의미한다. IT 및 컴퓨터와 직접 연관되진 않지만, 인사부서에서 담당하는 많은 절차는 악의적인 내부자 문제를 줄일 수 있다. 예를 들면 보안 의식 교육, 신원 조회background check 등이다. 다음의 목록은 잠재적인 악의적인 내부자가 발생할 가능성을 줄이기 위해 사용할 수 있는 IT 보안 측면의 사례들이다. 다음의 사례는 로그 파일을 통해 모니터링할 수 있다.

- 최소 권한으로 애플리케이션 사용
- 접근 경로 모니터링
- 직무 분리
- 관리자 권한 사용
- 엄격한 설정 관리
- 해지한 고객의 접근 제한

- 엄격한 암호 및 계정 관리 정책
  - 적극적인 악성 코드 방어
  - 원격 공격에 대한 다계층 방어 대책
  - 안전한 백업 및 복구 절차 구현

전조증상을 정의하고, 악의적인 행위 또는 준비중인 내부자 범죄를 탐지해내는 것은 이 목록을 활용하는 방법 중 하나다. 그리고 여기에 나와 있는 것들을 강제로 준수하도록 정책을 만드는 것은 이것을 활용하는 좀 더 효과적인 방법이다. 예를 들어, 직무 분리는 로그 파일을 이용해 모니터링할 수 있지만, 실제로 일어나는 행위에 대해서만 탐지할 수 있다는 단점이 있다. 반대로 말하자면, 시스템의 설정을 분석해 사용자들의 권한이 충돌하지 않는 것을 확인했다면, 직무 분리와 관련된 문제를 확실히 줄일 수 있다. 7장을 살펴보면, 어떤 것을 살펴봐야 할지 알 수 있다.

종합적인 해결책은 예방 대책과 탐지 대책 둘 다 구현하는 것이다. 예방 대책의 한 부분을 깜빡 하고 빠트릴 수도 있다. 그러나 실제 사고가 발생하기 전에 내부자 탐지 절차를 통해 파악할 수 있을 것이고, 그로 인해 피해를 줄일 수도 있게 될 것이다.

전조증상 예제

전조증상은 내부자 탐지 절차에서 필수적인 요소다. 8장의 마지막은 기업 환경에서 행위자들을 모니터링할 때 사용할 수 있는 전조증상 모음이다. 전조증상은 표 별로 나눠서 구성되어 있다. 이 목록에는 전조증상과 더불어, 전조증상을 찾을 수 있는 로그 파일의 종류, 로그 파일에서 전조증상을 탐지하는 방법, 전조증상을 탐지하는 방법의 종류(시그니처 매칭, 정책 모니터링, 이상 행위 탐지), 점수 매기는 법, 전조증상이 나타난 예제 로그 등이 나와 있다.

표 8.8은 세 가지 종류의 내부자 범죄(사보타주, 사기 행위, 정보 누출)에 모두 적용할 수 있는 전조증상이 나와 있다. 그 다음 표는 내부자 범죄 중 특별히 한 가지에만 적용할 수 있는 전조증상이다.

어떤 전조증상은 다양한 종류의 내부자 범죄를 탐지하는 데 사용할 수 있지만, 어떤 것은 특정한 한 종류에만 적용되기도 한다. 표 8.9는 사보타주, 표 8.10은 정보 누출에 대한 것이며, 마지막으로 표 8.11은 사기 행위에 대한 것이다.

표 8.8 세 가지 종류의 모든 내부자 범죄에 활용할 수 있는 전조증상 예제 묶음: 사보타주, 사기 행위, 정보유출

전조증상	설명	데이터 소스	탐지 방법	점수	탐지 분류
조직의 시스템 사용 정책 위반	게임을 플레이 하는 행위, 회사 장비를 개인 프로젝트에 사용하는 행위 등	OS	로그 분석	1	정책

윈도우 이벤트 로그 예제:

EventlogType=Security
DetectTime=2005-04-29 14:15:16
EventSource=Security
EventID=592
EventType=Audit_success
EventCategory=Detailed Tracking
User=COMPANY\yfan
ComputerName=NIGHTLESS
Description=A new process has been created
New Process ID=4856
Image File Name=\Program Files\Windows NT\Accessories\pinball.exe
Creator Process ID=3532
User Name=yfan
Domain=ARCSIGHT
Logon ID=(0x0,0x1BDF9)

전조증상	설명	데이터 소스	탐지 방법	점수	탐지 분류
인쇄 행위	다음의 시나리오에 해당된다면, 임직원이 회사를 떠날 준비를 하고 있다는 신호다. • 이력서 인쇄 • 비업무시간 인쇄 • 과다한 인쇄	프린터 로그	로그 분석	1	시그니처/이상 행위

윈도우 프린터 로그 예제(누군가가 메모장에 정보를 붙여넣고 인쇄를 하면 다음과 같은 로그가 나온다):
#Document 92, Untitled.txt - Notepad owned by ram was printed on HPIJ via port
HPLaserJet4050Series. Size in bytes: 12342; pages printed: 5

(이어짐)

전조증상	설명	데이터 소스	탐지 방법	점수	탐지 분류
온라인 구인 페이지 접근	구인 사이트를 접근한다면, 임직원이 곧 회사를 떠날 것이고 새로운 회사를 찾고 있다는 신호다.	• 프록시 • 넷플로우 • 라우터 • 방화벽	구인 사이트 접근 기록에 대한 로그 분석	1	시그니처

오픈BSD pf 방화벽 예제:

Feb 18 13:39:27.667326 rule 71/0(match): pass in on xl0: 195.27.249.139.63280 〉 66.218.84.150.80:
S 948010585:948010585(0) win 32768 〈mss 1460,nop,wscale 0,nop,nop,timestamp 24077 0〉 (DF)

허가되지 않은 웹사이트 접근	허가되지 않은 웹사이트에 접근하는 것은, 임직원이 일에 집중하고 있지 않다는 것을 나타낸다.	웹 프록시	로그 분석	2	정책

privoxy 로그 예제:

Apr 01 13:13:05 Privoxy(b55aaba0) Request: www.sex.ch/index.html

평소 업무 시간이 아닐 때에 계정 생성	시스템 관리자의 업무 습관을 기준으로 해, 이런 행위가 발생하는 것은 문제가 있음을 나타낸다.	운영체제 애플리케이션	로그 분석	2	시그니처
암호 해독기 다운로드 및 사용	일반적인 사용자는 이런 류의 툴을 필요로 하지 않는다.	웹 프록시 운영체제(파일 변경 모니터)	로그 분석	3	시그니처

privoxy 로그 예제:

Apr 04 19:45:29 Privoxy(b65ddba0) Request: www.google.com/search?q=password+cracker

업무와 무관한 정보 접근	사용자는 업무와 관련 없는 자료에 접근하면 안 된다.	운영체제 웹 서버 애플리케이션	로그 분석: 각 사용자 역할별로 정상 범위를 정의한다.	3	정책
하드닝을 하지 않거나, 설정 지침을 준수하지 않음	패치를 하지 않거나, 필요한 설정을 하지 않는 것은 잠재적으로 취약점이 존재한다는 것을 의미하고, 그로 인해 악용될 수 있다.	설정, 패치 관리 소프트웨어 배포 서버 취약점 스캐너	로그 분석: 패치 또는 설정 관리 위반 사례를 찾는다.	3	정책
익명화 프록시 사용	익명화 기능은 목적지를 숨기고, 전송 내용을 숨기는 데 사용된다. 이럴 경우 IDS나 DLP 장비들의 탐지를 회피하는 게 용이해진다.	프록시 넷플로우 라우터 방화벽	공개된 프록시 목록을 이용해 로그를 분석한다.	3	시그니처

Privoxy 로그 예제:

Apr 04 19:45:29 Privoxy(b65ddba0) Request: www.google.com/search?q=password+cracker

(이어짐)

전조증상	설명	데이터 소스	탐지 방법	점수	탐지 분류
내부 탐색	애플리케이션을 살펴보고, 서버를 이용해 공유하는 행위는 누군가 내부를 살펴보고 있다는 신호다. 이렇게 살펴본 내용은 최종적으로 공격을 실행하는 데 사용된다.	애플리케이션 운영체제 NIDS	로그 분석	3	정책 이상 행위
감사 기록 삭제	감사로그는 반드시 보존되어야 하며, 특정한 경우에만 삭제할 수 있어야 한다. 감사로그를 삭제하는 것은 추적을 회피하기 위한 시도일 수 있다.	운영체제(파일 변경 모니터링)	로그 분석	4	시그니처
프록시를 거치지 않은 웹 트래픽	프록시가 구축된 환경이라면, 모든 웹 트래픽은 반드시 프록시를 거쳐 접근할 의무가 있다.	넷플로우 라우터 방화벽	로그 분석: 프록시를 거치지 않은 웹 접속 탐지	4	시그니처
허가받지 않고 동료의 장비를 사용	타인의 장비를 사용하게 되면, 어떤 행위의 원인이 다른 사람으로 지목되고, 무고한 제3자가 주목받게 되는 경우가 생길 수 있다.	물리적 접근 제어	로그 분석: 사용자가 이 빌딩에 존재하지 않거나, 다른 빌딩에 존재하는 경우임에도 불구하고 해당 사용자의 장비에 접근하는 사람이 있는 경우	5	정책
물리적 이상 행위	물리적 접근이 동시에 일어나는 것은 불가능하다. 논리적 접근은 물리적 접근 없이 일어날수 없다. 장비에 무제한적 접근	물리적 접근 통제 운영체제 애플리케이션	로그 분석: 물리적 접근 로그와 논리적 접근 로그의 연관 분석	9	정책
백도어 계정 생성	인가되지 않은 통신 장비 어떤 요청 없이 생성된 계정	취약점 스캐너 운영체제 애플리케이션	로그 분석	9	시그니처

표 8.9 사보타주 탐지를 위한 예제 전조증상 묶음

전조증상	설명	데이터 소스	탐지 방법	점수	탐지 분류
네트워크 정밀 탐색	일반적인 사용자는 내부 네트워크에서 스캐너를 사용하거나, 장비를 자세히 살펴볼 수 있는 정당한 사유가 없다. 이것은 보안 담당자 또는 감사 담당자만이 할 수 있는 것이다.	IDS/NBAD	이상할만큼 많은 트래픽 또는 스캔으로 보이는 특정 행위	3	정책 시그니처
허가받지 않고 정보를 암호화하는 행위	자료가 암호화되고 암호화 키를 잃어버리는 경우, 자료를 더 이상 복구할 수 없게 된다. 이는 사보타주 행위일 수 있다.	NIDS	몇몇 경우, NIDS는 통계 분석 기법을 사용해 네트워크를 오가는 트래픽에서 암호화된 데이터를 탐지할 수 있다. 그러나 또한 다른 문제가 존재하는데, 해당 행위가 정책적으로 허용된 것인지, 그리고 암호화가 허가된 것인지 아닌지 확인하는 것이다.	3	시그니처?
중요한 파일 변경	시스템 설정이 변경되거나, 새로운 크론 작업이 추가되는 것이 변경 티켓을 받지 않고 이루어지는 것은, 잠재적으로 문제될 수 있다는 신호다.	운영체제	로그 분석	3	시그니저
안티바이러스 또는 다른 보안 소프트웨어 비활성화	보안 소프트웨어를 끄면, 보안소프트웨어가 보고하거나 차단하는 명령어를 실행할 수 있게 된다. 공격을 준비하기 위해 보안 소프트웨어를 끄는 경우도 있다.	운영체제 보안 소프트웨어 로그	이런 보안 소프트웨어를 종료하거나, 서비스를 비활성화하는 것을 운영체제 수준에서 모니터링한다.	4	시그니처
필수적인 백업 실패	일반적으로 백업을 누락한 것은 무엇에 문제가 있는 것이다. 이것은 사보타주 행위를 준비하고 있는 신호로도 볼 수 있다.	백업	로그 분석	4	시그니처

(이어짐)

전조증상	설명	데이터 소스	탐지 방법	점수	탐지 분류
해킹 툴이 나 악성코드를 다운로드하고 설치하는 행위	설령 바이러스 연구원라고 해도, 이것은 분명히 일반적인 행위는 아니다. 루트킷과 패스워드 스니퍼는 사용자 애플리케이션 리파지토리에 있어서는 안 된다.	프록시/IDS	로그 분석: 바이러스 코드 배포 사이트에 접근하는 행위 모니터링	7	시그니처

표 8.10 정보 유출 탐지를 위한 전조증상 예제 묶음

전조증상	설명	데이터 소스	탐지 방법	점수	탐지 분류
이상 이메일 전송 행위	문서를 웹 메일 계정으로 전송하는 행위/경쟁사로 이메일을 보내는 행위	이메일 DLP IDS	감시 대상인 특정 수신자 목록을 만들어 로그 분석/이메일을 자주 주고받는 특이한 집단을 분석한다.	2	정책
허가받지 않은 정보 전송	중요한 정보가 잘못 전송되는 경우, 직/간접적 손해가 발생할 수 있다.	프록시 애플리케이션 이메일 메신저	로그 분석	3	정책
다른 사람의 이메일을 열어 보는 경우	사용자는 자신의 이메일만 열어볼 수 있어야 한다.	이메일	로그 분석	4	시그니처

마이크로소프트 아웃룩 예제:
COMPANY/ram logged on as /o=COMPANY/ou=US/cn=Stefanie Boem Recipients/cn=ram on database
"COMPANY₩zurich(VMSG32)". For more information, click http://www.microsoft.com/contentredirect.asp

전조증상	설명	데이터 소스	탐지 방법	점수	탐지 분류
Promiscuous 모드로 설정된 인터페이스	이것은 모니터링해야 하는 보안 설정 중 하나다. Promiscuous 모드로 설정된 인터페이스가 있다면, 누군가가 트래픽을 훔쳐볼 수 있다는 신호다. 네트워크나 보안 담당자를 제외한다면, 임직원 그 누구도 허가되지 않는다.	운영체제	로그 분석	4	시그니처

(이어짐)

전조증상	설명	데이터 소스	탐지 방법	점수	탐지 분류
저장장치 연결	CD롬, USB 저장장치 등 저장장치를 연결한다면, 특정한 자료를 훔치거나 삭제할 수 있다.	운영체제	로그 분석	4	시그니처
의심스런 국가로 향하는 트래픽	몇몇 회사의 경우엔, 트래픽이 향하는 곳에 민감하다. 만약 회사가 스위스에서 운영된다면, 트래픽이 유럽 내부에 있는 것이 일반적일 것이다. 그러나 유럽밖으로 향하는 트래픽이 있다면, 뭔가 의심해볼 수 있다.	라우터 방화벽 넷플로우 프록시	화이트리스트 또는 모니터링해야 할 엔드포인트에 대한 블랙리스트를 만들어 로그 분석	4	정책
사용자 계정 또는 암호 공유	각 사용자는 각자의 유일한 계정을 사용해, 감사 가능성 또는 책임 증명성을 보장해야 한다.	운영체제 애플리케이션	물리적으로 다른 위치 또는 논리적으로 다른 네트워크에서 동시에 접근하는 계정 탐지	7	정책
랩탑 도난	도난된 랩탑을 자동으로 탐지하는 시스템은 없다. 그러나 랩탑 소유자는 도난 사실을 확인하면 가능한 빨리 보고해야 한다. 그렇게, 이후 해당 랩탑을 사용되는 것을 탐지할 수 있으며, 그 외에 도난으로 인한 −필요 절차를 시작할 수 있다.	사람	모든 회사들은 반드시 도난 보고 절차를 가지고 있어야 한다. 이것은 사람이 직접 수행하는 절차다.	8	N/A

표 8.11 부정 행위를 탐지하기 위한 전조증상 예제 묶음

전조증상	설명	데이터 소스	탐지 방법	점수	탐지 분류
중요 파일 변경	사기 행위를 수행하기 위해 특정 행위를 숨기거나, 시스템의 고유 설정을 변경하거나, 경로를 만들 목적으로 중요한 파일을 변경할 수 있다.	운영체제 애플리케이션	로그 분석	3	시그니처
데이터베이스 직접 접근	일반적으로 데이터베이스는 애플리케이션을 통해 접근하며, 데이터베이스에 직접 접근해 자료를 변경하지 않는다. 데이터베이스에 직접 접근해 변경하는 것은, 애플리케이션의 보안 통제 정책을 우회하기 위함이다.	데이터베이스 애플리케이션	지정된 애플리케이션만 특정 테이블에 접근할 수 있도록 모니터링한다.	6	정책
역할 기반 접근 모니터링	각각의 사용자 역할은 특정 행위를 수행할 수 있도록 되어 있다. 역할에 벗어난 행위를 수행하는지 모니터링한다. 예를 들어, 데이터베이스 관리자가 테이블에 접근하는 것은 나쁜 신호다.	데이터베이스 애플리케이션 운영체제	각 사용자가 지정된 역할만 수행하는지 로그를 모니터링한다.	6	정책

여기 나온 전조증상은 단지 예제일 뿐이다. 사용할 수 있는 전조증상은 더 많이 있으며, 독자의 환경에 맞는 중요한 전조증상을 정의할 수도 있다. 이 전조증상은 단지 시작일 뿐이고, 이 전조증상에서 영감을 얻어 더 확장해보자. 그림 8.25는 그래프를 이용해 방금 나온 전조증상들을 정리한 것이다. 이 그래프는 표에 나온 전조증상이 어떤 종류인지, 그리고 새로운 어떤 분야의 전조증상을 만드는 데 더 신경을 써야 하는지 알 수 있게 해준다. 좌측의 군집은 일반 전조증상이며, 세 가지의 내부자 범죄 유형 모두에 적용할 수 있다. 그 다음 군집으로는 사기 행위, 정보 유출, 그리고 마지막으로는 사보타주에 관한 것이다. 이 그래프에서 대부분의 전조증상에 대략 3-4점 사이의 점수가 할당된 것을 알 수 있다. 즉, 높은 점수가 할당된 전조증상을 적발하는 것은 사소한 일이 아니라는

것이다. 거기에다 검은색으로 표현된 전조증상, 이상 행위를 탐지해 찾아낼 수 있는 전조증상은 거의 없다. 하나 있는 것은 세 가지 내부자 범죄 유형에 모두 적용할 수 있는 일반 유형이고, 굉장히 찾기 쉽다.

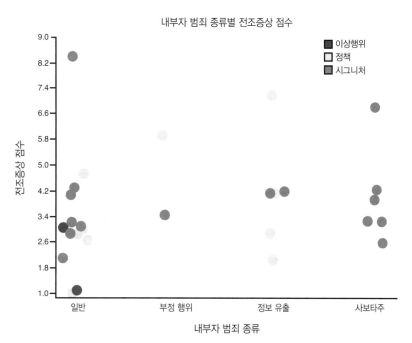

그림 8.25 앞서 소개된 모든 전조증상들의 분류 및 점수 정리

요약

경계를 강화하는 것만으로 보안 대책이 끝나는 게 아니다. 외부의 공격자로부터 사내의 컴퓨팅 자원 오용 및 정보 유출을 방지하는 것도 중요하고 필요하지만, 또한 악의적인 내부자로부터 시스템과 정보를 보호하는 것 또한 중요하다. 악의적인 내부자를 탐지하는 것과 관련된 문제는, 악의적인 내부자가 실제로 악의적인 행위를 수행하는 시점에 경보를 낼 수 있는 어떤 보안 장비 또는 프로그램이

없다는 것이다. 이것은 굉장히 복잡한 문제다. 악의적인 내부자의 행위를 탐지하기 위해서는 굉장히 많은 자료를 분석하고 모니터링해야 한다.

8장에서는 내부자 범죄와 내부자 범죄를 준비하는 행위를 탐지할 수 있는 내부자 탐지 절차에 대해 살펴봤다. 시각화를 사용해 많은 양의 자료를 분석했고, 또한 범위를 줄여 적절한 정보를 살펴볼 수 있게 되었다. 악성 행위가 일어났을 때 해당 행위를 탐지할 수 있는 전조증상에 대해서도 살펴보았다. 점수 체계를 이용해, 어떤 행위를 집중해 살펴봐야 하는지 점수를 매겼다. 내부 후보자 그래프를 통해 어떤 행위가 집단별로 흔히 일어나는지 알 수 있게 되었고, 이를 통해 득정 집단의 전조증상 예외 목록을 조정하는 데 많은 도움이 되었다.

다음으로 전조증상을 종류별로 묶고, 각 종류별로 최고 점수를 주는 방법으로 내부자 탐지 절차를 개선해보았다. 이 방법으로 기존의 탐지 절차에서 발견할 수 있었던 근본적인 단점 중 하나를 극복할 수 있었다. 그 다음으로 개선된 것은 감시 대상이라는 것을 더해 특정한 사용자 집단을 좀 더 주의깊게 살펴보거나, 점수 체계를 달리 줄 수 있게 되었다.

안타깝게도, 아직까지는 내부자 탐지 절차를 쉽게 구축하는 게 항상 가능한 것은 아니다. 정보에 문제가 있다. 가장 중요한 문제는 일부 로그 파일에서만 해당 행위를 수행한 사람을 파악할 수 있다는 것이다. 애플리케이션 로그로는 해당 행위를 수행한 사람을 찾는 게 항상 가능한 것이 아니다. 모든 정보를 한데 모아 어떤 행위를 수행한 사람을 추적할 수 있는 시스템이 필요하다. 현재는 "192.168.23.1이 공격자다."라는 것 정도 이외엔 가능한 게 없다. "Joe가 해당 행위를 저질렀다."라는 것을 못 박을 수 있다면, 훨씬 더 효과적일 것이다. 이렇게 추적이 쉽지 않다는 것을 언급하는 것을 끝으로, 이번 장을 마무리한다.

9

데이터 시각화 툴

이 책 전체에 걸쳐, 로그 파일과 보안 자료를 시각적으로 표현할 수 있는 많은 툴을 사용했다. 몇몇 경우엔 시각화 작업을 수행하기 위한 툴 설정법을 보여주기도 했다. 9장에서 하고자 하는 것은, 나만의 그래프를 만들기 위해 무료로 사용 가능한 많은 툴들을 정리하는 것이다. 9장을 다 읽고 나면, 모든 툴과 더불어 그 툴로 가능한 작업이 나란히 정리된 커다란 표를 찾을 수 있을 것이다.

각 툴을 설명하는 내용을 집중해서 읽어보자. 시각화를 위한 '최고의 툴'이라는 것은 없다는 걸 알게 될 것이다. 각각은 강점이 있고 또한 약점이 있으며, 빠진 기능이 한두 가지씩은 있다. 좋은 상업용 제품이 몇 가지 있지만, 원하는 시각화 작업을 모두 할 수 있는 제품은 없다. 가진 데이터를 시각화하기 위해서는 몇몇 툴을 빌드해야 할 것이고, 아마 코드도 몇 줄 작성해야 목표를 달성할 수 있을 것이다.

이 책의 웹사이트(http://secviz.org)에서 다운로드할 수 있는 DAVIX에서는 9장에서 다루는 모든 툴을 담고 있다. 유닉스 데이터 분석 및 시각화Data Analysis and Visualization UNIX를 요약한 단어인 DAVIX를 이용해, 별도의 설치 과정 없이 다양한 툴을 사용해볼 수 있다. 모든 툴은 사용할 준비가 되어있다. 급하게 한 묶음의 로그 파일을 분석해야 하는데, 어떤 툴을 설치하거나 설정하기가 싫다면, 다운로드한 것들을 이용해 자료를 읽어들여 재빠르게 로그 파일을 분석할 수 있다. 게다가, 다운로드한 툴을 테스트할 수 있는 몇몇 로그 파일도 담겨 있다. DAVIX에 대한 더 자세한 정보는 http://davix.secviz.org에서 살펴볼 수 있다.

9장에서 살펴보는 라이브러리와 툴 목록은 완벽한 것이 아니다. 이건 내가 각종 보안 자료를 시각화하면서 살펴보게 된 간단한 시각화 보조재 모음이다. 명심해야 할 것은 9장에서 라이브러리나 툴에 집중하지 않는다는 것이다. 진정한 시각화 툴로는 단지 파이차트를 만드는 것보다 더 많은 것을 할 수 있다. 예를 들어, 오피스로도 차트는 만들 수 있다. 어쨌든, 9장에서는 이런걸 이야기하려고 하는 것이 아니다.

9장은 다음과 같이 구성되어 있다. 먼저 무료로 사용할 수 있는 시각화 툴에 대해 다룬다. 이걸로 독자의 자료를 시각화하는 첫 발걸음을 뗄 수 있을 것이다. 그리고 오픈소스 프로그래밍 라이브러리에 대해 다룬다. 확실히 이건 모두에게 쉬운 것은 아니다. 몇몇 라이브러리는 프로그램에 추가하기가 복잡할 것이다. 나머지는 정말 쉽지만. 그러나 어떤 프로그램보다도 유연함을 제공할 것이다. 라이브러리를 다룬 후엔, 상업용 툴을 살펴볼 것이다. 9장을 시작하기 위해 자료 입력 방법, 파일 형식 등에 대해 써봤다. 시각화 툴들은 각각 다른 형식의 파일을 사용한다. 첫 번째 절에서는 먼저 이런 포맷들을 살펴볼 것이다. 그런 다음 오픈소스 툴, 라이브러리, 온라인 툴, 마지막으로 상업용 툴을 살펴볼 것이다.

자료 입력

9장에서 소개하는 툴들은 보안 장비로부터 자료를 직접 읽어들일 수 없다. 예를 들어 스노트 로그 같은걸 읽어들일 수 없다. 약간의 예외로 PCAP 파일을 읽을 수 있는 툴이 있다(2장 참조). 흥미롭게도, R만이 유일하게 데이터베이스에 접속해서 데이터를 읽어올 수 있다. 나머지 툴은 자료를 읽기 위해서 자료를 파일 형태로 만들어야 한다.

가장 흔하게 쓰이고, 중요하기 때문에 알아야 하는 파일 포맷은 쉼표로 구분된 값 CSV, TM3, 그래프비즈의 DOT 포맷, 그리고 그래프 마크업 언어 GML이다. 로그를 이 포맷으로 변환하는 방법에 대해 간단히 살펴보자.

쉼표로 구분한 값

쉼표로 구분된 값, CSV 파일은 필드 또는 자료 계열을 쉼표로 구분한다. 다음은 예제다.

```
10.0.0.2,10.2.3.1,80
10.2.3.1,10.0.0.2,29122
10.2.3.1,10.0.0.2,53
```

세 가지의 자료 계열 또는 세 개의 열을 볼 수 있다. 첫 번째 열은 출발지 주소, 두 번째 열은 목적지 주소, 세 번째 열은 목적지 포트다. 그러나 파일에 저 내용만 덜렁 있다면, 이것이 어떤 의미를 지니는지 알 수 없을 것이다. 몇몇 시각화 툴은 파일의 첫 번째 줄을 각 열의 이름을 제공하는 헤더로 인식하기도 한다. 그러나 그 외의 시각화 툴은 첫 번째 줄에 대해 별다른 고려를 하지 않고, 데이터의 일부로 인식한다.

만약 어느 열에 값을 표현해야 하는데, 쉼표를 포함해야 한다면 어떤 일이 일어날까? 예를 들어 문자열 80,443,993을 생각해보자. 이것을 쉼표로 구분하지 않고, 하나의 문자열로 표현해야 한다. 이런 경우라면 인용부호를 이용해 "80,443,993"처럼 표현한다. 이렇게 하면 충분하다. 대부분의 프로그램은 이런 식의 포맷을 인식한다. 아마 지금쯤이면 인용부호를 어떻게 표현해야 할지도 궁금할 것이다. "He aid::""don't worry"""처럼 인용부호를 두 개 입력하면 된다. 걱정하지 마라. 보안 로그를 분석할 땐 이런 일이 거의 일어나지 않는다.

CSV 파일에 관한 또 한 가지 사실은 만약 awk에 익숙하지 않다면, 엑셀이나 오픈오피스를 이용해 파일을 다루면 된다. 두 가지 모두 CSV를 완벽히 지원하나, 다룰 수 있는 행의 숫자에는 한계가 있다. 엑셀의 경우 65535행을 처리할 수 있다.[1]

어떤 툴들은 TSV, 탭으로 구분한 값을 지원하기도 한다. 쉼표 대신 탭을 사용한다는 것 빼면, CSV와 다를 것이 없다. 이 파일은 일반적으로 사용하지 않으나, 가끔 마주칠 가능성이 있다.

TM3

TM3 파일 형식은 굉장히 널리 쓰이는 CSV 파일에 비해 좀 더 복잡하지만, 표현력이 좋다. TM3 파일의 주된 이점은 각 열마다 자료형을 지정할 수 있다는 것이다. 헤더를 이용해 자료형을 지정한다. 파일의 첫 번째 두 줄은 헤더를 위해 할당되어있다. 첫 번째 줄은 열의 이름을 정의하며, 두 번째 줄은 열의 자료형을 정의한다. 일반적으로 STRING, INTEGER, FLOAT, DATA 형을 사용할 수 있다. 탭으로 각 열을 구분한다. 아래는 간단한 예제다.

```
Name            Age     DOB
STRING          INTEGER DATE
Raffael Marty   31      6/25/1976
```

---

1 엑셀 최근 버전에서는 1048576행까지 지원한다. – 옮긴이

어떤 것인지 이해할 수 있을 것이다. 인용 부호를 이용해 필드를 감쌀 수 있으나, 선택사항일 뿐이다. 자료형을 지정하면, 분석 툴이 자료를 읽으면서 자료가 어떤 형인지 정확히 알 수 있는 장점이 있다. 이렇게 자료형을 지정하는 것은 정렬을 하거나, 해당 필드를 조작하거나, 해당 필드를 보여주는 방식에 영향을 끼친다.

가끔 TM3 포맷은 계층을 할당하는 방식으로 조금 다르게 쓰인다. 예를 들어, 트리맵 같은 것에서 활용할 수 있다. 파일을 이런 형태로 만들더라도, 기본적인 포맷과 동일하게 사용할 수 있다. 만약 별도의 계층을 할당해야 한다면, 각 열마다 몇 개의 행을 추가해 해당 레코드의 계층을 정의한다.

방금 이야기한 예제는 다음과 같이 구성할 수 있다.

```
Name            Age        DOB
STRING          INTEGER    DATE
Raffael Marty   31         6/25/1976 Switzerland St. Gallen Wil
```

이렇게 해당 인물의 사는 곳을 계층 구조로 정의했다. 예상할 수 있는 것처럼, 트리맵의 계층 표현 방식을 이용해, 추가로 할당한 열을 표현할 수 있다.

DOT

DOT 그래프 언어는 이름이 나타내는 의미인 '링크 그래프를 정의하는 간단한 언어' 그대로다. 이 파일에는 각 노드와 각 엣지를 어떻게 표현해야 할지 정확히 기재되어 있다. 색상, 크기, 모양 등의 속성을 정의할 수 있다. 게다가, 전역 속성도 정의할 수 있다. 전역 속성은 전체 그래프에 걸쳐 적용된다. 예를 들어, 페이지 매기는 방법, 그래프의 크기 등을 전역 속성으로 정의할 수 있다. 확실히 해야 할 것은, GraphViz에서 어떤 배치 알고리즘을 사용하느냐에 따라, 노드와 엣지의 매개변수와 더불어 전역 속성도 조금씩 달라진다. 핵심은 동일하지만, 배치 알고리즘에 따라 세부 설정이 다양하다. 주목해야 할 것은 DOT 파일 형식은, 표현에서 자료를 분리하던 기존의 패러다임을 극복했다. GML 파일과 달리, DOT 파일은 순수한 자료 입력용 파일이 아니다. DOT 파일에 대해 더 자세한 정보를 알고 싶다면 man 페이지를 보거나, www.graphviz.org/doc/info/attrs.html 페이지를 참고하면 된다.

다음의 간단한 DOT 파일은 DOT 파일 포맷의 구조와 표현 방식을 보여준다.

```
digraph structs {
  graph [label="AfterGlow 1.5.8", fontsize=8];
  node [shape=ellipse, style=filled, fontsize=10, fillcolor=green];
  edge [len=1.6];
  "ram" -> "Printing Resume";
  "mar" -> "Information Encryption";
  "ram" [fillcolor=white, label="Raffael", shape=box];
  "mar" [fillcolor=blue, label="Marty", shape=box];
}
```

이 예제는 먼저 처음으로 그래프를 생성하기 위한 전역 속성을 정의한다. graph는 이것이 그래프의 전역 설정임을 알려주며, 여기엔 label 값이 포함되어 있다. 그 다음은 엣지와 노드의 기본 속성을 지정한다. 만약 노드와 엣지에 대해 특별히 정의하는 값이 없다면, 이 속성 그대로 적용된다. 이 예제에서 엣지에 대해 정의하였고, 달랑 두 개의 엣지가 있다. 엣지 설정값 따라, 두 엣지에 값이 할당되었다. 두 개의 노드에는 색, 라벨, 모양 속성의 기본값이 적용되지 않는데, 이것들은 별도로 정의하였기 때문이다. 그림 9.1은 이 DOT 예제 파일을 GraphViz로 표현한 것이다.

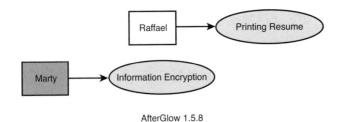

AfterGlow 1.5.8

그림 9.1 GraphViz로 표현한 간단한 DOT 파일 예제

GML

링크 그래프를 표현하는 방법 중 하나는 DOT 파일을 사용하는 것이었다. 많은 시각화 툴들은 대개 DOT 파일을 지원하지 않고, 굉장히 친국한 언어 그래프 모델링 언어(GML)를 사용한다.[2] GML 포맷은 DOT 파일과 비슷해 보인다. GML은 계층적 키-값 목록으로 구성되어 있다. 다음은 간단한 예제 그래프다.

```
graph [
  comment "This is a sample graph"
  directed 1
  IsPlanar 1
  node [
    id 1
    label "Node 1"
  ]
  node [
    id 2
    label "Node 2"
  ]
  edge [
    source 1
    target 2
    label "Edge from node 1 to node 2"
  ]
]
```

이 그래프는 몇 가지의 전역 변수를 가지고 있다. 이 설정은 모든 노드에 걸쳐 적용된다. 노드는 id를 반드시 포함해야 한다. 모든 엣지의 source와 target 키 값은, 노드에서 정의한 값을 사용한다. source와 target에 노드의 ID 값이 사용된다. 추가적으로 엣지와 노드에 키-값 형태로 값을 더할 수 있다. 시각화 툴에 따라, 이렇게 추가한 값을 그래프에 표시할 수도 있다.

---

2 http://www.infosun.fim.uni-passau.de/Graphlet/GML/gml-tr.html

무료로 사용할 수 있는 시각화 툴

무료로 쓸 수 있는 시각화 툴을 사용하면 싸고 쉽게 보안 자료 시각화를 시작할 수 있다. 큰 프로젝트의 요구사항에 맞는 적합한 툴을 찾기 위해 선금을 투자할 필요도 없다. 또한 시각화 라이브러리를 사용해 개발을 할 필요 또한 없다. 다만, 몇몇 툴은 상업적 목적으로 사용하지 않을 때만 무료로 사용할 수 있다.

불행히도, 나는 모든 종류의 시각화에 대응하는 시각화 툴을 추천해줄 수 없다. 모든 툴들은 일반적인 기능과 더불어 약점과 강점이 존재한다. 여기서 다루는 모든 툴은, 그래프를 생성하는 데 별도의 좌표값이 필요 없고 실제 자료만 사용한다. 다른 툴의 경우엔, 그래프를 만들기 위해 좌표값을 입력해야 한다. 두 종류의 간단한 그래프 및 시각화 툴을 살펴볼 것이다. 하나는 정적인 그래프를 만드는 툴이고, 하나는 독립 실행형 애플리케이션이다. 정적인 그래프 생성 툴은, 스크립트를 작성하고 명령행에서 실행해 GIF, SVG 같은 이미지 파일을 생성하는 것이다. 별도의 뷰어 같은 것을 제공하지 않으며, 상호작용으로 그래프를 조작하거나 살펴볼 수 있는 기능 또한 제공하지 않는다. 이와 달리 독립 실행형 애플리케이션은, 시각화 결과물을 다양하게 조작하는 기능을 탑재한 사용자 인터페이스를 제공한다.

다음 절에서는 각 툴을 완벽하게 다루진 않는다. 몇몇 경우엔, 추가적인 기능에 자세히 알지 못할 수도 있다. 그 외엔 공간과 시간의 제약으로 자세히 다루지 못하기도 했다.

정적인 그래프

이 절에서는 정적인 그래프를 생성할 수 있는 몇 가지의 시각화 툴에 대해 설명한다. 인터랙티브 탐색 기능을 제공해주는 독립 실행형 애플리케이션과 달리, 스크립트 또는 명령행 명령을 실행하는 형태로 사용할 수 있다. 일반적으로 실행 결과는 그림 파일로 남는다. 이런 툴들의 단점은 시각적 결과물에 대해 인터랙티브한 형태로 살펴볼 수 없다는 것이다. 반대로, 이런 툴은 시각화 결과물을 자동적으로 만드는 절차에 활용할 수 있다.

종종 시각화하려는 자료는 CSV 포맷이거나 DB에 저장되어 있다. 그러나 몇몇 툴은 좀 더 복잡한 데이터 포맷을 요구한다(예를 들어 DOT 파일 같은). CSV 파일을 DOT 파일로 만들기 위해, 이 절에서 가장 먼저 소개할 Afterglow 같은 것을 사용할 수 있다. Afterglow는 전통적인 시각화 툴은 아니나, 설정 값에 기반해 CSV 파일을 DOT 파일로 변환하는 작업을 할 수 있다. Afterglow에 대한 내용을 마치면, 정적인 그래프를 생성하기 위해 사용할 수 있는 다양한 시각화 툴을 다룰 것이다.

표 9.1에 이 장에서 다루는 툴을 비교해놓았다. 가장 중요한 특성을 각 열로 구분해 표시했기 때문에, 목적에 맞는 툴을 찾거나 각 툴을 비교하기가 쉽다.

표 9.1 정적인 그래프 시각화 툴

이름	URL	릴리스 날짜	플랫폼	인터랙티브 기능	입력 형식	시각화 결과
애프터 글로우	http://afterglow. sourceforge.net	9/2007	펄	아니오	CSV	DOT
GraphViz	www.graphviz.org	11/2007	유닉스, 리눅스, 윈도우, 맥 OS	아니오[3]	DOT	링크 그래프
Large Graph Layout	http://sourceforge. net/projects/lgl	08/2005	펄	아니오	띄어쓰기로 구분된 값	3차원 링크 그래프

(이어짐)

---

3 Ineato는 GraphViz 배포판의 일부로서, 독립 실행형 애플리케이션이다. Ineato에 대해서는 독립 실행형 애플리케이션에서 별도로 다룰 것이다.

이름	URL	릴리스 날짜	플랫폼	인터랙티브 기능	입력 형식	시각화 결과
Gnuplot	www.gnuplot.info,	09/2007	리눅스, 유닉스, 맥 OS, 윈도우	아니오	CSV	막대 차트, 박스플롯, 선 차트, 산점도, 3차원 산점도
Ploticus	http://ploticus. sourceforge.net	06/2006	유닉스, 리눅스, 윈도우, 맥 OS	아니오	CSV	막대 차트, 파이 차트, 박스 플롯, 산점도, 지도, 링크 그래프 등
R	http://www. r-project.org	10/2007	유닉스, 리눅스, 윈도우, 맥OS	제한적	CSV, SQL 등	막대 차트, 선 치트, 평행좌표, 박스 플롯, 산점도, 3차원 산점도, 트리 맵, 지도 등

Afterglow

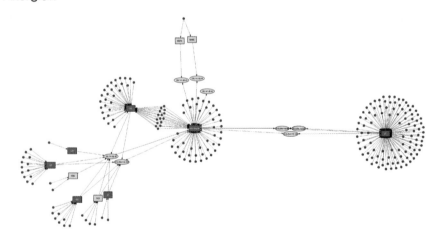

Afterglow는 링크 그래프를 만들기 위한 절차를 수행하는 스크립트의 모음이다. Afterglow는 펄로 작성되었고, 명령행을 통해 실행할 수 있다. Afterglow에는 두 개 또는 세 개의 열로 구성된 CSV 파일을 입력하고, DOT 파일을 출력하

며, 또는 다른 그래프 라이브러리에 입력값으로 넘겨줄 수도 있다. 시각화툴 목록을 살펴보면서, 몇몇 툴이 DOT 파일을 입력으로 받는 것을 확인했을 것이다. DOT 파일을 수동으로 만드는 것은 쉽지 않은 일이다. Afterglow는 이런 어려운 작업을 쉽게 할 수 있게 해주어, CSV 파일을 이용해 DOT 파일을 생성할 수 있다.

Afterglow를 이용해 CSV파일로 DOT 파일을 생성하기 위해서는 다음과 같은 명령을 실행한다.

```
cat file.csv | perl afterglow.pl > file.dot
```

Afterglow는 CSV 파일을 DOT 파일로 변환할 때, 다음과 같은 기능을 지원한다.

● 노드 이름, 출현 횟수, 펼쳐짐의 정도에 따라 노드 필터링

● 노드와 엣지에 색상 부여

● 노드의 크기 및 모양 할당

● 노드 집합 구성

이런 속성을 정의하기 위해, Afterglow는 설정 파일을 사용한다. 이 설정 파일은 여러 가지 할당값으로 구성되어 있다.

자, 세 가지 열로 구성된 CSV 파일을 처리해야 한다고 가정해보자. 이벤트 발신자 주소는 첫 번째 열, 두 번째 열은 목적지 주소, 세 번째 열은 포트다. 다음과 같은 설정 파일을 이용해, 그래프 노드에 색을 할당할 수 있다.

```
color.source="yellow" if ($fields[0]=~/^192\.168\..*/);
color.source="red"
color.event="yellow" if ($fields[1]=~/^192\.168\..*/)
color.event="red"
color.target="blue" if ($fields[2]<1024)
color.target="lightblue"
```

이 설정 파일은 기본적으로 color.source, color.event, color.target 세 가지 종류의 할당값으로 구성되어 있다. 이 세 가지 값은 그림 9.2와 같이 세 가지 노드로 그려진다. 완성된 그래프는 여러 노드와 엣지로 구성되어 있다.

그림 9.2 Afterglow가 각각의 노드를 구별하기 위해 사용하는 세 가지 노드 구성

이 설정 파일에서 색을 할당할 때 펄 표현식을 사용하며, 색상 이름을 넘겨주게 되어있다. 표현식은 처음부터 끝까지 평가된다. 표현식과 일치하면, 해당 노드에 색을 할당한다. 또 다른 중요한 사실은, 현재 로그 값을 기준으로 색상을 설정할 수 있다는 것이며, 현재 로그 값은 @fields 배열에 저장되어 있다. 첫 번째 열의 값은 $fields[0]으로 읽어들일 수 있다.

다시 예제로 돌아가, 설정 파일이 어떻게 동작하는지 정확하게 이해해보자. 첫 열의 값($fields[0])이 192.168.로 시작하면 노드는 노란색이 된다. 그렇지 않다면 기본값인 빨간색으로 표시된다. 동일한 구조가 이벤트 노드에도 적용되어 있으며, 이벤트 노드는 두 번째 열을 참조한다($fields[1]). 목적 노드에서는 포트 값이 1024 미만이면 파란색, 1024 이상이면 담청색으로 표시한다.

좀 더 복잡하고, 기능을 다양하게 활용하는 방법 중 하나는 8장에서 몇몇 그래프를 다룰 때 사용했다.

```
# Preparing watch lists
variable=@violation=("HackerTool Download", "AV disabled");
# Highlight watch list behavior
color.target="red" if (grep(/$fields[1]/,@violation));
color.target="green"
# Score determines the node size
maxnodesize=1
size.source=$fields[2]
sum.target=0
```

```
sum.source=1
# Change shape of source nodes
shape.source=box
```

이 파일의 첫 번째 할당값에는 위반 행위 종류를 나열한 배열을 새로이 선언했다. 이 배열엔 두 개의 값이 있다. 그 다음으로 두 번째 열($fields[1])이 위반 행위에 해당되는지 여부로 노드의 색을 결정한다. 만약 두 번째 열이 해당된다면, 노드를 빨간색으로 표시한다. 아니라면 노드의 색은 녹색이다. 그 다음으로는 원본 노드의 크기를 결정한다. 크기는 세 번째 열 값으로 정해진다. maxnodesize를 정의하면, 노드의 크기가 무한정 커지는 것을 방지한다. 다른 말로 하자면, 노드 크기를 가장 크게 할당하려고 해도 1이 한계라는 것이다. 세 번째 열의 값이 0이라면, 노드의 크기가 0이 되는 것이다. 그리고 다음 두 할당값은, 원본로그에서 동일한 노드가 여러 번 보일 경우, 값을 더해 노드 크기를 키울지 아닐지 여부를 결정한다. 만약 아니라면, 해당 노드에서 가장 큰 값으로 노드의 크기가 결정된다. 마지막 할당 값은, 원본 노드의 모양을 기본값인 타원형 대신 사각형으로 선택한다는 것이다.

만약 펄 표현식을 이용해 각각의 설정값을 평가한다면, 엄청나게 다양한 방식으로 설정할 수 있다. 파일, 프로세스 외부 입력 등을 읽을 수 있다. 단지 독자의 상상력이 한계로 작용할 것이다.

만약 노드를 클릭해 특정한 명령을 실행하는 형태로 인터랙티브 링크 그래프를 만들고 싶다면, Afterglow로 이미지 맵을 활용하는 형태의 그림 파일을 만든다. 이미지 맵은 그림의 특정 영역, 위치를 누르면 지정된 URL이 열리는 HTML 코드다. 이미지맵을 사용하는 웹 페이지를 만들기 위해서, 설정 파일의 매개변수 url에 기본 URL 주소를 정의한다.

```
url=http://localhost:8000/\N.html
```

자리표시자 \N은 노드 값에 따라 URL 주소가 변경될 수 있도록 하기 위해 사용된다. 가령 각 노드별로 웹 페이지가 따로 있다는 것을 가정해보자. HTML 페이지의 파일 이름은 각 노드 이름에다 .html을 붙인다.

Afterglow 설정 파일을 정의하고 난 뒤, 그림 파일과 더불어 이미지 맵 파일을 GraphViz를 이용해 만들어야 한다.

```
cat file.csv | perl afterglow.pl -c sample.properties
| neato -Tgif -o image.gif -Tcmpax -o image.map
```

image.map 파일은 다음과 비슷한 이미지 맵 내용을 포함하고 있을 것이다.

```
<map id="structs" name="structs">
<area shape="poly" href="http://localhost:8000/\10.0.41.102.html"
title="10.0.41.102" alt="" coords="419,349 416,343 408,338 395,333
378,331 360,330 342,331 325,333 312,338 304,343 301,349 304,355 312,361
325,365 342,368 360,369 378,368 395,365 408,361 416,355"/>
<area shape="rect" href="http://localhost:8000/84.52.92.94.html"
title="84.52.92.94" alt="" coords="421,395,525,421"/>
...
</map>
```

GIF 그림 파일을 표시하는 HTML 파일을 만들고 image.map 파일의 내용을 적용한다. HTML 파일은 다음과 같다.

```
<HTML><BODY>
<!-- insert image map from before here -->
<IMG border=0 SRC="image.gif" usemap="#structs" ISMAP>
</BODY></HTML>
```

HTML 파일과 더불어 그림 파일을 웹 서버에 올리면, 그림에 존재하는 노드를 클릭하면 각각의 페이지로 연결되는 인터랙티브 그래프 생성 작업을 완료한 것이다. 확실한 것은 각 노드에 대한 개별적인 페이지는 모두 만들어야 한다는 것이다. 좀 더 복잡한 설정과 웹 서버 기술을 사용할 수 있다면, 인터랙티브 그래프를 이용해 흥미로운 애플리케이션을 만들 수 있을 것이다.[4]

GraphViz

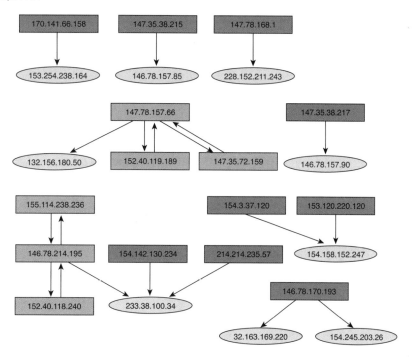

이 책을 쓰는 과정에서 가장 자주 사용했던 것이 GraphViz이다. 링크 그래프를 만들어야 할 때, 사용할 수 있는 괜찮은 툴 중 하나다. GraphiViz 패키지는 그래프를 정의한 DOT 파일을 그림 파일로 만들어주는 툴들로 구성되어 있다. 결과물 형식은 GIF, SVG 등 어떤 것이든 가능하다. 그러나 GraphViz는 스크립트이고, 결과물은 정적이다. GraphViz는 두 가지 툴을 동원하면 독립 실행형 애플리케이션으로도 사용할 수 있다. 거기에 대해서는 9장 뒷부분에서 따로 설명하겠

---

4 나는 이런 식으로 애프터글로우와 스플렁크를 통합했다. 어떻게 두 개를 통합했는지 그 방법에 대해서는 http:// blogs.splunk.com/raffy/2007/09/16/afterglow-and-splunk/에서 볼 수 있다.

다. GraphViz 패키지는 링크 그래프를 생성하기 위한 다양한 배치 알고리즘을 담고 있다. 각 알고리즘은 그래프를 생성하는 각기 다른 파일로 사용할 수 있다.

- dot는 계층적으로 배치한다.
- neato는 스프링 모델을 사용해 배치하고, 그래프를 그린다.
- twopi는 방사형으로 배치하는 그래프를 만든다.
- circo는 원형으로 배치하는 그래프를 만든다. 일반적으로 굉장히 큰 그래프를 만들게 되며, 대체로 유용하지 않다.
- fdp는 조금 다른 스프링 모델을 사용해 그래프를 배열한다.

모든 툴은 DOT 그래프 언어 파일을 읽어들인다. DOT 파일 형식은 매우 간단하며, http://en.wikipedia.org/wiki/DOT에 문서화되어 있다(더 자세한 정보를 보고 싶다면, 9장의 첫 부분을 참조한다) 각 툴은 다양한 매개변수를 가지고 있다. man 페이지를 살펴보면 된다.

다음은 예제 그래프를 그리는 방법이다.

```
cat input.dot | neato -Tgif -o output.gif
```

이 명령어는 neato가 input.dot 파일의 내용을 읽어 그래프를 만들고 GIF 그림 파일로 저장한다.

GraphViz 배포판은 앞서 언급한 툴들을 다 포함하며 또한 몇몇 그래프 편집 툴이 포함되어 있다. 그중 유용한 툴을 하나 꼽자면 unflatten 명령어다. DOT 파일을 이용해 계층적 그래프를 작성해야 할 때, 작성한 그래프가 엄청나게 넓고 위아래로 좁은 형태가 되어, 공간을 아주 쓸모 없게 사용하게 되는 경우가 있다. unflatten 명령어는 이런 문제를 개선해 공간을 효율적으로 쓰게 해준다. 사용 예제는 아래와 같다.

```
cat input.dot | unflatten | dot -Tgif -o output.gif
```

GraphViz에 포함된 또 다른 쓸모 있는 툴은 gvpr이다. gvpr은 그래프를 탐색하고 처리하는 데 도움을 준다. DOT 파일을 읽어들여, 변환하고, 다시 DOT 파일 형식으로 저장한다. 사용자가 지정한대로 엣지와 노드를 변환해 저장한다. 그래프를 변환하고 처리하는 데 관심 있다면 gvpr 맨 페이지를 살펴보면 된다.

Large Graph Layout

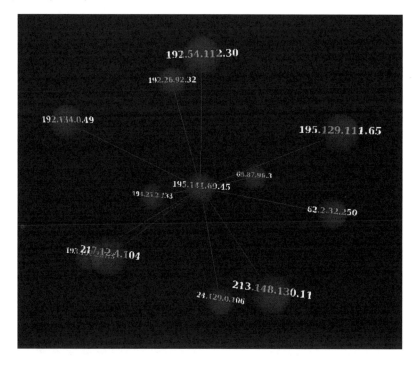

Large Graph Layout(LGL) 라이브러리는 3차원 시각화를 위해 만들어졌다. LGL 은 노드와 노드 간의 연결에 대한 정의를 기반으로 3차원 링크 그래프를 그려낸다. 이것은 세 개의 자료 차원을 시각화하는 것이 아니며, 단지 두 개의 자료 차원을 3차원 공간에다 나타내는 것이다.

이 툴을 설치할 때는 다운로드하고 압축을 푼 후 단지 bin/lgl.pl 파일만 수정해주면 된다. 41번째 줄에, LGLDIR 값을 LGL 설치한 디렉토리로 고쳐준다. 그렇게 한다면, 자료를 시각화할 준비가 끝난 것이다. 입력 형식은 띄어쓰기로 구분한 두 개의 열로 만들어진 자료여야 한다. 그리고 한 가지 제한사항이 있다. 무조건 자료가 한쪽 방향으로 향해야 한다는 것이다. 이 말은 즉 엣지가 A-〉B로 구성되어 있다면, B-〉A 형태의 엣지는 사용할 수 없다는 것이다. 이런 상황은 필터링해야 한다. 이런 제한사항을 숙지해 자료를 정리한 후, 자료를 .ncol 확장자로 저장하고 다음의 명령을 실행한다.

```
perl -Iperls bin/lgl.pl data.ncol
```

만약 많은 숫자의 노드와 엣지를 가진 그래프를 만든다면, 시간이 좀 많이 소요된다. 이 과정이 끝나면, /tmp/lgl_temp 디렉토리 아래에서 파일 이름이 _new_lgl.lgl로 끝나는 파일과, final.coords 파일을 찾을 수 있을 것이다. 이 파일에 대해 다음과 같은 명령을 실행한다.

```
./perls/genVrml.pl /tmp/lgl_temp/1172375515_new_lgl.lgl /tmp/lgl_temp/
final.coords
```

이 파일은 VRML 브라우저로 볼 수 있는 VRML 파일을 만들어낸다. 이 명령어로 만들어진 VRML 파일은 final.coords.wrl로 저장된다.

LGL의 흥미로운 특면은, 3D 그래프를 만들 수 있다는 것 이외에도 배열이 굉장히 괜찮다는 것이다. 단점은 실행시간이 길다는 것과, 그래프를 다 생성하고 난 다음에야 살펴볼 수 있다는 것이다. 3차원 공간을 살펴보는 것은 쉽지 않으며, 또한 분석하는 것도 쉽지 않다. LGL의 또 다른 흥미로운 지점은, 이 프로젝트가 온라인 서비스를 운영하고 있으며 엣지 자료를 등록하면, 3D 그래프의 좌표값을 받을 수 있다는 것이다. 내가 알기로 이런 서비스를 하는 시각화 툴은 이것이 처음이다.

GnuPlot

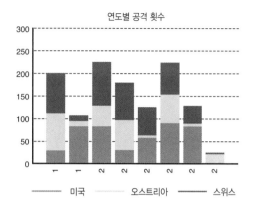

수치 자료를 시각화하기 위해 가장 일반적으로 쓰이는 툴 중 하나가 gnuplot이다. gnuplot는 수학 함수를 표현하는 데 강력하다. 사용할 수 있는 그래프의 종류는 한계가 있지만, 최근 배포 버전에서는 차트 조금 더 추가되었다. 산점도와 더불어 산점도의 몇 가지 변형들을 지원한다. 또 다른 한계는, 수치 자료만 입력받을 수 있다는 것이다. Gnuplot은 문자열이나 IP 주소는 처리하지 못한다. 그러나 날짜형식은 지원한다. 어쨌든 이런 제한이 있어, IP 주소와 문자열은 서수형이나 연속형 값으로 바꿔야 한다. 그렇기 때문에, 단지 전체적 흐름만 살펴보고 자료의 상세한 내용을 살펴보지 않으려고 하는 것이 아니라면, 그래프를 살펴보는 것에 약간의 혼동이 온다.

gnuplot을 이용해 데이터를 표현하는 것은, 인터랙티브 모드와 배치 모드가 있다. 인터랙티브 모드를 사용하려면, gnuplot을 실행하면 된다. 프롬프트가 나오고, 명령어를 입력하면 된다. gunplot을 배치모드로 실행하려면, 스크립트 파일을 변수처럼 넘겨주면 된다. 다음은 CSV 예제 파일을 표현하기 위한 간단한 gnuplot 명령 모음이다.

```
set datafile separator ","
set xdata time
set timefmt "%d/%b/%Y:%H:%M:%S"
set yrange [1:2]
set xlabel "Time"
set ylabel "Amount"
plot "data.csv" with points
```

첫 번째 줄은 gnplot에세 CSV 파일을 읽게 될 것이라는걸 알려주는 것이다. 그리고 첫 번째 열이 날짜 형식이라는 것을 정의했다. y축의 범위는 1에서 2까지다. 그리고 축의 이름을 설정하였고, data.csv 파일의 내용을 읽고 표시한다. 이것이 전부디. 만약 결과물을 그림 파일로 저장하고 싶다면, 다음의 추가적인 명령을 사용하면 된다.

```
set output "plot.png"
set terminal png
```

만약 plot 명령을 사용해, 그래프를 재생성할 경우 PNG 파일로 저장될 것이다. 산점도 대신 선그래프로 만들고 싶다면, plot 명령을 다음과 같이 실행한다.

```
plot "data.csv" with linespoints
```

gnuplot 사용법에 대해 더 공부하고 싶다면, IBM 디벨로퍼웍스 사이트에 올라온 굉장히 좋은 교재[5]를 참고하라. 이 교재엔 또한 gnuplot을 이용해 사각형을 그리거나, 에러 분포를 표시하는 방법도 보여준다.

---

5 IBM 디벨로퍼웍스가 개편되면서 해당 글이 삭제되었다. 해당 글이 PDF로 저장된 https://www.cs.colostate.edu/~cs475/f14/Lectures/Visualize.pdf를 방문한다.

Ploticus

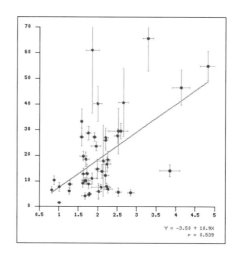

Ploticus는 스크립트로 실행할 수 있는 시각화 툴 중 하나다. 설정 파일을 통해 그래프의 매개변수를 설정하거나, 명령을 실행할 때 설정값을 넘겨줄 수도 있다. 그래프의 매개변수는 매우 구체적으로 설정할 수 있다. 그래서 매우 엉망인 그래프를 만들 수도 있고, 매우 정확한 결과를 얻을 수도 있다. 한편으로는, 이 툴은 그래프의 모든 면을 설정할 수 있는 유연성을 가지고 잇다는 것이다. 다음 은 ploticus를 명령창에서 실행한 예제다.

```
ploticus -prefab chron data=data.ploticus x=1 y=2 unittype=time
mode=line xrange="13:39:10 13:39:30" yrange="0 30" -png xinc="2 second"
xstubfmt=ss
```

이 명령은 ploticus를 실행하고 data.ploticus 파일을 기반으로 해 PNG 파일을 생성한다. data.plticus는 TSV 파일로서, 다음과 같은 내용을 담고 있다.

```
13:39:14  8
13:39:15  12
13:39:19  15
13:39:25  18
13:39:26  28
```

명령창에서 실행하는 것 대신, 다음과 같은 동일한 그래프 설정을 설정 파일에 넣어도 된다.

```
#proc getdata
file: data.ploticus
fieldnames: time amount

#proc areadef
  xscaletype: time hh:mm:ss
  xrange: 13:39:14 13:39:30
  yrange: 0 30

#proc xaxis
  stubs: inc 2 seconds
  minorticinc: 1 second
  stubformat: ss

#proc yaxis
  stubs: inc 10
  grid: color=orange

#proc scatterplot
xfield: time
yfield: amount
```

이 설정으로 그래프를 생성하기 위해선, example.ploticus로 저장하고 다음과 같이 실행한다.

```
ploticus example.ploticus -png
```

이렇게 실행하면 산점도를 생성하며, 그래프 매개변수를 좀 더 자세히 설정할 수 있다. 이 툴이 이렇게 유연함을 알 수 있다.

Ploticus는 굉장히 다양한 형태의 그래프 종류를 지원한다. 일반적인 그래프 종류는 다 지원하며 또한, 단지 PNG 같은 그림 파일뿐만 아니라, 인터랙티브 웹 사이트를 만들 수 있는 이미지 맵도 지원한다.

R

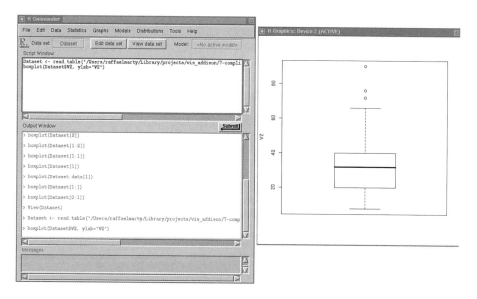

R 프로젝트는 유연하게 차트를 만들 수 있는 통계 툴 모음이다. R은 굉장히 빠르게 배울 수 있다. R을 시작하기 위해 명령창에서 `R --gui x11`을 입력한다. R의 기능을 확장할 수 있는 많은 수의 추가 패키지를 사용할 수 있다. 나는 Rcmdr 패키지 없이는 일을 할 수가 없다. 반드시 이 패키지 https://cran.r-project. org/contrib/Rcmdr_2.4-1.tar.gz를 다운로드하고, 다음 명령어로 설치한다.

```
R CMD INSTALL Rcmdr_1.3-8.tar.gz
```

설치한 뒤, R를 시작하고 library(Rcmdr)을 실행하자. 이 패키지는 GUI를 이용해 R의 가장 중요한 기능을 사용할 수 있게 해준다. 분석할 자료를 불러오기 위해, **Import Data**를 누르자(텍스트 파일이나 클립보드의 데이터를 읽어온다). 필요한 매개변수를 입력하고, **OK**를 누른다. 읽어들일 파일을 선택하고(예를 들어 CSV파일) 읽어들이자. 이제 이 데이터를 R에서 조작하거나, 시각화할 수 있다. 사용자 인터페이스를 통하거나, 명령을 직접 입력해 R과 상호작용을 할 수 있다. 명령을 입력한 뒤에는 Submit 버튼을 눌러 명령을 실제로 실행한다. 예를 들어, 자료를 읽고 난 뒤에 다음의 명령을 입력해보자

```
boxplot(Dataset$V1, ylab="Spread")
```

이 명령어는 읽어들인 자료의 첫 열 값을 기반으로 박스 플롯을 생성한다. 이 명령어는 첫 번째 열이 숫자형인 것으로 가정한다.

R의 흥미로운 측면 중 하나는 데이터베이스에서 자료를 읽어들일 수 있다는 것이다. 데이터베이스에서 작업하는 것의 가장 큰 장점은 데이터베이스의 컬럼에 자료형이 지정되어 있어 별도로 자료형을 지정할 필요가 없다는 것이다. 데이터베이스에 접속해 데이터를 가져오기 위해서는 데이터베이스 패키지를 설치해야 한다. 데이터베이스 종류에 따라 여러 가지 패키지를 선택할 수 있다.[6] 좀 전에 다른 패키지를 설치했던 것처럼, 데이터베이스에 해당하는 tar.gz 파일을 받은 후 패키지를 설치할 수 있다. 만약 RMySQL[7]을 사용한다면, 다음과 같은 순서로 MySQL 테이블에서 자료를 읽어올 수 있다.

```
library(RMySQL)
mycon <- dbConnect(MySQL(), user='ram', dbname="secviz", host="my",
password='secviz')
res <- dbGetQuery(con, "select * from table")
```

위의 명령을 이용해 자료를 읽어들인 후엔, res를 이용해 작업을 할 수 있다. 사용하는 데이터베이스가 다르면 명령어가 조금씩 다를 수 있다는 것을 명심하라.

R의 문법과 기능에 대해 좀 더 자세히 설명하는 내용은 이 책에 없다. R의 시각적 역량을 살펴볼 수 있는 좋은 곳 중의 하나는 R 그래프 갤러리 http://

---

6 만약 ODBC 연결을 하고 싶다면, RODBC 패키지를 사용하라. http://cran.r-project.org/web/packages/RODBC/index.html

7 http://cran.r-project.org/web/packages/RMySQL

addictedtor.free.fr/graphiques/allgraph.php다. 그 외에도 다음의 사이트에서 R에 대한 좋은 교재를 살펴볼 수 있다.

- www.cyclismo.org/tutorial/R/
- www.stat.auckland.ac.nz/~paul/RGraphics/rgraphics.html
- www.harding.edu/fmccown/R/
- http://freshmeat.net/articles/view/2237/

독립 실행형 애플리케이션

독립 실행형 시각화 애플리케이션은 단지 특정한 자료를 시각화해주는 것이 아니다. 결과를 보여주는 것과 더불어, 사용자와 상호작용할 수 있게 한다. 자료를 탐색하는 데 있어 시각화는 무척 중요하다. 애플리케이션에 따라 상호작용의 정도가 상이하다. 일부 애플리케이션은 단지 확대 정도의 아주 단순한 기능만 제공한다. 어떤 애플리케이션은 브러싱, 필터링, 심지어 그래프 수정기능까지 완벽한 상호작용을 제공하기도 한다. 표 9.2는 독립 실행형 애플리케이션의 특성을 요약했다.

표 9.2 독립 실행형 시각화 애플리케이션

이름	URL	최근 배포 일자	플랫폼	상호 작용	입력 자료 형식	시각화 기능
GGobi	www.ggobi.org	2010년 3월	리눅스, 윈도우, 맥 OS	됨	CSV, XML	막대 차트, 평행좌표, 산점도, 산점도 행렬, 시계열 시각화, 링크 그래프(선택적)
Mondrian	http://www.theusrus.de/Mondrian/	2013년 8월	자바	됨	CSV	박스 플롯, 막대 차트, 산점도, 평행좌표 등

(이어짐)

이름	URL	최근 배포 일자	플랫폼	상호 작용	입력 자료 형식	시각화 기능
Tulip	http://tulip.labri.fr/ TulipDrupal/	2017년 11월	유닉스, 리눅스, 윈도우, 맥 OS	됨	DOT, GML 등	링크 그래프, 트리맵
Cytos cape	http://www.cytoscape. org/	2017년 11월	유닉스, 리눅스, 윈도우, 맥 OS	예	CSV, GML 등	링크 그래프
GUESS	http://graphexploration. cond.org/	2007년 8월	자바	예	GDF, GML	링크 그래프
Real Time 3D Graph Visualizer	http://www.secdev. org/projects/rtgraph3d	2007년 12월	파이썬	제한적	공백으로 구분	3차원 링크 그래프
Walrus	http://www.caida.org/ tools/visualization/ walrus/	2005년 3월	파이썬	예	LibSea graph format	사용자 정의 3차원 링크 그래프
Dotty와 lneato	http://www.graphviz. org/	2007년 11월	유닉스, 리눅스, 윈도우, 맥 OS	예	DOT	링크 그래프
Treemap	http://www.cs.umd. edu/hcil/treemap	2004년 2월	자바	예	TM3	트리맵
glTail	http://www.fudgie.org/	2007년 10월	루비	아니오	Apache, IIS, Postfix, Squid, MySQL 등	사용자 정의된 네트웍 패킷 시각화 영상
Shoki	http://shoki. sourceforge.net/	2004년 3월	리눅스	예	PCAP	3차원 산점도
InetVis	https://github.com/ yestinj/inetvis	2017년 10월	리눅스, 윈도우	예	PCAP	3차원 산점도
Time Searcher	http://www.cs.umd. edu/hcil/timesearcher/	2005년 11월	자바	예	TQD	사용자 정의된 시계열 시각화

이름	URL	최근 배포 일자	플랫폼	상호 작용	입력 자료 형식	시각화 기능
TNV	http://tnv.sourceforge.net/	2009년 12월	자바	예	PCAP	사용자 정의된 시계열 시각화
Rumint	http://www.rumint.org/	2008년 5월	윈도우	예	PCAP	사용자 정의된 네트워크 패킷 시각화
MRTG	https://oss.oetiker.ch/mrtg/	2012년 1월	유닉스, 리눅스, 윈도우, 맥 OS	제한적	라우터에 대한 SNMP 질의	사용자 정의 네트워크 트래픽 히스토그램
RRD	https://oss.oetiker.ch/rrdtool	2017년 5월	유닉스, 리눅스, 윈도우, 맥 OS	제한적	라우터에 대한 SNMP 질의	사용자 정의 네트워크 트래픽 히스토그램
EtherApe	http://etherape.sourceforge.net/	2018년 1월	리눅스, 유닉스	아니오	PCAP	사용자 정의 네트워크 트래픽 시각화

먼저 살펴볼 몇 개의 애플리케이션은 일반적 목적의 시각화 툴들로, 막대 차트, 선 차트, 평행좌표 등의 다양한 시각화 기능을 제공한다. 그 다음으로는 링크 그래프를 만들기 위해 사용하는 애플리케이션 몇 가지를 살펴본다. 그리고 트리 맵, 평행좌표, 3차원 산점도를 만드는 애플리케이션을 살펴본다. 이 절의 마지막은 수집한 패킷을 맞춤형 시각화할 수 있는 애플리케이션을 살펴보는 것으로 끝낸다.

GGobi

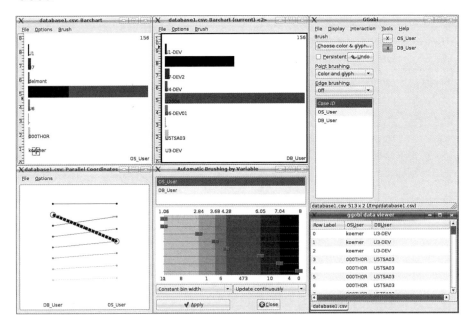

GGobi는 자유롭게 사용할 수 있는 가장 강력한 시각화 툴 중 하나다. 자료를 막대 차트, 선 차트, 평행좌표 등 다양한 방식으로 시각화화 할 수 있는 일반적인 목적의 시각화 애플리케이션이다. 동일한 자료를 다양한 화면에서 살펴봄으로써, 자료의 다양한 면을 동시에 살펴볼 수 있게 해준다. 다양한 결과 화면이 완벽하게 연결되어있고, 브러시 기능도 지원한다. 이 말은 즉, 막대 차트 화면에서 어느 막대를 선택했을 때 다른 화면에 그것이 모두 적용되고, 선택한 막대와 동일한 자료가 강조된다는 것이다.

자동 브러시 기능 기반 하에, 모든 그래프를 위한 색상을 정의할 수 있다. 심지어 색상 범주를 지정하는 기능도 제공해, 색채에 따라 자료를 분석할 수 있는 탁월한 기능을 사용할 수 있다. 또한 자료 사이에 선을 추가, 삭제, 이동할 수 있는 기능을 제공해, 시각화 결과를 쉽게 갱신하고 조정할 수 있게 해준다. 아쉽게도, OS X용 네이티브 포트는 없다. X 에뮬레이터가 필요하다. 그러나 우분투에서는 바로 설치할 수 있다.

```
aptitude install ggobi
```

aptitude를 이용해 GGobi를 설치할 때의 유일한 단점은, GraphViz를 지원하지 않는다는 것이다. GraphViz를 지원하게 하려면 ./configure를 이용해 GraphViz를 지원하도록 설정하고, 소스를 직접 컴파일해야 한다.

GGobi는 CSV와 XML 파일을 읽을 수 있다. GGobi와 R을 통합해 사용하면, 사용자는 R과 GGobi 사이에서 데이터를 전달할 수 있다. 자료를 읽어들인 후엔, 손쉽게 동일한 자료를 여러 화면으로 보면서 아이디어를 얻을 수 있다. 특이점을 필터링하고, 브러싱 기능을 사용해 자료를 신속하게 살펴볼 수 있다. 화면을 어지럽게 하지 않기 위해서, GGobi는 자료 요소 이름표를 모두 출력하지는 않는다. 그러나 특정한 자료를 지정하면 GGobi는 해당 자료에 대한 상세한 내용을 보여준다.

Mondrian

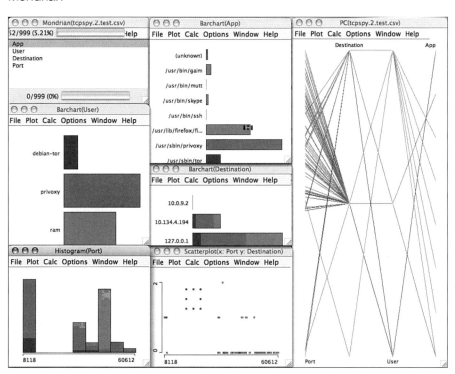

매우 광범위한 그래프를 지원하고, 다양한 화면을 동시에 볼 수 있게 해주는 또다른 툴은 Mondrian이다. 모든 화면은 연결되어 있다. 한 그래프에서 값을 선택하면, 다른 화면의 똑같은 값이 자동으로 선택된다. 자료를 정렬할 수 있으며, 또한 특정 값을 제외할 수도 있다. Mondrian은 특정한 값에다 색상을 지정하는 기능도 지원한다. 먼저 특정한 값을 선택하고, META-1(맥이라면 커맨드+1이다)에서 META-9까지의 키를 눌러 색을 지정한다. 이 기능은 자료 분석을 좀 더 원활하게 한다. 각각의 값을 좀 더 쉽고 빠르게 구분할 수 있다.

Mondrian의 특정 기능을 사용하기 위해선 R과 Rserv가 필요하다. 그러나 대부분의 시각화 기능은 이것 없이 동작한다.

Mondrian은 TSV(탭 구분 값) 파일을 지원한다. 열 이름 앞에 /C 또는 /D를 추가하면, Mondrian이 해당 열의 형태가 연속형(/C)인지 범주형(/D)인지 구분할 수 있다. 다음은 예제다.

```
SourceIP  DestIP      /CBytes Transferred
10.0.0.2  10.2.1.2    100
10.0.0.3  10.2.1.3    213
```

예제를 보면, Mondrian은 세 번째 열을 연속형 또는 수치형으로 해석할 것이다.

GGobi와 달리, Mondrian은 일반적인 차트(예를 들면 막대 차트, 히스토그램, 산점도, 평행좌표 등)를 지원하는 것과 더불어, 맵도 지원한다. 맵의 각 폴리곤은 데이터 레코드에 각각에 할당되며, 색을 이용해서 정보를 표현할 수 있다.

Tulip

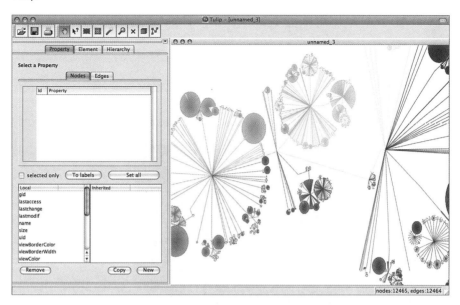

명령창에서 GraphViz를 이용해 DOT 파일을 시각화하는 것이 만족스럽지 않다면, Tulip은 좋은 선택이 될 것이다. Tulip은 단지 DOT 파일을 시각화하는 것뿐만 아니라, GML과 그 외의 다른 그래프 포맷을 시각화할 수 있는 그래픽 인터페이스를 제공한다. Tulip은 인터랙티브 링크 그래프를 출력한다. 회전, 확대, 노드 옮기기, 노드 삭제 등의 인터랙션 기능을 제공한다. Tulip은 다양한 종류의 배열 알고리즘을 제공한다. 2차원뿐만 아니라 3차원까지. 그리고 부분 그래프를 찾거나, 계측 방법에 따른 색을 지정하거나, 노드 크기를 조절할 수 있는 등의 모든 알고리즘을 제공합니다. 이 기능을 좀 더 살펴보기 위해, 도움말에 포함된 튜토리얼을 살펴보는 것을 강력히 추천한다. 최고의 튜토리얼이다.

처음으로 파일을 불러들였을 때, 화면에 나타나는 내용만큼 여러분이 놀라지는 않을 것이다. 먼저 반드시 해야 할 것은, **Algorithm** 목록에서 **Layout**을 선택한 후 배열 알고리즘을 선택해 그래프를 그리는 것이다. 이것이 잘 되었다면, 순조롭게 진행되고 있다는 것이다.

시각화 라이브러리를 찾고 있다면, Tulip이 C++ 라이브러리를 사용하는 것도 선택이 될 수 있다. 만약 링크 그래프를 붙여야 한다면, 반드시 써봐야 할 라이브러리다.

Cytoscape

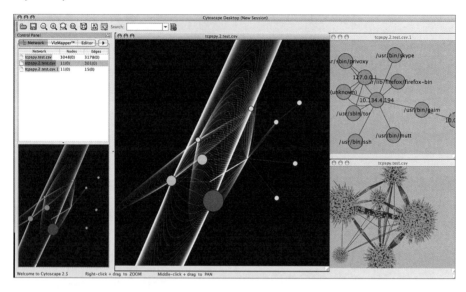

Cytoscape는 링크 그래프 시각화 툴 중 하나다. 자료를 불러오는 것은 굉장히 쉽다. CSV 파일 읽어들이는 걸 굉장히 쉽게 할 수 있다. 파일을 읽을 때 현재 설정을 즉시 적용해볼 수 있는 기능을 제공하는데, 첫 100줄에 대해 현재 설정을 바로 적용해서 보여준다. 이 기능은 자료를 읽어들이는 것을 굉장히 쉽게 만든다.

자료를 다 불러들이고 난 뒤엔, Cytoscape는 그래프를 그릴 때 사용하는 굉장히 다양한 배열 알고리즘을 제시한다. 사용할 수 있는 다양한 배열 알고리즘이 있기 때문에, 시각화할 데이터에 적합한 배열 알고리즘이 하나쯤은 있을 것이다. Cytoscape는 네트워크 패널, 비즈매퍼, 편집기, 필터 패널 네 가지의 제어판을 제공한다. 네트워크 패널은 불러들인 모든 자료의 목록을 보여준다. 비즈매퍼는 모든 그래프, 노드, 엣지에 대한 설정값을 보여주고, 사용자가 변경할 수 있도록 해준다. 편집기는 심볼을 창에서 그래프를 가져오는 걸로 노드나 엣지를 추가할 수 있다. 노드에 오른쪽 클릭을 하는 것으로, 그래프의 특성을 변경할 수 있다. 색상에서, 레이블까지 이런 방식으로 조정할 수 있다. 필터 패널을 이용해 노드를 제거할 수 있다. 그래프의 모든 특성을 기반으로 해 필터를 정의할 수 있다. 필터를 정의하는 화면은 조금 복잡하고, 내가 추가한 필터를 개별적으로 삭제하는 것이 불가능했다. 나는 모든 파일을 지우고, 다시 시작해야 했다.

그래프를 탐색하는 것은 유연하다. 확대, 이동, 회전, 노드 이동, 노드의 부분 집합을 선택해 추가적인 작업을 하는 것까지 가능하다. 툴 모음에는 검색 기능이 있으며, 레이블을 기준으로 해 노드를 찾아갈 수 있다. 그래프 노드 순서를 다시 정렬하기 위해서는, 노드 일부를 선택하고 줄을 맞추면 된다. 이런 기능이 있어 Cytoscape는 발표나 보고서에 쓰일 그래프를 준비하는 용도에 적합하다. 종종 노드 자동 배열 기능은 노드를 최적의 위치에 놓지 못한다. 그러나 사람이 조금 손을 대면, 이것을 극복할 수 있다.

배열 알고리즘과, 굉장히 좋은 그래프 인터랙션 기능에 더해, 하나의 레이아웃 알고리즘에서 간단한 군집 명령어를 제공한다. 이 기능은 자료에서 군집을 살펴보고 싶을 때 흥미로운 결과를 내놓는다. 레이아웃 알고리즘에서 Inverted Self Organizing Maps를 선택하면, 간단하게 살펴볼 수 있다. 이렇게 하면 비슷한 노드를 그래프로 나타내준다. 좀 더 복잡한 군집 분석 알고리즘은 각각의 플러그인으로 존재한다.

Cytoscape가 특이한 점은 플러그인 아키텍처라는 것이다(이것이 단지 아키텍처일 뿐만 아니라, 웹사이트를 통해 40여가지의 플러그인을 다운로드할 수 있다).[8] Cytoscape를 처음 개발한 것은 생물학도이기 때문에, 많은 플러그인은 생물학과 관련이 있

---

8 http://cytoscape.org/plugins2.php

다. 다운로드 페이지를 통해 플러그인과 더불어 XMLRPC를 이용한 통합 방법을 찾을 수 있다.

GUESS

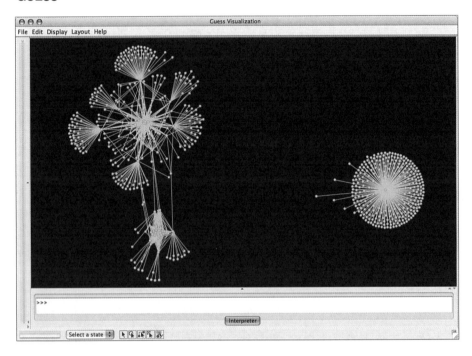

GUESS의 기능은 특이하다. 이 시각화 툴은 다양한 배열 알고리즘 중 하나를 사용해 링크 그래프를 그린다. 거기에 더해, 이 툴은 사용자가 스크립트 언어를 이용해 상호작용할 수 있다.

GUESS를 시작하기 위해, guess.sh 파일의 `GUESS_LIB` 변수를 현재 디렉토리로 바꿔야 했다. guess.sh를 실행하면 애플리케이션이 실행된다. 자료를 불러오는 것은 전혀 복잡하지 않다. GUESS에서 사용하는 GDF 포맷은 굉장히 간단하며, CSV 파일에서 굉장히 쉽게 생성할 수 있다. GDF 포맷은 다음과 같다.

```
nodedef> name
10.1.1.2
```

```
10.10.39.10
edgedef> node1,node2
10.1.1.2,10.10.39.10
```

여기서 볼 수 있듯이, 이 파일은 먼저 노드를 정의하는 것으로 시작하고, 그 다음엔 엣지가 있다. 다음의 스크립트로 CSV 파일(input.csv)을 GDF 포맷으로 변환할 수 있다.

```
echo "nodedef> name";
awk -F, '{print $1; print $2}' input.csv
| sort | uniq; echo "edgedef> node1,node2";
cat input.csv
```

자료를 다 읽어들인 뒤, 배열 알고리즘을 선택한다. GUESS는 다양한 배열 알고리즘(Cytoscape만큼은 아니다)을 제공한다. 자료를 그래프에 다 펼치고 난 뒤엔, GUESS는 일반적인 인터랙션 기능을 제공한다(이동, 확대, 노드 선택, 노드 삭제). 노드의 특성을 전체적으로 바꾸거나, 오른쪽 클릭을 해 개별 노드별로 할 수 있다.

상호작용시 스크립트 언어를 사용할 수 있어, 그래프의 모든 요소를 스크립트 언어로 다룰 수 있는 장점이 있다. 그렇기 때문에 GUESS에 있는 알고리즘을 사용하는 것은 굉장히 간단하다(예를 들면, 군집 알고리즘). GUESS의 스크립트를 URL에서 찾아볼수 있다. 페이지 랭크 알고리즘, 탐욕 검색 알고리즘 알고리즘 등이 예제로 있다.

그래프의 군집을 알아보기 위해, 자료를 읽어들이고 Fruchterman-Rheingold 알고리즘 등의 배열 알고리즘을 사용해 노드를 펼쳐본다. 그리고 좀 전에 언급하였던 웹사이트에서 Girvan-Newman 알고리즘 스크립트를 클릭한다. 이 스크립트를 클립보드에 복사한 후 GUESS로 돌아온다. 메뉴에서 Edit 〉 Paste to Console을 선택한다. **엔터키**를 눌러 알고리즘을 적용한다. 각각의 군집이 색으로 강조된다.

Real Time 3D Graph Visualizer

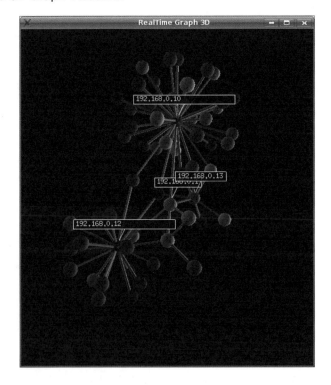

Real Time 3D Grapher(RTG)는 3차원 링크 그래프로 시각화할 수 있는 툴이다. 노드를 펼쳐 보기 위해 물리 모델을 사용한다. 결과물은 아주 간단하며, 기본적으로 노드 레이블까진 보여주지 않고 노드만 보여준다. 상호작용할 때, 노드를 클릭해 레이블을 볼 수 있다. 게다가, 노드를 옮길 수 있기 때문에, 사용자가 배열을 변경할 수 있다.

이걸 맥 OS에서 실행하질 못했다. 우분투에선 추가로 몇 가지 파일을 받아 툴이 동작하게 했다. 리눅스 배포판에 따라 몇 가지 추가 라이브러리를 설치해야 한다. 첫 번째로 설치해야 하는 것은 소스포지에서 찾을 수 있는 pyinline이다. 그리고 povexport를 찾아 다운로드 한 후, rtgraph3d 파일이 있는 디렉토리에 pyexport.py 파일로 복사한다. 이렇게 추가 파일을 설치하면 동작한다. 모든 파일을 다 설치한 후엔, ./rtgraph3d.py를 이용해 툴을 실행한다. 화면이 열리지만, 이 시점에는 아무 일도 일어나지 않는다. 상호작용할 수 있는 클라이언트인 ./rtg_cli.py도 실행해야 한다. 이 클라이언트로 그래프에 엣지와 (노드를) 추가할 수 있다.

다음과 같이 입력해보자.

```
edge raffy san_francisco
```

두 개의 노드가 생성될 것이다. 하나는 raffy, 하나는 san_francisco이다. 명령창에서 사용할 흥미롭고 재미있는 스크립트를 하나 짜보자. 예를 들어 아래와 같을 것이다.

```
sudo tcpdump -nnli ath0 | perl -pe
's/.*?(\d+\.\d+\.\d+\.\d+).*?(\d+\.\d+\.\d+\.\d+).*?$/edge \1 \2/; $|=1'
| ./rtg_cli.py
```

이 스크립트는 tcpdump를 실행하고 IP 주소를 추출한다. 모든 연결에 대해, 그래프에 노드가 실시간으로 추가된다! 마우스 오른쪽 버튼을 이용해, 그래프를 회전시킬 수 있다. 결과물을 자세히 살펴보자. 트래픽을 실시간으로 지켜보는 것은 굉장히 흥미로운 일이다. 아쉽게도 노드를 화면에서 삭제할 방법이 없다. 만약 tcpdump에서 많은 수의 IP가 추출된다면, 빠른 속도로 화면을 지저분하게 덮어버릴 것이다.

Walrus

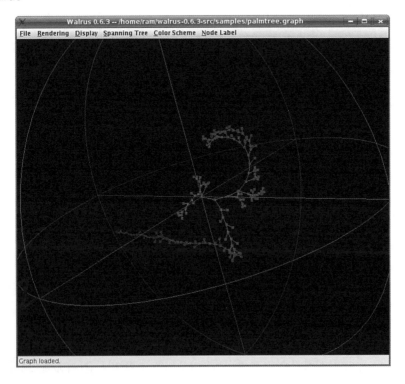

아주 많은 자료를 링크 그래프로 시각화할 수 있는 툴을 찾는다면, Walrus를 살펴보자. 물고기눈 왜곡 방식을 기반으로 한 특별한 3차원 화면을 이용해, 임의(arbitrary number)의 노드나 엣지를 그릴 수 있다. 그래프와 상호작용하는 것은 쉬우며, 일반적인 3차원 툴이 지원하는 상호작용 방식을 지원한다. 회전, 확대 등의 일반적인 상호작용 말이다. 그에 더해, 어수선한 내용을 줄이기 위해 상호작용 하면서 부분 그래프를 제거할 수도 있다. 더 많은 자료를 그래프에 나타내기 위해, 노드를 색으로 표시할 수도 있다. Walrus의 시각화 결과물이 좀 더 보기 좋아진다. 이 툴이 많은 수의 엣지와 노드를 시각화할 수 있다는 것이, 중요한 장점이다. 그러나 시각적 표현 능력에 속아 넘어가면 안 된다. 아쉽게도, 이 툴에 자료를 입력하는 것은 굉장히 힘들다. 제한사항과 조건이 아주 많다. 첫 번째로, 노드가 끊기지 않고 연결되는 그래프만 지원된다. 두 번째로, Walrus로는

스패닝 트리 형태의 자료로 작업해야 한다. 세 번째로는, CAIDA의 LibSea 그래프 포맷만 입력 가능하다.[9] 이 포맷은 굉장히 복잡하지만, 또한 강력한 기능을 제공한다. 모든 링크와 노드에 대한 목록을, 스패닝 트리 형태로 준비해야 한다. 불행히도, CSV 파일을 쉽게 이 형태로 바꿀수 있는 방법이 없다. 누군가는 쉽게 바꿀 수 있는 툴을 가지고 있을지도 모르겠다.

Walrus는 맥 OS에서 실행하는 데 아무 문제가 없다. 우분투에서는 실행하기에 앞서 해결해야 하는 것이 약간 있다. 정상적인 자바 3차원 라이브러리를 다운로드해야 했다. 그리고 동작하긴 한데 몇 가지 세그폴트 에러가 발생하고, 전체 장비가 중단되는 경우가 있다.

CSV 파일이나 로그 파일을 Walrus가 지원하는 포맷으로 쉽게 바꿀 수 있었다면, 분명히 나는 이 툴을 주로 썼을 것이다. 그러나 심지어 단지 몇 개의 노드를 그릴 때도, 엄청나게 복잡한 파일이 필요하다.

Dotty와 Ineato

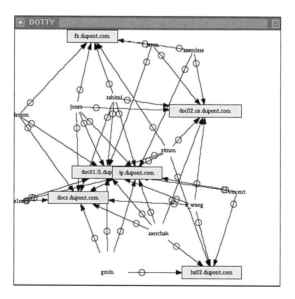

---

9 LibSea에 대한 더 많은 정보는 http://www.caida.org/tools/visualization/libsea/를 참고하라.

GrapViz에는 단지 DOT 그래프 파일을 렌더링하는 것과 더불어, 그래프와 상호작용할 수 있는 두 개의 애플리케이션이 포함되어 있다. Dotty와 Ineato가 그것이다. 두 개의 차이점은 DOT 파일을 렌더링함에 있어 사용하는 배열 알고리즘이 다르다는 것이다. Dotty는 dot을 이용해 계층적 배열을 하는 것과 달리, Ineato는 neato를 사용해 노드를 배치한다. 두 애플리케이션 모두 그래프와 상호작용하는 기능은 굉장히 제한적이며, 기본적이다. 오른쪽 클릭을 통해 기능을 사용할 수 있다. 예를 들어, 그래프의 특정 영역을 확대한다거나, birdseye view를 선택해서 그래프를 한번에 전체적으로 살펴볼 수 있다. 또한 노드의 이름표를 기준으로, 노드를 검색해 찾아갈 수 있다.

다양한 키보드 단축키를 이용해 그래프를 탐색할 수 있다. 예를 들어 Z와 z는 확대 및 축소다. 특정한 노드에 오른쪽 클릭을 하고, 몇 가지 키를 누르면 명령을 실행할 수 있다. 예를 들어 노드 삭제는 d이다. 그리고 단지 그래프를 클릭하는 것 만으로 노드 및 노드 사이의 엣지를 추가할 수 있다. 이런 기능으로 좀 더 쉽게 그래프의 레이아웃을 개선하거나, 노드를 추가/삭제할 수 있다. 충분히 만족스럽게 그래프를 수정했다면, 그래프를 새로운 DOT 파일로 저장할 수 있다.

트리맵

트리맵을 처음 만들었던 벤 슈나이더만과, 그가 이끄는 연구팀이 현재 버전의 트리맵 시각화 툴을 만들었다. 이 툴은 완벽하게 상호작용할 수 있다. 사용자는 트리맵의 모든 매개변수를, 아주 쉽게 이해할 수 있는 제어판을 통해 구체적으로 설정할 수 있다. 여기엔 네 개의 제어판이 있다. 첫 번째(Main)는 기본적인 화면 표시 설정인 글꼴 크기, 여백 등을 선택할 수 있다. 두 번째(Legend)는 사각형의 이름표를 비롯해, 사각형의 크기를 조정하기 위한 변수, 색상을 조정하기 위한 변수 등을 설정한다. Filters 제어판은 각각의 자료를 필터링하기 위해 사용한다. 사용자는 슬라이드를 움직여, 즉각적으로 트리맵의 화면이 바뀌는걸 볼 수 있다. Hierarchy 제어판은 보여줄 필드를 정의하거나, 트리맵으로 보일 필드들의 계층 순서를 정의한다. 각 필드는 추가되거나, 최적의 계층 구조로 보이도록 순서를 정할 수 있다. 트리맵 화면은 실시간으로 업데이트된다. 실시간으로 변화를 볼 수 있어, 설정값을 다르게 한 후 변화를 비교하는 것이 쉽다. 예를 들면 각각 다르게 설정한 계층 구조 같은 것을 말한다.

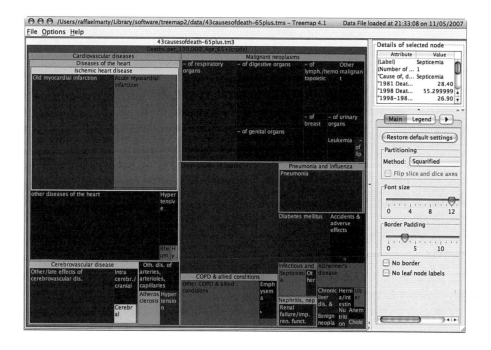

트리맵의 사각형을 선택한 후, 더블클릭해 확대하거나, 오른쪽 클릭으로 축소해 볼 수 있다. 각각의 사각형에 커서를 올려두면, 간단한 팝업 화면으로 해당 사각형의 값을 볼 수 있다. 그리고 우측 상단의 제어판으로, 선택한 사각형에 대한 모든 상세정보가 출력된다.

흥미로운 기능 중 하나는 자동 새로고침이다. 자동 새로고침을 활성화하려면, 메뉴에서 Options 〉 Reload Data File을 선택하면 된다. 파일이 변경되면, 새로운 자료를 기반으로 그래프가 새로고침된다. 설정은 그대로 유지되기 때문에, 설정을 별도로 재적용할 필요는 없다.

트리맵 프로그램에서 입력되는 문자열과 숫자는 각기 다른 형태로 처리된다. 문자열 필드와 숫자 필드 모두 트리맵의 계층을 정의하거나, 사각형의 색을 정의할 때 사용할 수 있다. 사각형의 크기를 정의할 때는, 숫자 필드만 사용할 수 있다. TMS 파일의 헤더에, 입력할 자료의 타입을 정의해야 한다. 트리맵으로 입력할 파일을 생성하기 위해, 나는 보통 로그 파일을 CSV로 변환한다. 그리고 수동으로 각 열을 정의하는 헤더를 추가한다. 첫 번째 열로, 횟수 열을 추가한다. 각 열의 특성에 따라, 열의 타입을 정의한다. 동일한 자료가 나타난 횟수를 계산하기 위해, 다음과 같은 명령을 사용한다.

```
cat file | sort | uniq -c | sed -e 's/,/ /g'
```

이 명령어는 파일 내용을 정렬하고, 횟수를 계산해 횟수 열을 추가하며, 쉼표를 탭으로 바꾼다. 헤더 두 줄을 추가하는 것을 잊지 말자. 예제는 다음과 같다.

```
Count  Department Control Exposure Impact Risk
INTEGER STRING  STRING  INTEGER INTEGER INTEGER
3       Engineeringengineering control 1 3
2       Engineeringengineering control 1 3
```

glTail

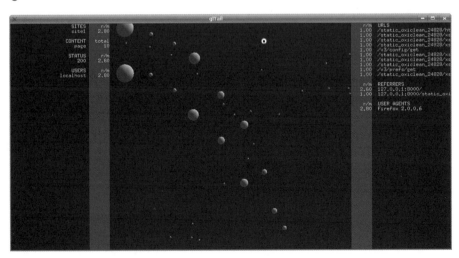

glTail은 정적인 그림을 그리는 것뿐만 아니라, 애니메이션도 만들 수 있는 재미 있는 툴이다. 우분투에 설치하는 것은 굉장히 간단하다. gl_tail을 실행하면 몇몇 라이브러리를 일일이 설치할 것을 요구한다. 그것들을 다 설치하고 난 뒤엔, 설정 파일을 만들어야 한다. ./gl_tail -n을 실행하면 껍데기만 있는 설정 파일이 만들어지며, 그 파일을 알맞게 수정할 수 있다. 이 툴은 원격의 로그 파일을 테 일링하는 용도로 만들어졌다. 로컬에 있는 파일을 살펴보고자 하는 나는 적합한 사용자가 아니다. 그러나 glTail을 사용하기 위해, SSH 서버가 돌아가는 로컬호 스트를 호스트로 설정했다. 이렇게 함으로써, gl_tail의 기능을 사용할 수 있게 되 었다. glTail에는 아파치, IIS, PIX, Postfix, Squid에 대응하는 내장 파서가 있다.

모든 것이 준비되면, glTail을 실행하고 실시간으로 올라오는 데이터를 화면 으로 지켜보자. 왼쪽과 오른쪽에서, 모든 자료 차원이 출력된다. 각 필드 이름 아 래로, 각 필드 값 목록이 나온다. 화면의 가운데에선, 움직이는 거품을 이용해 현 재 트래픽을 표현한다. 거품들은 각각 양쪽에 있는 필드로부터 뿜어져 나오는 것이며, 반대쪽을 향해 날아간다. 중력이 당기듯 거품은 화면 아래쪽으로 떨어 진다.

끝내주는 시각화다. 그러나 데이터를 표현한다는 측면에서 살펴보면, 이 시각 화의 활용법에 의문이 남는다. 자료의 크기와 빈도를 제외하고는 대부부분을 볼 수가 없다. 그저 현재 로그에 담겨있는 특성만을 살펴볼 수 있다. 화면이 갱신되 는 속도가 무척이나 빠르기 때문에, 어떤 정량적인 측면에서 살펴볼 수 없다. 또 하나 주의해야 할 점은, 지속적으로 화면을 모니터링하지 않으면, 잠재적으로 중요한 행위를 지나칠 수도 있게 된다는 것이다.

이 툴의 이런 동작 방식상, 로그 파일에 분포되어 있는 값에 대해 대강 파악 하는 정도의 목적으로 사용할 수 있다. 이걸로 자료에 대해 전반적인 이해를 하 고 나면, 다른 시각화 방법을 통해 자세한 내용을 살펴보거나 원본 로그를 살펴 볼 수 있다. 비디오카세트 플레이어처럼 제어할 수 있어, 자료를 제때 살펴보는 데 도움이 된다. 그렇게 해, 사용자는 특정 시점에 대한 자료를 좀 더 자세히 살펴볼 수 있다.

Parvis

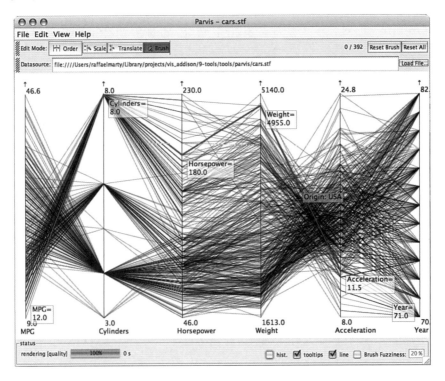

Parvis는 좀 더 특수한 목적의 시각화 툴이다. 이걸로는 평행좌표만 시각화할 수 있다. 이 툴은 이 기능 하나만 수행하는 특수한 툴이라서, 평행좌표만은 정말 탁월하게 그린다.

이 툴을 시작하기 위해, parvis.bat 파일을 사용한다. 유닉스 시스템이어도 상관없다. 불행히도, 입력하는 파일 형식과 기본적인 기능이 그리 좋지는 않다. 입력 포맷은 Simple Table Format(STF)이라고 불리는 특수한 포맷을 사용한다. TM3와 크게 다르지 않다. 그러나 이 파일이 좀 더 복잡하다. 첫 번째 줄엔 이 파일에 몇 개의 열이 존재하는지 정의한다. 그 다음엔 모든 열 이름과 자료 형식을 정의하고, 그 다음엔 실제 자료가 이어진다. 다음은 예제 파일이다.

```
3
Name      String
School    String
Quiz1     Real
John  St.Pauls    93
```

Parvis의 문제는 연속형 자료만 지원한다는 것이다. 그 말은 즉, 범주형 자료를 수치적 형식으로 변환해야 하는 방법이 필요하다는 것이다. 거기에 더해, 반드시 원본 범주형 값(문자열 형식으로)과, 변환한 수치 값 모두 파일에 담아야 한다는 것이다. 그렇지 않으면, 각 자료에 이름표를 붙일 수가 없을 것이고, 그렇다면 분석의 목적을 이룰 수가 없기 때문이다. STF에 익숙하지 않은 사람들을 위해, 자료를 변환할 수 있는 스크립트가 제공되면 좋을 텐데 말이다.

모든 자료를 읽어들이고 난 뒤엔, 색을 칠하거나, 크기를 변환하거나, 좌표를 조정할 수 있다. 또한 더 자세히 살펴볼 자료를 강조할 수도 있다.

Shoki(패킷 허슬러)

허슬러는 Shoki의 일부로서, 시각화 기능이다. 허슬러는 현재의 네트워크 트래픽을 시각화하거나 이미 만들어진 PCAP 파일을 시각화할 수 있다. 3차원 산포도로 패킷을 시각화할 수 있다. 네 개의 화면 중 한 화면에는 3차원 시각화 결과물이 나타나고, 나머지 세 화면에는 동시에 해당 자료를 다른 측면에서 시각화 결과물이 나타난다. 이렇게 하면 3차원 자료를 살펴보는 데 많은 도움이 되며, 3차원 화면에서 발생할 수 있는 문제들을 일부 해결할 수 있다.

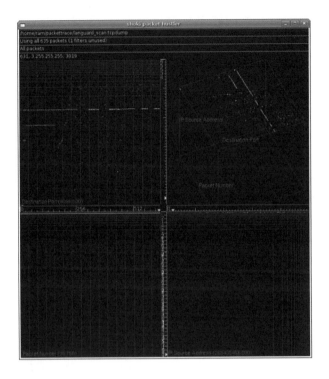

    Shoki를 설치하는 것은 쉽지 않다. 먼저, 의존하는 라이브러리를 확실히 설치해야 한다. 어떤 라이브러리가 필요한지 ReadMe를 정확히 확인하라. 그리고 gcc-3.3보다 최근에 나온 버전에서는 컴파일되지 않는다. 이전 버전을 설치하고, Makefile을 수정해 컴파일될 수 있게 한다. Makefile은 다음과 같이 수정한다.

```
CC=cc
```

코드를 다음과 같이 수정한다.

```
CC=gcc-3.3
```

이렇게 파일을 수정하고 난 뒤, configure를 수행하고 패키지를 make한다.

```
./configure --with-fftw=/usr/lib --with-pcre=/usr/lib \
--with-gtk=/usr/lib
make
useradd shoki
groupadd shoki
make install
make chroot
```

이 명령어로 설치가 될 것이다. 예제 필터를 설치하면 허슬러를 시작할 수 있을 것이다.

```
cp /usr/local/shoki/conf/sample_filterlits.conf \
/usr/local/shoki/conf/ip_filterlist.conf
```

허슬러를 실행할 때는 명령창에서 캡처 파일을 넘겨줘야 한다.

```
/usr/local/shoki/bin/hustler -r pcacp_file
```

각 축을 개별적으로 설정할 수 있어, 여러 상황을 파악하는 데 많은 도움이 된다. 유용한 사례를 하나 꼽아보자면, 여러 축을 긱각 각각 출발지 주소, 목적지 주소, 목적지 포트로 설정하는 것이다. 축에 할당된 값을 변경하려면, 네 개의 화면 중 하나에서 오른쪽 클릭을 하고, 보여주고 싶은 변수를 선택한다. 패킷 번호를 하나의 축에 할당하고, 더불어 목적지 주소와 목적지 포트를 각기 다른 축에 할당하는 설정법이 있다. 이 설정법은 포트 스캔 행위를 파악하는 데 도움이 된다.

이 책의 앞부분에서 이야기했듯이, 3차원으로 보여주는 것은 겹침으로 인한 문제가 있다. 그러나 세 화면으로 다른 측면에서 보여주는 혁신적인 방법을 사용해, 이 문제를 회피할 수 있는 좋은 방법을 제시한다.

InetVis

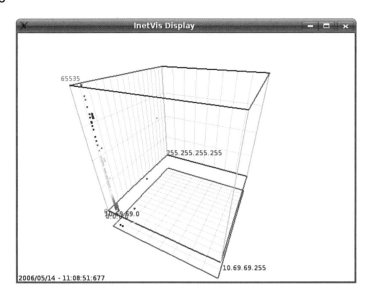

네트워크 트래픽을 시각화할 수 있는 또 다른 툴은 InetVis다. 이 툴은 실시간 네트워크 트래픽 또는 패킷 캡처 파일을 3차원 산포도로 나타낸다. InetVis는 몇 가지 아쉬운 제한사항이 있다. 예를 들면 축 설정이 고정되어 있다는 것이다. 단지 발신자 주소, 수신자 주소, 수신자 포트를 축에 나타낼 수 있다. 이 툴의 가장 흥미로운 기능 중 하나는 rumint처럼 패킷 캡처 파일을 살펴볼 때 비디오 카세트를 살펴보는 마냥 제어할 수 있게 해준다. 순간적으로 지나갈 수 있는 과거 이벤트를 천천히 살펴 볼 수 있다. 이 기능은 화면이 너무 정신 없어지는것을 방지해준다. 특정한 데이터 속성을 기반으로 각각의 점을 색으로 표시하는 기능도 쓸모가 있다. 내 생각엔 이 툴은 반드시 rumint와 합쳐져야 할 것 같다. 나는 이런 툴에 적용할 수 있는 비슷한 컨셉들을 관찰한다

TimeSearcher

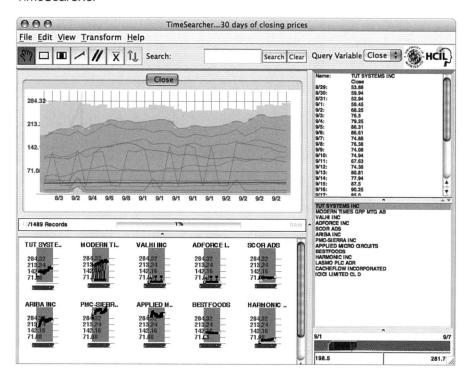

TimeSearcher는 시계열 분석 툴이다. 안타까운 건, 이 툴은 별도의 자체 포맷을 사용한다는 것이다. TQD 파일 포맷은 제목, 정적인 변수, 동적인 변수, 해당 변수의 자료형, 나타낼 자료의 개수, 각 레코드에 포함된 자료 개수, 총 레코드의 수, 각 시간 표시 단위에 부여하는 라벨 등을 요구한다. 다음은 예제 파일이다.

```
#title
DMZ access last month
# static attributes
machine,String
# Dynamic atts
Access
# of time points=n
30
# of records k
2
```

```
# time point labels
8/29,8/30,8/31,9/1,9/2,9/3,9/4,9/5,9/6,9/7,9/8,9/9,9/10,9/11,9/12,9/13,9
/14,9/15,9/16,9/17,9/18,9/19,9/20,9/21,9/22,9/23,9/24,9/25,9/26,9/27
#stat1, dynamic @ t1, dynamic @t2, ....,dynamic @tn
192.168.0.10,58,58,59,59,58,59,58,57,58,59,58,58,57,57,56,57,57,56,59,59
,59,59,59,59,59,58,58,58,57,59
192.168.0.100,51,53,56,57,58,56,55,55,59,55,55,57,60,61,63,62,60,62,61,6
1,58,61,63,66,64,66,68,68,66,66
```

여기서 보듯이, 이 파일은 굉장히 상세한 내용을 포함하고 있으며, 우리가 이전에 사용했던 어떤 포맷과도 같지 않다. 이 툴을 사용하고 싶어하는 사람들에게, 이것은 엄청난 장벽이다.

일단, 이 툴을 켰다면 크게 네 가지로 구분된 화면이 나온다. 왼쪽 아래엔 모든 자료 계열이 나온다. 오른쪽 아래엔 모든 자료 계열 목록이 문자 형태로 나온다. 선택한 자료 계열에 대한 자세한 내용은 오른쪽 상단에 뜬다. 왼쪽 상단엔 모든 계열의 최소값과 최대값이 출력된다. 이 화면에서 쿼리를 실행할 수 있다. 툴바에 있는 직사각형을 눌러 쿼리를 시작해보자. View > Graph Overview를 선택해, 개별 자료 계열을 왼쪽 상단 화면에서 볼 수 있다.

다양한 상호작용을 할 수 있다. 가장 흥미로운 쿼리 중 하나는 앵귤러 쿼리다. 이 쿼리는 특정한 기울기를 가지고 있는 자료 계열을 찾을 수 있게 해준다. 만약 확실한 스파이크가 있는 자료 계열을 찾고 싶다면, 이 기능에 관심이 갈 것이다. TimeSearcher의 다양한 기능과 상호작용에 대해 알고 싶다면, 굉장히 자세히 쓰여진 매뉴얼을 살펴보라.

TimeSearcher의 결과물은 스파크라인의 개념과 유사하다. 많은 양의 자료를 작은 면적에 시각화한다. 이걸 이용하면 다양한 변수들의 경향이 시간에 따라 어떻게 변하는지 살펴보는 것이 유용해진다. 예를 들면, 목적지 포트를 각각 다른 자료 계열로 둬보자. 각기 다른 목적지 포트를 살펴보고 있자면, 특정한 행위를 파악하는 것이 굉장히 빨라질 것이다. 예를 들어, 비윈도우 환경에서 135번 포트(NetBIOS)로 향하는 트래픽을 살펴보고 있다면, 누가 윈도우 장비로 향하는 트래픽을 발생시킨다면 반드시 찾아내고, 자세히 살펴보아야 할 것이다. 다양한 자료 계열을 살펴봄으로서, 경향의 변화와 더불어 다양한 자료 계열의 공통점도 찾아낼 수 있을 것이다(예, 목적지 포트).

TNV

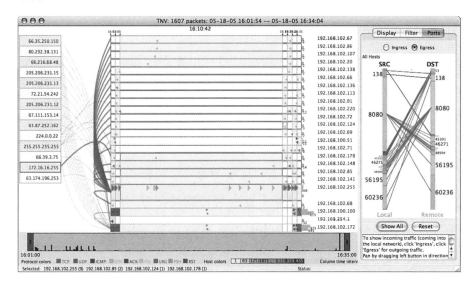

이 업계에 있다면, 대부분은 어떤 시점에 패킷을 캡처하고 분석을 해봐야 한다. 어떤 내용이 담겨 있는지, 네트워크에서 어떤 호스트가 통신하고 있는지, 어떤 프로토콜이 쓰였는지, 몇 가지 이상 행위를 찾아보는지 등을 찾아내는 것은 무척이나 어려운 것이다. TNV는 이런 일을 쉽게 할 수 있도록 트래픽 캡처를 화면에 신속하게 시각화 해준다. TNV 화면은 여러 가지로 나눠져 있다. TNV는 시간에 따른 수평축을 사용한다. 맨 아래에 있는 시간 슬라이더를 이용해, 화면에 나온 내용을 조종할 수 있다. 화면 왼쪽에는 외부 장비 목록이 출력되어 있다. 외부장비라는 것은, 홈 네트워크 장비를 제외한 장비들이다.

화면 오른쪽에서 홈 네트워크 설정을 할 수 있다. 설정이 좀 힘든데, 홈 네트워크 변수를 조정하면, 매번 데이터를 리로드해야 홈 네트워크 변수를 조정한걸 확인할 수 있다. 리로드는 데이터를 다시 읽어들인다는 것이고, 단순히 리셋 버튼을 누르는 정도가 아니라는 것이다. 특히 잘 알지 못하는 데이터를 분석할 때, 이런 건 무척 짜증난다. 먼저 홈 네트워크 설정을 해두는 것이 좋다. 홈 네트워크가 설정되어있다면, TNV는 메인 화면에 각각의 내부 장비를 세로 축으로 표시할 것이다. 각각의 연결은 호스트 사이에 선으로 표시한다. 이렇게 해 내부 장비와 외부장비 사이, 그리고 내부 장비들 사이의 통신을 재빠르게 파악할 수 있게 된다. 화살표는 트래픽 내에서 각기 다른 프로토콜이 사용되었음을 보여준다. 그리고 트래픽이 흘러가는 방향을 보여준다. 화살표의 색을 이용해 프로토콜의 종류를 표현하는데, TCP 의 경우엔 TCP 플래그도 보여준다.

자료와 상호작용하고, 자세히 살펴보기 위해서는 셀을 더블클릭해 확대해보면 된다. 오른쪽 클릭으로는 상황에 맞는 메뉴 항목을 볼 수 있는데, 통신하는 두 IP와 관련해 사전에 정의된 명령어, 가령 DNS 룩업 같은 기능, 또는 선택한 통신의 자세한 패킷 내용을 볼 수 있다.

맨 오른쪽 창에서는 세 가지 다른 화면을 볼 수 있다. 첫 번째는 홈 네트워크와 같은, 화면 출력 설정을 하는 화면이다. 두 번째는 기준을 이용해 특정 연결을 필터링하거나 강조하는 것이다. 가령 TTL이 128보다 큰 연결을 강조할 수 있다. 그러나 아쉽게도, 이런 필터링 기능은 굉장히 제한되어 있고, 지원하는 프로토콜도 몇 개 되지 않는다. 마지막으로 세 번째는 포트 화면이다. 이 화면은 작은 평행좌표에 포트의 활동을 보여준다. 아쉽게도 이 화면은 메인 화면과 어떤식으로든 연결이 되지 않는다. 메인 화면에서 무엇을 선택해도, 평행좌표에 있는 내용이 바뀌지 않는다.

이 툴은 호스트, 프로토콜, TCP 플래그 등을 보여주기 위한 색상을 설정할 때 굉장히 유연하지만, 그 외엔 별로 지원되는 기능이 없다. 상당수 설정을 할 수가 없다. 특정한 장비, 또는 특정한 트래픽을 제외하고 싶었지만 그럴 수 있는 기능을 제공하지 않는다. 유일하게 할 수 있었던 건 장비 목록을 재정렬하고, 하나로 묶어 보는 것 정도였다. 많은 호스트가 통신하는 패킷 캡처 파일을 다뤄야 한다면, 이 툴을 사용하는 것은 꽤나 힘든 일이 될 것이다.

불행히도 7메가짜리 파일을 내 랩탑에서 열 때 문제가 있었다. 그런데 이건 내 랩탑뿐만 아니라 어디서도 열리지 않았다. 더 작은 파일을 찾아 열기를 시도했고, 다행히도 1.5메가짜리 파일은 굉장히 빠르게 열렸다.

NVisionIP

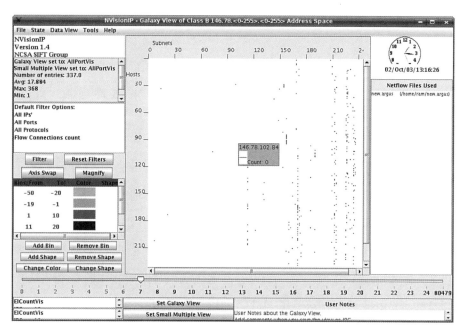

미국 국립 고등 보안 시스템 연구센터는 자바 기반으로 네트워크 트래픽을 분석하는 시각화 툴을 만들었다. 이걸 내 맥 OS에 설치하는 것은 간단했다. 인스톨러가 모든걸 다 처리했다. 우분투에서는 약간 문제가 있었다. 인스톨러가 성공적으로 끝나지 않았다. 인스톨러가 실패한 후 /tmp/install.dir.xxxx/Installer Data(xxxx는 숫자다) 디렉토리로 이동해, 인스톨러를 다음과 같이 실행했다.

```
java -classpath ./installer.zip com/zerog/ia/installer/Main
```

이렇게 하면 인스톨러가 정상적으로 동작한다. 두 번째로 마주친 문제는 데이터를 입력할 때였다. NVisionIP는 아거스 데이터를 지원한다. 가지고 있는 아거스 파일을 후처리 한 후에 입력해야 한다는 것을 알아차리는 데는 많은 시간이 걸렸다. 이 툴은 한 줄에 143자 이상 있는 경우에 입력이 되지 않는다. 먼저 다음과 같이 아거스 파일을 만들었다.

```
ra -A -c -G -n -t -r <file.argus> -
```

이 결과 파이프를 다시 연결해, 다음과 같이 143자로 자르도록 했다.

```
sed -e 's/\r(\n)?/\n/' | awk '{ print substr($0, 1, 143) }' > out.argus
```

이와 같은 명령어를 이용해, 데이터를 NVisionIP에 입력할 수 있게 되었다.

메인 화면엔 B 클래스를 시각화하는 큰 영역이 있다. 데이터를 로딩할 때, 분석 대상으로 지정할 B 클래스를 선택해야 한다. 각 개별 장비들의 활동은, 화면에 점으로 찍힌다. 색을 지정할 수 없으며, 화면을 확대할 수도 없고, 데이터에 마우스를 갖다 둔다고 해서 스파크라인을 볼 수도 없다. 데이터를 좀 살펴보면, 굉장히 메모리를 빨리 잡아먹게 된다. 이 툴은 몇 안 되는 유용하고 신기한 기능을 가지고 있다. 그 중 제일 유용한 건, 장비 중심의 화면을 볼 수 있다는 것과, 적은 데이터 셋을 분석하는 게 굉장히 쉽다는 것 정도일 것이다.

Rumint

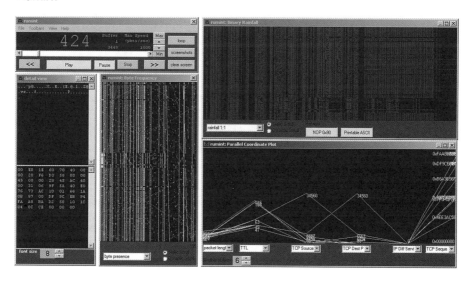

rumint는 하나의 활용 목적에 초점이 맞춰진 시각화 툴이다. 이 툴은 PCAP 입
력(또는 네트워크 인터페이스의 실시간 트래픽 캡처 입력)을 다양하고, 일반적이지 않은
방식으로 시각화한다. 패킷 캡처의 아스키 문자열 분포를 시각화하는 것부터,
평행좌표를 이용해 패킷 헤더 필드를 시각화하는 것까지, rumint는 모든 것을
동시에 보여줄 수 있다. 평행좌표로 시각화하는 것은 네트워크 트래픽을 분석할
때 유용하다. 이것은 많은 패킷들이 어떻게 연관되어 있는지를 일목 요연하게
보여준다. rumint는 비디오 플레이어 같은 방식으로 자료와 상호작용할 수 있
어, 시간의 흐름에 따른 트래픽 분석을 쉽게 할 수 있고, 네트워크 트래픽이 어
떻게 변해왔는지 쉽게 볼 수 있다.

아쉽게도, rumint로 입력할 수 있는 트래픽 양은 제한적이다. 패킷 캡처 파
일들은 굉장히 큰 경향이 있기에, rumint가 많은 데이터를 로딩할 수 있다면 굉
장히 유용할 것이다.

MRTG와 RRD

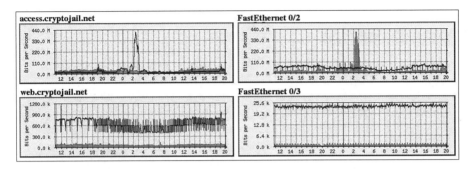

네트워크 업계에서 가장 공통적으로 쓰이는 툴이라면 단연코 MRTG일 것이다. MRTG는 네트워크 링크의 트래픽 부하를 모니터링하는 툴이다. MRTG는 HTML 페이지를 생성하고, 트래픽을 실시간에 가깝게 시각적으로 보여준다. MRTG는 SNMP뿐만 아니라, 호스트 성능 지표나 시스템 로그인 등의 데이터를 이용해서도 시각화할 수 있다.

MRTG는 시간이 지남에 따라 데이터가 늘어나더라도 데이터를 효율적으로 저장할 수 있는 시계열[10] 데이터 저장소를 사용한다. 모든 데이터를 저장할 필요가 없고, 경향을 보여줄 수 있는 데이터만 저장하면 된다. 통계 처리한 정보를 보관할 수 있다면 오래된 데이터는 필요 없다. SNMP를 이용해 데이터에 접근하는 게 불가능하다면, MRTG를 사용할 수 없다. RRD, 라운드 로빈 데이터베이스는 시계열 자료 저장소 개념을 구현한 것이다. 간단한 셸 스크립트나 펄 모듈을 이용해 사용할 수 있다. 이 툴은 시계열 자료를 저장하고 신속하게 시각화해야하는 경우에 사용할 수 있다.

---

10 시계열이라는 것은 데이터가 시간 순서대로 배열된 것으로서, 각각의 데이터는 특정 시간의 측정값을 나타낸다.

EtherApe

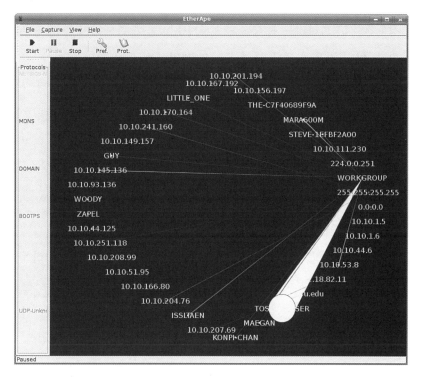

EtherApe는 간단한 시각화 툴이다. 이 툴은 네트워크 인터페이스로 캡처한 트래픽 또는 PCAP 파일을 읽어 시각화한다. EtherApe는 통신을 수행한 모든 호스트를 하나의 원에 모아 정렬하고, 각각의 통신을 수행한 양 호스트를 연결해 보여준다. 각각의 프로토콜을 표현하기 위해 각기 다른 색상을 사용한다. 각 연결마다 칠해진 각기 다른 색을 통해, 개별 시스템의 역할을 빨리 파악할 수 있게 된다. 각 선의 굵기는 트래픽 양을 나타낸다.

통신 현황을 시각화한 것과 더불어, 통신에 사용된 포트 통계도 볼 수 있다. 이 통계를 통해 살펴보는 트래픽의 종류가 어떻게 변화하는지 쉽게 분석할 수 있다.

오픈소스 시각화 라이브러리

몇몇 경우엔, 시각화하려는 목적을 만족시켜주는 툴이 존재하지 않는 경우가 있기도 하다. 이런 경우엔 해당 분석 목적을 해결하는 툴이 정말 없거나, 직접 분석 툴을 만들고 거기에 시각화 기능을 포함해 해결할 수도 있을 것이다. 시각화 라이브러리를 선택함에 있어 가장 중요한 선택 기준은, 어떤 프로그래밍 언어를 지원하느냐이다. 간단하게 시각화 라이브러리 중 자바 라이브러리랑, 비자바 라이브러리를 살펴보자.

자바 라이브러리

자바 프로그램으로 그래프를 만들어야 할 때, 굉장히 다양한 라이브러리를 선택할 수 있다. 상용 라이브러리들이 많지만, 오픈소스 커뮤니티에서 만드는 강력한 라이브러리도 몇 가지 있다. 다음 목록은 종합적으로 모든 것을 정리한 것은 아니다. 이 라이브러리들은 내가 시각화를 연구하면서 찾았던 것들이다. 이것 외에 더 좋은 것이 있을 수도 있다. 최소한, 현존하는 라이브러리를 살펴보는 데 있어 출발점은 될 것이다. 쓸만한 자바 라이브러리 목록은 http://networkviz. sourcefornet.net과 http://www.manageability.org/blog/stuff/open-source-graph-network-visualization-in-java/view에서 살펴볼 수 있다. 이런 라이브러리 중 오픈소스 개발자 커뮤니티가 이끌지 않고 연구소에서 개발하는 라이브러리도 종종 있는데, 이런 라이브러리는 한 연구팀이 일정기간을 들여서 개발한 것이다. 이런 라이브러리는 문서화가 잘 되어 있지 않거나, 가끔은 코드 품질도 좋지 않은데, 왜 그런지는 독자들도 아마 알 것이라 생각한다. 시각화 라이브러리 전체 목록, 아니면 최소한 오픈소스 라이브러리를 살펴보고, 라이브러리의 기능을 조합해보는 것은 재미있는 프로젝트가 될 것이다.

일반적으로, 차트 라이브러리를 데이터 시각화 라이브러리라고 생각할 것이다. 그러나 차트 라이브러리와 시각화 라이브러리를 분리해야 하는데, 차트를 만드는 것만으로는 그리 재미가 없다. 차트를 만들고 싶다면 엑셀과 비쥬얼베이직을 쓸 수도 있다. 데이터 시각화는 좀 더 재미있는 것이다. 데이터 시각화는 상호작용이 되는 링크 그래프, 트리맵, 확대가 가능한 평행좌표, 동적 쿼리가 가능한 연결된 차트 등을 포함하는 것이다. 자바 3D 같은 것들은 목록에 포함시키지 않았다. 자바 3D를 시각화 라이브러리라고 생각하는 사람도 있지만, 이런 라이브러리는 그저 그래프를 렌더링하는 것일 뿐 자료나 정보를 시각화하는 것이 아니다.

링크 그래프를 생성하기 위해서 사용되는 가장 유명한 자바 그래프 라이브러리는 아마도 JGraph일 것이다. 이 라이브러리는, 확대부터 드래그 앤 드랍까지 모든 종류의 인터랙션 기능을 제공한다. JGraphT는 JGraph 라이브러리에 기반을 두고 있다. 이 라이브러리는 JGraph 위에 그래프 이론 알고리즘을 제공한다. 아마도 JGraph를 포함해 최고의 개선점이라고 볼 수 있는 건, 이벤트의 변화를 추적하는 리스너다. 그래프는 JGraph를 이용해 그린다.

동일한 영역에 있는 또 다른 라이브러리는 OpenJGraph이다. 이 그래프를 자세히 살펴볼 필요는 없다. 업데이트가 안 된지 5년이 넘었다. 현재 개발되고 있는 라이브러리로는 JUNG이 있다. 기본적으로 이 라이브러리는 GML 파일을 읽을 수 있다. 이 라이브리는 모든 종류의 알고리즘, 가령 군집 알고리즘, 스패닝 트리 계산 알고리즘 등을 지원한다. 이 라이브러리가 생각보다 굉장히 성숙하다는 것에 놀랄 것이다. 또한 이 라이브러리로 작업을 시작해볼 수 있도록 많은 예제 코드가 제공된다.

Graph INterface library(GINY) 프로젝트는 링크 그래프를 시각화하기 위해 만들어졌다. JGraph의 API가 너무 복잡하다 주장하며, 이것을 해결하기 위해 GINY가 시작되었다고 한다. 그러나 나는 GINY를 사용해보지 않아, 이 주장에 대해 어떤 코멘트를 할 수가 없다.

내가 사용해본 툴킷으로는 InfoVis 툴킷이 있다. 1년 전쯤 라이브러리를 찾아볼 때, IntoVis 툴킷이 제공하는 기능과 그래프 결과물이 정확히 내가 원하는 것이었다. 그러나 아쉽게도, 데이터를 입력한 뒤 나오는 결과물을 보면 많은 제약사항과 마주쳤는데, 나는 이것이 버그라 생각했다. 개발자랑 이야기를 해봤지만, 어떠한 버그픽스나 업데이트를 제공하지 않았다. 이 라이브러리는 2005년 이래로 어떤 업데이트도 제공하지 않는다.

만약 GraphViz의 팬이라면, Grappa 라이브러리를 고려하는 것이 어떨까. Grappa 라이브러리는 자바에서 GraphViz를 이용해 링크 그래프를 시각화할 수 있도록 하는 라이브러리다. Grappa 라이브러리는 DOT 파일을 시각화할 수 있는 모든 종류의 기능을 제공한다.

그외 굉장히 성숙하고, 사용하기 쉬운 시각화 라이브러리는 Prefuse다. 이 라이브러리는 UC 버클리에서 개발되었다. 개발이 시작된 지는 오래되었지만, 여전히 베타버전이다. Prefuse는 다양한 예제 코드를 이용해, 링크 그래프뿐만 아니라 트리맵을 제작하는 방법도 보여준다. Prefuse는 결과물을 애니메이션 형태로 만들고, 다이나믹 쿼리를 지원하고, 통합된 검색 기능을 제공하는 등 다양한 인터랙티브 기능을 지원한다. 이 라이브러리는 GML 파일을 읽을 수 있는 어댑터 또한 제공한다. 게다가, 액션스크립트와 어도브 플래시에서 시각화 및 애니메이션화 툴로 사용할 수 있는 Prefuse Flare 또한 제공한다.

비자바 라이브러리

앞서 자바 기반의 시각화 라이브러리에 대해 설명했다. 자바가 익숙하지 않거나, 다른 프로그래밍 언어를 사용할 경우에도, 다양한 시각화 라이브러리를 사용할 수 있다. 다시 말하지만, 나는 모든 시각화 라이브러리를 다루는 것이 아니다. 그저 시각화 작업의 첫 발을 뗄 수 있을 정도로 다룬다.

C++에서 시각적 결과를 출력하려고 하는 많은 사람들은 아마도 Boost Graph Library(BGL)를 살펴볼 것이다. BGL은 그래프 시각화에 관한 몇 가지 표준 인터페이스와 구현을 제공한다. 그래프 데이터를 효율적으로 저장하는 자료 구조, 그래프를 생성하는 알고리즘, DOT 파일을 생성하는 것처럼 데이터를 표현하기 위한 인터페이스 등을 제공한다.

Piccolo는 윈도우 닷넷과 자바의 저수준 그래픽 API를 추상화한 그래픽 라이브러리다. Piccolo는 모바일 버전도 있다. Piccolo는 모바일 버전이 있다는 것이 특이한 점이다. Piccolo를 사용하면 저수준 API를 쓰면서 발생하는 문제를 걱정할 필요가 없다. Piccolo는 범위 확인, 이벤트 핸들링, 그래프 인터랙션, 애니메이션 등을 처리해준다. Piccolo는 ZUI라 불리는 확대가 되는 사용자 인터페이스를 제공하는데, 이 인터페이스는 그래프와의 인터랙션 기능을 향상시킨다.

프로세싱Processing은 앞서 다뤘던 것과 완전히 다른 프로젝트다. 프로세싱은 이미지를 프로그래밍하는 언어다. 프로세싱은 그래프를 정의하고 렌더링하는 것뿐만 아니라, 인터랙션과 애니메이션을 위한 메소드도 지원한다. 기본적으로 자바 문법을 따르기 때문에, 자바를 알고 있는 사람이라면 쉽게 이 언어를 선택할 수 있다. 장난삼아 프로세싱을 가지고 놀아봤는데, 파일에 저장되어 있던 3차원 좌표를 화면에 그려내는 툴을 아주 빠르게 만들어 낼 수 있었다. 프로세싱은 충분한 인터랙션 기능과 애니메이션 기능을 제공한다. 3차원 객체를 회전시키거나, 마우스를 이용해 인터랙션할 수도 있다. 또 하나의 좋은 기능은 Processing으로 전체 코드를 JAR 파일로 만들어 리눅스나 윈도우, OS X 등에서 애플릿 형태로 실행할 수 있다는 것이다. 프로세싱이 한 번의 과정으로 배포를 쉽게 할 수 있도록 해주기 때문에, 개발 환경에서 그래프 프로토타입을 만들 수 있게 된다. 많은 사람들이 이미 Processing에 공헌했다. 예를 들면 MySQL 플러그인 같은 걸로 말이다. 이런 플러그인이 있어 프로세싱의 생산성이 높아지게 된다. 프로세싱을 사용해보면, 얼마나 적은 코드로 인터랙티브 그래프를 생성할 수 있는지 놀라게 될 것이다.

차트 라이브러리

이 책 작업을 하면서 찾아본 차트 라이브러리를 다뤄보고자 한다. 상용 라이브러리를 살펴보면, 굉장히 많은 제품이 있음을 알 수 있게 될 것이다. 왜 상용 라이브러리를 쓰려고 하는가? 개발사의 전문적인 지원과 버그 수정 및 새 버전을 제공해준다는 보장을 해준다는 이점이 있다. 오픈소스 라이브러리를 사용한다면, 이런 보장을 받진 않는다.

차트 라이브러리를 찾다 보면, 자바 업계에서 가장 자주 보이는 것이 JFreeChart다. 이 라이브러리는 다양한 종류의 차트를 그릴 수 있다. 불행히도, 인터랙티브 기능을 제공하지는 않는다. 이 라이브러리 위에 인터랙티브 기능을 올릴 수는 있겠지만, 이것은 쉽지 않은 일이다. 만약 웹에 그래프를 올릴 일이 있다면, JSP 기반으로 동작하는 Cewolf를 사용해보자. Cewolf는 JFreeChart를 렌더링 엔진으로 사용한다.

내가 가장 자주 사용했던 차트 툴은 Chart Director[11]이다. 이 라이브러리는 좋은 종류의 차트를 제공한다. 이 모든 라이브러리를 사용하기 위해서는, 코드를 작성해 데이터를 특정한 타입으로 변환하고, 차트 라이브러리가 원하는 형식으로 만들어야 한다. 나는 CSV 파일을 무척 좋아하고, 사용자를 위해 어떤 것을 간단히 만드는 것도 좋아한다. 그리해 펄 스크립트를 몇 줄 작성했는데, 이것은 범주형 자료를 입력받아 바 차트부터 라인그래프와 박스 플롯까지 다양한 종류의 차트 형태로 만드는 것이다. 이 스크립트는 그저 Chart Director의 래퍼긴 하지만, 이 책에 담겨 있는 많은 그래프를 작성하는 작업을 굉장히 단축

---

11 http://www.advsofteng.com/

시켜주었다. 이 스크립트는 Afterglow 타르볼 파일에서 찾을 수 있다.[12] Chart Director는 많은 프로그래밍 언어로 구현되어 있는데, 자바, 파이썬, 펄 등을 지원한다.

이 외에도 많은 차트 라이브러리가 있지만, 그것을 모두 살펴볼만한 시간이 되지는 않았다. 만약 당신이 상용 제품을 찾는다면, 용도에 완벽히 맞는 라이브러리가 있을 거라 확인한다.

라이브러리 요약

많은 종류의 오픈소스 시각화 라이브러리리를 살펴보았다. 표 9.3은 앞서 살펴봤던 시각화 라이브러리를 목록으로 제시해, 시각화 목적과 해당 라이브러리가 어울리는지 확인할 수 있는 몇 가지 특성이 함께 기재되어 있다.

표 9.3 오픈소스 시각회 라이브러리들

이름	언어	URL	입력 데이터 타입	지원하는 그래프	상호작용	라이선스	애니메이션	현재 개발 여부
Open JGraph	자바	openjgraph. sourceforge. net	–	링크 그래프	예	LGPL	아니오	아니오
JGraph	자바	www.jgraph. com	XML	링크 그래프	예	LGPL	아니오	예
JGraphT	자바	jgrapht. sourceforge. net	XML	링크 그래프	예	LGPL	아니오	예
JUNG	자바	jung. sourceforge. net	GML	링크 그래프	예	BSD	예	예

(이어짐)

---

12 http://sf.net/projects/afterglow

이름	언어	URL	입력 데이터 타입	지원하는 그래프	상호 작용	라이 선스	애니메 이션	현재 개발 여부
GINY	자바	csbi. sourceforge. net	–	링크 그래프	아니오	BSD	아니오	아니오
Info VisToolkit	자바	ivtk. sourceforge. net	TM3	산포토, 시계열 차트, 평행좌표, 링크 그래프, 트리맵	예	X11 소프트 웨어 라이선스	아니오	아니오
Grappa	자바	www. research.att. com/~john/ Grappa	DOT	링크 그래프	예	CPL	아니오	아니오
Prefuse	자바	prefuse.org	SQL, GML	링크 그래프	예	BSD	예	예
Processing	스크립트	processing. org	다양함	다양함	예	LGPL	예	예
JFree Charts	자바	www. jfree.org/ jfreechart	다양함	다양함	예	LGPL	아니오	예
Cewolf	자바 JSP	cewolf. sourceforge. net	다양함	다양함	예	LGPL	아니오	예
Boost Graph Library	C++	www.boost. org/libs/ graph	–	링크 그래프	예	Boost Software License	예	예
Piccolo	자바 C#	www. cs.umd/edu/ hcil/piccolo	–		예	BSD	예	제한적

온라인 툴

지난 몇 년 동안 많은 애플리케이션이 웹 기반으로 옮겨갔다. 웹 브라우저를 이용해 서비스를 사용할 수 있게 된 건 매우 놀라운 일이다. 시각화 업계도 다르지 않다. 몇몇 프로젝트에서 온라인 시각화 기능을 제공한다. 데이터를 업로드하고, 시각화할 수 있는 사이트가 생겼다. 이런 온라인 시각화 사이트에는 몇 가지 문제점이 있다. 프라이버시 문제와 더불어, 기밀정보 보호 문제다. 그러나 이런 종류의 서비스는 놀랄 정도로 증가하고 있다. 데이터를 공유해 시각화하고, 시각화 한 결과를 모든 사람이 볼 수 있다는 개념은 정말 놀라운 것이다. 구글에서 제공하는 한 가지를 포함해, 이런 기능을 하는 세 가지 서비스를 살펴보자. 이 세 가지는 서로 조금 다른 방향을 지향한다.

스위벨

swivel.com에 접속해보면, 블로그와 비슷하게 생긴 웹사이트가 나올 것이다. 거기에 나와 있는 예제 차트들은, 사람들이 몇몇 종류의 데이터를 올리고 만든 것이다. 사용자는 데이터를 업로드하고, 공유하고, 살펴볼 수 있다. 데이터를 올리지 않더라도, 다른 사용자들이 올린 데이터나 만든 데이터를 살펴볼 수 있다. 흥미로는 데이터나 차트엔 코멘트를 달 수 있고, 또한 이메일을 통해서 다른 사람들과 공유할 수도 있다. 마지막으로, 어떤 사용자가 자신의 데이터로 차트를 만들고 싶다면, 당장 업로드 하면 된다. 스위벨Swivel이 지원하는 데이터 타입은 CSV다. 데이터를 올리고 나서, 해당 데이터에 대하 태깅을 하거나, 설명을 달거나, 주석을 달 수 있다. 데이터를 올린 즉시, 데이터에 대한 개략적인 내용을 살펴볼 수 있으며, 스위벨은 해당 데이터로 그릴 수 있는 차트를 추천해준다. 다른 그래프와 방금 만든 그래프를 비교해볼 수 있는 그래프를 비교해볼 수 있는 기능도 제공한다. 그리고 자신이 올린 데이터가 아닌, 다른 사람이 올린 데이터로도 차트를 만들어볼 수 있다. 기능과 차트의 종류는 아주 제한적이지만, 스위벨은 자신의 자료로 차트를 만들고, 공유할 수 있는 빠르고 쉬운 방법을 제공한다.

주목해야 할 흥미로운 지점은 스위벨의 중심은 시각화가 아니라 데이터 공유이다. 이 사이트를 통해서 많은 수의 흥미로운 데이터가 공유된다. 예를 들면, 지난 n개월동안의 기름 가격 같은 것이다. 이런 종류의 데이터와 여러분의 데이터를 비교해본다면 흥미로운 경향이 나타날 것이다. 스위벨이 이런 자료 측면에서 빛이 나지만, 반대로 시각화 측면에서는 아쉽다. 가능한 차트라고는 바차트, 선 차트, 산점도 정도뿐이다. 간단한 데이터를 비교하는 데는 이 정도면 충분하지만, 복잡한 분석을 위해서는 트리맵이나 평행좌표 같은 것들이 필요하다. 스위벨은 데이터 시각화를 위해 Ploticus(8장 참조)를 사용한다. 스위벨의 흥미로운 기능 중 하나는 API가 있다는 것이다. API를 이용해 자동으로 데이터를 올리고, 그래프를 만들 수 있다. 또한 엑셀 툴바도 제공하는데, 이를 이용해 데이터를 자동으로 올릴 수 있다. 그래서 스위벨의 제한적인 기능에도 불구하고, 스위벨은 흥미로운 사이트다.

매니 아이즈

사용자들이 온라인에서 데이터를 공유하고, 데이터를 시각화하는 또 다른 사이트로는 매니 아이즈many eyes가 있다. 매니 아이즈는 스위벨과는 반대로, 데이터 공유보다는 데이터 시각화에 초점이 맞춰져 있다. 매니 아이즈는 다양한 그래프를 이용해 데이터를 시각화할 수 있다. 확대 가능한 지도, 트리맵, 선 차트, 막대 차트, 산점도, 거품형 그래프, 모든 종류의 누적 차트, 영역 그래프, 워드 클라우드, 파이차트, 링크 그래프 등이 지원된다. 링크 그래프를 지원한다는 점이 특히 놀라웠다. 스위벨만큼 쉽진 않지만, 데이터를 올리고 링크 그래프를 만들었다. 이 과정은 요술같이 이루어졌다. 이 사이트는 TSV 파일을 지원한다고 나와 있지만, 실제로 동작하지는 않았다. CSV 파일을 엑셀에서 열고, 복사&붙여넣기해 온라인 폼에 맞춰야 했다. 그것보다 CSV 파일을 지정해 업로드할 수 있었어야 햇다. 어쨌든 데이터를 시각화하고 나면, 매니 아이즈는 여러 종류의 상호작용 기능을 제시한다. 노드를 이동해 살펴보는 것부터, 데이터를 선택하고, 맵의 경우에는 확대 축소 등의 기능을 제공한다.

매니 아이즈는 서드파이 시각화 라이브러리를 사용해 그래프를 생성하지 않는다. 자바 기반의 자체적으로 개발한 라이브러리를 사용한다. 나는 매니 아이즈에서 어느 시점에서는 평행좌표를 제공해주길 기대한다. 지금 시점에서 유일하게 추가되길 기대하는 그래프다. 그 외에 흥미로는 기능으로는, 동적 쿼리를 지원한다는 것이다. 여러 그래프를 동시에 띄워놓고, 사용자가 그래프와 상호작용하면 모든 그래프가 동시에 업데이트되는 기능 또한 쓸만한 부가 기능이다.

구글맵과 구글어스

구글맵과 구글어스google earth는 많은 사람들이 지리 정보를 살펴보는 방식을 바꿨다. 구글은 지도를 간단하고 빠르게 제공해주는 것과 더불어, 기능적인 사용자 인터페이스와, 리치 스크립팅 API를 제공한다. 다양한 속성으로 검색하면, 사용자는 세계 어디로든 갈 수 있다. 마커는 위치를 나타내는데 사용되며, 폴리곤 선을 추가해 지도 위에 경로를 표시할 수 있다. 이 모든 것을 이미 봤을 것이다.

구글맵에서 제공하는 API[13]를 이용해 웹사이트에 지도를 내장할 수 있다. 자바스크립트를 이용해, 위도와 경도를 정의하면 지도에 위치가 표시된다. 조금 다른 방식을 이용하면 지도에 마커를 추가할 수도 있고, 지도에 말풍선 텍스트를 팝업처럼 추가할 수도 있다.

---

13 http://code.google.com/apis/maps/

위치 정보를 지도에 표시하는 방법 중 하나로는, 다음과 같은 줄을 채워넣어 간단한 텍스트 파일을 만드는 것이 있다.

```
41.82589|-72.10040|&lt; Text<br>And even more&gt;|MarkerName
```

이 줄을 보면 위도와 경도 그리고 그 지점에 대한 설명, 그리고 마커의 라벨이 포함되어 있다. 여기서 보듯 설명은 HTML 형식으로 할 수도 있고, 이미지를 포함할 수도 있다. 특별히 구글맵 API는, 웹사이트에 올려놓은 파일을 로딩하는 것도 지원한다. 앞서 언급한 안내문의 파트 9에서 이 모든 예제를 살펴볼 수 있다.

텍스트 파일 대신 XML 파일을 이용해 데이터를 제공한다면, 단지 각각의 위치를 표시하는 것뿐만 아니라, 이런 마크업으로 폴리곤 선을 그릴 수도 있다.

```
<line colour="#008800" width="8" html="green line clicked">
  <point lat="43.9078" lng="-79.0264" />
  <point lat="44.1037" lng="-79.6294" />
  <point lat="43.5908" lng="-79.2567" />
  <point lat="44.2248" lng="-79.2567" />
</line>
```

이런 기능들은 지금까지는 정적인 내용을 나타내는 데 사용되었다. AJAX를 이용한다면, 구글맵을 실시간 모니터링 용도로도 사용할 수 있다. 실시간 인프라 모니터링 웹사이트를 어떻게 만드는지에 대한 자세한 안내문은 http://vega.rd.no/article/mapping-website-visitors-in-real-time에서 볼 수 있다.

구글어스는 구글맵과 비슷하게 동작한다. 위치를 지도에 표시하기 위해서 구글어스는 Keyhole Markup Language라는 특화된 마크업 언어를 사용한다. 구글어스에서 KML 파일을 읽어들일 수 있고, KML은 관심 있는 위치에 대한 마크업을 포함한다. 다음과 같은 예제 KML을 풀어 살펴보자.

```
<Placemark>
  <name>83.59.15.2,Madrid</name>
  <description>Attacked 03/20/08 12:13:22</description>
```

```
<Style>
  <IconStyle><Icon>
    <href>root://icons/palette-3.png</href>
    <x>64</x><y>96</y><w>32</w><h>32</h>
  </Icon></IconStyle>
</Style>
<Point><coordinates>-3.6833,40.4,0</coordinates></Point>
</Placemark>
```

구글맵 입력과 비슷하게, 마커의 이름, 설명, 아이콘 스타일, 지구본에 마커를 표시할 좌표값 등을 입력한다. 구글어스는 KML 파일을 정기적으로 다시 읽어들일 수 있는 기능을 제공한다. 이 방법을 이용해, 웹 서버에 있는 파일을 읽어들이도록 할 수 있다. 웹 서버에 있는 파일을 정기적으로 업데이트 하는 방식으로, 실시간에 가깝게 데이터를 구글어스에 표현할 수 있다.

구글 차트 API

구글은 웹 기반의 시각화를 제공하기 위한 전혀 다른 방법을 제공한다. 차트 API[14]는 사용자가 웹 서버에 별도의 그래프 라이브러리를 설치할 필요 없이, 차트를 생성할 수 있도록 해준다. 사용자는 단지 HTML 이미지 태그를 이용해 구글 서비스를 호출하면 된다. URL 변수를 넘겨주는 것만으로, 사용자가 생성하고 픈 차트의 데이터와 그래프 속성을 전달할 수 있다. 다음은 간단한 예제다.

http://chart.apis.google.com/chart?cht=p3&chd=s:hW&chs=250x100&chl=Hello|World

IMG 태그에 이 URL을 넣어 웹사이트에 차트를 삽입할 수 있다. 구글 API로 넘어간 변수를 살펴보자면, 3차원 파이 차트(cht=p3)로 렌더링하고, 2 영역의 데이터는 각각 33과 21을 넘기고(chd=s:hW), 차트의 크기는 가로 250픽셀,

---

14 http://code.google.com/apis/chart

세로 100픽셀로 하며(chs=250x100), 각 영역의 이름은 Hello와 World로 한다 (chl=Hello|World). 데이터 인코딩이 살짝 헷갈린다. 어떻게 h와 W가 33과 21로 연결되는 것일까? 구글은 글자를 숫자로 쉽게 변경할 수 있는 방식을 사용한다. 그 외에도 URL을 이용해 쉽게 데이터를 변환할 수 있는 인코딩 방법을 제공한다. 이에 관해서는 개발자 페이지를 살펴보면 된다.

구글이 제공하는 API의 흥미로운 측면은, 간단한 URL을 이용해 차트를 그릴 수 있다는 것이다. 현재는 API에서 선 차트, 파이 차트, 막대 차트, 산점도, 벤다이어그램을 지원한다. API를 사용하기 전에, 반드시 몇 가지 항목을 고려해야 한다. 프라이버시는 그 중 하나다. 어떤 식으로든 민감한 정보라면 절대 넘기지 않아야 한다. 그 외에는 구글이 이 API를 얼마나 운영할 것이냐는 것이다. 구글에 의존하는 것은 굉장한 위험이 있다. 그러나 전체적으로는 구글이 무언가를 인수해서 완전히 새롭게 내놓는 것이 여전히 놀랍다.

상용 시각화 툴

데이터를 시각화하기 위해 상용 솔루션도 찾아보게 될 수 있다. 사용할 수 있는 오픈소스 툴도 충분하긴 하다. 오픈소스와 달리 상용 소프트웨어는 몇 가지 아쉬운 점이 있는데, 가장 큰 것은 라이선스 비용 또는 구입 비용이 든다는 것이다. 그러나 돈 낸만큼 돌려받을 수 있는 것이 있다(예를 들면 기술 지원 같은 것). 상용 솔루션은 그 제품을 개발하는 회사가 뒤에 있다. 운이 좋다면, 그 제품의 로드맵에 의견을 반영할 수도 있다. 오픈소스 툴이라면, 이런 걸 절대 알 수 없다. 개발자는 그 프로젝트를 언제든 중단할 수도 있다. 많은 경우, 상용 솔루션은 훨씬 많은 기능을 가지고 있고 오픈소스 솔루션과 달리 조잡하지 않다.

간단하게 상용 시각화 툴을 살펴보고자 한다. 다만 제품을 평가하거나, 추천하지는 않는다. 나는 이 제품들을 평가하기에는 충분한 경험을 해보지 못했기 때문이다. 이 장은 몇 가지 툴에 대한 대략적인 내용을 이야기하며, 독자들의 관심을 일으켜 이 툴에 대해 자세히 살펴보게 되길 바란다. 먼저 내가 많이 써봤던 어드바이저Advizor에 대해 자세히 다뤄보자. 그리고 몇 가지 상용 솔루션에 대해 다룰 것이다.

어드바이저

나는 보안 분석가들이 보안 데이터를 시각 분석을 위해 사용하는 고객사에서 어드바이저Advizor[15]를 알게 되었다. 이 툴의 기능에 무척이나 매료되었고, 회사를 통해 한 카피를 받았다. 이 툴을 우리 회사에 소개했고, 우리 회사는 이 기능을 OEM 해 사용하기로 결정했다. 이런 이유로 내가 이 툴과 친숙해졌다.

어드바이저는 클라이언트와 서버 버전이 있다. 서버는 데이터를 자동적으로 업데이트하는 것과 더불어, 동적 웹 페이지를 제공해 데이터를 살펴볼 수 있게 하는 것도 가능하다. 클라이언트는 서버와 별도로 독립적인 사용이 가능하다. 서버와 함께 사용한다면, 클라이언트는 데이터 소스를 정의하고, 그래프를 설정하는 디자이너로서 사용할 수 있다. 클라이언트는 또한 독립적인 애플리케이션으로 사용할 수 있다. 클라이언트의 기능을 사용하면, 시각화 화면을 만든 후에, 그 시각화에 대한 자세한 데이터를 살펴보는 것이 가능하다. 이 툴은 굉장히 뛰어난 상호작용 기능을 제공한다. 모든 화면은 서로 연결되어 있다. 동적 쿼리를 굉장히 쉽게 사용할 수 있으며, 화면은 거의 동시에 업데이트된다. 각각의 그래프 컨트롤은 꽤나 많은 종류가 있는데, 심지어 데이터를 살펴보는 데도 도움이 된다. 어드바이저에서 지원하는 차트는 맵, 트리맵, 평행좌표뿐만 아니라 사용자들이 필요하다

---

15 http://advizorsolutions.com/

고 생각하는 것들을 포함한다. 물론, 링크 그래프를 표현하기 위해 데이터를 정제하는 것은 복잡한 일이다. 하지만 그래프가 정확하게 동작하기 위해선 반드시 데이터를 제대로 처리해야 한다. 이것은 맵에 대해서도 마찬가지다.[16]

데이터를 입력하는 방법은 유연하다. 가장 좋은 데이터 소스는 데이터베이스다. 데이터에 접근하기 위해 사용자는 쿼리를 입력해야 하고, 이 쿼리는 데이터를 가져올 때 마다 실행되게 된다. 이렇게 해 데이터베이스에서 필요한 모든 데이터를 가져오게 된다. 그와 더불어서 CSV도 데이터 소스로 사용할 수 있다. 개인적인 경험으로는 이건 약간 실망스러웠다. 읽어오는 과정에서 잘못 입력된 데이터를 찾아냈을 때, 예를 들어 행이 부족하다거나, 정수가 포함되어야 하는 행에 문자열이 포함된 경우 등의 상황에서, 문제를 해결할 수 있는 방법이나, 해당 열을 제외하는 것이 아니라 읽어오는 과정 자체가 취소된다는 것이었다. 큰 데이터를 읽어들여야 할 때 이런 문제로 인해 골치 아플 수 있다.

나는 상호작용하는 형태로 데이터 분석을 하기 위해 어드바이저를 많이 사용했다. 어드바이저는 이상하거나 의심스러운 데이터를 재빨리 파악할 수 있는 강력하고 유연한 화면을 설정하기가 무척 쉽다. 네트워크 데이터나, 컴퓨터 보안 측면에서 몇 가지 단점과 한계가 있다. 한 가지 귀찮은 단점을 꼽자면, IP를 문자열 형태로 처리하기 때문에, 제대로 정렬할 수 없다는 것이다.[17]

몇몇 새로운 기능은, 의사 결정을 돕는 측면에서 나오고 있다. 예측분석이 그 중 하나다. 예를 들어 데이터 셋에서 어떤 필드를 선택했을 때, 그 필드의 값을 결정하는 다른 필드가 무엇인지를 나타낸다. 구체적으로 예를 들면 웹 액세스 로그 셋을 다룬다고 했을 때, 접속을 시도하는 국가에 따라 액세스 하는 사이트를 다르게 한다고 하자. 이 기능은 아시아 국가에서 이루어지는 접속이 번역된 페이지가 아니라 항상 영문 페이지로 향하는 경우, 이는 사이트 설정에 문제가

---

16 이 기능을 쉽게 쓸 수 있도록 개선해 줄 것을 요청했다.

17 이 또한 기능 개선을 요청한 상태다.

있을 수 있음을 알려준다. 이러한 기능은 개별 데이터 필드 간 종속성을 분석하고 추세를 예상하는 데도 사용할 수 있을 것이다.

기타 상용 시각화 툴들

어드바이저를 설명하면서 개략적으로 다루었던 기능들은, 다른 상용 시각화 툴에서도 비슷하게 지원한다. 약간 다른 점을 찾자면, 다른 툴의 경우 어떤 측면에서 좀 더 나을 수도 있다는 것이다. 대부분의 시각화 툴에서 보이는 경향을 찾자면, 데이터 마이닝 측면에서 좀 더 지능화되려고 한다는 것이다.

상용 시각화 솔루션을 살펴보니 다양한 종류가 있었다. 오큘러스Oculus처럼 컨설팅을 중심으로 하는 것부터, 연구 중심의 시스템 중 하나인 스타라이트(StarLight), 아주 큰 회사인 Tibco까지 다양한 회사가 시각화 툴을 팔고 있다.

시각화를 위한 프로그래밍 라이브러리 영역에서, 우연히 오큘러스(www.oculusinfo.com)를 알게 되었다. 이 회사는 자바와 닷넷을 위한 라이브러리, 그리고 엑셀을 위한 애드온을 제공한다. 이 회사의 주된 사업 영역은 개발사가 이 라이브러리로 애플리케이션을 개발해 고객에게 제공하려고 할 때, 개발사에게 컨설팅을 제공하는 것으로 보인다. 3차원 형태의 메인 화면은 화면 가운데에 위치하고 있고, 양 옆으로 차트가 위치한다. 차트는 몇 가지 데이터 차원을 2D 그래프로 보여준다. 내가 조금 놀랐던 점 중 하나는, 화이트페이퍼가 자바 1.1과 넷스케이프 4.0 기준으로 작성되어 있었단 것이었다. 해당 라이브러리는 너무 오래된 것들이다.

스타라이트(http://starlight.pnl.gov)는 미국의 연구소에서 발전시킨 시각화 툴이다. 처음엔 정보기관의 데이터, 예를 들면 테러리스트 조직의 사회적 유대관계 등을 분석하기 위해 만들어졌다. 확정성이 높고 정교한 아키텍처는 대용량의 데이터를 분석하는 데도 사용할 수 있다. 이런 지점에서, 이 툴을 대용량 처리에 쓰는 것은 아마도 최선의 선택일 것이다. 그러나 이 툴은 일반적으로 구할 수가 없다. 여전히 소유권이 국립 태평양 북동 연구소Pacific Northwest National Laborator에 있고, 상업적인 판매를 고려하고 있지 않은 것으로 보인다(한 가지 이유로는 여전히 소프트웨어가 다듬어지지 않고 투박한 상태이기 때문이다). 다른 회사가 이 제품을 판매하거나, 이 기술을 다룰 새로운 회사를 만들면 좋겠다.

퍼플 인사이트Purple Insight(www.pupleinsight.com)는 2년 전에 알게 되었다. 퍼플 인사이트는 다양한 데이터마이닝 툴과 더불어, 시각화 기능을 제공한다. 이런 형태는 대단히 주목할만한 것이다. 예를 들어, 컬럼 중요도 기능은 각 행 사이의 영향력을 평가해, 행의 서열을 매길 수 있다. 이런 기능을 이용하면 재빠르게 데이터를 살펴보고, 어떤 데이터가 중요한지 알 수 있게 된다. 관찰값 분류Evidence Classifier와 클러스터링Clustering 또한 여기서 제공되는 데이터 마이닝 방법으로써, 데이터를 살펴보고 이해하는 데에 도움이 된다. 이 모든 과정은 화면에서 진행할 수 있고, 사용자가 결과물을 시각적으로 이해할 수 있도록 제공한다. 단점은 3차원 화면을 과도하게 이용한다는 것이다. 몇몇 시각화 사례의 경우 알아보기 힘들거나, 3차원 화면에서 발생하는 겹침Occlusion 때문에 악영향이 발생할 수도 있다. 그럼에도 불고하고, 데이터마이닝 관점은 굉장히 유용하다.

시각화 툴에 대해서 더 살펴보자면, 태블로이Tableau를 언급해야 할 것이다. 이 회사는 시각화라는 것을 제대로 인정하는 회사다. 웹사이트는 간단하게 구성되어있고, 방문자가 중요한 정보를 잘 접근할 수 있도록 한다. 온라인 교육 비디오를 몇 분 보는 것 만으로, 태블로이에 대해 잘 느낄 수 있다. 이 제품의 확실한 장점은 사용하기 쉽다는 것이다. 이 제품은 판매가 되고 있고, 고객들이 사용하고 있다고 말할 수 있다. 이 제품은 상호작용이 굉장히 잘 된다. 자료 차원관의 관계를 살펴보든, 아니면 경향 또는 패턴을 살펴보든 간에, 자료 차원을 드래그 앤 드랍하고, 차트와 상호작용을 하는 것으로 분석을 굉장히 쉽게 할 수 있게 된다. 설정을 업데이트 하면, 인터페이스는 즉시 그 설정을 반영해 업데이트된다. 이렇게 해 데이터 탐색 절차가 굉장히 원활하게 진행된다.

스팟파이어Spotfire(http://spotfire.tibco.com)는 Tibco의 제품으로서, 굉장히 뛰어난 상호작용을 제공하며, 사용하기 쉬운 시각화 툴이다. 많은 측면에서 태블로이와 스팟파이어는 유사하다. 이 둘은 쉬운 상호작용과 만들기 쉽고, 그러나 표현력이 좋은 그래프에 집중한다. 스팟파이어는 사용자 사이에서 정보를 공유하기가 쉽다. 사용자 인터페이스에서 제공하는 내보내기 기능을 사용해, 사용자는 스팟파이어에 저장된 데이터를 엑셀과 같은 다른 툴로 전송할 수 있다.

수학 또는 통계 시각화를 지원하는 툴로는 매스매티카Mathematica(www.wolfram.com)와 매트랩MatLab(www.mathworks.com)이 있다. 이 툴은 앞에서 가볍게 다루었던 R 패키지와 비슷하며, 주로 통계 또는 수학 시각화를 위해 사용한다. 그외에 많은 시각화 소프트웨어가 시장에 있다. 내가 여기서 제시한 것들은, 단지 시작일 뿐이며 상용 시각화 소프트웨어 시장이 어떤 느낌인지를 살짝 보여주는 것이다. 독자들의 목적을 정확하게 달성하기 위한 시각화 소프트웨어를 찾기 위해 연구해보자.

요약

이 책의 마지막 장에서, 나는 무료로 사용할 수 있는 시각화 툴과 라이브러리에 대해 다뤘다. 이 툴들은 내가 이 책을 쓰기 위해 내가 가진 보안 데이터를 시각화하기 위해서 사용되었던 것들이다. 무료로 사용할 수 있는 툴들은 성숙도가 각기 다르다. 어떤 툴은 굉장히 실험적인 상태인 것에 반해, 어떤 툴들은 굉장히 잘 다듬어져 있다. 무료로 사용할 수 있는 20가지의 툴을 소개한 뒤, 프로그램에 내장할 수 있는 오픈소스 시각화 라이브러리를 살펴보았다. 무료로 사용할 수 있는 툴들은 목적에 부합하는 유연함을 보여주지 못하는 경우가 종종 있기에, 이렇게 라이브러리를 사용해 별도의 코드를 작성하는 것은 적절한 해답이 된다. 당신이 직접 만드는 프로그램에 시각화 기능을 탑재할 계획이 있다면, 이

라이브러리를 살펴볼 필요가 있다. 새로운 발전 중 하나는 이런 시각화 서비스가 인터넷을 통해 제공된다는 것이다. 내가 소개한 프로젝트들은 지금 시점에서 이 업계를 주도하는 것이다.

만약 무료로 제공하는 시각화 소프트웨어 중에 당신을 만족시키는 것을 찾을 수 없다면, 상용 솔루션을 찾아볼 수 있다. 나는 이 책의 끝에서 조금만 다뤘다. 시중의 모든 상용 시각화 툴을 찾아보는 것만으로도 하나의 프로젝트가 될 것이다. 그러나 여기서 제시한 모든 내용으로, 여러분의 보안 데이터를 다룰 수 있는 준비가 될 것이다.

찾아보기

에이콘출판의 기틀을 마련하신 故 정완재 선생님 (1935-2004)

보안 데이터 시각화

데이터의 핵심을 한눈에 보여주는 최적의 기법

발 행 | 2016년 2월 25일

지은이 | 라파엘 마티
옮긴이 | 구 동 언

펴낸이 | 권 성 준
편집장 | 황 영 주
편 집 | 이 지 은
디자인 | 박 주 란

에이콘출판주식회사
서울특별시 양천구 국회대로 287 (목동)
전화 02-2653-7600, 팩스 02-2653-0433
www.acornpub.co.kr / editor@acornpub.co.kr

한국어판 ⓒ 에이콘출판주식회사, 2016, Printed in Korea.
ISBN 978-89-6077-828-3
ISBN 978-89-6077-104-8 (세트)
http://www.acornpub.co.kr/book/security-visual

이 도서의 국립중앙도서관 출판시도서목록(CIP)은 서지정보유통지원시스템 홈페이지(http://seoji.nl.go.kr)와
국가자료공동목록시스템(http://www.nl.go.kr/kolisnet)에서 이용하실 수 있습니다.(CIP제어번호: CIP2016004115)

책값은 뒤표지에 있습니다.